建築物環境衛生管理

**2024年版**

# ビル管理試験
# 完全解答

設備と管理編集部 編

OHM
Ohmsha

# は し が き

　第53回建築物環境衛生管理技術者（ビル管理技術者）試験が，2023年10月1日（日）に全国6会場で行われた．受験者数は8 232人，合格者数は1 819人，合格率は22.1％である．合格率は年度によって多少上下するものの，通常15〜20％である．

　この試験の難しさの一つに，出題が異業種間にまたがっているため，幅広い知識が求められる点がある．たとえば，高層建築物の構造から，チカイエカの駆除までという間口の広さで，それらを網羅するには相応の学習が必要となる．それに加えて，試験は出題数が多く，解答時間が短いという特徴がある．試験は五肢択一式で，午前の部・午後の部で各90問ずつ出題されるが，問題数で割ると，解答時間は1問2分である．

　こうした特異性のある試験に合格する秘訣は，過去に出題された問題を解くことで基礎知識を蓄え，ビル管理技術者のレベルまで実力を高めていくことに尽きる．

　この観点から『設備と管理』編集部では1987（昭和62）年からビル管理技術者試験受験者のための過去問題集を制作している．ビル管理専門誌としての豊富な情報に基づいた，精選した内容で受験者に支持されてきた．

　本書は，第46回（平成28年度）から，第53回（令和5年度）までの8年分の過去問題を収録した．8年分を解くことにより，各分野の出題傾向とパターンをおおよそつかむことができる．また，本書は解説を問題と並列で掲載しているので，解答だけでなく，五つの選択肢それぞれについて理解を深めることができ，類似問題を解きやすくなる．勉強の仕方についても，解答執筆陣のアドバイスをぜひ参考にしていただきたい．

　試験ではビル管理技術者として必要な基礎知識が問われるが，実務に着任すると現場ごとにさまざまな問題や課題に直面する．『設備と管理』では資格取得のための学習を支援するとともに，現場の実情や最新技術の紹介，同業者の動向などを情報発信している．本書を活用し，見事合格され，さらに読者として末永くお付き合いいただけることを祈願するものである．


　　2023年12月

　　　　　　　　　　　　　　　　　　　　　　　　　　　　　　　　　　『設備と管理』編集部

# CONTENTS

◎表紙デザイン：ツヨシ＊グラフィックス(下野ツヨシ)
photo by (c)yokokenchan/123RF

**ビル管理試験問題・解答解説**

# 令和 **5** 年度

**問題1** 日本国憲法第25条に規定されている次の条文の □内に入る語句の組合せとして，正しいものはどれか．

第25条 すべて国民は，健康で □ア な最低限度の生活を営む権利を有する．

② 国は，すべての □イ について，□ウ ，社会保障及び □エ の向上及び増進に努めなければならない．

| | ア | イ | ウ | エ |
|---|---|---|---|---|
| （1） | 文化的 | 生活部面 | 社会福祉 | 公衆衛生 |
| （2） | 社会的 | 国民 | 環境衛生 | 生活環境 |
| （3） | 文化的 | 国民 | 環境衛生 | 生活環境 |
| （4） | 社会的 | 国民 | 社会福祉 | 公衆衛生 |
| （5） | 文化的 | 生活部面 | 環境衛生 | 公衆衛生 |

**解答**

第25条 すべて国民は，健康で ア 文化的 な最低限度の生活を営む権利を有する．

2 国は，すべての イ 生活部面 について，ウ 社会福祉 ，社会保障及び エ 公衆衛生 の向上及び増進に努めなければならない．

正解(1)

**問題2** 次に掲げる法律と，法律を所管する行政組織との組合せとして，誤っているものはどれか．

（1） 地域保健法 ——— 厚生労働省

（2） 廃棄物の処理及び清掃に関する法律 ——— 環境省

（3） 学校保健安全法 ——— 文部科学省

（4） 土壌汚染対策法 ——— 国土交通省

（5） 健康増進法 ——— 厚生労働省

**解答**

土壌汚染対策法を所管するのは，環境省である．

正解(4)

**問題3** 建築物における衛生的環境の確保に関する法律（以下「建築物衛生法」という．）に基づく特定建築物の用途に関する次の記述のうち，最も不適当なものはどれか．

（1） 興行場は，興行場法に基づく興行場をいう．

（2） 旅館は，旅館業法により許可を受けた施設に限られる．

（3） 学校は，学校教育法に基づく学校に限られる．

（4） 博物館は，博物館法に基づく博物館に限らない．

（5） 図書館は，図書館法に基づく図書館に限らない．

**解答**

特定建築物に該当する学校には，学校教育法に基づく学校，同法に基づかない学校（各種学校類似の教育を行うもの，国・自治体・会社の研修所など）のいずれも含まれる．なお，特定用途部分の延べ面積要件は，学校教育法第1条に規定する学校（小学校，中学校，高校，高専，大学）が8 000 m²以上，それ以外は3 000 m²以上である．

正解(3)

**問題4** 建築物衛生法に基づく特定建築物の用途として，最も不適当なものは次のうちどれか．

（1） 結婚式場

（2） 理容所

（3） 認可保育園

（4） 公民館

**解答**

保育施設は，特定用途に該当しない（該当するのは幼保連携型認定こども園）．

(1) 結婚式場は，集会場に該当する．

(2) 理容所は，店舗に該当する．

(4) 公民館は，集会場に該当する．

(5) 社交ダンスホールは，遊技場に該当

（5）　社交ダンスホール

**問題5**　建築物衛生法に基づく特定建築物の届出等に関する次の記述のうち，最も不適当なものはどれか．
（1）　特定建築物が使用されるに至ったときは，その日から1か月以内に届け出る．
（2）　届出事項は，建築物衛生法施行規則に定められている．
（3）　届出を行う者は，特定建築物の所有者等である．
（4）　届出事項に変更が生じる場合は，1か月前までに届け出る．
（5）　届出をせず，又は虚偽の届出をした場合には，30万円以下の罰金の適用がある．

**問題6**　建築物衛生法に基づき備え付けておかなければならない帳簿書類とその保存等に関する次の記述のうち，最も不適当なものはどれか．
（1）　特定建築物の所有者等は，環境衛生上必要な事項を記載した帳簿書類を備えておかなければならない．
（2）　平面図や断面図は，当該建物が解体されるまでの期間保存しなければならない．
（3）　実施した空気環境の測定結果は，5年間保存しなければならない．
（4）　実施した遊離残留塩素の検査記録は，5年間保存しなければならない．
（5）　受水槽を更新した際の給水の系統図は，5年間保存しなければならない．

**問題7**　建築物環境衛生管理基準に基づく空気環境の測定に関する次の記述のうち，誤っているものはどれか．
（1）　ホルムアルデヒド以外の測定は，2か月以内ごとに1回，定期に実施する．
（2）　ホルムアルデヒドの測定結果が基準値を超えた場合は，空調・換気設備を調整するなど低減措置を実施後，速やかに測定を行う．
（3）　浮遊粉じんの量，一酸化炭素の含有率及び二酸化炭素の含有率は，1日の使用時間中の平均値とする．
（4）　通常の使用時間中に，各階ごとに，居室の中央部で実施する．
（5）　特定建築物において大規模修繕を行った場合は，完了後，その使用を開始した日以降最初に到来する6月1日から9月30日までの期間中に1回，ホルムアルデヒドの測定を行う．

する．

正解(3)

**解答**
特定建築物の「用途」や「構造設備の概要」，「建築物環境衛生管理技術者」などの届出事項に変更があったとき，または，特定建築物に該当しなくなったときは，変更日から1か月以内に届け出る（建築物衛生法第5条第3項）．

正解(4)

**解答**
受水槽を更新した際の給水の系統図は，永久（当該特定建築物が存在する期間中）保存が義務づけられている（同法第20条第1項第2号）．

正解(5)

**解答**
ホルムアルデヒドが基準値を超えた場合，空調・換気設備を調整するなどして低減措置に努める必要があるとされているが，「その措置の実施後，速やかに測定を行わなければならない」という規定はない．

正解(2)

**問題8** 建築物環境衛生管理基準に基づく飲料水に関する衛生上必要な措置等における次の記述のうち, 誤っているものはどれか.

（1） 飲料水として供給する水については, 飲用目的だけでなくこれに類するものとして, 炊事用, 手洗い用その他, 人の生活の用に水を供給する場合も含めることとされている.

（2） 水道事業者が供給する水（水道水）以外の地下水等を原水とする場合にも, 水道水と同様の水質を確保し, 塩素消毒等を行うことが必要である.

（3） 貯湯槽の清掃は, 1年以内ごとに1回, 定期に行う.

（4） 使用開始後の飲料水の水質検査は, 原水が水道水の場合と地下水の場合, 項目と頻度は同じである.

（5） 遊離残留塩素の検査を7日以内ごとに1回, 定期に行う.

**問題9** 建築物環境衛生管理基準に基づく雑用水に関する衛生上必要な措置等における次の記述のうち, 誤っているものはどれか.

（1） 雑用水槽の清掃は, 雑用水槽の容量及び材質並びに雑用水の水源の種別等に応じ, 適切な方法により, 定期に行う.

（2） 給水栓における水に含まれる遊離残留塩素の含有率を, 100万分の0.1以上に保持する.

（3） 遊離残留塩素の検査を7日以内ごとに1回, 定期に行う.

（4） pH値, 臭気, 外観の検査を7日以内ごとに1回, 定期に行う.

（5） 一般細菌の検査を2か月以内ごとに1回, 定期に行う.

**問題10** 建築物環境衛生管理技術者免状に関する次の記述のうち, 誤っているものはどれか.

（1） 免状の交付を受けている者は, 免状の再交付を受けた後, 失った免状を発見したときは, 5日以内に, これを厚生労働大臣に返還する.

（2） 免状を受けている者が死亡した場合は, 戸籍法に規定する届出義務者は, 1か月以内に, 厚生労働大臣に免状を返還する.

（3） 免状の交付を受けている者は, 免状を破り, よごし, 又は失ったときは, 厚生労働大臣に免状の再交付を申請することができる.

（4） 厚生労働大臣は, 免状の返納を命ぜられ, その日から起算して2年を経過しない者には, 免状の交付を行わないことができる.

（5） 免状の交付を受けている者は, 免状の記載事項に変更が生じたときは, 厚生労働大臣に免状の書換え交付を申請することができる.

**問題11** 建築物環境衛生管理技術者の免状を交付されている者であっても，建築物衛生法に基づく事業の登録における人的基準の要件として，認められないものは次のうちどれか．
　（1）　建築物環境衛生総合管理業の空気環境測定実施者
　（2）　建築物排水管清掃業の排水管清掃作業監督者
　（3）　建築物飲料水貯水槽清掃業の貯水槽清掃作業監督者
　（4）　建築物空気調和用ダクト清掃業のダクト清掃作業監督者
　（5）　建築物飲料水水質検査業の水質検査実施者

**解　答**
　建築物飲料水水質検査業の水質検査実施者は，1年以上の実務経験を有する衛生検査技師または臨床検査技師などであり，建築物環境衛生管理技術者は該当しない（建築物衛生法施行規則第27条）．

正解（5）

**問題12** 建築物衛生法に基づく事業の登録に関する次の記述のうち，最も不適当なものはどれか．
　（1）　建築物の環境衛生上の維持管理業務を行うためには，登録を受けることが必要である．
　（2）　登録を受けるには，物的要件，人的要件，その他の要件が一定の基準を満たしていなければならない．
　（3）　登録の有効期間は6年であり，6年を超えて登録業者である旨の表示をしようとする場合は，新たに登録を受けなければならない．
　（4）　登録を受けていない者が，登録業者もしくはこれに類似する表示をすることは禁止されている．
　（5）　建築物の衛生管理業務を営む者の資質の向上を図ることを目的として，建築物衛生法施行後に導入された制度である．

**解　答**
　建築物衛生法に基づく事業登録制度は，登録を受けない事業者が建築物の維持管理に関する業務を行うことについては何ら制限を加えるものではない，とされている．

正解（1）

**問題13** 建築物衛生法に基づく特定建築物等の立入検査等に関する次の記述のうち，最も不適当なものはどれか．
　（1）　都道府県知事等の立入検査を拒否した者は，30万円以下の罰金に処せられる．
　（2）　都道府県知事等の報告の求めに応じなかった者は，30万円以下の罰金に処せられる．
　（3）　都道府県知事等は，必要に応じて犯罪捜査のために立入検査を実施できる．
　（4）　保健所は，特定建築物に該当していない建築物であっても，多数の者が使用し，又は利用する場合は，環境衛生上必要な指導を実施できる．
　（5）　都道府県知事等は，維持管理が建築物環境衛生管理基準に従って行われておらず，かつ，環境衛生上著しく不適当な事態が存すると認めるときは，改善命令や使用停止命令等の処分を行うことができる．

**解　答**
　建築物衛生法第11条第1項に定める都道府県知事等による立入検査は，同法の施行に関し必要があると認めるときに行われるものであって，犯罪捜査のためのものではない．

正解（3）

**問題14** 建築物衛生法に基づく国又は地方公共団体の用に供する特定建築物に関する次の記述のうち，誤っているものはどれか．
　（1）　特定建築物の届出を行わなければならない．
　（2）　環境衛生管理基準を遵守しなければならない．
　（3）　建築物環境衛生管理技術者を選任しなければならない．
　（4）　都道府県知事等は，立入検査を行うことができる．

**解　答**
　建築物衛生法第11条（報告，検査等）は，国または地方公共団体の用に供する特定建築物には適用されない（同法第13条第1項）．

（5）都道府県知事等は，改善命令等に代えて，勧告を行うことができる．

**問題15** 感染症の予防及び感染症の患者に対する医療に関する法律（以下「感染症法」という．）に関する次の記述のうち，誤っているものはどれか．

（1）感染症の発生を予防し，及びそのまん延の防止を図り，もって公衆衛生の向上及び増進を図ることを目的としている．

（2）国及び地方公共団体は，感染症の患者等の人権を尊重しなければならない．

（3）厚生労働大臣は，基本指針に即して，予防計画を定めなければならない．

（4）国民は，感染症に関する正しい知識を持ち，その予防に必要な注意を払うよう努めなければならない．

（5）感染症とは，一類感染症，二類感染症，三類感染症，四類感染症，五類感染症，新型インフルエンザ等感染症，指定感染症及び新感染症をいう．

**解 答**

厚生労働大臣が定める基本方針に即して，予防計画を定めなければならないのは，都道府県である（感染症法第10条第1項）．

**問題16** 平成30年12月の水道法改正に関する次の記述のうち，最も不適当なものはどれか．

（1）人口減少に伴う水の需要の減少，水道施設の老朽化，深刻化する人材不足等の直面する課題に対応し，水道の基盤強化を図るために改正された．

（2）水道事業者間の広域的な連携や統合の推進等により，上水道事業者数の具体的な削減目標を設定した．

（3）国は広域連携の推進を含む水道の基盤を強化するための基本方針を定めることとした．

（4）地方公共団体が厚生労働大臣の許可を受けて，水道施設に関する公共施設等の運営権を民間事業者に設定できる仕組みを導入した．

（5）指定給水装置工事事業者の指定に更新制を導入した．

**解 答**

平成30年12月に，水道事業者間の広域的な連携や統合の推進などを行えるよう法改正されたが，上水道事業者数の具体的な削減目標は設定されていない．

**問題17** 公衆浴場法に関する次の記述のうち，最も不適当なものはどれか．

（1）公衆浴場とは，温湯，潮湯又は温泉その他を使用して，公衆を入浴させる施設をいう．

（2）浴場業とは，都道府県知事等の許可を受け，業として公衆浴場を経営することをいう．

（3）営業者は，浴槽内を著しく不潔にする行為をする入浴者に対して，その行為を制止しなければならない．

（4）公衆浴場の営業許可は，厚生労働大臣が規則で定める構造設備基準・適正配置基準に従っていなければならない．

（5）公衆浴場の運営は，都道府県等の条例で定める換気，採光，照明，保温，清潔等の衛生・風紀基準に従っていなければならない．

**解 答**

公衆浴場の営業許可に関わる構造設備基準・適正配置基準は，厚生労働大臣が規則で定めるのではなく，都道府県が条例で定める（公衆浴場法第2条第3項）．

**問題18** 環境省が公表している令和元年度以降の大気汚染の常時監視結果において，大気環境基準の達成率が最も低いものは次のうちどれか.
- （1） 光化学オキシダント
- （2） 浮遊粒子状物質
- （3） 一酸化炭素
- （4） 二酸化窒素
- （5） 微小粒子状物質

**解答**

環境省が発表した令和2（2020）年度の常時監視結果による達成率（一般局の場合）は以下のとおり.
- （1） 光化学オキシダント： 0.2%
- （2） 浮遊粒子状物質 ：99.9%
- （3） 一酸化炭素 ：100%
- （4） 二酸化窒素 ：100%
- （5） 微小粒子状物質 ： 98.3%

正解（1）

**問題19** 次の法令とその規制対象との組合せとして，誤っているものはどれか.
- （1） 下水道法
  ── 一定規模以上の飲食店に設置される厨房施設の排水中のノルマルヘキサン抽出物質含有量
- （2） 水質汚濁防止法
  ── 一定規模以上の合併処理浄化槽の排水中の生物化学的酸素要求量
- （3） 大気汚染防止法
  ── 一定規模以上のボイラの排ガス中のいおう酸化物
- （4） 温泉法
  ── 一定規模以上の温泉施設の排水中の水素イオン濃度
- （5） ダイオキシン類対策特別措置法
  ── 一定規模以上の廃棄物焼却炉の排ガス中のダイオキシン類の量

**解答**

温泉法は，温泉の採取や掘削に係る許可，温泉の利用（浴用または飲用）に際しての成分等の掲示などについて規制するものである．温泉施設の排水基準を規定しているのは，温泉法ではなく，下水道法と水質汚濁防止法である.

正解（4）

**問題20** 労働安全衛生法に規定されている次の記述のうち，最も不適当なものはどれか.
- （1） 厚生労働大臣は，労働災害防止計画を策定し，これを公表する.
- （2） 一定の事業場には，統括安全衛生管理者，安全管理者，衛生管理者，産業医，作業主任者を選任しなければならない.
- （3） 一定の事業場には，労働災害防止について労働者側の意見を反映させるため，安全委員会，衛生委員会又は安全衛生委員会を置かなくてはならない.
- （4） ボイラその他の特に危険な作業を必要とする機械等を製造しようとする者は，労働基準監督署長の許可を受けなければならない.
- （5） 事業者は，作業環境を快適な状態に維持管理するよう努めなければならず，作業環境の測定や，医師による健康診断の実施が義務付けられている.

**解答**

（2） 安全管理者は労働安全衛生法第11条で，衛生管理者は第12条で，産業医は第13条で，作業主任者は第14条で，それぞれ選任が義務づけられている．なお，同様に第10条では，統括安全衛生管理者ではなく，総括安全衛生管理者の選任が義務づけられている.

（4） 特に危険な作業を必要とする機械等として同法別表第一に掲げられたボイラーその他の製造をしようとする者に対する「製造の許可」は，労働基準監督署長ではなく，都道府県労働局長が行う（同法第37条）.

正解（2）（4）

**問題21** 環境基準と閾値に関する次の記述のうち，最も不適当なものはどれか.
- （1） 環境基準には，人の健康を保護する上で維持されること

**解答**

閾値の概念を示すHatchの図において，縦軸は医学的症状，横軸は化学的因子の

が望ましい基準と生活環境を保全する上で維持されることが望ましい基準がある.

（2）　閾値とは最小の刺激量として定義され，医学的な有害性の判断の根拠となる量である.

（3）　環境基準については,常に適切な科学的判断が加えられ,必要な改定がなされなければならない.

（4）　閾値の概念を示すHatchの図において,縦軸は化学的因子の量である.

（5）　環境基準は,動物実験や疫学調査等から得られる有害濃度を基礎とし,安全度を考慮して決定されている.

量である.

正解（4）

**問題22**　環境衛生に関する次の記述のうち,最も不適当なものはどれか.

（1）　許容濃度は一般環境の基準として用いてはならない.

（2）　(公社)日本産業衛生学会は,労働者の有害物質による健康障害を予防するために許容濃度を公表している.

（3）　許容濃度以下であれば,ほとんど全ての労働者に健康上の悪い影響が見られないと判断される.

（4）　有害物の曝露量と集団の反応率との関係を,量－影響関係という.

（5）　学校における環境衛生の基準は,学校保健安全法で定められている.

| 解 答 |

有害物の曝露量と集団の反応率との関係を「量－反応関係」という. 量－影響関係とは,有害物質の負荷量と個体レベルにおける影響の関係をいう.

正解（4）

**問題23**　人体の臓器系とその障害・疾病との組合せとして,最も不適当なものは次のうちどれか.

（1）　造血器系 ———— 再生不良性貧血

（2）　消化器系 ———— 肝硬変

（3）　呼吸器系 ———— 肺気腫

（4）　神経系 ———— 甲状腺機能低下症

（5）　循環器系 ———— 動脈硬化症

| 解 答 |

甲状腺機能低下症は,内分泌系の疾病である.

正解（4）

**問題24**　体温の調節における熱産生と熱放散に関する次の記述のうち,最も不適当なものはどれか.

（1）　基礎代謝とは,睡眠時のエネルギー代謝のことをいう.

（2）　高温環境では発汗や血流量が増加し,代謝量は上昇する.

（3）　熱産生量は人体の活動状況によって異なり,作業量が増せば増加する.

（4）　日本人の基礎代謝は夏の方が冬よりも低い.

（5）　低温の環境では震えによって熱産生量が増加する.

| 解 答 |

基礎代謝とは,早朝覚醒後の空腹時で仰臥の姿勢におけるエネルギー代謝のことをいう.

正解（1）

**問題25**　高齢者における温度環境に関する次の記述のうち,最も不適当なものはどれか.

（1）　一般に若年者に比べて暖かい温度を好むとされている.

（2）　寒さに対する感受性は若年者に比べて高い傾向にある.

（3）　冬季における深部体温は,若年者に比べて低い傾向にある.

（4）　放射熱がない場合,高齢者の8割を満足させる気温の範

| 解 答 |

高齢者の寒さに対する感受性は,若年者に比べて低い傾向にある.

囲は青年に比べて狭い範囲となる.

（5） 寒冷環境に曝露された際の血圧の変動が，若年者に比べて顕著である.

正解(2)

**問題26** ヒトの温熱的快適性に影響する因子として，最も不適当なものは次のうちどれか.

（1） 室内の気流
（2） 室内の相対湿度
（3） 室内の二酸化炭素濃度
（4） 着衣量
（5） 季節

**解 答**

室内の二酸化炭素濃度は，ヒトの温熱的快適性に影響する因子に該当しない．二酸化炭素は，室内濃度が高くなると健康憎悪因子となることから，室内空気の汚染や換気の総合指標として用いられる．

正解(3)

**問題27** ヒトのがんに関する次の記述のうち，最も不適当なものはどれか.

（1） ヒトのがんの3分の2以上は，食事や喫煙等の生活習慣が原因とされる.
（2） がんは我が国の死因のトップであり，高齢化に伴い死亡者数が増え続けている.
（3） プロモータはDNAに最初に傷を付け，変異を起こさせる物質である.
（4） ウイルスが発がんの原因となることがある.
（5） ホルムアルデヒドには発がん性が認められる.

**解 答**

DNAに最初に傷を付け，変異を起こさせる物質を<u>イニシエータ</u>という．プロモータとは，細胞を増殖させるなど，がん化を促進する物質をいう．

正解(3)

**問題28** アレルギーに関する次の記述のうち，最も不適当なものはどれか.

（1） アレルギーは，ヒトに有害な免疫反応である.
（2） アレルギー反応の発現には，体内の肥満細胞の働きが関係するものがある.
（3） 低湿度は，気管支喘息の増悪因子である.
（4） 予防には，ダニや真菌が増殖しないよう，換気や清掃が重要である.
（5） 建築物衛生法において，ダニ又はダニアレルゲンに関する基準が定められている.

**解 答**

建築物衛生法には，ダニまたはダニアレルゲンに関する基準は定められていない．

正解(5)

**問題29** 建築物における室内空気とその環境に関する次の記述のうち，最も不適当なものはどれか.

（1） 一般の室内環境下では，窒素の人体への健康影響はない.
（2） 一般的な室内空気中の酸素濃度は，約21%である.
（3） 良好な室内空気環境を維持するためには，1人当たり$10 \text{ m}^3/\text{h}$以上の換気量が必要である.
（4） 建築物衛生法では，粒径(相対沈降径)がおおむね$10 \text{ μm}$以下の粉じんを測定対象としている.
（5） 花粉は，エアロゾル粒子として室内に存在し得る.

**解 答**

建築基準法では，良好な室内空気環境を維持するために <u>1人当たり$20 \text{ m}^3/\text{h}$以上の換気量が必要</u>と規定されている．

正解(3)

**問題30** 建築物衛生法におけるホルムアルデヒド量の基準値として，正しいものは次のうちどれか.

（1） $0.08 \text{ mg/m}^3$ 以下

**解 答**

建築物衛生法における<u>ホルムアルデヒド量の基準値は，$0.1 \text{ mg/m}^3$ 以下</u>である．

（2）　0.1 mg/m³ 以下
（3）　0.15 mg/m³ 以下
（4）　0.5 mg/m³ 以下
（5）　1 mg/m³ 以下

正解（2）

**問題31**　オゾンに関する次の記述のうち，最も不適当なものはどれか．
（1）　水に溶けにくい．
（2）　紫外線による光化学反応で生成される．
（3）　(公社)日本産業衛生学会は，作業環境におけるオゾンの許容濃度を示している．
（4）　吸入すると肺の奥まで達し，肺気腫を起こすことがある．
（5）　無臭である．

**解　答**
オゾンは特有の臭気を有する．

正解（5）

**問題32**　健康増進法に関する次の記述のうち，最も不適当なものはどれか．
（1）　特定施設の管理権原者は，法で定められた禁煙エリアに喫煙専用器具及び設備(灰皿等)を利用可能な状態で設置してはならない．
（2）　特定施設の管理権原者は，法で定められた禁煙エリアで喫煙している者に対し，喫煙の中止又は禁煙エリアからの退出を求めるよう努めなければならない．
（3）　病院や学校は，たばこの煙の流出を防止するための技術的基準を満たしていたとしても，屋内に喫煙場所を設けることはできない．
（4）　受動喫煙防止を目的として罰則規定が設けられている．
（5）　加熱式たばこについては，規制対象とならない．

**解　答**
健康増進法では，喫煙は「人が吸入するため，たばこを燃焼させ，又は加熱することにより煙(蒸気を含む.)を発生させることをいう」と定義されており，加熱式たばこも規制対象である．

正解（5）

**問題33**　音に関する次の記述のうち，最も不適当なものはどれか．
（1）　音は最終的に聴神経を経て大脳に伝わり音として認識される．
（2）　同じ音でも，聞く人によって，快適な音になったり，騒音になったりする．
（3）　ヒトが聞き取ることができる音の周波数帯は，およそ20 Hz〜20 kHz程度と言われている．
（4）　音の伝達において気導とは，空気の振動による音が鼓膜を通じて伝達されることである．
（5）　騒音職場などの定期健康診断における聴力検査では，スクリーニングとして500 Hzと2 000 Hzの聴力レベルが測定される．

**解　答**
騒音職場などの定期健康診断における聴力検査では，スクリーニングとして1 000 Hzと4 000 Hzの聴力レベルが測定される．

正解（5）

**問題34**　騒音とその影響に関する次の記述のうち，最も不適当なものはどれか．
（1）　騒音性難聴と加齢性難聴は医学的に異なる．
（2）　慢性の騒音曝露により，徐々に会話音域の聴力低下が進行する．

**解　答**
騒音性難聴は，内耳の感音が障害されることによって起こる感音性難聴である．

（3）　騒音性難聴は，中耳の伝播（ぱ）が障害されることによって起こる．

（4）　環境騒音に関する基準は，住民の心理的影響や聴取妨害，睡眠妨害等を参考に決められる．

（5）　会話の音声レベルから騒音のレベルを引いた値が20 dB以上あれば，十分な了解度が得られる．

正解(3)

**問題35**　振動に関する次の記述のうち，最も適当なものはどれか．

（1）　振動レベルの単位はHzで示される．

（2）　振動は全身に分布する交感神経末端の受容器により知覚される．

（3）　全身振動は，水平振動のみで評価される．

（4）　長距離バスやフォークリフトの運転などにより，局所振動障害が起こる．

（5）　振動を原因とする白ろう病では，指に境界鮮明な蒼（そう）白化状態が発生する．

**解答**

（1）　振動レベルの単位は<u>dB</u>で示される．

（2）　振動は全身に分布する<u>知覚神経末端</u>の受容器により知覚される．

（3）　全身振動は，<u>鉛直振動と水平振動に</u>分けて測定・評価される．

（4）　長距離バスやフォークリフトの運転などにより，<u>全身振動障害</u>が起こる．

正解(5)

**問題36**　眼の構造と光の知覚・明るさに関する次の記述のうち，最も不適当なものはどれか．

（1）　眼の網膜にある視細胞が光を感知する．

（2）　網膜は眼の前面，水晶体の前方に位置する．

（3）　黒色の円環の切れ目を見ることで視力を測る方法がある．

（4）　室内における適正な照明の量は，使用用途によって異なる．

（5）　物体の色は，光が物体に入射し，反射した光の分光分布により見られる．

**解答**

網膜は眼の後面，水晶体の後方に位置する．眼の前面，水晶体の前方に位置するのは<u>角膜</u>である．

正解(2)

**問題37**　情報機器作業に関する次の記述のうち，最も不適当なものはどれか．

（1）　一連続作業時間は90分を超えないようにする．

（2）　グレア防止用の照明器具を用いる．

（3）　最も多い自覚症状は，眼の調節機能の低下や疲労，痛み，充血等である．

（4）　高齢者は眼の調節力の低下があるため，作業に必要な照度に関して配慮が必要である．

（5）　ディスプレイを用いる場合の書類及びキーボード上における照度は300 lx以上とする．

**解答**

「情報機器作業における労働衛生管理のためのガイドライン」には，一連続作業時間は<u>1時間</u>を超えないようにするよう記載されている．

正解(1)

**問題38**　電場・磁場・電磁波に関する次の記述のうち，最も不適当なものはどれか．

（1）　電磁波は真空中も空気中も光速で伝わる．

（2）　高エネルギーであるX線，γ線は電離作用をもつ．

（3）　電場と磁場の振動が伝播（ぱ）する波動の総称を電磁波という．

（4）　光を波長の長さ順に並べると，紫外線が一番長く，その

**解答**

光を波長の長さ順に並べると，紫外線が一番短く，その次が<u>可視光線</u>で，<u>赤外線</u>が一番長い．

次が可視光線で，赤外線が一番短い．
（5）　静電場は，電撃や皮膚がチリチリする不快感をもたらすことがある．

**問題39**　紫外線に関する次の記述のうち，最も不適当なものはどれか．
（1）　紫外線には殺菌作用がある．
（2）　紫外線は皮膚表層で吸収される．
（3）　紫外線のリスクとして悪性黒色腫の発生がある．
（4）　紫外線の曝露が起こる作業の一つにアーク溶接がある．
（5）　紫外線の曝露による白内障は，ガラス工白内障として古くから知られている．

**解答**
ガラス工白内障は，赤外線への曝露による白内障として古くから知られている．

正解（5）

**問題40**　電離放射線に関する次の記述のうち，最も不適当なものはどれか．
（1）　感受性が最も高い細胞は，消化管の上皮細胞である．
（2）　アルファ線は紙一枚で遮断できる．
（3）　人体に与える影響の単位はシーベルト（Sv）である．
（4）　放射線による悪性腫瘍の発生は，確率的影響に分類される．
（5）　妊娠可能な婦人の骨盤照射は，月経開始後10日以内に行う．

**解答**
電離放射線に対する感受性が最も高い細胞は，リンパ球である．

正解（1）

**問題41**　ヒトと水に関する次の記述のうち，最も不適当なものはどれか．
（1）　一般成人における体内水分量は，体重の約60％である．
（2）　水分・体液のうち，細胞内液は約2/3である．
（3）　成人の場合，不可避尿として1日最低1L以上の尿排泄が必要である．
（4）　一般に，体重当たりの体内水分量は女性より男性の方が多い．
（5）　水分の欠乏率が体重の約2％になると，強い渇きを感じる．

**解答**
成人の場合，不可避尿として1日最低0.4～0.5Lの尿排泄が必要である．

正解（3）

**問題42**　水系感染症の特徴に関する次の記述のうち，最も不適当なものはどれか．
（1）　梅雨から夏に集中する．
（2）　初発患者の発生から数日で爆発的に増加する．
（3）　職業と関連する場合は少ない．
（4）　給水範囲に一致して発生し，その境界線が明確である．
（5）　一般に潜伏期間が長い．

**解答**
水系感染症は，季節に左右されずに発生するものが多い．

正解（1）

**問題43**　次の感染症のうち，ウイルスによって引き起こされるものはどれか．
（1）　発しんチフス
（2）　カンジダ症
（3）　マラリア

**解答**
日本脳炎は日本脳炎ウイルスによって引き起こされる．その他の選択肢の病原体は以下のとおり．
（1）発しんチフス：リケッチア

（4）　日本脳炎
（5）　レプトスピラ症

（2）　カンジダ症：真菌
（3）　マラリア：原虫
（5）　レプトスピラ症：スピロヘータ

正解（4）

**問題44**　感染症法により，全数把握が必要とされる感染症は次のうちどれか．
（1）　ヘルパンギーナ
（2）　A型肝炎
（3）　季節性インフルエンザ
（4）　手足口病
（5）　マイコプラズマ肺炎

**解 答**

　A型肝炎は第四類感染症に分類され，感染症法により全数把握が必要とされる感染症である．

正解（2）

**問題45**　5％溶液の次亜塩素酸ナトリウムを水で希釈して200 mg/Lの濃度の溶液を10 L作る場合，必要となる5％溶液の量として，最も近いものは次のうちどれか．
（1）　0.4 mL
（2）　2 mL
（3）　4 mL
（4）　20 mL
（5）　40 mL

**解 答**

　200 mg/Lの溶液10 Lに含まれる次亜塩素酸ナトリウムの量は次式で求まる．
　200〔mg/L〕×10〔L〕＝2 000〔mg〕
　　　　　　　　　　　＝2〔g〕
　必要となる5％溶液の量は次式で求まる．
　2〔g〕÷0.05＝40〔g〕
　溶液1 gは1 mLなので，
　40〔g〕＝40〔mL〕

正解（5）

**問題46**　次の用語とその単位との組合せとして，誤っているものはどれか．
（1）　絶対湿度 ——————— kg/kg(DA)
（2）　熱貫流抵抗 ——————— $m^2 \cdot K/W$
（3）　輝度 ——————— $cd/m^2$
（4）　音響透過損失 —————— dB
（5）　比熱 ——————— kJ/kg(DA)

**解 答**

　比熱とは，1 g当たりの物質の温度を1℃上げるのに必要な熱量のことで，その単位は，kJ/(kg·K)である．

正解（5）

**問題47**　下の図のようなA部材とB部材からなる外壁がある．いま，A部材とB部材の厚みと熱伝導率がそれぞれ14 cmと1.4 W/(m·K)，5 cmと0.2 W/(m·K)であり，室内側熱伝達率と屋外側熱伝達率がそれぞれ10 W/(m²·K)，20 W/(m²·K)であるとする．室内と屋外の温度差が20℃であるとき，この外壁の単位面積当たりの熱流量として，正しいものは次のうちどれか．
（1）　0.7 W/m²
（2）　1.4 W/m²
（3）　10 W/m²
（4）　40 W/m²
（5）　56 W/m²

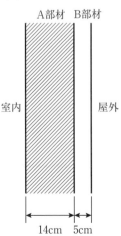

A部材　B部材

室内　　　　　屋外

14cm　5cm

**解 答**

　題意より，室内と屋外の温度差が20℃であるから，以下の式が成り立つ．
　$q \times R = 20$〔K〕
ここで，$q$：外壁の単位面積当たりの熱流量〔W/m²〕
　　　　　$R$：熱貫流抵抗〔(m²·K)/W〕
熱伝導抵抗は，熱伝導率の逆数なので，

$$R = \frac{1}{室内側熱伝達率} + A部材の熱伝導抵抗$$
$$+ B部材の熱伝導抵抗 + \frac{1}{屋外側熱伝達率}$$
$$= \frac{1}{10} + \frac{0.14}{14} + \frac{0.05}{0.2} + \frac{1}{20}$$
$$= 0.1 + 0.1 + 0.25 + 0.05$$
$$= 0.5〔(m^2 \cdot K)/W〕$$

したがって，求める単位面積当たりの

熱流量 $q$ は，

$$q = \frac{20 \text{[K]}}{0.5 \text{[(m}^2 \cdot \text{K)/W]}} = 40 \text{[W/m}^2\text{]}$$

正解(4)

**問題48** 湿り空気に関する次の記述のうち，最も不適当なものはどれか．

（1） 絶対湿度が一定の状態で，温度が上昇すると相対湿度は低下する．

（2） 相対湿度が同じ湿り空気では，温度が高い方が比エンタルピーは高い．

（3） 乾球温度が同じ湿り空気では，絶対湿度が高い方が水蒸気圧は高い．

（4） 露点温度における湿り空気では，乾球温度と湿球温度は等しい．

（5） 比エンタルピーが同じ湿り空気では，温度が高い方が絶対湿度は高い．

**解 答**

エンタルピーが同じ湿り空気では，温度が高い湿り空気の絶対湿度は，温度が低い湿り空気の絶対湿度よりも低い．

正解(5)

**問題49** 熱移動に関する次の記述のうち，最も不適当なものはどれか．

（1） 一般に，同一材料でも内部に水分を多く含むほど，熱伝導率は大きくなる．

（2） 固体内を流れる熱流は，局所的な温度勾配に熱伝導抵抗を乗じて求められる．

（3） 一般に，密度が大きい材料ほど，熱伝導率は大きくなる．

（4） 中空層の熱抵抗は，一定の厚さ（2〜5 cm）までは厚さが増すにつれて増大するが，それ以上ではほぼ一定となる．

（5） ガラス繊維などの断熱材の熱伝導率が小さいのは，繊維材によって内部の空気の流動が阻害されるためである．

**解 答**

固体内を流れる熱流は，局所的な温度勾配に熱伝導率（熱伝導抵抗の逆数）を乗じて求められる．

正解(2)

**問題50** 熱放射に関する次の記述のうち，最も不適当なものはどれか．

（1） 同一温度の物体間での放射に関し，物体の放射率と吸収率は等しい．

（2） 物体表面の太陽放射の吸収率（日射吸収率）は，必ずしも放射率と等しくならない．

（3） 簡略化した放射熱伝達式では，放射熱伝達率が用いられる．

（4） 常温物体から射出される電磁波は，波長が10 μm付近の赤外線が主体である．

（5） 温度が0℃の固体表面は，放射率に関わらず熱放射していない．

**解 答**

すべての物体は，その表面温度と表面特性に応じた大きさ，波長の電磁波を射出し，他の物体から電磁波を吸収しており，その波長は10 μm程度の赤外線が主体である．すなわち，温度が0℃の固体表面からも熱放射している．

正解(5)

**問題51** 流体力学に関する次の記述のうち，最も不適当なものはどれか．

（1） 連続の式（質量保存の法則）は，ダクト中の流体の温度，断面積，流速の積が一定となることを意味する．

**解 答**

連続の式（質量保存の法則）は，ダクト中の流体の密度，断面積，流速の積が一定となることを意味する．

（2） 無秩序な乱れによる流体塊の混合を伴う流れを乱流という.

（3） ベルヌーイの定理は，流れの力学的エネルギーの保存の仮定から導かれる.

（4） レイノルズ数が小さい流れでは，粘性が強い流れとなる.

（5） ダクトの形状変化に伴う圧力損失は，形状抵抗係数と風速の2乗に比例する.

正解（1）

**問題52** 下の図のように，風上側と風下側にそれぞれ一つの開口部を有する建築物における外部の自然風のみによる自然換気に関する次の記述のうち，最も不適当なものはどれか.

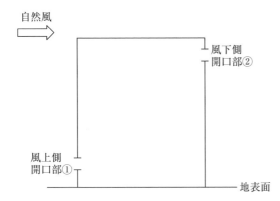

（1） 外部の自然風の風速が2倍になると，換気量は2倍になる.

（2） 換気量は，開口部①と②の風圧係数の差の平方根に比例する.

（3） 開口部①と②の両方の開口面積を2倍にすると，換気量は4倍になる.

（4） 風下側に位置する開口部②の風圧係数は，一般的に負の値となる.

（5） 各開口の流量係数は，開口部の形状に関係する.

正解（3）

**解 答**
開口部①と②の両方の開口面積を2倍にすると，換気量は2倍になる.

**解 答**
室温よりもやや低温の空調空気を床面付近に低速で供給し，天井面付近で排気する換気方式は，置換換気である.

**問題53** 室内気流に関する次の記述のうち，最も不適当なものはどれか.

（1） 混合換気（混合方式の換気）は，室温よりやや低温の空調空気を床面付近に低速で供給し，天井面付近で排気する換気方式である.

（2） コールドドラフトは，冷たい壁付近などでの自然対流による下降流が原因で生じることがある.

（3） 壁面上部からの水平吹出しの空気調和方式では，暖房時に居住域に停滞域が生じて上下温度差が大きくなりやすい.

（4） 天井中央付近から下向き吹出しの空気調和方式では，冷房時に冷気が床面付近に拡散し，室上部に停滞域が生じやすい.

（5） ドラフトとは不快な局部気流のことであり，風速，気流

変動の大きさ，空気温度の影響を受ける．

**問題54** 通風を行う開口部の通過風量に関する次の式のア〜ウに入る用語の組合せとして，正しいものはどれか．

建物の窓などの開口部で通風が行われる場合，通過風量 $Q$ は下記のような式に表すことができる．

$$Q = ア \sqrt{\frac{2}{イ}ウ}$$

| | ア | イ | ウ |
|---|---|---|---|
| (1) | 相当開口面積 | 空気の密度 | 開口部前後の圧力差 |
| (2) | 開口部前後の圧力差 | 相当開口面積 | 空気の密度 |
| (3) | 相当開口面積 | 開口部前後の圧力差 | 空気の密度 |
| (4) | 開口部前後の圧力差 | 空気の密度 | 相当開口面積 |
| (5) | 空気の密度 | 相当開口面積 | 開口部前後の圧力差 |

**解答**

建物の窓などの開口部で通風が行われる場合，通過風量 $Q$ は，開口部面積に比例し，圧力差の平方根に比例する．したがって，式は以下のようになる．

$Q = $ 相当開口面積

$\times \sqrt{\dfrac{2}{空気の密度} \times 開口部前後の圧力差}$

なお，単位は，相当開口面積が m²，開口部前後の圧力差が Pa で，空気の密度 $\fallingdotseq$ 1.2〔kg/m³〕である．

**問題55** 喫煙室において，1時間当たり15本のたばこが喫煙されているとき，喫煙室内の一酸化炭素濃度を建築物環境衛生管理基準値の6ppm以下に維持するために最低限必要な換気量として，最も近いものは次のうちどれか．

ただし，室内は定常状態・完全混合（瞬時一様拡散）とし，外気一酸化炭素濃度は0ppm，たばこ1本当たりの一酸化炭素発生量は0.0004 m³/hとする．

(1)  40 m³/h
(2)  66 m³/h
(3)  600 m³/h
(4)  1 000 m³/h
(5)  4 000 m³/h

**解答**

汚染物質のための必要換気量 $Q$ 〔m³/h〕は，

$$Q = \frac{D}{m_i - m_o}$$

ここで，$D$：汚染物質の発生量〔m³/h〕
$m_i$：室内の汚染物質許容濃度
$m_o$：屋外の汚染物質濃度

題意より，

$$Q = \frac{15 \times 0.0004}{0.000006 - 0} = 1\,000〔m³/h〕$$

**問題56** 換気と必要換気量に関する次の記述のうち，最も不適当なものはどれか．

(1) 必要換気量は，人体への影響，燃焼器具の影響，熱・水蒸気発生の影響等から決定される．
(2) 必要換気量は，人体から発生する二酸化炭素を基準として求めることが多い．
(3) 理論廃ガス量とは，燃料が不完全燃焼した場合の廃ガス量のことである．
(4) 機械換気は，送風機や排風機等の機械力を利用して室内の空気の入れ換えを行う．
(5) ハイブリッド換気は，自然換気の省エネルギー性と機械換気の安定性の両者の長所をいかした換気の方法である．

**解答**

理論廃ガス量とは，燃料が完全燃焼した場合の廃ガス量のことである．

**問題57** 空気清浄化と換気に関する次の記述のうち，最も不適当なものはどれか．

（1）　単位時間当たりに室内に取り入れる外気量を室容積で除したものを空気交換効率という．

（2）　換気の目的の一つに，室内空気と新鮮空気の入れ換えがある．

（3）　単位時間当たりに室内に取り入れる外気量を（外気による）換気量という．

（4）　室内における粉じんの除去は，空調機に設置されているエアフィルタにより行うことができる．

（5）　室内におけるガス状汚染物質の除去は，ケミカルエアフィルタにより行うことができるが，基本的には換気が重要である．

**解答**

単位時間当たりに室内に取り入れる外気量を室容積で除したものは，<u>換気回数</u>である．

なお，<u>空気交換効率</u>は，室全体の換気効率を表すものである．

正解（1）

**問題58** 浮遊粒子の動力学的性質に関する次の記述のうち，最も不適当なものはどれか．

（1）　抵抗係数は，ストークス域ではレイノルズ数に反比例する．

（2）　電荷をもつ粒子の電気移動度は，粒子の移動速度と電界強度の積である．

（3）　球形粒子の拡散係数は，粒径に反比例する．

（4）　沈着速度は，単位時間当たりの沈着量を気中濃度で除した値である．

（5）　球形粒子の重力による終末沈降速度は，粒径の二乗に比例する．

**解答**

電荷を持つ粒子の電気移動度は，粒子の移動速度を電界強度で除した値である．

正解（2）

**問題59** 個別方式の空気調和設備に関する次の記述のうち，最も不適当なものはどれか．

（1）　ビル用マルチパッケージには，同一室外機系統でも室内機ごとに冷暖房が選択できる冷暖房同時型というタイプがある．

（2）　圧縮機の駆動力は，電力を用いるものとガスエンジンによるものがある．

（3）　特殊なものを除き，通常は外気処理機能をもたない．

（4）　分散設置空気熱源ヒートポンプ方式では，圧縮機のON－OFF制御が主流である．

（5）　分散設置水熱源ヒートポンプ方式は，冷房と暖房が混在する場合には熱回収運転が可能である．

**解答**

分散設置空気熱源ヒートポンプ方式では，圧縮機のインバータによる<u>比例制御</u>が主流である．

正解（4）

**問題60** 定風量単一ダクト方式を図－Aに，冷房最大負荷時の状態変化を図－Bに示す．図－Aの各点に対する図－Bの状態点との組合せとして，最も適当なものは次のうちどれか．

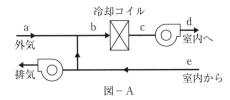

冷却コイル

図－A

**解答**

図－Bのエ→アは冷却コイルで冷却除湿される状態であり，問題文からア→イは冷房最大負荷時であることから，加熱・加湿されず，送風機を経て，ダクトを通じて，室内の吹出口に送風されるdに相当するのがイである．

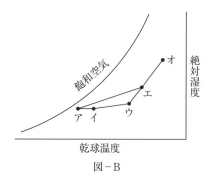

飽和空気

絶対湿度

オ

エ

ア イ ウ

乾球温度

図－B

|  | 図－A | 図－B |
|---|---|---|
| （1） | a ——— ア |
| （2） | b ——— ウ |
| （3） | c ——— エ |
| （4） | d ——— イ |
| （5） | e ——— オ |

正解（4）

**問題61** 空気調和方式と設備の構成との組合せとして，最も不適当なものは次のうちどれか．

（1） 定風量単一ダクト方式 ——— 混合ユニット

（2） 変風量単一ダクト方式 ——— VAVユニット

（3） ダクト併用ファンコイルユニット方式 ——— 還気ダクト

（4） 分散設置空気熱源ヒートポンプ方式 ——— 室外機

（5） 外調機併用ターミナルエアハンドリングユニット方式 ——— VAVユニット

**問題62** 湿り空気に関する次の記述のうち，最も不適当なものはどれか．

（1） 顕熱比とは，顕熱の変化量の，全熱の変化量に対する比である．

（2） 露点温度とは，湿り空気を冷却したとき飽和状態になる温度のことである．

（3） 絶対湿度とは，湿り空気中の水蒸気量の，湿り空気の全質量に対する比である．

（4） 相対湿度とは，ある湿り空気の水蒸気分圧の，その湿り空気と同一温度の飽和水蒸気分圧に対する比を，百分率で表したものである．

（5） 熱水分比とは，比エンタルピーの変化量の，絶対湿度の変化量に対する比である．

**問題63** 空気調和における湿り空気線図上での操作に関する次の記述のうち，最も不適当なものはどれか．

（1） 温水コイル通過後の空気は単純加熱となり，通過前後で絶対湿度は変化しない．

（2） 冷房時の室内熱負荷における顕熱比（SHF）が0.8の場合，

空調機からの吹出し空気の絶対湿度は室内空気より低くなる．
- （3） 暖房時に水噴霧加湿を用いる場合，給気温度は加湿前の温水コイルの出口温度と等しくなる．
- （4） 還気と外気の混合状態は，湿り空気線図上において還気と外気の状態点を結んだ直線上に求められる．
- （5） 冷水コイルによる冷却除湿では，バイパス空気によりコイル出口における空気の相対湿度は100％とならない．

**正解（3）**

**問題64** 同出力の蒸気圧縮冷凍機と比較した場合の吸収式冷凍機の特徴に関する次の記述のうち，最も不適当なものはどれか．
- （1） 冷凍機内は真空であり，圧力による破裂のおそれがない．
- （2） 回転部分が少なく，騒音・振動が小さい．
- （3） 特別な運転資格を必要としない．
- （4） 消費電力量が少ない．
- （5） 排熱回収に適さない．

**［解答］**
同出力の蒸気圧縮冷凍機と比較した場合，吸収式冷凍機は，加熱源の使用可能範囲が広く，排熱回収に適している．

**正解（5）**

**問題65** ボイラに関する次の記述のうち，最も不適当なものはどれか．
- （1） 鋳鉄製ボイラは，高温・高圧の蒸気の発生に適している．
- （2） 炉筒煙管ボイラは，直径の大きな横型ドラムを本体とし，燃焼室，煙管群で構成される．
- （3） 貫流ボイラは，水管壁に囲まれた燃焼室及び水管群からなる対流伝熱面で構成される．
- （4） 真空式温水発生器は，容量によらずボイラに関する取扱い資格は不要である．
- （5） 真空式温水発生器は，缶体内を真空に保持して水を沸騰させ，熱交換器に伝熱する．

**［解答］**
鋳鉄製ボイラは，小容量で，低温・低圧の蒸気の発生に適している．

**正解（1）**

**問題66** 冷凍機に用いられる冷媒とオゾン破壊係数（ODP）との組合せとして，最も不適当なものは次のうちどれか．

  〔冷媒〕  〔オゾン破壊係数〕
- （1） R11（CFC）————— 1
- （2） R32（HFC）————— 0.055
- （3） R123（HCFC）——— 0.02
- （4） R717（NH$_3$）——— 0
- （5） R744（CO$_2$）——— 0

**［解答］**
HFC系冷媒の一つであるR32は，代替フロンと呼ばれ，オゾン破壊係数（ODP）はゼロである．

**正解（2）**

**問題67** 熱源方式に関する次の記述のうち，最も不適当なものはどれか．
- （1） 地域冷暖房システムは，地域内の建築物や施設（需要家）同士が相互に熱を融通し，効率的に熱需要に対応する方式である．
- （2） ヒートポンプ方式は，1台の機器で冷水又は温水，あるいは必要に応じて冷水と温水を同時に製造するものがある．

**［解答］**
地域冷暖房システムは，一定地域内の建築物群に対して，熱源プラントで製造した熱媒を供給し，熱源装置の大型化・集約化・集中管理化によって，安全性や効率化が図られた方式である．

（3）　吸収冷凍機＋蒸気ボイラ方式は，空調以外の給湯・洗浄・消毒等の用途に高圧蒸気を必要とする病院，ホテル，工場等での採用例が多い．

（4）　コージェネレーション方式は，エンジンなどを駆動して発電するとともに，排熱を回収して利用する方式である．

（5）　蓄熱システムは，熱源設備により製造された冷熱・温熱を計画的に効率よく蓄熱し，必要な時に必要な量だけ取り出して利用するシステムである．

正解（1）

**問題68**　全熱交換器に関する次の記述のうち，最も不適当なものはどれか．

（1）　外気負荷の軽減を目的として，空気中の顕熱・潜熱を同時に熱交換する装置である．

（2）　回転型は，ロータの回転に伴って排気の一部が給気側に移行することがある．

（3）　静止型は，回転型よりも目詰まりを起こしにくい．

（4）　静止型の給排気を隔てる仕切り板は，伝熱性と透湿性をもつ材料で構成されている．

（5）　冬期・夏期のいずれも省エネルギー効果が期待できるが，中間期の運転には注意が必要である．

**解 答**

　回転型全熱交換器は，円筒形のエレメントの回転によって熱交換を行う．一方，静止型は給排気を隔てる仕切り板を伝熱性と透湿性を持つ材料で構成し，顕熱と潜熱の熱交換を同時に行うもので，<u>静止型は，回転型よりも目詰まりを起こしやすい．</u>

正解（3）

**問題69**　冷却塔に関する次の記述のうち，最も不適当なものはどれか．

（1）　開放型冷却塔は通風抵抗が大きいため，密閉型冷却塔よりも大きな送風機動力が必要である．

（2）　密閉型冷却塔は，電算室やクリーンルーム系統用に採用されることが多い．

（3）　開放型冷却塔では冷却水の水質管理，密閉型冷却塔では散布水の水質管理が重要である．

（4）　冷却能力が同等の場合，密閉型冷却塔は，開放型冷却塔よりも一般に大型である．

（5）　空調用途における冷却塔は，主として冷凍機の凝縮熱を大気に放出するためにある．

**解 答**

　開放型冷却塔は，循環する冷却水が直接空気に接触し，冷却水の一部が蒸発することによって残りの水が冷却されるもので，<u>密閉型冷却塔に比べて小型で，送風機動力も低減できる．</u>

正解（1）

**問題70**　空気調和機に関する次の記述のうち，最も不適当なものはどれか．

（1）　エアハンドリングユニットは，熱源設備から供給される冷水・温水・蒸気等を用いて空調空気を作り，各ゾーン・各室にダクトにより送風する．

（2）　ターミナルエアハンドリングユニットは，全熱交換器，制御機器，還気送風機等の必要機器が一体化された空調機である．

（3）　ファンコイルユニットは，送風機，熱交換器，エアフィルタ及びケーシングによって構成される室内設置用の小型空調機である．

（4）　パッケージ型空調機は，圧縮機，膨張弁，蒸発器，凝縮器等によって構成される．

**解 答**

　<u>ターミナルエアハンドリングユニット</u>は，空気－水方式に分類され，各室や細分化されたゾーンの空調に特化した小風量タイプの空気調和機である．

（5） パッケージ型空調機のうちヒートポンプ型は，採熱源に
　　　よって水熱源と空気熱源に分類される.

**問題71** 空気調和設備に用いられる加湿装置と除湿装置に
関する次の記述のうち，最も不適当なものはどれか.
（1） 冷却除湿機は，空気を冷却して露点温度以下にし，水蒸
　　　気を凝縮分離する方式である.
（2） 吸収式除湿機は，塩化リチウムなどの吸収剤を利用した
　　　湿式の除湿装置である.
（3） 蒸気式加湿器では，水中に含まれる微生物の放出により
　　　空気質が悪化することがある.
（4） 吸着式除湿機は，シリカゲルなどの固体吸着剤に水蒸気
　　　を吸着させて除湿する装置である.
（5） 気化式加湿器では，温度降下が生じる.

**解 答**

蒸気式加湿器は，蒸気を吹き出して空気に吸引させる蒸気吹出し方式の加湿器の総称で，無菌で，不純物を放出せず，温度降下がないのが特徴である.

正解(3)

**問題72** 送風機に関する次の記述のうち，最も不適当なも
のはどれか.
（1） 送風機は，吐出圧力の大きさに応じてファンとブロワに
　　　分類され，空気調和用の送風機はファンに属する.
（2） 遠心式送風機では，空気が軸方向から入り，軸に対して
　　　傾斜して通り抜ける.
（3） 送風系の抵抗曲線は，ダクトの形状やダンパの開度が変
　　　わると変化する.
（4） 軸流式送風機は，空気が羽根車の中を軸方向から入り，
　　　軸方向に通り抜ける.
（5） 横流式送風機は，空気が羽根車の外周の一部から入り，
　　　反対側の外周の一部へ通り抜ける.

**解 答**

遠心式送風機は，空気が羽根車の中を軸方向から入り，径方向に通り抜ける構造である.

正解(2)

**問題73** ダクトとその付属品に関する次の記述のうち，最
も不適当なものはどれか.
（1） 低圧ダクトの流速範囲は，15 m/s 以下である.
（2） フレキシブル継手は，ダクトと吹出口や消音ボックス等
　　　を接続する際に，位置調整のために設けられる.
（3） 可変風量ユニットの動作形式には，絞り式とバイパス式
　　　がある.
（4） 風量調整ダンパは，モータダンパの場合も，ダンパその
　　　ものの構造は手動ダンパと同等である.
（5） 丸ダクトは，スパイラルダクトに比べて，はぜにより高
　　　い強度が得られる.

**解 答**

スパイラルダクトと異なり，丸ダクトには「はぜ」がないので，スパイラルダクトよりも強度は劣る. なお，現在では，工場生産品として規格化されたスパイラルダクトが主流で，丸ダクトはあまり使用されていない.

正解(5)

**問題74** 吹出口に関する次の記述のうち，最も不適当なも
のはどれか.
（1） アネモスタット型吹出口は，誘引効果が高く均一度の高
　　　い温度分布が得られる.
（2） ノズル型吹出口は，拡散角度が大きく到達距離が短い.
（3） ライン型吹出口は，ペリメータ負荷処理用として窓際に
　　　設置されることが多い.

**解 答**

ノズル型吹出口は，軸流吹出口に分類され，一般に，軸流吹出口は，誘引比と拡散角度が小さく，到達距離が長いことが特徴である.

（4）　天井パネル型吹出口は，面状吹出口に分類される．

（5）　グリル型吹出口は，軸流吹出口に分類される．

正解(2)

**問題75**　空気調和設備のポンプ，配管及びその付属品に関する次の記述のうち，最も不適当なものはどれか．

（1）　バタフライ弁は，軸の回転によって弁体が開閉する構造である．

（2）　軸流ポンプは遠心ポンプと比較して，全揚程は小さいが吐出し量が多いという特徴をもつ．

（3）　伸縮継手は，温度変化による配管軸方向の変位を吸収するためのものである．

（4）　玉形弁は，流体の流量調整用として用いられる．

（5）　蒸気トラップは，機器や配管内で発生した高い蒸気圧力を速やかに外部に排出するための安全装置である．

**解答**

蒸気トラップは，機器や配管内で発生した凝縮水を蒸気から分離し，速やかに還水管へ排出するための装置である．

正解(5)

**問題76**　パッケージ型空調機方式で使用する外気処理ユニットに関する次の記述のうち，最も不適当なものはどれか．

（1）　ビル用マルチパッケージと同一の冷媒ラインに接続可能である．

（2）　導入した外気に加熱・冷却を行うことが可能である．

（3）　導入した外気は加湿された後に直膨コイルを通過する．

（4）　全熱交換器を組み込んだユニットである．

（5）　給排気の風量バランスについて注意が必要である．

**解答**

パッケージ型空調機方式で使用する外気処理ユニットでは，図のように，導入した外気は，プレフィルタ，全熱交換器，中性能フィルタ，送風機，直膨コイルを通過した後に，加湿ユニットを経て，給気される．

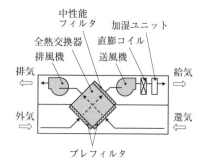

正解(3)

**問題77**　浮遊粉じんの測定法と測定器に関する次の記述のうち，最も不適当なものはどれか．

（1）　浮遊粉じんの浮遊測定法には，吸光光度法がある．

（2）　浮遊粉じんの捕集測定法には，フィルタ振動法がある．

（3）　デジタル粉じん計は，粉じんによる散乱光の波長により相対濃度を測定する．

（4）　建築物環境衛生管理基準に基づき，ローボリウムエアサンプラ法を用いる場合は，分粒装置を装着する必要がある．

（5）　デジタル粉じん計は，経年による劣化などが生じることから定期的に較正を行う必要がある．

**解答**

デジタル粉じん計は，粉じんによる散乱光の強さにより，相対濃度を測定する．すなわち，空気中の浮遊粒子に光を照射すると粒子から散乱光が生じる光散乱現象を利用し，その散乱光の強さが粉じん濃度と相対的に比例することを利用して測定するものである．

正解(3)

**問題78**　環境要素の測定に関する次の記述のうち，最も不適当なものはどれか．

（1）　グローブ温度は，室内気流速度が小さくなるに伴い，平

**解答**

超音波風速計は，超音波の到達時間と気流との関係を利用している．

均放射温度に近づく傾向にある．
（2）　超音波風速計は，超音波の強度と気流との関係を利用している．
（3）　電気抵抗式湿度計は，感湿部の電気抵抗が吸湿や脱湿により変化することを利用している．
（4）　バイメタル式温度計は，2種類の金属の膨張率の差を利用している．
（5）　アスマン通風乾湿計の乾球温度は，一般に湿球温度より高い値を示す．

正解（2）

[問題79]　次の汚染物質とその濃度又は強さを表す単位の組合せとして，最も不適当なものはどれか．
（1）　アセトアルデヒド ——— μg/m³
（2）　オゾン ——————— cfu/m³
（3）　粉じん ——————— mg/m³
（4）　硫黄酸化物 ————— ppm
（5）　アスベスト ————— 本/L

[解答]
オゾンの濃度の単位は μg/m³ あるいは ppm を使用する．
なお，cfu/m³ は真菌や浮遊細菌などのコロニー形成の単位である．

正解（2）

[問題80]　室内空気環境の測定に関する次の記述のうち，最も不適当なものはどれか．
（1）　一酸化炭素の測定には，定電位電解法がある．
（2）　二酸化炭素の測定には，非分散型紫外線吸収法がある．
（3）　窒素酸化物の測定には，吸光光度法がある．
（4）　イオウ酸化物の測定には，紫外線蛍光法がある．
（5）　オゾンの測定には，紫外線吸収法がある．

[解答]
二酸化炭素の測定法には，検知管方式，非分散型赤外線吸収法，気体容積法，凝縮気化法，ガスクロマトグラフ法などがある．

正解（2）

[問題81]　ホルムアルデヒドの簡易測定法として，最も不適当なものはどれか．
（1）　検知管法
（2）　光電光度法
（3）　燃料電池法
（4）　化学発光法
（5）　β線吸収法

[解答]
ホルムアルデヒドの簡易測定法には，検知管法，光電光度法，燃料電池法，化学発光法などがある．
なお，β線吸収法は，浮遊粉じんの測定法の一つである．

正解（5）

[問題82]　空気調和設備の維持管理に関する次の記述のうち，最も不適当なものはどれか．
（1）　冷却水系のレジオネラ属菌の増殖を抑制するには，化学的洗浄と殺菌剤添加を併用するのが望ましい．
（2）　空気調和設備の空気搬送系では，使用年数の経過につれダクト内部の清掃を考慮する必要がある．
（3）　建築物環境衛生管理基準に基づき，冷却塔の清掃は，1年以内ごとに1回，定期に行うこと．
（4）　建築物環境衛生管理基準に基づき，加湿装置は，使用開始時及び使用期間中の1か月以内ごとに1回，定期に汚れの状況を点検し，必要に応じ，清掃等を行うこと．
（5）　建築物環境衛生管理基準に基づき，空気調和設備内に設けられた排水受けは，6か月以内ごとに1回，定期にその

[解答]
建築物環境衛生管理基準では，空気調和設備内に設けられた排水受けは，使用開始時および使用期間中の1か月以内ごとに1回（1か月を超える期間使用しない場合を除く），定期に汚れの状況を点検し，必要に応じ，清掃等を行うことと規定されている．

汚れ及び閉塞の状況を点検し，必要に応じ，清掃等を行うこと．

**問題83** 音に関する次の記述のうち，最も不適当なものはどれか．
（1） 音圧レベルは，人間の最小可聴値の音圧を基準として定義された尺度である．
（2） 騒音レベルとは，人間の聴覚の周波数特性を考慮した騒音の大きさを表す尺度である．
（3） 時間によって変動する騒音は，等価騒音レベルによって評価される．
（4） 空気調和機から発生した音が隔壁の隙間などを透過してくる音は，固体伝搬音である．
（5） 遮音とは，壁などで音を遮断して，透過する音のエネルギーを小さくすることである．

**問題84** 騒音と振動に関する次の記述のうち，最も不適当なものはどれか．
（1） 不規則かつ大幅に変動する振動の表示方法として，時間率レベルが示されている．
（2） 回折減衰効果を利用した振動対策として防振溝がある．
（3） 道路交通振動に対する振動規制は，昼間より夜間の方が厳しい．
（4） 低周波数域の騒音に対する人の感度は低い．
（5） 低周波数の全身振動よりも高周波数の全身振動の方が感じやすい．

**問題85** 騒音レベル80 dBと86 dBの騒音を合成した場合の騒音レベルとして，最も近いものは次のうちどれか．
ただし，$\log_{10}2=0.3010$，$\log_{10}3=0.4771$，$\log_{10}5=0.6990$とする．
（1） 83 dB
（2） 86 dB
（3） 87 dB
（4） 89 dB
（5） 166 dB

**解 答**
空気調和機から発生した音が隔壁の隙間などを透過してくる音は，空気伝搬音である．
なお，固体伝搬音は，設備機器，ダクト・管路系などの振動が建築物躯体内を伝搬して居室の内装材から放射される音のことである．

**解 答**
全身振動は，低周波数域に対して感覚が鋭く，高周波数域へ周波数が増加するとともに感覚が鈍くなる．

**解 答**
同じ音圧レベル$L_1$〔dB〕の音を$x$個合成したときの音圧レベル$L_x$〔dB〕は以下の式で計算できる．
$L_x = L_1 + 10\log_{10}x$
すなわち，同じ音を2個合成したときの音圧レベル$L_2$は，以下のように約3 dB上昇する．
$L_2 = L_1 + 10 \times \log_{10}2 = L_1 + 10 \times 0.3010$
$= L_1 + 3.010$
同様にして，4個合成するのは2個合成した$L_2$を2個合成するのに等しいから，約6 dB上昇する．
$L_4 = (L_1 + 3.010) + 3.010 = L_1 + 6.020$
これより，80 dBと86 dBの音を合成するのは，80 dBの音を5個合成するのにほぼ等しい．したがって，
$L_5 = L_1 + 10\log_{10}5 = L_1 + 10 \times 0.6990$
$= L_1 + 6.990 = 86.990$

**問題86** 騒音・振動問題の対策に関する次の記述のうち，最も不適当なものはどれか．
(1) 新築の建物の使用開始直後において，騒音・振動について設計目標値を満たしているにもかかわらず発生するクレームは，保守管理責任の範疇ではない．
(2) 外部騒音が同じ場合，コンサートホール・オペラハウスの方が録音スタジオよりも高い遮音性能が求められる．
(3) 空気伝搬音を低減するためには，窓・壁・床等を遮音する必要がある．
(4) 経年による送風機の音・振動の発生状況に問題がないか確認するため，ベルトの緩み具合などを定期的に検査する．
(5) 寝室における騒音は，骨伝導で感知される固体伝搬音も評価する必要がある．

**解答**
日本建築学会遮音性能規準によれば，コンサートホールとオペラハウスの遮音等級はNC-25（1級．遮音性能上，優れている）あるいはNC-30（2級．遮音性能上，標準的）である．一方，録音スタジオの遮音等級はNC-20（1級．遮音性能上，優れている）あるいはNC-25（2級．遮音性能上，標準的）である．
NC値は，小さい値のほうが遮音性能は高いので，外部騒音が同じ場合，コンサートホールやオペラハウスよりも録音スタジオのほうが，高い遮音性能が求められる．

正解(2)

**問題87** 光と照明に関する次の記述のうち，最も不適当なものはどれか．
(1) 照明器具の不快グレアの程度を表すUGRは，値が大きいほどまぶしさの程度が大きいことを意味する．
(2) 設計用全天空照度は，快晴よりも薄曇りの方が高い．
(3) 色温度が高くなると，光色は青→白→黄→赤と変わる．
(4) 演色評価数が100に近い光源ほど，基準光で照らした場合の色に近い色を再現できる．
(5) 事務所における製図作業においては，文書作成作業よりも高い維持照度が求められる．

**解答**
色温度が高くなると，光色は赤→黄→白→青と変わる．

正解(3)

**問題88** ある部屋の作業面の必要照度が750 lxであった．ランプ1本当たりの光束が3 000 lmのランプの必要灯数として，最も近いものは次のうちどれか．
ただし，その部屋の床面積は100 m²，照明率を0.6，保守率を0.75とする．
(1) 15灯
(2) 25灯
(3) 34灯
(4) 42灯
(5) 56灯

**解答**
ランプの必要灯数$N$は，以下の式で表される．
$$N = \frac{E \times A}{F \times U \times M}$$
ここで，$E$：照度〔lx〕
　　　　$A$：面積〔m²〕
　　　　$F$：ランプ1灯当たりの光束〔lm〕
　　　　$U$：照明率
　　　　$M$：保守率
題意より，
$$N = \frac{750 \times 100}{3\,000 \times 0.6 \times 0.75} = 55.56$$
$$\fallingdotseq 56〔灯〕$$

正解(5)

**問題89** 照明に関する次の用語のうち，建築化照明に分類されないものはどれか．
(1) システム天井照明
(2) コードペンダント
(3) ルーバー照明
(4) コーニス照明
(5) コーブ照明

**解答**
建築化照明とは，照明器具を建築物の一部として，天井や壁などに組み込んだ照明方式である．設問の用語のうち，建築化照明に分類されていないのは，コードペンダントである．

正解(2)

**問題90** 空気調和設備におけるコミッショニングに関連する用語として，該当しないものは次のうちどれか．
- （1） BEMS
- （2） 性能検証
- （3） BCP
- （4） 運用最適化
- （5） FPT

---

**午後の部**　建築物の構造概論・給水及び排水の管理・清掃・ねずみ，昆虫等の防除

**問題91** CASBEE（建築環境総合性能評価システム）の評価対象の分野に，含まれていないものは次のうちどれか．
- （1） エネルギー消費
- （2） 火災安全
- （3） 資源循環
- （4） 地域環境
- （5） 室内環境

**問題92** 建築物と都市環境に関する次の記述のうち，最も不適当なものはどれか．
- （1） 半密閉の空間のようになる，両側を高い建築物で連続的に囲まれた道路空間は，ストリートキャニオンと呼ばれる．
- （2） 熱容量が大きい材料は，日射熱を蓄熱しやすい．
- （3） 内水氾濫による都市型洪水は，環境基本法で定義される公害の一つである．
- （4） 都市化により，都市の中心部の気温が郊外と比較して高くなる現象をヒートアイランド現象という．
- （5） 乱開発などによって市街地が広がることをスプロール現象という．

**問題93** 鉄筋コンクリート構造とその材料に関する次の記述のうち，最も不適当なものはどれか．
- （1） セメントペーストは，砂，セメント，水を練り混ぜたものである．
- （2） 梁（はり）に設けられた設備配管のための開孔部の径は，一般に

梁せいの1/3以下とする.
（3） コンクリートと鉄筋の線膨張係数は，ほぼ等しい.
（4） 柱の帯筋比は，0.2％以上とする.
（5） 中性化している部分のコンクリート表面か　らの距離を中性化深さという.

正解(1)

**問題94** 鉄骨構造とその材料に関する次の記述のうち，最も不適当なものはどれか.
（1） 梁部材には，形鋼や鋼板の組立て材などが用いられる.
（2） 鋼材の強度は温度上昇とともに低下し，1 000 ℃でほとんど零となる.
（3） 鉄骨構造は耐食性に乏しいため，防錆処理が必要である.
（4） 骨組の耐火被覆の厚さは，耐火時間に応じて設定する.
（5） 鋼材の炭素量が増すと，一般に溶接性が向上する.

**解 答**
鋼材の炭素量が増すと，一般に溶接性は低下する.

正解(5)

**問題95** 建築物の荷重と構造力学に関する次の記述のうち，最も不適当なものはどれか.
（1） 教室の床の構造計算をする場合の積載荷重は，一般に事務室より大きく設定されている.
（2） 地震力は，地震により建築物が振動することで生じる慣性力である.
（3） 片持ち梁に分布荷重が作用する場合，その先端にはせん断力は生じない.
（4） 支点には，固定端，回転端（ピン），移動端（ローラ）の3種類がある.
（5） 風圧力は，時間とともに変化する動的な荷重である.

**解 答**
教室の床の構造計算をする場合の積載荷重は，一般に事務室より小さく設定されている.

正解(1)

**問題96** 建築材料と部材の性質に関する次の記述のうち，最も不適当なものはどれか.
（1） コンクリートの混和材には，フライアッシュ，高炉スラグ，シリカヒューム等がある.
（2） 単板積層材（LVL）は，主に柱や梁に用いられる.
（3） 一般に，コンクリートのひび割れ幅が0.1〜0.2 mm以上になると鉄筋の腐食が著しくなる.
（4） 鋼材は等方性材料である.
（5） 木材の含水率は，水分を含んでいる木材の質量の，絶乾質量に対する割合をいう.

**解 答**
木材の含水率は，水分を含んだ木材の重量と全乾状態まで乾かしたときの重量の差を出し，全乾状態時の重量で割った値である.

正解(5)

**問題97** 建築物の電気設備に関する次の記述のうち，最も不適当なものはどれか.
（1） 実効値100 Vの交流電圧は，ピーク時の電圧が約140 Vである.
（2） 受変電設備の変圧器容量は，建築物内部の電気設備の負荷の合計値以上とするのが一般的である.
（3） 電線の配電距離が長くなると，電圧の低下を招く.
（4） 磁束密度は，電流の強さとコイルの巻き数との積に比例する.

**解 答**
受変電設備の変圧器容量は，建築物内部の電気設備の負荷合計に利用率を乗じて求める.

（5）　建築物の設備機械の動力は，三相誘導電動機を多く利用
している．

正解(2)

**問題98**　建築設備に関する次の記述のうち，最も不適当な
ものはどれか．
（1）　LPガス容器は一般的に鋼板製のものが多く，高圧ガス
保安法に基づく検査合格刻印がされたもの等でなければ使
用できない．
（2）　エスカレーターの公称輸送能力は，定格速度と踏段幅に
より決定される．
（3）　受変電設備とは，電力会社から送電された高圧電力を受
電し，所定の電圧に下げて建物内で安全に利用できるよう
にする設備である．
（4）　非常用エレベーターを複数設置する場合は，まとまった
位置に設けるのがよい．
（5）　エレベーターの安全装置は，建築基準法により定められ
ている．

**解 答**
　非常用エレベータを複数設置する場合
は，避難上および消火上有効な間隔を保っ
て配置しなければならない．

正解(4)

**問題99**　建築設備に関する次の記述のうち，最も不適当な
ものはどれか．
（1）　自動火災報知設備は，主に感知器，受信機，非常ベルな
どで構成される．
（2）　避雷設備は，高さ18mを超える建築物に設置が義務付
けられている．
（3）　建築基準法により，高さ31mを超える建築物（政令で定
めるものを除く．）には，非常用の昇降機を設けなければ
ならない．
（4）　勾配が30度を超え35度以下のエスカレーターの定格速
度は，30m/min以下とされている．
（5）　非常用照明装置は，停電を伴った災害発生時に居住者や
利用者を安全に避難させるための設備である．

**解 答**
　避雷設備は，高さ20mを超える建築
物に設置が義務付けられている．

正解(2)

**問題100**　火災性状に関する次の記述のうち，最も不適当な
ものはどれか．
（1）　フラッシュオーバーは，着火源から部屋全体に急速に燃
焼拡大する現象である．
（2）　火災時に階段等の竪穴区画に煙が入った場合，煙突効果
によって上階へ急速な煙の伝播を招くおそれがある．
（3）　減光係数は，煙の有毒性の定量的評価に用いられる指標
である．
（4）　火災時に室内の上部に形成される高温度の煙層は，火勢
の拡大を促進させる要因の一つである．
（5）　プルームは，火源の上方に形成される燃焼反応を伴わな
い熱気流のことである．

**解 答**
　減光係数は，煙の濃度を定量的に示す
指標である．

正解(3)

**問題101** 地震とその防災対策に関する次の記述のうち、最も不適当なものはどれか.

(1) 耐震診断は、建築物の耐震改修の促進に関する法律に定められている.

(2) Jアラートは、緊急の気象関係情報、有事関係情報を国から住民等に伝達するシステムである.

(3) マグニチュードの値が1大きくなると、エネルギーは約30倍大きくなる.

(4) 気象庁震度階級は、地震の揺れの強さを示す指標であり7階級に分類される.

(5) 耐震診断が義務付けられている「要安全確認計画記載建築物」には、都道府県又は市町村が指定する緊急輸送道路等の避難路沿道建築物が含まれる.

**解 答**

気象庁震度階級は、「震度0」「震度1」「震度2」「震度3」「震度4」「震度5弱」「震度5強」「震度6弱」「震度6強」「震度7」の<u>10階級</u>となっている.

正解(4)

**問題102** 消火設備に関する次の記述のうち、最も適当なものはどれか.

(1) 地球環境の問題から、現在はトリフルオロメタン(HFC-23)などがハロン代替薬剤として用いられている.

(2) 連結散水設備は、一般の人が操作しやすい消火設備である.

(3) 連結送水管設備では、高置水槽が置かれる場合、建築物の高さが70mを超える場合においてもブースターポンプは不要である.

(4) 屋内消火栓設備には1号消火栓と2号消火栓があり、工場・倉庫では2号消火栓が設置される.

(5) 各種消火器の消火能力を表す能力単位は、家庭用消火器の消火能力を「1」とした相対値で算定される.

**解 答**

(2) 連結散水設備は、火災時に消防ポンプ車が送水口から圧力水を送水し、散水ヘッドから放水して消火する.

(3) 連結送水管設備では、高さが70mを超える建築物の場合はブースターポンプを途中階に設ける.

(4) 屋内消火栓設備には、1号消火栓と2号消火栓がある. 工場・倉庫棟などでは1号消火栓でなければならない.

(5) 各種消火器の消火能力単位の判定には、A火災用とB火災用の消火模型が用いられ、消火した模型の大きさ、または個数によって能力単位が与えられる. 家庭用消火器の消火能力を「1」とした相対評価ではない.

正解(1)

**問題103** 法令で定められている建物の防火防災に関わる管理体制に関する次の記述のうち、最も不適当なものはどれか.

(1) 複数の管理権原者からなる防火対象物においては、共同防火管理体制を構築する必要がある.

(2) 一定の規模の建築物では、事業所単位や建築物単位で有資格の防火管理者を選任し、消防計画を作成する必要がある.

(3) 指定数量以上の危険物がある防火対象物では、防火管理者として危険物取扱者を選任する必要がある.

(4) 建築基準法令で定める特定建築物は、建築物調査・防火設備検査・建築設備検査の定期報告対象となる.

(5) 大規模事業所においては、従来の防火管理者、自衛消防組織に加えて、大地震などに備えた防災管理者を置くことが必要である.

**解 答**

防火管理者が危険物取扱者である必要はない.

正解(3)

**問題104** 建築基準法の用語に関する次の記述のうち，最も不適当なものはどれか．

（1） 床面積とは，建築物の各階又はその一部で，壁その他区画の屋外側（外壁）境界線で囲まれた部分の水平投影面積のことである．

（2） 容積率（延べ面積／敷地面積）の制限に関して，一定割合の自動車車庫，駐車場等の面積は，延べ面積から差し引くことができる．

（3） 居室とは，人がある程度長い時間使用し続ける室空間で，階段，廊下，洗面所等，一時的な使用に供するものは含まれない．

（4） 主要構造部には，建物の基礎及び土台は含まれない．

（5） 耐火性能とは，通常の火災が終了するまでの間，当該火災による建築物の倒壊及び延焼を防止するために当該建築物の部分に必要とされる性能をいう．

**解答**

床面積とは，建築物の各階またはその一部で，壁その他の区画の中心線で囲まれた部分の水平投影面積である．

正解（1）

**問題105** 建築物の維持管理に関する略語とその内容との組合せとして，最も不適当なものは次のうちどれか．

（1） PFI —— 民間主導の公共サービス事業

（2） BIM —— ビルエネルギー管理システム

（3） POE —— 建築物使用者の観点による性能評価システム

（4） LCCM —— 建物の生涯にわたって必要なすべての費用の管理

（5） ESCO —— 省エネルギー診断からシステム設計，効果の検証まで提供するエネルギー総合サービス事業

**解答**

BIMとは，Building Information Modelingの略称で，コンピューター上で建物の三次元モデル（BIMモデル）を作成し，建物づくりに活用していく仕組みである．

正解（2）

**問題106** 給水及び排水の管理に関する用語とその説明との組合せとして，最も不適当なものは次のうちどれか．

（1） バルキング
—— 排水槽の底部に沈殿した固形物や油脂等が集まったもの

（2） 自己サイホン作用
—— 排水が器具排水管内を満流で流れるときに，サイホンの原理によってトラップ内の封水が引かれ，残留封水が少なくなる現象

（3） クロスコネクション
—— 上水（飲料水）系統と他の配管系統を配管や装置により直接接続すること

（4） オフセット
—— 排水立て管の配管経路を平行移動するために，エルボ又はベンド継手で構成されている移行部分のこと

（5） ポンプのインバータ制御
—— 周波数を変えることでモータの回転数を変化させる，送水量の制御方法

**解答**

バルキングとは，活性汚泥の単位重量当たりの体積が増加して，沈降しにくくなる現象である．

正解（1）

**問題107** 給水及び排水の管理に関する用語の組合せとして，最も不適当なものは次のうちどれか．

（1） トリハロメタン —— 有機物質と消毒用塩素が反応して生成される物質
（2） バイオフィルム —— 微生物により形成された粘液性物質
（3） 白濁水 —————— 銅イオンの浸出
（4） 水質汚濁 ———— 富栄養化
（5） スケール ———— 炭酸カルシウム，炭酸マグネシウム等の析出物

**解答**

白濁水は，亜鉛めっき鋼管を用いた給水系で，亜鉛の腐食生成物が水に混ざることによって生じる．

正解（3）

**問題108** 水道施設に関する次の記述のうち，最も不適当なものはどれか．

（1） 取水施設を設ける場所の選定に当たっては，水量及び水質に対する配慮が必要である．
（2） 浄水処理は，一般に沈殿，ろ過，消毒の3段階からなる．
（3） 緩速ろ過法は，沈殿池で水中の土砂などを沈殿させた後に，緩速ろ過池で4～5m/日の速度でろ過する方法である．
（4） 送水施設は，浄水施設から配水施設まで浄水を送るための施設である．
（5） 配水池の必要容量は，計画1日最大給水量の8時間分を標準とする．

**解答**

配水池の必要容量は，計画1日最大給水量の12時間分を標準とする．

正解（5）

**問題109** 給水設備に関する次の記述のうち，最も不適当なものはどれか．

（1） 配水管から給水管に分岐する箇所での配水管の最小動水圧は，150 kPa以上を確保する．
（2） 水道法に基づく水質基準における一般細菌の基準値は，1 mLの検水で形成される集落数が100以下である．
（3） 水道法に基づく水質基準における総トリハロメタンの基準値は，0.1 mg/L以下である．
（4） 水道法に基づく水質基準における鉛及びその化合物の基準値は，0.05 mg/L以下である．
（5） 一般水栓における必要水圧は，30 kPaである．

**解答**

水道法に基づく水質基準における鉛及びその化合物の基準値は，0.01 mg/L以下である．

正解（4）

**問題110** 給水設備で使用される貯水槽に関する次の記述のうち，最も不適当なものはどれか．

（1） 鋼板製貯水槽は，防錆処理被膜の劣化状況の定期的な点検が必要である．
（2） FRP製貯水槽は，耐食性に優れている．
（3） FRP製貯水槽は，耐震などの機械的強度が高い．
（4） ステンレス鋼板製貯水槽は，表面がきれいで汚れも付きにくい．
（5） 木製貯水槽は，断熱性に優れている．

**解答**

FRP製貯水槽は，機械的強度が低いため，耐震補強が必要である．

正解（3）

**問題111** 給水設備に関する次の記述のうち，最も不適当なものはどれか．

- （1） 飲料用の貯水槽の上部には，原則として飲料水の配管以外の機器・配管を設けてはならない．
- （2） ウォータハンマ防止器は，防止器の破壊を避けるため急閉止弁などから十分離れた箇所に設ける．
- （3） 貯水槽の流入管は，ボールタップや電極棒の液面制御に支障がないように，波立ち防止策を講じる．
- （4） 厨房の給水配管では，防水層の貫通を避ける．
- （5） 水の使用量が極端に減少する期間がある建築物の貯水槽では，少量貯水用の水位制御電極を併設し，使用水量の状態に合わせて水位設定を切り替えて使用する．

解 答
　ウォーターハンマ防止器は，防止器の破壊を避けるため，急閉止弁などに近接した箇所に設ける．

正解(2)

**問題112** 給水設備に関する次の記述のうち，最も不適当なものはどれか．

- （1） 高層ホテルのゾーニングにおける給水の上限水圧は，0.3 MPaである．
- （2） 小便器洗浄弁の必要水圧は，70 kPaである．
- （3） 事務所における1日当たりの設計給水量は，節水器具を使用する場合70〜100 L/人である．
- （4） 給水配管の管径は，管内の流速が2.0 m/s以下となるように選定する．
- （5） 高置水槽の有効容量は，一般に1日最大使用水量の1/10である．

解 答
　事務所における1日当たりの設計給水量は，節水器具を使用する場合，40〜60L/人である．

正解(3)

**問題113** 給水設備に用いられる配管とその接合方法との組合せとして，最も不適当なものは次のうちどれか．

- （1） 合成樹脂ライニング鋼管 ——— ねじ接合(管端防食継手の場合)
- （2） 銅管 ——————————— 差込みろう接合
- （3） ステンレス鋼管 ————— メカニカル形接合
- （4） 硬質ポリ塩化ビニル管 ——— 融着接合
- （5） 架橋ポリエチレン管 ————— メカニカル形接合

解 答
　給水設備に用いられる硬質ポリ塩化ビニル管の接合は，接着接合とする．

正解(4)

**問題114** 飲料用貯水槽の清掃に関する次の記述のうち，最も不適当なものはどれか．

- （1） 清掃時は，必要に応じてガード付き作業灯を取り付け，作業時の貯水槽内の安全な照明を確保する．
- （2） 高置水槽と受水槽の清掃は，原則として同じ日に行い，受水槽の清掃を行った後に高置水槽の清掃を行う．
- （3） 清掃終了後は，2回以上貯水槽内の消毒を行う．
- （4） 消毒後の水洗い及び水張りは，消毒終了後少なくとも30分以上経過してから行う．
- （5） 清掃終了後の水質検査における濁度の基準値は，5度以下である．

解 答
　清掃終了後の水質検査における濁度の基準値は，2度以下である．

正解(5)

**問題115** 給水設備の保守管理に関する次の記述のうち、最も不適当なものはどれか.
(1) 貯水槽における定水位弁・電極棒等の付属装置の動作不良により、断水・溢水事故を起こすことがある.
(2) 給水ポンプの軸受部がグランドパッキンの場合は、水滴が滴下していないことを確認する.
(3) 管更生工法の一つに合成樹脂ライニングによる工法がある.
(4) 給水ポンプの電流値が変動している場合は、異物のかみ込みなどの可能性がある.
(5) 受水槽の水位制御の作動点検は、槽内のボールタップを手動で操作して行う.

**解答**
給水ポンプの軸受部がグランドパッキンの場合は、水滴が連続的に滴下する程度(0.5 cm²/s)の水が出ていることを確認する.

正解(2)

**問題116** 給湯設備に使用される配管に関する次の記述のうち、最も不適当なものはどれか.
(1) 循環式給湯設備の下向き配管方式における給湯横主管は、下り勾配とする.
(2) 耐熱性硬質ポリ塩化ビニル管の線膨張係数は、ポリブテン管の線膨張係数より大きい.
(3) 自然循環方式は、配管形状が複雑な中央式給湯設備には適さない.
(4) 返湯管の管径は、給湯循環ポンプの循環量から決定するが、一般には給湯管の管径の半分程度である.
(5) 局所給湯方式において、加熱装置から給湯箇所までの距離が短い場合は、単管式で配管する.

**解答**
耐熱性硬質ポリ塩化ビニル管の線膨張係数(0.00006〜0.00008)は、ポリブテン管線膨張係数(0.00012〜0.0015)より小さい.

正解(2)

**問題117** 給湯設備の省エネルギーに関する次の記述のうち、最も不適当なものはどれか.
(1) 部分負荷を考慮し、エネルギー利用効率の高い熱源機器を採用する.
(2) エネルギーと水の節約を図るため、湯と水を別々の水栓から出さずに混合水栓を使用する.
(3) 配管経路を短縮する.
(4) 中央式給湯方式の循環ポンプは、連続運転とせず、給湯管(往き管)の温度が低下した場合に作動させる.
(5) 排水からの熱回収をする場合、熱交換器の腐食などによる湯の汚染を防止するために間接熱交換方式とする.

**解答**
中央式給湯方式では、循環ポンプを設けるが、省エネルギーのためにはポンプを連続運転しないで、返湯管に水用サーモスタットを設けて給湯管の温度が低下したら運転するようにする.

正解(4)

**問題118** 給湯設備に関する次の記述のうち、最も不適当なものはどれか.
(1) スリーブ形伸縮管継手は、伸縮の吸収量が最大200 mm程度である.
(2) 中央式給湯設備の末端給湯温度は、ピーク使用時においても55 ℃以上とする.
(3) 事務所用途の建築物における1日当たりの設計給湯量は、30 L/人程度である.
(4) 耐熱性硬質塩化ビニルライニング鋼管の使用温度は、

**解答**
事務所用途の建築物における1日当たりの設計給湯量は、7〜10 L/人程度である.

85 ℃以下とする.
（5） ガス瞬間湯沸器の能力表示で1号とは，流量1 L/minの水の温度を25 ℃上昇させる能力である.

正解（3）

**問題119** 給湯設備に関する次の記述のうち，最も不適当なものはどれか.
（1） 密閉式膨張水槽を設ける場合には，逃し弁も設ける.
（2） 加熱装置から逃し管を立ち上げる場合は，水を供給する高置水槽の水面よりも高く立ち上げる.
（3） 給湯量を均等に循環させるため，返湯管に定流量弁を設ける.
（4） SUS 444製の貯湯槽は，腐食を防止するために電気防食を施す.
（5） 配管内の空気や水が容易に抜けるように，凹凸配管とはしない.

**解 答**
　SUS444製の貯湯槽は，腐食を防止するために電気防食を施してはならない.

正解（4）

**問題120** 給湯設備の循環ポンプに関する次の記述のうち，最も不適当なものはどれか.
（1） ポンプは，背圧に耐えるものを選定する.
（2） ポンプの循環流量は，加熱装置における給湯温度と返湯温度との温度差に比例する.
（3） ポンプの揚程は，循環管路系で最も大きくなる管路における摩擦抵抗・局部抵抗による圧力損失から決定する.
（4） ポンプには，接液部をステンレス鋼製としたものが多く使用されている.
（5） ポンプで脈動による騒音・振動が発生した場合の対応として，ポンプの吐出し側にサイレンサなどを設置する.

**解 答**
　ポンプの循環流量は，加熱装置における給湯温度と返湯温度との温度差に反比例する.

正解（2）

**問題121** 給湯設備の保守管理内容とその実施頻度との組合せとして，最も不適当なものは次のうちどれか.
（1） 第一種圧力容器の定期自主検査 ―― 6か月以内ごとに1回
（2） 第二種圧力容器の定期自主検査 ―― 1年以内ごとに1回
（3） 小型圧力容器の定期自主検査 ―― 1年以内ごとに1回
（4） シャワーヘッドの定期点検 ―― 6か月に1回以上
（5） 給湯配管類の管洗浄 ―― 1年に1回以上

**解 答**
　第一種圧力容器は，1か月以内ごとに1回，定期自主点検を行う.

正解（1）

**問題122** 給湯設備の保守管理に関する次の記述のうち，最も不適当なものはどれか.
（1） 中央式給湯方式においては，加熱により残留塩素が消滅する場合があるため，その水質には留意する.
（2） 開放式の貯湯槽においては，外部からの汚染の経路となりやすいマンホールの気密性，オーバフロー管の防虫網の

**解 答**
　給湯水の流量を調整するためには，玉形弁を使用する.

完全性等を点検する.

（3）　給湯水の流量を調節するためには，仕切弁を使用する.

（4）　使用頻度の少ない給湯栓は，定期的に滞留水の排出を行い，給湯温度の測定を行う.

（5）　給湯循環ポンプは，作動確認を兼ねて定期的に分解・清掃を実施する.

正解(3)

**問題123**　雑用水設備に関する次の記述のうち，最も不適当なものはどれか.

（1）　雑用水とは，人の飲用，その他それに準じる用途以外の用途に供される水の総称である.

（2）　散水，修景又は清掃の用に供する雑用水は，し尿を含む水を原水として用いない.

（3）　広域循環方式は，個別循環方式に比べて下水道への排水量が減少する.

（4）　雑用水受水槽に上水を補給する場合は，吐水口空間を設けて給水する.

（5）　雑用水は，災害時における非常用水の原水として利用することができる.

[解答]
広域循環方式を採用しても，下水道への排水量は減少しない.

正解(3)

**問題124**　排水再利用設備の維持管理に関する次の記述のうち，最も不適当なものはどれか.

（1）　スクリーンにおいては，汚物が堆積しないように適時除去する.

（2）　流量調整槽においては，ポンプが正常に作動し，所定流量を保つよう調整する.

（3）　活性炭処理装置においては，通水速度を適正に保持する.

（4）　ろ過装置においては，ろ材の洗浄が適切に行われていることを点検する.

（5）　消毒槽においては，フロック形成状態が最良であることを確認する.

[解答]
消毒槽においては，再利用水中の遊離残留塩素の保持の確認と，注入量を管理する.

正解(5)

**問題125**　建築物衛生法施行規則に規定されている雑用水の水質基準項目と基準のうち，誤っているものはどれか.

〔水質基準項目〕　　　〔基準〕

（1）　臭気 —————— 異常でないこと.

（2）　pH値 ————— 5.8以上8.6以下であること.

（3）　大腸菌 ————— 検出されないこと.

（4）　塩化物イオン ——— 200 mg/L以下であること.

（5）　濁度 —————— 2度以下であること.

[解答]
雑用水の水質基準項目には，塩素(塩化物)イオンは含まれない.

正解(4)

**問題126**　排水の水質に関する次の記述のうち，最も不適当なものはどれか.

（1）　全窒素は，アンモニア性窒素，亜硝酸性窒素及び硝酸性窒素の総和である.

（2）　浮遊物質(SS)は，試料を孔径1 μmのガラスファイバろ紙でろ過し，蒸発乾固したろ紙上の残留物の重量で表す.

[解答]
全窒素は，有機性窒素と無機性窒素の総和である.

（3） 溶存酸素（DO）は，水中に溶解している分子状の酸素である．

（4） 生物化学的酸素要求量（BOD）は，主として水中の有機物質が好気性微生物によって分解される際に消費される酸素量を表す．

（5） 流入するリン化合物は，生活排水，畜産排水，工場排水等に由来する．

正解（1）

**問題127** 排水トラップと阻集器に関する語句の組合せとして，最も不適当なものは次のうちどれか．

（1） ドラムトラップ —— 非サイホントラップに分類

（2） 雨水トラップ —— ルーフドレンからの悪臭の防止

（3） オイル阻集器 —— ガソリン及び油類の流出阻止，分離，収集

（4） わんトラップ —— サイホントラップに分類

（5） 砂阻集器 —— 土砂・石粉・セメント等の流出阻止，分離，収集

**解 答**
わんトラップは，非サイホントラップに分類される．

正解（4）

**問題128** 排水通気設備に関する次の記述のうち，最も不適当なものはどれか．

（1） 排水管への掃除口の設置間隔は，管径100 mm以下の場合は，15 m以内とする．

（2） 排水トラップの脚断面積比（流出脚断面積/流入脚断面積）が大きくなると，封水強度は大きくなる．

（3） 飲料用水槽において，管径75 mmの間接排水管に設ける排水口空間は，最小150 mmとする．

（4） ドーム状のルーフドレンのストレーナ部分の開口面積は，それに接続する排水管の管断面積の2倍程度が必要である．

（5） 管径125 mmの排水横管の最小勾配は，1/200である．

**解 答**
管径125 mmの排水横管の最小勾配は，1/150である．

正解（5）

**問題129** 排水通気配管に関する次の記述のうち，最も不適当なものはどれか．

（1） 排水横管から通気管を取り出す場合，通気管は排水管断面の垂直中心線上部から45°以内の角度で取り出す．

（2） ループ通気管は，最上流の器具排水管が排水横枝管に接続される位置のすぐ下流側から立ち上げて，通気立て管に接続する．

（3） 結合通気管は，通気立て管と排水横枝管の間に設ける通気管で，排水立て管内の圧力を緩和する．

（4） 通気立て管の下部は，排水立て管に接続されている最低位の排水横枝管より低い位置で，排水立て管から取り出す．

（5） 排水立て管と排水横主管の接続部には，大曲がりベンドなどを用いる．

**解 答**
結合通気管は，通気立て管と排水立て管の間で直接通気をとって，圧力変動を緩和する．

正解（3）

**問題130** 排水管に設置する掃除口と排水ますに関する次の記述のうち，最も不適当なものはどれか．

（1） 雨水ますの底部には150 mm程度の泥だめを設け，土砂などが下水道へ流出することを防止する．

（2） 掃除口の口径は，排水管の管径が125 mmの場合は75 mmとする．

（3） 雨水ますの流出管は，流入管よりも管底を20 mm程度下げて設置する．

（4） 敷地排水管の直管が長い場合，排水ますは管内径の120倍を超えない範囲に設置する．

（5） 排水管が45°を超える角度で方向を変える箇所には，掃除口を設置する．

**解答**
掃除口の口径は，排水管の管径が100 mmを超える場合は，100 mmより小さくしてはならない．

正解（2）

**問題131** 排水槽と排水ポンプに関する次の記述のうち，最も不適当なものはどれか．

（1） 排水水中ポンプは，吸込みピットの壁面から200 mm以上離して設置する．

（2） 排水槽のマンホールは，排水水中ポンプ又はフート弁の直上に設置する．

（3） 即時排水型ビルピット設備は，排水槽の悪臭防止に有効である．

（4） 排水槽の底の勾配は，吸込みピットに向かって1/15以上1/10以下とする．

（5） 汚物ポンプの最小口径は，40 mmとする．

**解答**
汚物ポンプの最小口径は，80 mmとする．

正解（5）

**問題132** 排水通気設備に関する次の記述のうち，最も不適当なものはどれか．

（1） 自然流下式の排水横管の勾配は，管内流速が0.6〜1.5 m/sになるように設ける．

（2） 排水立て管のオフセット部の上下600 mm以内には，排水横枝管を設けてはならない．

（3） 排水槽のマンホールの大きさは，直径が60 cm以上の円が内接することができるものとする．

（4） トラップが組み込まれていない阻集器には，その入口側にトラップを設ける．

（5） 伸頂通気方式の排水横主管の水平曲がりは，排水立て管の底部より3 m以内に設けてはならない．

**解答**
トラップが組み込まれていない阻集器には，その出口側にトラップを設ける．

正解（4）

**問題133** 排水設備の清掃と診断に関する次の記述のうち，最も不適当なものはどれか．

（1） スネークワイヤ法は，排水管内のグリースなどの固い付着物の除去に使用する方法である．

（2） 酸性洗浄剤は，小便器配管の尿石の除去に使用する．

（3） ウォータラム法は，洗浄ノズルから高圧の水を噴射し，噴射力を利用して排水管内を洗浄する方法である．

（4） ロッド法は，1〜1.8 mのロッドをつなぎ合わせ，手動で排水管内に挿入し清掃する方法である．

**解答**
ウォータラム法は圧縮空気の衝撃による方法で，密閉した管内に水を送り，圧縮空気を一気に放出してその衝撃で閉塞物を除去する．

（5）　排水管内部の腐食状況の診断には，内視鏡以外に超音波厚さ計などが用いられる．

**問題134**　排水設備の保守管理に関する次の記述のうち，最も不適当なものはどれか．
（1）　排水水中ポンプのメカニカルシールの交換は，1〜2年に1回程度行う．
（2）　グリース阻集器では，2か月に1回程度，槽内の底部，壁面等に付着したグリースや沈殿物を除去する．
（3）　排水槽の清掃は，6か月以内ごとに1回行う．
（4）　高圧洗浄による排水管の清掃では，5〜30 MPaの圧力の水を噴射させて洗浄する．
（5）　排水ポンプは，1か月に1回絶縁抵抗の測定を行い，1 MΩ以上であることを確認する．

**解答**
グリース阻集器では，7〜10日くらいの間隔でグリース沈殿物を除去する．

正解(2)

**問題135**　衛生器具設備に関する次の記述のうち，最も不適当なものはどれか．
（1）　大便器洗浄弁の必要水圧は，50 kPaである．
（2）　温水洗浄式便座への給水は，上水を用いる．
（3）　衛生器具は，給水器具，水受け容器，排水器具及び付属品の四つに分類される．
（4）　洗面器の取り付け状態は，2か月に1回，定期に点検する．
（5）　大便器の洗浄水量は，JIS A 5207において，I形は8.5 L以下と区分されている．

**解答**
大便器洗浄弁の必要水圧は，70 kPaである．

正解(1)

**問題136**　小便器に関する次の記述のうち，最も不適当なものはどれか．
（1）　壁掛型は，駅やホテルの共用部などにおいて床清掃のしやすさから選定されている．
（2）　床置型は，洗浄面が広いため，その洗浄に注意しないと臭気が発散する．
（3）　小便器のリップの高さとは，床面からあふれ縁までの垂直距離をいう．
（4）　自動感知洗浄弁には，便器分離型と便器一体型がある．
（5）　使用頻度の高い公衆便所用小便器の排水トラップは，小便器一体のものが適している．

**解答**
使用頻度の高い公衆便所用小便器の排水トラップは，着脱式のものが増えている．

正解(5)

**問題137**　環境省関係浄化槽法施行規則第1条の2（放流水の水質の技術上の基準）に規定されているBODの値として，正しいものは次のうちどれか．
（1）　20 mg/L以下
（2）　30 mg/L以下
（3）　60 mg/L以下
（4）　90 mg/L以下
（5）　120 mg/L以下

**解答**
環境省関係浄化槽法施行規則第1条の2（放流水の水質の技術上の基準）に規定されているBDDの値は，20 mg/L以下である．

正解(1)

**問題138** 浄化槽の単位装置として採用されている接触ばっ気槽の点検項目として，最も不適当なものは次のうちどれか．
- （1） 水温
- （2） pH
- （3） ばっ気部分の発泡状況
- （4） MLSS濃度
- （5） 生物膜の付着状況

【解答】
　浄化槽の単位装置として採用されている接触ばっ気槽の点検項目には，MLSS濃度は含まれていない．

正解（4）

**問題139** 特殊設備に関する次の記述のうち，最も不適当なものはどれか．
- （1） 入浴設備の打たせ湯には，循環している浴槽水を用いる．
- （2） HACCP方式は，食品製造に関して原材料の受入れから最終製品の出荷までの各段階におけるリスク分析に基づき，重要管理点を定めて連続的に監視する安全性確保のための衛生管理手法である．
- （3） プール水の消毒設備には，塩素剤に加えてオゾン消毒や紫外線消毒を併用する例がある．
- （4） 文部科学省は学校給食施設に対し，厨房の床面にドライシステム（ドライフロア）を導入するよう求めている．
- （5） 水景設備は，水のもつ親水機能や環境調整機能によって空間を演出するものである．

【解答】
　入浴設備である打たせ湯には，循環している浴槽水を用いてはならない．

正解（1）

**問題140** 消火設備に関する次の記述のうち，最も不適当なものはどれか．
- （1） 消火器は，火災の初期発見段階での消火を目的としたものである．
- （2） 泡消火設備は，消火薬剤による負触媒作用を主とした消火方法である．
- （3） 不活性ガス消火設備は，不活性ガスの放出による酸素濃度の低下を主とした消火方法である．
- （4） 閉鎖型スプリンクラ設備は，火災が発生した際に，スプリンクラヘッドが熱感知し，散水して初期消火するものである．
- （5） 屋外消火栓には，消火栓弁，ホース，ノズルを内蔵した屋外消火栓箱型と，地下ピット格納型，地上スタンド型がある．

【解答】
　泡消火設備は，消火薬剤として水と泡原液を混合させて泡消化剤をつくり，この泡で燃焼物を覆い，窒息作用と冷却作用により消火する方法である．

正解（2）

**問題141** 建築物における衛生的環境の維持管理について（平成20年1月25日健発第0125001号）に示された，建築物環境衛生維持管理要領に関する次の記述のうち，最も不適当なものはどれか．
- （1） 建築物の当該清掃において，建築物の用途，使用状況並びに劣化状況，建築資材等を考慮した年間作業計画及び作業手順書を作成し，それに基づき実施すること．
- （2） 清掃に用いる洗剤や床維持剤は，利用者や清掃従事者等の健康及び環境に配慮したもの，並びに建築資材に適合したものを用い，使用及び管理を適切に行うこと．

【解答】
　建築物衛生法施行規則第20条の帳簿書類には，次のように規定されている．
（帳簿書類）
第20条　特定建築物所有者等は，次の各号に掲げる帳簿書類を備えておかなければならない．
　一　空気環境の調整，給水及び排水の管理，清掃並びにねずみ等の防除の状況（これらの措置に関する測定又は検査の結果並びに当該措置に関す

（3）　建築物内で発生する廃棄物の分別，収集，運搬及び貯留については，安全で衛生的かつ効率的な方法により，速やかに処理すること．

（4）　清掃用資機材の保管庫内は，整頓され，清潔で，ねずみ・昆虫等が生息あるいは出入りしていないこと．

（5）　建築物衛生法施行規則第20条の帳簿書類には，清掃，点検及び整備の予定表，作業内容，実施者の名簿等を記載すること．

る設備の点検及び整備の状況を含む．）を記載した帳簿書類

したがって，点検及び整備の予定表ではなく，「点検及び整備の状況等」を記載する必要がある．

正解（5）

---

**問題142**　建築物衛生法施行規則に定められた建築物清掃業の登録基準の内容として，最も不適当なものは次のうちどれか．

（1）　清掃用機械器具として，真空掃除機，噴霧器を有すること．

（2）　清掃作業に従事するすべての者が，規則に規定する研修を修了したものであること．

（3）　清掃作業に従事する者の研修内容は，清掃用機械器具，資材の使用方法，清掃作業の安全・衛生に関するものであること．

（4）　清掃作業の監督を行う者は，厚生労働大臣の登録を受けた者が行う清掃作業監督者講習又は再講習の課程を修了して6年を経過していないこと．

（5）　清掃作業及び清掃用機械器具等の維持管理の方法が，厚生労働大臣が別に定める基準に適合していること．

**解答**

清掃用機械器具として，真空掃除機，床みがき機を有することと規定されている．

正解（1）

---

**問題143**　建築物清掃の作業計画に関する次の記述のうち，最も不適当なものはどれか．

（1）　廊下壁面のスポット洗浄は，一般に定期清掃で実施する．

（2）　廊下壁面のスイッチ回りの洗剤拭きは，一般に定期清掃として実施する．

（3）　ELVカゴ内部の除じんは，一般に定期清掃として実施する．

（4）　階段の手すり拭きは，一般に日常清掃として実施する．

（5）　トイレ・洗面所の換気口の除じんは，一般に定期清掃で実施する．

**解答**

ELV（エレベーター）カゴ内部の除じんは，一般に日常清掃として実施する．

正解（3）

---

**問題144**　建築物清掃の作業計画を作成することによる利点に関する次の記述のうち，最も不適当なものはどれか．

（1）　日常清掃で除去する汚れと，定期的に除去する汚れを区別して計画することにより，作業効率と作業成果の向上が得られる．

（2）　清掃現場の状況に応じて作業者が計画を変更して作業を実施することで，限られた時間に一定の成果を得られる．

（3）　作業内容が明確化されているため，統一的な指導ができる．

（4）　作業者及び作業内容の計画的な管理と記録の保存により，責任所在が明確になる．

（5）　実施内容をデータとして蓄積して作業を改善することで，効率化のための作業改善が得られる．

**解答**

清掃現場の状況に応じて作業者が計画を変更して作業を実施することは，ときには必要である．しかし，作業計画作成の利点は，計画的に作業を実施することによって，限られた時間に一定の成果を得られることである．

正解（2）

**問題145** 建築物清掃の資機材保管庫に関する次の記述のうち，最も不適当なものはどれか．
(1) 照明設備，空気調和設備等を設けるとともに，衛生面にも配慮して手洗場などを設ける．
(2) 清掃作業を効率的に進めるには，建築物の規模に見合った専用の資機材保管庫が必要である．
(3) 設置位置は，エレベーターなどに近く，資機材の移動が容易に行える場所とする．
(4) 資機材の保管のしやすさを考慮し，建築物の規模・形態に関わらず，資機材保管庫は1箇所に集約する．
(5) 床や壁面を不浸透性材料にする．

**解答**
資機材保管庫は，建築物の規模・形態に応じて，1か所に集約するか，または複数箇所に設ける．

正解(4)

**問題146** 建築物清掃の品質評価に関する次の記述のうち，最も不適当なものはどれか．
(1) 品質評価は，利用者の立場に立って実施する．
(2) 建築物清掃の実施結果を点検し，建築物利用者の要求品質と実際の品質とのギャップを修正する．
(3) 仕様書に基づき，適正な作業計画に従って業務が適切に遂行されているか点検する．
(4) 清掃の品質は，組織品質と作業品質から構成される．
(5) 品質評価項目のうち資機材管理は，組織品質の事業所管理品質に含まれる．

**解答**
品質評価項目のうち資機材管理は，組織品質の現場管理品質に含まれる．

正解(5)

**問題147** ほこりや汚れの除去に関する次の記述のうち，最も不適当なものはどれか．
(1) 綿布やモップに含ませる水分は，ほこりに対する付着を高める程度で十分で，過剰の水分はむしろ弊害を与える．
(2) おがくずを用いる方法は，ほこりを付着させる効果が大きい．
(3) ダストコントロール法は，粘度の低い，乾性の鉱油などを布に含ませ，ほこりを除去する方法である．
(4) ダストクロス法は，油分による床面への弊害が少ない．
(5) バキュームクリーニングは，カーペットの織り目に入り込んだほこり・土砂等の除去に用いられる．

**解答**
ダストコントロール法は，粘度の低い，不乾性の鉱油などを布に含ませ，ほこりを除去する方法である．

正解(3)

**問題148** カーペット清掃用機械に関する次の記述のうち，最も不適当なものはどれか．
(1) カーペットスイーパは，パイル表面の粗ごみを除去するのに適している．
(2) 洗剤供給式床磨き機は，ウィルトンカーペットの洗浄に適している．
(3) スチーム洗浄機は，カーペットのしみ取りにも使われる．
(4) アップライト型真空掃除機は，床を回転ブラシで掃きながら，ごみやほこりを掃除機内に吸い込む構造を有する．
(5) エクストラクタは，ノズルから洗浄液を噴射して，直ちに吸引する構造になっている．

**解答**
洗剤供給式床磨き機は，タフテッドカーペットの洗浄に適している．

正解(2)

**問題149** ビルクリーニング用機械・器具に関する次の記述のうち，最も適当なものはどれか.
- （1） 超高速バフ機の回転数は，毎分150〜300回転である.
- （2） 自動床洗浄機は，洗剤供給式床磨き機と吸水式真空掃除機とを結合した構造を有する.
- （3） 三つ手ちり取りは，移動する際にごみがこぼれない構造となっている.
- （4） 凹凸のある床面は，研磨粒子が付着したパッドを床磨き機に装着して洗浄する.
- （5） 床磨き機に用いるブラシは，直径60 cm以上のものが多く使われる.

**問題150** 清掃作業に使用する洗剤に関する次の記述のうち，最も不適当なものはどれか.
- （1） 助剤（ビルダ）の働きとして，界面活性剤の表面張力を高め，洗浄力を向上させることが挙げられる.
- （2） 水道水で希釈して使用する洗剤には，水中のカルシウムやマグネシウムを封鎖する作用をもつ助剤が含まれる.
- （3） 洗剤を水道水で希釈する場合には，最適な希釈濃度がある.
- （4） 界面活性剤には，汚れを対象物から離脱させる働きがある.
- （5） 洗剤には酸性やアルカリ性があり，水素イオン濃度指数で確認することができる.

**問題151** 洗剤と床維持剤に関する語句の組合せとして，最も不適当なものは次のうちどれか.
- （1） フロアシーラ ——————— 物理的・化学的方法により，容易に除去できない
- （2） フロアポリッシュ ——————— ろう状物質
- （3） 酸性洗剤 ——————— 油汚れ
- （4） 表面洗剤 ——————— 中性又はアルカリ性
- （5） アルカリ性の剥離剤 ——— アミン

**問題152** 弾性床材の特徴と維持管理に関する次の記述のうち，最も不適当なものはどれか.
- （1） ゴム系床材は，剥離剤によって変色やひび割れ等を生じることがある.
- （2） 床維持剤の塗布によって，汚れが付きにくく，除去しやすくなる.
- （3） 塩化ビニル系床材は，タイルもシートも可塑剤を含む.
- （4） リノリウム床材のフロアポリッシュは，アルカリ性の剥離剤で除去する.
- （5） 日常清掃で，ダストモップを用いて土砂やほこりを除去する.

**問題153** 繊維床材の特徴と維持管理に関する次の記述のうち，最も不適当なものはどれか．
(1) ポリプロピレン素材は，復元力に乏しい．
(2) ウール素材に付着した汚れはしみになりやすいので，できるだけ早めに対応する．
(3) カーペットのほつれは，施工初期にカットすればよい．
(4) 建築物内で使用されているカーペット全体の調和を保つため，どの場所も真空掃除機により同じ頻度で作業を行う．
(5) パイル奥の汚れを除去するために，シャンプークリーニングを行う．

**問題154** 木質床材の特徴と維持管理に関する次の記述のうち，最も不適当なものはどれか．
(1) 木質床材は，無垢の単層フローリングと，合板を台板とした複合フローリングに分けられる．
(2) 体育館の床板の剥離による負傷事故防止として，日常清掃の水拭きの禁止が文部科学省から通知された．
(3) 体育館のシール加工には，ポリウレタン樹脂が多く使われている．
(4) シールされていない杉材は，多孔質の特徴を有することから，油性の保護剤でシールする．
(5) 一般的に針葉樹の床材は，広葉樹の床材に比べ，木質が硬い．

**問題155** 硬性床材の特徴に関する次の記述のうち，最も適当なものはどれか．
(1) 大理石は，耐アルカリ性に優れる．
(2) テラゾは，耐酸性に優れる．
(3) セラミックタイルは，低吸水性に優れる．
(4) 花崗岩は，耐熱性に優れる．
(5) コンクリートは，耐酸性に優れる．

**問題156** 外装の清掃に関する次の記述のうち，最も不適当なものはどれか．
(1) 自動窓拭き機は，人が作業するのに比べ天候状況に左右されにくく計画的に作業を実施しやすい．
(2) 石材や陶磁器タイルの壁面は，数年に1回の頻度で洗浄を行う．
(3) ロープ高所作業を行う場合，ライフラインの設置が努力義務となっている．
(4) 金属材の洗浄は，汚れが比較的軽微で固着が進まないうちに，中性洗剤や専用洗剤を用いてスポンジ又はウエスで拭き取る．
(5) 窓ガラスの洗浄は，水やガラス専用洗剤を用いて洗い，スクイジーでかき取る．

**問題157** 平成27年度の廃棄物の排出及び処理状況等に関する次の記述のうち，最も不適当なものはどれか．
- （1） ごみの中間処理量は約4000万トンで，そのうち，約85%が直接焼却処理されている．
- （2） ごみの総排出量は約4400万トンで，そのうち，70%が事業系ごみ，30%が家庭系ごみである．
- （3） ごみの総資源化量は約900万トンであり，この中には住民団体による集団回収量が含まれている．
- （4） 産業廃棄物の排出量を業種別に見ると，電気・ガス・熱供給・水道業からの排出量が最も多い．
- （5） 産業廃棄物の総排出量は約4億トンで，その約53%が再生利用されている．

**解 答**
環境省「一般廃棄物処理事業実態調査の結果（平成27年度）について」によると，ごみの総排出量は約4400万トンで，そのうち，65%が生活系（家庭系）ごみ，30%が事業系ごみ，5%が集団回収量である．

正解(2)

**問題158** ごみの処理に関する次の記述のうち，最も不適当なものはどれか．
- （1） 一般廃棄物の埋立処分は，安定型最終処分場で行われる．
- （2） 焼却処理では，容積は5〜10%に減容化される．
- （3） ごみ燃料化施設は，選別・乾燥技術を用いている．
- （4） 粗大ごみ処理施設は，破砕・選別技術を用いている．
- （5） 中間処理の目的として，無害化，資源化，減量化，減容化，安定化が挙げられる．

**解 答**
一般廃棄物の埋立処分は，管理型最終処分場で行われる．

正解(1)

**問題159** 循環型社会形成推進基本法に関する次の文章の ___ 内に入る語句の組合せとして，正しいものはどれか．
循環型社会形成推進基本法の第2条で「循環型社会」とは，製品等が廃棄物等となることが抑制され，並びに製品等が循環資源となった場合においてはこれについて適正に循環的な利用が行われることが促進され，及び循環的な利用が行われない循環資源については適正な処分が確保され，もって ア の消費を抑制し， イ ができる限り低減される社会をいうとされている．

|  | ア | イ |
|---|---|---|
| （1） | 循環資源 | 経済への負担 |
| （2） | 環境資源 | 健康への被害 |
| （3） | 循環資源 | 環境への負荷 |
| （4） | 天然資源 | 健康への被害 |
| （5） | 天然資源 | 環境への負荷 |

**解 答**
循環型社会形成推進基本法第2条で，「循環型社会」は次のように規定されている．
（定義）
第2条 この法律において「循環型社会」とは，製品等が廃棄物等となることが抑制され，並びに製品等が循環資源となった場合においてはこれについて適正に循環的な利用が行われることが促進され，及び循環的な利用が行われない循環資源については適正な処分（廃棄物（ごみ，粗大ごみ，燃え殻，汚泥，ふん尿，廃油，廃酸，廃アルカリ，動物の死体その他の汚物又は不要物であって，固形状又は液状のものをいう．以下同じ．）としての処分をいう．以下同じ．）が確保され，もって ア 天然資源 の消費を抑制し， イ 環境への負荷 ができる限り低減される社会をいう．

正解(5)

**問題160** 廃棄物の処理及び清掃に関する法律（以下「廃棄物処理法」という．）第1条の目的に規定されている項目として，該当しないものは次のうちどれか．
- （1） 生活環境の保全
- （2） 廃棄物の排出抑制
- （3） 廃棄物の適正処理

**解 答**
廃棄物の処理及び清掃に関する法律第1条には，次のように規定されている．
（目的）
第1条 この法律は， (2) 廃棄物の排出を抑制 し，及び (3) 廃棄物の適正な

（4）　公衆衛生の向上

（5）　地球環境の保全

分別,保管,収集,運搬,再生,処分等の処理 をし，並びに生活環境を清潔にすること により， (1) 生活環境の保全 及び (4) 公衆衛生の向上 を図ることを目 的とする．

すなわち，「(5) 地球環境の保全」は該 当しない．

正解(5)

**問題161**　廃棄物処理法における産業廃棄物に関する次の記述のうち，最も不適当なものはどれか．

（1）　建築物内の医療機関から感染のおそれのある産業廃棄物が排出される場合は，当該建築物の所有者が，特別管理産業廃棄物管理責任者を設置しなければならない．

（2）　爆発性，毒性，感染性その他の人の健康又は生活環境に被害を生ずるおそれのある性状を有するものとして政令で定める産業廃棄物を，特別管理産業廃棄物としている．

（3）　産業廃棄物の処理は，排出事業者が，その責任において，自ら又は許可業者への委託により行う．

（4）　産業廃棄物の輸出には環境大臣の確認が必要である．

（5）　事業活動に伴って生じた廃棄物のうち，燃えがら，汚泥，廃油等，20種類が産業廃棄物として定められている．

**解答**

建築物内の医療機関から感染のおそれのある産業廃棄物が排出される場合は，当該医療機関が，特別管理産業廃棄物管理責任者を設置しなければならない．

正解(1)

**問題162**　廃棄物処理法に基づく廃棄物の定義に関する次の記述のうち，最も不適当なものはどれか．

（1）　事務所建築物から廃棄されたスチール机は，産業廃棄物である．

（2）　スーパーマーケットから排出された紙くずは，一般廃棄物である．

（3）　事務所建築物から廃棄された木製の机は，一般廃棄物である．

（4）　店舗から廃棄された発泡スチロールは，一般廃棄物である．

（5）　レストランから排出された廃天ぷら油は，産業廃棄物である．

**解答**

店舗から廃棄された発泡スチロールは，産業廃棄物である．

正解(4)

**問題163**　産業廃棄物管理票制度（マニフェスト制度）に関する次の記述のうち，最も不適当なものはどれか．

（1）　紙マニフェストの場合，運搬作業が終了すると中間処理業者よりマニフェストB2票が排出事業者に返却される．

（2）　紙マニフェストの場合，排出事業者はマニフェストA票を控えとして保存する．

（3）　収集運搬業者の選定に当たっては，排出場所と運搬先の両方の自治体の許可を取得していることを確認する．

（4）　返却されたマニフェストの伝票を5年間保存する．

（5）　電子マニフェストは，A票，B2票，D票，E票の保存が不要である．

**解答**

紙マニフェストの場合，運搬作業が終了すると，収集運搬業者よりマニフェストB2票が排出事業者に返却される．

正解(1)

**問題164** 建築物内の清掃作業等に必要な人員算定として，正しいものは次のうちどれか．

作業場所は，専用区域の「役員室及び会議室」と「事務室」であり，1日の作業回数は1回として必要作業人員を求める．

作業面積を標準作業量で除した値が1時間当たりの必要作業人員であり，1回の作業時間は2.5時間である．

標準作業量には，準備，移動，清掃・ごみ収集，後始末の作業が含まれる．

清掃作業等の概要

| | 作業面積 m² | 標準作業量 m²/（人・h） | 1日の作業回数 |
|---|---|---|---|
| 役員室及び会議室（タイルカーペット） | 380 | 95 | 1回 |
| 事務室（タイルカーペット） | 5 200 | 200 | 1回 |

（1）　5人
（2）　8人
（3）　10人
（4）　12人
（5）　15人

**解答**

建築物内の清掃作業等に必要な人員算定は次のとおりである．

$$\frac{380}{95} + \frac{5\,200}{200} = 4 + 26 = 30〔人・h〕$$

$$30〔人・h〕\div 2.5〔h〕= 12〔人〕$$

正解（4）

**問題165** 循環型社会づくりを目指した個別リサイクル法とその対象物との組合せとして，最も不適当なものは次のうちどれか．

（1）　容器包装リサイクル法（容器包装に係る分別収集及び再商品化の促進等に関する法律）　―――　空き缶

（2）　食品リサイクル法（食品循環資源の再生利用等の促進に関する法律）　―――　食品残渣

（3）　家電リサイクル法（特定家庭用機器再商品化法）　―――　電子レンジ

（4）　小型家電リサイクル法（使用済小型電子機器等の再資源化の促進に関する法律）　―――　デジタルカメラ

（5）　建設リサイクル法（建設工事に係る資材の再資源化等に関する法律）　―――　木材

**解答**

家電リサイクル法（特定家庭用機器再商品化法）の対象物である特定家庭用機器は，特定家庭用機器再商品化法施行令第1条に次のように規定されている．

（特定家庭用機器）

第1条　特定家庭用機器再商品化法（以下「法」という．）第2条第4項の政令で定める機械器具は，次のとおりとする．

一　ユニット形エアコンディショナー（ウィンド形エアコンディショナー又は室内ユニットが壁掛け形若しくは床置き形であるセパレート形エアコンディショナーに限る．）

二　テレビジョン受信機のうち，次に掲げるもの
　　イ　ブラウン管式のもの
　　ロ　液晶式のもの（電源として一次電池又は蓄電池を使用しないものに限り，建築物に組み込むことができるように設計したものを除く．）及びプラズマ式のもの

三　電気冷蔵庫及び電気冷凍庫

四　電気洗濯機及び衣類乾燥機

すなわち，電子レンジは，家電リサイクル法の対象物に該当しない．

正解（3）

**問題166** 蚊の生態に関する次の記述のうち，最も適当なものはどれか．

（1）　日本のヒトスジシマカは，冬季は成虫のステージで越冬

**解答**

（1）ヒトスジシマカは，卵の状態で冬季を過ごす．

する.
（2）　アカイエカは，主に建築物内の浄化槽，汚水槽，湧水槽等で発生する.
（3）　ヒトスジシマカは，ヒト以外にも多種多様な動物を吸血源としている.
（4）　コガタアカイエカの発生源は小さな水域であり，空き缶や古タイヤ等によく発生する.
（5）　同一期間におけるアカイエカとヒトスジシマカの移動距離は，ほぼ同程度である.

（2）　アカイエカは，宅地周辺の下水溝・汚水溜・雨水枡などの開放的な水域から発生する.
（4）　コガタアカイエカの発生源は，きれいな水の水田や湿地帯である.
（5）　ヒトスジシマカは少なくとも70 m程度移動し，アカイエカは，15℃では4.5 km（最高で約10 km）移動したという報告がある.

正解（3）

**問題167**　ゴキブリに関する次の記述のうち，最も適当なものはどれか.
（1）　ゴキブリは，集団よりも単独で生活するほうが発育は早い.
（2）　8か所に5日間設置した粘着トラップに捕獲されたゴキブリの総数が200匹であった場合のゴキブリ指数は，25である.
（3）　ゴキブリは食べ物に対する好みがあり，特定のものだけを喫食する.
（4）　ゴキブリは，危険が迫ると警戒フェロモンを分泌する.
（5）　屋内に生息するゴキブリでも，東北地方や関東地方の屋外で越冬できる種類が知られている.

【解答】
（1）　ゴキブリ類は，集合すると発育が促進される.
（2）　ゴキブリ指数は，総捕獲総数÷設置トラップ数÷設置日数で表す．設問の場合は，
200〔匹〕÷8〔個〕÷5〔日〕＝5
である.
（3）　ゴキブリ類は雑食性で，特定の食物だけを喫食する性質はない.
（4）　ゴキブリは，集合フェロモンのほかに警戒フェロモンがあるとされているが，研究の段階で確定までには至っていない.

正解（5）

**問題168**　チャバネゴキブリに関する次の記述のうち，最も不適当なものはどれか.
（1）　雌成虫は，卵鞘を孵化直前まで尾端に付着させている.
（2）　雌成虫の産卵回数は，一生の間に約5回である.
（3）　他の屋内生息性のゴキブリ類と比較して，野外生活性が強い.
（4）　幼虫，成虫とも，同じ場所で活動する.
（5）　幼虫から成虫となり，蛹の時期がない.

【解答】
チャバネゴキブリ類は屋内生育型で，野外生活性のものにはモリチャバネゴキブリがいる.

正解（3）

**問題169**　ダニに関する下記の文章に該当する種類として，最も適当なものは次のうちどれか.
梅雨時などの高温・多湿時に，畳や保存食品から大発生する場合がある．ヒトを刺したり吸血することはなく，アレルゲンとしての重要性も比較的低いが，大量発生により不快感や恐怖感を与えることがある.
（1）　フトツメダニ
（2）　カベアナタカラダニ
（3）　ワクモ
（4）　ケナガコナダニ
（5）　コナヒョウヒダニ

【解答】
（1）　フトツメダニは捕食性のダニで，ときとして人に刺咬の害を与える.
（2）　カベアナタカラダニは野外性で，春などに大量発生し，室内に侵入したり，洗濯物に付いたりすることから，不快害虫とされている.
（3）　ワクモは鳥類に寄生するダニで，トリサシダニ類と同様に人に刺咬の害を与える.
（5）　コナヒョウヒダニは室内生息性のダニで，室内の埃や畳，ジュータンなどに生息しており，ダニアレルゲンとして注意が必要である.

正解（4）

**問題170** ハエ類に関する次の記述のうち，最も不適当なものはどれか．
 (1) ヒメイエバエは，主に鶏舎での発生が問題となる．
 (2) ニクバエ類は，卵ではなく幼虫を生む卵胎生のハエである．
 (3) イエバエは，各地でピレスロイド剤に対する抵抗性を獲得している．
 (4) ノミバエ類などのコバエでは,走光性を示す種類が多い．
 (5) 建築物内で発生するチョウバエ類は，ヒトから吸血することがある．

**問題171** 害虫やその防除に関する次の記述のうち，最も不適当なものはどれか．
 (1) イエヒメアリの防除には，食毒剤が有効である．
 (2) トコジラミは，ピレスロイド剤に対する抵抗性を示す集団が報告されている．
 (3) ツマアカスズメバチは,特定外来生物に指定されている．
 (4) ユスリカ類の建築物への侵入を抑制するために，電撃殺虫機を窓や出入口の近くに設置する．
 (5) ヤケヒョウヒダニは，自由生活性のダニである．

**問題172** 殺虫剤に関する次の記述のうち，最も不適当なものはどれか．
 (1) ブロフラニリドは，既存の各種薬剤に抵抗性を示すゴキブリ集団に対しても有効性を示す．
 (2) プロペタンホスには，マイクロカプセル剤がある．
 (3) ピレスロイド剤は，有機リン剤に比べて魚毒性が高い薬剤が多い．
 (4) 昆虫成長制御剤 (IGR) の50%羽化阻害濃度は，$IC_{50}$値で示される．
 (5) 有機リン剤の薬量や濃度の増加に伴う致死率の上昇は，ピレスロイド剤に比べてなだらかである．

**問題173** 薬剤とその薬剤を有効成分とする製剤との組合せとして，最も不適当なものは次のうちどれか．

| 〔薬剤名〕 | 〔製剤の種類〕 |
|---|---|
| (1) イミプロトリン | ゴキブリ用食毒剤 |
| (2) イカリジン | 吸血害虫用忌避剤 |
| (3) フェノトリン | 炭酸ガス製剤 |
| (4) ジクロルボス | 樹脂蒸散剤 |
| (5) トランスフルトリン | 常温揮散製剤 |

**問題174** ネズミの生態や防除に関する次の記述のうち，最も適当なものはどれか．
 (1) 建築物内のIPMによるネズミ防除は，餌を断つこと，殺鼠剤を適切に使用すること，通路を遮断すること，の3点を基本として進める．

（2）　建築物における維持管理マニュアルでは，生きているネズミが確認されないことをもって「許容水準に該当する」としている．

（3）　ネズミが活動した際に残す証跡のうち，糞，尿，毛，足跡，かじり跡をラブサインと呼ぶ．

（4）　家住性ネズミの警戒心は，クマネズミが最も強く，次いでドブネズミで，ハツカネズミは最も弱い．

（5）　生け捕りかごなどのトラップを用いたドブネズミの駆除を行う場合，「鳥獣の保護及び管理並びに狩猟の適正化に関する法律」の規制を受ける．

とや調査時に蒔いた無毒のえさが食べられていないことなどによる．

（3）　ネズミの通り道（ネズミ道）には足跡・糞・かじり痕や体がこすれて付いた汚れがあり，これらはラットサインと呼ばれている．その中で，体のこすり跡のことをラブサインという．

（5）　ドブネズミなどのネズミ類は，環境衛生などの観点から鳥獣保護法第80条の規定により，「環境衛生の維持に重大な支障を及ぼす鳥獣又は他の法令により捕獲等について適切な保護若しくは管理がなされている鳥獣」に該当するので，鳥獣保護の対象外とされている．

---

**問題175**　殺鼠剤とそれに関連する事項との組合せとして，最も不適当なものは次のうちどれか．

|　〔薬剤名〕 | 〔関連事項〕 |
|---|---|
|（1）　ブロマジオロン | 建築物衛生法に基づく特定建築物内では使用不可 |
|（2）　シリロシド | 第2世代の抗凝血性殺鼠剤 |
|（3）　リン化亜鉛 | 1回の経口摂取で致死 |
|（4）　クマテトラリル | 第1世代の抗凝血性殺鼠剤 |
|（5）　ジフェチアロール | 建築物衛生法に基づく特定建築物内で使用可能 |

**解 答**

シリロシドは急性殺鼠剤に分類され，呼吸麻痺によって死亡する．

正解（2）

---

**問題176**　殺鼠剤に関連する次の記述のうち，最も不適当なものはどれか．

（1）　粉剤の鼠穴内部への散粉処理は，殺鼠剤を経皮的に取り込ませることを狙った処理法である．

（2）　第1世代の抗凝血性殺鼠剤は，少量ずつ連日摂取させるように配置する．

（3）　クマネズミは，ドブネズミに比べて抗凝血性殺鼠剤に対する感受性が低い．

（4）　ネズミの殺鼠剤抵抗性は，昆虫の殺虫剤に対する抵抗性と同様の原理により発達する．

（5）　有効成分と餌をパラフィンに混ぜて固め，水に濡れるような場所でも使用できる製剤がある．

**解 答**

殺鼠粉剤は，食材に混ぜ団子状にしてネズミに食べさせることで，殺鼠効力を発揮する．

正解（1）

---

**問題177**　媒介動物と感染症に関する次の記述のうち，最も不適当なものはどれか．

（1）　国内では，アカイエカやヒトスジシマカを含む複数の種類がウエストナイルウイルスを媒介する可能性がある．

（2）　重症熱性血小板減少症候群（SFTS）の原因となるウイルスが媒介されるのは，主として建築物内である．

（3）　マダニ類は，リケッチアやウイルスを媒介する．

（4）　イエバエは，腸管出血性大腸菌感染症の伝播に関与している．

**解 答**

SFTSは，野生動物に寄生するマダニによって感染媒介される．

（5）　動物由来感染症の対策を進める上では，ペットに対する外部寄生虫などへの対応も重要となる．

正解(2)

**問題178**　ねずみ・昆虫等の防除における安全管理に関する次の記述のうち，最も適当なものはどれか．
（1）　N95マスクは，薬剤を空間散布する場合や狭い場所で，気化したガスの吸引防止のために着用する．
（2）　薬剤散布時には，どのような薬剤を使用しているかが分かるように，薬剤は人目に触れる場所に置いておく必要がある．
（3）　2m以上の高所作業では，墜落防止用器具等の装着は必要ないが，必ず補助者を付けなければならない．
（4）　殺虫剤散布の3日前までにその内容を通知し，当該区域の入口に散布3日前後の間，掲示する．
（5）　建築物衛生法に基づく特定建築物内における，ねずみ・昆虫等の防除では，医薬部外品として承認されている薬剤は使用できない．

**解答**
（1）N95マスクは0.3 µm以上の微粒子を95％以上捕獲できるマスクで，主に医療分野で使用され，細菌やウィルスの侵入を防ぐ．
（2）使用薬剤は厳重に保管管理し，施行中はわかりやすく人目につくところに張り紙などを掲示して，使用薬剤や注意事項を周知する．
（3）労働安全衛生規則では，高さまたは深さが1.5 mを超える箇所で作業を行うときは，当該作業に従事する労働者が安全に昇降するための設備等を設けなければならないと定められている．
（5）建築物衛生法では，ねずみ等の防除のため殺鼠剤または殺虫剤を使用する場合は，医薬品医療機器等法による承認を受けた医薬品または医薬部外品を用いることと規定されている．

正解(4)

**問題179**　建築物とねずみ・害虫に関する次の記述のうち，最も不適当なものはどれか．
（1）　防虫・防鼠構造については，建築物の新築時の構造設計段階で取り入れておく必要がある．
（2）　通常，20メッシュより細かい網目であれば，多くの昆虫の侵入を防止できる．
（3）　環境的対策は，特定建築物維持管理権原者のもとで，当該区域の管理者が日常的に行う必要がある．
（4）　建築物衛生法に基づく特定建築物では，生息密度がいずれの維持管理水準値に該当していても，1年以内に1回の防除作業を実施することになっている．
（5）　室内で換気扇を使用した場合，窓や扉の隙間からの害虫の侵入が増加する．

**解答**
　維持管理基準に達している場合は，薬剤散布はせずに点検をしていく．

正解(4)

**問題180**　害虫や薬剤に関する次の記述のうち，最も不適当なものはどれか．
（1）　喫食抵抗性は，毒餌の基剤に対する喫食忌避によって発達する．
（2）　ペストコントロールのペストとは，ネズミや害虫等の有害な生物を指す．
（3）　定期的で頻繁な薬剤処理は，チャバネゴキブリやチカイエカ等の薬剤抵抗性の急激な発達要因となる．
（4）　選択毒性とは，単位体重当たりで比較したとき，ある化合物の毒性が生物種によって異なることをいう．
（5）　人獣共通感染症とは，ヒトから動物ではなく，動物からヒトに病原体が伝播される感染症を指す．

**解答**
　人畜共通感染症は，ヒトから動物へ，また動物からヒトへと相互感染する．

正解(5)

令和 **4** 年度

# 令和4年度　ビル管理技術者試験問題／解答と解説

**問題1**　次に掲げる法律のうち，厚生労働省が所管していないものはどれか.
(1)　生活衛生関係営業の運営の適正化及び振興に関する法律
(2)　労働安全衛生法
(3)　有害物質を含有する家庭用品の規制に関する法律
(4)　廃棄物の処理及び清掃に関する法律
(5)　水道法

**解答**
「廃棄物の処理及び清掃に関する法律」（廃棄物処理法）を所管するのは，環境省である.

正解(4)

**問題2**　建築物における衛生的環境の確保に関する法律（以下「建築物衛生法」という.）に基づく特定建築物に関する次の記述のうち，誤っているものはどれか.
(1)　特定建築物の衛生上の維持管理に関する監督官庁は，都道府県知事，保健所を設置する市の市長，特別区の区長である.
(2)　建築物環境衛生管理基準を定め，維持管理権原者にその遵守を義務付けている.
(3)　保健所は，多数の者が使用，利用する建築物について，正しい知識の普及を図るとともに，相談，指導を行う.
(4)　特定建築物の所有者等は，建築物環境衛生管理技術者を選任しなければならない.
(5)　登録業者の業務の改善向上を図ることを目的として，事業ごとに，都道府県を単位とした団体を知事が指定する制度が設けられている.

**解答**
法第12条の6により，事業ごとに，同条第2項に規定する業務を全国的に行う団体（登録業者または登録業者の団体を社員とする一般社団法人）を，厚生労働大臣が指定する制度が設けられている.

正解(5)

**問題3**　建築物衛生法に基づく特定建築物としての用途に該当するものは，次のうちどれか.
(1)　寺院
(2)　病院
(3)　自然科学系研究所
(4)　水族館
(5)　スポーツジム

**解答**
動物園・水族館は，法律上の定義が存在しないが，博物館法第2条に規定する博物館に該当すると解されており，特定建築物に該当する.

正解(4)

**問題4**　建築物衛生法令の主な制度改正に関する次の記述のうち，誤っているものはどれか. ただし，記載された年については判断しないものとする.
(1)　昭和50年に，特定建築物の適用範囲が拡大され，学校教育法第1条に規定する学校を除いて，延べ面積が3 000 m$^2$以上となった.
(2)　昭和53年に，維持管理に関する監督官庁が，都道府県知

**解答**
建築物衛生法（昭和45年法律第20号）制定時の条文では，第5条（特定建築物についての届出），第11条（報告，検査等），第12条（改善命令等）で，監督官庁を「都道府県知事（保健所を設置する市にあっては市長）」とすでに規定している. したがって，昭和53年に拡大されたとする設問の

事から保健所を設置する市の市長に拡大された.
- （3） 昭和55年に，建築物の衛生管理業務を営む者の資質の向上を図るため，一定の人的，物的基準を要件とする事業者の都道府県知事による登録制度が設けられた.
- （4） 平成13年に，登録事業において既存の1業種は業務内容が追加されるとともに名称が変更になり，新たに2業種が加わった.
- （5） 平成14年に，給水及び排水の管理に係る基準において，雑用水の維持管理基準を追加するなど，建築物環境衛生管理基準の見直しが行われた.

記述は誤り.

令和4年

正解（2）

**問題5** 建築物衛生法に基づく特定建築物に該当するかどうかの判断に関する次の文章の □□□ 内に入る数値と語句との組合せとして，正しいものはどれか.
ただし，A社，B社，C社，D社，E社は相互に関連はない.
A社銀行の店舗と事務所1 700 m² と銀行の地下駐車場300 m²，B社の学習塾700 m² と付属自習室100 m²，C社の保育施設600 m²，D社の老人デイサービスセンター500 m²，E社の美容室400 m² が全て入っている建築物の特定用途に供される部分の延べ面積は ア m² となるので，この建築物は特定建築物に該当 イ .

| | ア | イ |
|---|---|---|
| （1） | 4 300 | する |
| （2） | 3 700 | する |
| （3） | 3 200 | する |
| （4） | 2 900 | しない |
| （5） | 2 500 | しない |

**解答**
設問に登場する建築物の部分が特定用途に該当するかどうかは以下のとおり.
- 銀行の店舗と事務所：該当する
- 銀行の地下駐車場：該当する（特定用途に附属する部分）
- 学習塾：該当する（事務所に分類される）
- 付属自習室：該当する（特定用途に附属する部分）
- 保育施設：該当しない
- 老人デイサービスセンター：該当しない
- 美容室：該当する（店舗に分類される）
したがって，設問で特定用途に供される部分の延べ面積は，
1 700＋300＋700＋100＋400＝ ア 3 200 〔m²〕
となるので，この建築物は特定建築物に該当 イ する .

正解（3）

**問題6** 建築物衛生法に基づく特定建築物の届出事項のうち，最も不適当なものは次のうちどれか.
- （1） 建築物の全部が使用されるに至った年月日
- （2） 特定建築物の用途及び特定用途に供される部分の延べ面積
- （3） 建築物環境衛生管理技術者の氏名，住所及び免状番号
- （4） 特定建築物の所有者等の氏名及び住所
- （5） 特定建築物の構造設備の概要

**解答**
特定建築物の届出は，建築物の全部ではなく，特定用途に該当する部分がその一部でも使用開始に至ったときは，その開始日から1か月以内に行う必要がある.

正解（1）

**問題7** 建築物環境衛生管理基準に基づく空気環境の測定に関する次の記述のうち，誤っているものはどれか.
- （1） 2か月以内ごとに1回定期に行う測定が，年間を通して基準値以下であれば，冷暖房期とその中間期の年4回の測定に回数を軽減できる.
- （2） 温度，相対湿度，気流は，使用時間中，常に基準に適合しているか否かにより判定する.
- （3） 浮遊粉じん，一酸化炭素，二酸化炭素は，1日の使用時間中の平均値によって判定するが，実務上は，使用時間中の適切な二時点における測定の平均値によって判定するこ

**解答**
建築物衛生法に，（1）のような緩和（軽減）規定は存在しない.

とで差し支えない.

（4）　測定は床上75 cm以上150 cm以下の位置において実施する.

（5）　各階ごとに1か所以上，居室の中央部で実施する.

**問題8**　建築物環境衛生管理基準に定める雑用水の衛生上の措置等に関する次の記述のうち，正しいものはどれか.

（1）　雑用水の給水栓における遊離残留塩素の含有率の規定は，飲料水の給水栓における遊離残留塩素の含有率とは異なる.

（2）　雑用水を水洗便所に使用する場合は，し尿を含む水を原水として使用してはならず，pH値，臭気，外観，大腸菌について，基準に適合していること.

（3）　雑用水を散水，修景，清掃に使用する場合は，し尿を含む水を原水として使用してはならず，pH値，臭気，外観，大腸菌，濁度について，基準に適合していること.

（4）　遊離残留塩素，pH値，臭気，外観については14日以内ごとに1回，大腸菌，濁度については，3か月以内ごとに1回，定期検査を実施すること.

（5）　供給する雑用水が人の健康を害するおそれがあることを知ったときは，直ちにその雑用水を使用することが危険である旨を関係者に周知し，その後，供給を停止すること.

**問題9**　建築物環境衛生管理基準に基づく給排水設備の衛生上必要な措置に関する次の記述のうち，最も不適当なものはどれか.

（1）　飲用の循環式給湯設備の貯湯槽の清掃は，1年以内ごとに1回，定期に行う.

（2）　グリース阻集器の掃除は，6か月以内ごとに1回，定期に行う.

（3）　雑用水槽の清掃は，雑用水槽の容量及び材質並びに雑用水の水源の種別等に応じ，適切な方法により，定期に行う.

（4）　高置水槽，圧力水槽等の清掃を行った後，受水槽の清掃を行う.

（5）　排水槽の清掃によって生じた汚泥等の廃棄物は，関係法令の規定に基づき，適切に処理する.

**解答**

（1）給水栓での遊離残留塩素の含有率の規定は，飲料水も雑用水も同じで，0.1 mg/L（100万分の0.1）以上である（建築物衛生法施行規則第4条，第4条の2）.

（2）し尿を含む水を原水として使用してはならないのは，散水，修景，清掃に使用する場合であって，水洗便所に使用する場合にはそのような規定はない（同施行規則第4条の2第1項第3号・第4号）.

（4）定期検査は，遊離残留塩素，pH値，臭気，外観を7日以内ごとに1回，大腸菌，濁度を2か月以内ごとに1回実施する（同施行規則第4条の2第1項第3号〜第5号）.

（5）設問のような場合は，関係者への周知を行った後に供給を停止するのではなく，直ちに供給を停止し，かつ，危険である旨を関係者に周知する（同施行規則第4条の2第1項第6号）.

正解（3）

**解答**

（4）受水槽の清掃を行った後，高置水槽，圧力水槽などの清掃を行う（平成15年厚生労働省告示第119号「空気調和設備等の維持管理及び清掃等に係る技術上の基準」）.

【編集部注】

（2）建築物衛生法施行規則第4条の3では，「排水に関する設備の掃除を，6月以内ごとに1回，定期に，行わなければならない」と規定している．したがって，法令の規定からすると，（2）は不適当とは言えない.

　ポイントは，6か月「以内」ごとという規定で，この期間内で掃除を何日ごとに行うかは特定建築物維持管理権原者の裁量に委ねられている．また，6か月よりも短い周期にするよう指導している自治体が多数ある（指導している周期は自治体によって異なる）.

　ちなみに，「建築物における維持管理マニュアル」（平成20年健発第0125001号）の「グリース阻集器の管理」の項には，以下のように記載されている.

・定期的に清掃して蓄積物を除去する

- 厨芥は原則として使用日ごとに取り除く
- 1～2か月に1回程度，高圧洗浄等で清掃する

正解(4)

**問題10** 建築物環境衛生管理技術者に関する次の記述のうち，最も不適当なものはどれか．

(1) 特定建築物所有者等が建築物環境衛生管理技術者を選任しなかった場合は，30万円以下の罰金に処せられる．

(2) 特定建築物に選任されている建築物環境衛生管理技術者は，業務に支障のない範囲で，建築物衛生法で定める登録事業の監督者等となることができる．

(3) 建築物環境衛生管理技術者の免状の返納を命ぜられ，その日から起算して1年を経過しない者には，免状の交付を行わないことがある．

(4) 建築物環境衛生管理技術者の職務は，特定建築物において，環境衛生上の維持管理に関する業務が適正に行われるよう全般的に監督することである．

(5) 建築物環境衛生管理技術者の免状の記載事項に変更が生じたときは，厚生労働大臣に免状の書換え交付を申請することができる．

**解答**

特定建築物に選任されている建築物環境衛生管理技術者が，登録事業の監督者等を兼務することはできない．

正解(2)

**問題11** 建築物衛生法に基づく建築物環境衛生総合管理業の登録に必要な監督者等に該当しないものは，次のうちどれか．

(1) 統括管理者
(2) 清掃作業監督者
(3) 貯水槽清掃作業監督者
(4) 空調給排水管理監督者
(5) 空気環境測定実施者

**解答**

同法施行規則第30条に規定する建築物環境衛生総合管理業の登録基準（人的基準）に，貯水槽清掃作業監督者は含まれていない．

正解(3)

**問題12** 建築物衛生法に基づく事業登録を受けた登録業者が，次の事項を変更した場合，届出を必要としないものはどれか．

(1) 営業所の名称
(2) 清掃作業監督者
(3) 主要な機械器具その他の設備
(4) 機械器具その他の設備の維持管理の方法
(5) 従事者の研修方法

**解答**

同法施行規則第33条（変更の届出等）が規定する届出を必要とする事項に，従事者の研修方法は含まれていない．

正解(5)

**問題13** 建築物衛生法に基づく都道府県知事による立入検査に関する次の記述のうち，最も適当なものはどれか．

(1) 特定建築物内にある住居に立ち入る場合，その居住者の承諾を得ることなく行うことができる．

(2) 立入検査は，検査日時を事前に通知しなければならない．

(3) 立入検査は，必ず2人以上で実施する．

(4) 立入検査を行う職員は，その身分を示す証明書を携帯しなければならない．

(5) 建築物環境衛生管理基準に違反があった場合は，全て直ちに，改善命令等の行政処分が行われる．

**解答**

(1) 住居に立ち入る場合は，その居住者の承諾を得る必要がある（同法第11条第1項）．

(2) 同法には，検査日時を事前に通知するという規定は存在しない．

(3) 同法には，検査を行う職員の人数に関する規定は存在しない．

(5) 建築物環境衛生管理基準に適合していないという理由だけで，直ちに行政措置や罰則の対象となるわけではない．建築物環境衛生管理基準について

違反があり，かつ，その特定建築物内の人の健康を損なうおそれが具体的に予見されるような事態が生じた場合に，都道府県知事は改善命令等を出すことができる(同法第12条).

正解(4)

**問題14** 学校保健安全法に規定する学校薬剤師の職務として，最も不適当なものは次のうちどれか.
- (1) 学校安全計画の立案に参与すること.
- (2) 学校保健計画の立案に参与すること.
- (3) 学校の環境衛生の維持及び改善に関し，必要な指導及び助言を行うこと.
- (4) 環境衛生検査に従事すること.
- (5) 疾病の予防処置に従事すること.

**解答**

疾病の予防処置に従事することは，学校医の職務である(学校保健安全法施行規則第22条).

正解(5)

**問題15** 地域保健法に関する次の記述のうち，誤っているものはどれか.
- (1) 地域保健法は，保健所法を改正して制定された.
- (2) 保健所は，都道府県，地方自治法の指定都市，中核市その他の政令で定める市又は特別区がこれを設置する.
- (3) 都道府県知事は，保健所の所管区域を設定するにあたっては，事前に厚生労働大臣の承認を得なければならない.
- (4) 厚生労働大臣は，地域保健対策の推進に関する基本的な指針を定めなければならない.
- (5) 市町村は，市町村保健センターを設置することができる.

**解答**

保健所の所管区域の設定について定める地域保健法第5条第2項に，「事前に厚生労働大臣の承認を得なければならない」という規定はない.

正解(3)

**問題16** 下水道法に関する次の記述のうち，最も不適当なものはどれか.
- (1) 公共下水道に流入させるための排水設備は，当該公共下水道を管理する者が設置する.
- (2) 公共下水道の構造は，政令及び地方公共団体が条例で定める技術上の基準に適合しなければならない.
- (3) 公共下水道の設置，改築，修繕，維持その他の管理は，原則として市町村が行う.
- (4) 下水とは，生活若しくは事業(耕作の事業を除く.)に起因し，若しくは付随する廃水又は雨水をいう.
- (5) 公共下水道管理者は，公共下水道を設置しようとするときは，あらかじめ，政令で定めるところにより，事業計画を定めなければならない.

**解答**

設問の排水設備を設置する義務を負う者は，下水道法第10条で以下のように定められている.
①建築物の敷地である土地：その建築物の所有者
②建築物の敷地ではない土地(③を除く)：その土地の所有者
③道路その他の公共施設(建築物を除く)の敷地である土地：その公共施設の管理者

正解(1)

**問題17** 旅館業法第4条に規定されている次の条文の□□内に入る語句の組合せとして，正しいものはどれか.

営業者は，旅館業の施設について，□ア□，採光，□イ□，防湿及び清潔その他□ウ□の衛生に必要な措置を講じなければならない.

**解答**

旅館業法第4条第1項の条文は，以下のとおり.

営業者は，旅館業の施設について，□ア 換気□，採光，□イ 照明□，防湿及び清潔その他□ウ 宿泊者□の衛生に必要な措置を講じなければならない.

|       | ア | イ | ウ |
|-------|------|------|--------|
| （1） | 換気 ——— 照明 ——— 客室 |
| （2） | 換気 ——— 照明 ——— 宿泊者 |
| （3） | 換気 ——— 防音 ——— 客室 |
| （4） | 空気調和 ——— 照明 ——— 宿泊者 |
| （5） | 空気調和 ——— 防音 ——— 客室 |

正解（2）

**問題18** 環境基本法に基づく大気の汚染に係る環境基準に定められていない物質は，次のうちどれか.

（1） 微小粒子状物質
（2） 光化学オキシダント
（3） 二酸化窒素
（4） ベンゼン
（5） ホルムアルデヒド

**解答**

大気汚染に係る環境基準で定められている物質は以下の11種類である.

- 二酸化硫黄$SO_2$
- 一酸化炭素CO
- 浮遊粒子状物質SPM
- 二酸化窒素$NO_2$
- 光化学オキシダント$O_x$
- 微小粒子状物質$PM_{2.5}$
- ベンゼン
- トリクロロエチレン
- テトラクロロエチレン
- ジクロロメタン
- ダイオキシン類

正解（5）

**問題19** 事務所衛生基準規則において，労働者を常時就業させる事務室の環境管理に関する次の記述のうち，最も不適当なものはどれか.

（1） 気積は，設備の占める容積及び床面から4メートルを超える高さにある空間を除き，労働者1人について，10立方メートル以上としなければならない.

（2） 一酸化炭素及び二酸化炭素の含有率を，それぞれ100万分の50以下及び100万分の5 000以下としなければならない.

（3） 冷房する場合は，当該室の気温を外気温より著しく低くしてはならない.

（4） 中央管理方式の空調設備を設けている建築物では，作業環境測定は2か月以内ごとに1回，定期に行わなければならない.

（5） 事務室の作業環境測定は，作業環境測定士が実施しなければならない.

**解答**

事務所衛生基準規則第7条で定める作業環境測定の実施者を，作業環境測定士に限定するとの規定は存在しない.

正解（5）

**問題20** 平成30年に改正された健康増進法で定める受動喫煙防止規定の対象となる特定施設の区分について，誤っているものは次のうちどれか.

（1） 公立の小学校や中学校は，第一種施設である.

（2） 行政機関がその事務を処理するために使用する庁舎は，第二種施設である.

（3） 旅館業法により許可を受けたホテルや旅館は，第二種施設である.

（4） 一般の事務所は，第二種施設である.

（5） 医療法に規定する病院は，第一種施設である.

**解答**

行政機関がその事務を処理するために使用する施設は，第一種施設である（健康増進法第28条第5号ロ）.

正解（2）

**問題21**　健康に影響を与える環境要因のうち，化学的要因として最も不適当なものは次のうちどれか．
- （1）　酸素
- （2）　粉じん
- （3）　オゾン
- （4）　し尿
- （5）　放射線

**問題22**　細胞・組織・臓器・臓器系とその機能の説明との組合せとして，最も不適当なものは次のうちどれか．
- （1）　自律神経 － 消化，呼吸，循環等の諸機能を調整する．
- （2）　腎臓 ─── 血液の老廃物などをろ過して尿を生成する．
- （3）　消化器系 － 栄養や水を摂取・吸収して再合成と排泄を行う．
- （4）　赤血球 ─── 細菌などに対する生体防御作用をもつ．
- （5）　内分泌系 － 成長，発達，代謝をコントロールする．

**問題23**　労働衛生に関する次の記述のうち，最も不適当なものはどれか．
- （1）　有害物の負荷量と個体レベルにおける障害などの程度の関係を，量－反応関係と呼ぶ．
- （2）　最大許容濃度とは，作業中のどの時間をとっても曝露濃度がこの数値以下であれば，ほとんど全ての労働者に健康上の悪い影響が見られないと判断される濃度である．
- （3）　許容濃度とは，労働者が1日8時間，週40時間程度，肉体的に激しくない労働強度で有害物質に曝露されても，ほとんど全ての労働者に健康上の悪い影響が見られないと判断される濃度である．
- （4）　許容限界とは，生物が耐えきれなくなるストレス強度の限界のことである．
- （5）　一般の事務所における環境の基準は，労働安全衛生法に基づく事務所衛生基準規則により定められている．

**問題24**　温熱環境指数に関する次の記述のうち，最も不適当なものはどれか．
- （1）　予測平均温冷感申告は，気温，湿度，風速，平均放射温度，エネルギー代謝量，着衣量の6つの温熱環境要素を用いて評価をする．
- （2）　不快指数は，気温と湿球温度，又は気温と相対湿度から算出される．
- （3）　黒球（グローブ）温度は，銅製の黒球の中心温を測定したものである．
- （4）　有効温度は，気温，湿度，風速，熱放射の4要素の影響を含んだ温熱環境の指標である．
- （5）　湿球黒球温度（WBGT）は，暑さ指数として熱中症予防のために用いられている．

**問題25** エネルギー代謝に関する次の記述のうち，最も不適当なものはどれか．
(1) 基礎代謝とは，早朝覚醒後の空腹時仰臥の姿勢におけるエネルギー代謝のことである．
(2) 睡眠時代謝量は，基礎代謝量より高い．
(3) 安静時代謝量は，基礎代謝量よりおよそ20%高い．
(4) 熱産生は，主に摂取した食物の代謝による化学的エネルギーに由来する．
(5) 体温は，熱産生と熱放散のバランスにより一定に保たれている．

**解 答**
睡眠時代謝量は，基礎代謝量より<u>低い</u>．

正解(2)

**問題26** 寒冷障害（ヒトの低温障害）に関する次の記述のうち，最も不適当なものはどれか．
(1) 5℃以下の水に突然つかると，5〜15分間で生命にかかわる低体温症を生じる．
(2) 気温が13〜16℃程度でも天候によっては低体温症となることがある．
(3) 乳幼児や高齢者は寒さへの適応力が低く，低体温症のリスクが高い．
(4) 低体温症の診断は脇の下の体温を測定することで行う．
(5) 凍傷による障害は，組織の凍結と周辺の血管収縮・血栓による血流阻害により起きる．

**解 答**
低体温症の診断は，<u>直腸温</u>を測定することで行う．

正解(4)

**問題27** 建築物内の湿度に関する次の記述のうち，最も不適当なものはどれか．
(1) 低湿度ではほこりが飛散しやすくなる．
(2) 低湿度ではインフルエンザウイルスの生存率が高まる．
(3) 加湿器を清潔に保つことは室内環境衛生のために重要である．
(4) 高湿度では体感温度が上昇する．
(5) 高湿度では壁の塗装の剥離が起きやすくなる．

**解 答**
<u>低湿度</u>では，壁の塗装の剥離が起きやすくなる．

正解(5)

**問題28** 空気環境に関する次の記述のうち，最も不適当なものはどれか．
(1) 良好な室内空気環境を維持するためには，一般に1人当たり30 m³/h以上の換気量が必要とされている．
(2) 一般の室内環境下では，窒素の人体への健康影響はない．
(3) 空気中の酸素濃度が16%程度になると意識障害やけいれんが生じる．
(4) 二酸化炭素濃度は，室内空気の汚染や換気の総合指標として用いられる．
(5) 窒素は，大気の約78%を占める．

**解 答**
空気中の酸素濃度が<u>10%</u>程度になると，意識障害やけいれんが生じる．

正解(3)

**問題29** 浮遊粉じんに関する次の文章の□□□内に入る数値の組合せとして，最も適当なものはどれか．
粒径 □ア□ μm以下の粉じんは長時間にわたり浮遊し，ヒトの気道内に取り込まれる．特に肺に沈着し，人体に有害な影響を及

**解 答**
粒径 ア 10 μm以下の粉じんは長時間にわたり浮遊し，ヒトの気道内に取り込まれる．特に肺に沈着し，人体に有害

ぽすのは，通常 イ μm程度以下の大きさである．

|     | ア  |    | イ  |
|-----|-----|----|-----|
| (1) | 50  | —— | 10  |
| (2) | 40  | —— | 10  |
| (3) | 20  | —— | 5   |
| (4) | 10  | —— | 5   |
| (5) | 10  | —— | 1   |

**問題30** アスベストに関する次の記述のうち，最も不適当なものはどれか．

(1) 自然界に存在する繊維状の水和化したケイ酸塩鉱物の総称である．

(2) 健康障害はアスベスト製品製造工場の従業員に限られていない．

(3) 肺がんに対して喫煙との相乗作用が疫学的に示唆されている．

(4) 労働安全衛生法，大気汚染防止法，建築基準法等により法規制が設けられている．

(5) 現在，試験研究を除き使用禁止であり，現存の建築物には残っていない．

**問題31** 二酸化炭素に関する次の記述のうち，最も不適当なものはどれか．

(1) 大気中の濃度は，一般に0.04〜0.05％である．

(2) 学校保健安全法の学校環境衛生基準では，教室の二酸化炭素濃度は0.5％以下と定められている．

(3) 安静時の人の呼気中には4％程度含まれている．

(4) 室内の濃度が3〜4％になると頭痛，めまいや血圧上昇を起こす．

(5) 室内の濃度が7〜10％になると数分間で意識不明となる．

**問題32** 空気汚染とその健康障害との組合せとして，最も不適当なものは次のうちどれか．

(1) オゾン ―――――――― 気道粘膜の刺激

(2) レジオネラ属菌 ――――― 急性肺炎

(3) 真菌 ―――――――――― アレルギー性疾患

(4) たばこ煙 ―――――――― 慢性閉塞性肺疾患(COPD)

(5) 二酸化硫黄 ――――――― 過敏性肺炎

**問題33** 音に関する次の記述のうち，最も不適当なものはどれか．

(1) 外耳は耳介，外耳道，鼓膜からなる．

(2) 音の伝達には気導と骨導がある．

(3) サウンドアメニティーとは，快い音環境のことである．

(4) 聴力はオージオメータの基準音圧レベルを基準として測定される．

な影響を及ぼすのは，通常 イ 1 μm程度以下の大きさである．

正解(5)

**解答**

現在，試験研究を除いて使用禁止であるが，現存の建築物に残っている場合がある．

正解(5)

**解答**

学校保健安全法の学校環境衛生基準では，教室の二酸化炭素濃度は0.15％以下と定められている．

正解(2)

**解答**

過敏性肺炎は，真菌などにより引き起こされる．

正解(5)

**解答**

外耳は耳介，外耳道からなる．鼓膜は中耳に該当する．

（5）　蝸牛は内耳に含まれ，蝸牛内部には有毛細胞をもつコルチ器がある．

**問題34**　騒音に関する次の記述のうち，最も不適当なものはどれか．
（1）　騒音レベル85 dB以上の騒音に長期間曝露されると，聴力に障害が起こる．
（2）　騒音により副腎ホルモンの分泌増加など，内分泌系への影響が起こる．
（3）　文章了解度は，聴取妨害に関する音声の了解の程度を評価する指標である．
（4）　騒音が発生する業務に従事する労働者の4 000 Hzの聴力レベルが20 dBであれば，騒音性難聴とされる．
（5）　一般環境騒音に係る環境基準は，地域類型別及び道路に面しない地区と道路に面する地区に区分し決められている．

**解答**
　騒音が発生する業務に従事する労働者の4 000 Hzの聴力レベルが30 dB未満であれば，聴覚正常者とされる．したがって，20 dBであれば聴覚正常者とされる．

正解（4）

**問題35**　振動に関する次の記述のうち，最も適当なものはどれか．
（1）　地震の震度は，気象庁の職員の体感によって測定される．
（2）　レイノー現象は，温度が高く代謝が上昇する夏季に起こりやすい．
（3）　全身振動により，胃腸の働きの抑制が見られる．
（4）　振動の知覚は，皮膚，内臓，関節等，全身に分布する運動神経末端受容器によりなされる．
（5）　地面の振動が伝わる際，建築物内床面の振動レベルは減衰により屋外地面上より低くなる．

**解答**
（1）地震の震度は，計測震度計により測定している．
（2）レイノー現象は，温度が低く代謝が低下する冬季に起こりやすい．
（4）振動の知覚は，皮膚，内臓，関節など，全身に分布する知覚神経末端受容器によりなされる．
（5）地面の振動が伝わる際，建築物内床面の振動レベルは，建築物によって増幅されることにより，屋外地面上よりも高くなることがある．

正解（3）

**問題36**　眼の構造と光の知覚，光環境に関する次の記述のうち，最も不適当なものはどれか．
（1）　照度が0.1 lxより下がると，視力は大きく低下する．
（2）　錐体には赤，青，黄の光にそれぞれ反応する3種があり，これらの反応の組合せにより色を感じる．
（3）　視細胞が感知した光の刺激は，視神経を介して脳に伝わり知覚される．
（4）　グレアとは，視野内で過度に輝度が高い点などが見えることによって起きる不快感や見にくさである．
（5）　眼において，水晶体はカメラに例えるとレンズの役割を果たす．

**解答**
　錐体には赤，青，緑の光にそれぞれ反応する3種があり，これらの反応の組み合わせによって色を感じる．

正解（2）

**問題37**　情報機器作業に関する次の記述のうち，最も不適当なものはどれか．
（1）　情報機器にはタブレット端末が含まれる．
（2）　照明及び採光は，できるだけ明暗の対照が著しくないようにする．
（3）　ディスプレイに関しては，画面の上端が眼の高さよりや

**解答**
　ディスプレイは，画面の上端が眼の高さとほぼ同じか，やや下になる高さにすることが望ましい．

や上になる高さにすることが望ましい.

（4）　情報機器作業とは，パソコンなどの情報機器を使用してデータの入力や文章・画像等の作成を行う作業である.

（5）　情報機器作業者に対する健康診断では，眼の症状，筋骨格系の症状，ストレスに関する症状をチェックする.

正解(3)

**問題38**　電場，磁場，電磁波に関する次の記述のうち，最も不適当なものはどれか.

（1）　電磁波には電波，光，X線，γ線が含まれる.

（2）　可視光線のみが目で確認できる電磁波である.

（3）　地球磁場のような静磁場の曝露（ばく）による健康影響は知られていない.

（4）　静電気は，放電によりガソリンや有機溶剤に発火や爆発を起こす.

（5）　電磁波の周波数が高くなると波長は長くなる.

【解答】
電磁波の周波数が高くなると，波長は短くなる.

正解(5)

**問題39**　赤外線及び紫外線の健康影響に関する次の記述のうち，最も不適当なものはどれか.

（1）　赤外線は熱中症の原因となる.

（2）　赤外線はビタミンDの形成を促す.

（3）　紫外線曝露（ばく）により，角膜炎が起こる.

（4）　紫外線のうち，UV-Cはオゾン層に吸収される.

（5）　紫外線のUV-Bは，エネルギーが強く肌表面の細胞を傷つけたり炎症を起こし，皮膚がんのリスクを上昇させる.

【解答】
ビタミンDの形成を促すのは紫外線である.

正解(2)

**問題40**　健常な体重75kgの一般成人の体内水分量として，最も適当なものは次のうちどれか.

（1）　20kg未満

（2）　20kg以上30kg未満

（3）　30kg以上40kg未満

（4）　40kg以上50kg未満

（5）　50kg以上60kg未満

【解答】
健常な体重75kgの一般成人の体内水分量として最も適当なものは，体重の約50〜70%である40kg以上50kg未満である.

正解(4)

**問題41**　自然界に排出されると，生物濃縮によりヒトの健康に影響を及ぼす物質は次のうちどれか.

（1）　四塩化炭素

（2）　シアン化合物

（3）　鉛

（4）　有機水銀

（5）　六価クロム

【解答】
選択肢のうち，自然界に排出されると生物濃縮によりヒトの健康に影響を及ぼす物質は，有機水銀である.

正解(4)

**問題42**　喉の渇きが生じた場合の体内における水分欠乏率として，最も適当なものは次のうちどれか.

（1）　1%程度

（2）　4%程度

（3）　6%程度

（4）　8%程度

【解答】
喉の渇きが生じた場合の体内における水分欠乏率は，1%程度である.

（5）　10％以上

正解（1）

**問題43**　感染症の予防及び感染症の患者に対する医療に関する法律に基づく感染症の類型のうち，一類，二類，三類全てに実施される措置として，最も不適当なものは次のうちどれか．

（1）　積極的疫学調査
（2）　死体の移動制限
（3）　無症状病原体保有者への入院勧告
（4）　汚染された場所の消毒
（5）　就業制限

**解答**

　無症状病原体保有者への入院勧告は，一類感染症のみに実施される措置で，二類・三類感染症に実施される措置には該当しない．

正解（3）

**問題44**　主にヒト－ヒト感染によって感染が拡大する感染症は次のうちどれか．

（1）　マイコプラズマ肺炎
（2）　デング熱
（3）　発疹チフス
（4）　レプトスピラ症
（5）　ジカウイルス感染症

**解答**

　選択肢のうち，主にヒト－ヒト感染によって感染が拡大する感染症は，マイコプラズマ肺炎である．そのほかの選択肢の主な感染経路（媒介生物）は以下のとおり．
(2) デング熱：ヒトスジシマカ
(3) 発疹チフス：コロモジラミ
(4) レプトスピラ症：ネズミ
(5) ジカウイルス感染症：ネッタイシマカ，ヒトスジシマカ

正解（1）

**問題45**　次亜塩素酸ナトリウム消毒に関する次の記述のうち，最も適当なものはどれか．

（1）　一般に手指消毒で最も用いられる．
（2）　通常５％の濃度で使用する．
（3）　芽胞には効果がない．
（4）　室内では噴霧により使用する．
（5）　有機物が多くても効力は減退しない．

**解答**

(1) 一般に手指消毒で最も用いられるのは，エタノールである．
(2) 通常５％の濃度の原液を0.02〜0.1％に希釈して使用する．
(4) 皮膚に付着したり吸い込んだりするので，室内では噴霧しない．
(5) 有機物が多いと効力が減退する．

正解（3）

**問題46**　熱移動に関する次の記述のうち，最も不適当なものはどれか．

（1）　中空層の熱抵抗は，一定の厚さ（2〜5 cm）までは厚さが増すにつれて増大するが，それ以上ではほぼ一定となる．
（2）　固体内の熱流は，局所的な温度勾配に熱伝導率を乗じて求められる．
（3）　密度が大きい材料ほど，一般に熱伝導率は小さくなる．
（4）　同一材料でも，一般に熱伝導率は温度によって異なる．
（5）　同一材料でも，一般に内部に湿気を多く含むほど熱伝導率は大きくなる．

**解答**

　密度が大きい材料ほど，一般に熱伝導率は大きくなる．

正解（3）

**問題47**　湿り空気と湿度に関する次の記述のうち，最も不適当なものはどれか．

（1）　湿り空気の温度が一定の状態で絶対湿度を増加させると，比エンタルピーは増加する．
（2）　露点温度のときの湿り空気では，乾球温度と湿球温度は

**解答**

　絶対湿度が上昇すると，露点温度は上昇する．

等しい.

（3）　湿り空気において，絶対湿度が上昇すると水蒸気分圧は上昇する.

（4）　絶対湿度が上昇すると，露点温度は低下する.

（5）　絶対湿度が一定の状態で温度が低下すると，相対湿度は上昇する.

正解（4）

**問題48**　熱放射に関する次の記述のうち，最も不適当なものはどれか.

（1）　白色ペイントは，光ったアルミ箔（はく）よりも長波長放射率が小さい.

（2）　物体表面から放射される単位面積当たりの放射熱流は，絶対温度の4乗に比例する.

（3）　同一温度の物体間では，長波長放射に関し，放射率と吸収率は等しい.

（4）　一般的なアスファルトの長波長放射率は，約0.9である.

（5）　常温物体から射出される電磁波は，波長が10 μm付近の赤外線が主体である.

**解答**

図のように，一般に，白色ペイントは，長波長放射率0.9，日射吸収率0.1程度で，光ったアルミ箔は長波長放射率，日射吸収率ともに0.1程度である．したがって，白色ペイントは，光ったアルミ箔よりも長波長放射率が大きい.

正解（1）

**問題49**　一辺が3 mの正方形の壁材料を組み合わせて立方体の室を作り，日射が当たらない条件で床面が地表面から浮いた状態で固定した．床と天井を含む壁材料の熱貫流抵抗を0.4 (m²・K)/W，隙間換気は無視できるとし，外気温度が10℃の条件下で内部を1 620 Wで加熱した.

十分に時間が経過した後の室内空気温度として，最も適当なものは次のうちどれか.

（1）　12℃
（2）　22℃
（3）　28℃
（4）　32℃
（5）　40℃

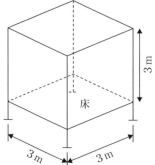

**解答**

熱貫流量$Q$は，次式で表される.
$$Q = K \times A (t_i - t_o)$$
ここで，$Q$：熱貫流量〔W〕
　　　　$K$：熱貫流率〔W/(m²・K)〕
　　　　$A$：壁体面積〔m²〕
　　　　$t_i$：室内空気温度〔℃〕
　　　　$t_o$：外気温度〔℃〕
題意から，
$Q = 1\,620$〔W〕
$K = 1 \div 0.4 = 2.5$〔W/(m²・K)〕
$A = 3 \times 3 \times 6 = 54.0$〔m²〕
$t_o = 10.0$〔℃〕
したがって，

$$t_i = \frac{Q}{K \times A} + t_o = \frac{1620}{2.5 \times 54.0} + 10.0$$
$$= 12.0 + 10.0 = 22.0 \text{〔℃〕}$$

なお，壁体面積〔m²〕は，床面が地表面から浮いた状態で固定したという条件なので，6面として計算した.

正解（2）

**問題50** 自然換気の換気力に関する次の記述のうち，最も不適当なものはどれか．

(1) 温度差による換気力は，開口部の高さの差に比例して増加する．

(2) 温度差による換気力は，室内外空気の密度差に比例して増加する．

(3) 風力による換気力は，外部風速の2乗に比例して増加する．

(4) 風力による換気力は，開口部での風圧係数の2乗に比例して増加する．

(5) 風力による換気力は，風向きが変わると変化する．

**解答**

風力による換気力は，開口部での風圧係数に比例して増加する．

正解(4)

**問題51** 空気の流動に関する次の記述のうち，最も不適当なものはどれか．

(1) 円形ダクトの圧力損失は，ダクト直径に反比例する．

(2) ダクトの形状変化に伴う圧力損失は，風速の2乗に比例する．

(3) 合流，分岐のないダクト中を流れる気流の速度は，断面積に比例する．

(4) 開口部を通過する風量は，開口部前後の圧力差の平方根に比例する．

(5) レイノルズ数は，慣性力の粘性力に対する比を表す無次元数である．

**解答**

合流，分岐のないダクト中を流れる気流の速度は，断面積に反比例する．

正解(3)

**問題52** 流体の基礎に関する次の文章の□□□内に入る語句の組合せとして，正しいものはどれか．

摩擦のないダクト中を進む流れを考え，流れの上流側にA断面，下流側にB断面をとる．ダクト内の流管の二つの断面A，Bにおける流れの力学的エネルギーの保存を仮定すると次のようなベルヌーイの定理を表す式が得られる．

ただし，$\rho$：密度，$a$：$\boxed{ア}$，$b$：$\boxed{イ}$，$g$：重力加速度，$c$：$\boxed{ウ}$とする．

$$\frac{1}{2}\rho a^2 + b + \rho gc = 一定$$

|  | ア | イ | ウ |
|---|---|---|---|
| (1) | 速度 | 静圧 | 高さ |
| (2) | 速度 | 動圧 | 高さ |
| (3) | 高さ | 静圧 | 速度 |
| (4) | 静圧 | 高さ | 速度 |
| (5) | 動圧 | 高さ | 速度 |

**解答**

摩擦のないダクト中を進む流れを考え，流れの上流側にA断面，下流側にB断面をとる．ダクト内の流管の二つの断面A，Bにおける流れの力学的エネルギーの保存を仮定すると次のようなベルヌーイの定理を表す式が得られる．

ただし，$\rho$：密度，$a$：$\boxed{ア\ 速度}$，$b$：$\boxed{イ\ 静圧}$，$g$：重力加速度，$c$：$\boxed{ウ\ 高さ}$とする．

$$\frac{1}{2}\rho a^2 + b + \rho gc = 一定$$

正解(1)

**問題53** 建築物環境衛生管理基準及びそれに関連する次の記述のうち，最も不適当なものはどれか．

(1) 建築物衛生法による気流の管理基準値は，0.5 m/s以下である．

(2) 空気環境管理項目の中で，気流は不適率が高い項目の一つである．

**解答**

空気環境管理項目の中で，不適率が高い項目は相対湿度，二酸化炭素であり，気流の不適率は低い．

（3） 極端な低気流状態は好ましくなく，ある程度の気流は確保すべきである．

（4） 冷房期における節電対策などで，居室内に扇風機を設置することで，局所的に気流の基準値を超えることがある．

（5） 気流の改善方法に，間仕切りの設置や吹出口風量のバランス調整がある．

正解（2）

**問題54** 換気に関する次の記述のうち，最も不適当なものはどれか．

（1） 混合方式は，室内に供給する清浄空気と室内空気を十分に混合・希釈する方式である．

（2） 一方向方式は，清浄空気をピストンのように一方向の流れとなるように室内に供給し，排気口へ押し出す方式である．

（3） 第2種換気は，自然給気口と機械排気による換気である．

（4） 局所換気は，汚染物質が発生する場所を局所的に換気する方法である．

（5） 機械換気は，自然換気に比べて適切な換気を計画することが容易である．

**解答**

第2種換気は，機械給気と自然排気による換気をいう．

正解（3）

**問題55** 室内における空気汚染物質に関する次の記述のうち，最も不適当なものはどれか．

（1） 一酸化炭素の建築物内での発生源は，燃焼器具，たばこ等である．

（2） 二酸化炭素の建築物内での発生源は，人の活動（呼吸），燃焼器具等である．

（3） 浮遊粉じんの建築物内での発生源は，人の活動などである．

（4） ホルムアルデヒドの建築物内での発生源は，これを原料とした接着剤・複合フローリング，合板等である．

（5） オゾンの建築物内での発生源は，洗剤，クリーナ等である．

**解答**

室内汚染物質のうち，オゾンはコピー機，レーザープリンターなどの高電圧を利用している機器から発生する．

正解（5）

**問題56** 空気汚染物質の特性を表すア～エの記述のうち，ホルムアルデヒドの特性を表すものの組合せとして，最も適当なものは次のうちどれか．

ア 常温で無色の刺激臭を有する気体である．

イ ヒトに対して発がん性がある．

ウ 一酸化窒素と結合し，二酸化窒素と酸素を生成する．

エ 非水溶性である．

（1） アとイ

（2） アとウ

（3） アとエ

（4） イとウ

（5） イとエ

**解答**

ホルムアルデヒド（HCHO）は，常温では無色の刺激臭を有する気体である．水溶性がある有機化合物で，ヒトに対して発がん性，毒性がある．ホルムアルデヒドの室内の発生源は，複合フローリング材や合板などに使用される接着剤，衣類の仕上げ加工剤などである．

正解（1）

**問題57** 次のエアロゾル粒子の相当径のうち，幾何相当径に分類されるものはどれか．
(1) 空気力学径
(2) ストークス径
(3) 円等価径
(4) 光散乱径
(5) 電気移動度径

**解答**

エアロゾル粒子のように小さい粒子は，形が球状ではないことがある．その場合，幾何学形状で算出するのを「幾何相当径」，仮想粒子と同じ測定量とするものを「物理相当径」という．以下に，幾何相当径，物理相当径の例を挙げる．
・幾何相当径：定方向径，円等価径など
・物理相当径：空気力学径，ストークス径，光散乱径，電気移動度径など
したがって，選択肢のうち幾何相当径に分類されるのは，円等価径である．

正解(3)

**問題58** アレルゲンと微生物に関する次の記述のうち，最も不適当なものはどれか．
(1) オフィスビル内のアレルゲンの大部分は細菌類である．
(2) 空気調和機内は，微生物の増殖にとって好環境となる．
(3) アルテルナリアは，一般環境中に生育するカビである．
(4) ダンプネスは，過度の湿気を原因とするカビ臭さや微生物汚染等の問題が確認できるような状態をいう．
(5) 大部分のダニアレルゲンの粒径は，数μm以上である．

**解答**

オフィスビル内のアレルゲンはダニ，カビ，花粉などが大部分を占める．

正解(1)

**問題59** エアロゾル粒子の一般的な粒径として，最も小さいものは次のうちどれか．
(1) 噴霧液滴
(2) 硫酸ミスト
(3) セメントダスト
(4) フライアッシュ
(5) たばこ煙

**解答**

エアロゾル粒子の粒径範囲はおおむね，フライアッシュ1～200μm，セメントダスト3～100μm，噴霧液滴1～20μm，硫酸ミスト1～15μm，たばこ煙0.01～1μmである．したがって，最も小さい粒径は，たばこ煙である．

正解(5)

**問題60** ダクト併用ファンコイルユニット方式に関する次の記述のうち，最も不適当なものはどれか．
(1) ファンコイルユニットを単一ダクト方式と併用することで，個別制御性を高めたシステムである．
(2) ファンコイルユニットは，熱負荷が過大となるペリメータゾーンに配置されることが多い．
(3) 単一ダクト方式に比べ，空調機及び主ダクトの小容量化・小型化が可能である．
(4) ペリメータゾーンとインテリアゾーンにおける熱負荷特性の差異に対応可能である．
(5) 新鮮外気量の確保は，ファンコイルユニットで対応する．

**解答**

ダクト併用ファンコイルユニット方式では，新鮮外気の確保は中央式空気調和機で対応する．空気調和機のダクト吹出し空気とファンコイルの吹出し空気による混合損失が発生する場合があり，換気を十分に行う意味からも，新鮮外気量の確保が課題といえる．

正解(5)

**問題61** 建築物の熱負荷に関する組合せとして，最も適当なものは次のうちどれか．
(1) 壁体からの通過熱負荷 ―――――― 顕熱負荷
(2) 人体による室内発熱負荷 ――――― 顕熱負荷
(3) ガラス窓からの通過日射熱負荷 ― 顕熱負荷と潜熱負荷
(4) 外気負荷 ――――――――――― 顕熱負荷

**解答**

建築物の熱負荷は，顕熱負荷のみを有するもの，顕熱負荷と潜熱負荷の両方を有するものに分類できる．以下に，その分類の例を挙げる．
・顕熱負荷のみの熱負荷：壁体からの通過熱負荷，ガラス窓からの通過日射熱

（5）　照明による室内発熱負荷 ──── 顕熱負荷と潜熱負荷

負荷，照明による室内発熱負荷
・顕熱負荷と潜熱負荷両方の熱負荷：人体による室内発熱負荷，外気負荷
　したがって，壁体からの通過熱負荷は，顕熱負荷のみの熱負荷に分類される．
正解（1）

【問題62】　下に示す湿り空気線図上のア～オは，加湿・除湿操作による状態変化を表している．各状態変化と加湿・除湿操作との組合せとして，最も不適当なものは次のうちどれか．

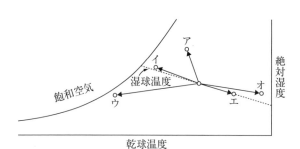

（1）　ア ─ 蒸気加湿
（2）　イ ─ 気化式加湿
（3）　ウ ─ 空気冷却器による冷却除湿
（4）　エ ─ 液体吸収剤による化学的除湿
（5）　オ ─ シリカゲルなどの固体吸着剤による除湿

解 答

　加湿・除湿の操作のうち，蒸気加湿であれば，絶対湿度が急激に増加し，乾球温度がほぼ一定の変化である．一方，気化式加湿は，潜熱と顕熱の授受が等しいため，イのように，湿球温度が一定の線上を変化する．アは，ほぼ乾球温度が一定の変化である蒸気加湿と，イの気化式加湿のほぼ中間に近い状態である．

正解（1）

【問題63】　個別方式の空気調和設備に関する次の記述のうち，最も不適当なものはどれか．
（1）　水熱源ヒートポンプ方式のパッケージ型空調機は，圧縮機を内蔵するため騒音源として注意が必要である．
（2）　分散設置型空気熱源ヒートポンプ方式には，電動のヒートポンプ（EHP）の他に，ガスエンジン駆動のヒートポンプ（GHP）がある．
（3）　ビル用マルチパッケージとは，1台の室外機に複数の室内機を接続するタイプである．
（4）　ビル用マルチパッケージには，同一室外機系統でも室内機ごとに冷暖房が選択できる冷暖房同時型というタイプがある．
（5）　空気熱源ヒートポンプは，冷房時にデフロスト運転（除霜運転）による効率低下が発生することがある．

解 答

　空気熱源ヒートポンプは，冬期の暖房時に，室外機に霜が付いている場合など，一時的に暖房運転を停止して，デフロスト運転（除霜運転）することによる効率低下が発生することがある．

正解（5）

【問題64】　乾球温度0℃，比エンタルピー4kJ/kg（DA）の外気と，乾球温度22℃，比エンタルピー39 kJ/kg（DA）の室内空気を2：3の割合で混合した後の乾球温度と比エンタルピーの組合せとして，最も適当なものは次のうちどれか．

　　　　乾球温度〔℃〕　　　　比エンタルピー〔kJ/kg（DA）〕
（1）　　8.8 ─────────── 18
（2）　13.2 ─────────── 25

解 答

　題意から，A点を乾球温度0〔℃〕，比エンタルピー4〔kJ/kg（DA）〕の外気，B点を乾球温度22〔℃〕，比エンタルピー39〔kJ/kg（DA）〕の室内空気とし，2：3の割合で混合後の状態点をC点とする．C点の乾球温度と比エンタルピーをそれぞれ求めると，

（3）　8.8 ─────────── 21
（4）　18.3 ─────────── 21
（5）　13.2 ─────────── 18

$$乾球温度 = 22 - \frac{22-0}{2+3} \times 2$$

$$= 22 - 8.8 = 13.2 \, [\text{℃}]$$

$$比エンタルピー = 39 - \frac{39-4}{2+3} \times 2$$

$$= 39 - 14$$

$$= 25 \, [\text{kJ/kg(DA)}]$$

正解（2）

**問題65**　デシカント空調方式に関する次の記述のうち，最も不適当なものはどれか．
（1）　除湿量は，再生空気の相対湿度の影響が大きい．
（2）　放射冷暖房システムの結露対策としても用いられる．
（3）　除湿において，デシカントロータ通過前後で外気の乾球温度は低下する．
（4）　2ロータ方式において，再生熱交換器は排気側に設置される．
（5）　潜熱と顕熱を分離して制御できる空調システムである．

**解答**

　デシカント空調方式は，空気から直接水分を除去・分離し，適切な温度・湿度に調整して室内へ供給する方式である．デシカント空調方式のうち，乾式デシカント方式は，乾燥剤を含浸させたハニカム形状のローター（デシカントローター）に空気を通して除湿する．その除湿過程は，まず，予冷コイルで乾球温度を低下させ，絶対湿度も少し低下させた後，湿気を吸着させ，デシカントローターに空気を通過させて除湿すると，<u>乾球温度は上昇し，絶対湿度は一気に低下する</u>．

正解（3）

**問題66**　蒸気圧縮冷凍サイクルに関する次の記述のうち，最も不適当なものはどれか．
（1）　凝縮器により冷媒が液化する．
（2）　圧縮機により冷媒の比エンタルピーが増加する．
（3）　膨張弁により冷媒の圧力が低下する．
（4）　蒸発器により冷媒がガス化する．
（5）　冷凍サイクルでは凝縮器，圧縮機，膨張弁，蒸発器の順に冷媒が循環する．

**解答**

　蒸気圧縮冷凍サイクルは，気体の冷媒を圧縮機で圧縮し，凝縮器で冷却して液体をつくり，膨張弁で圧力を下げ，蒸発器で低温の状態で気化させて気化熱を奪い取る仕組みである．つまり，冷凍サイクルは圧縮機 → 凝縮器 → 膨張弁 → 蒸発器の順に冷媒が循環する．

蒸気圧縮冷凍サイクル

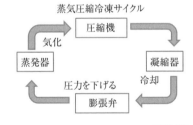

正解（5）

**問題67**　冷凍機の冷媒に関する次の記述のうち，最も不適当なものは次のうちどれか．
（1）　CFC（クロロフルオロカーボン）は，オゾン層破壊の問題から全面的に製造禁止とされた．
（2）　HCFC（ハイドロクロロフルオロカーボン）は，オゾン破壊係数（ODP）は小さいが，全廃へ向けて生産量の段階的な削減が行われている．
（3）　HFC（ハイドロフルオロカーボン）は，オゾン破壊係数（ODP）が1である．

**解答**

　HFC（ハイドロフルオロカーボン）は，代替フロンと呼ばれ，オゾン破壊係数（ODP）は<u>ゼロ</u>である．

（4）　HFC（ハイドロフルオロカーボン）は，温室効果ガスの一種に指定され，使用量に対する制限が課せられている．

（5）　自然冷媒のアンモニアは，地球温暖化係数（GWP）が1より小さい．

正解（3）

**問題68**　空気調和設備の各種熱源方式の特徴に関する次の記述のうち，最も不適当なものはどれか．

（1）　コージェネレーション方式は，電力需要を主として運転することにより最も高いエネルギー利用効率が得られる．

（2）　ガスエンジンヒートポンプ方式は，エンジン排熱を有効利用することができるため，寒冷地における暖房熱源に適している．

（3）　蓄熱システムは，電力負荷平準化や熱源装置容量削減に効果がある．

（4）　水熱源方式のヒートポンプは，地下水や下水熱等の未利用エネルギー利用に適している．

（5）　地域冷暖房システムは，地域での熱源集約化や集中管理化のメリットがある．

**問題69**　密閉型冷却塔に関する次の文章の □ 内に入る語句の組合せとして，最も適当なものはどれか．

密閉型冷却塔は，水と空気が ア 熱交換となるため，通風抵抗と送風機動力が イ する．また，冷却水の散布水系統の保有水量は開放型冷却塔と比べて ウ ．

|  | ア |  | イ |  | ウ |
|---|---|---|---|---|---|
| （1） | 間接 | — | 増加 | — | 多い |
| （2） | 間接 | — | 減少 | — | 少ない |
| （3） | 直接 | — | 減少 | — | 多い |
| （4） | 直接 | — | 増加 | — | 少ない |
| （5） | 間接 | — | 増加 | — | 少ない |

**問題70**　空気調和機とその構成機器の組合せとして，最も不適当なものは次のうちどれか．

（1）　エアハンドリングユニット ——— 加湿器

（2）　ファンコイルユニット ——— 凝縮器

（3）　パッケージ型空調機 ——— 圧縮機

（4）　エアハンドリングユニット ——— エアフィルタ

（5）　ファンコイルユニット ——— 熱交換器

**問題71**　空気調和設備に用いられる熱交換器に関する次の記述のうち，最も不適当なものはどれか．

（1）　回転型全熱交換器は，仕切り板の伝熱性と透湿性により給排気間の全熱交換を行う．

（2）　空気−空気熱交換器は，主に外気負荷の削減に用いられる．

（3）　代表的な空気冷却用熱交換器としては，プレートフィン型冷却コイルがある．

**解答**

コージェネレーション方式は，高いエネルギー利用効率を得るために，燃焼排熱の有効活用が重要である．

正解（1）

**解答**

密閉型冷却塔は，水と空気が ア 間接 熱交換となるため，通風抵抗と送風機動力が イ 増加 する．また，冷却水の散布水系統の保有水量は開放型冷却塔と比べて ウ 少ない ．

正解（5）

**解答**

ファンコイルユニットは，送風機，熱交換器（空気冷却器，加熱器），エアフィルターとケーシングによって構成されている．

正解（2）

**解答**

静止型全熱交換器は，仕切り板の伝熱性と透湿性によって給排気間の熱交換を行う．回転型全熱交換器は，円筒形のエレメントの回転によって熱交換を行う．

（4） ヒートパイプは，構造・原理が単純で，熱輸送能力の高い熱交換器である．

（5） プレート式水－水熱交換器は，コンパクトで容易に分解洗浄できるという特徴がある．

正解（1）

**問題72** 加湿装置に関する次の記述のうち，最も不適当なものはどれか．

（1） 滴下式は，吹出し空気の温度が低下する．

（2） 蒸気式は，吹出し空気の温度が低下しない．

（3） 超音波式は，給水中の不純物が放出される．

（4） 透湿膜式は，給水中の不純物は放出されない．

（5） 電極式は，純水で加湿する．

**解答**

加湿装置のうち，蒸気吹出し方式に分類されている電極式は，水中の電極に交流電流を流すことで，ジュール熱の原理によって，水自体を発熱体として蒸気を発生させるもの．純水を必ず使用しなければならないといった面倒な水処理が不要で，クリーンな加湿が可能である．

正解（5）

**問題73** 吹出口に関する次の記述のうち，最も適当なものはどれか．

（1） ふく流吹出口は，他の吹出口に比べて誘引効果が高く，温度差や風量が大きくても居住域にコールドドラフトが生じにくい．

（2） 軸流吹出口の吹出気流は，拡散角度が大きく，到達距離が短いのが特徴である．

（3） 線状吹出口は，主にインテリアゾーンの熱負荷処理用として設置されることが多い．

（4） 面状吹出口は，放射冷暖房の効果が期待できない．

（5） 線状吹出口は，吹出し方向を調整できない．

**解答**

（2） 軸流吹出口の吹出気流は，誘引比と拡散角度が小さく，到達距離が長いのが特徴である．

（3） 線状吹出口は，主にペリメータ負荷処理用として，窓近傍に設置されることが多い．

（4） 面状吹出口は，天井板に細孔をあけた有孔天井を用いて，吹出し空気は天井全面から微風速で吹き出す方式が一般的である．

（5） 線状吹出口で可動ベーン方式のものは吹出し方向の調整ができる．一般に，線状吹出口は，周囲空気の誘引比が高く，均一な温度分布を得やすい．

正解（1）

**問題74** 下の図は，送風抵抗と運転点の関係を示している．この図に関連する，次の文章の [＿＿＿] 内に入る語句の組合せとして，最も適当なものはどれか．

送風機の特性曲線は，グラフの横軸に [ ア ] をとり，縦軸に [ イ ] をとって表すと曲線Pのようになる．一方，送風系の抵抗曲線は，同じグラフ上に，原点を通る二次曲線Rとして示される．ここで，2曲線の交点Aは，運転点を示している．この時，送風系の [ ウ ] を操作することで，抵抗曲線はR′に変化し，運転点はBとなる．

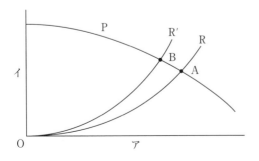

**解答**

送風機の特性曲線は，グラフの横軸に [ ア 風量 ] をとり，縦軸に [ イ 圧力 ] をとって表すと曲線Pのようになる．一方，送風系の抵抗曲線は，同じグラフ上に，原点を通る二次曲線Rとして示される．ここで，2曲線の交点Aは，運転点を示している．この時，送風系の [ ウ ダンパ ] を操作することで，抵抗曲線はR′に変化し，運転点はBとなる．

|       | ア    |       | イ      |       | ウ          |
|-------|-------|-------|---------|-------|-------------|
| （1） | 圧力 | ―― | 回転数 | ―― | インバータ |
| （2） | 風量 | ―― | 圧力   | ―― | インバータ |
| （3） | 圧力 | ―― | 風量   | ―― | インバータ |
| （4） | 風量 | ―― | 圧力   | ―― | ダンパ     |
| （5） | 圧力 | ―― | 風量   | ―― | ダンパ     |

正解（4）

**問題75** 空気浄化装置に関する次の記述のうち，最も不適当なものはどれか．

（1） 自動巻取型エアフィルタは，ろ材の更新が自動的に行えるような構造としたものである．

（2） ULPAフィルタは，定格風量で粒径が0.3 μmの粒子に対する粒子捕集率で規定されている．

（3） ろ過式フィルタの捕集原理には，遮りによる付着，慣性衝突，拡散による付着がある．

（4） ガス除去用エアフィルタのガス除去容量は，ガス除去率が初期値の85％に低下するまでに捕集したガス質量で表される．

（5） パネル型エアフィルタは，外気用又はプレフィルタとして用いられる．

**解答**

ULPAフィルター（Ultra Low Penetration Air Filter）は，「定格風量で粒径が0.15 μmの粒子に対して99.9995％以上の粒子捕集率を持ち，かつ，初期圧力損失が245 Pa以下の性能を持つエアフィルター」と，JIS Z 8122で規定されている．また，HEPAフィルター（High Efficiency Particulate Air Filter）は，「定格風量で粒径が0.3 μmの粒子に対して99.97％以上の粒子捕集率を持ち，かつ，初期圧力損失が245 Pa以下の性能を持つエアフィルター」と，同じくJIS Z 8122で規定されている．

正解（2）

**問題76** 空気調和設備に用いられる配管の種類とそれに使用する温度又は圧力との組合せとして，最も不適当なものは次のうちどれか．

（1） 冷却水配管 ―――― 20～40℃

（2） 高温水配管 ―――― 80～90℃

（3） 冷水配管 ―――― 5～10℃

（4） 低圧蒸気配管 ―― 0.01～0.05 MPa

（5） 高圧蒸気配管 ―― 0.1～1 MPa

**解答**

高温水配管は，120～180℃である．一方，温水配管は，40～80℃である．

正解（2）

**問題77** 空気調和設備の配管とポンプに関する語句の組合せとして，最も不適当なものは次のうちどれか．

（1） 伸縮継手 ―――――― 温度変化による配管応力の吸収

（2） キャビテーション ―― 吐出量の低下

（3） サージング ―――――― 有効吸込みヘッド（NPSH）

（4） 配管系の抵抗曲線 ―― 全揚程

（5） 水撃作用 ――――――― 衝撃音の発生

**解答**

有効吸込みヘッド（NPSH：Net Positive Suction Head）は，ポンプの吸込み性能の評価やキャビテーションを考える際の指標として用いられる．

正解（3）

**問題78** 汚染物質とその濃度又は強さを表す単位との組合せとして，最も不適当なものは次のうちどれか．

（1） 二酸化窒素 ―――― ppb

（2） ダニアレルゲン ―― ng/m³

（3） 浮遊真菌 ―――――― CFU/m³

（4） 臭気 ―――――――――― cpm

（5） エチルベンゼン ―― μg/m³

**解答**

臭気濃度の単位は，ppmあるいはppbである．

正解（4）

**問題79** 浮遊粉じんの測定に関する次の文章の 内の語句のうち，最も不適当なものはどれか．

建築物衛生法の測定対象となる浮遊粉じん濃度は，粉じんの（1）を考慮することなく（2）がおおむね（3）を対象として，（4）以下と規定されている．標準となる測定法は（5）である．

（1）化学的組成
（2）幾何相当径
（3）10 μm以下の粒子状物質
（4）0.15 mg/m³
（5）重量法（質量濃度測定法）

**問題80** 環境要素の測定に関する用語の組合せとして，最も不適当なものは次のうちどれか．

（1）温度 ———————— 熱電対
（2）臭気 ———————— オルファクトメータ法
（3）熱放射 ———————— シンチレーションカウンタ
（4）酸素 ———————— ガルバニ電池
（5）気流 ———————— サーミスタ

**問題81** 空気調和・換気設備の維持管理に関する次の記述のうち，最も不適当なものはどれか．

（1）異常の兆候は，それ自体を測定することは難しく，振動などのパラメータから推定する．
（2）予防保全とは，故障発生時に，他の部分への影響を防止するため，当該部分を速やかに修復する方法である．
（3）熱源設備は重要機器として，点検レベルを高く設定する．
（4）点検業務は，法定点検業務及び設備機能維持のために行われる任意点検業務に区分される．
（5）空気調和・換気設備のリニューアルまでの使用期間は，20～30年となる場合が多い．

**問題82** 空気調和・換気設備に関する維持管理上の問題と考えられる原因との組合せとして，最も不適当なものは次のうちどれか．

（1）冷却水系統のスケール発生
　　———————— 冷却水の過剰な濃縮
（2）全熱交換器の効率低下
　　———————— 熱交換エレメントの目詰まり
（3）冬季暖房時の室内相対湿度の低下
　　———————— 高い室内温度設定
（4）夏季冷房時の室内温度の上昇
　　———————— 外気量の低下
（5）室内空気質の低下
　　———————— ダクト内部の汚れ

**解答**
建築物衛生法の測定対象となる浮遊粉じん濃度は，粉じんの（1）化学的組成を考慮することなく（2）相対沈降径がおおむね（3）10 μm以下の粒子状物質を対象として，（4）0.15 mg/m³以下と規定されている．標準となる測定法は（5）重量法（質量濃度測定法）である．

正解（2）

**解答**
シンチレーションカウンタは，放射線検出器のことで，放射線が入射すると発光するシンチレーターとよばれる物質と，その光を電気信号に変換するための受光素子を組み合わせた検出器である．

正解（3）

**解答**
予防保全とは，部品の劣化を保全計画に組み入れて，計画的に修理，交換する方法である．

正解（2）

**解答**
夏季冷房時に室内温度の上昇が発生した場合，外気量の増加が原因で，室内が冷えにくくなったことが考えられる．

正解（4）

令和4年

**問題83** 音と振動に関する用語とその定義との組合せとして，最も不適当なものは次のうちどれか．

- （1） 暗騒音 ——— ある騒音環境下で，対象とする特定の音以外の音の総称
- （2） 吸音 ——— 壁などで音を遮断して，透過する音のエネルギーを小さくすること
- （3） 騒音レベル － 人間の聴覚の周波数特性で補正した，騒音の大きさを表す尺度
- （4） 音の強さ ——— 音の進行方向に対して，垂直な単位面積を単位時間に通過する音のエネルギー
- （5） 時間率レベル ——— あるレベル以上の振動に曝露される時間の，観測時間内に占める割合

**解 答**

「壁などで音を遮断して，透過する音のエネルギーを小さくすること」は，吸音ではなく，<u>遮音</u>の定義である．

正解（2）

**問題84** 振動と遮音に関する次の記述のうち，最も不適当なものはどれか．

- （1） 固体伝搬音問題には振動が関与する．
- （2） 対象振動が正弦波の場合，振動加速度の実効値は，加速度の最大振幅の$\dfrac{1}{\sqrt{2}}$で求められる．
- （3） コインシデンス効果が生じると，壁体の透過損失は減少する．
- （4） 建物内で感じる道路交通による振動は，不規則で変動も大きい．
- （5） 空気調和設備による振動は，間欠的かつ非周期的に発生する．

**解 答**

空気調和設備による振動は，<u>定常的で変動が小さい</u>．間欠的かつ非周期的に発生する振動は，人間の歩行によるものなどである．

正解（5）

**問題85** 音圧レベル80 dBの音源室と面積10 m²，音響透過損失20 dBの隔壁で仕切られた，等価吸音面積（吸音力）が20 m²の受音室の平均音圧レベルとして，最も近いものは次のうちどれか．

なお，音源室と受音室の音圧レベルには以下の関係がある．

$$L_1 - L_2 = TL + 10\log_{10}\frac{A_2}{S_w}$$

ただし，$L_1$，$L_2$は音源室，受音室の平均音圧レベル[dB]，$A_2$は受音室の等価吸音面積[m²]，$S_w$は音の透過する隔壁の面積[m²]，$TL$は隔壁の音響透過損失[dB]を表す．

$\text{Log}_{10}2 = 0.3010$，$\log_{10}3 = 0.4771$とする．

- （1） 50 dB
- （2） 54 dB
- （3） 57 dB
- （4） 60 dB
- （5） 63 dB

**解 答**

設問で提示されている式を用いて，題意から，

$$L_2 = 80 - 20 - 10\log_{10}\frac{20}{10}$$
$$= 60 - 10\log_{10}2$$
$$= 60 - 3.010 = 56.99 \text{ [dB]}$$

正解（3）

**問題86** 床衝撃音に関する次の文章の────内に入る語句の組合せとして，最も適当なものはどれか．

軽量床衝撃音は，　ア　ときに発生し，　イ　に主な成分を含む．対策としては　ウ　が効果的である．

**解 答**

軽量床衝撃音は，ア　食器を落とした ときに発生し，イ　高周波数域 に主な成分を含む．対策としては ウ　柔らかい床

|     | ア | イ | ウ |
|-----|-----|-----|-----|
| （1） | 人が床上で飛び跳ねたりした | 高周波数域 | 柔らかい床仕上げ材 |
| （2） | 人が床上で飛び跳ねたりした | 低周波数域 | 柔らかい床仕上げ材 |
| （3） | 食器を落とした | 高周波数域 | 床躯体構造の質量増加 |
| （4） | 食器を落とした | 高周波数域 | 柔らかい床仕上げ材 |
| （5） | 食器を落とした | 低周波数域 | 床躯体構造の質量増加 |

仕上げ材 が効果的である.

正解（4）

**問題87**　音・振動環境の保守管理に関する次の記述のうち，最も不適当なものはどれか.
（1）　複数の材料を貼り合わせた内装の振動は，部位による振動モードの影響により，測定場所間で異なることがある.
（2）　対象となる騒音・振動を測定するには，暗騒音・暗振動が大きい時間帯に実施することが望ましい.
（3）　経年変化による遮音性能の低下を把握するために，建設時に壁・床・建具等の遮音性能を測定しておくことが望ましい.
（4）　機械室に隣接する居室の床スラブ厚が薄かったため，床振動による固体伝搬音が伝わらないよう，空調機に防振支持を施した.
（5）　高い遮音性能の扉であっても，日常的な開閉により，遮音性能が低下することがある.

**解答**
　実際の測定では，対象となる騒音・振動は，暗騒音・暗振動よりも若干高いことが多く，このような場合，対象となる騒音・振動は暗騒音・暗振動の影響を受けていることを認識する必要がある.したがって，対象となる騒音・振動を測定するには，暗騒音・暗振動が小さい時間帯に実施することが望ましい.

正解（2）

**問題88**　光と照明に関する用語とその定義との組合せとして，最も不適当なものは次のうちどれか.
（1）　照度 —— 単位立体角当たりに入射する光束
（2）　輝度 —— 観測方向から見た見かけの面積当たりの光度
（3）　演色性 – 基準光で照らした場合の色をどの程度忠実に再現しているかを判定する指標
（4）　保守率 – 照明施設をある期間使用した後の作業面上の平均照度と初期平均照度の比
（5）　色温度 – 黒体(完全放射体)を熱したときの絶対温度と光色の関係に基づいて数値的に示される光の色

**解答**
　照度は，単位面積当たりに入射する光束であり，単位は通常，〔lx〕で表される.

正解（1）

**問題89**　光と照明に関する次の記述のうち，最も不適当なものはどれか.
（1）　光が当たった物体の境界面が平滑な場合，光は正反射し，光沢となる.
（2）　建築化照明とは，照明器具を建築物の一部として天井，壁等に組み込んだ照明方式である.
（3）　間接昼光率は，室内反射率の影響を受ける.
（4）　点光源から発する光による照度は，光源からの距離に反比例する.

**解答**
　点光源から発する光による照度は，光源からの距離の2乗に反比例する.

（5）　観測者から見た照明器具の発光部の立体角が大きいほど，照明器具の不快グレアの程度を表すUGRの値は大きくなる.

正解(4)

**問題90**　地表における直射日光による法線面照度が100 000 lxのとき，直射日光による水平面照度として，最も近いものは次のうちどれか.
　　ただし，このときの太陽高度は60度とする.
（1）　35 000 lx
（2）　43 000 lx
（3）　50 000 lx
（4）　65 000 lx
（5）　87 000 lx

**解答**
　太陽高度を$h$〔度〕とすると，水平面照度は次式で表される.
　水平面照度〔lx〕＝法線照度〔lx〕×sin$h$
　したがって，設問の場合，
　100 000×sin60°≒100 000×0.866
　　　　　　　＝86 600〔lx〕

正解(5)

## 午後の部　建築物の構造概論・給水及び排水の管理・清掃・ねずみ，昆虫等の防除

**問題91**　建築物と環境に関する用語の組合せとして，最も関係が少ないものは次のうちどれか.
（1）　フレキシビリティ ——————— 間仕切り変更
（2）　サスティナブル・ディベロップメント ——————— 持続可能な開発
（3）　屋上緑化 ——————— 市街地風
（4）　メタン ——————— 温室効果ガス
（5）　コージェネレーション ——————— 排熱の有効利用

**解答**
　屋上緑化と市街地風には直接の関係はない.

正解(3)

**問題92**　建築物と都市環境に関する次の記述のうち，最も不適当なものはどれか.
（1）　高層建築物の周辺では，局地的に強風が生じることがある.
（2）　一般的なアスファルト舗装面は，土壌面に比べて熱容量が大きく日射熱を蓄熱しやすい.
（3）　地盤沈下は，環境基本法で公害と定義している典型7公害の一つである.
（4）　都市化により，都市の中心部の気温が郊外と比較して高くなる現象をダウンドラフトという.
（5）　乱開発などによって市街地が広がることをスプロール現象という.

**解答**
　都市化により，都市の中心部の気温が郊外と比較して高くなる現象は，ヒートアイランドである.

正解(4)

**問題93**　建築物の設計図書（意匠図面）に関する次の記述のうち，最も不適当なものはどれか.
（1）　配置図は，建築物と敷地の関係を示した図で，外構計画などを併せて示すことがある.
（2）　平面図は，部屋の配置を平面的に示した図で，家具や棚等も記入することがある.
（3）　立面図は，建築物の外観を示すものである.
（4）　展開図は，建物内の雰囲気や空間構成を立体的に示すものである.

**解答**
　展開図は，各室の内部壁面の詳細を描いた図であり，平面的に示される.

（5）　詳細図は，出入口，窓，階段，便所，その他の主要部分の平面，断面等の収まりを示すものである．

**問題94**　建築物の荷重又は構造力学に関する次の記述のうち，最も不適当なものはどれか．
（1）　基礎の構造計算をする場合の積載荷重は，床の構造計算をする場合の積載荷重より大きく設定されている．
（2）　家具・物品等の重量は，積載荷重に含まれる．
（3）　片持ち梁のスパンの中央に集中荷重が作用する場合，その先端には曲げモーメントは生じない．
（4）　トラス構造の部材に生じる応力は，主に軸方向力である．
（5）　水平荷重には，風圧力，地震力等がある．

**解答**
基礎の構造計算をする場合の積載荷重は，床の構造計算をする場合の積載荷重より小さく設定されている．

正解（1）

**問題95**　建築物とその構造に関する次の記述のうち，最も不適当なものはどれか．
（1）　木造住宅の法定耐用年数は，22年である．
（2）　剛性率は，骨組の立面的なバランスを表す指標である．
（3）　制振構造は，建築物の長寿命化と耐久性の向上に寄与する．
（4）　耐震改修には，地震に対する安全性の向上のための模様替が含まれる．
（5）　層間変形角は，各階の層の高さをその層間変位で除した値である．

**解答**
層間変形角は，層間変位を層の高さで除した値である．

正解（5）

**問題96**　鉄骨構造とその材料に関する次の記述のうち，最も不適当なものはどれか．
（1）　鋼材の降伏比は，引張強さの降伏強さに対する割合をいう．
（2）　柱脚部と基礎は，支持条件により，ピン，半固定，固定等を選択して設計する．
（3）　スタッドボルトは，鉄骨梁とコンクリートスラブを緊結するために使用する．
（4）　鉄骨構造の解体は，一般の鉄筋コンクリート構造より容易である．
（5）　高力ボルトの締付け長さは，接合される鋼板の板厚の総和をいう．

**解答**
鋼材の降伏比とは，降伏強さの引張強さに対する割合をいう．

正解（1）

**問題97**　仕上げ材料に関する次の記述のうち，最も不適当なものはどれか．
（1）　合成高分子材料は，合成樹脂，合成ゴム，合成繊維に大別される．
（2）　断熱材料として用いるグラスウールは，熱伝導率の高い空気の特性を利用している．
（3）　しっくいは，消石灰にのり，すさ，水を加えて練った左官材料である．
（4）　アスファルトルーフィングは，合成繊維などの原板にアスファルトを含浸，被覆した材料である．
（5）　せっこうボードは，耐火性に優れるが，水分や湿気に弱い．

**解答**
断熱材は，熱伝導率の低い特性を利用している．

正解（2）

**問題98** 建築生産に関する次の記述のうち，最も不適当なものはどれか．
- （1） プレハブ工法は，工場で製作された部材を現場に搬入して組み立てる工法である．
- （2） 建築基準法に基づく設計図書には，設計図，仕様書が含まれる．
- （3） 軸組式構法は，木材や鋼材等の軸材で柱，梁等を組み，そこに面材を取り付けたものをいう．
- （4） 施工管理は，設計図書のとおり工事が施工されているかを設計者が確認することであり，建築士法に定義されている．
- （5） 型枠工事は，躯体工事に含まれる．

**問題99** エレベーター設備に関する次の記述のうち，最も不適当なものはどれか．
- （1） 小荷物専用昇降機設備は，荷物運搬専用の小規模リフトの総称である．
- （2） ロープ式エレベーターは汎用性が高く，中高層，超高層建築物に多用されている．
- （3） 非常用エレベーターの設置義務は，消防法により定められている．
- （4） 新築の建物では，機械室なしエレベーターが普及している．
- （5） エレベーターの安全装置には，制動装置がある．

**問題100** 空気調和設備に関する用語とその図示記号との組合せとして，最も不適当なものは次のうちどれか．

- （1） VAVユニット ——— ▶
- （2） 排気ガラリ ——— ▨
- （3） 風量調節ダンパ —— ⌀ VD
- （4） 還気ダクト ——— ── RA ──
- （5） 吸込口 ——— □

**問題101** 消火設備と設置場所との組合せとして，最も不適当なものは次のうちどれか．
- （1） 不活性ガス消火設備 ——————— 事務室
- （2） 連結散水設備 ——————— 地下街
- （3） 泡消火設備 ——————— 地下駐車場
- （4） 水道連結型スプリンクラ設備 —— 小規模社会福祉施設
- （5） ハロゲン化物消火設備 ——————— 通信機器室

**問題102** 地震対策に関する次の記述のうち，最も不適当なものはどれか.

（1） ガス用マイコンメータは，地震発生時に自動的にガスを遮断するガスメータである.

（2） 気象庁震度階級は，地震の揺れの強さを示す指標である.

（3） 大規模事業所では，地震被害の軽減のため，防火管理者の選任が義務付けられている.

（4） 感震ブレーカは，地震時に自動的に電気を遮断するブレーカである.

（5） Jアラートは，緊急の気象関係情報，有事関係情報を国から住民などへ伝達するシステムである.

**解答**

防火管理者は，不特定多数の人が集まる各種施設などで選任が義務づけられている.

正解（3）

---

**問題103** 建築基準法において建築物の高さ制限に関する規定として，定められていないものは次のうちどれか.

（1） 道路からの高さ制限

（2） 隣地境界からの高さ制限

（3） 北側からの高さ制限

（4） 日影による中高層建築物の高さ制限

（5） 相対高さ制限

**解答**

相対高さ制限ではなく，<u>絶対高さ制限</u>が定められている.

正解（5）

---

**問題104** 建築基準法及びその施行令に関する用語に該当する内容の組合せとして，正しいものは次のうちどれか.

| | 「建築物」に該当 | 「特殊建築物」に該当 | 「構造耐力上主要な部分」に該当 |
|---|---|---|---|
| （1） | 建築物に付属する門 | 事務所 | 柱 |
| （2） | 鉄道線路敷地内の跨線橋 | 病院 | 屋根 |
| （3） | 屋根のない観覧場 | 学校 | 基礎 |
| （4） | 駅舎のプラットホーム上家 | 倉庫 | 壁 |
| （5） | 地下工作物内の施設 | 共同住宅 | 床 |

**解答**

「建築物」に該当しないものは，「跨線橋」，「プラットホーム上家」である. また「特殊建築物」に該当しないものは「事務所」である.

【編集部注】

「建築物」とは土地に定着する工作物のうち，屋根および柱もしくは壁を有するもの（これに類する構造のものを含む），これに附属する門もしくは塀，観覧のための工作物または地下もしくは高架の工作物内に設ける事務所，店舗，興行場，倉庫その他これらに類する施設（鉄道および軌道の線路敷地内の運転保安に関する施設ならびに跨線橋，プラットホームの上家，貯蔵槽その他これらに類する施設を除く）をいい，建築設備を含むものとする（建築基準法第2条第1項）.

「特殊建築物」とは，学校，体育館，病院，劇場，観覧場，集会場，展示場，百貨店，市場，ダンスホール，遊技場，公衆浴場，旅館，共同住宅，寄宿舎，下宿，工場，倉庫，自動車車庫，危険物の貯蔵場，と畜場，火葬場，汚物処理場その他これらに類する用途に供する建築物をいう（建築基準法第2条第2項）.

「構造耐力上主要な部分」の定義は次のとおりである.「基礎，基礎ぐい，壁，柱，小屋組，土台，斜材（筋かい，方づえ，火打材その他これらに類するものをいう），床版，屋根版または横架材（梁，けたその他これらに類するものをいう）で，建築物

**問題105** 建築物の管理に関する次の記述のうち，最も不適当なものはどれか.

（1） エネルギー管理において日報・月報などによる使用状態の「見える化」は，PDCAサイクルを実現するために必要な機能である.

（2） ファシリティマネージメントとは，企業・団体等が組織活動のために施設とその環境を総合的に企画，管理，活用する経営活動のことである.

（3） 設備ライフサイクルとは，JISの生産管理用語によると「設備の製作，運用，保全」と定義されている.

（4） COP（成績係数）は，入力エネルギーに対して出力された熱量の割合を示し，1を超え得る.

（5） インターロックとは，誤操作や確認不足により不適正な手順による操作を防止する機能のことである.

**解 答**

設備ライフサイクルとは，計画，設計，製作，運用，保全を経て廃却または再利用までを含めたすべての段階および期間と定義されている.

正解(3)

**問題106** 給水及び排水の管理に関する用語と単位の組合せとして，最も不適当なものは次のうちどれか.

（1） 水の比体積 ——————— kg/m³
（2） 給湯器の加熱能力 —— kW
（3） BOD容積負荷 ——————— kg/(m³・日)
（4） 腐食速度 ——————— mm/年
（5） 病院の単位給水量 —— L/(床・日)

**解 答**

水の比体積の単位はm³/kgである.なお，kg/m³は密度の単位である.

正解(1)

**問題107** 給水及び排水の管理に関する用語とその説明との組合せとして，最も不適当なものは次のうちどれか.

（1） ボールタップ ——————— 受水槽の水位調節
（2） 専用洗浄弁式 ——————— 小便器の給水方式
（3） 酸化保護被膜 ——————— 酸化によってできる金属表面の薄い被膜
（4） スクリーン ——————— 夾雑物の除去
（5） フロートスイッチ —— 汚水槽の水位センサ

**解 答**

(2)は，2022年8月22日にJIS A 5207（衛生器具—便器・洗面器類）が改正され，小便器の給水方式が「洗浄弁式」と「専用洗浄弁式」の2種類となったため，不適当ではなくなった.

正解なし

**問題108** 給水及び排水の管理に関する用語とその説明との組合せとして，最も不適当なものは次のうちどれか.

（1） メカニカル形接合
—— ねじ込み，溶接，接着等によらない機械的な配管接合方法

（2） スライム障害
—— 貯水槽や配管内で細菌類が繁殖し，バイオフィルムが形成されることによる水質劣化の現象

**解 答**

逆サイホン作用とは，給水管内が負圧になったときに生じる吸引作用により，汚れた水が吐水口などを通して給水管内に逆流することをいう.

（3）　逆サイホン作用
　　　　── 排水管内の正圧により，器具側に封水が吹き出す
　　　　　　現象
（4）　ウォータハンマ
　　　　── 弁などを急激に閉止すると著しい圧力上昇が生
　　　　　　じ，これが圧力波となって管路内を伝わる現象
（5）　クリープ劣化
　　　　── 合成樹脂に応力が長時間継続してかかる場合，材
　　　　　　料変形が時間とともに進んでいく状態

正解(3)

**問題109**　水道法に基づく水質基準に関する省令に定める基準として，誤っているものは次のうちどれか．
（1）　大腸菌は，検出されないこと．
（2）　銅及びその化合物は，銅の量に関して，1.0 mg/L以下であること．
（3）　総トリハロメタンは，0.5 mg/L以下であること．
（4）　ホルムアルデヒドは，0.08 mg/L以下であること．
（5）　pH値は，5.8以上8.6以下であること．

**解答**
　水道法に基づく「総トリハロメタン」の水質基準値は，0.1 mg/L以下であること（平成15年厚生労働省令第101号）．

正解(3)

**問題110**　水道水の塩素消毒に関する次の記述のうち，最も不適当なものはどれか．
（1）　CT値とは，塩素濃度と接触時間の積である．
（2）　反応速度は，温度が高くなるほど速くなる．
（3）　消毒効果は，懸濁物質の種類，大きさ，濃度，微生物の種類等によって，低下の程度が変わる．
（4）　刺激臭を有するため，異臭味が生じる．
（5）　アルカリ側で消毒効果が高まる．

**解答**
　水道水の塩素消毒は，維持管理の容易さと安価なことが大きな特徴（利点）となるが，アルカリ側で消毒効果が急減するなどの短所も多い．

正解(5)

**問題111**　給水設備の汚染に関する次の記述のうち，最も不適当なものはどれか．
（1）　飲料水用貯水槽は，六面点検ができるように設置する．
（2）　貯水槽の水抜き管は，貯水槽の最も低い部分から取り出す．
（3）　給水配管から消火設備配管系統へ給水する場合は，吐水口空間を確保した消火用水槽を設置する．
（4）　大気圧式バキュームブレーカは，常時圧力がかかる配管部分に設置する．
（5）　大容量の貯水槽の場合は，槽内に迂回壁を設置して滞留水の発生を防止する．

**解答**
　大気圧式バキュームブレーカは，常時圧力がかからない配管部分に設置する．

正解(4)

**問題112**　給水方式に関する次の記述のうち，最も不適当なものはどれか．
（1）　高置水槽方式は，受水槽の水位によって揚水ポンプの起動・停止が行われる．
（2）　直結増圧方式における吸排気弁は，給水管内の空気の排出と給水管内が負圧になった場合の逆流防止のために設置する．

**解答**
　高置水槽方式は，高置水槽の水位によって揚水ポンプの起動・停止が行われる．

（3）　ポンプ直送方式で採用されるインバータ制御は，周波数を変えることでポンプの回転数を変化させている．

（4）　給水方式は，水道直結方式と受水槽方式に大別される．

（5）　直結直圧方式では，配水管の圧力によって，直接給水各所に給水する．

正解（1）

**問題113**　給水設備の貯水槽に関する次の記述のうち，最も不適当なものはどれか．

（1）　FRP製高置水槽は，槽内照度が100 lx以上になると，光合成により藻類が繁殖しやすい．

（2）　木製貯水槽は，断熱性に優れているため結露対策が不要である．

（3）　ステンレス鋼板製貯水槽は，気相部よりも液相部の腐食対策が必要である．

（4）　FRP製貯水槽は，機械的強度が低いため耐震補強が必要である．

（5）　鋼板製貯水槽には，一体成型構造にエポキシ樹脂を焼き付けコーティングしたものがある．

**解答**
ステンレス鋼板製貯水槽は，液相部よりも気相部の腐食対策が必要である．

正解（3）

**問題114**　受水槽の構造に関する次の記述のうち，最も不適当なものはどれか．

（1）　流入管は，受水槽内部で水没させず吐水口空間を確保する．

（2）　オーバフロー管に設置する防虫網の有効開口面積は，オーバフロー管の断面積以上とする．

（3）　水抜き管は，オーバフロー管に接続させずに単独の配管とする．

（4）　オーバフロー水を受ける排水管の管径は，オーバフロー管より大きくする．

（5）　水抜き管の管末には，防虫網を設置する．

**解答**
水抜き管の管末には，防虫網を設置しない．

正解（5）

**問題115**　給水設備に用いる弁類の説明として，最も不適当なものは次のうちどれか．

（1）　仕切弁
　　──　弁体が管路を垂直に仕切るように開閉する構造である．

（2）　バタフライ弁
　　──　円板状の弁体を回転させることで管路を開閉する構造である．

（3）　減圧弁
　　──　ダイヤフラムと調節ばねのバランスにより弁体の開度を調整する機構である．

（4）　定水位弁
　　──　副弁の開閉と連動して弁体を開閉させて水槽の水位を保持する機構である．

（5）　玉形弁
　　──　通路を開けた弁体を回転させて開閉する構造である．

**解答**
玉形弁の弁体は，管路を塞ぐように閉める構造である．

正解（5）

**問題116** 給水設備の保守管理に関する次の記述のうち，最も不適当なものはどれか．
- （1） 貯水槽の清掃によって生じた汚泥などの廃棄物は，廃棄物の処理及び清掃に関する法律（以下「廃棄物処理法」という．），下水道法等の規定に基づき，適切に処理する．
- （2） 防錆剤の注入及び管理に関する業務は，建築物衛生法に基づく建築物飲料水水質検査業の登録を受けた者が行わなければならない．
- （3） 管更生工法で管内に合成樹脂ライニングを施す場合には，技術評価・審査証明を受けた工法を採用するのがよい．
- （4） 残留塩素の測定は，一般にDPDを発色試薬とした測定法により行う．
- （5） 配管は，管の損傷，錆，腐食及び水漏れの有無を点検して，必要に応じて補修を行う．

**解 答**

給水設備の防錆剤の注入および管理に関する業務は，「建築物環境衛生維持管理要領」（平成20年健発第0125001号）の「第2 飲料水の管理」による防錆剤管理責任者が行う．

正解（2）

**問題117** 給水設備の保守管理に関する次の記述のうち，最も不適当なものはどれか．
- （1） 飲料用貯水槽の点検は，1か月に1回程度，定期に行う．
- （2） 第2種圧力容器に該当する圧力水槽は，2年以内ごとに1回，定期自主検査を行う．
- （3） 飲料用貯水槽の清掃の作業に従事する者は，おおむね6か月ごとに健康診断を受ける必要がある．
- （4） 防錆剤を使用する場合は，定常時においては2か月以内ごとに1回，防錆剤の濃度の検査を行う．
- （5） 給水栓における残留塩素の測定は，7日以内ごとに1回，定期に行う．

**解 答**

第2種圧力容器に該当する圧力水槽は，1年以内ごとに1回，定期自主検査を行う．

正解（2）

**問題118** 給湯設備に関する次の記述のうち，最も不適当なものはどれか．
- （1） 貯湯槽の容量は，ピーク時の必要容量の1〜2時間分を目安とする．
- （2） 集合住宅の設計用給湯量は，100 L/（戸・日）程度である．
- （3） 壁掛けシャワーの使用温度は，42℃程度である．
- （4） 中央式給湯設備の給湯栓の給湯温度は，ピーク使用時においても55℃以上とする．
- （5） ステンレス鋼管において単式の伸縮継手を用いる場合，その設置間隔は20 m程度である．

**解 答**

集合住宅の設計用給湯量は，150〜300 L/（戸・日）程度である．

正解（2）

**問題119** 給湯設備における加熱装置とその説明との組合せとして，最も不適当なものは次のうちどれか．
- （1） ガスマルチ式給湯機
   —— 小型のガス瞬間湯沸器を複数台連結したもので，主に業務用に利用される．
- （2） 汽水混合装置
   —— タンク内に挿入し，蒸気を直接，水に吹き込むことで温水を得るための装置．

**解 答**

ヒートポンプ給湯機は，ヒートポンプと貯湯槽が一体で構成されたもので，エコキュートとも呼ばれる．

（3） 貯蔵式湯沸器
　　　―― 貯蔵部が大気に開放されており，本体に取り付けられた給湯栓から飲用に適した高温湯が得られる.
（4） ヒートポンプ給湯機
　　　―― 一体型の集熱器と貯湯槽で構成され，その間で水を自然循環させ加温する.
（5） 給湯用貫流ボイラ
　　　―― 温水を取り出す小型ボイラで，水管群により構成され耐圧性に優れている.

正解(4)

**問題120** 給湯設備に関する次の記述のうち，最も不適当なものはどれか.
（1） 配管中の湯に含まれている溶存空気を抜くためには，圧力の低いところに自動空気抜き弁を設置する.
（2） 加熱装置に逃し管を設置する場合は，水を供給する高置水槽の水面よりも高く立ち上げる.
（3） 密閉式膨張水槽を設ける場合は，逃し弁の設定圧力を膨張水槽にかかる給水圧力よりも低くする.
（4） 逃し管には，弁を設けてはならない.
（5） 循環ポンプの揚程は，循環回路系で最も長くなる配管系統の摩擦損失から決定する.

**解答**
　密閉式膨張水槽を設ける場合は，逃し弁の設定圧力を膨張水槽にかかる給水圧力よりも<u>高くする</u>.

正解(3)

**問題121** 給湯設備における省エネルギーに関する次の記述のうち，最も不適当なものはどれか.
（1） 中央式給湯設備の循環ポンプは，省エネルギーのため，返湯管の温度が低下した場合に運転する.
（2） 器具ごとに定流量弁を設置する.
（3） 適切な給湯設備の制御方式を採用する.
（4） 混合水栓の使用を避け，湯と水は別々の水栓とする.
（5） 配管経路の短縮，配管の断熱等を行うことで，放熱損失を低減した配管とする.

**解答**
　給湯設備の省エネルギーのためには，湯と水は別々の水栓とするのではなく<u>混合水栓を用いる</u>.

正解(4)

**問題122** 給湯設備に使用される材料に関する次の記述のうち，最も不適当なものはどれか.
（1） ステンレス鋼管の隙間腐食は，不動態化によるものである.
（2） 金属材料の曲げ加工を行った場合には，応力腐食の原因となる.
（3） 銅管は，管内の流速が速いと潰食が生じる.
（4） 耐熱性硬質ポリ塩化ビニルライニング鋼管には，管端防食継手を使用する.
（5） 樹脂管は，使用温度が高くなると許容使用圧力は低くなる.

**解答**
　ステンレス鋼管などの隙間腐食は，金属管同士の隙間，金属と他の物質との隙間に，電解質溶液の濃度差や溶解酸素量の差などによって局所的に生じる腐食である．また，不動態化とは，酸化皮膜による母材の不動態化によって，耐食性を維持させるものである.

正解(1)

**問題123** 給湯設備の配管に関する次の記述のうち，最も不適当なものはどれか.
（1） 業務用厨房など，連続的に湯を使用する給湯枝管には返湯管を設けない.
（2） ベローズ形伸縮管継手は，スリーブ形伸縮管継手と比較

**解答**
　ベローズ形伸縮管継手は，スリーブ形伸縮管継手と比較して伸縮吸収量が<u>小さい</u>.

して伸縮吸収量が大きい.
（3） 給湯量を均等に循環させるため，返湯量を調節する必要
がある.
（4） 給湯管の管径は，ピーク時の湯の流量に基づき決定する.
（5） 逃し弁には，加熱時に膨張した湯を逃がすための排水管
を設ける.

**問題124** 雑用水設備に関する次の記述のうち，最も不適当
なものはどれか.
（1） 広域循環方式は，公共下水処理場の処理水を排水再利用
設備で処理し，一般に，大規模な地区に送水して利用する
ものである.
（2） 排水再利用水及び雨水等を原水とする雑用水受水槽は,
上水の補給装置を設ける.
（3） 竣工時に雑用水を着色して通水試験を行い，上水系の器
具に着色水が出ないことを確認する.
（4） 配管にスライムが発生した場合は，雑用水の残留塩素濃
度を高めて洗浄する.
（5） 雨水利用設備における雨水利用率とは，使用水量に対す
る雨水利用量の割合である.

**解 答**

雨水利用設備における雨水利用率は，
以下の式で示される.

$$雨水利用率〔\%〕 = \frac{雨水利用量}{雨水集水量} \times 100$$

正解(5)

**問題125** 排水再利用施設における次のフローシートの
□□□内に入る単位装置の組合せとして，最も適当なものは次の
うちどれか.

集水 → スクリーン → ア → イ → 沈殿槽 →
ウ → 消毒槽 → 排水処理水槽 → 配水

　　　　　　ア　　　　　　　　イ　　　　　　　　ウ
（1） 沈砂槽 ──── 流量調整槽 ──── 生物処理槽
（2） 流量調整槽 ── 生物処理槽 ──── ろ過装置
（3） ろ過装置 ──── 生物処理槽 ──── 流量調整槽
（4） 流量調整槽 ── 沈砂槽 ──────── ろ過装置
（5） 沈砂槽 ──── ろ過装置 ──────── 生物処理槽

**解 答**

標準的な排水再利用の処理方法の一つ
であり，最も古くから採用され実施例も
多い. 生物処理槽で溶解性有機物の除去,
ろ過装置で浮遊物質(SS)を除去する.

正解(2)

**問題126** 排水再利用設備として用いられる膜分離活性汚泥
処理装置に関する次の記述のうち，最も不適当なものはどれか.
（1） 分離膜としては，主に精密ろ過膜(MF)が用いられる.
（2） 膜モジュールを生物処理槽内に浸漬した，槽内浸漬型が
一般的である.
（3） 膜分離活性汚泥処理装置の後段に沈殿槽を設ける.
（4） 処理水は消毒が必要である.
（5） 透過水量の低下を防止するため，定期的に膜の洗浄を行う.

**解 答**

膜分離活性汚泥処理装置の後段には,
消毒槽が設けられる.

正解(3)

**問題127** 排水通気設備の機器と配管に関する次の記述のう
ち，最も不適当なものはどれか.
（1） 雑排水ポンプは，厨房排水以外の雑排水を排除するのに
用いる.
（2） 排水用硬質塩化ビニルライニング鋼管は，その接続に可

**解 答**

排水用耐火二層管は，繊維モルタルに
よる外管と硬質ポリ塩化ビニル管による
内管の組み合わせからなる.

とう継手を用いる．

（3）　防水床用の排水トラップには，水抜き孔が設置されている．

（4）　排水用耐火二層管は，繊維モルタルによる外管と架橋ポリエチレン管による内管の組合せからなる．

（5）　排水トラップが組み込まれていない阻集器には，その出口側に排水トラップを設ける．

**問題128**　排水通気配管に関する次の記述のうち，最も不適当なものはどれか．

（1）　排水横枝管から通気管を取り出す場合，通気管を取り出す方向は，排水横枝管の断面の真上方向中心より45°以内とする．

（2）　器具排水管から各個通気管を取り出す場合，各個通気管は，トラップのウェアから管径の2倍以上離れた位置からとする．

（3）　排水横枝管からループ通気管を取り出す場合，ループ通気管は，最下流の器具排水管を排水横枝管に接続した位置のすぐ上流からとする．

（4）　排水立て管から通気立て管を取り出す場合，通気立て管は，排水立て管に接続されている最低位の排水横枝管より低い位置からとする．

（5）　通気管の末端を窓・換気口等の付近で大気に開放する場合，その上端は，窓・換気口の上端から600 mm以上立ち上げて開口する．

**解　答**

　排水横枝管からループ通気管を取り出す場合，ループ通気管は，最上流の器具排水管を排水横枝管に接続した位置のすぐ下流側からとする．

**問題129**　排水通気設備に関する用語とその説明との組合せとして，最も不適当なものは次のうちどれか．

（1）　オフセット
　　　── 排水立て管の配管経路を水平移動するため，エルボ又はベンド継手で構成されている移行部分をいう．

（2）　ブランチ間隔
　　　── 排水立て管に接続している各階の排水横枝管又は排水横主管の間の垂直距離が，2.5 mを超える排水立て管の区間をいう．

（3）　排水口開放
　　　── 間接排水管を一般の排水系統へ直結している水受け容器又は排水器具のあふれ縁より低い位置で開放することをいう．

（4）　結合通気管
　　　── 排水立て管内の圧力変動を緩和するため，排水立て管から分岐して立ち上げ，通気立て管に接続する逃し通気管をいう．

（5）　インバートます
　　　── 底部に150 mm程度の泥だまりを有し，土砂を堆積させ，下水道へそれが流出するのを防ぐ排水ますをいう．

**解　答**

　インバートますは，底部に溝（インバート）を持ち，固形物の滞留を防止する構造になっている．設問の説明内容は雨水ますである．

**問題130** 排水通気設備に関する次の記述のうち，最も不適当なものはどれか．
（1） 管径75 mmの排水横管の最小勾配は，1/100である．
（2） 排水ポンプは，排水槽の吸込みピットの壁面から200 mm以上離して設置する．
（3） 排水槽の底の勾配は，吸込みピットに向かって1/15以上1/10以下とする．
（4） 排水立て管のオフセット部の上下600 mm以内には，排水横枝管を設けてはならない．
（5） 厨房用の口径100 mmの排水管に設置する掃除口の口径は，75 mmとする．

**解答**
　掃除口の口径は，管径が100 A以下の場合には配管と同管径とし，100 Aを超える場合は100 mmよりも小さくしてはならない．また，厨房排水管の場合は，管径と同径とするので，設問の管径100 mmの排水管に設置する掃除口の口径は100 mmである．

正解（5）

**問題131** 排水トラップと間接排水に関する次の記述のうち，最も不適当なものはどれか．
（1） 間接排水管の配管長が，1 500 mmを超える場合は，悪臭防止のために機器・装置に近接してトラップを設ける．
（2） 飲料用水槽において，管径100 mmの間接排水管に設ける排水口空間は，最小150 mmとする．
（3） 洗濯機の間接排水管の端部は，排水口空間を確保，あるいは排水口開放とする．
（4） 排水トラップの脚断面積比（流出脚断面積/流入脚断面積）が小さくなると，封水強度は大きくなる．
（5） 使用頻度の少ない衛生器具に設置するトラップには，封水の蒸発による破封を防ぐため，トラップ補給水装置を設置する．

**解答**
　排水トラップの脚断面積比（流出脚断面積/流入脚断面積）が大きくなると，封水強度は大きくなる．

正解（4）

**問題132** 敷地内排水設備に関する次の記述のうち，最も不適当なものはどれか．
（1） 排水の直管が長い場合，排水ますは管内径の120倍を超えない範囲内に設置する．
（2） 合流式排水方式は，汚水，雑排水，雨水を同じ系統で排水する．
（3） 雨水ますの流入管と流出管との管底差は，20 mm程度とする．
（4） 雨水浸透施設は，透水性舗装，浸透ます，浸透地下トレンチ等により構成される．
（5） 排水ますの大きさは，配管の埋設深度，接続する配管の管径及び本数等を考慮して決定する．

**解答**
　合流式排水方式は，汚水と雑排水を同じ系統で排水する．

正解（2）

**問題133** 排水設備の清掃・診断に関する次の記述のうち，最も不適当なものはどれか．
（1） 排水立て管の清掃に用いる高圧洗浄法は，5～30 MPaの高圧の水を噴射し，排水管内を洗浄する方法である．
（2） 排水管の有機性付着物は，酸性洗浄剤を用いて除去する．
（3） 排水管の内部の腐食状況は，超音波厚さ計やX線を使用した方法等により確認する．
（4） ウォータラム法は，圧縮空気を一気に放出してその衝撃

**解答**
　排水管の有機性付着物は，アルカリ性洗浄剤を用いて除去する．

で閉塞物を除去する方法である.

（5） ワイヤを通す方法は，一般に長さ25 mまでの排水横管の清掃に使用する.

**問題134** 排水設備に関する次の記述のうち，最も不適当なものはどれか.

（1） 汚水槽の清掃は，酸素濃度が18％以上，かつ，硫化水素濃度が10 ppm以下であることを確認してから作業を行う.

（2） 逆流防止弁は，排水通気管からの臭気の逆流を防止するために設置する.

（3） 飲食店などのグリース阻集器内で発生する油分の廃棄物は，産業廃棄物として処理する.

（4） 排水槽内で汚物などの腐敗が進行し，悪臭が発生する場合の対策として，排水ポンプのタイマ制御により1〜2時間ごとに強制的に排水する.

（5） 排水管に設置する床下式の掃除口の蓋には，砲金製プラグを用いる.

**解 答**

逆流防止弁は，地表面よりも低い位置にある排水管へ，洪水時などに下流側の排水が逆流するのを防止するために設置する.

正解(2)

**問題135** 衛生器具設備に関する次の記述のうち，最も不適当なものはどれか.

（1） 衛生器具は危険な突起がない形状のものを選定し，利用者に対する安全性を考慮する.

（2） 節水機器を導入する場合，排水管内の汚物などの搬送性能にも配慮する.

（3） 洗面器の取り付け状態は，2か月に1回，定期に点検する.

（4） 水受け容器には，便器・洗面器類，流し類の他にトラップも含まれる.

（5） 小便器の排水状態は，6か月に1回，定期に点検する.

**解 答**

水受け容器には，便器・洗面器類，流し類のほかに浴槽などが含まれる.なお，トラップは排水器具に含まれる.

正解(4)

**問題136** 大便器回りの故障の現象とその原因との組合せとして，最も不適当なものは次のうちどれか.

（1） 便器と床面の間が濡れる
　　── フランジ部シール材の取り付けが不良である.

（2） 洗浄力が弱く，汚物が流れない
　　── タンク内の止水位が高くなっている.

（3） 洗浄弁のハンドル部から漏水する
　　── ハンドル部パッキン又は押し棒が摩耗してゆるんでいる.

（4） 吐水時間が長い
　　── 洗浄弁のピストンバルブのストレーナが詰まりかけている.

（5） 洗出し便器で，封水位が低い
　　── 便器に接続される汚水管の勾配の異常により，サイホン現象を起こしている.

**解 答**

大便器回りの故障として，洗浄力が弱く，汚物が流れない現象は，タンク内の止水位が低くなっていることが原因となる.

正解(2)

**問題137** 浄化槽に採用されている処理法のうち，生物膜法に分類されないものは次のうちどれか．

（1）　長時間ばっ気法
（2）　回転板接触法
（3）　接触ばっ気法
（4）　散水ろ床法
（5）　担体流動法

**解答**

長時間ばっ気法は，活性汚泥法である．

正解（1）

**問題138** 水分98.0％の汚泥15.0 m³を水分97.0％に濃縮した場合，濃縮後の汚泥の容積として，最も適当なものは次のうちどれか．

（1）　3.0 m³
（2）　5.0 m³
（3）　7.5 m³
（4）　10.0 m³
（5）　12.5 m³

**解答**

水分98.0％の汚泥15.0 m³を水分97.0％に濃縮した場合，濃縮後の汚泥量は以下となる．

$$濃縮後の汚泥量 = \frac{100-98}{100-97} \times 15.0$$

$$= \frac{2}{3} \times 15.0$$

$$= 10.0 \,[\text{m}^3]$$

正解（4）

**問題139** 特殊設備に関連する次の記述のうち，最も不適当なものはどれか．

（1）　厨房機器が具備すべき要件として，食品に接する部分は，衛生的で，容易に洗浄・殺菌ができる構造とする．
（2）　入浴設備の打たせ湯には，循環している浴槽水を用いない．
（3）　水景施設への上水系統からの補給水は，必ず吐水口空間を設けて間接的に給水する．
（4）　プールの循環ろ過にオーバフロー方式を採用する場合には，オーバフローに床の洗浄水が入らない構造とする．
（5）　入浴設備で浴槽からの循環水を消毒する場合は，消毒に用いる塩素系薬剤の投入口をろ過器から出た直後に設置する．

**解答**

入浴設備で浴槽からの循環水を消毒する場合は，消毒に用いる塩素系薬剤の投入口をろ過器に入る直前に設置する．

正解（5）

**問題140** 消防用設備の保守管理に関する次の記述のうち，最も不適当なものはどれか．

（1）　特定防火対象物で一定規模以上のものは，消防設備士又は消防設備点検資格者が点検する．
（2）　一定規模以上の建築物における定期点検の結果は，特定防火対象物で1年に1回，非特定防火対象物で3年に1回報告する．
（3）　消防用設備等に附置される自家発電設備は，1年に1回機器点検を行う．
（4）　外観点検は，損傷の有無等の外観から判断できる事項を，消防用設備等の種類等に応じ，点検基準に従い確認する．
（5）　防火管理者は日常の点検項目として，消防用設備の異常信号などについて確認し，異常が認められたら直ちに修理し，機能回復を図る．

**解答**

消防用設備等に附置される自家用発電設備は，6か月に1回，消防用設備等の種類に応じた点検基準に従って確認する．

正解（3）

　建築物における衛生的環境の維持管理について（平成20年1月25日健発第0125001号）に示された，建築物環境衛生維持管理要領に関する次の記述のうち，最も不適当なものはどれか.

（1）　建築物の清掃は当該建築物の用途，使用状況並びに劣化状況，建築資材等を考慮した年間作業計画及び作業手順書を作成し，その計画及び手順書に基づき実施する.

（2）　天井等日常の清掃の及びにくい箇所及び照明器具，給排気口について，6か月以内ごとに1回，定期に汚れの状況を点検し，必要に応じ，除じん，洗浄を行う.

（3）　廃棄物の収集・運搬設備，貯留設備その他の廃棄物処理設備については，1年以内ごとに1回，定期に点検し，必要に応じ，補修，消毒等の措置を講じる.

（4）　清掃用機械等について，6か月以内ごとに1回，定期に点検し，必要に応じ，整備，取替え等を行う.

（5）　帳簿書類には，清掃，点検及び整備を実施した年月日，作業内容，実施者名等を記載する.

**解答**
　廃棄物の収集・運搬設備，貯留設備その他の廃棄物処理設備は，1年以内ではなく，6か月以内ごとに1回，点検等を行う.

正解（3）

**問題142**　清掃作業管理における作業実施の流れと現場責任者業務との組合せとして，最も不適当なものは次のうちどれか.

（1）　予定された作業 ——— 作業予定表の作成

（2）　従事者に対する作業の指示・指導 ——— 管理仕様書の作成

（3）　資機材の準備 ——— 作業手順書／作業ごとの使用資機材一覧表の作成

（4）　作業の実施 ——— 指示・指導

（5）　作業の終了（手直し） ——— 点検確認（手直し指示・指導）

**解答**
　管理仕様書ではなく，作業手順書である.作業手順書は，従事者に対して行う指導として，どんな道具を使い，どのような方法で，どう作業を行うのかを手順も含めて明確に記述してあるもので，これに従えば，誰でも標準的な作業ができるようにつくられたものである.

正解（2）

**問題143**　清掃品質の評価に関する次の記述のうち，最も不適当なものはどれか.

（1）　品質評価は，自らがセルフインスペクションを行い，要求品質とのギャップを確認することである.

（2）　組織品質は，事業所管理品質と作業品質によって構成される.

（3）　評価者は，業務に精通していることが望ましい.

（4）　評価方法には，測定機器(光沢度計等)を使用する検査と，目視等による官能検査がある.

（5）　作業の改善点は，仕様書や作業基準表に限定せず，建物全体の衛生性に着目して見出す必要がある.

**解答**
　清掃の品質は，作業品質と組織品質で構成されており，組織品質は，事業所管理品質と現場管理品質とで構成されている.

正解（2）

**問題144**　清掃品質の評価者がインスペクションの実施にあたって行う事項に関する次の記述のうち，最も不適当なものはどれか.

（1）　準備において，具体的に評価範囲を決め，インスペクションを行うための実施計画を立案する.

**解答**
　清掃インスペクションの改善内容などの具体策を指示する対象者は，清掃従事者ではなく清掃責任者である.

（2）　評価において，品質の良否に限定せず，どの程度の改善
　　　が必要であるか分析，判断する．
（3）　改善において，改善内容や具体的な対策を示して，清掃
　　　従事者に指示をする．
（4）　再点検において，改善されていない場合は，その理由を
　　　明らかにして，事後処理をする．
（5）　再点検の結果をもとに，改善について再評価を実施する．

正解(3)

**問題145**　ほこりや汚れの除去に関する次の記述のうち，最
も適当なものはどれか．
（1）　水溶性のかさ高固着物であれば，物理的な力を加えなく
　　　ても水洗いで除去できる．
（2）　アルミニウム建材は，耐アルカリ性に乏しい．
（3）　おがくずに水分を含ませて掃き取る方法では，ほこりを
　　　付着させる効果は小さい．
（4）　バキュームクリーニングでは，カーペットの織り目に入
　　　り込んだほこりや土砂は除去できない．
（5）　ダストコントロール作業法を用いれば，ほこり以外の汚
　　　れも除去できる．

**解答**

(1) かさ高固着物は，できるだけ物理的
な力で取れるものは除去して，その後，
水溶性の汚れであれば主に水を使って
溶解して除去する．最初から水だけで
取ろうとすると，時間がかかるだけで
なく，建材を必要以上に水分にさらす
危険が生じる．
(3) おがくず洗浄は，水溶性の汚れや塵
埃などのほこりを吸着できる技法であ
る．建材に付着した塵埃などの汚れを
押しほうきにからめて除去する．水を
多く使えない建材や場所などに適して
いる技法である．
(4) 日常清掃で，カーペットのパイル奥
に入り込んだほこりなどの粉状の汚れ
は，真空圧を利用した掃除機で，バ
キュームで除去する．
(5) ダストコントロール作業法は，当初は
不乾性の油をしみ込ませたモップを用い
て，ほこりをからめ取る技法であり，モッ
プにしみ込ませた油にほこりを付着させ
る仕組みであった．リノリウム床などの
油がしみ込んでも問題ない床材で使用
されていたが，その後，使用している油
が樹脂ワックスや天然石にしみ込むた
め，現在，油は使用せず，界面活性剤
にほぼ移行している．ほこり以外はほと
んど除去できない技法である．

正解(2)

**問題146**　清掃対象となる床材に関する次の記述のうち，最
も不適当なものはどれか．
（1）　疎水性の床材には，油溶性物質が付着しやすい．
（2）　汚れは平滑緻密な表面には付着しにくく，付着しても除
　　　去しやすいが，凹凸が多くて粗い表面には付着しやすく，
　　　付着すると除去しにくい．
（3）　汚れが内部にしみ込みやすい吸水性の床材や，汚れの付
　　　着によって錆やカビ等の変質を生じやすいものは後の処理
　　　が困難である．
（4）　カーペットに洗剤分を残すことにより，汚れの予防効果
　　　が得られる．
（5）　汚れの除去には水を使用することが多いため，水に耐え
　　　る材質のものは清掃しやすいことが多い．

**解答**

カーペット用の洗剤は，残留しても乾
燥するものが望ましい．界面活性剤の成
分の中には乾燥してもべたつきが残るも
のがあり，再汚染の原因となる．少なく
とも，洗剤を残留させることは汚れ防止
にはならない．

正解(4)

**問題147** ビルクリーニング用の器具に関する次の記述のうち，最も不適当なものはどれか．
(1) 床磨き機に用いるブラシは，シダの茎，又はナイロン繊維を植えたものが一般的である．
(2) 自在ぼうきは，馬毛などを植えた薄いブラシに長柄を付けた構造である．
(3) 三つ手ちり取りは，本体を下に置けば蓋が開き，移動する際にごみがこぼれない構造である．
(4) 床維持剤塗布用のフラット型モップは，房が短いため，壁面や幅木を汚しにくい．
(5) 床磨き機に用いるブラシは，凹凸のある床面の洗浄に使用する．

**問題148** 清掃作業に使用する洗剤に関する次の記述のうち，最も適当なものはどれか．
(1) 樹脂床維持剤の皮膜手入れ用の表面洗剤は，泡立ちやすいように作られている．
(2) 洗剤に使用する界面活性剤は，陰イオン系と陽イオン系に大別される．
(3) アルカリ性の強い洗剤は，トイレの尿石の除去に有効である．
(4) アルカリ性の強い洗剤は，清掃作業者の皮膚を侵し危険である．
(5) アルカリ性の強い洗剤は，リノリウムに付着した油汚れの除去に使用する．

**問題149** 洗剤と床維持剤に関する語句の組合せとして，最も不適当なものは次のうちどれか．
(1) フロアフィニッシュ ―――― 床材の保護
(2) フロアポリッシュ ――――― 床油
(3) シール剤 ――――――――― ポリウレタン
(4) ビルダ ―――――――――― 汚れの再付着防止
(5) リン酸塩 ――――――――― 富栄養化

**問題150** 弾性床材の特徴と維持管理に関する次の記述のうち，最も不適当なものはどれか．
(1) 塩化ビニル系床材には，床維持剤の塗布が不要の製品が販売されている．
(2) 塩化ビニル系床材は，耐薬品性や耐水性が高い．
(3) 塩化ビニルシートは，床維持剤が密着しにくいものがある．
(4) ウェットメンテナンス法は，ドライメンテナンス法と比較して，作業の標準化・システム化がしやすい．
(5) ドライバフ法は，床磨き機の回転数が高いほど，光沢度回復が容易になる．

**問題151** 繊維床材の特徴と維持管理に関する次の記述のうち，最も不適当なものはどれか．
- （1） 事務所建築物の繊維床材のしみは，約60％が親水性である．
- （2） ウール素材の含水率は約15％であるので，洗浄後は乾きにくい．
- （3） スチーム洗浄機は，エクストラクタより，洗浄後，カーペットに残留する水分量が多い．
- （4） 繊維床材は，パイルに空隙があることから土砂・ほこりが堆積しやすい．
- （5） ナイロンに付着した親水性の汚れは，ポリエステルより取りにくい．

**解答**

スチーム洗浄機は，エクストラクションやホットウォーターエクストラクションと異なり，高温の水蒸気を使用するもので，使用する水分量が少ないため，水分の残留は<u>少ない</u>．

正解（3）

**問題152** 硬性床材の特徴と維持管理に関する次の記述のうち，最も不適当なものはどれか．
- （1） 硬性床材は，一般に多孔質で細かい凹凸があるため，洗浄後の汚水や洗剤分を可能な限り除去する．
- （2） テラゾには酸性洗剤を使用しない．
- （3） セラミックタイルは，アルカリ性洗剤を使用しない．
- （4） 花崗岩は，アルカリ性洗剤を使用する．
- （5） 目地のセメントモルタルは酸性洗剤で傷みやすい．

**解答**

セラミックタイルは，耐アルカリ性だけでなく，酸性にも耐性がある．特に近年主流の大判のセラミックタイルは，表面を研磨したものが多く，製造過程でつくられるポーラスと呼ばれる微細な空隙が露出するため，そこに入り込んだ土砂汚れなどを除去するにはアルカリ性の洗剤が有効である．

正解（3）

**問題153** 木質系床材の特徴と維持管理に関する次の記述のうち，最も不適当なものはどれか．
- （1） 水分により膨潤と収縮を繰り返し，割れや隙間を生じやすい．
- （2） アルカリ性洗剤の使用は，床材を変色させやすい．
- （3） ならやけやき等の広葉樹は，木質が硬い．
- （4） ポリウレタン樹脂でシールされた体育館の床材は，水拭きによる日常清掃により管理する．
- （5） シールされていない床材は，油性の保護剤で管理する．

**解答**

2017年に文部科学省とスポーツ庁から出された調査委員会の報告書「（ウレタン塗装された）体育館の床板の剥離による負傷事故の防止について」では，日常清掃での水拭きの禁止がうたわれており，消費者安全調査委員会からも，水拭きは避けるように意見書が提出されている．すなわち，日常清掃での水拭きと，定期清掃でのワックスがけは禁止されていると判断できる．

正解（4）

**問題154** 外装の清掃に関する次の記述のうち，最も不適当なものはどれか．
- （1） ゴンドラによる清掃作業では，労働安全衛生法の規定に基づき，ゴンドラ安全規則を厳守しなければならない．
- （2） 自動窓拭き設備の窓ガラスクリーニングは，人の作業に比べて仕上がりが良い．
- （3） ロープ高所作業では，労働安全衛生規則の定めにより，作業計画の策定などが義務付けられている．
- （4） 金属材の清掃は，汚れが軽微で固着が進まないうちに行う．
- （5） 石材や磁器タイルの壁面は汚れが目立ちにくいが，数年に1回は洗浄を行う．

**解答**

自動窓拭き設備の窓ガラスクリーニングは，天候に左右されない利点はあるが，現状では人の手による作業に比べて仕上がりは悪い．

正解（2）

**問題155** ごみの処理に関する語句の組合せとして，最も不適当なものは次のうちどれか．
（1） 排出抑制 ——— 収集袋の有料化
（2） 収集・運搬 ——— 余熱利用
（3） 再生 ——— 集団回収
（4） 中間処理 ——— 破砕・圧縮
（5） 最終処分 ——— 残余容量

**問題156** 平成25年以降の廃棄物の排出傾向に関する次の記述のうち，最も不適当なものはどれか．
（1） ごみの総排出量のうち，事業系のごみの排出割合は約30％となっている．
（2） ごみの総資源化（再生）量は，ごみの総排出量の約20％となっている．
（3） し尿及び浄化槽汚泥の年間処理計画量のうち，約90％が，し尿処理施設で処理されている．
（4） 産業廃棄物の総排出量のうち，種類別では，がれき類が約40％で最も多い．
（5） 産業廃棄物の総排出量のうち，約50％が再生利用されている．

**問題157** 「建築物における衛生的環境の維持管理について（平成20年1月25日健発第0125001号）」における建築物環境衛生維持管理要領で示されている次の文章の 内に入る語句として，正しいものはどれか．
建築物内で発生する廃棄物の分別，収集，運搬及び貯留について，安全で衛生的かつ ア な方法により，速やかに処理すること． イ は，分別ができるような環境を整備し， ウ へ分別を促すこと．また，収集・運搬用具は安全で衛生的に管理すること．

|  | ア | イ | ウ |
|---|---|---|---|
| （1） | 効率的 | 所有者等 | 利用者 |
| （2） | 効率的 | 占有者等 | 事業者 |
| （3） | 効率的 | 占有者等 | 利用者 |
| （4） | 計画的 | 占有者等 | 事業者 |
| （5） | 計画的 | 所有者等 | 利用者 |

**問題158** 廃棄物処理法に関する次の記述のうち，最も不適当なものはどれか．
（1） 事業系一般廃棄物の排出事業者が処理を委託する場合，市町村長の許可を受けた処理業者に委託しなければならない．
（2） 事業系一般廃棄物の排出事業者が，その処理を委託した廃棄物の移動及び処理の状況を自ら把握するため，廃棄物処理法に基づく一般廃棄物管理票制度が設けられている．
（3） 事業系一般廃棄物の排出事業者が，市町村の施設へ自己搬入するなど自ら処理する場合，処理基準に従わなければならない．

（4） 特別管理廃棄物とは，爆発性，毒性，感染性その他の人の健康又は生活環境に係る被害を生ずるおそれがある性状を有する廃棄物である．

（5） 産業廃棄物の処理を業とする者は，専ら再生利用の目的となる産業廃棄物の場合等を除き，都道府県知事の許可を受けなければならない．

正解(2)

**問題159** 建築物内廃棄物の発生量に関する次の文章の　　内に入る原単位として，最も不適当なものはどれか．

建築物における廃棄物の発生量を把握する際に使用される一般的な原単位は，　(1)　が用いられる．

なお，発生量が多い場合は，　(2)　又は，重量の代わりに容量で示す　(3)　が用いられる．

その他，人の利用者数で廃棄物発生量が左右される図書館は　(4)　が使用される．

また，廃棄物の質を表す単位は，「単位容積質量値」であり　(5)　が用いられる．

（1） kg/(m²·年)
（2） kg/(m²·日)
（3） L/(m²·日)
（4） kg/(人·年)
（5） m³/kg

**解答**
単位容積質量値は，kg/m³またはkg/Lが用いられる．

正解(5)

**問題160** 建築物内廃棄物の各関係者の基本的役割に関する次の記述のうち，最も不適当なものはどれか．

（1） ビル入居者は，廃棄物処理のルールを徹底させるため責任者を選任する．
（2） ビル入居者は，廃棄物の減量化・減容化に努める．
（3） 廃棄物処理業者は，分別可能廃棄物を明確化する．
（4） ビルメンテナンス事業者は，建築物内廃棄物の処理に必要な容器，集積場所，保管場所等を適切に準備する．
（5） ビルメンテナンス事業者は，必要な場合に建築物内廃棄物の事後分別を行う．

**解答**
設問の役割を負うのは，ビルメンテナンス事業者ではなく，建物所有者などの建築物維持管理権原者である．

正解(4)

**問題161** ごみ2 m³当たりの質量を300 kgとするとき，60 Lのごみ容器に収容できるごみの量として，正しいものは次のうちどれか．

（1） 6 kg
（2） 9 kg
（3） 12 kg
（4） 18 kg
（5） 36 kg

**解答**
設問のごみの単位容積質量値は，
300〔kg〕÷2〔m³〕＝150〔kg/m³〕
＝0.15〔kg/L〕
これを60 Lの容器に収容できる量は，
0.15〔kg/L〕×60〔L〕＝9〔kg〕

正解(2)

**問題162** 産業廃棄物管理票制度（マニフェスト制度）に関する次の記述のうち，最も不適当なものはどれか．
（1） 電子マニフェストは，紙マニフェストに比べ，A票，B2票，D票，E票の保存が不要である．
（2） 処理業者の選定には，都道府県などのホームページから選ぶ方法がある．
（3） 排出事業者は，廃棄物が最終処分まで適正に処分されたことを確認する義務がある．
（4） 紙マニフェストの場合，収集運搬業者は，作業が終了すると排出事業者にB2票を返却する．
（5） 紙マニフェストの場合，最終処分場での処分が完了すると，収集運搬業者にE票が返却される．

**問題163** 建築物内廃棄物の中間処理に関する次の記述のうち，最も不適当なものはどれか．
（1） 厨芥類を処理する生ごみ処理機には，減量を目的とした乾燥機や，リサイクルを目的とした堆肥化装置がある．
（2） 缶類の処理として，自動的にスチール缶とアルミ缶を分けて圧縮し，ブロック状にする方式がある．
（3） 廃棄紙類の処理には，保管スペースを確保するための圧縮・梱包機が用いられる．
（4） 発泡スチロールの処理として用いられる溶融固化装置は，薬液を加え溶融し固化する方式である．
（5） 段ボールの処理には梱包機が用いられる．

**問題164** 建築物内廃棄物の貯留・排出方式に関する次の記述のうち，最も不適当なものはどれか．
（1） 真空収集方式は，容器方式より所要人数が少ない．
（2） コンパクタ・コンテナ方式は，貯留・排出機方式より作業性が優れている．
（3） 容器方式は，他の方式と比較して設置スペースが少ない点で優れている．
（4） コンパクタ・コンテナ方式は，他の方式と比較してランニングコストが優れている．
（5） 容器方式は，他の方式と比較して初期コストが優れている．

**問題165** リサイクル推進のための個別物品に応じた法律とその内容との組合せとして，最も不適当なものは次のうちどれか．
（1） 容器包装リサイクル法（容器包装に係る分別収集及び再商品化の促進等に関する法律）
　　── 市町村による容器包装の分別収集
（2） 家電リサイクル法（特定家庭用機器再商品化法）
　　── 市町村による消費者からの廃家電の引き取り
（3） 食品リサイクル法（食品循環資源の再生利用等の促進に関する法律）
　　── 食品の製造・加工・販売業者による食品廃棄物の再生利用

（4）　自動車リサイクル法（使用済自動車の再資源化等に関する法律）
　　　　── 製造事業者によるシュレッダーダスト等の再資源化

（5）　建設リサイクル法（建設工事に係る資材の再資源化等に関する法律）
　　　　── 工事の受注者による分別解体等の実施

正解（2）

**問題166**　蚊の防除に関する次の記述のうち，最も不適当なものはどれか．
（1）　ULV処理は，一般に成虫に対する速効性は低い．
（2）　チカイエカ対策として，浄化槽の通気管に防虫網を設置する．
（3）　浄化槽内の防除効果は，柄杓（ひしゃく）によりすくい取られた幼虫数によって判定可能である．
（4）　ライトトラップや粘着トラップで捕獲した蚊の数は，維持管理水準を判断するのに有用である．
（5）　クレゾールなどを含む殺虫製剤は，浄化槽内の微生物に影響を与える．

**解　答**
ULV処理は，高濃度で粒子が細かく，卓効がある（高濃度少量散布）．

正解（1）

**問題167**　蚊の生態に関する次の記述のうち，最も不適当なものはどれか．
（1）　コガタアカイエカは，水田や湿地等の大きな水域に発生する．
（2）　温帯に分布するヒトスジシマカは，卵のステージで越冬する．
（3）　アカイエカは，有機物の多い排水溝や雨水ますに発生する．
（4）　チカイエカは，最初の産卵を無吸血で行うことができる．
（5）　アカイエカとチカイエカは，雌成虫の外部形態で容易に区別が可能である．

**解　答**
雌の外部形態ではなく，雄の生殖器を薬品処理後に検鏡すると区別できる．

正解（5）

**問題168**　ゴキブリの生態に関する次の記述のうち，最も不適当なものはどれか．
（1）　ワモンゴキブリは，卵鞘（しょう）を唾液などでくぼみ，隙間等に貼り付ける．
（2）　ゴキブリ類は，成虫と幼虫の生息場所が同じである．
（3）　孵（ふ）化したばかりのゴキブリ類の幼虫は，0.5 mmの隙間でも潜ることができる．
（4）　チャバネゴキブリは，休眠性をもたない．
（5）　ゴキブリ類の集団形成は，気門から分泌される集合フェロモンにより促進される．

**解　答**
集合フェロモンは，気門ではなく，直腸末端の分泌細胞から放出する．

正解（5）

**問題169**　ゴキブリの防除に関する次の記述のうち，最も不適当なものはどれか．
（1）　空間処理とは，ゴキブリ類の気門から成分を取り込ませ，主に呼吸毒として作用させる処理法である．
（2）　乳剤とマイクロカプセル剤の残効性を同条件で比較する

**解　答**
乳剤は2〜3週間，マイクロカプセル剤は3〜6か月間有効である．

と，乳剤の方が長い．
（3） チャバネゴキブリでは，殺虫剤抵抗性と喫食抵抗性の両方が報告されている．
（4） 残留処理では，散布面の素材により散布量を調整する必要がある．
（5） ゴキブリ指数とは，調査期間中における1日1トラップ当たりの捕獲数をいう．

正解（2）

**問題170** ダニに関する次の記述のうち，最も不適当なものはどれか．
（1） マダニ類は，第1脚の先端部分に温度や炭酸ガスを感知する器官がある．
（2） マダニ類は，幼虫，若虫，成虫の全ての発育段階で吸血する．
（3） タカラダニ類は，他のダニやチャタテムシ等を捕食する．
（4） ヒゼンダニは，ヒトの皮下に内部寄生する．
（5） イエダニは，家住性のネズミ類に寄生する．

**解答**
タカラダニ類は，他の昆虫類に寄生して体液を吸う．

正解（3）

**問題171** 害虫に関する次の記述のうち，最も不適当なものはどれか．
（1） ヒメマルカツオブシムシの成虫は，乾燥食品や羊毛製品等を食害する．
（2） シバンムシ類の幼虫は，乾燥した麺類や菓子類を加害する．
（3） ヒラタキクイムシ類の幼虫は，穀物を加害することもある．
（4） 一部のメイガ類は，貯穀害虫である．
（5） イガは，繊維や衣類の害虫である．

**解答**
ヒメマルカツオブシムシは，幼虫のときは動物性たんぱく質（鰹節，羊毛など）を食害するが，成虫になるとマーガレットなどの花の蜜や花粉を食べている．

正解（1）

**問題172** 害虫に関する次の記述のうち，最も不適当なものはどれか．
（1） コナチャタテ類の防除では，餌となるカビの発生を抑えることが必要である．
（2） ヒメマルカツオブシムシは，フェロモンによって誘引される．
（3） マルカメムシの防除では，食草となるクズなどの除去が有効である．
（4） チョウバエ類の幼虫に対する殺虫剤の効力は，一般に蚊と比較して高い．
（5） イエバエは，薬剤抵抗性を獲得している集団が報告されている．

**解答**
チョウバエ類の幼虫は，蚊の幼虫よりも薬剤に強い．

正解（4）

**問題173** 次の対象害虫の防除を目的とする殺虫剤のうち，医薬品，医療機器等の品質，有効性及び安全性の確保等に関する法律による承認を必要とするものはどれか．
（1） アリ類
（2） シロアリ類
（3） スズメバチ類
（4） トコジラミ類

**解答**
トコジラミは衛生害虫に分類されているので，医薬品医療機器等法による承認が必要となる．

（5）　ドクガ類

**問題174**　殺虫剤の効力や剤形（剤型）に関する次の記述のうち，最も不適当なものはどれか．
（1）　殺虫剤の速効性は，$KT_{50}$値から判断できる．
（2）　ピレスロイド剤は，ゴキブリなどに対しフラッシング効果を示す．
（3）　フィプロニルは，ゴキブリ用の食毒剤の有効成分である．
（4）　プロペタンホスには，マイクロカプセル（MC）剤がある．
（5）　有機リン剤を有効成分とした，ULV処理専用の乳剤がある．

**解答**

ULV処理専用の乳剤は，有機リン系ではなく，ピレスロイド系である．

正解(5)

**問題175**　ネズミに関する次の記述のうち，最も不適当なものはどれか．
（1）　ネズミの糞から，食中毒の原因となる病原体が検出されることがある．
（2）　ハツカネズミは，クマネズミと比較してトラップにかかりにくく，殺鼠剤に弱い．
（3）　クマネズミはドブネズミと比較して，穀類などの植物性の餌を好む傾向が強い．
（4）　クマネズミは，垂直な壁を登ったり，電線を伝わって室内に侵入する．
（5）　ネズミの移動経路は，ほぼ一定しているため，体の汚れが通路となる壁やパイプシャフト周辺に付着する．

**解答**

ハツカネズミは，クマネズミに比べるとトラップにかかりやすい．

正解(2)

**問題176**　殺鼠剤に関する次の記述のうち，最も適当なものはどれか．
（1）　粉剤は，ネズミの嗜好に合わせた毒餌作製に使用することができる．
（2）　殺鼠剤に対するネズミ類の抵抗性発達の原理は，昆虫とは異なる．
（3）　殺鼠剤を食べて死んだネズミから，ハエなどが発生することはない．
（4）　殺鼠剤の有効成分は選択毒性が高く，単位体重当たりのヒトに対する毒性は，ネズミに比べて低い．
（5）　ワルファリンは，1回の摂取によってネズミを失血死させる．

**解答**

(2) 薬剤抵抗性発達の原理は，昆虫もネズミも同じである．
(3) 殺鼠剤には防虫効果はないので，ハエなどが発生する．
(4) 殺鼠剤の多くは選択毒性が低く，ヒトに対して強い毒性を示す成分が多い．ただし，製剤中の有効成分濃度が低く抑えられており，ヒトとネズミでは体重差があるので，誤食による影響は少ない．
(5) ワルファリンは，継続的に摂食させることにより効果を発揮する．

正解(1)

**問題177**　下記の①～④の記述全てに当てはまる殺鼠剤の有効成分は，次のうちどれか．
①　1回の摂取でも効果が得られる．
②　第2世代の抗凝血性殺鼠剤である．
③　ワルファリンに抵抗性を示すネズミ対策用に開発された．
④　建築物衛生法に基づく特定建築物内での使用が認められている．
（1）　リン化亜鉛
（2）　ブロマジオロン
（3）　クマテトラリル

**解答**

ジフェチアロールは，速効性のある殺鼠剤で，近年開発された．
(1) リン化亜鉛は，急性毒性で，抗凝血性殺鼠剤ではない．
(2) ブロマジオロンは，動物用医薬部外品であり，建築物衛生法に基づく特定建築物内では使用できない．
(3) クマテトラリルは，ワルファリンと同様，遅効性殺鼠剤である．
(5) シリロシドは，農薬にも指定される

令和4年

（4）　ジフェチアロール

（5）　シリロシド

**問題178**　防虫・防鼠（そ）構造と防除に用いる機器に関する次の記述のうち，最も適当なものはどれか．

（1）　ライトトラップは，長波長誘引ランプに誘引された昆虫を捕獲する器具である．

（2）　ネズミの侵入防止のため，建物の外壁に樹木の枝が接触することを避ける．

（3）　噴射できる薬剤の粒径は，ミスト機，ULV機，噴霧器の中で，ULV機が最も大きい．

（4）　昆虫の室内侵入防止のため設置する網戸は，10メッシュ程度とする．

（5）　ULV機は，高濃度の薬剤を多量散布する薬剤散布機である．

**解答**

（1）　昆虫の走光性に関する光の波長は，短波長（280～600 nm）である．

（3）　噴射できる薬剤の粒径は，噴霧器の100～400 μmが最も大きい．

（4）　昆虫の室内侵入防止のために設置する網戸は，20メッシュ以上が望ましい．

（5）　ULV機は，薬剤を高濃度少量散布する薬剤散布機である．

正解（2）

**問題179**　建築物衛生法に基づく特定建築物内のねずみ・昆虫等の防除に関する次の記述のうち，最も不適当なものはどれか．

（1）　トラップによる生息状況調査により複数の害虫種が捕集された場合，それぞれの種類の生息密度が「許容水準」に該当する場合でも「警戒水準」にあると判断する．

（2）　ねずみ・昆虫等に対する不快感も，健康被害の一つである．

（3）　調査では，発生状況や被害状況に関する聞き取り調査を重点的に実施する．

（4）　防除は，ベクターコントロールとニューサンスコントロールという二つの異なる側面をもつ．

（5）　建築物における維持管理マニュアルのIPM実施モデルに示す水準値は，現場の使用用途などの状況に応じた個別水準値を設定することも可能である．

**解答**

聞き取り調査だけでなく，トラップを設置するなど，実際に調査し総合的に評価して実施する．

正解（3）

**問題180**　ねずみ・昆虫等及び鳥類の防除と殺虫剤に関する次の記述のうち，最も不適当なものはどれか．

（1）　蚊の幼虫に対する基礎的な殺虫力は，$LD_{50}$値により判断できる．

（2）　カラスの巣を卵ごと撤去する場合には，自治体の長などの許可が必要となる．

（3）　「発生予防対策」は，ねずみ・昆虫等の対策の基本である．

（4）　水性乳剤は，水で希釈した際に白濁（乳濁化）しない．

（5）　IGRは，成虫に対する致死効力がない．

**解答**

蚊の幼虫に対する殺虫力は，$LD_{50}$値（中央致死薬量）ではなく，$LC_{50}$値（中央致死濃度）で評価する．

正解（1）

# 令和 **3** 年度

**午前の部**　建築物衛生行政概論・建築物の環境衛生・空気環境の調整

**問題1**　現在の行政組織に関する次の記述のうち，正しいものはどれか．
- （1）　消防法は，内閣府が所管している．
- （2）　学校保健安全法は，総務省が所管している．
- （3）　下水道法は，国土交通省と環境省が所管している．
- （4）　浄化槽法は，厚生労働省が所管している．
- （5）　保健所には，労働基準監督官が置かれている．

**解答**
- (1) 消防法は総務省の所管である．
- (2) 学校保健安全法は文部科学省の所管である．
- (4) 浄化槽法は国土交通省と環境省の所管である．
- (5) 労働基準監督官は労働局や労働基準監督署に置かれている．

正解(3)

**問題2**　世界保健機関（WHO）憲章の前文に述べられている健康の定義に関する次の文章の□□□内に入る語句の組合せとして，最も適当なものはどれか．

　健康とは完全な肉体的，　ア　及び社会的福祉の状態にあり，単に疾病又は病弱の存在しないことではない．

　到達しうる最高水準の健康を享有することは，　イ　，宗教，政治的信念又は経済的若しくは社会的条件の差別なしに万人の有する基本的権利の一つである．

　　　　　　ア　　　　　　イ
- （1）　経済的―――――人種
- （2）　文化的―――――性別
- （3）　文化的―――――人種
- （4）　精神的―――――性別
- （5）　精神的―――――人種

**解答**
　世界保健機関（WHO）の憲章の全文は以下のとおりである．
　健康とは，完全な肉体的，　ア　精神的　および社会的福祉の状態にあり，単に疾病または病弱の存在しないことではない．到達しうる最高水準の健康を享有することは，　イ　人種　，宗教，政治的信念または経済的もしくは社会的条件の差別なしに万人の有する基本権利の一つである．

正解(5)

**問題3**　建築物における衛生的環境の確保に関する法律（以下「建築物衛生法」という．）に関する次の記述のうち，誤っているものはどれか．
- （1）　建築物衛生法は，建築物の設備・構造面と維持管理面の両面から規制を行っている．
- （2）　建築物衛生法に基づく事業の登録に関する事務は，都道府県知事が行う．
- （3）　特定建築物以外の建築物であっても，多数の者が使用し，又は利用する建築物については，建築物環境衛生管理基準に従って維持管理をするように努めなければならない．
- （4）　特定建築物の維持管理権原者は，建築物環境衛生管理基準に従って維持管理をしなければならない．
- （5）　特定建築物の所有者等には，所有者以外に，特定建築物の全部の管理について権原を有する者が含まれる．

**解答**
　建築物衛生法は，多数の者が使用し，または利用する建築物の維持管理に関し，環境衛生上必要な事項を定めている（同法第1条）．

正解(1)

**問題4** 建築物衛生法における特定建築物の特定用途に供される部分として，延べ面積に含めるものは次のうちどれか．
- （1） 地下街の地下道
- （2） 建築物の地下に電気事業者が設置した変電所
- （3） 建築物内部にある鉄道のプラットホーム
- （4） 地下街の店舗に付属する倉庫
- （5） 建築物の地下に設置された，管理主体の異なる公共駐車場

**解答**

（1）（2）（3）（5）は特定用途に該当しない（同法第2条）．

（4）の地下街の店舗は特定用途に該当するので，付属する倉庫は延べ面積に含める．

正解（4）

**問題5** 建築物衛生法に基づく特定建築物の届出等に関する次の記述のうち，最も適当なものはどれか．
- （1） 現に使用されている建築物が，用途の変更により新たに特定建築物に該当することになる場合は，1カ月前までに届け出なければならない．
- （2） 特定建築物の届出をせず，又は虚偽の届出をした場合には，30万円以下の罰金の適用がある．
- （3） 建築物が解体される場合は，あらかじめ，特定建築物に該当しなくなることを届け出なければならない．
- （4） 届出事項は，政令により定められている．
- （5） 届出の様式は，厚生労働省の通知で示されている．

**解答**

（1） 使用開始後1か月以内に届け出る（同法第5条）．
（3） 解体後，1か月以内に届け出る（同法第5条）．
（4） 届出事項は，政令ではなく，同法施行規則第1条で規定されている．
（5） 届出の様式は，厚生労働省ではなく，都道府県で定めている．

正解（2）

**問題6** 建築物衛生法に基づき備え付けておかなければならない帳簿書類とその保存期間との組合せとして，最も適当なものは次のうちどれか．
- （1） 飲料水貯水槽の修繕の記録————————2年間
- （2） 維持管理に関する設備の配置図————————5年間
- （3） 更新した空調設備の整備記録————————3年間
- （4） 臨時に実施した空気環境測定の結果————————3年間
- （5） 排水管清掃の実施記録————————5年間

**解答**

保管を必要とする帳簿書類とその保管期間は以下のとおり．

| 保管期間 | 帳簿の分類 | 帳簿の例 |
|---|---|---|
| 5年間 | 空気環境の調整 | 空気環境測定記録 |
| | 給水・排水の管理 | 貯水槽・排水槽の清掃記録 |
| | 清掃 | 統一的な大掃除の実施記録 |
| | ネズミ，衛生害虫などの防除状況 | 統一的な衛生害虫等の防除記録 |
| | その他環境衛生上必要なもの | 騒音・照明関係の記録 |
| 永久（※1） | 建築物・設備の図面 | 平面図，設備の配置・系統図 |
| 兼任期間（※2） | 一人のビル管理技術者が複数の特定建築物を兼任しても業務上支障がないことを確認した結果を記載した書面（確認書） | |

※1 永久とは，建物が存在する期間中を指す．
※2 兼任期間とは，そのビル管理技術者が兼任している期間中を指す．

正解（5）

**問題7** 建築物環境衛生管理基準に規定されている空気環境の調整に関する次の記述のうち，正しいものはどれか．
- （1） 機械換気設備を設けている場合，ホルムアルデヒドの量の基準は適用されない．
- （2） 居室における温度を外気の温度より低くする場合は，その差を著しくしない．

**解答**

（1） ホルムアルデヒドの基準値0.1mg/m³は，機械換気設備の有無にかかわらず適用される．
（3） 特定建築物の一般事務所では建築物衛生法と事務所衛生基準規則のいずれも適用され，特定建築物以外の一般事

（3）　空気調和設備等を設けている一般事務所にあっては建築物衛生法と事務所衛生基準規則が適用され，居室における二酸化炭素の含有率の基準値も同一である．

（4）　外気の一酸化炭素の含有率が高いため基準値の10ppm以下を保てない場合は，基準値を50ppm以下とすることができる．

（5）　浮遊粉じんの量の基準値は，相対沈降径がおおむね20μm以下の粒子を対象としている．

務所では事務所衛生基準規則のみが適用される．なお，事務所衛生基準規則での二酸化炭素の含有率の基準値は，建築物衛生法と同様，原則1 000ppm以下だが，空調設備や換気設備を設けていない場合は，5 000ppm以下に緩和されている（事務所衛生基準規則第3条・第5条）．

（4）建築物衛生法令には，設問のような規定は存在しない（2022年4月1日に施行規則第2条（一酸化炭素の含有率の特例）は削除となった）．

（5）浮遊粉じんの基準値は，相対沈降径がおおむね10μm以下の粒子を対象としている．

正解（2）

**問題8**　建築物環境衛生管理技術者に関する次の記述のうち，最も適当なものはどれか．

（1）　特定建築物の維持管理が環境衛生上適正に行われるよう，監督する．

（2）　選任された特定建築物に常駐することが必要である．

（3）　特定建築物所有者等と雇用関係がなければならない．

（4）　特定建築物維持管理権原者に設備改善を命じることができる．

（5）　環境衛生上必要な事項を記載した帳簿書類を備えておかなければならない．

**解　答**

（2）常駐することは要しない．

（3）雇用関係は必要としない．

（4）命じることができるのではなく，意見を述べることができる（同法第6条）．

（5）帳簿書類を備えておく義務者は，特定建築物維持管理権原者である．

正解（1）

**問題9**　建築物環境衛生管理基準に基づく飲料水の衛生上必要な措置に関する次の記述のうち，最も不適当なものはどれか．

（1）　水道事業者が供給する水（水道水）を直結給水により，特定建築物内に飲料水として供給する場合，定期の水質検査を行う必要はない．

（2）　水道事業者が供給する水（水道水）を特定建築物内の貯水槽に貯留して供給する場合，貯水槽以降の飲料水の管理責任者は，当該特定建築物の維持管理権原者である．

（3）　供給する水が人の健康を害するおそれがあると知ったときは，直ちに給水を停止し，かつ，その水を使用することが危険である旨を関係者に周知する．

（4）　飲用目的だけでなく，炊事用など，人の生活の用に供する水も，水道法で定める水質基準に適合する水を供給することが必要である．

（5）　水道事業者が供給する水（水道水）以外の井水等を使用する場合，水道水と同様の水質が確保されていれば，給水栓における残留塩素の保持は必要ない．

**解　答**

　井水などの水を使用する場合であっても，水道法第4条の水質基準に適合する水を供給しなければならない．また，建築物衛生法施行規則第4条により，残留塩素濃度は水道水と同水準を維持しなければならない．

正解（5）

**問題10**　建築物環境衛生管理基準に基づく空気環境の測定方法に関する次の記述のうち，誤っているものはどれか．

（1）　特定建築物の通常の使用時間中に実施する．

（2）　測定位置は，居室の中央部の床上75 cm以上150 cm以下

**解　答**

　ホルムアルデヒドの測定は，最初の測定で基準値内であれば，以降の測定は免除されるので，毎年行う必要はない．

である．

（3） 浮遊粉じんの量，一酸化炭素の含有率及び二酸化炭素の含有率は，1日の使用時間中の平均値とする．

（4） 新築の特定建築物は，使用開始後3年間，毎年6月1日から9月30日までの期間にホルムアルデヒドの測定を行う．

（5） 測定は，2カ月以内ごとに1回，定期に実施する．

**問題11** 建築物衛生法に基づく事業の登録に関する次の記述のうち，最も不適当なものはどれか．

（1） 事業登録制度は，建築物の環境衛生上の維持管理を行う事業者の資質の向上を図っていくため，設けられた制度である．

（2） 登録を受けていない者は，登録業者もしくはこれに類似する表示をすることは禁止されている．

（3） 本社で登録を行えば，支社の営業所においても登録業者である旨を表示することができる．

（4） 都道府県は，条例により独自に登録基準を定めることはできない．

（5） 平成14年4月に建築物空気調和用ダクト清掃業と建築物排水管清掃業が追加され，現在8業種となっている．

**解 答**
事業の登録とその表示は，営業所単位で必要である．

**問題12** 建築物衛生法に基づく事業の登録の登録基準に関する次の記述のうち，誤っているものはどれか．

（1） 必要な機械器具について定められている．

（2） 監督者等の人的基準について定められている．

（3） 事故発生時の補償対応について定められている．

（4） 作業の方法について定められている．

（5） 必要な設備について定められている．

**解 答**
事業の登録基準に，事故発生時の補償対応についての定めはない．

**問題13** 建築物衛生法に基づく特定建築物の立入検査に関する次の記述のうち，最も不適当なものはどれか．

（1） 特定建築物に該当していなくても，多数の者が使用し，又は利用する建築物に対して，立入検査を行うことができる．

（2） 都道府県知事は，必要があると認めるときは特定建築物に立入検査を行うことができる．

（3） 特定建築物の立入検査を行う職員を，環境衛生監視員という．

（4） 立入検査の権限は，保健所を設置する市の市長及び特別区の区長にも付与されている．

（5） 特定建築物に対する立入検査は，犯罪捜査のために行ってはならない．

**解 答**
立入検査は，公共の用に供されるものを除き，特定建築物に対して行われる．

**問題14** 建築物衛生法において，罰則が適用されないものは次のうちどれか．

（1） 特定建築物に建築物環境衛生管理技術者を選任しない者

（2） 都道府県知事の改善命令に従わない者

（3） 特定建築物の維持管理に関する帳簿書類に虚偽の記載を

**解 答**
同法第16条により，以下に該当する場合は維持管理権原者に対して30万円以下の罰則が科される．設問(4)は，その規定に含まれていない．

した者
（4）　建築物環境衛生管理基準を遵守しない者
（5）　都道府県知事の立入検査を拒んだ者

①特定建築物に関する届出を怠った者，虚偽の届出をした者
②建築物環境衛生管理技術者の選任を怠った者
③必要な帳簿書類を備えなかった者，記載しなかった者，虚偽の記載をした者
④立入検査を拒んだ者，都道府県知事が求める報告や答弁を怠った者
⑤改善命令に従わなかった者
注）建築物衛生法は，良好な環境衛生を維持するための法令であって，最低基準ではない．したがって，設問（4）の場合は，立入検査の対象にはなっても，それだけでは罰則の対象にはならない．

正解（4）

**問題15**　地域保健法に関する次の記述のうち，最も不適当なものはどれか．
（1）　保健所長は，原則として医師をもって充てる．
（2）　特別区には，保健所が設置されている．
（3）　都道府県が設置する保健所は，市町村の求めに応じ，技術的助言を行うことができる．
（4）　全国に設置されている保健所のうち，政令市が設置している保健所が最も多い．
（5）　地域保健対策の推進に関する基本的な指針には，対人保健のほか，建築物衛生に関わる事項も含まれている．

**解答**
全国に設置されている保健所は約470か所であり，そのうち都道府県立は約360か所で，政令都市による設置数よりも多い．

正解（4）

**問題16**　下水道法の第1条に規定する目的に関する次の条文の　　　内に入る語句の組合せとして，正しいものはどれか．
　この法律は，流域別下水道整備総合計画の策定に関する事項並びに公共下水道，流域下水道及び都市下水路の設置その他の管理の基準等を定めて，下水道の整備を図り，もって都市の健全な発達及び　ア　に寄与し，あわせて公共用水域の　イ　に資することを目的とする．

　　　　　　　　　ア　　　　　　　　　　イ
（1）　健康で文化的な生活の確保——水質の保全
（2）　生活環境の改善————————環境の保全
（3）　生活環境の改善————————水質の保全
（4）　公衆衛生の向上————————環境の保全
（5）　公衆衛生の向上————————水質の保全

**解答**
　この法律は，流域別下水道整備総合計画の策定に関する事項ならびに公共下水道，流域下水道および都市下水路の設置その他の管理の基準等を定めて，下水道の整備を図り，もって都市の健全な発達および　ア　公衆衛生　の向上に寄与し，あわせて公共用水域の　イ　水質の保全　に資することを目的とする．

正解（5）

**問題17**　興行場法に関する次の記述のうち，最も不適当なものはどれか．
（1）　興行場は，映画，演劇，スポーツ，演芸又は観せ物を，公衆に見せ，又は聞かせる施設をいう．
（2）　興行場の営業を行う場合には，興行場法に基づき許可を得なければならない．
（3）　興行場の維持管理は，都道府県の条例で定める換気，照明，防湿，清潔等の衛生基準に従わなければならない．

**解答**
　興行場法第2条第2項により，興行場の設置の場所またはその構造設備は，都道府県が定める．

  （4）　興行場は，国が定める構造設備基準に従わなければならない．

  （5）　特定建築物に該当する興行場の場合は，建築物衛生法と興行場法のそれぞれの衛生上の基準を守らなければならない．

正解（4）

**問題18**　大気汚染防止法第1条の目的に関する次の記述のうち，誤っているものはどれか．

  （1）　排出ガスに係るダイオキシン類の量について許容限度を定める．

  （2）　揮発性有機化合物の排出等を規制する．

  （3）　有害大気汚染物質対策の実施を推進する．

  （4）　自動車排出ガスに係る許容限度を定める．

  （5）　水銀等の排出を規制する．

**解　答**

　大気汚染防止法第1条（目的）には，設問（1）に関する記述はない．

正解（1）

**問題19**　環境基本法において，環境基準に定められていないものは次のうちどれか．

  （1）　大気の汚染

  （2）　振動

  （3）　土壌の汚染

  （4）　騒音

  （5）　水質の汚濁

**解　答**

　振動は，環境基本法の環境基準（第16条）には含まれていない．

正解（2）

**問題20**　労働安全衛生法に規定されている内容として，最も不適当なものは次のうちどれか．

  （1）　国による労働災害防止計画の策定

  （2）　一定の事業場における安全衛生委員会の設置

  （3）　都道府県知事によるボイラの製造許可

  （4）　一定の事業者による産業医の選任

  （5）　事業者による快適な作業環境の維持管理

**解　答**

　ボイラの製造許可をするのは，都道府県知事ではなく，都道府県労働局長である．

正解（3）

**問題21**　生体の恒常性（ホメオスタシス）等に関する次の記述のうち，最も不適当なものはどれか．

  （1）　外部環境の変化に対し内部環境を一定に保つ仕組みを恒常性という．

  （2）　恒常性は，主に，神経系，内分泌系，免疫系の機能によって維持されている．

  （3）　外部からの刺激は，受容器で受容されて中枢に伝達され，その後，効果器に興奮が伝えられて反応が起こる．

  （4）　生体に刺激が加えられると，生体内に変化が生じ，適応しようとする反応が非特異的に生じる．

  （5）　加齢とともに摂取エネルギー量は低下するが，エネルギーを予備力として蓄えておく能力は増加する．

**解　答**

　加齢とともに，摂取エネルギー量も，エネルギーを予備力として蓄えておく能力も低下する．

正解（5）

**問題22**　健康に影響を与える環境要因のうち，物理的要因として最も不適当なものは次のうちどれか．

  （1）　オゾン

  （2）　湿度

**解　答**

　健康に影響を与える環境要因としてのオゾンは，化学的要因に分類される．

（3）　気圧
（4）　温度
（5）　音

正解（1）

**問題23**　温熱環境指数に関する次の記述のうち，最も不適当なものはどれか．
（1）　黒球温度は，熱放射と対流に関わる温度の測定に用いられる．
（2）　湿球黒球温度（WBGT）は，屋内外における暑熱作業時の暑熱ストレスを評価するために使用されている．
（3）　有効温度は，湿度100%で無風の部屋の気温に等価な環境として表す主観的経験指数である．
（4）　標準新有効温度は，気温，湿度，風速，熱放射，着衣量，代謝量の6要素を含んだ温熱環境の指標である．
（5）　不快指数は，気温に関係なく用いられる指標である．

**解　答**

不快指数は，乾球温度と湿球温度から算定される，気温と湿度に関係する指標である．

正解（5）

**問題24**　体温調節に関する次の記述のうち，最も不適当なものはどれか．
（1）　寒冷環境では，温暖環境に比較して，体内と身体表層部との温度差が小さくなる．
（2）　平均皮膚温の算出式であるHardy-DuBoisの7点法で，皮膚温の重みづけが一番大きいのは腹である．
（3）　冷房や扇風機の利用は，行動性体温調節である．
（4）　熱放散は，対流，放射，伝導，蒸発の物理的過程からなる．
（5）　核心温は，身体表面の温度に比べて，外気温の影響を受けにくい．

**解　答**

寒冷環境では，温暖環境に比較して，体内と身体表層部の温度差が大きくなる．

正解（1）

**問題25**　温熱環境と体熱平衡に関する次の記述のうち，最も不適当なものはどれか．
（1）　対流による熱放散は，流体の流れに伴う熱エネルギーの移動現象である．
（2）　蒸発による熱放散は，水分が皮膚から気化するときに皮膚表面から潜熱を奪う現象である．
（3）　高温環境下においては，人体の熱産生量は低下する．
（4）　人体側の温熱環境要素は，代謝量と着衣量である．
（5）　伝導による熱放散は，体と直接接触する物体との間の熱エネルギーの移動現象である．

**解　答**

高温の環境では，汗の分泌量や血流量の増加で，代謝量はわずかに増加するので，熱産生は低下しない．

正解（3）

**問題26**　熱中症に関する次の記述のうち，最も不適当なものはどれか．
（1）　熱けいれんは，大量に発汗した際，水分のみを大量に摂取することによって起きる．
（2）　熱疲労では，大量の発汗により体内の水分，塩分が不足し，臓器の機能低下が起きる．
（3）　熱失神はもっとも重い熱中症であり，体温は異常に上昇する．
（4）　皮膚疾患や重度の日焼けのときには発汗作用は低下する

**解　答**

熱失神は軽度に分類される熱中症である．熱射病が最も重い熱中症であり，体温が異常に上昇する．

ので，注意が必要である．

（5）　熱射病の治療においては，冷やしすぎに注意する必要がある．

**問題27**　ヒトの発がんの原因に関する次の記述のうち，最も不適当なものはどれか．

（1）　発がんの要因として，食事が3分の1を占める．

（2）　感染症が発がんの原因となることがある．

（3）　ラドンのばく露は肺がんのリスクを上昇させる．

（4）　DNAに最初に傷を付け，変異を起こさせる物質をプロモータという．

（5）　ホルムアルデヒドには発がん性が認められる．

**解答**

DNAに最初に傷を付け，変異を起こさせる物質はイニシエーターという．プロモータとは，イニシエーターの作用を促進させる物質である．

正解（4）

**問題28**　アスベストに関する次の記述のうち，最も不適当なものはどれか．

（1）　合成された化学物質である．

（2）　胸膜中皮腫の潜伏期間の多くは，20〜50年である．

（3）　吸引すると肺の線維化を生じさせる．

（4）　肺がんに対して，アスベストばく露と喫煙の相乗作用が示唆されている．

（5）　中皮腫や肺がんの発症の危険度は，アスベストの累積ばく露量が多いほど高くなる．

**解答**

アスベストは，自然界に存在する鉱物である．

正解（1）

**問題29**　アレルギーに関する次の記述のうち，最も不適当なものはどれか．

（1）　低湿度は，アトピー性皮膚炎の増悪因子である．

（2）　アレルゲンの同定は予防，治療の上で重要である．

（3）　ヒスタミンは，アレルゲンの一種である．

（4）　アレルギー反応は，体に有害である免疫反応をいう．

（5）　過敏性肺炎の一種である加湿器肺の予防には，加湿器の微生物汚染の防止が重要である．

**解答**

アレルゲンとは，アレルギーの原因物質をいう．ヒスタミンは，アレルゲンが原因で過剰に分泌される物質であり，アレルゲンではない．

正解（3）

**問題30**　シックビル症候群でみられる症状等に関する次の記述のうち，最も不適当なものはどれか．

（1）　目やのどの刺激やくしゃみ等の症状は，加湿により減少する．

（2）　そのビルを使用，利用する全ての人に症状がみられる．

（3）　外気の供給不足が発症の危険因子である．

（4）　胸部圧迫感，息切れ，咳などの症状を呈することがある．

（5）　アトピー体質が発症の危険因子である．

**解答**

シックビル症候群は，そのビルを使用，利用する一部の人に症状がみられる（すべての人が発症するとは限らない）．

正解（2）

**問題31**　受動喫煙に関する次の記述のうち，最も適当なものはどれか．

（1）　医療機関における受動喫煙防止対策は，地域保健法により規定されている．

（2）　喫煙専用室には，二十歳未満の者は立ち入れない旨の掲示が必要である．

**解答**

（1）病院などの医療機関も含めて，受動喫煙防止対策は，健康増進法により規定されている．

（3）副流煙は，たばこの先端から発生する煙のことである．喫煙者が吸い込んでから吐き出す煙は，主流煙である．

（3）　副流煙は，喫煙者が吐き出す煙のことである．

（4）　たばこ煙に含まれるニコチンやタールは，副流煙より主流煙の方に多く含まれる．

（5）　受動喫煙により，小児の呼吸器系疾患のリスクは増加しない．

（4）　たばこ煙に含まれるニコチンやタールは，主流煙よりも副流煙のほうに多く含まれる．

（5）　受動喫煙により，小児の呼吸器系疾患のリスクは増加する．

正解(2)

**問題32**　音に関する次の記述のうち，最も不適当なものはどれか．

（1）　聴力レベルがプラスの値は，基準値よりも聴力が良いことを意味する．

（2）　音の感覚の受容器である耳は，外耳，中耳，内耳に分けられる．

（3）　聴覚の刺激となる音には，頭蓋骨を伝わる音が含まれる．

（4）　音の大きさを評価する尺度として，聴覚系の周波数特性で補正したA特性音圧レベルがある．

（5）　聴力レベルのスクリーニングとして，職場の定期健康診断では1 000 Hzと4 000 Hzの聴力レベルが測定される．

**解答**

基準値ゼロよりも聴力レベルがプラスの値は，基準値よりも聴力が悪いことを意味する．

正解(1)

**問題33**　騒音に関する次の記述のうち，最も不適当なものはどれか．

（1）　騒音性難聴は，4 000 Hz付近の聴力低下から始まる．

（2）　老人性難聴の初期では，会話音域である周波数（2 000 Hz）から聴力の低下がみられる．

（3）　環境騒音によって自律神経系が刺激され，血圧の上昇などが観察される．

（4）　長期間85 dB以上の騒音にばく露されると，永久性の聴力低下となる危険性が高くなる．

（5）　住民の騒音苦情の大半は，聴取妨害と心理的影響である．

**解答**

老人性難聴の初期では，8 000 Hz程度の高い周波数の音域から聴力の低下がみられる．

正解(2)

**問題34**　振動に関する次の記述のうち，最も不適当なものはどれか．

（1）　振動レベルの単位はデシベル(dB)である．

（2）　局所振動による健康障害は冬期に多くみられる．

（3）　局所振動による障害にレイノー現象といわれる指の末梢神経障害がある．

（4）　フォークリフトの運転により垂直振動にばく露されることで，胃下垂などが生じる．

（5）　全身振動は，垂直振動と水平振動に分けて評価される．

**解答**

局所振動による障害にレイノー現象といわれる指の末梢循環障害がある（末梢神経障害ではない）．

正解(3)

**問題35**　光の知覚に関する次の記述のうち，最も不適当なものはどれか．

（1）　目が視対象物の細部を見分ける能力を視力という．

（2）　視対象を正確に認識することを明視といい，この条件は，大きさ，対比，時間，明るさである．

（3）　視細胞は角膜に存在する．

（4）　暗順応に要する時間は明順応よりも長い．

（5）　錐体細胞には，赤，青，緑の光にそれぞれ反応する3種

**解答**

視細胞は，角膜ではなく，網膜に存在する．

があり，反応の組合せで色を感じる．

**問題36** 情報機器作業に関する次の記述のうち，最も不適当なものはどれか．
（1） 作業者の健康に関する調査で，最も多い自覚症状は眼の症状である．
（2） ディスプレイのグレア防止には，直接照明を用いる．
（3） 書類上及びキーボード上における照度は300 lx以上が推奨される．
（4） ディスプレイ画面上における照度は500 lx以下が推奨される．
（5） ディスプレイ画面の明るさ，書類及びキーボード面における明るさと，周囲の明るさとの差は，なるべく小さくする．

正解(3)

**解 答**

出題当時の正解は(2)だが，厚生労働省が2002（平成14）年に制定した「VDT作業における労働衛生管理のためのガイドライン」が，2021（令和3）年12月に「情報機器作業における労働衛生管理のためのガイドライン」に変更されたことによって，(4)は「適当」とは言えなくなった．
（2） ディスプレイのグレア防止には，間接照明を用いる．
（4） 情報機器作業ガイドラインには，設問のような記載はない．

正解(2)(4)

**問題37** 電磁波に関する次の記述のうち，最も不適当なものはどれか．
（1） レーザー光線には可視光のレーザーの他，赤外線や紫外線のレーザーがある．
（2） 溶接作業で発生する電気性眼炎は紫外線による．
（3） 赤外線は白内障の原因となる．
（4） マイクロ波の主な用途の一つとして，家庭用電子レンジがある．
（5） 可視光線の波長は赤外線より長い．

**解 答**
可視光線の波長は赤外線より短い．

正解(5)

**問題38** 電離放射線による健康影響のうち，確定的影響かつ晩発影響として最も適当なものは次のうちどれか．
（1） 不妊
（2） 染色体異常
（3） 白血病
（4） 白内障
（5） 甲状腺がん

**解 答**
選択肢のうち，電離放射線による健康障害の確定的影響かつ晩発影響であるものは，白内障である．

正解(4)

**問題39** ヒトと水に関する次の記述のうち，最も適当なものはどれか．
（1） 通常の状態で，水が最も多く排泄されるのは尿であり，その次は皮膚からの蒸泄である．
（2） 成人の体内の水分量は，体重の約80％である．
（3） 水分欠乏が体重の5％以上で，喉の渇きを感じる．
（4） ヒトが生理的に必要とする水分量は，成人の場合，1日当たり約3リットルである．
（5） 体内では細胞内液より細胞外液の方が多い．

**解 答**
（2） 成人の体内の水分量は，体重の約60％である．
（3） 水分欠乏が体重の2％以上で，喉の渇きを感じる．
（4） ヒトが生理的に必要とする水分量は，成人の場合，1日当たり約1.5リットルである．
（5） 体内では細胞内液より細胞外液のほうが少ない．

正解(1)

**問題40** 水質汚濁に係る環境基準項目に関する次の記述のうち，最も適当なものはどれか．
（1） ヒ素は，急性ばく露により皮膚の色素沈着を起こす．

**解 答**
（1） ヒ素は，慢性ばく露により皮膚の色素沈着を起こす．

（2）　亜鉛は，水俣病の原因となる.

（3）　カドミウムは，水質汚濁に関する環境基準において検出されないこととなっている.

（4）　アルキル水銀は，生物学的濃縮を起こす.

（5）　ベンゼンは，ヒトに対する発がん性は認められない.

（2）水俣病の原因物質はメチル水銀である.

（3）カドミウムは，水質汚濁に関する環境基準において，基準値が0.003mg/L以下と定められている.

（5）ベンゼンは，ヒトに対する発がん性が認められる.

正解（4）

**問題41**　感染症の予防及び感染症の患者に対する医療に関する法律（以下「感染症法」という.）における感染症の類型に関する次の記述のうち，最も不適当なものはどれか.

（1）　一類感染症では，交通が制限されることがある.

（2）　二類感染症では，建物の立ち入りは制限されない.

（3）　三類感染症では，就業制限される職種がある.

（4）　四類感染症では，積極的疫学調査は実施されない.

（5）　五類感染症には，ジアルジア症が含まれる.

**解 答**

積極的疫学調査は，一類〜五類感染症等を対象にしている.

正解（4）

**問題42**　次の感染症のうち，主に空気を介して感染するものはどれか.

（1）　デング熱

（2）　B型肝炎

（3）　ペスト

（4）　日本脳炎

（5）　麻しん

**解 答**

麻しんは，空気を介して感染する. その他の選択肢の媒介物は以下のとおり.

（1）デング熱：ネッタイシマカ，ヒトスジシマカ

（2）B型肝炎：血液感染，経皮的感染，軽粘膜感染

（3）ペスト：ネズミ類，ネズミノミ

（4）日本脳炎：コガタアカイエカ

正解（5）

**問題43**　クリプトスポリジウム症に関する次の記述のうち，最も適当なものはどれか.

（1）　病原体は細菌である.

（2）　ヒトや哺乳動物の消化管で増殖する.

（3）　水道水の塩素消毒で死滅する.

（4）　水道におけるクリプトスポリジウム等対策指針では，レベル1が最もリスクが高い.

（5）　下痢症状は1〜2日で消失する.

**解 答**

（1）病原体は原虫である.

（3）水道水の塩素消毒に抵抗性を示し，死滅しない.

（4）水道におけるクリプトスポリジウム等対策指針では，レベル4が最もリスクが高く，レベル1が最もリスクが低い.

（5）下痢症状は1週間程度で消失する.

正解（2）

**問題44**　5％溶液として市販されている次亜塩素酸ナトリウムを水で希釈して100mg/Lの濃度の溶液を10L作る場合，必要となる5％溶液の量として，最も近いものは次のうちどれか.

（1）　　0.2mL

（2）　　4mL

（3）　　20mL

（4）　　40mL

（5）　　200mL

**解 答**

100mg/Lの濃度の溶液10Lに含まれる次亜塩素酸ナトリウムの重量は，次式で求められる.

$$100 [mg/L] \times 10 [L] = 1\,000 [mg]$$
$$= 1 [g]$$

必要となる5％溶液の量を$x$[mL]とすると，溶液$x$[mL]は$x$[g]なので次式が成り立つ.

$$0.05x = 1$$
$$x = 1/0.05 = 100/5 = 20 [g] = 20 [mL]$$

正解（3）

**問題45** 滅菌に用いられるものとして，最も不適当なものは次のうちどれか．

(1) γ線
(2) ろ過
(3) エチレンオキサイドガス
(4) 高圧蒸気
(5) 紫外線

**解 答**

紫外線は，消毒には用いられるが，滅菌には用いられない．

正解(5)

**問題46** 下に示す湿り空気線図に関する次の記述のうち，最も不適当なものはどれか．

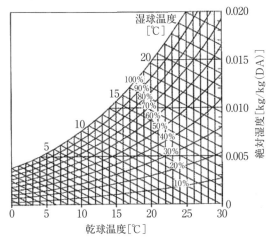

(1) 乾球温度14℃，相対湿度80%の空気を加熱コイルで25℃に温めると相対湿度は約40%となる．
(2) 乾球温度10℃，相対湿度80%の空気は，乾球温度22℃，相対湿度30%の空気より絶対湿度が高い．
(3) 乾球温度22℃，相対湿度60%の空気が表面温度15℃の窓ガラスに触れると結露する．
(4) 乾球温度19℃の空気が含むことのできる最大の水蒸気量は，0.010kg/kg(DA)より大きい．
(5) 露点温度10℃の空気は，乾球温度29℃において約30%の相対湿度となる．

**解 答**

乾球温度22℃，相対湿度60%の空気が，表面温度15℃の窓ガラスに触れても結露はしない．結露するのは，表面温度が約14℃以下の場合である．

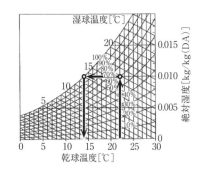

正解(3)

**問題47** 結露に関する次の文章の＿＿＿内に入る語句の組合せとして，最も適当なものはどれか．

暖房時の壁体の内部や表面での結露を防止するには，壁体内において，水蒸気圧の ア 側に イ の低い ウ を設けることが有効である．

|  | ア | イ | ウ |
|---|---|---|---|
| (1) | 高い | 熱伝導率 | 断熱材 |
| (2) | 高い | 湿気伝導率 | 防湿層 |
| (3) | 低い | 湿気伝導率 | 防湿層 |
| (4) | 低い | 熱伝導抵抗 | 断熱材 |
| (5) | 低い | 湿気伝導率 | 断熱材 |

**解 答**

暖房時の壁体の内部や表面での結露を防止するには，壁体内において，水蒸気圧の ア 高い 側に イ 湿気伝導率 の低い ウ 防湿層 を設けることが有効である．

正解(2)

**問題48** 建築材料表面（白色プラスター，アスファルト，新しい亜鉛鉄板，光ったアルミ箔）の長波長放射率と日射吸収率の関係を下の図中に示している．最も適当なものはどれか．

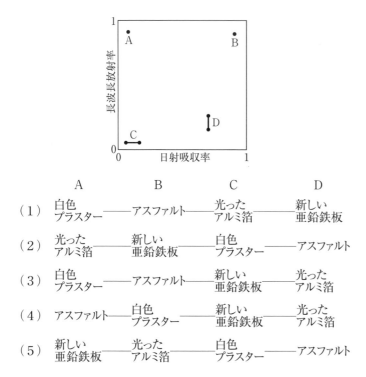

| | A | B | C | D |
|---|---|---|---|---|
| （1） | 白色プラスター | アスファルト | 光ったアルミ箔 | 新しい亜鉛鉄板 |
| （2） | 光ったアルミ箔 | 新しい亜鉛鉄板 | 白色プラスター | アスファルト |
| （3） | 白色プラスター | アスファルト | 新しい亜鉛鉄板 | 光ったアルミ箔 |
| （4） | アスファルト | 白色プラスター | 新しい亜鉛鉄板 | 光ったアルミ箔 |
| （5） | 新しい亜鉛鉄板 | 光ったアルミ箔 | 白色プラスター | アスファルト |

**解 答**

一般に，白っぽい材料では長波長放射率0.9，日射吸収率0.1程度，黒っぽい材料では長波長放射率，日射吸収率ともに0.9程度，光ったアルミ箔では長波長放射率，日射吸収率ともに0.1程度である．なお，日射吸収率が小さく，可視光が反射するため，白っぽく見えると考えられている．

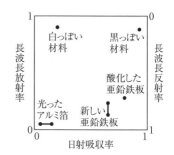

正解（1）

**問題49** 下の図は，厚さの異なるA，B，C部材で構成された建築物外壁における定常状態の内部温度分布を示している．この図に関する次の記述のうち，最も不適当なものはどれか．

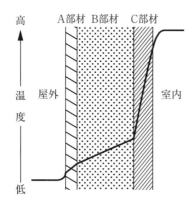

（1） A，B，C部材のなかで，最も熱伝導率が大きい部材はB部材である．
（2） 熱伝達率は，屋外側の方が室内側より大きい．
（3） B部材が主体構造体であるとすれば，この図は内断熱構造を示している．
（4） 壁表面近傍で空気温度が急激に変化する部分を境界層という．

**解 答**

部材を流れる単位面積当たりの熱流量は，A，B，C部材のどれも同じである．

（5）　A，B，C部材のなかで，部材を流れる単位面積当たりの熱流量が最も大きいのはA部材である．

**問題50**　空気の流動に関する次の記述のうち，最も不適当なものはどれか．
（1）　天井面に沿った冷房による吹出し噴流は，速度が小さいと途中で剥離して降下することがある．
（2）　コールドドラフトは，冷たい壁付近などで生じる下降冷気流である．
（3）　自由噴流の第3域では，中心軸速度が吹出し口からの距離に反比例して減衰する．
（4）　吹出しの影響は遠方まで及ぶのに対し，吸込みの影響は吸込み口付近に限定される．
（5）　通常の窓の流量係数は，約1.0である．

**解答**
　開口部の流量係数は，開口部の形態によって異なるが，常に1.0以下で，通常の窓では0.6〜0.7である．

正解（5）

**問題51**　流体力学に関する次の記述のうち，最も不適当なものはどれか．
（1）　直線ダクトの圧力損失は，長さに比例する．
（2）　直線ダクトの圧力損失は，風速に比例する．
（3）　直線の円形ダクトの圧力損失は，直径に反比例する．
（4）　ダクトの形状変化に伴う圧力損失は，形状抵抗係数に比例する．
（5）　開口部を通過する風量は，開口部前後の圧力差の平方根に比例する．

**解答**
　直線ダクトの圧力損失は，風速の2乗に比例する．

正解（2）

**問題52**　換気に関する次の記述のうち，最も不適当なものはどれか．
（1）　単位時間当たりに室内の入れ替わる新鮮空気（外気）量を換気量という．
（2）　空気交換効率とは，室内にある空気が，いかに効果的に新鮮空気と入れ替わるかを示す尺度をいう．
（3）　1時間に窓を開ける回数を換気回数という．
（4）　外気が給気口から室内の任意の点に移動するのにかかる平均時間を，局所平均空気齢という．
（5）　ある汚染物質の室内濃度を，その基準値に維持するために必要な換気量のことを必要換気量という．

**解答**
　換気回数（回/h）とは，1時間当たりに室内に取り入れる新鮮空気（外気）量を，室容積で除したものである．

正解（3）

**問題53**　ある居室に16人在室しているとき，室内の二酸化炭素濃度を建築物環境衛生管理基準値以下に維持するために最低限必要な換気量として，正しいものは次のうちどれか．
　ただし，室内は定常状態・完全混合（瞬時一様拡散）とし，外気二酸化炭素濃度は400ppm，在室者一人当たりの二酸化炭素発生量は0.018$m^3$/hとする．
（1）　320$m^3$/h
（2）　400$m^3$/h
（3）　480$m^3$/h
（4）　600$m^3$/h

**解答**
　必要換気量$Q$〔$m^3$/h〕は，次式で求められる．なお，室内の二酸化炭素濃度を建築物環境衛生管理基準値以下に維持するために，1 000ppmを代入して計算する．

$$Q = \frac{CO_2発生量〔m^3/(h\cdot人)〕}{室内のCO_2濃度 - 外気のCO_2濃度〔ppm〕} \times 10^6$$

$$= \frac{0.018 \times 16}{1000 - 400} \times 10^6 = 480〔m^3/h〕$$

（5）　720 m³/h

**問題54**　室内におけるホルムアルデヒドの発生源のうち，最も不適当なものは次のうちどれか．
（1）　ユリア樹脂系接着剤
（2）　パーティクルボード
（3）　家具
（4）　コンクリート
（5）　喫煙

**解答**
　ホルムアルデヒドの室内の発生源は，合板やフローリングに使用される合成樹脂や接着剤，また，たばこや暖房器具などから発生する燃焼排気ガスなどである．コンクリートは，ホルムアルデヒドの発散はほとんど認められない．

正解（4）

**問題55**　室内汚染物質とその発生源との組合せとして，最も不適当なものは次のうちどれか．
（1）　アセトアルデヒド――――加熱式たばこ
（2）　窒素酸化物――――――開放型燃焼器具
（3）　オゾン――――――――レーザープリンタ
（4）　ラドン――――――――石材
（5）　フェノブカルブ―――――接着剤

**解答**
　室内汚染物質のうち，フェノブカルブは，防虫剤，防蟻剤で使用され，接着剤には使用されていない．

正解（5）

**問題56**　換気に関する次の記述のうち，最も不適当なものはどれか．
（1）　換気の目的の一つには,汚染物質の室内からの除去がある．
（2）　ハイブリッド換気は，自然換気と機械換気を併用する換気方式である．
（3）　第1種換気は，機械給気と機械排気による換気をいう．
（4）　局所換気は，汚染物質が発生する場所を局部的に換気する方法をいう．
（5）　第3種換気は,機械給気と自然排気口による換気をいう．

**解答**
　第3種換気は，トイレなどのように，自然給気と機械排気による換気をいう．

正解（5）

**問題57**　浮遊粒子の次のア～エの動力学的性質のうち，粒径が大きくなると数値が大きくなるものの組合せとして，最も適当なものはどれか．
ア　終末沈降速度
イ　拡散係数
ウ　気流に平行な垂直面への沈着速度
エ　粒子が気体から受ける抵抗力
（1）　アとイ
（2）　アとウ
（3）　アとエ
（4）　イとエ
（5）　ウとエ

**解答**
ア　終末沈降速度は，粒径の小さい粒子ほど数値は小さい．
イ　拡散係数は，ストークスーアインシュタインの式によって粒子の大きさに反比例するので，粒径が大きくなると数値が小さくなる．
ウ　気流に平行な垂直面への沈着速度は，粒径が大きくなると数値が小さくなる．
エ　粒子が気体から受ける抵抗力は，粒子の流体に対する相対速度の2乗に比例するので，粒径の小さい粒子では数値は小さくなる．
　したがって，解答は(3)アとエとなる．

正解（3）

**問題58**　アレルゲンと微生物等に関する次の記述のうち，最も不適当なものはどれか．
（1）　ウイルスは建材表面で増殖することがある．
（2）　アスペルギルスは，一般環境中に生息するカビである．
（3）　オフィスビル内の細菌の主な発生源は在室者である．

**解答**
　ウイルスは生きている細胞中で増殖するため，建材表面で増殖することはない．

（4）　酵母は真菌に分類される．
（5）　カビアレルゲンの大部分は，数μm以上の粒子である．

**問題59**　パッケージ型空調機に関する次の記述のうち，最も適当なものはどれか．
（1）　中央方式の空気調和設備と同様に，熱源設備が必要となる．
（2）　圧縮機の駆動は，全て電力を用いている．
（3）　通常は，外気処理機能を備えている．
（4）　ビル用マルチパッケージは，ON-OFF制御により，圧縮機の容量制御を行うのが主流である．
（5）　水熱源ヒートポンプ方式のパッケージ型空調機は，圧縮機を備えているため騒音に注意が必要である．

**解答**

　水熱源ヒートポンプ方式のパッケージ型空調機は，冷房時の冷却水と暖房時の低温温水の2系統を同一配管とし，この熱源水が採熱源として用いられる．そのため，再生可能エネルギー利用がしやすいなどの長所がある一方，圧縮機を備えているため，騒音源になることに注意が必要である．
（1）パッケージ型空調機は，中央方式の空気調和設備と異なり，他の熱源設備を必要としない．
（2）パッケージ型空調機は，空気調和機の基本構成要素に冷凍機またはヒートポンプの機能を組み込んだ冷暖房兼用機であり，その駆動に必ずしも電力を用いるとは限らない．
（3）パッケージ型空調機は，通常，外気処理機能を持たないため，室内空気質確保のための対策が必要となる．
（4）ビル用マルチパッケージは，圧縮機のインバータ制御を行うのが主流である．
正解（5）

**問題60**　空気調和設備に関する次の記述のうち，最も不適当なものはどれか．
（1）　HEMSと呼ばれる総合的なビル管理システムの導入が進んでいる．
（2）　空気調和機には，広くはファンコイルユニットも含まれる．
（3）　熱搬送設備は，配管系設備とダクト系設備に大別される．
（4）　冷凍機，ボイラ，ヒートポンプ，チリングユニットは，熱源機器にあたる．
（5）　自動制御設備における中央監視装置は，省エネルギーや室内環境の確保を目的に設備機器を監視，制御する設備である．

**解答**

　HEMSとは，「Home Energy Management System（ホーム・エネルギー・マネジメント・システム）」の略で，主に家庭で使用し，エネルギーを節約するための管理システムであり，総合的なビル管理システムには用いない．

正解（1）

**問題61**　躯体蓄熱システムに関する次の文章の　　内に入る語句の組合せとして，最も適当なものはどれか．
　躯体蓄熱システムにより蓄熱槽や熱源機器の容量が低減されるが，氷蓄熱に比べ，熱損失が　ア　，蓄熱投入熱量比が　イ　．また，放熱時の熱量制御は　ウ　である．

| | ア | イ | ウ |
|---|---|---|---|
| （1） | 大きく | 大きい | 容易 |
| （2） | 小さく | 大きい | 容易 |
| （3） | 大きく | 小さい | 容易 |
| （4） | 小さく | 大きい | 困難 |
| （5） | 大きく | 小さい | 困難 |

**解答**

　躯体蓄熱システムにより蓄熱槽や熱源機器の容量が低減されるが，氷蓄熱に比べ，熱損失が　ア　大きく，蓄熱投入熱量比が　イ　小さい．また，放熱時の熱量制御は　ウ　困難である．

正解（5）

**問題62** 空気調和における湿り空気線図上での操作に関する次の記述のうち，最も不適当なものはどれか．

（1） 暖房時に水噴霧加湿を用いる場合，温水コイル出口の温度は設計給気温度より高くする必要がある．

（2） 冷房時の室内熱負荷における顕熱比SHF＝0.8の場合，空調機からの吹出し空気の絶対湿度は室内空気より低くする必要がある．

（3） 温水コイル通過後の空気は単純加熱となり，通過前後で絶対湿度は変化しない．

（4） 還気と外気の混合状態は，湿り空気線図上において還気と外気の状態点を結んだ直線上に求められる．

（5） 冷水コイルによる冷却除湿では，コイル出口における空気の相対湿度は100％となる．

**解答**

冷水コイルによる冷却除湿では，冷水コイル内を通過する空気を完全に伝熱面に接触させることは不可能であり，一部の空気は伝熱面に接触することなく通過する．これをバイパス空気と呼ぶ．コイル出口では，このバイパス空気と，完全に伝熱面に接触した空気（装置露点温度）とが混合した空気の相対湿度となるため，相対湿度は100％にはならない．

正解(5)

---

**問題63** 冷水コイルによる空気冷却に関する次の文章の◯◯◯内に入るものの組合せとして，最も適当なものはどれか．

湿り空気線図上で，冷水コイル入口空気の状態点をA，コイル出口空気の状態点をBとし，乾球温度がA点と等しく，かつ絶対湿度がB点と等しい状態点をCとする．

A点，B点，C点の比エンタルピーをそれぞれ$h_A$, $h_B$, $h_C$とし，冷水コイルを通過する空気の質量流量を$G[kg/h]$とすると，冷水コイルによる除去熱量の潜熱分は ア  ，顕熱分は イ で表される．

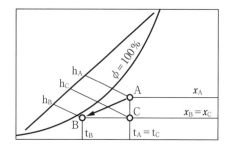

| | ア | | イ |
|---|---|---|---|
| （1） | $G(h_A - h_B)$ | ——— | $G(h_A - h_C)$ |
| （2） | $G(h_A - h_C)$ | ——— | $G(h_A - h_B)$ |
| （3） | $G(h_A - h_C)$ | ——— | $G(h_C - h_B)$ |
| （4） | $G(h_C - h_B)$ | ——— | $G(h_A - h_B)$ |
| （5） | $G(h_C - h_B)$ | ——— | $G(h_A - h_C)$ |

**解答**

湿り空気線図上で，冷水コイル入口空気の状態点をA，コイル出口空気の状態点をBとし，乾球温度がA点と等しく，かつ絶対湿度がB点と等しい状態点をCとする．

A点，B点，C点の比エンタルピーをそれぞれ$h_A$, $h_B$, $h_C$とし，冷水コイルを通過する空気の質量流量を$G[kg/h]$とすると，冷水コイルによる除去熱量の潜熱分は ア $G(h_A-h_C)$ ，顕熱分は イ $G(h_C-h_B)$ で表される．

正解(3)

---

**問題64** 空気調和方式に関する次の記述のうち，最も不適当なものはどれか．

（1） 定風量単一ダクト方式は，給気量が一定であり，給気温度を可変することにより熱負荷の変動に対応する方式である．

（2） 変風量単一ダクト方式は，定風量単一ダクト方式と比較して空気質確保に有利である．

（3） ダクト併用ファンコイルユニット方式は，単一ダクト方式とファンコイルユニットを併用することにより，個別制

**解答**

変風量単一ダクト方式は，定風量単一ダクト方式と比較して，給気風量を可変としているため，必要となる新鮮外気量の確保に対策が必要である．

御性を高めたシステムである.
(4) 放射冷暖房は，冷房時の表面結露や空気質確保に配慮が必要である.
(5) マルチゾーン空調方式は，負荷変動特性の異なる複数のゾーンの温湿度調整を1台の空調機で行う方式である.

正解(2)

**問題65** 冷凍機に関する次の記述のうち，最も不適当なものはどれか.
(1) スクロール圧縮機は，渦巻き状の固定スクロールと渦巻き状の旋回スクロールの旋回により冷媒を圧縮する.
(2) スクリュー圧縮機を用いた冷凍機は，スクロール圧縮機を用いたものより，冷凍容量が大きい.
(3) 吸収冷凍機は，都市ガスを使用するので，特別な運転資格が必要である.
(4) 遠心圧縮機は，容積式圧縮機と比較して，吸込み，圧縮できるガス量が大きい.
(5) シリカゲルやゼオライト等の固体の吸着剤を使用した吸着冷凍機は，高い成績係数を得ることができない.

**解 答**
吸収冷凍機は，特別な運転資格を必要としない.

正解(3)

**問題66** 空気調和設備の熱源方式に関する次の記述のうち，最も不適当なものはどれか.
(1) 地域冷暖房システムでは，個別熱源システムに比べて，一般に環境負荷は増加する.
(2) 蓄熱システムは，電力負荷平準化，熱源装置容量削減に効果がある.
(3) 電動冷凍機とボイラを組み合わせる方式は，夏期に電力消費量がピークとなる.
(4) 直焚吸収冷温水機は，1台の機器で冷水のみ又は温水のみだけでなく，これらを同時に製造することができる.
(5) 電力需要を主として運転するコージェネレーション方式では，空気調和やその他の熱需要に追従できない場合がある.

**解 答**
地域冷暖房システムは，集約化による省エネルギーで$CO_2$の排出負荷低減，集中化による排熱削減でヒートアイランド対策，適切な排ガス処理によって，大気汚染防止に寄与できる．したがって，環境負荷は低減する.

正解(1)

**問題67** 図は，蒸気圧縮冷凍サイクルにおける冷媒の標準的な状態変化をモリエル線図上に表したものである．圧縮機の出口直後に相当する図中の状態点として，最も適当なものは次のうちどれか.

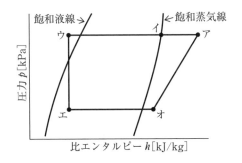

**解 答**
蒸気圧縮冷凍サイクルにおける冷媒の標準的な状態変化は，モリエル線図上では，まず，点オから，圧縮機で気体の冷媒を圧縮し，冷媒の比エンタルピーが増加して，点アに至る．その後，凝縮器によって，点アから点イを経て，冷却させて冷媒が液化され，点ウの状態となる．そして，膨張弁で冷媒の圧力を下げられ，点ウから点エの状態となる．さらに，蒸発器によって，低温の状態で気化させて気化熱を奪い取り，点オの状態となり，冷媒がガス化されるというサイクルをたどる.
　つまり，以下の冷媒の状態変化を示している.
①点オ→点アの間は，圧縮機による冷媒

（1）　ア
（2）　イ
（3）　ウ
（4）　エ
（5）　オ

②点ア→点ウの間は，凝縮器による冷媒の状態変化

③点ウ→点エの間は，膨張弁による冷媒の状態変化

④点エ→点オの間は，蒸発器による冷媒の状態変化

したがって，圧縮機の出口直後に相当する図中の状態点は，点アである．

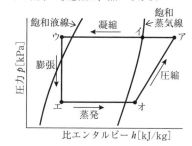

正解（1）

---

**問題68**　熱源方式に関する次の記述のうち，最も不適当なものはどれか．

（1）　ヒートポンプ方式は，1台で温熱源と冷熱源を兼ねることができる．

（2）　蓄熱システムにおける顕熱利用蓄熱体として，氷，無機水和塩類が用いられる．

（3）　ヒートポンプ方式は，地下水や工場排熱等の未利用エネルギーも活用することができる．

（4）　太陽熱を利用した空調熱源システムは，安定的なエネルギー供給が難しい．

（5）　吸収式冷凍機＋蒸気ボイラ方式は，空調以外に高圧蒸気を使用する用途の建物で用いられることが多い．

**解答**

蓄熱システムにおける顕熱利用蓄熱体の主流は，水である．

正解（2）

---

**問題69**　冷却塔に関する次の記述のうち，最も不適当なものはどれか．

（1）　開放型冷却塔は，密閉型と比べて小型である．

（2）　開放型冷却塔内の冷却水は，レジオネラ属菌の繁殖に注意が必要である．

（3）　開放型冷却塔は，密閉型冷却塔に比べて送風機動力が増加する．

（4）　密閉型冷却塔は，電算室，クリーンルーム系統の冷却塔として使用される．

（5）　密閉型冷却塔は，散布水系統の保有水量が少ないため，保有水中の不純物濃度が高くなる．

**解答**

開放型冷却塔は，循環する冷却水が直接空気に接触し，冷却水の一部が蒸発することによって残りの水が冷却されるもので，密閉型冷却塔に比べて小型で，送風機動力も低減できる．

正解（3）

---

**問題70**　加湿装置の種類と加湿方式の組合せとして，最も不適当なものは次のうちどれか．

（1）　滴下式————気化方式

（2）　電極式————蒸気方式

**解答**

加湿装置は，方式によって，蒸気吹出し方式，水噴霧方式，気化方式に大別される．電熱式，電極式，赤外線式などは

（3） パン型――――――蒸気方式
（4） 遠心式――――――水噴霧方式
（5） 超音波式――――――気化方式

**問題71** 空気調和機を構成する機器に関する次の記述のうち，最も不適当なものはどれか。
（1） システム型エアハンドリングユニットは，全熱交換器，制御機器，還気送風機等の必要機器が一体化された空調機である。
（2） エアハンドリングユニットは，冷却，加熱のための熱源を内蔵している空調機である。
（3） ファンコイルユニットは，送風機，熱交換器，エアフィルタ及びケーシングによって構成される。
（4） パッケージ型空調機は，蒸発器，圧縮機，凝縮器，膨張弁等によって構成される。
（5） パッケージ型空調機のうちヒートポンプ型は，採熱源によって水熱源と空気熱源に分類される。

**解答**
エアハンドリングユニットは，冷却，加熱のための熱源を内蔵していない。他の熱源設備から供給される冷水・温水・蒸気・水などを用い，冷却・加熱・減湿・加湿・混合・除塵などを行い，各ゾーン・各室に処理空気をダクトによって送風する空調機である。

正解（2）

**問題72** 防火ダンパに関する次の記述の　　内に入る値の組合せとして，最も適当なものはどれか。
温度ヒューズ型の溶解温度は，一般換気用 ［ア］，厨房排気用 ［イ］，排煙用 ［ウ］ である。

|  | ア | イ | ウ |
|---|---|---|---|
| （1） | 60℃ | 120℃ | 280℃ |
| （2） | 60℃ | 130℃ | 270℃ |
| （3） | 72℃ | 120℃ | 270℃ |
| （4） | 72℃ | 120℃ | 280℃ |
| （5） | 72℃ | 130℃ | 270℃ |

**解答**
防火ダンパの温度ヒューズ型におけるヒューズ溶解温度は，一般換気用 ［ア 72℃］，厨房排気用 ［イ 120℃］，排煙用 ［ウ 280℃］ である。

正解（4）

**問題73** 送風機に関する次の記述のうち，最も不適当なものはどれか。
（1） 軸流送風機は，空気が羽根車の中を軸方向から入り，軸方向へ抜ける。
（2） シロッコファンは，遠心式に分類される。
（3） ダンパの開度を変えると，送風系の抵抗曲線は変化する。
（4） 送風系の抵抗を大きくして風量を減少させると，空気の脈動により振動，騒音が発生し，不安定な運転状態となることがある。
（5） グラフの横軸に送風機の風量，縦軸に送風機静圧を表した送風機特性曲線は，原点を通る二次曲線となる。

**解答**
送風機の特性曲線は，グラフ上の横軸に風量をとり，縦軸に圧力・効率・軸動力・騒音をとって表したものをいう。
特性曲線と同一グラフ上で，原点を通る二次曲線は，抵抗曲線である。

正解（5）

**問題74** ダクトとその付属品に関する次の記述のうち，最も不適当なものはどれか。
（1） フレキシブル継手は，ダクトと吹出し口を接続する際に，位置を調整するために用いられる。

**解答**
グリル型は軸流吹出口の一つで，誘引比と拡散角度が小さく，到達距離が長いのが特徴である。

（2）　防火ダンパの羽根及びケーシングは，一般に板厚が1.5mm以上の鋼板で製作される.

（3）　グリル型吹出し口は，誘引効果が高いので，均一度の高い温度分布が得やすい.

（4）　低圧の亜鉛鉄板製長方形ダクトでは，一般に板厚が0.5～1.2mmのものが用いられる.

（5）　グラスウールダクトは，消音効果が期待できる.

**問題75**　空気浄化装置に関する次の記述のうち，最も不適当なものはどれか.

（1）　自動巻取型エアフィルタのろ材の更新は，タイマによる方法や圧力損失を検知して行う方法が用いられている.

（2）　ろ過式粒子用エアフィルタとは，さえぎり，慣性，拡散，静電気等の作用で，粉じんをろ材繊維に捕集するものをいう.

（3）　空気中の有害ガスを除去するガス除去用エアフィルタとして，イオン交換繊維を使用したものがある.

（4）　一般にHEPAフィルタの圧力損失は，一般空調用フィルタのそれと比較して小さい.

（5）　粒子用エアフィルタの性能は，圧力損失，粉じん捕集率，粉じん保持容量で表示される.

**問題76**　空気調和設備のポンプ・配管に関する次の記述のうち，最も不適当なものはどれか.

（1）　ポンプの損失水頭は，管内流速の2乗に比例する.

（2）　片吸込み渦巻きポンプは，ターボ型ポンプに分類される.

（3）　歯車ポンプは，油輸送などの粘度の高い液体の輸送用途に用いられることが多い.

（4）　ポンプの急停止による水撃作用を防止するには，緩閉式逆止め弁を用いる方法がある.

（5）　キャビテーションとは，流量と圧力の周期的な変動が続き運転が安定しない現象をいう.

**問題77**　換気設備に関する次の記述のうち，最も不適当なものはどれか.

（1）　水分の回収を必要としない場合の熱回収には，空気対空気の顕熱交換器が用いられる.

（2）　空気対空気の全熱交換器では，空調システムとして十分な温度処理，湿度処理はできないため，二次空調機が必要となる.

（3）　外気処理ユニットとは，冷媒直膨コイル，全熱交換器，加湿器，フィルタ等を組み込んだユニットである.

（4）　ヒートポンプデシカント調湿型外気処理装置では，暖房時において効果的な相対湿度の維持管理が期待できる.

（5）　厨房，倉庫，各種機械室等では，換気設備が単独で設置されることが多い.

---

選択肢（3）の誘引効果が高く，均一度の高い温度分布が得やすいのは，アネモ型のような，ふく流吹出口である.

正解（3）

**解答**
　HEPAフィルタは，「定格風量で粒径が0.3μmの粒子に対して99.97％以上の粒子捕集率を持ち，かつ，初期圧力損失が245Pa以下の性能を持つフィルタ」とJIS Z 8122で規定されている. 半導体製造や精密機械装置などの工業用クリーンルーム，医学・製薬・食品などのバイオクリーンルームなどの施設で使用され，圧力損失は一般空調用フィルタと比較して大きい.

正解（4）

**解答**
　流量と圧力の周期的な変動が続き，ポンプの運転が脈動を伴う不安定な現象をサージングという.
　キャビテーションとは，流体が流動しているときに，ある部分における圧力が，そのときの液体温度に相当する蒸気圧力以下になると，その部分で液体は局部的な蒸発を起こして気泡が発生し，騒音・振動が発生するばかりでなく，吐出量の低下，揚水不能の事態を招く現象をいう.

正解（5）

**解答**
　ヒートポンプデシカント調湿型外気処理装置では，デシカント装置の吸湿・放湿原理から，加湿に用いられる水分は，装置運転開始時に室内空気が保持している水分と，通常は加湿用としてはほとんど期待できない運転中に侵入・発生する水分のみである. したがって，特に暖房時において，建築物衛生法と建築基準法に定められている加湿時の相対湿度が達成可能かどうかについては，十分な検討が必要である.

正解（4）

**問題78** 光散乱式の粉じん計を用いて室内の浮遊粉じんの相対濃度を測定したところ，3分間当たり90カウントであった．この粉じん計のバックグランド値は10分間当たり60カウントで，標準粒子に対する感度が1分間当たり1カウント0.001mg/m³，室内の浮遊粉じんに対する較正係数が1.3であるとすると，室内の浮遊粉じんの量として，最も近い数値は次のうちどれか．
(1) 0.01 mg/m³
(2) 0.03 mg/m³
(3) 0.04 mg/m³
(4) 0.07 mg/m³
(5) 0.20 mg/m³

**解答**

$C = (R - D) \times K \times A$

ここで，$C$：浮遊粉じん濃度〔mg/m³〕
$R$：1分間のカウント数〔cpm〕
$D$：バックグランド値（ダークカウント）〔cpm〕
$K$：標準粒子に対する1cpm当たりの質量濃度（粉じん計の感度）〔mg/m³〕
$A$：較正係数

題意より，
$C = \{(90 \div 3) - (60 \div 10)\} \times 0.001 \times 1.3$
$= 0.0312$〔mg/m³〕

正解(2)

**問題79** 汚染物質とその濃度又は強さを表す単位の組合せとして，最も不適当なものは次のうちどれか．
(1) アスベスト————CFU/m³
(2) 放射能————Bq
(3) オゾン————μg/m³
(4) 二酸化イオウ————ppm
(5) トルエン————μg/m³

**解答**

アスベストの大気中の濃度単位は，「本/L（リットル）」を使用する．
「CFU/m³」は，真菌や浮遊細菌などのコロニー形成の単位である．

正解(1)

**問題80** 温熱環境要素の測定に関する次の記述のうち，最も不適当なものはどれか．
(1) 熱式風速計は，白金線などから気流に奪われる熱量が風速に関係する原理を利用している．
(2) サーミスタ温度計は，2種類の金属の膨張率の差を利用している．
(3) 自記毛髪湿度計は，振動の多い場所での使用は避ける．
(4) アスマン通風乾湿計は，周囲気流及び熱放射の影響を防ぐ構造となっている．
(5) 電気抵抗式湿度計は，感湿部の電気抵抗が吸湿，脱湿によって変化することを利用している．

**解答**

サーミスタ温度計は，金属・半導体の電気抵抗変化を利用した温度計である．
線膨張係数の異なる2種類の金属（バイメタル）を利用したものは，バイメタル式温度計である．

正解(2)

**問題81** ホルムアルデヒド測定法に関する次の記述のうち，最も不適当なものはどれか．
(1) 簡易測定法には，検知管法，定電位電解法がある．
(2) DNPHカートリッジは，オゾンにより正の妨害を受ける．
(3) DNPHカートリッジは，冷蔵で保存する必要がある．
(4) パッシブ法は，試料採取に8時間程度を要する．
(5) パッシブサンプリング法では，ポンプを使用しない．

**解答**

DNPHカートリッジは，オゾンによって負の妨害を受ける．したがって，発生源の存在が予想される場合，たとえば，近くにコピー機などが多くある場合には，オゾン除去管（粒状ヨウ化カリウム充填管）の装着が望まれる．

正解(2)

**問題82** 揮発性有機化合物（VOCs）測定に関する次の記述のうち，最も不適当なものはどれか．
(1) VOCsの採取には，アクティブサンプリング法とパッシブサンプリング法がある．
(2) 固相捕集・加熱脱着－GC/MS法では，前処理装置により脱着操作を行う．

**解答**

TVOC（Total VOC）を測定する装置は，方式によっては各VOCへの感度が異なるため，注意が必要である．また，湿度の影響を受けやすいことから，必要であれば補正を行う．

（3）　固相捕集・溶媒抽出－GC/MS法では，加熱脱着法に比べ，測定感度は落ちる．

（4）　TVOC（Total VOC）を測定する装置では，方式によらず各VOEに対して同じ感度である．

（5）　TVOCは，GC/MSによりヘキサンからヘキサデカンの範囲で検出したVOCsの合計である．

**問題83**　空気調和設備の維持管理に関する次の記述のうち，最も不適当なものはどれか．

（1）　加湿装置は，使用開始時及び使用期間中の1年以内ごとに1回，定期的に汚れの状況を点検し，必要に応じて清掃などを行う．

（2）　空調システムを介して引き起こされる微生物汚染問題として，レジオネラ症がある．

（3）　空気調和設備のダクト内部は，使用年数の経過につれ清掃を考慮する必要がある．

（4）　冷却塔に供給する水は，水道法に規定する水質基準に適合させる必要がある．

（5）　冷却水管を含む冷却塔の清掃は，1年以内ごとに1回，定期に行う．

　加湿装置は，建築物環境衛生管理基準に基づき，使用開始時と使用期間中，<u>1か月以内ごとに1回</u>定期に，汚れの状況を点検することが求められる．

正解(1)

**問題84**　音に関する次の記述のうち，最も不適当なものはどれか．

（1）　人間の可聴範囲は，音圧レベルでおよそ0～130dBの範囲である．

（2）　対象音と暗騒音のレベル差が15dBより大きい場合は，暗騒音による影響の除去が必要である．

（3）　空気中の音速は，気温の上昇と共に増加する．

（4）　低周波数域の騒音に対する人の感度は低い．

（5）　時間によって変動する騒音は，等価騒音レベルによって評価される．

　対象音と暗騒音のレベル差が<u>10dB</u>よりも大きい場合は，合成レベルに対する暗騒音の影響は0.4dB以下となる．したがって，暗騒音の影響を除去するためにも，測定時には対象音と暗騒音のレベル差が10dB以上あることを確認することが必要である．

正解(2)

**問題85**　音に関する用語とその説明として，最も不適当なものは次のうちどれか．

（1）　広帯域騒音———広い周波数領域の成分を含む騒音

（2）　吸音率————入射音響エネルギーに対する吸収エネルギーの割合

（3）　純音————一つの周波数からなる音波のこと

（4）　拡散音場———空間に音のエネルギーが一様に分布し，音があらゆる方向に伝搬している状態のこと

（5）　パワーレベル—音源の音響出力をデシベル尺度で表記したもの

　吸音率とは，入射音響エネルギーに対する<u>透過エネルギーと吸収エネルギー</u>の割合のことである．

正解(2)

**問題86**　音に関する次の文章の□□内に入る数値の組合せとして，最も適当なものはどれか．

点音源の場合，音源からの距離が2倍になると約□ア□dB，

　点音源の場合，音源からの距離が2倍になると約□ア　6□dB，距離が10倍にな

距離が10倍になると約 イ dB音圧レベルが減衰する．線音源の場合，音源からの距離が2倍になると約 ウ dB，距離が10倍になると約 エ dB音圧レベルが減衰する．

| | ア | イ | ウ | エ |
|---|---|---|---|---|
| （1） | 3 | 15 | 6 | 30 |
| （2） | 3 | 10 | 6 | 20 |
| （3） | 6 | 20 | 3 | 10 |
| （4） | 6 | 20 | 3 | 15 |
| （5） | 6 | 30 | 3 | 15 |

【問題87】 遮音と振動に関する次の記述のうち，最も不適当なものはどれか．

（1） 道路交通による振動は，不規則に起こり，変動が大きい．

（2） 隔壁を介する2室間の遮音性能は，受音室の吸音力が大きいほど高くなる．

（3） カーペットや畳等を敷いても，重量床衝撃音はほとんど軽減できない．

（4） 床衝撃音に関する遮音等級のLr値は，値が大きい方が，遮音性能が高いことを表す．

（5） コインシデンス効果により，壁面の透過損失は減少する．

【問題88】 昼光照明と窓に関する次の記述のうち，最も不適当なものはどれか．

（1） 大気透過率が等しければ，太陽高度が高いほど直射日光による地上の水平面照度は大きくなる．

（2） 曇天の空は，白熱電球より色温度が高い．

（3） 設計用全天空照度は，快晴よりも薄曇りの方が高い．

（4） 直接昼光率は，直射日光による照度の影響を受ける．

（5） 同じ面積であれば，側窓よりも天窓の方が多く昼光を採り入れられる．

【問題89】 測光量に関する次の文章の □ 内に入る語句の組合せとして，最も適当なものはどれか．

光度は，単位立体角当たりから放出される ア である．光度の単位は，通常， イ と表される．さらに，光度を観測方向から見た，見かけの面積で割った値が ウ である．

---

ると約 イ 20 dB，音圧レベルが減衰する．線音源の場合，音源からの距離が2倍になると約 ウ 3 dB，距離が10倍になると約 エ 10 dB，音圧レベルが減衰する．

正解（3）

【解答】
床衝撃音に関する遮音等級のLr値は，値が小さいほうが，遮音性能が高いことを表す．

正解（4）

【解答】
昼光率は，以下の式で表される．

$$昼光率[\%]=\frac{室内のある点の昼光による照度}{直射日光を含まない全天空照度}\times100$$

また，

昼光率[%]＝直接昼光率＋間接昼光率

で表され，直接昼光率は以下の式で定義される．

直接昼光率＝$xMR\phi$

ここで，$x$：窓ガラスの透過率

$M$：汚れなどによるガラスの透過率の劣化割合を示す維持率

$R$：採光面積から枠などを除いた透明部分の有効面積の比率

$\phi$：窓の立体角投射率

すなわち，直接昼光率の定義された式には，直射日光に関連した要素がなく，直接昼光率には，直射日光による照度は関係しない．

正解（4）

【解答】
光度は，単位立体角当たりから放出される ア 光束 である．光度の単位は，通常， イ cd と表される．さらに，光度を観測方向から見た，見かけの面積で割った値が ウ 輝度 である．

|     | ア | イ | ウ |
|-----|------|------|--------|
| （1） | 光束 | cd | 輝度 |
| （2） | 光束 | cd | 光束発散度 |
| （3） | 照度 | lm | 光束発散度 |
| （4） | 照度 | lm | 輝度 |
| （5） | 照度 | cd | 輝度 |

正解（1）

**問題90** 点光源直下3.0mの水平面照度が450 lxである場合，点光源直下1.0mの水平面照度として，最も近いものは次のうちどれか．

（1）　　450 lx
（2）　　900 lx
（3）　1 350 lx
（4）　4 050 lx
（5）　4 500 lx

**解 答**

照度 $E$〔lx〕は，光源からの距離 $r$〔m〕の2乗に反比例する．したがって，点光源の光度 $I$〔cd〕は，

$I=Er^2=450×3^2=4\,050$〔cd〕

したがって，直下1mの照度Eは，

$$E=\frac{4\,050}{1^2}=4\,050〔lx〕$$

正解（4）

---

**午後の部** 建築物の構造概論・給水及び排水の管理・清掃・ねずみ，昆虫等の防除

**問題91** 建築物と日射に関する次の記述のうち，最も不適当なものはどれか．
（1） 夏期における建築物の日射受熱量を減少させるには，東西の壁面・窓面はなるべく小さくする方が有利である．
（2） 直射日光は天気によって大きく変動するため，昼光を照明として利用する場合は，天空光のみを利用する．
（3） 内付けブラインドの日射遮蔽効果は，50％程度しか望めない．
（4） 夏至の日の南壁面の日積算日射量は，低緯度に位置する那覇の方が東京より大きい．
（5） ライトシェルフとは，部屋の奥まで光を導くよう直射日光を反射させる庇のことである．

**解 答**

夏至の日の南壁面の日積算日射量は，緯度が高い東京のほうが那覇より大きい．

正解（4）

**問題92** 建築士法で定義している設計図書に含まれないものは，次のうちどれか．
（1） 仕様書
（2） 平面図
（3） 断面図
（4） 施工図
（5） 設備図

**解 答**

施工図は設計図書には含まれない．

正解（4）

**問題93** 鉄筋コンクリート構造とその材料に関する次の記述のうち，最も不適当なものはどれか．
（1） モルタルは，砂，セメント，水を練り混ぜたものである．
（2） 梁のあばら筋は，一般に135°以上に曲げて主筋に定着させる．

**解 答**

直接土に接する床において，鉄筋に対するコンクリートのかぶり厚さは4cm以上としなければならない．

（3）　柱の帯筋は，主にせん断力に対して配筋される．

（4）　柱の小径は，構造耐力上主要な支点間の1/15以上とする．

（5）　直接土に接する床において，鉄筋に対するコンクリートのかぶり厚さは，3cm以上としなければならない．

**問題94**　鉄骨構造とその材料に関する次の記述のうち，不適当なものはどれか．

（1）　降伏比の大きい鋼材は，靱性に優れる．

（2）　建築構造用鋼材は，降伏点又は耐力の上限と下限が規定されている．

（3）　鋼材の強度は温度上昇とともに低下し，1 000℃ではほとんど零となる．

（4）　軟鋼の炭素量は0.12〜0.30％である．

（5）　高力ボルト接合の締め付け時の余長は，ねじ山3以上とする．

**解　答**
靱性に優れているのは，降伏比の小さい鋼材である．

正解(1)

**問題95**　建築物の荷重又は構造力学に関する次の記述のうち，最も不適当なものはどれか．

（1）　地震力を計算する場合，住宅の居室の積載荷重は，事務室よりも小さく設定されている．

（2）　曲げモーメントは，部材のある点において部材を湾曲させようとする応力である．

（3）　片持ち梁の先端に集中荷重の作用する梁のせん断力は，梁の固定端部で最も大きい．

（4）　ラーメン構造の部材に生じる応力には，曲げモーメント，せん断力，軸方向力がある．

（5）　建築物に作用する土圧は，常時荷重として分類されている．

**解　答**
片持ち梁の先端に集中荷重の作用する梁のせん断力は，全断面で等しい．

正解(3)

**問題96**　建築物とその構造に関する次の記述のうち，最も不適当なものはどれか．

（1）　免震構造では，アイソレータを用いて振動エネルギーを吸収し，振動を小さくする．

（2）　耐震補強には，強度や変形能力を高める方法がある．

（3）　制振構造において，建物の揺れを制御・低減するためのダンパに座屈拘束ブレースなどが用いられる．

（4）　コンクリートの打設時間の間隔が長くなると，コールドジョイントが生じやすくなる．

（5）　構造設計に用いる計算法には，保有水平耐力計算，限界耐力計算，許容応力度等計算がある．

**解　答**
五つの選択肢はすべて，不適切とは言えない．

正解なし

**問題97**　建築材料と部材の性質に関する次の記述のうち，最も不適当なものはどれか．

（1）　スランプ試験によるスランプ値が大きいほど，コンクリートの流動性が高いと評価できる．

（2）　CLTは，挽板を繊維方向が直交するように積層した板材である．

**解　答**
木材の強度は，「繊維方向＞幹の半径方向＞年輪の接線方向」となる．

（3） AE剤は，モルタルやコンクリートの中に多数の微小な空気泡を均一に分布させるために用いる．

（4） 鋼材の引張試験において，破断したときのひずみ度を伸びという．

（5） 木材の強度は，幹の半径方向（放射軸），年輪の接線方向，繊維方向（幹軸）の順に大きくなる．

正解（5）

**問題98** 建築生産に関する次の記述のうち，最も不適当なものはどれか．

（1） 工事監理は，一般に設計者が，建築主の依頼を受けて代行する．

（2） 一般競争入札は，工事内容や入札条件等を公示して行われる．

（3） 金属工事は，躯体工事に分類される．

（4） 建設業法では，発注者の書面による承諾のない限り，一括下請負は禁止されている．

（5） 設備工事は，建築工事と別枠で契約される場合が多い．

**解答**

金属工事は，仕上工事に分類される．

正解（3）

**問題99** 電気及び電気設備に関する次の記述のうち，最も不適当なものはどれか．

（1） 同一定格の電力では，同一電流値であれば交流のピーク電圧値は，直流に比べて高い．

（2） 建築設備に電力を送るケーブルの許容電流値は，配線用遮断器の定格電流値より小さくする．

（3） 電動機の起動時に過電流が流れて異常を起こさないために，スターデルタ起動方式が用いられる．

（4） 電力は，電圧と電流の積に比例する．

（5） 地域マイクログリッドとは，自然エネルギー発電を組み合わせ，地域の電力需要を満足する電力システムである．

**解答**

建築設備に電力を送るケーブルの許容電流値は，配線用遮断器の定格電流値より大きくなければ，電流を安全に供給できない（電流値がケーブルの許容電流値を超える前に，配線用遮断器が作動するようにしなければならない）．

正解（2）

**問題100** 駐車場法に規定される，駐車場・駐車施設に該当しないものは次のうちどれか．

（1） 路上駐車場

（2） 附置義務駐車施設

（3） 専用駐車場

（4） 都市計画駐車場

（5） 届出駐車場

**解答**

料金を徴収しない任意の専用駐車場は，駐車場法の適用を受けない．

正解（3）

**問題101** 都市ガスとLPガスに関する次の記述のうち，最も不適当なものはどれか．

（1） 都市ガスの低位発熱量とは，水蒸気の潜熱を含む場合の発熱量のことである．

（2） LPガスは常温・常圧では気体であるが，加圧や冷却により液化して貯蔵・運搬される．

（3） 都市ガスの大半は，天然ガスを主原料にしている．

（4） 都市ガス及びLPガスは，いずれも臭いがほとんどないガスであるため付臭剤が添加されている．

**解答**

都市ガスの低位発熱量とは，水蒸気のままで凝縮潜熱を含まない発熱量をいう．

（5）　ガスの比重については，13Aの都市ガスは空気より軽く，LPガスは空気より重い.

**問題102**　火災時の排煙対策に関する次の記述のうち，最も不適当なものはどれか.
（1）　自然排煙方式では排煙窓の他に，当該室の下部に給気経路を確保することが望ましい.
（2）　排煙設備の給気機の外気取入口は，新鮮な空気を取り入れるため屋上に設置するのが望ましい.
（3）　機械排煙方式では，火災室が負圧になり廊下への漏煙を防止できるが，避難扉の開閉障害が生じるおそれがある.
（4）　加圧防煙は，階段室への煙の侵入を防止するため階段室付室や廊下に用いられることが多い.
（5）　第2種排煙の煙排出量は，排煙窓位置での内外圧力差と排煙窓の有効面積で定まる.

**解答**
外気取入口は，外気に開放された最下階などの防火対象物下部で，周囲に開口部がない位置が望ましい.

正解（2）

**問題103**　建築基準法及びその施行令の用語に関する次の記述のうち，誤っているものはどれか.
（1）　延床面積とは，地階，屋階（屋根裏部屋）を含む各階の床面積の合計である.
（2）　直通階段とは，建築物の避難階以外の階の居室から，避難階又は地上に直通する階段のことをいう.
（3）　延焼のおそれのある部分とは，可燃性の材料が使われている建築物の外壁部分である.
（4）　耐火性能とは，通常の火災が終了するまでの間，建築物の倒壊・延焼を防止するために必要な性能のことである.
（5）　居室とは，居住，執務等の目的のために継続的に使用する室のことで，廊下，階段は該当しない.

**解答**
建築基準法第2条第6号に規定する「延焼のおそれのある部分」とは，隣地や道路で火災が発生したときに，火が燃え移る可能性のある範囲のことである.

正解（3）

**問題104**　建築基準法の用語に関する次の記述のうち，誤っているものはどれか.
（1）　建築とは，建築物を新築し，増築し，改築し，又は移転することである.
（2）　移転とは，既存の建築物を別の敷地へ移動することである.
（3）　増築とは，既存の建築物の床面積を増加させることである.
（4）　改築とは，既存の建築物の全部あるいは一部を除去して，構造，規模，用途が著しく異ならない建物をつくることである.
（5）　新築とは，建築物の存しない土地の部分に建築物をつくることである.

**解答**
建築基準法上「移転」とは，同一敷地内で解体することなく別の位置に移動させることという.

正解（2）

**問題105**　空調技術に関する次の記述のうち，最も不適当なものはどれか.
（1）　事務所建築におけるパーソナル空調では，冷房用に天井，床，デスク等の吹出しが採用されている.

**解答**
タスク・アンビエント空調は，作業域である「タスク域」とそれ以外の「アンビエント域」を分割し，タスク域に集中

（2）　ナイトパージとは，夜間の外気を取り入れることで，空調機の冷房負荷を削減するものである．

（3）　自然換気を併用するハイブリッド空調とは，穏やかな気候時の外気を積極的に室内に導入して冷房に利用するものである．

（4）　タスク・アンビエント空調とは，タスク域の温熱条件を緩和することで省エネルギー性の向上を図るものである．

（5）　細霧空調とは，ミストの蒸発潜熱で周りの空気温度が下がる現象を利用した空調システムである．

して冷暖房を行う空調方式である．快適性と省エネルギーの両立を図る．

正解（4）

---

**問題106**　給水及び排水の管理に関する用語と単位の組合せとして，最も不適当なものは次のうちどれか．

（1）　水の比熱――――――――――kJ/(kg・℃)

（2）　腐食速度――――――――――mm/年

（3）　塩化物イオン―――――――――mg/L

（4）　揚水ポンプの揚程――――――m

（5）　水槽照度率―――――――――lm/m²

**解答**
水槽照度率の単位は，「％」である．

正解（5）

---

**問題107**　給水及び排水の管理に関する用語の組合せとして，最も不適当なものは次のうちどれか．

（1）　スライム障害―――――――バイオフィルムの形成

（2）　異臭味――――――――――藻類や放線菌の産生物質

（3）　スカム――――――――――排水槽内の浮上物質

（4）　スケール障害―――――――トリハロメタンの生成

（5）　赤水―――――――――――鉄錆の溶出

**解答**
スケール障害は，使用する水の成分が高い場合や，腐食に伴う錆によって配管や水槽の内面に発生して，詰まりを引き起こす．また，加熱によって硬度成分が析出するため，熱交換器などに付着して，熱効率が低下する原因にもなる．

トリハロメタンは，ある種の有機物と消毒用の塩素が反応して，発がん性物質として生成される．

正解（4）

---

**問題108**　水道法に関する次の記述のうち，最も不適当なものはどれか．

（1）　水道とは，導管及びその他の工作物により，水を人の飲用に適する水として供給する施設の総体をいう．

（2）　水道事業とは，一般の需要に応じて水道によって水を供給する事業であって，計画上の給水人口が101人以上のものをいう．

（3）　上水道事業とは，計画給水人口が4 001人以上である水道事業をいう．

（4）　専用水道には，寄宿舎等の自家用水道等で，100人を超えるものにその居住に必要な水を供給するものが含まれる．

（5）　簡易専用水道とは，水道事業の用に供する水道から供給を受ける水のみを水源とするもので，水槽の有効容量の合計が10 m³を超えるものをいう．

**解答**
上水道事業とは，計画給水人口が5 001人以上である水道事業をいう．

正解（3）

---

**問題109**　水道施設等に関する次の記述のうち，最も不適当なものはどれか．

**解答**
導水施設とは，水源から浄水場まで原

（1）　市又は特別区の専用水道及び簡易専用水道は，当該市長又は特別区長が指導監督を行う．

（2）　地表水は，伏流水と比較して，水量及び水質の変化が大きい．

（3）　深層地下水は，地表からの汚染を受けにくく，水質は安定しているが，管の腐食を生ずることがある．

（4）　導水施設とは，浄水施設で処理された水を配水施設まで送る施設のことである．

（5）　水道法で規定する給水装置とは，需要者に水を供給するために，水道事業者の施設した配水管から分岐して設けられた給水管及びこれに直結する給水用具のことである．

水を送る施設をいい，導水管あるいは導水路，ポンプ設備などからなる．

正解（4）

**問題110**　水道水の塩素消毒に関する次の記述のうち，最も不適当なものはどれか．

（1）　塩素消毒の効果は，懸濁物質が存在すると低下する．

（2）　塩素消毒の反応速度は，温度が高くなるほど速くなる．

（3）　水道水中の窒素化合物と反応することで，塩素消毒の効果が高まる．

（4）　塩素消毒の効果は，アルカリ側で急減する．

（5）　塩素消毒は，多種類の微生物に効果がある．

**解　答**
水道水中の窒素化合物と反応すると，塩素消毒の効果は低下する．

正解（3）

**問題111**　給水設備の汚染に関する次の記述のうち，最も不適当なものはどれか．

（1）　逆サイホン作用とは，給水管内に生じた負圧により，水受け容器にいったん吐水された水が給水管内に逆流することである．

（2）　クロスコネクションとは，飲料水系統と他の配管系統を配管などで直接接続することである．

（3）　洗面器における吐水口空間は，給水栓の吐水口と洗面器のあふれ縁との垂直距離である．

（4）　大便器の洗浄弁の下流側には，一般に圧力式バキュームブレーカを設置する．

（5）　逆サイホン作用の防止対策の基本は，吐水口空間を設けることである．

**解　答**
大便器の洗浄弁の下流側に設けられているバキュームブレーカは，常時は圧力が掛からない大気圧式である．

正解（4）

**問題112**　給水設備に関する次の記述のうち，最も不適当なものはどれか．

（1）　小学校における1日当たりの設計給水量は，70〜100 L/人である．

（2）　受水槽の有効容量は，一般に1日使用水量の1/2程度である．

（3）　一般水栓の最低必要水圧は，30 kPaである．

（4）　給水配管の管径は，管内の流速が2.0 m/s以下となるように選定する．

（5）　高層ホテルの上限給水圧力は，0.7 MPaである．

**解　答**
高層建築物ではウォータハンマなどを防止するためにゾーニングが行われ，一般にホテルの上限給水圧力は0.3 MPaである．

正解（5）

**問題113** 給水設備における現象とその原因の組合せとして，最も不適当なものは次のうちどれか．

(1) ウォータハンマ————シングルレバー水栓による急閉
(2) 貯水槽水面の波立ち——迂回壁の設置
(3) クリープ劣化————長時間継続する応力
(4) 青水————————銅イオンの浸出
(5) 孔食————————ステンレス鋼管内の異物の付着

**問題114** 給水設備の配管に関する次の記述のうち，最も不適当なものはどれか．

(1) 給水管と排水管が平行して埋設される場合には，給水管は排水管の上方に埋設する．
(2) 止水弁は，主管からの分岐，各系統の起点，機器との接続部等に設置する．
(3) ポンプに弁及び配管を取り付ける場合には，その荷重が直接ポンプにかからないように支持する．
(4) 建物の揺れ，配管の振動等による変位を吸収するため，貯水槽と配管との接続には伸縮継手を使用する．
(5) 機器との接続配管は，機器の交換の際に容易に機器が外せるフランジ接合などとする．

**問題115** 給水設備の配管に関する語句の組合せとして，最も不適当なものは次のうちどれか．

(1) 合成樹脂ライニング鋼管（ねじ接合）—管端防食継手
(2) ステンレス鋼管（溶接接合）————TIG溶接
(3) 架橋ポリエチレン管——————接着接合
(4) ポリブテン管——————————メカニカル形接合
(5) 銅管————————————————差込みろう接合

**問題116** 給水設備の維持管理に関する次の記述のうち，最も不適当なものはどれか．

(1) 防錆剤を使用している場合は，3カ月以内ごとに1回，防錆剤の濃度の検査を行う．
(2) 受水槽と高置水槽の清掃は，原則として同じ日に行い，受水槽清掃後に高置水槽の清掃を行う．
(3) 飲料用貯水槽の清掃業務に従事する者は，6カ月に1回程度，健康診断を受ける．
(4) 飲料用貯水槽の点検は，定期に実施し，必要に応じて補修などを行う．
(5) 受水槽の水位制御の作動点検は，槽内のボールタップを手動で操作して行う．

**問題117** 建築物衛生法に基づく貯水槽の清掃に関する次の記述のうち，誤っているものはどれか．

(1) 清掃終了後の消毒は，有効塩素濃度50〜100mg/Lの次亜塩素酸ナトリウム溶液などの塩素剤を用いる．
(2) 清掃終了後は，2回以上貯水槽内の消毒を行う．

（3）　消毒終了後の水洗いと水張りは，少なくとも30分以上経過してから行う．

（4）　清掃終了後の水質検査における遊離残留塩素濃度の基準値は，0.1 mg/L以上である．

（5）　清掃終了後の水質検査における濁度の基準値は，2度以下である．

正解（4）

**問題118**　給湯設備に関する次の記述のうち，最も不適当なものはどれか．

（1）　壁掛けシャワーの使用温度は，42℃程度である．

（2）　自然冷媒ヒートポンプ給湯機による湯の最高沸き上げ温度は，60℃である．

（3）　総合病院における使用湯量は，100〜200 L/（床・日）程度である．

（4）　架橋ポリエチレン管の使用温度は，95℃以下とする．

（5）　ガス瞬間湯沸器の能力表示で1号とは，約1.74 kWの加熱能力である．

**解 答**
自然冷媒ヒートポンプ給湯機による湯の最高沸き上げ温度は，<u>90℃</u>である．

正解（2）

**問題119**　給湯設備における水の性質に関する次の記述のうち，最も不適当なものはどれか．

（1）　4℃以上の水は，温度が高くなると密度は小さくなる．

（2）　配管内の水中における気体の溶解度は，水温の上昇により増加する．

（3）　給湯設備で扱う範囲の水は，ほとんど非圧縮性である．

（4）　水中に溶存している空気は，配管内の圧力が高いと分離されにくい．

（5）　水温が高いほど，金属腐食速度が速くなる．

**解 答**
配管内の水中における気体の溶解度は，<u>水温の上昇により減少する</u>．

正解（2）

**問題120**　給湯設備に使用される材料に関する次の記述のうち，最も不適当なものはどれか．

（1）　金属材料の曲げ加工を行うと，応力腐食が生じることがある．

（2）　耐熱性硬質ポリ塩化ビニル管の最高使用許容圧力は，使用温度が高くなると低下する．

（3）　樹脂管を温度の高い湯に使用すると，塩素による劣化が生じやすい．

（4）　ステンレス鋼管は，酸化被膜による母材の不動態化によって耐食性が保持される．

（5）　ポリブテン管の線膨張係数は，銅管と比較して小さい．

**解 答**
ポリブデン管は，銅管に比べて<u>線膨張係数が大きい</u>．

正解（5）

**問題121**　循環配管の管長が100 mの給湯設備で給湯循環流量を10L/minとした場合，循環配管からの単位長さ当たりの熱損失の値として，最も近いものは次のうちどれか．

ただし，加熱装置における給湯温度と返湯温度の差を5℃とする．算定式は次式を使う．

$$Q = 0.0143 \times H_L \div \Delta t$$

ここで，$Q$：循環流量〔L/min〕

**解 答**
$Q = 0.0143 \times H_L \div \Delta t$
$H_L = 10 \times 5 \div 0.0143 \fallingdotseq 3\,497$〔W〕

単位長さ当たりの熱損失 $= 3\,497$〔W〕$\div 100$〔m〕
$= 35$〔W/m〕

$H_L$：循環配管からの熱損失［W］

$\Delta t$：加熱装置における給湯温度と返湯温度との差［℃］

(1) 0.5 W/m
(2) 7.0 W/m
(3) 35 W/m
(4) 140 W/m
(5) 3 500 W/m

正解(3)

**問題122** 給湯設備に関する次の記述のうち，最も不適当なものはどれか．
(1) 貫流ボイラは，煙道を備えている．
(2) 貯蔵式湯沸器は，減圧弁を備えている．
(3) 真空式温水発生機は，減圧蒸気室を備えている．
(4) 太陽熱利用温水器には，集熱器と貯湯槽が一体で構成されているものがある．
(5) 潜熱回収型給湯器は，排気ガスの潜熱を回収し，給水の予熱として利用する．

**解 答**
貯蔵式湯沸器には，減圧弁は備えられていない．

正解(2)

**問題123** 給湯設備の保守管理に関する次の記述のうち，最も不適当なものはどれか．
(1) 給湯水にレジオネラ属菌汚染が認められた場合は，高濃度塩素により系統内を消毒する対策がある．
(2) 無圧式温水発生機の定期検査は，労働安全衛生法に規定されている．
(3) 給湯設備は，給水設備に準じた保守管理が必要である．
(4) 給湯水を均等に循環させるため，返湯管に定流量弁を設置する．
(5) ベローズ形伸縮管継手は，ベローズが疲労破壊により漏水することがある．

**解 答**
無圧式温水発生器の定期検査は，労働安全衛生法には規定されていないが，毎日外観検査を行い，1年以内ごとに1回，定期的に検査をする．

正解(2)

**問題124** 雑用水に関する次の記述のうち，最も不適当なものはどれか．
(1) 地区循環方式は，複数の建物間で排水再利用設備を共同利用するものである．
(2) 雑用水の原水は，年間を通じて安定して確保できる排水を優先する．
(3) 雑用水は，洗面器，手洗器等に連結しない．
(4) 雑用水受水槽は，耐食性及び耐久性のある材質のものを用いる．
(5) 原水にし尿を含む雑用水を，散水，水景用に使用する場合は，規定された水質基準に適合する必要がある．

**解 答**
建築物衛生法施行規則では，「し尿を含む水を原水」とする場合は，散水，水景用または清掃用には用いてはならないこととされている．

正解(5)

**問題125** 建築物衛生法に基づく雑用水の水質検査において，7日以内ごとに1回，定期に行う項目に該当しないものは次のうちどれか．
(1) pH
(2) 臭気

**解 答**
建築物衛生法に基づく雑用水の水質検査で，7日以内ごとに1回，定期に行わなければならない項目は，pH，臭気，外観，遊離残留塩素である．濁度の検査は，

（3）　外観
（4）　濁度
（5）　遊離残留塩素

**問題126**　雨水利用設備の単位装置と点検項目の組合せとして，最も不適当なものは次のうちどれか.
（1）　スクリーン————————ばっ気状況
（2）　降雨水集水装置————屋根面の汚れ
（3）　雨水貯留槽————————沈殿物の有無
（4）　ストレーナ————————網の破損状態
（5）　ろ過装置————————ろ層の閉塞状況

**問題127**　排水の水質に関する次の記述のうち，最も不適当なものはどれか.
（1）　pH値は，汚水の処理工程において変化するため，処理の進行状況を推定する際に用いられる.
（2）　(BOD/COD) 比が高い排水は，生物処理法より物理化学処理法が適している.
（3）　窒素化合物は，閉鎖性水域の富栄養化の原因物質の一つである.
（4）　総アルカリ度は，硝化・脱窒反応における指標として用いられる.
（5）　ヘキサン抽出物質は，比較的揮発しにくい油脂類などである.

**問題128**　排水通気配管に関する次の記述のうち，最も不適当なものはどれか.
（1）　通気管の末端を，窓・換気口等の付近に設ける場合は，その上端から600 mm以上立ち上げて大気に開放する.
（2）　特殊継手排水システムは，排水横枝管への接続器具数が比較的少ない集合住宅やホテルの客室系統に多く採用されている.
（3）　間接排水管の管径が30 mmの場合の排水口空間は，最小50 mmである.
（4）　結合通気管は，高層建物のブランチ間隔10以上の排水立て管において，最上階から数えてブランチ間隔10以内ごとに設置する.
（5）　ループ通気管は，最上流の器具排水管が排水横枝管に接続される位置のすぐ下流から立ち上げて，通気立て管に接続する.

**問題129**　排水トラップと阻集器に関する次の記述のうち，最も不適当なものはどれか.
（1）　ドラムトラップは，サイホントラップに分類される.
（2）　トラップの封水強度とは，排水管内に正圧又は負圧が生じたときのトラップの封水保持能力をいう.
（3）　砂阻集器に設ける泥だめの深さは，150 mm以上とする.

---

2か月以内に1回，定期に行う.

正解（4）

**解答**
スクリーンは，落葉，ゴミなど，固形物を除去する.

正解（1）

**解答**
一般に，(BOD/COD) 比が高い排水は生物処理法が採用され，この値が低い場合は物理化学処理法が採用される.

正解（2）

**解答**
間接排水管の管径が30 mmの場合の排水口空間は，最小100 mmである.

正解（3）

**解答**
ドラムトラップは非サイホントラップと呼ばれる. トラップは，サイホントラップと非サイホントラップに大別され，サイホントラップには，Pトラップ，Sトラップ，Uトラップがある.

（4）　開放式のオイル阻集器を屋内に設置する場合は，換気を十分に行う．

（5）　繊維くず阻集器には，金網の目の大きさが13mm程度のバスケットストレーナを設置する．

正解(1)

**問題130**　排水配管に関する次の記述のうち，最も不適当なものはどれか．

（1）　間接排水管の配管長が，1500mmを超える場合は，悪臭防止のために機器・装置に近接してトラップを設ける．

（2）　管径65mmの排水横管の最小勾配は，1/50である．

（3）　雨水排水ますの流出管は，流入管よりも管底を10mm程度下げて設置する．

（4）　排水立て管のオフセット部の上下600mm以内に，排水横枝管を設けてはならない．

（5）　伸頂通気方式の排水横主管の水平曲がりは，排水立て管の底部より3m以内に設けてはならない．

**解答**

雨水排水ますの流出管は，流入管よりも管底を<u>20mm程度</u>下げて設置する．

正解(3)

**問題131**　排水槽と排水ポンプに関する次の記述のうち，最も不適当なものはどれか．

（1）　排水槽の底部の勾配は，吸込みピットに向かって1/15以上1/10以下とする．

（2）　排水槽内は，ブロワによってばっ気すると正圧になるので排気を行う．

（3）　排水槽のマンホールは，排水水中ポンプ又はフート弁の直上に設置する．

（4）　排水ポンプは，排水槽の吸込みピットの壁面から100mm程度離して設置する．

（5）　厨房用の排水槽には，汚物ポンプを用いる．

**解答**

排水ポンプは，空気の巻き込みを防止するために水流の乱れの少ない場所に設置し，周囲の壁などから<u>200mm以上</u>離して設置する．また，排水の流入部から離れた位置に設ける．

正解(4)

**問題132**　排水管に設置する掃除口と排水ますに関する次の記述のうち，最も不適当なものはどれか．

（1）　掃除口の設置間隔は，排水管の管径が75mmの場合には，25m程度とする．

（2）　排水ますは，敷地排水管の直管が長い場合，管内径の120倍を超えない範囲内に設置する．

（3）　掃除口の口径は，排水管の管径が125mmの場合には，100mmとする．

（4）　掃除口は，建物内の排水横主管と敷地排水管との接続箇所の近くに設置する．

（5）　排水ますの大きさは，配管の埋設深度，接続する配管の大きさと本数，及び点検等を考慮して決定する．

**解答**

掃除口の設置間隔は，排水管の管径が100mmを超える場合は30m以内，<u>100mm以下の場合には15m以内</u>とする．

正解(1)

**問題133**　排水槽と排水ポンプの保守管理に関する次の記述のうち，最も不適当なものはどれか．

（1）　排水槽内の悪臭防止対策としては，1〜2時間を超えて排水を貯留しないように，タイマ制御による強制排水を行う．

**解答**

排水ポンプは，<u>1か月に1回</u>，絶縁抵抗の測定を行い，1MΩ以上であることを確認する．

（2） 排水槽の清掃作業は，酸素濃度を確認した後，硫化水素濃度が10 ppm以下であることを測定・確認して行う．

（3） 排水ポンプは，3カ月に1回絶縁抵抗の測定を行い，1 MΩ以上であることを確認する．

（4） 排水槽の清掃は，6カ月以内に1回行うことが建築物環境衛生管理基準で規定されている．

（5） 排水ポンプは，1〜2年に1回程度，メカニカルシールの交換を行う．

正解（3）

**問題134** 排水設備とグリース阻集器の保守管理に関する次の記述のうち，最も不適当なものはどれか．

（1） 通気管は，1年に1回程度，定期的に，系統ごとに異常がないか点検・確認をする．

（2） グリース阻集器のグリースは，7〜10日に1回の間隔で除去する．

（3） ロッド法による排水管の清掃には，最大30 mの長さにつなぎ合わせたロッドが用いられる．

（4） スネークワイヤ法は，排水立て管の清掃に使用する場合では，長さ20 m程度が限界である．

（5） 高圧洗浄による排水管の清掃では，0.5〜3 MPaの圧力の水を噴射させて洗浄する．

**解答**
排水管の高圧洗浄では，5〜30 MPaの圧力の水を噴射させて洗浄する．

正解（5）

**問題135** 大便器に関する次の記述のうち，最も不適当なものはどれか．

（1） 大便器の給水方式には，タンク式，洗浄弁式，専用洗浄弁式がある．

（2） 大便器の洗浄水量は，JIS A 5207において，Ⅰ形は8.5 L以下と区分されている．

（3） 大便器洗浄弁が接続する給水管の管径は13 mmとする．

（4） 大便器の取り付け状態は，6カ月に1回，定期に点検する．

（5） 大便器の節水型洗浄弁は，ハンドルを押し続けても，標準吐出量しか吐水しない機能を有している．

**解答**
大便器洗浄弁に接続する給水管の管径は，25 mmである．

正解（3）

**問題136** 衛生器具等の清掃に関する次の記述のうち，最も不適当なものはどれか．

（1） 陶器製の衛生器具に湯を使用する場合，熱湯を直接注ぐと割れることがある．

（2） プラスチック製の衛生器具は，水やぬるま湯に浸した柔らかい布を絞って拭く．

（3） ステンレス製の衛生器具に付いた脂汚れは，中性洗剤を付けたスポンジなどで洗い，洗剤分を完全に洗い落とす．

（4） ほうろう鉄器製の衛生器具に付いた水あかや鉄錆等の汚れは，金属タワシでこすりとる．

（5） 洗面所の鏡に付いた水分をそのままにしておくと表面に白い汚れが付きやすいので，乾いた布でこまめに拭き取る．

**解答**
ほうろう鉄器製の衛生器具に付いた水あかや鉄錆などの汚れは，クリームクレンザーを付けたスポンジなどでこすり取る．

正解（4）

**問題137** 浄化槽における高度処理で除去対象とする物質とその除去法との組合せとして，最も不適当なものは次のうちどれか．
- （1） 浮遊性の有機物質————急速ろ過法
- （2） リン化合物————活性炭吸着法
- （3） 溶解性の有機物質————接触ばっ気法
- （4） 窒素化合物————生物学的硝化脱窒法
- （5） アンモニア————イオン交換法

**問題138** 浄化槽法に規定する浄化槽管理者に関する次の記述のうち，誤っているものはどれか．
- （1） 最初の保守点検は，浄化槽の使用開始直後に実施する．
- （2） 指定検査機関の行う法定検査を受検する．
- （3） 保守点検及び清掃を実施し，その記録を保存する．
- （4） 保守点検及び清掃は，法令で定められた技術上の基準に従って行う．
- （5） 保守点検は，登録を受けた浄化槽保守点検業者に委託することができる．

**問題139** 浄化槽の単位装置として採用されているばっ気槽の点検項目として，最も不適当なものは次のうちどれか．
- （1） ばっ気槽混合液浮遊物質濃度
- （2） 溶存酸素濃度
- （3） 空気供給量
- （4） 30分間汚泥沈殿率
- （5） 透視度

**問題140** 特殊設備に関する次の記述のうち，最も不適当なものはどれか．
- （1） プールの循環ろ過の取水口には，吸い込み事故を未然に防止するための安全対策を施す．
- （2） 厨房機器の材質は，吸水性がなく，耐水性・耐食性を持つものとする．
- （3） 水景施設への上水系統からの補給水は，必ず吐水口空間を設けて間接的に給水する．
- （4） 水景施設における維持管理としては，貯水部や流水部の底部や側壁に沈殿・付着した汚泥等の除去も必要である．
- （5） オーバフロー方式による浴槽循環ろ過設備の循環水は，浴槽水面より高い位置から浴槽に供給する．

**問題141** 建築物清掃において一般的に行う日常清掃として，最も不適当なものはどれか．
- （1） ドアノブなどの金属類の除じん
- （2） エスカレーターのランディングプレートの除じん
- （3） 駐車場の除じん
- （4） 玄関ホールのフロアマットの除じん
- （5） 事務室窓台の除じん

**問題142** 建築物清掃管理仕様書に関する次の文章の□□□内に入る語句として，最も適当なものはどれか．

建築物清掃管理仕様書は，基本管理方針や作業範囲，作業環境，作業時間帯等を記載した総括的なものと作業内容を詳細に図表などで表した□□□からなる．

（1） 清掃作業基準表
（2） 清掃品質管理表
（3） 清掃作業計画表
（4） 清掃作業予定表
（5） 清掃点検評価表

**解 答**

（1）清掃作業基準表 は，縦軸に質種別，材質別の項目があり，横軸に作業種別（日常清掃・定期清掃）などが記されており，清掃回数や頻度がわかるような内容になっている．

正解（1）

**問題143** 建築物清掃業の登録基準に関する次の文章の□□□内に入る語句として，正しいものはどれか．

作業計画及び作業手順書の内容並びにこれらに基づく清掃作業の実施状況について，□□□以内ごとに1回，定期に点検し，必要に応じ，適切な措置を講ずること．

（1） 3カ月
（2） 4カ月
（3） 6カ月
（4） 1年
（5） 2年

**解 答**

点検は，(1)3か月 以内ごとに1回となる．

正解（1）

**問題144** 建築物清掃の品質評価に関する次の記述のうち，最も不適当なものはどれか．

（1） きれいさの評価は，主として測定機器（光沢度計など）を用いて行う．
（2） 改善内容や具体的な対策を示して，清掃責任者に指示する．
（3） 点検は，インスペクション実施計画に従って実施する．
（4） 同一の仕様であってもできばえに相当の違いが出てくるので，品質評価が重要である．
（5） 評価は，利用者の立場になって行う．

**解 答**

きれいさの評価は官能検査が主で，測定機器による定量法は補助的な使い方となる．

正解（1）

**問題145** ほこりや汚れの除去に関する次の記述のうち，最も適当なものはどれか．

（1） アクリル板のほこりは，載っているだけの状態である．
（2） 湿ったタオルでしみの部分を軽くこすり，タオルに汚れが付着すれば水溶性のしみである．
（3） ほこりは，長期間放置しても除去のしやすさは変わらない．
（4） ダストコントロール法は，水溶性の汚れも除去できる．
（5） ダストクロス法は，油分による床面への弊害が多い．

**解 答**

(1) アクリル板の場合は，静電気による付着なども考えられる．
(3) ほこりや汚れを長時間放置すると，湿気や酸化などで取れにくくなる．
(4) ダストコントロール法は，粘度の低い不乾性油を塗ったモップ糸でリノリウム床などの除塵を行うために開発されたもので，水溶性の汚れには不向きである．
(5) ダストクロス法は，洗剤や油の付いていない不織布を使用しており，主に床の除塵を行うものである．

正解（2）

**問題146** カーペット清掃用機械に関する次の記述のうち，最も不適当なものはどれか．
- （1） ドライフォーム方式の洗浄機は，洗剤液を泡にし，縦回転ブラシで洗浄する．
- （2） カーペットスイーパは，パイル内部のほこりを除去する．
- （3） スチーム洗浄機は，カーペットのしみ取りに使われる．
- （4） 真空掃除機は，電動ファンによって機械内部に空気の低圧域を作り，ほこりを吸引する構造である．
- （5） エクストラクタは，カーペットのシャンプークリーニング後のすすぎ洗いに使用される．

**問題147** 床維持剤に関する次の記述のうち，最も適当なものはどれか．
- （1） 剥離剤は，酸の作用で，樹脂床維持剤の皮膜を溶解する．
- （2） フロアポリッシュは，物理的・化学的方法により，容易に除去できない．
- （3） 剥離剤の使用後は，すすぎ拭きを十分に行ってから，樹脂床維持剤を再塗布する．
- （4） フロアオイルは，主に表面加工された木質系床材の保護のために用いられる．
- （5） 床維持剤には，乳化性フロアポリッシュが多く使われている．

**問題148** 弾性床材の特徴と維持管理に関する次の記述のうち，最も不適当なものはどれか．
- （1） 床維持剤の黒ずみが生じてきたら，床維持剤の剥離作業をし，再塗布する．
- （2） 塩化ビニルシートは，床維持剤の密着性に優れる．
- （3） 日常清掃では，ダストモップを用いて，土砂やほこりを除去する．
- （4） 塩化ビニルタイルは，可塑剤を含む．
- （5） ゴム系床材は，剥離剤によって変色やひび割れ等を生じることがある．

**問題149** 床材の耐性に関する次の記述のうち，最も適当なものはどれか．
- （1） 木質系床材は，耐水性に優れる．
- （2） テラゾは，耐酸性に優れる．
- （3） リノリウムは，耐アルカリ性に優れる．
- （4） セラミックタイルは，耐摩耗性に優れる．
- （5） コンクリートは，耐酸性に優れる．

**問題150** 床維持剤のドライメンテナンス法に関する次の記述のうち，最も適当なものはどれか.
(1) ウェットメンテナンス法に比べて部分補修がしにくい.
(2) ドライバフ法で用いる床磨き機は，回転数が高いとフロアポリッシュの皮膜を傷めるので，低速で使用する.
(3) ドライバフ法は，つや出し作用を持つスプレー液をかけながらパッドで磨き，光沢を回復させる.
(4) スプレークリーニング法は，毎分1 000回転以上の超高速床磨き機を用いる.
(5) ウェットメンテナンス法に比べて作業の安全性が高い.

**[解答]**
(1) ドライメンテナンス法は，ウエットメンテナンス法に比べて部分補修がしやすい技法である.
(2) ドライバフ法で使用する床磨き機器は，高速回転（毎分1 000回転以上）のものが多い.
(3) ドライバフ法では，光沢復元剤などのスプレーはしない.
(4) スプレークリーニング法で使用する床磨き機器は，毎分180～200回転のものが使用され，床維持剤に付着した汚れを除去しながら光沢を復元するものである.

正解(5)

**問題151** 繊維床材の特徴と清掃に関する次の記述のうち，最も不適当なものはどれか.
(1) 事務所建築物の繊維床材のしみの多くは，親水性である.
(2) アクリル素材は，耐久性に優れている.
(3) スポットクリーニングは，汚れがパイルの上部にあるうちに行う.
(4) ナイロン素材は，耐久性に優れている.
(5) しみ取り作業は，日常清掃で行う.

**[解答]**
アクリル素材の強度は2.5～5.0〔g/d〕で，ナイロンに比べて半分程度の強度である.

正解(2)

**問題152** 床以外の清掃作業に関する次の記述のうち，最も不適当なものはどれか.
(1) トイレは，清掃作業により全面的に使用禁止とならないよう，工程を工夫する必要がある.
(2) 湯沸室に使用する資機材は，湯沸室専用として他の場所と区別する配慮が必要である.
(3) 玄関ホールの清掃品質は，視線の方向や高さを変えて確認する.
(4) 階段の壁面は，廊下の壁面と比較して，ほこりの付着度合いが低い.
(5) 玄関ホールは，季節や天候の影響を受けるため，清掃の品質が変動しやすい.

**[解答]**
階段は，空気の流れが廊下などより多いため，壁面にほこりが付着しやすい.

正解(4)

**問題153** 外装のガラスクリーニングに関する次の記述のうち，最も不適当なものはどれか.
(1) 自動窓拭き設備は，洗剤又は水をガラス面に噴射してブラシ洗いし，真空吸引装置で回収する.
(2) ロープ高所作業を行う場合，ライフラインの設置が義務付けられている.
(3) 美観の維持のため，１～２カ月に１回の頻度で洗浄を行うことが望ましい.
(4) スクイジー法は，微細な研磨剤をガラスに塗布しスクイジーでかき取る方法である.
(5) 事前に傷の有無，傷の大きさや数等を調査し，業務発注

**[解答]**
スクイジー法は，タオルやシャンパーに洗剤を含ませてガラスを洗浄した後，ガラス用のスクイジーで汚水を取るもので，通常は中性洗剤を使用し，研磨剤は使用しない.

者に報告する.

正解(4)

**問題154** 建築物の清掃・消毒に関する次の記述のうち,最も不適当なものはどれか.

(1) 感染症発生時の消毒のために,衛生管理の担当者は,消毒剤の種類や使用方法,対象物件等についての理解を深めておく必要がある.

(2) 清掃により,ほこり,汚れ,廃棄物,汚物等を除去することは,消毒の前処理として重要な作業である.

(3) 清掃における衛生管理の基本は,ゾーニング管理である.

(4) 平常時から,作業者に衛生管理訓練を行う.

(5) 逆性石けんは,ノロウイルスに対して消毒効果が高い.

**解答**

逆性石鹸は,第4級アンモニウム塩と呼ばれる陽イオンの界面活性剤のことで,低水準のため,一般細菌には不活性化の効果があるが,ウイルスには不活性化の効果は期待できない.

正解(5)

**問題155** 廃棄物の中間処理施設とその主な効果に関する語句の組合せとして,最も不適当なものは次のうちどれか.

(1) 焼却施設————————減量化

(2) 焼却残渣溶融施設————安定化

(3) ごみ燃料化施設————安定化

(4) 粗大ごみ処理施設————減容化

(5) 高速堆肥化施設————資源化

**解答**

ごみ燃料化施設の主な効果は,ごみの資源化である.ごみを原料として再利用すること(マテリアルリサイクル)で,ごみの焼却に伴う熱エネルギーの利用はサーマルリサイクルという.

正解(3)

**問題156** ごみの処理過程に関する次の記述のうち,最も不適当なものはどれか.

(1) 分別は,発生・排出元で,あらかじめ区分することであり,再生(リサイクル)を進める上で重要となる.

(2) 保管は,次の処理過程に移るまでの間,一時的に保管することであり,衛生害虫の発生防止などに留意する.

(3) 収集・運搬では,飛散防止,悪臭防止等に留意する.

(4) 再生(リサイクル)は,主にごみを再び製品の原料などの有用物として資源化することである.

(5) 最終処分には,焼却を行ってごみを減量化することが含まれる.

**解答**

ごみの最終処分は埋め立てである.

正解(5)

**問題157** 廃棄物の処理及び清掃に関する法律(以下「廃棄物処理法」という.)に関する次の文章の[    ]内に入る語句の組合せとして,最も適当なものはどれか.

1970年に制定された廃棄物処理法では,[ ア ]から規定していた汚物に加えて,新たに不要物の概念を導入して廃棄物を定義し産業廃棄物と一般廃棄物に分類するとともに,[ イ ]が新たに法の目的に追加された.

|  | ア | イ |
|---|---|---|
| (1) | 環境面 | 生活環境の保全 |
| (2) | 衛生面 | 適正処理 |
| (3) | 衛生面 | 排出の抑制 |
| (4) | 衛生面 | 生活環境の保全 |
| (5) | 環境面 | 排出の抑制 |

**解答**

清掃法(昭和29年法律第72号)は,汚物を[ ア 衛生的]に処理し,生活環境を清潔にすることにより,公衆衛生の向上を図ることを目的として制定された.

廃棄物処理法第1条には,「(廃棄物の抑制,処理並びに)生活環境を清潔にすることにより,[ イ 生活環境の保全]及び公衆衛生の向上を図ることを目的とする」とある.

正解(4)

**問題158** 廃棄物処理法に関する次の記述のうち，最も不適当なものはどれか．

(1) 排出事業者が，産業廃棄物の処理を委託する場合，その移動及び処理の状況を自ら把握するため，特別管理産業廃棄物の制度が設けられている．

(2) 都道府県知事は，産業廃棄物処理業の許可申請があった場合，施設及び申請者の能力が基準に適合していることを審査し，許可する．

(3) 市町村は，自ら作成した一般廃棄物処理計画に従ってその処理を行う．

(4) 一般廃棄物の処理業者は，専ら再生利用の目的となる一般廃棄物を扱う者を除き，市町村長の許可を受けなければならない．

(5) 市町村が一般廃棄物の収集，運搬，処分等を業者に委託する場合は，委託基準に従わなければならない．

**解答**

産業廃棄物の移動および処理状況の把握を行うため，マニュフェスト（産業廃棄物管理票）を使うことが法律で定められている．

正解(1)

**問題159** 廃棄物処理法における一般廃棄物の処理に関する次の条文の□□内に入る語句の組合せとして，正しいものはどれか．

□ア□は，その区域内において事業活動に伴い多量の一般廃棄物を生ずる土地又は建物の□イ□に対し，当該一般廃棄物の□ウ□に関する計画の作成，当該一般廃棄物を運搬すべき場所及びその運搬の方法その他必要な事項を指示することができる．

|  | ア | イ | ウ |
|---|---|---|---|
| (1) | 都道府県知事 | 占有者 | 減量 |
| (2) | 都道府県知事 | 所有者 | 適正処理 |
| (3) | 市町村長 | 占有者 | 減量 |
| (4) | 市町村長 | 所有者 | 適正処理 |
| (5) | 市町村長 | 所有者 | 減量 |

**解答**

ア 市町村長 は，その区域内において事業活動に伴い多量の一般廃棄物を生ずる土地または建物の イ 占有者 に対し，当該一般廃棄物の ウ 減量 に関する計画の作成，当該一般廃棄物を運搬すべき場所およびその運搬の方法その他必要な事項を提示することができる．

正解(3)

**問題160** 廃棄物の区分に関する次の記述のうち，最も不適当なものはどれか．

(1) 事業活動に伴って生じた廃棄物のうち，燃え殻，汚泥など20種類が産業廃棄物として定められている．

(2) 木くずのうち，建設業など特定の業種から排出されたものは，産業廃棄物に該当する．

(3) 事業活動に伴い発生する油分で，グリース阻集器で阻集されるものは，産業廃棄物に該当する．

(4) 事業系一般廃棄物とは，事業活動に伴い発生する廃棄物のうち，産業廃棄物に該当しないものである．

(5) 事業活動に伴い発生する廃棄物のうち，ばいじん類は，安定型品目の産業廃棄物に該当する．

**解答**

事業活動に伴い発生するばいじん類は，特定有害産業廃棄物になる．安定型の産業廃棄物には該当しない．

正解(5)

**問題161** 建築物内の廃棄物等に関する次の記述のうち，最も不適当なものはどれか．

(1) し尿を含まないビルピットの汚泥は，産業廃棄物である．

(2) 事業活動に伴って生じたプラスチック類は，産業廃棄物

**解答**

特定建築物の清掃作業に伴う廃液の排出基準は，建築物衛生法だけでなく，主に水質汚濁防止法，下水道法，廃棄物処

である．

（3）　水銀が使用されている蛍光管は，廃棄に関して取扱いが規制されている．

（4）　再利用される古紙は，登録された資源回収業者などによって取り扱われる．

（5）　特定建築物の清掃作業に伴う廃液の排水基準値は，建築物衛生法により定められている．

理法が関係する．このうち基準が設けられているのは，<u>水質汚濁防止法</u>，<u>下水道法</u>である．

正解(5)

**問題162**　建築物内廃棄物の貯留・搬出方式に関する次の記述のうち，最も不適当なものはどれか．

（1）　真空収集方式は，広域大規模開発地域に導入されている．

（2）　容器方式は，コンパクタ・コンテナ方式より作業性に優れている．

（3）　貯留・排出機方式は，廃棄物を圧縮・貯留し，パッカー車に自動的に積み替えて搬出する．

（4）　コンパクタ・コンテナ方式は，圧縮機により圧縮・貯留し，コンテナごとトラックで搬出する．

（5）　容器方式は，他の方式と比較して広い設置スペースが必要になる．

**解答**

　容器方式は，排出時に人力で各容器の移動と中身を空けなければならないという手間がかかる．<u>コンパクタ・コンテナ方式のほうが貯留・排出の面では優れている</u>．

正解(2)

**問題163**　建築物内廃棄物の中間処理に関する次の記述のうち，最も不適当なものはどれか．

（1）　雑誌の処理方法として，切断がある．

（2）　厨芥類の処理方法として，脱水がある．

（3）　生ごみの処理方法として，乾燥がある．

（4）　OA紙の処理方法として，梱包がある．

（5）　缶類の処理方法として，圧縮がある．

**解答**

雑誌の中間処理方法は<u>梱包</u>である．

正解(1)

**問題164**　建築物内の廃棄物保管場所の算定面積として，正しいものは次のうちどれか．

　ただし，作業場の必要面積及び粗大ごみ・再利用物の管理面積は考えないものとする．延べ床面積：10 000 m²，廃棄物発生量：0.04 kg／(m²・日)，保管容器：10 kg／個，保管容器1個は0.25 m²を占め，保管日数は2日とする．なお，保管容器は平積みとする．

（1）　　10 m²

（2）　　20 m²

（3）　　80 m²

（4）　　200 m²

（5）　　500 m²

**解答**

10 000〔m²〕×0.04〔kg／(m²・日)〕×2〔日〕÷10〔kg〕×0.25〔m²〕＝20〔m²〕

正解(2)

**問題165**　リサイクルに関する法律とその対象品目の組合せとして，最も不適当なものは次のうちどれか．

（1）　容器包装に係る分別収集及び再商品化の促進等に関する法律(容器包装リサイクル法)

　　　　　　　　　　　　　　　　　　　ペットボトル

（2）　食品循環資源の再生利用等の促進に関する法律(食品リサイクル法)　　　　　　　食品残渣

**解答**

　特定家庭用機器再商品化法で対象となるものは，冷蔵庫，<u>テレビ</u>，<u>エアコン</u>，洗濯機である．

（3）　建設工事に係る資材の再資源化等に関する法律
　　　　（建設リサイクル法）───────木材
（4）　特定家庭用機器再商品化法（家電リサイクル法）
　　　　────────────食器洗い乾燥機
（5）　使用済小型電子機器等の再資源化の促進に関する
　　　　法律（小型家電リサイクル法）──────携帯電話

正解（4）

**問題166**　蚊の防除に関する次の記述のうち，最も不適当なものはどれか．
（1）　昆虫成長制御剤（IGR）は，幼虫，蛹，成虫の全てのステージにおいて効果が認められる．
（2）　ULV処理は，短期間の効果しか期待できない．
（3）　浄化槽内の防除効果は，柄杓によりすくい取られた幼虫数によって判定する．
（4）　浄化槽内の防除効果は，粘着トラップによる成虫の捕獲数によって判定する．
（5）　樹脂蒸散剤は，密閉性が保たれている浄化槽などで効果を発揮する．

【解答】
　昆虫成長制御剤（IGR）は，卵から成虫に至る，脱皮や羽化を阻害することにより，ホルモンのバランスをくずさせ，その結果として死に至らせるものである．薬剤によっては，成虫の産卵を阻害するものもある．

正解（1）

**問題167**　蚊の主要な発生源や生態に関する次の記述のうち，最も不適当なものはどれか．
（1）　コガタアカイエカは，水田や湿地等の水域に発生する．
（2）　ヒトスジシマカは，小型の人工容器や雨水ますに発生する．
（3）　アカイエカは，地下の浄化槽や湧水槽に発生する．
（4）　チカイエカは，最初の産卵を無吸血で行うことができる．
（5）　アカイエカは，夜間吸血性を示す．

【解答】
　アカイエカは，下水溝や排水桝，家屋の周りにある水たまりなど，開放的な水域から発生する．

正解（3）

**問題168**　ゴキブリの生態に関する次の記述のうち，最も不適当なものはどれか．
（1）　ゴキブリの活動場所における排泄物による汚れのことを，ローチスポットという．
（2）　日本に生息するゴキブリの多くの種類は，屋外で生活している．
（3）　ゴキブリには一定の潜み場所があり，日中はほとんどその場所に潜伏している．
（4）　日本に生息するゴキブリには，卵から成虫までに1年以上を要する種がいる．
（5）　ゴキブリの食性は，発育段階によって変化する．

【解答】
　ゴキブリは，生まれつき雑食性で，卵から幼虫→成虫と成長する間，何でも食べる．

正解（5）

**問題169**　ゴキブリの防除に関する次の記述のうち，最も不適当なものはどれか．
（1）　薬剤は，生息場所を中心に，ある程度広範囲に処理することが望ましい．
（2）　防除作業後には，効果判定調査を行うことが重要である．
（3）　毒餌処理に用いられる薬剤には，ディートやイカリジンを有効成分とした製剤がある．

【解答】
　ディートやイカリジンは忌避剤で，吸血害虫の感知能力を撹乱し，吸血行動を阻止するものである．

（4）　よく徘徊する通路などに，残効性の高い有機リン剤やピレスロイド剤を処理する．

（5）　ペルメトリンを有効成分とする水性乳剤をULV機で散布すると，追い出し効果が期待できる．

**正解(3)**

**問題170**　ダニに関する次の記述のうち，最も不適当なものはどれか．

（1）　ツメダニの被害対策には，ヒョウヒダニ類やチャタテムシ類の防除が重要である．

（2）　家屋周辺のマダニ類対策では，ペットの衛生管理が重要である．

（3）　ヒゼンダニは皮膚内に侵入し，吸血する．

（4）　コナダニ類の対策では，畳表面の掃除機による吸引及び通風乾燥が基本となる．

（5）　スズメサシダニが発見された場合には，野鳥の巣が家屋の天井や壁に存在する可能性が高い．

**解答**
ヒゼンダニは皮膚内に穿孔するが，吸血はしない．被害は，ヒゼンダニの糞などによるアレルギー反応である．

**正解(3)**

**問題171**　殺虫剤に関する次の記述のうち，最も適当なものはどれか．

（1）　有機リン剤を液化炭酸ガスに溶解し，ボンベに封入した製剤がある．

（2）　ピレスロイド剤によりノックダウンした昆虫は，蘇生せずに死亡することが多い．

（3）　油剤は，有効成分をケロシンに溶かし，乳化剤を加えた製剤である．

（4）　プロペタンホスは，カーバメート系殺虫剤である．

（5）　トランスフルトリンは，常温揮散性を示す薬剤である．

**解答**
(1) フェノトリンなどピレスロイド剤を液化炭酸ガスに溶解し，ボンベに封入した「炭酸ガス製剤」がある．
(2) ピレスロイド剤では，蘇生するものも少なからずある．
(3) 油剤は，有効成分をケロシンに溶かしたものである．乳化剤は加えない．
(4) プロペタンホスは，非対称型の有機リン剤である．

**正解(5)**

**問題172**　殺虫剤の有効成分やその効力に関する次の記述のうち，最も不適当なものはどれか．

（1）　ピレスロイド剤は，蚊などに対する忌避効果がある．

（2）　殺虫剤に対する抵抗性は，どのような有効成分であっても獲得されてしまう可能性がある．

（3）　除虫菊に含まれる殺虫成分や，合成された類似物質を総称して，ピレスロイドと呼ぶ．

（4）　幼若ホルモン様化合物は，昆虫の幼虫脱皮時にその表皮形成を阻害する作用を示す．

（5）　$LD_{50}$値が小さいほど，殺虫力が強い薬剤であるといえる．

**解答**
幼若ホルモン化合物は，昆虫の成長過程において脱皮や変体に異常を起こさせて死に至らせる．

**正解(4)**

**問題173**　クマネズミに関する次の記述のうち，最も不適当なものはどれか．

（1）　警戒心が強く，粘着トラップによる防除が難しい．

（2）　都心のビル内では，優占種となっている．

（3）　運動能力に優れており，電線やロープを渡ることができる．

（4）　ドブネズミと比べて雑食の傾向が強い．

（5）　尾は体長より長く，耳は大きくて折り返すと目をおおう．

**解答**
クマネズミは植物質を好み，ドブネズミほど雑食性ではない．

**正解(4)**

**問題174** 建築物内のネズミの防除に関する次の記述のうち，最も不適当なものはどれか.

(1) ジフェチアロール以外の抗凝血性殺鼠剤は，連続して喫食させることが必要である.

(2) 外部からの侵入を防ぐために，通風口や換気口の金属格子の目の幅は1 cm以下にする.

(3) カプサイシンのスプレーやパテは，ケーブルなどのかじり防止やネズミによってかじられた穴の修理に使用される.

(4) 防除は，餌を断つこと，巣を作らせないこと及び通路を遮断することが基本である.

(5) 殺鼠剤には，経口的な取り込み以外に，経皮的な取り込みによって効果を示す薬剤がある.

**解 答**
経皮的な取り込みによって効果を示す薬剤は，現在，殺鼠剤として使われていない.

正解(5)

**問題175** 衛生害虫と健康被害に関する次の記述のうち，最も不適当なものはどれか.

(1) イエバエが，消化器感染症の病原体を運ぶことが知られている.

(2) 微小なダニや昆虫類の死骸の破片は，喘息の原因の一つである.

(3) ハチ毒中には，アミン類以外に，アレルギー反応を起こす酵素類が含まれている.

(4) ヒアリが各地の港湾地区で発見されており，皮膚炎の被害が懸念されている.

(5) トコジラミは，高齢者の入院患者が多い病院での吸血被害が問題となっている.

**解 答**
トコジラミは，都市のホテルやアパートなどでの被害の報告がある. 病院での発症は知られていない.

正解(5)

**問題176** 衛生害虫等が媒介する感染症とその媒介者の組合せとして，最も不適当なものは次のうちどれか.

(1) チクングニア熱―――――ヒトスジシマカ

(2) 日本紅斑熱―――――コロモジラミ

(3) ウエストナイル熱―――――アカイエカ

(4) レプトスピラ症―――――ネズミ

(5) マラリア―――――ハマダラカ

**解 答**
日本紅斑熱はマダニによる感染症であり，虫咬症(刺され，吸血)で感染する. コロモジラミが媒介するのは発疹チフスである.

正解(2)

**問題177** 防除に用いる機器類と薬剤に関する次のうち，最も不適当なものはどれか.

(1) 隙間や割れ目等の細かな部分に粉剤を処理する場合には，電動散粉機を使用する.

(2) 噴霧器のノズルから噴射される薬液の噴射パターンの一つとして，扇型がある.

(3) ミスト機は，汚水槽の蚊やチョウバエの防除に使用される.

(4) 液化炭酸ガス製剤には，有機溶媒や水は使用されていない.

(5) 粘着式殺虫機は，昆虫の死骸が周囲に落ちることが少ない.

**解 答**
隙間や割れ目などの狭い所へ散布する場合は，手動式でていねいに散布するのが望ましい.

正解(1)

令和3年

**問題178** 建築物衛生法に基づくねずみ・昆虫等の防除に関する次の文章の　　内に入る語句の組合せとして，最も適当なものはどれか．

ねずみ等の防除においては，IPM（総合的有害生物管理）の理念に基づく防除を実施しなければならない．この防除においては，　ア　や　イ　，防除法の選定，　ウ　等が重要視され，防除法の選定においては，　エ　や侵入防止対策を優先的に検討する必要がある．

|  | ア | イ | ウ | エ |
|---|---|---|---|---|
| （1） | 使用薬剤の選定 | 防除目標の設定 | 利用者の感覚的評価 | 発生時対策 |
| （2） | 生息密度調査 | 防除目標の設定 | 生息指数による評価 | 発生時対策 |
| （3） | 使用薬剤の選定 | 化学的対策 | 使用薬剤の種類 | 発生時対策 |
| （4） | 生息密度調査 | 防除目標の設定 | 生息指数による評価 | 発生予防対策 |
| （5） | 発生時対策 | 化学的対策 | 利用者の感覚的評価 | 発生予防対策 |

**問題179** ねずみ・昆虫等の防除に関する次の記述のうち，最も適当なものはどれか．

（1）　ネズミや害虫に対しては，薬剤処理とトラップによる対策を優先的に実施する．

（2）　IPMにおける警戒水準とは，すぐに防除作業が必要な状況をいう．

（3）　生息密度調査の結果が許容水準に該当した場合，原則として6カ月以内に一度，又は発生の多い場所では，2カ月以内に一度の定期的な調査を継続する．

（4）　チャバネゴキブリが発生している厨房内の5箇所に3日間配置した粘着トラップでの捕獲数が，成虫30匹と幼虫120匹であった場合のゴキブリ指数は30である．

（5）　ゴキブリ防除用として，医薬品や医薬部外品として承認された殺虫剤の代わりに使用できる農薬がある．

**問題180** 衛生害虫の防除等に関する次の記述のうち，最も不適当なものはどれか．

（1）　作用機構の異なる殺虫剤のローテーション処理を行うことによって，殺虫剤抵抗性の発達を抑えることができる．

（2）　ニューサンスコントロールとは，感染症を媒介する衛生動物の防除を指す．

（3）　吸血昆虫の中には，幼虫，成虫，雌，雄ともに吸血する種類がある．

（4）　昆虫等に対する不快感は，主観的なものである．

（5）　昆虫成長制御剤（IGR）で処理しても，成虫密度が速やかに低下することはない．

**解答**

ねずみ等の防除においては，IPM（総合的有害生物管理）の理念に基づく防除を実施しなければならない．この防除においては，ア　生息密度調査 や イ　防除目標の設定，防除法の選定，ウ　生息指数による評価 などが重要視され，防除法の選定においては，エ　発生予防対策 や侵入防止対策を優先的に検討する必要がある．

正解（4）

**解答**

（1）　薬剤処理は，環境整備（侵入防止，餌になるものの除去）後に行う．

（2）　警戒水準とは，放置すると今後問題になる可能性がある状況であり，整理，整頓，清掃など環境整備の状況を見直すことが必要となる．

（4）　ゴキブリ指数＝総捕獲数÷設置トラップ数÷捕獲日数であるから，設問の場合，
（30＋120）÷5÷3＝10

（5）　建築物でゴキブリ防除用として使用できる農薬はない．

正解（3）

**解答**

ニューサンスコントロール（不快害虫防除）とは，一般的な刺咬や不快害虫対策として行う生活害虫などの防除である．

感染症を媒介する衛生動物の防除は，ベクターコントロール（媒介動物防除）と呼ばれる．

正解（2）

## 午前の部　建築物衛生行政概論・建築物の環境衛生・空気環境の調整

**問題1**　日本国憲法第25条に規定されている次の条文の　　　内に入る語句の組合せとして，正しいものはどれか.

第25条　すべて国民は，　ア　で文化的な最低限度の生活を営む権利を有する.

2　国は，すべての　イ　について，社会福祉，　ウ　及び　エ　の向上及び増進に努めなければならない.

|   | ア | イ | ウ | エ |
|---|---|---|---|---|
| （1） | 健康 | 国民 | 生活環境 | 環境衛生 |
| （2） | 健康 | 生活部面 | 社会保障 | 公衆衛生 |
| （3） | 健全 | 国民 | 生活環境 | 公衆衛生 |
| （4） | 健全 | 国民 | 社会保障 | 公衆衛生 |
| （5） | 健全 | 生活部面 | 社会保障 | 環境衛生 |

**解答**

すべての国民は，　ア　健康　で文化的な最低限度の生活を営む権利を有する.

2　国は，すべての　イ　生活部面　について，社会福祉，　ウ　社会保障　及び　エ　公衆衛生　の向上及び増進に努めなければならない.

正解（2）

**問題2**　現在の衛生行政組織に関する次の記述のうち，最も適当なものはどれか.

（1）　地方において建築基準法を執行する行政機関である特定行政庁は，都道府県と建築主事を置く市町村及び特別区である.

（2）　学校保健行政の地方行政事務は，私立の学校を含め都道府県及び市町村の教育委員会が責任を負っている.

（3）　労働衛生行政は，中央は厚生労働省，地方は都道府県が分担して行っている.

（4）　下水道行政は国土交通省の所管であるが，終末処理場の維持管理は厚生労働省が所管している.

（5）　保健所の数を設置自治体別にみると，地域保健法施行令により保健所を設置する，いわゆる政令市の設置する保健所が最も多い.

**解答**

特定行政庁とは，建築基準法第2条第35号に規定されているように，建築行政全般を司る行政機関である. 建築主事を置く市町村長および特別区にあっては，それぞれの長，建築主事を置かない市町村および特別区にあっては都道府県知事をいう. 特定行政庁は官公庁名ではなく，「職名」であることに注意.

正解（1）

**問題3**　次の建築物のうち，建築物における衛生的環境の確保に関する法律（以下「建築物衛生法」という.）に基づく特定建築物に該当しないものはどれか.

（1）　延べ面積が7 000 m$^2$の幼稚園

（2）　延べ面積が5 000 m$^2$の自動車学校

（3）　延べ面積が10 000 m$^2$の特別支援学校

（4）　延べ面積が6 000 m$^2$の予備校

（5）　延べ面積が9 000 m$^2$の幼保連携型認定こども園

**解答**

学校教育法第1条に規定する学校と該当しない学校に関する設問である.

（1）幼稚園は学校である. 延べ面積が8 000 m$^2$に満たないので特定建築物に該当しない.

（2）自動車学校は学校ではなく施行令第1条第3号の「第1条学校以外の学校」に分類される. 延べ面積が3 000 m$^2$以上であるので特定建築物に該当する.

（3）特別支援学校は学校である. 延べ面積が8 000 m$^2$以上であるので特定建築物に該当する.

（4）予備校は学校ではなく施行令第1条第3号の「第1条学校以外の学校」に分類される．延べ面積が3 000 m²以上であるので特定建築物に該当する．

（5）幼保連携型認定こども園は学校である．延べ面積が8 000 m²以上であるので特定建築物に該当する．

正解（1）

---

**問題4** 次に掲げる複合用途の建築物に関する記述として，正しいものはどれか．

ただし，A社，B社，C社，D社に相互の関連はない．

A社の学習塾900 m²，B社の銀行1 500 m²，A社とB社の共用地下駐車場500 m²，B社の倉庫100 m²，C社のトランクルーム（貸倉庫）300 m²，D社の保育施設700 m²である建築物

（1）特定用途に供される部分の延べ面積は4 000 m²で，特定建築物に該当する．

（2）特定用途に供される部分の延べ面積は3 300 m²で，特定建築物に該当する．

（3）特定用途に供される部分の延べ面積は3 000 m²で，特定建築物に該当する．

（4）特定用途に供される部分の延べ面積は2 900 m²で，特定建築物に該当しない．

（5）特定用途に供される部分の延べ面積は2 400 m²で，特定建築物に該当しない．

**解答**

A社の学習塾とB社の銀行は事務所に該当するので特定用途である．また，A社とB社の共用地下駐車場とB社の倉庫は，それぞれの付属物に該当するので特定用途に加算される．よって，

特定用途の合計面積
＝900＋1 500＋500＋100
＝3 000〔m²〕

となり，特定建築物に該当する．

なお，C社のトランクルームは，特定用途の主体が当建築物内に存在しないので，特定用途には含まれない．D社の保育施設は，社会福祉施設に分類されるので特定用途ではない．

正解（3）

---

**問題5** 建築物衛生法に基づく特定建築物の届出の際に記載が必要な事項として，建築物衛生法施行規則において規定されていない項目は次のうちどれか．

（1）特定建築物所有者等の氏名及び住所

（2）特定建築物維持管理権原者の氏名及び住所

（3）特定用途に供される部分の延べ面積

（4）建築物環境衛生管理技術者の氏名及び住所

（5）特定建築物の竣工年月日

**解答**

特定建築物の届出の際の記載事項に関して，「特定建築物の施工年月日」は同法施行規則第1条には規定されていない．

正解（5）

---

**問題6** 建築物衛生法に基づき備えておかなければならない帳簿書類とその保存期間との組合せとして，最も適当なものは次のうちどれか．

（1）維持管理に関する年間管理計画書————1年間

（2）空気環境測定結果————————————2年間

（3）ねずみ等の防除に関する記録————————3年間

（4）臨時に行われた水質検査結果————————5年間

（5）空調ダクトの系統を明らかにした図面——5年間

**解答**

同法施行規則第20条に規定されている帳簿書類の保存期間のうち，建築物の平面図，断面図，維持管理に関する設備の配置・系統を明らかにした図面は永久保存である．したがって，（5）は誤り．

図面以外の維持管理に関する帳簿，記録，測定結果，検査結果などの保存期間は5年である．したがって，（1）（2）（3）は誤り．

正解（4）

**問題7** 建築物衛生法に基づく空気環境の測定方法に関する次の記述のうち，最も不適当なものはどれか．

(1) 二酸化炭素の含有率の測定に，検知管方式による二酸化炭素測定器を使用した．

(2) 温度の測定に，0.5度目盛の温度計を使用した．

(3) 気流の測定に，0.2メートル毎秒以上の気流を測定することのできる風速計を使用した．

(4) 相対湿度の測定に，0.5度目盛の乾湿球湿度計を使用した．

(5) 浮遊粉じんの量の測定に，経済産業大臣の登録を受けた者により較正された機器を使用した．

**解 答**

浮遊粉じんの測定は，同法施行規則第3条3により，厚生労働大臣の登録を受けた者により較正された機器を使用しなければならない．設問の「経済産業大臣」は誤り．

正解(5)

**問題8** 建築物衛生法に基づく特定建築物における給排水設備の維持管理に関する次の記述のうち，最も不適当なものはどれか．

(1) 水景に使用している雑用水について，残留塩素濃度，濁度，臭気，外観は毎日，pH値，大腸菌については1カ月に1回検査を実施している．

(2) 建築物衛生法施行規則第4条に規定する16項目の飲料水の水質検査を6カ月ごとに実施している．

(3) 飲料水の残留塩素の測定を給水栓末端で毎日実施している．

(4) 貯水槽・貯湯槽の清掃を1年に1回定期に実施している．

(5) 排水槽の清掃を4カ月ごとに実施している．

**解 答**

水景に使用する雑用水の水質検査期間は，同法施行規則第4条2により以下のとおりとなっている．したがって(1)は不適当である．

・7日ごと：pH，臭気，外観，残留塩素濃度
・2か月ごと：大腸菌群，濁度

正解(1)

**問題9** 建築物環境衛生管理技術者免状に関する次の記述のうち，誤っているものはどれか．

(1) 厚生労働大臣は，免状の交付を受けている者が建築物衛生法に違反したときは，その免状の返納を命ずることができる．

(2) 免状の交付を受けている者は，免状を破り，よごし，又は失ったときは，厚生労働大臣に免状の再交付を申請することができる．

(3) 免状の交付を受けている者が死亡した場合は，戸籍法に規定する届出義務者は，1年以内に，厚生労働大臣に免状を返還する．

(4) 厚生労働大臣は，免状の返納を命じられ，その日から起算して1年を経過しない者には，免状の交付を行わないことができる．

(5) 免状の交付を受けている者は，本籍地を変更した場合は，厚生労働大臣に免状の書換え交付を申請することができる．

**解 答**

免状の交付を受けている者が死亡した場合，戸籍法の規定による届出義務者は1カ月以内に厚生労働大臣へ免状返還の義務がある．設問の「1年以内」は誤り．

正解(3)

**問題10** 建築物衛生法に基づく建築物清掃業の登録に必要な人的要件となる従事者の研修に関する次の記述のうち，最も不適当なものはどれか．

(1) アルバイトも研修の受講が必要である．

**解 答**

従事者全員の研修を一度に実施することが困難な場合は，分割して実施することができる．

（2）　従事者全員が，原則として1年に1回以上研修を受講する体制が必要である．

（3）　カリキュラムの参考例が，厚生労働省の通知で示されている．

（4）　研修の実施主体について定められている．

（5）　従事者全員の研修は一度に実施しなければならない．

**問題11**　建築物衛生法に基づく国又は地方公共団体の公用又は公共の用に供する特定建築物に関する次の事項のうち，誤っているものはどれか．

（1）　都道府県知事等による資料の提出要求

（2）　特定建築物の届出

（3）　都道府県知事等による改善命令

（4）　建築物環境衛生管理基準の遵守

（5）　建築物環境衛生管理技術者の選任

**解答**

都道府県知事は，必要と認めるときには特定建築物に対して立入検査を行い，改善命令を発令することができる．ただし，同法13条により，公共の用に供する特定建築物に対しては，改善命令ではなく改善勧告となる．

正解（3）

**問題12**　感染症の予防及び感染症の患者に対する医療に関する法律（以下「感染症法」という．）に基づく感染症で，医師が診断後，都道府県知事に直ちに届け出なければならない感染症として，誤っているものは次のうちどれか．

（1）　ラッサ熱

（2）　百日咳

（3）　コレラ

（4）　急性灰白髄炎

（5）　デング熱

**解答**

感染症と診断された場合，直ちに届出が必要な感染症は，1類，2類，3類，4類，5類（麻しん，風しんのみ）である（麻しん，風しん以外の5類は，7日以内に届出が必要）．

設問の（1）ラッサ熱は1類，（2）百日咳は5類，（3）コレラは3類，（4）急性灰白髄炎は2類，（5）デング熱は4類である．したがって，（2）百日咳は，直ちに届出を必要とする感染症ではない．

正解（2）

**問題13**　地域保健法に基づく保健所の事業として，最も適当なものは次のうちどれか．

（1）　社会福祉に関する思想の普及及び向上に関する事項

（2）　精神保健に関する事項

（3）　介護認定に関する事項

（4）　水道，下水道，廃棄物の処理，清掃その他の環境の保全に関する事項

（5）　児童虐待の防止に関する事項

**解答**

地域保健法第6条に関する設問である．

（1）不適当．社会福祉ではなく，地域保健に関する思想の普及が正しい．

（3）不適当．第6条には介護認定に関する事項は規定されていない．

（4）不適当．第6条には水道，下水道，廃棄物の処理，清掃等環境の保全に関する事項は規定されていない．

（5）不適当．第6条には児童虐待防止に関する事項は規定されていない．

正解（2）

**問題14**　学校保健安全法における教室等の環境に係る学校環境衛生基準の検査項目に含まれないものは，次のうちどれか．

（1）　照度

（2）　換気

（3）　騒音レベル

（4）　振動レベル

（5）　温度

**解答**

振動レベルは，学校環境衛生基準の検査項目には含まれていない．

正解（4）

**問題15**　旅館業法施行令に定める旅館・ホテル営業の施設の基準について，誤っているものは次のうちどれか．

（1）　宿泊しようとする者との面接に適する玄関帳場等を有すること．

（2）　適当な換気，採光，照明，防湿及び排水の設備を有すること．

（3）　客室の数は5室以上であること．

（4）　客室の床面積は，寝台を置く客室においては9平方メートル以上であること．

（5）　善良の風俗が害されるような文書，図面その他の物件を旅館業の施設に掲示し，又は備え付けないこと．

**問題16**　水質汚濁防止法に関する次の記述のうち，誤っているものはどれか．

（1）　特定施設を有する事業場（特定事業場）から排出される水について，排水基準以下の濃度で排水することを義務付けている．

（2）　公共用水域への排出とは河川，湖，海等への排出であって，下水道に排出する場合を含まない．

（3）　都道府県は，条例により国が定めた排水基準よりも厳しい基準を定めることができる．

（4）　工場や事業場から公共用水城に排出される排水が規制対象であり，地下への水の浸透を含まない．

（5）　日平均排水量が50m³以上であるホテルは，水質汚濁防止法に基づく特定事業場である．

**問題17**　悪臭防止法に規定する特定悪臭物質に該当しないものは，次のうちどれか．

（1）　アンモニア

（2）　ホルムアルデヒド

（3）　硫化水素

（4）　トルエン

（5）　メチルメルカプタン

**問題18**　労働安全衛生法に規定されている労働災害防止に関する次の記述のうち，誤っているものはどれか．

（1）　厚生労働大臣は，労働災害防止計画を策定しなければならない．

（2）　事業者は，規模に応じて総括安全衛生管理者を選任しなければならない．

（3）　事業者は，業種と規模に応じて安全委員会を設けなければならない．

（4）　都道府県知事は，重大な労働災害が発生した場合，事業者に対し特別安全衛生改善計画を作成することを指示することができる．

（5）　安全委員会の構成委員には，当該事業場の労働者で，事業者が指名した者が含まれなければならない．

**問題19** 平成30年の健康増進法の改正に関する次の文章の◻︎内に入る語句の組合せとして，正しいものはどれか．

平成30年の健康増進法の改正では ア の イ の強化が行われ，原則として，学校・病院・児童福祉施設での ウ の禁煙の徹底が図られている．

|  | ア | イ | ウ |
|---|---|---|---|
| （1） | 能動喫煙 | 削減 | 敷地内 |
| （2） | 能動喫煙 | 防止 | 屋内 |
| （3） | 受動喫煙 | 防止 | 屋内 |
| （4） | 受動喫煙 | 防止 | 敷地内 |
| （5） | 受動喫煙 | 削減 | 屋内 |

**解答**

受動喫煙対策に関する設問である．同法の改正は，望まない受動喫煙防止として，「マナーからルール」へのスローガンのもと，2020（令和2）年4月1日から施行されている．その骨子は，敷地内は全面禁煙，屋内は喫煙室のみ喫煙可とするものである．したがって，設問の空白部分は，以下のようになる．

平成30年の健康増進法の改正では， ア 受動喫煙 の イ 防止 の強化が行われ，原則として，学校，病院，児童福祉施設での ウ 敷地内 の禁煙の徹底が図られている．

正解（4）

**問題20** 次の国際的合意のうち，主として廃棄物対策に関するものはどれか．
- （1） モントリオール議定書
- （2） ラムサール条約
- （3） ワシントン条約
- （4） パリ協定
- （5） バーゼル条約

**解答**

廃棄物対策の国際的合意として，バーゼル条約がある．この条約は，「有害廃棄物の国境を越える移動及びその処分の規則に関する条約」であり，その条約を受けて，国内法である「特定有害物質の輸出入の規制等に関する法律」が制定されている．

正解（5）

**問題21** 人体の臓器系とその臓器・組織との組合せとして，最も不適当なものは次のうちどれか．
- （1） 造血器系―――――脾臓（ひ）
- （2） 内分泌系―――――下垂体
- （3） 呼吸器系―――――肺
- （4） 神経系―――――甲状腺
- （5） 循環器系―――――毛細血管

**解答**

甲状腺は内分泌系の臓器である．

正解（4）

**問題22** 体温調節機能に関する次の文章の◻︎内に入る語句の組合せとして，最も適当なものはどれか．

生体は，体内における産熱と放熱が平衡を保ち，一定の体温を維持している．産熱機能は， ア の増進などによって制御されている．放熱機能は， イ ， ウ ，皮下組織の熱遮断等によって調節されている．

|  | ア | イ | ウ |
|---|---|---|---|
| （1） | 消化 | 呼吸 | 神経興奮 |
| （2） | 発汗 | 筋収縮 | 神経興奮 |
| （3） | 発汗 | 呼吸 | 内分泌 |
| （4） | 基礎代謝 | 尿産生 | 血液循環 |
| （5） | 基礎代謝 | 呼吸 | 血液循環 |

**解答**

産熱機能は ア 基礎代謝 の増進などによって制御されている．放熱機能は， イ 呼吸 ， ウ 血液循環 ，皮下組織の熱遮断等によって調節されている．

正解（5）

**問題23** 通常の室内における，人体各部位の温度が低い順番に並んでいるものとして，最も適当なものは次のうちどれか.

(1) 顔　　＜直腸＜足
(2) 顔　　＜足　　＜直腸
(3) 直腸＜顔　　＜足
(4) 足　　＜直腸＜顔
(5) 足　　＜顔　　＜直腸

**解 答**

温度が低い順に，足＜顔＜直腸である.

正解(5)

**問題24** 熱中症予防の指標となる暑さ指数（WBGT）に関する次の文章の◻︎◻︎◻︎内に入る語句の組合せとして，正しいものはどれか.

暑さ指数（WBGT）は，屋内や屋外で太陽照射のない場合，$0.7T_A + 0.3T_B$ で求められる.

ただし，$T_A$ は ア，$T_B$ は イ である.

|  | ア | イ |
|---|---|---|
| (1) | 黒球温度 | 湿球温度 |
| (2) | 湿球温度 | 乾球温度 |
| (3) | 湿球温度 | 黒球温度 |
| (4) | 乾球温度 | 黒球温度 |
| (5) | 乾球温度 | 湿球温度 |

**解 答**

$T_A$ は ア 湿球温度，$T_B$ は イ 黒球温度である.

正解(3)

**問題25** 温熱条件の快適性に関する次の記述のうち，最も不適当なものはどれか.

(1) 温冷感とは心理反応であり，人間の主観的評価による指標である.
(2) 快適感は，核心温の状態に関わらず一定である.
(3) 一般に，平均皮膚温が33〜34℃の時に温熱的中性申告が得られる.
(4) 温熱的快適感とは，熱環境に対して満足感を表現できる心の状態をいう.
(5) 快適感尺度は，諸外国で開発されたものを日本語に翻訳して用いられているものが多く，言語による違いが生じる.

**解 答**

快適感は核心温の影響を受け，核心温が高いときには冷たい刺激を快適に感じる.

正解(2)

**問題26** 熱中症に関する次の文章の◻︎◻︎◻︎内の語句のうち，最も不適当なものはどれか.

熱失神は皮膚血管の拡張により血圧が低下し(1) 脳血流が減少 して起こる. 熱けいれんは発汗により(2) 塩分 が失われ，その後大量に(3) 水分 を摂取することで起こる. 熱疲労は細胞外液の浸透圧の増加により，細胞内の(4) 水分増加 が生じることで起こる. 熱射病は(5) 体温調節中枢の障害 が生じることで起こる.

**解 答**

熱疲労は細胞外液の浸透圧の増加により，細胞内の(4) 水分減少 が生じることで起こる.

正解(4)

**問題27** 湿度・加湿に関する次の記述のうち，最も不適当なものはどれか.

(1) 高湿度では，風邪などの呼吸器疾患に罹患しやすくなる.
(2) 高湿度では，結露しカビやダニが発生する.
(3) 低湿度では，静電気が発生しやすくなる.

**解 答**

低湿度では，風邪などの呼吸器疾患に罹患しやすくなる.

（4）　低湿度では，ほこりが飛散しやすくなる．

（5）　水に混入した真菌が，加湿の過程でエアロゾルとして放出されることがある．

**問題28**　酸素欠乏に関する次の文章の◻内に入る数値の組合せとして，正しいものはどれか．

　労働安全衛生法に基づく酸素欠乏症等防止規則では，空気中の酸素濃度が◻ア◻％未満である状態を酸素欠乏と定義している．

　また，酸素濃度と人体影響の関係では，空気中の酸素濃度が◻イ◻％以下になると意識障害やけいれんが生じる．

```
        ア         イ
（1）   20 ───────18
（2）   20 ───────16
（3）   18 ───────16
（4）   18 ───────10
（5）   16 ───────10
```

**解答**

　空気中の酸素濃度が◻ア　18◻％未満である状態を酸素欠乏と定義している．空気中の酸素濃度が◻イ　10◻％以下になると意識障害やけいれんが生じる．

正解(4)

**問題29**　ヒトが不快感を覚えるとされている室内の二酸化炭素濃度として，最も適当なものは次のうちどれか．

（1）　0.5％

（2）　1〜2％

（3）　3〜4％

（4）　6％

（5）　7〜10％

**解答**

　人が不快感を覚える室内の二酸化炭素濃度は，1〜2％程度である．

正解(2)

**問題30**　アスベストに関する次の記述のうち，最も不適当なものはどれか．

（1）　自然界に存在する繊維状の水和化したケイ酸塩鉱物の総称である．

（2）　過去には断熱材として使用された．

（3）　吸引すると肺の線維化を生じさせる．

（4）　健康障害は，アスベスト製品製造工場の従業員に限られる．

（5）　悪性中皮腫の原因となる．

**解答**

　アスベストによる健康被害は，アスベスト製品製造工場の従業員に限られない．

正解(4)

**問題31**　ホルムアルデヒドに関する次の記述のうち，最も不適当なものはどれか．

（1）　常温では気体として存在する．

（2）　酸化力が強い．

（3）　水やアルコールに溶けやすい．

（4）　たばこ煙中に存在する．

（5）　粘膜に対する刺激が強い．

**解答**

ホルムアルデヒドは還元性が強い．

正解(2)

**問題32**　室内空気汚染とその健康障害との組合せとして，最も不適当なものは次のうちどれか．

（1）　レジオネラ属菌──────────肺がん

（2）　二酸化窒素──────────慢性気管支炎

**解答**

　レジオネラ属菌による健康障害は，肺炎である．

令和2年

（3）　オゾン―――――――――――肺気腫
（4）　ホルムアルデヒド―――――――喘息様気管支炎
（5）　ハウスダスト―――――――――アレルギー性疾患

正解（1）

**問題33**　聴覚に関する次の記述のうち，最も不適当なものはどれか．
（1）　加齢に伴い，低い周波数から聴力低下が起きる．
（2）　超低周波空気振動は，低い周波数でヒトが聴き取ることができないものをいう．
（3）　音の感覚の3要素は，音の大きさ，高さ，音色である．
（4）　中耳は，鼓膜，耳小骨，鼓室，耳管等で構成されている．
（5）　最も鋭敏な周波数は，4 000 Hz付近である．

**解 答**
加齢に伴い，<u>高い周波数から聴力低下</u>が起きる．

正解（1）

**問題34**　振動に関する次の記述のうち，最も不適当なものはどれか．
（1）　全身振動の知覚は，内耳の前庭器官と三半規管が関係している．
（2）　振動の知覚は，皮膚，内臓，関節等，全身に分布する運動神経末端受容器によりなされる．
（3）　全身振動の大きさの感覚は，振動継続時間によって異なる．
（4）　振動レベルの単位は，dB（デシベル）である．
（5）　白ろう病は，手持ち振動工具による指の血行障害である．

**解 答**
振動の知覚は，全身に分布する<u>知覚神経末端受容器</u>によってなされる．

正解（2）

**問題35**　発光ダイオード（LED）の性質に関する次の記述のうち，最も不適当なものはどれか．
（1）　小型・軽量である．
（2）　熱に弱い．
（3）　拡散しやすい．
（4）　寿命が長い．
（5）　高効率である．

**解 答**
発光ダイオード（LED）は，指向性が強く，<u>光が拡散しにくい</u>．

正解（3）

**問題36**　情報機器作業（VDT作業）と健康に関する次の記述のうち，最も不適当なものはどれか．
（1）　グレア防止用の照明器具を用いる．
（2）　ディスプレイ画面における照度を500 lx以下とする．
（3）　キーボード上の照度は，300 lx以上とする．
（4）　デスクトップ型パソコンとノート型パソコンでは，デスクトップ型パソコンの方が疲労の訴えが多い．
（5）　眼と表示画面，眼と書類などとの距離は，同じ程度にすることが望ましい．

**解 答**
出題当時の正解は（4）だが，2002（平成14）年制定の「VDT作業における労働衛生管理のためのガイドライン」が，2021（令和3）年12月に「情報機器作業における労働衛生管理のためのガイドライン」に変更されたことによって，（2）は「適当」とは言えなくなった．
（2）情報機器作業ガイドラインには，設問のような記載はない．
（4）デスクトップパソコンよりも<u>ノート型パソコン</u>のほうが疲労の訴えが多い．

正解（2）（4）

**問題37** 赤外線による生態影響として，最も不適当なものは次のうちどれか．
- （1） 熱中症
- （2） 皮膚血流促進
- （3） 電気性眼炎
- （4） ガラス工白内障
- （5） 代謝促進

**解 答**

電気性眼炎は，紫外線による生態影響である．

正解（3）

**問題38** 電離放射線に関する次の記述のうち，最も適当なものはどれか．
- （1） γ線は，鉛，鉄の板を通過する．
- （2） 放射線の人体に与える影響の単位は，Bq（ベクレル）である．
- （3） 放射線の健康影響のうち，がんに対する影響には閾値（いき）が存在する．
- （4） 胸のX線検査1回で被曝（ばく）する線量は，自然放射線からの年間被曝量の世界平均よりも多い．
- （5） 感受性が最も高い細胞は，リンパ球である．

**解 答**

- （1） γ線は，鉛，鉄の板を透過しない．
- （2） 放射線の人体に与える影響の単位は，Sv（シーベルト）である．
- （3） 放射線の健康影響のうち，がんに対する影響には閾値が存在しない．
- （4） 胸のX線検査1回で被曝する線量は，自然放射線からの年間被曝量の世界平均よりも少ない．

正解（5）

**問題39** 放射線障害防止対策に関する次の組合せのうち，最も不適当なものはどれか．
- （1） 体内被曝（ばく）の防護――――――被曝時間の短縮
- （2） 個人被曝線量管理――――――フィルムバッジの使用
- （3） 体外被曝の防護――――――遮蔽
- （4） 環境管理――――――環境モニタリング
- （5） 個人健康管理――――――健康診断

**解 答**

被曝時間の短縮は，体外被曝の防護の一つである．

正解（1）

**問題40** ヒトの水の収支や欠乏に関する次の記述のうち，最も不適当なものはどれか．
- （1） 成人の場合，定常状態では，水の損失は1日2 500 mLである．
- （2） 成人の場合，定常状態では，呼吸により失う水分量は水の損失全体の約1/6である．
- （3） 水分欠乏が，体重に対して1％を超えると喉の渇きが生じる．
- （4） 水分欠乏が，体重に対して5％を超えると筋肉のけいれんが起きる．
- （5） 水分欠乏が，体重に対して20％を超えると死亡する．

**解 答**

水分欠乏が，体重に対して10〜12％を超えると筋肉のけいれんが起きる．

正解（4）

**問題41** 飲用水汚染事故の発生原因として，最も不適当なものは次のうちどれか．
- （1） ノロウイルス
- （2） アニサキス
- （3） カンピロバクター・ジェジュニ
- （4） 病原性大腸菌
- （5） 赤痢アメーバ

**解 答**

アニサキスは魚介類の寄生虫で，魚介類を食すことで健康被害が生じる．

正解（2）

**問題42**　水道法の水質基準に規定される物質とその疾病との組合せとして，最も不適当なものは次のうちどれか．
- （1）　ヒ素――――――――――ボーエン病
- （2）　亜硝酸態窒素――――――メトヘモグロビン血症
- （3）　四塩化炭素――――――――肝がん
- （4）　ベンゼン――――――――再生不良性貧血
- （5）　フッ素――――――――――舌がん

**問題43**　感染症法に基づく感染症の類型のうち，1類，2類，3類全てに実施される措置として，最も不適当なものは次のどれか．
- （1）　健康診断受診の勧告
- （2）　就業制限
- （3）　死体の移動制限
- （4）　入院勧告
- （5）　積極的疫学調査

**問題44**　クリプトスポリジウム症とその病原体に関する次の記述のうち，最も不適当なものはどれか．
- （1）　感染した哺乳類の糞便が感染源となる．
- （2）　大きさ4〜6μmの原虫である．
- （3）　感染すると，2〜5日後に下痢や腹痛等の症状が表れる．
- （4）　特定の環境下では，2〜6カ月間感染力を維持する．
- （5）　対策として，給水栓末端における遊離残留塩素濃度を，0.2mg/L以上に保つことが重要である．

**問題45**　消毒薬に関する次の記述のうち，最も不適当なものはどれか．
- （1）　クレゾールは，食器の消毒には不適である．
- （2）　逆性石けんは，緑膿菌や結核菌に対する殺菌力は弱い．
- （3）　ホルマリンは，全ての微生物に有効である．
- （4）　消毒用エタノールは，一部のウイルスには無効である．
- （5）　次亜塩素酸ナトリウムは，芽胞にも有効である．

**問題46**　次の用語とその単位との組合せとして，誤っているものはどれか．
- （1）　輝度――――――――cd/m³
- （2）　熱伝達抵抗――――――m²・K/W
- （3）　音の強さ――――――W/m²
- （4）　吸音力――――――――m²
- （5）　比熱――――――――kJ/(kg・K)

**問題47**　冬期における結露に関する次のア〜ウの文章の□□□内の語句のうち，最も不適当なものはどれか．
- ア　通常，室内においては，空気中の絶対湿度の空間的な分布は（1）比較的小さい．そのため，局所的に温度が低い場所があると，その場所での飽和水蒸気圧が（2）低下し，結果として結露が発生する．

イ　窓の (3)　アルミサッシ や断熱材が切れている場所等で (4)　熱橋 を生じ，局所的に結露が発生しやすくなる．
ウ　内部結露を防ぐための方策としては，断熱層の (5)　室外側 に防湿層を設ける方法が一般的に採用される．

正解(5)

**問題48**　熱移動の関連用語とその影響要因との組合せとして，最も不適当なものは次のうちどれか．
（1）　放射熱伝達率————————材料の色
（2）　対流熱伝達率————————境界層外部風速
（3）　中空層の熱抵抗————————熱流の方向
（4）　熱伝導率————————材料の密度
（5）　熱貫流抵抗————————固体壁の厚さ

**解　答**
材料の色への影響要因は，長波長放射率，日射吸収率であり，放射熱伝達率は関係がない．なお，放射熱伝達率とは，放射による熱量の移動は壁間の温度差に比例し，その比例係数のことをいい，常温で室内の放射率が0.9程度とすれば，放射熱伝達率は4.5〔W/(m²·K)〕程度となる．

正解(1)

**問題49**　流体に関する次の記述のうち，最も不適当なものはどれか．
（1）　ダクト内気流の静圧と動圧の和を全圧として扱う．
（2）　ダクト内における連続の式は，流体の密度，流速，断面積の積が一定となることを意味する．
（3）　開口部の流量係数は，通常の窓では1.2である．
（4）　摩擦抵抗係数は，ダクト内粗度の他，ダクト内気流のレイノルズ数によって変化する．
（5）　管内流れでは，レイノルズ数が4 000程度以上で乱流になる．

**解　答**
開口部の流量係数は，開口部の形態によって異なるが，常に1.0以下で，通常の窓では0.6〜0.7である．

正解(3)

**問題50**　自然換気に関する次の記述のうち，最も不適当なものはどれか．
（1）　温度差による換気量は，給気口と排気口の高さの差の平方根に比例して増加する．
（2）　温度差による換気量は，室内外の空気の密度差に比例して増加する．
（3）　風力による換気量は，外部風速に比例して増加する．
（4）　風力による換気量は，風圧係数の差の平方根に比例して増加する．
（5）　開口部の風圧係数は，正負の値をとる．

**解　答**
温度差による換気量は，開口部面積に比例し，室内外の温度差と，中性帯(中間のある高さで室内外圧力差が0となる面)と開口部との高さの差の平方根に比例する．なお，設問が「温度差による換気力」という表現であれば，正しい文章と言える．

正解(2)

**問題51**　空気の流動に関する次の記述のうち，最も不適当なものはどれか．
（1）　吸込気流では，吹出気流と同様に，吸込みの影響が遠方まで及ぶ．
（2）　自由噴流の中心軸速度が一定速度まで低下する距離を，到達距離と呼ぶ．
（3）　自由噴流は，吹出口付近では中心軸速度がそのまま維持される．
（4）　自由噴流では，吹出口から離れた中心軸速度が，距離に反比例して減衰する領域がある．
（5）　吸込気流には，吹出気流のような強い指向性はない．

**解　答**
吸込気流は，吹出気流のような指向性がなく，吸込口全面から均一に吸い込む一様流である．

正解(1)

令和2年

**問題52** 換気に関する次の記述のうち，最も不適当なものはどれか．

(1) 置換換気は，室温よりやや低温の空気を床面付近に供給し，天井面付近で排気する方式である．

(2) 気流性状から見た換気方式は，混合方式と一方向方式の二つに大別される．

(3) 換気回数[回/h]とは，1時間当たりに室内に取り入れる新鮮空気(外気)量を，室容積で除したもののことである．

(4) 燃焼器具の必要換気量は，開放型燃焼器具の場合，理論廃ガス量の40倍と規定されている．

(5) 第2種機械換気は，他に汚染空気を出してはならない汚染室に用いられる．

第2種機械換気は，汚染空気の流入を許さない手術室などの清浄室に用いられる．

正解(5)

**問題53** 冬期における室内低湿度の原因に関する次の記述のうち，最も不適当なものはどれか．

(1) 暖房期であっても，パソコンやサーバ等の利用で室内温度が上昇した結果，自動制御により冷房運転を行うことがあり，加湿が困難となる．

(2) 加湿装置の能力不足による．

(3) スプレー式加湿器の場合，そのノズルの詰まりによる．

(4) 加湿器の位置が空調機加熱コイルの後に設置されている．

(5) 設計時に想定した室内温度よりも高い室内温度で運用している．

**解 答**

空気調和機の代表的なものに，エアハンドリングユニットがある．一般に，その構成要素は，気流の上流側から，エアフィルタ，冷却コイル，加熱コイル，加湿器，エリミネーター，送風機である．つまり，加湿器の位置が空気調和機の加熱コイルの後に設置されているからといって，冬期における室内低湿度の原因にはならない．

正解(4)

**問題54** 浮遊粉じんに関する次の文章の☐内の語句のうち，最も不適当なものはどれか．

建築物衛生法の測定対象となる浮遊粉じん濃度は，(1) 相対沈降径 が (2) 10 μm以下 の粒子を対象に，(3) 0.15 mg/m³ 以下と規定されており，標準となる測定法は，ローボリウムエアサンプラによる (4) 質量濃度測定法 である．かつては空気環境管理項目の中で不適率の高い項目であったが，大気汚染物質の減少，禁煙及び分煙等の受動喫煙対策，エアフィルタの高性能化により，不適率は (5) 10 % 程度となった．

**解 答**

建築物衛生法の測定対象である浮遊粉じん濃度における不適率は0〜1%程度である．

正解(5)

**問題55** 揮発性有機化合物(VOCs)と室内での主な発生源との組合せとして，最も不適当なものは次のうちどれか．

(1) アセトアルデヒド————————コンクリート

(2) ホルムアルデヒド————————接着剤

(3) エチルベンゼン————————塗料

(4) クロルピリホス————————防蟻剤

(5) フタル酸ジ-2-エチルヘキシル———プラスチックの可塑剤

**解 答**

アセトアルデヒドは無色の液体で，合板の接着剤，合成樹脂，合成ゴムなどの原料として用いられ，独特の臭気と刺激性を持つ．また，たばこ煙にも含まれているため，喫煙によっても発生する．さらに，飲酒によって人体内でも生成される．コンクリートは，アセトアルデヒドの発生源ではない．

正解(1)

**問題56** 室面積40m²，天井高2.5mの居室に8人在室しているとき，換気によって室内の二酸化炭素濃度が900ppmに維持されていたとする．この部屋の換気量[m³/h]として，最も近いものは次のうちどれか．

ただし，室内は定常状態・完全混合（瞬時一様拡散）とし，外気二酸化炭素濃度は400ppm，在室者一人当たりの二酸化炭素発生量は0.025 m³/hとする．

(1) 50 m³/h
(2) 100 m³/h
(3) 200 m³/h
(4) 400 m³/h
(5) 1 000 m³/h

**解答**

必要換気量$Q$[m³/h]は，ザイデルの式から次式で求められる．

$$Q = \frac{CO_2発生量}{室内CO_2濃度－外気CO_2濃度[ppm]} \times 10^6$$

題意より，

$$Q = \frac{0.025[m³/(h \cdot 人)] \times 8[人]}{900－400[ppm]} \times 10^6$$

$$= 400[m³/h]$$

正解(4)

**問題57** 20℃の室内において，ホルムアルデヒドの容積比濃度が0.04ppmであったとき，空気1m³中に含まれているホルムアルデヒドの量として，最も近い値は次のうちどれか．

ただし，濃度換算には以下の式が用いられ，ホルムアルデヒドの分子式はHCHO，炭素，水素，酸素の原子量はそれぞれ12，1，16とする．

$$C_{mg/m³} = C_{ppm} \times \frac{M}{22.41} \times \frac{273}{(273+t)}$$

ただし，$C_{mg/m³}$：質量濃度(mg/m³)
$C_{ppm}$：容積比濃度(ppm)
$t$：温度(℃)
$M$：分子量

(1) 0.15 mg
(2) 0.1 mg
(3) 0.08 mg
(4) 0.05 mg
(5) 0.025 mg

**解答**

題意より，まず，ホルムアルデヒドの分子量は，1＋12＋1＋16＝30である．問題で与えられた式に数値を代入すると，

$$0.04 \times \frac{30}{22.41} \times \frac{273}{(273+20)} = 0.04989$$

$$\fallingdotseq 0.05[mg]$$

正解(4)

**問題58** アレルゲンと微生物に関する次の記述のうち，最も不適当なものはどれか．
(1) ウイルスは，生きている細胞中でしか増殖できない．
(2) クラドスポリウムは，一般環境中に生育するカビである．
(3) 空調時の事務所室内では，浮遊細菌より浮遊真菌の濃度の方が高い場合が多い．
(4) ダンプネスは，過度の湿気を原因とする問題が確認できるような状態をいう．
(5) ダニアレルゲンの大部分は，2μm以上の粒子である．

**解答**

空調時の事務所建築物の室内では，浮遊細菌濃度よりも浮遊真菌濃度のほうが低い場合が多い．なお，室内浮遊細菌の発生源は主に在室者であり，空調システム内からの発生がない場合の室内浮遊真菌の発生源は主に外気であるといわれている．

正解(3)

**問題59** 浮遊粒子の動力学的性質に関する次の記述のうち，最も不適当なものはどれか．
(1) 抵抗係数は，ストークス域ではレイノルズ数に反比例する．
(2) 球形粒子の拡散係数は，粒径に比例する．
(3) 球形粒子の重力による終末沈降速度は，粒径の2乗に比例する．

**解答**

球形粒子の拡散係数は，ストークスーアインシュタインの式で表され，粒径に反比例する．

（4）　電界中の電荷をもつ球形粒子の移動速度は，粒径に反比例する．

（5）　球形粒子が気体から受ける抵抗力は，粒子の流体に対する相対速度の2乗に比例する．

正解(2)

**問題60**　湿り空気線図（h−x線図）を用いて相対湿度を求める場合に必要となる項目の組合せとして，最も不適当なものは次のうちどれか．

（1）　乾球温度と湿球温度

（2）　湿球温度と絶対湿度

（3）　比エンタルピーと乾球温度

（4）　露点温度と比エンタルピー

（5）　水蒸気分圧と露点温度

**解答**

水蒸気分圧とは，湿り空気中の水蒸気の圧力のことである．一方，露点温度とは，湿り空気を冷却したとき飽和状態になる温度のことであり，この二つの値だけで，湿り空気線図を用いて相対湿度を求めることはできない．

正解(5)

**問題61**　暖房時における空気調和システムを図−Aに示す．図−Bは，図−Aのa〜eにおける空気の状態変化を湿り空気線図上に表したものである．図−Aのdに相当する図−B中の状態点は，次のうちどれか．

**解答**

暖房時の空気調和システムだから，室内空気e（ウ）と外気a（オ）は混合して，b（エ）となる．加熱器で加熱され温度が上がってc（イ）になり，加湿器で蒸発加湿され，送風機によって吹出口d（ア）で室内に送風される．したがって，ア＝d，イ＝c，ウ＝e，エ＝b，オ＝aとなる．

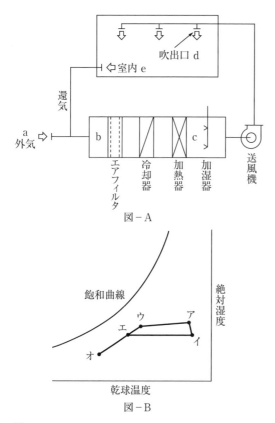

図−A

図−B

（1）　ア

（2）　イ

（3）　ウ

（4）　エ

（5）　オ

正解(1)

**問題62** 熱源方式に関する次の記述のうち，最も不適当なものはどれか．
（1） 電動冷凍機＋ボイラ方式は，熱源種別でいえば，冷熱源は冷水，温熱源は温水又は蒸気である．
（2） 電動機駆動ヒートポンプの場合，主に水熱源方式が採用されている．
（3） 吸収冷凍機＋蒸気ボイラ方式は，年間を通じて，ガス又は油が使用される．
（4） 直焚吸収冷温水機方式では，冷水と温水を同時に製造できる．
（5） コージェネレーション方式は，発電すると同時に排熱を空気調和や給湯等に利用することができる．

**解答**
　ヒートポンプは，1台の機器で冷熱源と温熱源としての動作が可能であり，冷房・暖房の切替えによって冷水または温水を製造するものである．圧縮機の駆動源に電気を使用した電動機駆動ヒートポンプの場合，水熱源などの冷熱源としてだけでなく，温熱源としても採用されている．

正解（2）

**問題63** 地域冷暖房システムに関する次の記述のうち，最も不適当なものはどれか．
（1） 一定地域内の建築物に対して，熱源プラントで製造した熱媒を供給する方式である．
（2） 欧米では熱供給が中心である．
（3） 大気汚染防止などの公害防止対策となる．
（4） 個別の建築物の機械室スペースが大きくなる．
（5） 熱源装置の大型化・集約化・集中管理化により，安全性や効率性は向上する．

**解答**
　地域冷暖房システムは，個別の建築物の機械室スペースが小さくでき，有効用途面積が拡大し，収益性が増大することが期待できる．

正解（4）

**問題64** 乾球温度26.0℃，絶対湿度0.0105kg/kg（DA）の空気1 000kg/hと，乾球温度34.4℃，絶対湿度0.0194kg/kg（DA）の空気500kg/hを混合した場合の空気について，乾球温度と絶対湿度との組合せとして，最も適当なものは次のうちどれか．

| | 乾球温度[℃] | 絶対湿度[kg/kg（DA）] |
|---|---|---|
| （1） | 28.8 | 0.0135 |
| （2） | 28.8 | 0.0164 |
| （3） | 30.2 | 0.0150 |
| （4） | 31.6 | 0.0135 |
| （5） | 31.6 | 0.0164 |

**解答**
　題意から，空気Aと空気Bを1：2に混合するので，乾球温度は，

$$34.4 - \frac{(34.4 - 26.0)}{3} \times 2 ≒ 28.8 \,[℃]$$

　一方，絶対湿度は，

$$\frac{0.0194 + 0.0105 \times 2}{3} = 0.01347$$

$$≒ 0.0135 \,[kg/kg（DA）]$$

となる．

正解（1）

**問題65** 変風量単一ダクト方式に関する次の記述のうち，最も不適当なものはどれか．
（1） 定風量単一ダクト方式に対して，省エネルギーと室内温度制御性の改善を目的とした方式である．
（2） 室への給気風量及び室からの還気風量を変えるために，変風量装置が用いられる．
（3） 給気風量を可変としているため，必要となる新鮮外気量の確保に対策が必要である．
（4） 通常，給気温度は一定で運転される．
（5） 潜熱・顕熱を分離して制御できる空気調和システムである．

**解答**
　変風量単一ダクト方式は，室の負荷に応じて給気風量を可変とすることによって，空気搬送動力の削減による省エネルギーと室内温度制御性の改善を意図した方式である．潜熱・顕熱を分離して制御することはできない．

正解（5）

蓄熱槽を用いた蓄熱システムに関する次の記述のうち，最も不適当なものはどれか．
(1) 負荷の大きな変動に対応できる．
(2) 熱源機器の容量が大きくなる．
(3) 開放式の水槽の場合，より大きなポンプ能力が必要となる．
(4) 熱源を定格で運転できる．
(5) 氷蓄熱では冷凍機の効率が低下する．

**解答**

蓄熱槽を用いた蓄熱システムでは，日中に発生する冷房負荷のピークに対して，夜間につくって蓄えた冷熱と，日中につくった冷熱を合わせて対応する．そのため，蓄熱しないシステムで必要な設備容量の大きさと比べて，約半分程度に小容量化でき，熱源設備容量が小さくて済むので，契約電力削減によって電気料金が低減できる．

正解(2)

問題67 下の図は蒸気熱源吸収冷凍機の冷凍サイクルを示したものである．図中のA，B，Cに対応する蒸気，冷水，冷却水の組合せとして，最も適当なものは次のうちどれか．

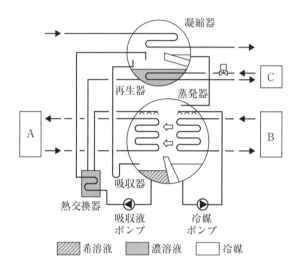

凝縮器

C

再生器　蒸発器

A　　　　　　　　B

吸収器

熱交換器

吸収液
ポンプ　　　冷媒
　　　　　ポンプ

希溶液　　濃溶液　　冷媒

|  | 蒸気 | 冷水 | 冷却水 |
|---|---|---|---|
| (1) | A | B | C |
| (2) | B | A | C |
| (3) | B | C | A |
| (4) | C | A | B |
| (5) | C | B | A |

**解答**

吸収冷凍機の冷凍サイクルは，一般に，再生器，凝縮器，蒸発器，吸収器で構成されており，冷媒(水)と吸収剤(臭化リチウム溶液など)の2種類の溶液が用いられている．再生器内と凝縮器内は高圧で，蒸発器内と吸収器内は低圧となっている．再生器は，加熱によって水分(冷媒)を蒸発させ，濃度の高い吸収剤に戻す役割のため，図のCは蒸気と考えられる．

次に，冷媒溶液は圧力差によって蒸発器に送られ，冷水によって蒸発する．真空に近い状態で水をパイプにかけると，水は勢いよく蒸発し，気化熱によってパイプ内の水を冷やす．したがって，図のBは冷水である．

さらに，凝縮器内では，水蒸気(冷媒)が冷却水の通っているパイプに触れると，凝縮して水に戻り，液化する．なお，一般に，凝縮器と冷却塔はつながっており，その部分が図中のAである．また，溶液ポンプも冷却する必要がある．したがって，図のAは冷却水である．

正解(5)

問題68 ボイラに関する次の記述のうち，最も不適当なものはどれか．
(1) 鋳鉄製ボイラは，スケール防止のため装置系を密閉系で設計・使用する．
(2) 貫流ボイラの取扱いには，容量によらずボイラ技士に関する資格が必要である．
(3) 炉筒煙管式ボイラは，直径の大きな横型ドラムを本体とし，燃焼室と煙管群で構成される．
(4) 真空式温水発生機では，缶体内を真空に保持して水を沸騰させ，熱交換器に伝熱する．

**解答**

水管壁に囲まれた燃焼室を有する貫流ボイラは，以下の図のように，伝熱面積〔m²〕，最高使用圧力〔MPa〕によって，ボイラ技士を必要とする場合と，必要でない場合に分けられている．

（5） 真空式温水発生機では，容量によらずボイラに関する取扱資格は不要である．

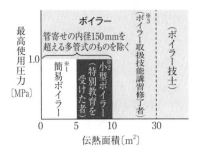

注1）気水分離器付きの場合
　※1　$D \leqq 200$ かつ $V \leqq 0.02$ に限る．
　※2　$D \leqq 300$ かつ $V \leqq 0.07$ に限る．
　※3　$D \leqq 400$ かつ $V \leqq 0.4$ に限る．
　ここで，$D$：気水分離器の内径〔mm〕
　　　　　$V$：気水分離器の内容積〔m³〕
注2）管寄せと気水分離器のいずれも有しない内容積が0.004m³以下の貫流ボイラであって，その使用する最高のゲージ圧力をMPaで表した数値と内容積をm³で表した数値との積が0.02以下のものは簡易ボイラに含まれる．

正解（2）

令和2年

---

**問題69** 冷却塔に関する次の記述のうち，最も不適当なものはどれか．
（1） 開放型冷却塔の水質管理として，強制的な循環水ブロー及び補給，薬品による水処理等が必要である．
（2） 密閉型冷却塔は，電算室やクリーンルーム系統用に採用されることが多い．
（3） 開放型冷却塔は通風抵抗が大きいため，密閉型冷却塔よりも大きな送風機動力が必要である．
（4） 開放型冷却塔と外気取入口との距離は，10 m以上とする．
（5） 開放型冷却塔では白煙防止対策として，冷却塔の壁面に熱交換器を設置して外気を加熱する方法がある．

**解答**

開放型冷却塔は，循環する冷却水が直接空気に接触し，冷却水の一部が蒸発することによって残りの水が冷却されるものである．これに対し，密閉型冷却塔は，水と空気が間接熱交換となるため，通風抵抗が大きくなるのに伴って，必要となる送風機動力も増加する．

正解（3）

---

**問題70** 熱交換器に関する次の記述のうち，多管式熱交換器について述べているものはどれか．
（1） 構造的にU字管式・全固定式・遊動頭式に分類される．
（2） 内部に封入された作動媒体が，蒸発と凝縮サイクルを形成して熱輸送する．
（3） 熱交換器の中では，設置面積や荷重が小さい．
（4） 伝熱板の増減により伝熱面積の変更が可能である．
（5） 一体成形された構造のブレージング型は，汚れやすい流体の使用には向かない．

**解答**

多管式熱交換器は，蒸気－水熱交換器，水－水熱交換器の用途に用いられ，構造的にU字管式，全固定式，遊動頭式（フローティングヘッド式）に分類される．いずれの型式も，伝熱管には，銅管や鋼管のほか，ステンレス鋼管やニッケル銅合金管が用いられる．

正解（1）

**問題71** 空気調和機に関する次の記述のうち，最も適当なものはどれか．

(1) パッケージ型空調機は，圧縮機の駆動源は電力のみである．
(2) ファンコイルユニットは，冷媒を利用する．
(3) パッケージ型空調機は，個別制御が難しい．
(4) エアハンドリングユニットは，使用目的に合わせて構成機器を変更することはできない．
(5) エアハンドリングユニットは，冷却・加熱のための熱源をもたない．

**解 答**

　エアハンドリングユニットは，冷却・加熱のための熱源を持たず，他の熱源設備から供給される冷水・温水・蒸気・水などを用いて，冷却・加熱・減湿・加湿・混合・除じんなどを行い，各ゾーン・各室に処理空気をダクトによって送風する空調機である．

正解(5)

**問題72** 除湿装置に関する次の文章の　　　内に入る語句の組合せとして，最も適当なものはどれか．

　冷却除湿方式は，空気を冷却し ア 温度以下にして水蒸気を凝縮分離する方法で，吸収式除湿方式は，塩化リチウムなど吸湿性の イ 液体吸収剤に水蒸気を吸収させて除湿し，吸着式除湿方式は， ウ などの個体吸着剤に水蒸気を吸着させて除湿する方式である．

|  | ア | イ | ウ |
|---|---|---|---|
| (1) | 露点 | 低い | ポリ塩化ビニル |
| (2) | 露点 | 高い | ポリ塩化ビニル |
| (3) | 露点 | 高い | シリカゲル |
| (4) | 室内 | 低い | シリカゲル |
| (5) | 室内 | 高い | ポリ塩化ビニル |

**解 答**

　冷却防湿方式は，空気を冷却し露点温度以下にして水蒸気を凝縮分離する．吸収式防湿方式は，塩化リチウムなどの吸湿性の高い液体吸収剤に水蒸気を吸収させて除湿する．吸着式防湿方式は，シリカゲルなどの個体吸着剤に水蒸気を吸着させて防湿する．

正解(3)

**問題73** 空気調和に用いられる送風機の特性と送風系に関する次の文章の　　　内に入る語句の組合せとして，最も適当なものはどれか．

　送風機の特性曲線は，グラフ上の横軸に ア をとり，縦軸に イ ・効率・軸動力・騒音をとって表したものをいう．一方，送風系の抵抗曲線は，特性曲線と同一グラフ上では，原点を通る ウ で表される．

|  | ア | イ | ウ |
|---|---|---|---|
| (1) | 風量 | 圧力 | 直線 |
| (2) | 風量 | 圧力 | 二次曲線 |
| (3) | 圧力 | 風量 | 直線 |
| (4) | 圧力 | 風量 | 二次曲線 |
| (5) | 回転数 | 圧力 | 直線 |

**解 答**

　送風機の特性曲線は，グラフ上の横軸に風量をとり，縦軸に圧力・効率・軸動力・騒音をとって表したものをいう．一方，送風系の抵抗曲線は，特性曲線と同一グラフ上では，原点を通る二次曲線で表される．

正解(2)

**問題74** ダクトとその付属品に関する次の記述のうち，最も不適当なものはどれか．

(1) 風量調整ダンパには，多翼型，スライド型等がある．
(2) 防火ダンパの温度ヒューズ溶解温度は，一般換気用，厨房排気用，排煙用で異なる．
(3) 長方形ダクト同士の接続には，差込み継手が一般に用いられる．
(4) たわみ継手は，送風機など振動する機器とダクトを接続する場合に設けられる．

**解 答**

　長方形ダクト同士を接続する継手には，アングルフランジ工法継手と共板フランジ工法継手が一般に用いられる．

（5） 定風量装置には，ダクト内の圧力により機械的に自力で
風量が調整される方式がある．

正解（3）

**問題75** 吹出口に関する次の記述のうち，最も不適当なも
のはどれか．
（1） 面状吹出口には，多孔パネル型，天井パネル型がある．
（2） 線状吹出口は，主にペリメータ負荷処理用として窓近傍
に設置されることが多い．
（3） ふく流吹出口は，誘引効果が高く，均一度の高い温度分
布が得やすい．
（4） 軸流吹出口の吹出気流は，到達距離が短い．
（5） 軸流吹出口には，グリル型がある．

**解 答**
軸流吹出口は，誘引比と拡散角度が小
さく，到達距離が長いことが特徴である．

正解（4）

**問題76** 空気浄化装置に関する次の記述のうち，最も不適
当なものはどれか．
（1） 電気集じん器は，高圧電界による荷電及び吸引・吸着に
よって粉じんを捕集・除去するもので，ろ過式に分類され
る．
（2） ガス除去用エアフィルタの使用に伴う圧力損失の変化
は，ほとんどない．
（3） 空気浄化装置を空気が通過するときの抵抗を圧力損失と
いい，空気浄化装置の上流と下流側の全圧差[Pa]で表示さ
れる．
（4） ガス除去用エアフィルタには，シリカゲル，活性炭等を
用いた吸着剤フィルタがある．
（5） HEPAフィルタやULPAフィルタは，極微細な粉じん
粒子を高い性能で捕集できる．

**解 答**
電気集じん器は，高圧電界による荷電
と吸引・吸着によって粉じんを捕集・除
去するもので，静電式に分類される．

正解（1）

**問題77** 空気調和設備の配管系における配管名称と使用区
分との組合せとして，最も不適当なものは次のうちどれか．
（1） 圧力配管用炭素鋼鋼管――――――――蒸気
（2） 一般配管用ステンレス鋼鋼管――――――冷却水
（3） 水道用硬質塩化ビニルライニング鋼管―――冷却水
（4） 架橋ポリエチレン管――――――――――蒸気
（5） 配管用ステンレス鋼鋼管――――――――冷却水

**解 答**
架橋ポリエチレン管は，ポリエチレン
管の一種で，ポリエチレンの弱点であっ
た耐熱性をさらに改良したものである．
主に集合住宅などの給水・給湯配管や床
暖房などに用いられるが，蒸気管には使
用しない．
正解（4）

**問題78** 温熱環境要素の測定に関する次の記述のうち，最
も不適当なものはどれか．
（1） サーミスタ温度計は，電気抵抗式温度計の一種である．
（2） 熱線風速計には，定電圧式と定温度式がある．
（3） 気流の測定法としては，球体部の冷却力と気流との関係
を利用する方法がある．
（4） グローブ温度計の値は，平均放射温度（MRT）の2乗に
比例する関係にある．
（5） 相対湿度の測定には，乾湿球温度から水蒸気圧を求める
方法がある．

**解 答**
グローブ温度計の値が平均放射温度
（MRT）の2乗に比例する関係はない．
グローブ温度計と周囲壁との位置関係，
壁温度の関係から，放射効果が等しいよ
うな，均一な周囲壁面温度を平均放射温
度とすると，以下の式が成り立つ．
$\text{MRT} = t_g + 2.37\sqrt{v(t_g - t)}$
ここで，$t_g$：グローブ温度〔℃〕
$t$：室内空気温度〔℃〕
$v$：気流速度〔m/s〕
正解（4）

**問題79** 環境要素の測定に関する次の記述のうち，最も不適当なものはどれか．

(1) 微生物の間接測定法には，核酸増幅法がある．
(2) 酸素の測定には，ガルバニ電池方式がある．
(3) 花粉の測定には，培養法がある．
(4) オゾンの測定には，吸光光度法がある．
(5) イオウ酸化物の測定には，溶液導電率法がある．

**解答**

花粉アレルゲンの測定には，エアロアレルゲン・イムノプロット法，表面プラズモン共鳴法などがある．

正解(3)

**問題80** 室内環境とその測定法との組合せとして，最も不適当なものは次のうちどれか．

(1) アスベスト————————紫外線蛍光法
(2) 窒素酸化物————————ザルツマン法
(3) 一酸化炭素————————定電位電解法
(4) 臭気————————————官能試験法
(5) ダニアレルゲン————————酵素免疫測定法(ELISA法)

**解答**

アスベストの測定には，計数法と質量法がある．計数法には光学顕微鏡，電子顕微鏡，繊維状粒子自動計数装置を使用する．質量法には，X線回折分析法，赤外線吸収スペクトル分析法，示差熱分析法などがある．

正解(1)

**問題81** 冷却塔と冷却水の維持管理に関する次の記述のうち，最も不適当なものはどれか．

(1) 連続ブローなどの冷却水濃縮管理は，スケール防止に有効である．
(2) 冷却水系の化学的洗浄には，過酸化水素が用いられる．
(3) 冷却塔及び冷却水の水管は，1年以内ごとに1回清掃する．
(4) 冷却塔及び冷却水は，その使用開始後，1カ月以内ごとに1回，定期にその汚れの状況を点検する．
(5) スケール防止剤，レジオネラ属菌の殺菌剤等を有するパック剤は，薬注装置を利用し連続的に注入してその効果を発揮する．

**解答**

スケール防止剤，レジオネラ属菌の殺菌剤などを有するパック剤は，冷却塔の下部水槽，または散水板に固定して使用する．冷却水中に，薬剤が徐々に溶け出す加工がなされていて，効果は1〜3か月間持続する．

正解(5)

**問題82** 騒音・振動に関する次の記述のうち，最も不適当なものはどれか．

(1) 周波数1Hz以下の乗り物などの揺れに対しては，一般に，鉛直方向よりも水平方向の方が敏感である．
(2) 鉛直方向に5Hzの振動は，環境振動で対象とする周波数範囲に含まれる．
(3) 道路交通振動に対する振動規制は，昼間より夜間の方が厳しい．
(4) ある騒音環境下で，対象とする特定の音より周波数が低い音のことを暗騒音という．
(5) 広帯域騒音とは，広い周波数領域の成分を含む騒音のことである．

**解答**

暗騒音とは，ある騒音環境下で対象とする特定の音以外の音の総称である．

正解(4)

**問題83** 床衝撃音に関する次の記述のうち，最も不適当なものはどれか．

(1) 軽量床衝撃音の対策として，床仕上げ材の弾性の向上がある．
(2) 重量床衝撃音は，衝撃源自体の衝撃力が高周波数域に主

**解答**

人が床の上で飛び跳ねたり，小走りしたりすると，下階住戸に重量床衝撃音が発生する．重量床衝撃音は，衝撃源自体の衝撃力が低周波数域に主な成分がある．

な成分を含む.

（3）　軽量床衝撃音の衝撃源は，重量床衝撃音の衝撃源と比べて硬いことが多い.

（4）　重量床衝撃音の対策として，床躯体構造の曲げ剛性の増加がある.

（5）　床衝撃音に対しては，一般に学校よりもホテルの方が高い遮音性能が求められる.

その対策の基本は，床躯体構造の質量増加，曲げ剛性の増加である.

---

**問題84**　1台73dB(A)の騒音を発する機械を，測定点から等距離に6台同時に稼働させた場合の騒音レベルとして，最も近いものは次のうちどれか.

ただし，$\log_{10}2=0.3010$，$\log_{10}3=0.4771$とする.

（1）　76 dB(A)

（2）　78 dB(A)

（3）　81 dB(A)

（4）　438 dB(A)

（5）　568 dB(A)

**解答**

同じ音圧レベルの音$L_0$〔dB〕を$X$個合成したときの音圧レベル$L$〔dB〕は以下の式で計算できる.

$$L=L_0+10\log_{10}X$$

$\log_{10}2=0.3010$，$\log_{10}3=0.4771$とすると，同じ音を二つ合成したとき（$X=2$のとき），以下に示すように，音圧レベルは約3dB上昇する.

$$L=L_0+10\log_{10}2=L_0+3.01〔dB〕$$

同じ音を三つ合成したとき（$X=3$のとき），以下に示すように，音圧レベルは約4.8dB上昇する.

$$L=L_0+10\log_{10}3=L_0+4.771〔dB〕$$

73dBが6台の音圧レベルは，73dBが2台分の76dBの機械が3台あるのに等しいから，76+4.8＝81.4〔dB〕となる.

正解（3）

---

**問題85**　音・振動環境に関する次の記述のうち，最も不適当なものはどれか.

（1）　立位，座位では聞こえなくても，寝た場合に，骨伝導で固体伝搬音が感知されることがある.

（2）　ポンプに接続された管路系で発生する騒音は，空気伝搬音である.

（3）　空気伝搬音を低減するためには，窓，壁，床等の遮音などが必要であるのに対し，固体伝搬音は，振動源の発生振動低減や防振対策が重要である.

（4）　外部騒音が同じ場合，コンサートホール・オペラハウスより，録音スタジオの方が高い遮音性能が求められる.

（5）　床スラブ厚が薄い機械室に隣接する居室の振動対策としては，設備機器などの防振支持が重要である.

**解答**

空気調和機から発生した音が隔壁・隙間などを透過してくる音やダクト内を伝播して給排気口から放射する音は空気伝播音，ダクト・ポンプに接続された管路系の振動に起因する音は固体伝播音である.

正解（2）

---

**問題86**　光と照明に関する次の記述のうち，最も不適当なものはどれか.

（1）　光色は，色温度が高くなるにしたがって，赤い色から青っぽい白色に変化する.

（2）　事務所における文書作成作業においては，製図作業よりも高い維持照度が求められる.

（3）　光色が同じであっても，蛍光ランプとLEDとでは分光分布が異なる.

**解答**

JIS Z 9110での基準面における維持照度の推奨値は，非常に精密な視作業（設計，製図作業）が1 500 lx，普通の視作業（文書作成作業）が500 lxと規定されている.

（4） 観測者から見た照明器具の発光部の立体角が大きいほど，照明器具の不快グレアの程度を表すUGRの値は大きくなる．

（5） 基準光で照らした場合の色をどの程度忠実に再現できるかを判定する指標として，演色評価数が用いられる．

正解（2）

**問題87** ランプに関する用語の組合せとして，最も不適当なものは次のうちどれか．

（1） 蛍光ランプ―――――――――低圧放電
（2） エレクトロルミネセンス（EL）―――電界発光
（3） 発光ダイオード（LED）―――――放電発光
（4） 白熱電球―――――――――温度放射
（5） 水銀ランプ―――――――――高輝度放電

**解答**

発光ダイオード（LED）は，半導体を用いたpn接合と呼ばれる構造で，陰極に負電圧を，陽極に正電圧を加えて発光させる．人工光源の分類では，エレクトロルミネセンス（EL）と同様，電界発光に位置付けられている．

正解（3）

**問題88** ある部屋の作業面の必要照度が500 lxであった．ランプ1灯当たりの光束が2 000 lmのランプの必要灯数として，最も近いものは次のうちどれか．

ただし，その部屋の作業面面積は50 m²，照明率を0.6，保守率を0.7とする．

（1） 12灯
（2） 18灯
（3） 20灯
（4） 30灯
（5） 80灯

**解答**

ランプの必要灯数 $N$ は，以下の式で表される．

$$N = \frac{E \times A}{F \times U \times M}$$

ここで，$E$：照度〔lx〕
$A$：面積〔m²〕
$F$：ランプ1灯当たりの光束〔lm〕
$U$：照明率
$M$：保守率

題意より，

$$N = \frac{500 \times 50}{2\,000 \times 0.6 \times 0.7} = 29.76 \fallingdotseq \underline{30}$$

正解（4）

**問題89** 照明方式に関する次の用語のうち，建築化照明に分類されないものはどれか．

（1） フロアスタンド
（2） システム天井照明
（3） コーブ照明
（4） コーニス照明
（5） 光天井照明

**解答**

フロアスタンドは，一般に多用されている床の上に立てて用いる電気スタンドのことで，建築化照明には分類されない．

正解（1）

**問題90** 近年の建築物管理の変化要因とその対処方策との組合せとして，最も不適当なものは次のうちどれか．

（1） 高齢・要援護者需要増―――――ユニバーサル化
（2） 危機・BCP―――――――――自家発電の導入
（3） 節電・省エネルギー化――――――高効率機器の選択
（4） 降雨集中――――――――――排水・水防対策の強化
（5） 空調・換気のパーソナル化――――空間環境の均一化

**解答**

空調・換気のパーソナル化には，一般に，タスク・アンビエント空調が採用されている．タスク・アンビエント空調とは，作業域とそれ以外の領域をそれぞれタスク域，アンビエント域として分割し，タスク域に集中して冷暖房を行う空調方式である．必要部分だけに冷暖房を集中させることで，省エネルギーに有効であるが，空間環境の均一化には寄与しない．

正解（5）

**問題91**　太陽放射に関する次の記述のうち，最も不適当なものはどれか．

（1）　太陽位置は，太陽の方位角と，高度から求めることができる．

（2）　直達日射と天空日射は，短波長放射と呼ばれる．

（3）　UV-A，UV-B，UV-Cと称される紫外線のうち，波長が最も短いのはUV-Aである．

（4）　太陽定数とは，大気圏外において太陽に正対するときの単位面積当たりに入射する放射エネルギーのことをいう．

（5）　紫外線（ドルノ線）は，体内でビタミンDを生成する作用がある．

**解答**

UV-A（波長400〜315nm），UV-B（315〜280nm），UV-C（280nm未満）と称される紫外線のうち，波長が最も短いのはUV-Cである．

正解（3）

**問題92**　建築士法に関する次の記述のうち，最も適当なものはどれか．

（1）　決められた年限以上の構造設計の実務者には，構造設計1級建築士が付与される．

（2）　木造建築士は，木造建築物であれば延べ面積にかかわらず新築の設計をすることができる．

（3）　1級建築士でなければ設計できない建築物が，定められている．

（4）　建築設備士は，建築基準法の適合チェックが義務付けられている建築物に関与しなければならない．

（5）　工事監理とは，その者の責任において，工事を施工図と照合し確認することである．

**解答**

（1）　構造設計1級建築士は，1級建築士として5年以上の実務があり，所定の講習を修了した者に対して付与される．

（2）　木造建築士は，1・2級建築士に限られる建築物以外の100㎡を超える木造建築物を新築する場合の設計と工事監理をすることができる．

（4）　建築設備士は，建築設備の設計と工事監理について助言できる．建築基準法の適合チェックが義務付けられている建築物に関与する必要があるのは，設備設計1級建築士である．

（5）　工事監理とは，その者の責任において，工事を設計図書と照合し，それが設計図書のとおりに実施されているかを確認することである．

正解（3）

**問題93**　建築物の基礎構造と地盤に関する次の記述のうち，最も不適当なものはどれか．

（1）　液状化現象は，埋立地や砂質地盤等で生じやすい．

（2）　砂質地盤の長期に生じる力に対する許容応力度は，粘土質地盤より小さい．

（3）　べた基礎は，地耐力が弱いところに用いられることが多い．

（4）　地盤のうち，第3紀層は土丹層とも呼ばれる．

（5）　地業は，基礎スラブより下に設けた割ぐり石，捨てコンクリート等の部分をいう．

**解答**

当該地の地盤条件次第なので，砂質地盤，粘土質地盤のどちらの許容応力度が大きいかは一概には言えない．

正解（2）

**問題94**　建築構造とその材料に関する次の記述のうち，最も不適当なものはどれか．

（1）　溶接断面の形式には，突合せ溶接，すみ肉溶接，部分溶込み溶接等がある．

**解答**

梁に使用されるH形鋼でせん断力に対して抵抗するのは主にウェブである．

令和2年

（2）　梁に使用されるH形鋼のフランジは，主にせん断力に対して抵抗する．

（3）　鉄骨構造は，じん性に富み，耐震的に有利な構造にしやすい．

（4）　ボルト接合には，高力ボルトが多く用いられる．

（5）　合成梁は，鉄骨梁とコンクリート床板をスタッドボルトなどにより緊結したものである．

**解答**

等分布荷重の作用する単純梁のせん断力は，<u>梁中央で最も小さくなる</u>．

---

**問題95**　建築物の荷重あるいは構造力学に関する次の記述のうち，最も不適当なものはどれか．

（1）　等分布荷重の作用する単純梁のせん断力は，梁中央で最も大きい．

（2）　積載荷重には，物品の重量が含まれる．

（3）　柱を構造計算する場合の積載荷重は，地震力を計算する場合の積載荷重より大きく設定されている．

（4）　トラス構造の部材に生じる応力は，主に軸力である．

（5）　一般区域における積雪荷重は，積雪量 1 cm ごと 1 m² につき 20 N 以上として計算される．

**解答**

鋼材の許容応力度は，<u>基準強度F</u>を用いて定められる．鋼材の基準強度Fは，「降伏点と引張強さの70%のうちの小さいほう」と定義される．

---

**問題96**　建築物とその構造に関する次の記述のうち，最も不適当なものはどれか．

（1）　鉄筋コンクリート構造の店舗建築の法定耐用年数は，39年である．

（2）　既存不適格建築物とは，法が適用された時点で既に存在していた建築物のうち，その後の改正規定に適合していない建築物をいう．

（3）　免震構造には，アイソレータを用いて地盤から建築物を絶縁する方法がある．

（4）　鉄筋コンクリート構造における鉄筋の腐食は，主にコンクリートのひび割れや中性化に起因する．

（5）　構造設計に用いる鋼材の許容応力度は，引張強さを基準にして算出される．

**解答**

トタンは，鋼板に<u>亜鉛めっき</u>をしたものである．

---

**問題97**　建築材料と部材の性質に関する次の記述のうち，最も不適当なものはどれか．

（1）　鉄鋼の線膨張係数は，コンクリートとほぼ等しい．

（2）　アルミニウムは，他の金属やコンクリート等と接触すると腐食する．

（3）　コンクリートを構成する砂と砂利の容積は，全体の約70%を占める．

（4）　トタンは，鋼板にすずめっきをしたものである．

（5）　網入板ガラスは，フロート板ガラスに比べて，火災時に破片の飛散防止効果がある．

**解答**

木工事は，<u>躯体工事</u>に分類される．

---

**問題98**　建築生産に関する次の記述のうち，最も不適当なものはどれか．

（1）　木工事は，仕上げ工事に分類される．

（2）　施工管理の業務には，関係官庁などへの諸手続きも含まれる．

（3）　環境負荷を削減するために，リユース，リサイクル等が重要である．

（4）　工事のための電力や上下水道設備の計画は，仮設計画に含まれる．

（5）　建築主は，建設工事の発注者である．

**問題99**　建築設備に関する次の記述のうち，最も適当なものはどれか．

（1）　常時遠隔監視・管理が行われているエレベータは，所有者による特定行政庁への定期点検報告は不要である．

（2）　都市ガスの保守管理において，配管，ガス栓，ガス漏れ警報器の日常点検は，ガス設備の所有者又は使用者が行う必要がある．

（3）　分散電源システムとは，商用電源が止まった場合においても給電できる自家発電設備や蓄電池で構成されるシステムのことである．

（4）　建築物の不動産価値を評価するためのデューディリジェンスにおいては，建物の躯体・設備の現況が重要で，維持管理状態や稼働状況の記録は不要である．

（5）　ESCO（Energy Service Company）事業のシェアード・セービング方式とは，顧客が自己投資により設備機器を導入し，ESCO事業者が削減効果を保証する方式である．

**解答**

（1）遠隔監視・管理が行われているエレベータでも，所有者による特定行政庁への定期点検報告は**必要**である．

（3）分散電源システムとは，電力供給の方法の一つで，比較的小規模な発電装置を消費地近くに分散配置して電力の供給を行う方式のことである．太陽光発電や風力発電などがその代表例である．

（4）デューディリジェンスの一環として，調査時は建築設備の維持管理と稼働状況に関するデータと記録が求められる．

（5）ESCO事業のシェアード・セービング方式とは，ESCO事業者が資金を調達して設備機器を導入し，省エネルギーによるランニングコスト低減分の中から，設備費・工事費・検証費などを支払っていく方式のことである．

正解（2）

**問題100**　建築物内の昇降設備に関する次の記述のうち，最も不適当なものはどれか．

（1）　非常用エレベータは，緊急時には消防隊員の活動が優先される．

（2）　小荷物専用昇降機は，かごの床面積及び天井高の上限が定められている．

（3）　動く歩道の定格速度は，勾配に応じて定められている．

（4）　乗用エレベータには，火災時に最寄り階まで自動運転する管制運転装置を備える必要がある．

（5）　エスカレータには，当該竪穴区画の防火シャッタ閉鎖時に連動して停止する制動装置が設けられている．

**解答**

　緊急時の安全装置として火災時にエレベータを避難階へ直行させる「火災時管制運転装置」や，停電時の最寄階まで自動運転する「停電時自動着床装置」などまでは，法令で規定されていない．

正解（4）

**問題101**　建築物の防火に関する次の記述のうち，最も不適当なものはどれか．

（1）　避難安全検証法や耐火性能検証法は，建築基準法令に定められている性能規定である．

（2）　火災荷重とは，建物内の可燃物量を木材換算した単位床面積当たりの重量のことである．

（3）　火勢は，窓などの開口条件によらず，建物内部の可燃物量が多いほど激しくなる．

**解答**

火勢は，開口条件に影響を受ける．

（4）　避難経路となる廊下や階段に煙が侵入しないよう，防排煙対策が必要である．

（5）　特定防火設備とは，シャッタや防火扉等，火災を閉じ込めることができる設備のことである．

**問題102**　建築物の避難計画，避難施設等に関する次の記述のうち，最も不適当なものはどれか．

（1）　高層ビルなどに設けられる特別避難階段とは，防排煙対策が講じられた安全性の高い直通階段のことである．

（2）　すべり台や避難ロープは，消防法で定められている避難器具に含まれる．

（3）　非常用の照明装置における避難上有効な照度は，光源がLEDランプの場合，白熱電灯の倍の2 lx以上としなくてはならない．

（4）　高層ビルでは避難の完了に時間を要するため，誘導灯の点灯継続時間は60分と定められている．

（5）　高層ビルの避難計画では，効率的な避難が行えるよう，2以上の避難階段は，できるだけ近接して配置するのが望ましい．

**解 答**

2以上の避難階段は離して配置することが望ましい．2方向避難の有効性を判断する上で，重複距離は法令で制限されている．

**問題103**　防犯・防災の管理に関する次の記述のうち，最も不適当なものはどれか．

（1）　防犯用ネットワークカメラは，撮影した高解像度の映像を伝送でき，高画質なシステムを構築できる．

（2）　アクティブセンサとは，人などの発熱体を赤外線で検知し，その発熱体が移動する場合に動作する防犯センサである．

（3）　夜間無人となる建物の機械警備業務では，異常発生時には25分以内に警備員が駆け付けなくてはならない．

（4）　大規模事業所においては，従来の防火管理者，自衛消防組織に加えて，大地震などに備えた防災管理者を置くことが必要である．

（5）　入退室管理システムには，緊急避難時において，電気錠の一斉開錠機能をもたせることが必要である．

**解 答**

アクティブセンサとは，赤外線ビームを発射し，そのビームを反射したり遮ったりした物体を検出する防犯センサである．

**問題104**　建築物に関連する法令に関する次の記述のうち，最も不適当なものはどれか．

（1）　消防法における特定防火対象物にあっては，消防用設備等の設置及び維持に関する規定は，新規に建築される建築物に限られる．

（2）　高さ31mを超える高層建築物の管理者は，消防法における防火管理者を定め，消防計画を作成する．

（3）　高齢者，障害者等の移動等の円滑化の促進に関する法律（以下「バリアフリー法」という．）でいう建築物特定施設には，出入口，階段，便所がある．

（4）　建築主は，バリアフリー法における2 000 m²以上の特別特定建築物を建築しようとするときは，建築物移動等円

**解 答**

特定防火対象物にあっては，消防用設備等の設置および維持に関する規定がさかのぼって適用（遡及適用）されるので，常に現行の規定に基づいて消防用設備等の設置，維持に努めなければならない．

滑化基準に適合させなければならない.
（5）　建築物の耐震改修の促進に関する法律における耐震改修とは，地震に対する安全性の向上を目的として，増築，改築，修繕，模様替若しくは一部の除却又は敷地の整備をすることをいう.

正解(1)

**問題105**　建築物の維持管理に関する略語とその内容の組合せとして，最も不適当なものは次のうちどれか.
（1）　BCP———事業継続計画
（2）　BEMS———ビルエネルギー管理システム
（3）　POE———建築物使用者の観点による性能評価システム
（4）　LCC———建物の生涯にわたって必要なすべての費用
（5）　CASBEE—発注者の要求品質を実現するための管理プロセス

**解答**
CASBEE（建築環境総合性能評価システム）は，省エネルギー，環境負荷削減，室内の快適性，景観への配慮などの指標で建築物の環境性能を総合的に評価するシステムである.

正解(5)

**問題106**　給水及び排水の管理に関する用語とその単位との組合せとして，最も不適当なものは次のうちどれか.
（1）　総アルカリ度———————mg/L
（2）　BOD容積負荷———————g/（人・日）
（3）　色度———————————度
（4）　水槽照度率———————％
（5）　腐食速度———————mm/年

**解答**
BOD容積負荷の単位は，kg/（m³・日）である.

正解(2)

**問題107**　給水及び排水の管理に関する用語の説明として，最も不適当なものは次のうちどれか.

（1）　逃し通気管———排水系統内の下水ガスによる臭気除去のための管
（2）　FRP———————ガラス繊維で補強したプラスチック
（3）　スクリーン———原水中の夾雑物除去のための装置
（4）　バルキング———活性汚泥が沈降しにくくなる現象
（5）　バキュームブレーカ———管内が負圧になったときに空気を取り入れる装置

**解答**
逃し通気管とは，排水通気両系統間の空気の流通を円滑にするために設ける通気管をいう.

正解(1)

**問題108**　水質基準に関する省令に定める基準として，誤っているものは次のうちどれか.
（1）　一般細菌は，1mLの検水で形成される集落数が100以下であること.
（2）　総トリハロメタンは，0.1mg/L以下であること.
（3）　カルシウム，マグネシウム等（硬度）は，500mg/L以下であること.
（4）　鉛及びその化合物は，鉛の量に関して，0.01mg/L以下であること.
（5）　塩化物イオンは，200mg/L以下であること.

**解答**
現行の水道水の水質基準では，カルシウム，マグネシウム等（硬度）は，300mg/L以下であること，と定められている.

正解(3)

**問題109**　水道水の塩素消毒に関する次の記述のうち，最も不適当なものはどれか.
（1）　CT値は，塩素濃度を接触時間で除したものである.
（2）　塩素消毒の効果は，懸濁物質が存在すると低下する.

**解答**
CT値とは，塩素濃度と接触時間の積である.

（3）　原虫シストは，塩素消毒に対する抵抗性が強い．

（4）　塩素消毒は，多種類の微生物に対して消毒効果が期待できる．

（5）　塩素消毒の反応速度は，温度が高くなるほど速くなる．

正解（1）

**問題110**　給水管理に関する次の記述のうち，最も不適当なものはどれか．

（1）　残留塩素濃度の定期検査は，最もその濃度が低いと考えられる末端給水栓で行う．

（2）　飲料水系統の給水管における赤水などの恒久対策として，防錆剤を使用する．

（3）　飲料水系統配管の維持管理においては，管の損傷，錆，腐食及び水漏れの有無を定期に点検することが重要である．

（4）　給水設備の老朽化に伴って，水量・水圧が減少することがある．

（5）　水質検査の結果，病原生物などが水質基準を超えて水に含まれ，人の健康を害するおそれがある場合は，直ちに給水停止措置をとる．

**解　答**
防錆剤は，飲料水系統の給水管における赤水などの<u>応急対策</u>として使用する．

正解（2）

**問題111**　給水用止水弁の取付けに関する次の記述のうち，最も不適当なものはどれか．

（1）　天井内に止水弁を設置する場合は，その近傍に点検口を設ける．

（2）　給水立て主管からの各階への分岐管には，止水弁を設ける．

（3）　取外しが必要な機器の前後に止水弁を設置する場合は，ねじ込み型とする．

（4）　止水弁には，系統の名称札を設ける．

（5）　止水弁として，仕切弁が多く使用される．

**解　答**
取外しが必要な機器の前後に止水弁を設置する場合は，取外し容易な<u>フランジ形の弁</u>が有効である．

正解（3）

**問題112**　給水設備に関する次の記述のうち，最も適当なものはどれか．

（1）　総合病院における1日当たりの設計給水量は，150〜350L/床とする．

（2）　受水槽の有効容量は，一般に1日最大使用量の1/10とする．

（3）　高層ホテルの給水系統でのゾーニングは，上限水圧を0.5MPaとなるようにする．

（4）　直結増圧方式は，引込み管に増圧ポンプユニットを設けて水圧を高くし，中層建築物に適用できるようにした方式である．

（5）　高置水槽方式は，他の給水方式に比べて水質汚染の可能性が低い方式である．

**解　答**
直結増圧方式は，引込み管に増圧ポンプユニットを設けて水圧を高くし，中層建物に適用できるようにした方式である．

正解（4）

**問題113**　給水設備に関する配管材料とその接合方法との組合せとして，最も不適当なものは次のうちどれか．

**解　答**
ポリブデン管の接続は，接着剤で溶か

（1）水道用硬質塩化
　　ビニルライニング鋼管 ─────フランジ接合
（2）銅管 ─────────────差込みろう接合
（3）ステンレス鋼管 ──────フランジ接合
（4）ポリブテン管 ────────接着接合
（5）硬質ポリ塩化ビニル管 ───接着接合

**問題114** 給水設備の貯水槽の汚染防止に関する次の記述のうち，最も不適当なものはどれか．
（1）受水槽を屋外に設置する場合は，防護フェンスをめぐらせ出入口に施錠する．
（2）貯水槽の下部，周囲には60cm以上，上部には100cm以上の点検スペースを確保する．
（3）流入管は，吐水時の波立ちを防止するため，吐水部を水面下に水没させる．
（4）大容量の貯水槽の場合は，槽内に迂回壁を設置して滞留水の発生を抑制する．
（5）有効容量が$2\,m^3$以上の貯水槽は，水槽本体との取付部に水密性をもたせた通気管を設ける．

**問題115** 給水設備に関する次の記述のうち，最も不適当なものはどれか．
（1）建築物の揺れ，地盤の不等（不同）沈下，配管の振動等による変位の吸収のために，可とう継手を配管に取り付ける．
（2）高置水槽方式の揚水管は，水柱分離によるウォータハンマ防止のため，屋上での横引きを長くする．
（3）合成樹脂管のクリープ劣化とは，合成樹脂に熱応力が長時間継続してかかる場合，材料変形が時間とともに進んでいく状態をいう．
（4）吸排気弁は，給水管内の空気の排出のためと，給水管内が負圧になった場合の逆流防止のために設置する．
（5）さや管ヘッダ工法とは，集合住宅の住戸内などで，ヘッダから各器具にそれぞれ単独に配管する工法である．

**問題116** 貯水槽の清掃に関する次の記述のうち，最も不適当なものはどれか．
（1）清掃時は，貯水槽のマンホールの蓋を開け，換気用のファンやダクトを設置し，槽内の換気を図るなどの事故防止対策を行う．
（2）受水槽と高置水槽の清掃は，原則同じ日に行い，受水槽の清掃後に高置水槽の清掃を行う．
（3）清掃終了後は，塩素剤を用いて2回以上，貯水槽内の消毒を行う．
（4）消毒後の水洗いと水張りは，消毒終了後，15分程度経過してから行う．
（5）清掃終了後の消毒は，有効塩素濃度50〜100mg/Lの次亜塩素酸ナトリウム溶液などの塩素剤を使用する．

すことができないため，メカニカル接続または融着接合が用いられる．

正解（4）

**解　答**
　貯水槽の流入管下端は，流入管の負圧による逆流を防止するために適切な吐水口空間を設けなければならず，吐水部を水没させるような行為は行ってはならない．なお，吐水口空間とは，貯水槽では流入管間からオーバフロー管（下端・中心の議論がある）までの垂直距離，水受け容器では吐水口端からあふれ縁までの垂直距離をいう．

正解（3）

**解　答**
　高置水槽方式の揚水管は，水中分離によるウォータハンマ防止のため，屋上での横引管を短くする．

正解（2）

**解　答**
　消毒後の水洗いと水張りは，消毒終了後，30分以上経過してから行う．

正解（4）

**問題117** 給湯設備に関する次の記述のうち，最も不適当なものはどれか.

(1) ホテル宿泊部の設計給湯量は，50L/(人・日)程度である.

(2) ガス瞬間湯沸器の能力は一般に号数で表され，1号の加熱能力は1.74kWに相当する.

(3) 厨房における業務用皿洗い機のすすぎ温度は，80℃程度である.

(4) 中央式給湯設備の給湯栓の給湯温度は，ピーク使用時においても55℃以上とする.

(5) 貯蔵式湯沸器は，90℃以上の高温湯が得られ，飲用として利用される.

**問題118** 給湯設備に関する次の記述のうち，最も不適当なものはどれか.

(1) 循環式給湯設備の下向き配管方式における給湯横主管は，1/200以上の下り勾配とする.

(2) 返湯管に銅管を用いる場合は，潰食を考慮して管内流速を1.2m/s以下とする.

(3) ライニング鋼管における単式の伸縮管継手の設置間隔は，50m程度とする.

(4) 貯湯槽の容量は，ピーク時の必要容量の1〜2時間分を目安とする.

(5) 耐熱性硬質ポリ塩化ビニル管は，90℃以下で使用する.

**問題119** 給湯設備に関する次の記述のうち，最も不適当なものはどれか.

(1) 強制循環方式において湯を均等に循環させるため，リバースリターン方式とする.

(2) 密閉式膨張水槽を設ける場合は，逃し弁を設ける.

(3) 給湯循環ポンプの循環流量は，循環配管系などからの熱損失及び加熱装置における給湯温度と返湯温度の温度差より算定する.

(4) 加熱装置から逃し管(膨張管)を立ち上げる場合は，補給水槽の水面よりも高く立ち上げる.

(5) 給湯循環ポンプは，背圧に耐えることのできるものを選定する.

**問題120** 給湯設備に関する次の記述のうち，最も不適当なものはどれか.

(1) 樹脂管の許容使用圧力は，使用温度が高くなると低下する.

(2) ステンレス鋼管は隙間腐食が生じる可能性があるので，入念な施工が要求される.

(3) 耐熱性硬質塩化ビニルライニング鋼管の接続には，管端防食継手を使用する.

(4) 返湯管のない単管式の給湯配管に銅管を用いる場合は，給湯循環配管に用いる場合より腐食の発生する可能性が高い.

（5） ステンレス鋼管と銅管の線膨張係数は，ほぼ等しい．

正解（4）

**問題121** 給湯設備の加熱装置に関する次の記述のうち，最も不適当なものはどれか．
（1） ガス瞬間湯沸器には，給湯の他にセントラルヒーティング用の回路を内蔵したものがある．
（2） 給湯用貫流ボイラは，水管群により構成され耐圧性に優れている．
（3） 無圧式温水発生機は，缶体内を大気圧以下とし，熱媒を蒸発させて内部の熱交換器で熱交換を行い，湯を供給する．
（4） 加熱コイル付き貯湯槽は，蒸気などの熱源が得られる場合に使用される．
（5） ガスマルチ式給湯機は，小型の瞬間湯沸器を複数台連結してユニット化したものである．

**解 答**
無圧式温水発生機の缶体は開放容器構造で，缶体内の圧力が大気圧以上にならないようにしたものである．

正解（3）

**問題122** 給湯設備の保守管理に関する次の記述のうち，最も不適当なものはどれか．
（1） 第2種圧力容器は，1年以内ごとに1回，定期自主検査を行う．
（2） 各種の弁は，1年に1回以上，分解清掃を行う．
（3） 中央式給湯方式の循環ポンプは，1年に1回以上，分解清掃を行う．
（4） 給湯配管は，1年に1回以上，管洗浄を行う．
（5） シャワーヘッドは，1年に1回以上，定期的に点検を行う．

**解 答**
シャワーヘッドは，6か月に1回以上，定期に点検を行う．

正解（5）

**問題123** 給湯設備の保守管理に関する次の記述のうち，最も不適当なものはどれか．
（1） 器具のワッシャには，天然ゴム製のものを使用する．
（2） 使用頻度の少ない給湯栓は，定期的に停滞水の排出を行い，給湯温度の測定を行う．
（3） 貯湯槽は，定期的に底部の滞留水の排出を行う．
（4） SUS444製の貯湯槽には，電気防食を施してはならない．
（5） 給湯栓から出る湯が分離気体によって白濁する場合は，自動空気抜き弁の空気排出口が詰まっている可能性がある．

**解 答**
器具のワッシャに天然ゴムを使用すると細菌の栄養源となるので，必ず合成ゴム（クロロプレン系など）を用いる．

正解（1）

**問題124** 雨水利用設備に関する次の記述のうち，最も不適当なものはどれか．
（1） 雨水の集水場所は，原則として建築物の屋根面とする．
（2） 雨水処理において，生物処理法が用いられる．
（3） 雨水利用率とは，雨水集水量に対する雨水利用量の割合である．
（4） 雨水処理において，消毒装置は雨水貯留槽の下流側に設置する．
（5） 雨水貯留槽に流入する立て管には，豪雨時の満水対策として，緊急停止弁などを設ける．

**解 答**
雨水処理は沈殿・ろ過・消毒などが基本であり，生物処理法は用いない．

正解（2）

**問題125** 次の雑用水処理設備のうち，色度及び臭気の除去に最も適したものはどれか．
- （1） 沈砂槽
- （2） 回転板接触槽
- （3） ばっ気槽
- （4） 活性炭処理装置
- （5） ろ過装置

**問題126** 建築物衛生法施行規則に規定されている雑用水の水質基準項目とその基準との組合せとして，誤っているものは次のうちどれか．
- （1） 大腸菌――――――検出されないこと
- （2） 臭気――――――異常でないこと
- （3） pH値――――――5.8以上8.6以下であること
- （4） 濁度――――――2度以下であること
- （5） 外観――――――浮遊物質を含まないこと

**問題127** 排水の水質に関する次の記述のうち，最も不適当なものはどれか．
- （1） 透視度は，BODと相関を示すことが多く，汚水処理の進行状況を推定する指標として用いられる．
- （2） CODは，主として水中の有機物質が好気性微生物によって分解される際に消費される酸素量を表したものである．
- （3） MLSSは，ばっ気槽混合液浮遊物質のことで，活性汚泥中の微生物量の指標の一つである．
- （4） 残留塩素は，水中に存在する遊離型及び結合型の有効塩素をいい，消毒効果の指標として用いられる．
- （5） リン化合物は，閉鎖性水域における富栄養化の原因物質の一つである．

**問題128** 排水トラップに関する次の記述のうち，最も不適当なものはどれか．
- （1） トラップにかかる圧力変動の周期と封水の固有振動周期が近いと共振現象を起こし，封水の水の損失が大きくなる．
- （2） 脚断面積比とは，トラップの流出脚断面積を流入脚断面積で除した値をいう．
- （3） 封水強度とは，トラップの蒸発現象発生時の封水保持能力をいう．
- （4） トラップのウェア（あふれ縁）に糸くずや毛髪が引っ掛かると，毛細管現象で封水が減少する．
- （5） 自掃作用とは，排水の流下水勢によって，トラップの封水部に沈積又は付着するおそれのある夾雑物を押し流す作用をいう．

**問題129** 排水通気設備に関する語句の組合せとして，最も不適当なものは次のうちどれか．

(1) 各個通気方式————トラップの自己サイホンの防止
(2) 排水口空間———— 飲料水槽の汚染防止
(3) 即時排水型ビルピット—排水槽の悪臭防止
(4) インバートます————固形物の滞留防止
(5) 通気弁————————通気管内の正圧防止

**問題130** 排水設備に関する次の記述のうち，最も不適当なものはどれか．

(1) 排水ポンプは，吸込みピットの壁面から200mm以上離して設置する．
(2) 排水用耐火二層管は，繊維モルタルによる外管と硬質ポリ塩化ビニル管による内管の組合せからなる．
(3) トラップが直接組み込まれていない阻集器には，その出口側にトラップを設ける．
(4) 排水槽の底の勾配は，吸込みピットに向かって1/20とする．
(5) 通気管の大気開口部に設置する通気口の通気率（開口面積/管内断面積）は，100％以上必要である．

**問題131** 排水通気配管に関する次の記述のうち，最も不適当なものはどれか．

(1) ループ通気方式は，通気管を最上流の器具排水管が排水横枝管に接続される位置のすぐ下流から立ち上げて，通気立て管に接続する方式である．
(2) 通気管の大気開口部を窓や換気口の付近に設ける場合は，その上端から600mm以上立ち上げる．
(3) 特殊継手排水システムは，排水横枝管への接続器具数が多いビルに採用されている．
(4) 管径150mmの排水横管の最小勾配は，1/200である．
(5) 伸頂通気方式では，排水立て管と排水横主管の接続には，大曲がりベンドなどを用いる．

**問題132** 排水通気設備に関する次の記述のうち，最も不適当なものはどれか．

(1) 排水管の掃除口の設置間隔は，管径100mmを超える場合，通常30m以内とする．
(2) 雨水ますの流出管は，流入管よりも管底を20mm程度下げて設置する．
(3) 排水ますは，敷地排水管の直管が長い場合，敷地排水管の管内径の150倍程度に設置する．
(4) 飲料用貯水槽の間接排水管の排水口空間は，最小150mmとする．
(5) 自然流下式の排水横管の勾配は，管内流速が0.6～1.5m/sになるように設ける．

令和2年

**問題133** 排水設備の保守管理に関する用語の組合せとして，最も不適当なものは次のうちどれか．

（1） 逆流防止弁————————排水の逆流防止
（2） 床下式の掃除口————————砲金製プラグの使用
（3） ウォーターラム法————————圧縮空気の放出による管内閉塞物の除去
（4） 排水槽の開口部への防虫網の設置————————チカイエカの発生防止
（5） 汚水槽のフロートスイッチ————————絶縁抵抗の定期的な測定

**問題134** 排水設備の保守管理に関する次の記述のうち，最も不適当なものはどれか．

（1） 排水槽の底部勾配面には，点検歩行を容易にするため階段を設ける．
（2） 排水槽の清掃は，酸素濃度と硫化水素濃度を確認してから行う．
（3） 排水槽の悪臭防止対策としては，タイマによる強制排水を行うことが望ましい．
（4） グリース阻集器のトラップの清掃は，2カ月に1回程度行う．
（5） 水中用排水ポンプのメカニカルシール部のオイル交換は，3〜5年に1回程度行う．

**問題135** 排水通気設備の維持管理に関する次の記述のうち，最も不適当なものはどれか．

（1） 小便器の排水管内に付着した尿石は，アルカリ性洗剤を用いて除去する．
（2） 排水管内部の詰まり具合や腐食状況は，内視鏡や超音波厚さ計により確認できる．
（3） ロッド法は，1〜1.8mのロッドをつなぎ合わせ，手動で排水管内に挿入し清掃する方法である．
（4） 排水横管の清掃に用いるスネークワイヤ法は，一般に長さ25m以内で用いられる．
（5） 排水立て管の清掃に用いる高圧洗浄法は，5〜30MPaの圧力の水を噴射し，排水管内を洗浄する方法である．

**問題136** 衛生器具に関する次の記述のうち，最も不適当なものはどれか．

（1） 衛生器具の材質は，平滑な表面をもち，吸水・吸湿性がなく，衛生的であることが求められる．
（2） 給水器具には，給水栓，洗浄弁，ボールタップ等がある．
（3） 衛生器具の分類において，水受け容器の排水口と排水管とを接続するトラップは，付属品に分類される．
（4） 飲料水に接する部分の材質は，人体に有害な成分が溶出しないことが求められる．
（5） 洋風大便器の便座には，プラスチックや木材等が使用さ

れる.

正解(3)

**問題137** 衛生器具の故障の現象とその原因との組合せとして，最も不適当なものは次のうちどれか.

(1) 小便器内が十分に洗浄されていない —— 水出口穴に異物が詰まっている

(2) 小便器の排水の流れが悪い —— 排水管内にスケールが付着している

(3) 混合水栓の適温が得られない —— 水圧と湯圧の差が大きすぎる

(4) 大便器へ少量の水が流れ続ける —— 洗浄弁のシートとシートパッキンの間に異物が付着している

(5) サイホン式大便器の溜水面が正常より小さい —— タンク内の補助水管がオーバフロー管内に差し込まれている

**解答**

　サイホン式大便器の溜水面が正常より小さい原因は，タンク内の補助水管がオーバフロー管内に差し込まれていないためである.

正解(5)

**問題138** 浄化槽法に規定されている浄化槽の定義に関する次の文章の　　　内の語句のうち，誤っているものはどれか.

　 (1) 便所 と連結してし尿及びこれと併せて (2) 雨水 を処理し， (3) 下水道法 に規定する終末処理場を有する公共下水道以外に放流するための設備又は施設であって，同法に規定する公共下水道及び (4) 流域下水道 並びに廃棄物の処理及び清掃に関する法律の規定により定められた計画に従って (5) 市町村 が設置したし尿処理施設以外のものをいう.

**解答**

　浄化槽法 第1章 総則 第2条（定義）第1項：浄化槽　便所と連動してし尿及びこれと併せて雑用水（工場排水，雨水その他の特殊な排水を除く）を処理し，下水道法に規定する終末処理場を有する公共下水道以外に放流するための設備又は施設であって，同法に規定する公共下水道及び流域下水道並びに廃棄物の処理及び清掃に関する法律の規定により定められた計画に従って市町村が設置したし尿処理施設以外のものをいう.

正解(2)

**問題139** 浄化槽の単位装置とその点検内容との組合せとして，最も不適当なものは次のうちどれか.

(1) 沈殿分離槽 —————— 溶存酸素濃度
(2) 汚泥貯留槽 —————— スカムの貯留状況
(3) 流量調整槽 —————— ポンプの作動水位
(4) 接触ばっ気槽 ————— 生物膜の生成状況
(5) 消毒槽 ——————— 沈殿物の堆積状況

**解答**

　沈殿分離槽の点検内容は，スカム，体積汚泥の生成状況である.

正解(1)

**問題140** 消防用設備の保守管理に関する次の記述のうち，最も不適当なものはどれか.

(1) 防火設備定期検査制度により，特定行政庁が定める特定建築物の防火設備は，一級建築士，二級建築士又は防火設備検査員が，1年に1回作動状況などを確認する.

(2) 特定防火対象物における法定定期点検の結果とその不備に関する是正措置の報告は，3年に1回行う.

(3) 消防用設備等に附置される動力消防ポンプは，6カ月に1回作動点検を行う.

(4) 法定定期点検の内容は，作動点検，外観点検，機能点検，総合点検である.

(5) 消防法で規定する消防用設備等について，特定防火対象

**解答**

　特定防火対象物における法的定期点検の結果とその不備に関する是正措置の報告は，1年に1回行う.

物で一定規模以上のものは，消防設備士又は消防設備点検資格者が点検する．

**問題141** 建築物における衛生的環境の維持管理について（平成20年1月25日健発第125001号）により示された，建築物環境衛生維持管理要領に関する次の記述のうち，最も不適当なものはどれか．
（1） 清掃用器具は，汚染度を考慮して区域ごとに使い分ける．
（2） 洗剤や床維持材は，利用者や清掃従事者等の健康及び環境に配慮したものを用いる．
（3） 清掃用機械器具などの保管庫は，1年以内ごとに1回，定期に点検する．
（4） 収集・運搬設備，貯留設備等の廃棄物処理設備は，6カ月以内ごとに1回，定期に点検する．
（5） 所有者等は，建築物内で発生する廃棄物について分別ができる環境を整備する．

**解答**
清掃用機械器具などの保管庫の点検は，6か月以内に1回，定期的に行う．

正解(3)

**問題142** 次の建築物清掃のうち，一般的に日常清掃で行うものとして，最も不適当なものはどれか．
（1） 玄関ホールのフロアマットの除じん
（2） エスカレータのランディングプレートの除じん
（3） 廊下壁面の除じん
（4） 駐車場床面の除じん
（5） 玄関ホールの金属部の除じん

**解答**
廊下壁面は，高所部分は定期清掃，低所部分は日常清掃の範囲となる．外回りの除塵も日常清掃で行う．

正解(3)

**問題143** 清掃作業における転倒事故の防止対策に関する次の記述のうち，最も不適当なものはどれか．
（1） 出入口やコーナーでは，指差し呼称を行う．
（2） 走ったり，ポケットに手を入れない．
（3） 滑りにくい作業靴や滑り止めカバーを使用する．
（4） 使用する機械・器具は乱雑に置かない．
（5） 通路確保のため周辺を整理整頓して作業に当たる．

**解答**
転倒防止対策として重要なのは，周囲と資機材の整理整頓，作業態度，滑り止めの効果がある靴の着用などである．

正解(1)

**問題144** 建築物清掃の点検評価に関する次の記述のうち，最も適当なものはどれか．
（1） 評価は4カ月に1回行う．
（2） 改善が必要と判断した場合は，評価者が清掃責任者に指示を行う．
（3） 評価は清掃作業者の視点で行う．
（4） 点検は，主として測定機器（光沢度計など）を用いて行う．
（5） 評価範囲は，汚染度の平均的な箇所に重点を置く．

**解答**
(1) 四季の変化に合わせて，4か月ではなく3か月に1回行う．
(3) 評価は，利用者の視点で行う．
(4) 点検は，目視が中心の官能法となる．
(5) 評価範囲は，汚染度の高い箇所に重点を置く．

正解(2)

**問題145** 粒子状物質とその粒子の大きさとの組合せとして，最も適当なものは次のうちどれか．
（1） 沈降性大気じん —————— 0.1 μm〜0.5 μm
（2） たばこ煙 —————— 1 μm〜10 μm
（3） 花粉 —————— 10 μm〜100 μm

**解答**
(1) 沈降性大気じんは1〜100 μmの大きさである．
(2) たばこの煙は0.1〜1 μmの大きさである．

（4）　掃除機の排気中の粒子―――――― 50 μm～500 μm

（5）　ダストクロス清掃による発じん―― 100 μm～1 000 μm

（4）　掃除機の排気中の粒子は 1 μm以上10 μm以下の大きさである．

（5）　ダストクロス清掃による発じんは 1 μm以上10 μm以下の大きさである．

正解（3）

**問題146**　建築物清掃における環境対策に関する次の記述のうち，最も不適当なものはどれか．
（1）　パッドやブラシに使用されている研磨剤の種類や量を考慮して選定する．
（2）　作業時間の短縮を図る．
（3）　酸・アルカリ性の洗剤は中和して排出する．
（4）　洗剤を使用するときの温度は，なるべく高く設定する．
（5）　作業に伴う洗剤容器などの廃棄物を減量する．

**解 答**

高温に弱い界面活性剤があるほか，洗剤の温度を上げすぎると含有する溶剤などにも影響が出るため，適切な温度は20～40℃くらいである．

正解（4）

**問題147**　ビルクリーニング用機械・器具に関する次の記述のうち，最も適当なものはどれか．
（1）　三つ手ちり取りは，移動する際にごみがこぼれないので，拾い掃き用として広く使われる．
（2）　自在ほうきは，馬毛などを植えた薄いブラシであり，ほこりを舞い上げることが少ない．
（3）　自動床洗浄機は，洗剤供給式床磨き機とドライ式真空掃除機とを結合したものである．
（4）　樹脂床維持剤皮膜の剥離は，床材を傷めないようにするため，床用パッドの赤又は白が使われる．
（5）　凹凸のある床面には，研磨粒子が付着したパッドが使われる．

**解 答**

（1）三つ手ちり取りは，ふたがないのでごみがこぼれやすい．
（3）自動床洗浄機は，ドライ式真空掃除機ではなく，ウエット式真空掃除機と洗剤供給式床磨き機を組み合わせたものである．
（4）樹脂床維持剤の剥離には，茶色または黒以上の粒子の粗いパットが使われる．
（5）凹凸のある床面にはブラシが使用される．パットでは凹部分の内部の汚れをかき出せない．

正解（2）

**問題148**　カーペット清掃用機械に関する次の記述のうち，最も不適当なものはどれか．
（1）　アップライト型真空掃除機は，カーペットのほこりを取るのに適した構造である．
（2）　真空掃除機は，電動ファンによって機械内部に空気の低圧域を作り，ホースを通じてほこりを吸引する構造である．
（3）　スチーム洗浄機は，高温の水蒸気で汚れを取るため，洗浄後に残る水分が少なく仕上がりも柔らかい．
（4）　洗剤供給式床磨き機は，化学繊維のタフテッドカーペットの洗浄に適している．
（5）　エクストラクタは，機械内部で作られた泡で洗浄し，直ちに吸引する構造である．

**解 答**

エクストラクタは，タンク内の洗剤または清水を吹きかけて，すぐに吸引する機械で，泡にした洗剤を吹きかける洗浄方法はドライフォームとなる．

正解（5）

**問題149**　清掃作業に使用する洗剤に関する次の記述のうち，最も適当なものはどれか．
（1）　表面洗剤は，界面活性剤を配合して，泡立ちやすいようにしてある．
（2）　洗剤に使用する界面活性剤は，陰イオン系と非イオン系

**解 答**

（1）表面洗剤は，非イオン系の界面活性剤を使用しているものが多く，泡立ちが少ない．
（2）陰イオン系と非イオン系だけでな

に大別される.
（3）　界面活性剤は，液体の表面張力を高くする働きをもつ.
（4）　洗剤の効果を高める助剤（ビルダ）には，汚れの再付着を防止するものがある.
（5）　洗剤は，使用する濃度が低ければ低いほどよい.

**問題150**　清掃作業と使用する洗剤との組合せとして，最も不適当なものは次のうちどれか.
（1）　真ちゅう金物の洗浄――――――――研磨剤入り洗剤
（2）　厨房床の洗浄―――――――――――アルカリ性洗剤
（3）　樹脂床維持剤塗布床面の剥離洗浄――アルカリ性洗剤
（4）　大理石床の洗浄―――――――――――中性洗剤
（5）　リノリウム床の洗浄――――――――アルカリ性洗剤

**問題151**　ビルクリーニング作業を行うに当たって把握しなければならない床材の特性として，最も不適当なものは次のうちどれか.
（1）　耐洗剤性
（2）　防音性
（3）　吸水性
（4）　表面の粗さ
（5）　工法・仕上げ

**問題152**　床材の特徴と維持管理に関する次の記述のうち，最も不適当なものはどれか.
（1）　木質系床材は，水分に弱い.
（2）　塩化ビニル系床材は，耐薬品性や耐水性に富む.
（3）　床維持剤を塗布することで，ほこり除去の作業頻度を減らすことができる.
（4）　セラミックタイルは，耐酸性，耐アルカリ性がある.
（5）　コンクリートは，耐酸性に乏しい.

**問題153**　繊維床材の清掃に関する次の記述のうち，最も適当なものはどれか.
（1）　事務所建築物の繊維床材の汚れは，約60％が油性のしみである.
（2）　スポットクリーニングは，除じんで除去できない汚れがパイルの上部にあるうちに行う.
（3）　ポリプロピレン素材は，親水性の汚れが取れにくい.
（4）　カーペットのほつれは，年に1～2回まとめてカットする.
（5）　アクリル素材は，親水性の汚れが取れにくい.

く，陽イオン系と両性イオン系もある.
（3）　界面活性剤は，液体の表面張力を下げる働きがある.
（5）　洗剤には使用に適した濃度がある．薄すぎると臨界ミセル濃度に達しないため，洗浄力が発揮できない.

正解（4）

**解答**
　リノリウム床材は，アルカリ性洗剤に長時間接触すると変色する.

正解（5）

**解答**
　建材の防音性は，ビルクリーニング作業とは関連が薄い.

正解（2）

**解答**
　床維持剤は，建材の摩耗や汚れのしみこみを防止し，表面を平滑にして日々の清掃をしやすくする効果がある．ほこりの除去の作業頻度は変わらない.

正解（3）

**解答**
（1）建築物の繊維系床材の汚れは，共用部分で約70％（重量比）が土砂（親水性）の汚れである．残りが水溶性のしみと油脂系または油性のしみなどに分類される.
（3）ポリプロピレンは，疎水性の素材のため油溶性の汚れが付着しやすい，（5）のアクリル素材も同様である.
（4）カーペットのほつれは，放っておくと広がってしまうため，できるだけ早く対応する.

正解（2）

**問題154** 床維持剤のドライメンテナンス法に関する次の記述のうち，最も不適当なものはどれか．
- （1） 部分補修がしやすい．
- （2） 前方に進む作業が主体となり，作業の安全性が高い．
- （3） 汚水がほとんど発生しないので，環境汚染が少ない．
- （4） 作業の工程数が少ない．
- （5） ドライバフ法の床磨き機は，床面の土砂やほこりの除去に使用される．

**問題155** 清掃に関する次の記述のうち，最も不適当なものはどれか．
- （1） エレベータホールにある繊維床のスポットクリーニングは，6カ月に1〜2回行う．
- （2） 照明器具の定期清掃は，6カ月に1回行う．
- （3） エレベータ内壁，手すり，ドア等では，毎日の水拭きや洗剤拭きが重要である．
- （4） トイレは，清掃作業により全面的に使用禁止とならないようにする．
- （5） 階段の壁面は，他の場所より，ほこりの付着度合いが高い．

**問題156** 我が国の廃棄物処理政策の変遷に関する次の記述のうち，最も不適当なものはどれか．
- （1） 1950年代に，汚物を衛生的に処理し，生活環境を清潔にすることを目的に清掃法が制定された．
- （2） 1970年代の廃棄物の処理及び清掃に関する法律（以下「廃棄物処理法」という．）の制定により，「汚物」に加えて，新たに「不要物」の概念が導入された．
- （3） 1980年代に，最終処分場の確保難等に対処するため，廃棄物処理施設整備の推進が図られた．
- （4） 1990年代に，「廃棄物」を「一般廃棄物」と「産業廃棄物」に分類し，廃棄物の適正処理が図られた．
- （5） 2000年代に，廃棄物等の発生を抑制（リデュース）するとともに，再利用（リユース）及び再生利用（リサイクル）が図られた．

**問題157** ごみの焼却処理に関する次の記述のうち，最も不適当なものはどれか．
- （1） 800℃以上の高温で焼却されることによって，ごみに含まれる悪臭物質は熱分解される．
- （2） ごみの容積は，焼却処理により，5〜10％に減容化される．
- （3） ごみの重量は，焼却処理により，約15％に減量化される．
- （4） 約70％のごみ焼却処理施設で，余熱を利用した発電が行われている．
- （5） ごみの焼却処理は，ごみの総処理量の約80％を占めている．

**問題158** 廃棄物の処理に関する次の記述のうち，最も不適当なものはどれか．

(1) 一般廃棄物について市町村は，一般廃棄物処理計画に従い清掃事業として処理を行う．

(2) 産業廃棄物を含めた事業系廃棄物は，事業者が処理する．

(3) 廃棄物の中間処理に当たっては，大気汚染，水質汚濁，悪臭等が生じないよう排ガスや排水の処理を行わなければならない．

(4) 一般廃棄物の埋立処分は，管理型最終処分場に埋め立てなければならない．

(5) 産業廃棄物のうち，有害物質を含まない汚泥は，安定型最終処分場に埋め立てられる．

**解答**

(4) 一般廃棄物の埋立処分は，「一般廃棄物最終処分場」もしくは「産業廃棄物最終処分場の管理型最終処分場と同じ機能，構造を持つ処分場」に埋め立てなければならない．

(5) 有蓋物質を含まない汚泥の処理は，安定型最終処分場ではなく，管理型最終処分場で行われる．

正解(4)(5)

**問題159** 廃棄物処理法に関する次の記述のうち，最も不適当なものはどれか．

(1) 都道府県知事は，多量の一般廃棄物を生じる建物の占有者に対し，減量に関する計画の策定等を指示することができる．

(2) 排出事業者が産業廃棄物の処理を委託する場合には，その移動及び処理の状況を自ら把握するため，マニフェストの使用が義務付けられている．

(3) 一般廃棄物の収集，運搬，処分等が適正に行われるよう，処理基準が定められている．

(4) 都道府県知事は，産業廃棄物処理業の許可申請があった場合には，適合していることを審査し，許可する．

(5) 排出事業者が産業廃棄物の処理を委託する場合には，委託基準に従わなければならない．

**解答**

計画の策定を指示するのは，都道府県知事ではなく，市町村長である．

正解(1)

**問題160** 廃棄物処理法の一般廃棄物及び産業廃棄物に関する次の記述のうち，最も不適当なものはどれか．

(1) 医療機関などから排出される感染性のおそれのある産業廃棄物は，特別管理産業廃棄物に該当する．

(2) 飲食店から排出された木くずは，産業廃棄物に該当する．

(3) 特別管理一般廃棄物には，都市ごみ焼却施設から生じるばいじん，医療機関などから排出される血液の付着したガーゼ・脱脂綿が該当する．

(4) 事業活動に伴って排出される廃棄物は，事業系一般廃棄物と産業廃棄物とに大別される．

(5) 紙くずのうち，紙製造業などの特定の業種から排出されたものは，産業廃棄物に該当する．

**解答**

建設業やパルプ，木材の卸売業などから生ずるおが屑は産業廃棄物となる．しかし，飲食店から排出された木くずは産業廃棄物には該当しない．

正解(2)

**問題161** 事務所建築物から厨芥（ちゅうかい）が1日当たり0.25 m³排出されており，その質量は全廃棄物質量の5%を占めている．いま，全廃棄物質量を1日当たり2.4tとすると，厨芥の単位容積質量（kg/m³）として，正しいものは次のうちどれか．

(1) 30 kg/m³

(2) 120 kg/m³

**解答**

題意より，1日当たりの全廃棄物は，

$$0.25 (m^3) \div \frac{5}{100} = 5 (m^3/日) = 2.4 (t/日)$$

したがって，厨芥の単位容積質量値は，

$$2.4 (t/日) \div 5 (m^3/日) = 0.48 (t/m^3)$$
$$= 480 (kg/m^3)$$

（3）　300 kg/m³
（4）　480 kg/m³
（5）　600 kg/m³

**問題162**　建築物内廃棄物に関する次の記述のうち，最も適当なものはどれか．
（1）　家庭から排出される廃棄物より，事務所建築物から排出される廃棄物の方が，単位容積質量値は大きい．
（2）　厨芥とは，紙くずと雑芥を混合したものである．
（3）　感染性廃棄物は，長期間の保管を考慮して保管場所を決める．
（4）　建築物内に診療所がある場合は，建築物所有者が特別管理産業廃棄物管理責任者を置かなければならない．
（5）　紙くず類の収集は，一般にカンバス製のコレクタが用いられる．

**解答**
（1）　家庭から排出された廃棄物のほうが水分が多いため，単位容積質量値は大きい．
（2）　厨芥は，レストランや飲食店から排出される料理の残りなどで，一般に70％の水分を含むものである．一方，雑芥は10〜20％の水分保有量である．
（3）　感染性廃棄物は，できるだけ短期間で処理をする．
（4）　特別管理産業廃棄物管理責任者は，診療所側で置く必要がある．

正解（5）

**問題163**　建築物内廃棄物の各関係者の基本的役割に関する次の記述のうち，最も不適当なものはどれか．
（1）　国・地方公共団体は，廃棄物に関する教育・啓蒙を行う．
（2）　ビルメンテナンス事業者は，建築物内廃棄物の管理責任者を選任する．
（3）　建築物内廃棄物処理事業者は，廃棄物の減容化に努める．
（4）　建築物維持管理権原者は，建築物内廃棄物の処理に必要な容器，集積場所，保管場所等を適切に準備する．
（5）　ビルメンテナンス事業者は，建築物内廃棄物の収集・運搬・処理・保管を実施する．

**解答**
ビルメンテナンス事業者ではなく，建築物の所有者が廃棄物管理責任者を選任する．

正解（2）

**問題164**　建築物内廃棄物の貯留・搬出方式に関する次の記述のうち，最も不適当なものはどれか．
（1）　容器方式は，コンパクタ・コンテナ方式より貯留・搬出の作業性に優れている．
（2）　真空輸送方式は，輸送管によって空気搬送する方式である．
（3）　コンパクタ・コンテナ方式は，大規模建築物に適している．
（4）　貯留・搬出方式は，真空収集方式より初期コストがかからない．
（5）　コンパクタ・コンテナ方式は，容器方式よりランニングコストが少ない．

**解答**
容器方式は，初期コストは低いが，特に搬出時の作業性はコンパクタ・コンテナ方式のほうが優れている．

正解（1）

**問題165**　建築物内廃棄物の中間処理に関する次の記述のうち，最も適当なものはどれか．
（1）　破砕機は，プラスチック類の粉砕に用いられる．
（2）　シュレッダは，新聞紙の切断に用いられる．
（3）　冷蔵庫は，厨芥類の保管に用いられる．
（4）　梱包機は，缶類の圧縮に用いられる．
（5）　圧縮装置は，段ボールの保管場所の確保のために用いられる．

**解答**
（1）　びんやプラスチックの処理に適しているのは，粉砕機である．
（2）　シュレッダは，事務書類の切断に使用される．
（4）　梱包機は，新聞紙や段ボールへの使用に適している．
（5）　圧縮装置は，缶類の圧縮に使用される．

令和2年

**問題166** 蚊の防除に関する次の記述のうち，最も不適当なものはどれか．

（1） 昆虫成長制御剤（IGR）は，成虫に対する致死効果が認められない．

（2） 浄化槽内の殺虫剤処理後も成虫数が減少しない場合は，より高い濃度の薬剤を複数回処理する．

（3） 浄化槽に殺虫剤を処理する場合には，クレゾールなどの殺菌剤を含有する製剤は使用しない．

（4） 防除を効果的に行うためには，吸血被害の聞取調査や成虫の発生状況の調査を行う．

（5） 排水槽や汚水槽の通気管は，外部からの成虫の侵入経路となる．

**解答**

設問の場合，対象害虫に抵抗性ができている可能性があるので，作用機構の異なる他の薬剤に変えるべきである．

正解（2）

**問題167** ゴキブリの防除に関する次の記述のうち，最も不適当なものはどれか．

（1） チャバネゴキブリでは，毒餌への喫食抵抗性を示す個体が知られている．

（2） ULV処理は，室内空間に薬剤を充満させて処理する方法である．

（3） 残留処理は，薬剤を経口的に取り込ませることをねらった処理法である．

（4） 防除に先立ち，ゴキブリの生息密度調査を行うことは重要である．

（5） ピレスロイド剤は，ゴキブリに対してフラッシング効果を示す．

**解答**

残留処理は，脚や皮膚に薬品が付着することで薬剤が体内に浸透する経皮中毒によって効果を発揮する．

正解（3）

**問題168** ダニに関する次の記述のうち，最も不適当なものはどれか．

（1） ダニの頭部には，温度や炭酸ガスを感知するための触角がある．

（2） マダニは，吸血源動物が近づいてくるのを，植物の葉の先端部で待ち構えている．

（3） トリサシダニやスズメサシダニの被害は，野鳥の巣立ちの時期に集中する．

（4） ヒトの皮膚に内部寄生するダニが知られている．

（5） コナヒョウヒダニが増える温湿度条件は，ヒトが快適に生活できる条件とほぼ一致している．

**解答**

ダニ類は，昆虫類と異なり触覚はなく，昆虫の頭部に該当する顎体部にある触肢の感覚毛によって感知する．

正解（1）

**問題169** ハエ類に関する次の記述のうち，最も不適当なものはどれか．

（1） イエバエの主要な発生源は，畜舎やゴミ処理場である．

（2） クロバエは，夏期によく見られる小型のハエである．

（3） ショウジョウバエやチョウバエ等は，走光性を示す種類が多い．

（4） 国内のハエ症では，食べ物と一緒に幼虫を飲み込み，腹

**解答**

クロバエは低温期を好み，イエバエに比べて大型である．

痛などを起こす消化器ハエ症が最も多い.
（5） ノミバエの主要な発生源は，腐敗した動物質である.

**問題170** 衛生害虫に関する次の記述のうち，最も不適当なものはどれか.
（1） カツオブシムシ類の幼虫は，乾燥食品や毛織物等を加害する.
（2） シバンムシアリガタバチの幼虫は，シバンムシの体表に寄生する.
（3） コナチャタテ類は，ドライフラワーなどから発生する.
（4） トコジラミは，シラミの仲間の吸血昆虫である.
（5） ノミはシラミと異なり，飢餓に耐えることができる.

**問題171** 殺虫剤の有効成分とその防除対象害虫との組合せとして，最も不適当なものは次のうちどれか.
（1） フィプロニル―――――チャバネゴキブリ幼虫・成虫
（2） フェノトリン―――――アカイエカ幼虫
（3） プロペタンホス ―――トコジラミ幼虫・成虫
（4） ジクロルボス―――――チカイエカ成虫
（5） ピリプロキシフェン―――イエバエ幼虫

**問題172** 薬剤やその効力に関する次の記述のうち，最も適当なものはどれか.
（1） イカリジンは，ゴキブリ類に対する致死効力が高い.
（2） ジクロルボスを有効成分とする樹脂蒸散剤がある.
（3） $LD_{50}$値は，50％致死濃度を表している.
（4） 有機リン剤の処理によってノックダウンした個体は，蘇生する傾向が強い.
（5） 昆虫成長制御剤（IGR）に対する抵抗性を獲得した衛生害虫は，知られていない.

**問題173** ネズミの防除に関する次の記述のうち，最も不適当なものはどれか.
（1） ネズミの毒餌を作る場合，クマネズミは植物質の物を基材とする.
（2） 殺鼠剤による防除を行った場合，死体からハエ類が発生することがあるので，死鼠の回収に努める.
（3） ネズミの侵入防止のため，通風口や換気口に取り付ける金属格子の目の幅は，1cm以下とする.
（4） ラットサインとは，ネズミ類の活動によって残される糞

正解（2）

**解　答**
分類上，トコジラミはカメムシ目，シラミはシラミ目で，系統が異なる.
　編集部注：（2）のバンムシアリガタバチは，シバンムシの幼虫の体内に卵を産み寄生する.

正解（4）

**解　答**
フェノトリンはピレスロイド系殺虫剤の一種で，ノミ取りシャンプーやノミ駆除スポットオン製剤などに用いられている.魚毒性が高いので，現在は水系殺虫剤として使用されていない.

正解（2）

**解　答**
板状の合成樹脂にジクロルボスなどの殺虫剤を練り込んであり，高い殺虫力と蒸気圧を持ち，長期間にわたって殺虫成分を蒸散させ，浄化槽，汚水槽，倉庫などといった常時人がおらず，食品や容器が直接曝露されない場所で使用する.
（1） イカリジンは，蚊・ブユ・アブなどの忌避剤（虫よけ剤）として用いられる.
（3） LDは，致死濃度ではなく「Lethal Dose, 50％」の略，すなわち「半数致死量」のことで，薬をある一定量投与したときに対象動物（虫）の半数が死んでしまう量を指す.
（4） 有機リン剤は，急性毒性が高く，残効性もあるので蘇生率は低い.
（5） イエバエなどで，IGRに抵抗性を示す例が報告されている.

正解（2）

**解　答**
警戒心が強いのは，ドブネズミではなくクマネズミである.

尿や足跡等の証拠のことである.
（5）　ドブネズミは，警戒心が強く，毒餌やトラップによる防除が困難である.

**問題174**　ネズミ用の薬剤やその効力に関する次の記述のうち，最も不適当なものはどれか.
（1）　経皮的な取り込みによる効力の発現を目的とした殺鼠剤はない.
（2）　殺鼠剤による駆除を行った際，イエダニによる吸血被害が顕在化することがある.
（3）　ネズミの薬剤抵抗性は，免疫の獲得によって発達する.
（4）　ケーブルなどのかじり防止の目的で使用できる忌避剤がある.
（5）　抗凝血性殺鼠剤の致死効果の発現は，遅効的である.

**解 答**
ネズミの薬剤抵抗性が発達するのは，抵抗性形質が遺伝するためである.

正解（3）

**問題175**　衛生害虫とその健康被害に関する次の記述のうち，最も不適当なものはどれか.
（1）　アカイエカは，デング熱の媒介蚊である.
（2）　ネコノミは，宿主の範囲が広く，ネコ以外の動物からも吸血する.
（3）　イエバエは，腸管出血性大腸菌の運搬者として注目されている.
（4）　ホテル，旅館，簡易宿泊所等で，トコジラミによる吸血被害が報告されている.
（5）　マダニ類は，重症熱性血小板減少症候群（SFTS）の病原体を媒介する.

**解 答**
デング熱は，日本国内ではヒトスジシマカが媒介する.

正解（1）

**問題176**　殺虫剤・殺鼠剤に関する次の記述のうち，最も不適当なものはどれか.
（1）　昆虫体内の加水分解酵素などが，殺虫剤の解毒に関わっている.
（2）　殺鼠剤の安全性は，毒性の内容や強弱，摂取量，摂取期間によって決まる.
（3）　殺鼠剤の多くは，選択毒性が低く，ヒトに対しても毒性を示す.
（4）　殺鼠剤には，劇薬，毒薬に該当する製剤がある.
（5）　薬剤を実験動物に投与して求めたLD$_{50}$値は，殺虫剤の急性毒性の評価基準となる.

**解 答**
劇薬，毒薬に該当する殺鼠剤はない.ただし，農薬や動物用医薬部外品の殺鼠剤には，毒物，劇物（毒物及び劇物取締法）に該当する製剤がある.

正解（4）

**問題177**　防虫・防鼠構造や防除に用いる機器に関する次の記述のうち，最も適当なものはどれか.
（1）　通常16メッシュの網目であれば，蚊，コバエ等，多くの昆虫の侵入を防止できる.
（2）　光源がナトリウム灯の場合は，白熱灯に比べて昆虫類を誘引しやすいことが知られている.
（3）　ミスト機は，100～400 $\mu$m程度の粒子の薬剤を，ゴキブリなどの生息場所に散布する場合に使用する.

**解 答**
（1）16メッシュでは，小型の虫類はくぐり抜けることができる.
（2）ナトリウム灯よりも白熱灯のほうが昆虫類を誘引しやすい.
（3）ミスト機は，15～30 $\mu$mの粒子を散布する.
（5）噴霧機は，100～400 $\mu$mの粒子を噴射する.

（4） 食品取扱場所やその周辺では,毒餌や圧殺式トラップは,施錠可能な毒餌箱に入れて設置する.

（5） 噴霧機は,殺虫剤などに熱を加えないで,送風装置とノズル先端の衝突板で20〜100 $\mu$m程度の粒子を噴射する機器である.

**問題178** 殺虫剤の処理や保管に関する次の記述のうち,最も不適当なものはどれか.

（1） 乳剤や油剤等には,消防法に定める第四類危険物のうち,第一石油類に該当するものが多い.

（2） 有機溶剤系の薬剤を取り扱う場合には,耐有機溶剤性のゴム手袋を用いる.

（3） 建築物環境衛生管理基準に従って衛生害虫の防除を行う場合は,医薬品又は医薬部外品を使用しなければならない.

（4） 殺虫剤の処理によって,煙感知機が作動することがある.

（5） 殺虫剤散布を行う場合は,散布前後とも３日間は,当該区域の入口に殺虫剤の種類,散布方法等を掲示するなどして,その旨を周知する必要がある.

**解答**

乳剤や油剤は,キシレンや灯油のような第二石油類で希釈される.

正解（1）

**問題179** ねずみ・昆虫等の防除に関する次の記述のうち,最も不適当なものはどれか.

（1） ペストコントロールには,ベクターコントロールとニューサンスコントロールの二つの側面がある.

（2） 防除は,発生時対策より発生予防対策に重点を置いて実施する.

（3） IPM（総合的有害生物管理）による,ねずみ・昆虫等の対策に当たって設定される維持管理水準値は,該当建築物又は該当場所ごとに設定することができる.

（4） ねずみ・昆虫等に対する対策を行った場合は,対象生物の密度調査などにより,その効果について客観性のある評価を行う.

（5） IPM（総合的有害生物管理）における「措置水準」とは,放置すると今後問題になる可能性がある状況をいう.

**解答**

「措置水準」とは,ねずみや害虫の発生や目撃をすることが多く,すぐに防除作業が必要な状況を示す.

これに対し,「許容水準」とは,環境衛生上,良好な状態をいう.施行規則と告示に基づき,６か月以内に１回,発生の多い場所では２か月以内に１回,定期的な調査を継続する.

また,「警戒水準」とは,放置すると今後,問題になる可能性がある状況をいう.

正解（5）

**問題180** 害虫や薬剤に関する次の記述のうち,最も不適当なものはどれか.

（1） 害虫の薬剤に対する抵抗性の発達を抑制するために,作用機構の異なる薬剤のローテーション処理を行う.

（2） 有機塩素系の殺虫成分を含有する製剤が,ハエ類の駆除に用いられている.

（3） 炭酸ガス製剤は,有機溶剤に溶解させた有効成分を液化炭酸ガスと混合した製剤である.

（4） 昆虫等に対する不快感の程度は,第三者による客観的な判断が困難である.

（5） メイガ類の幼虫は,小麦粉で作られた菓子を加害することがある.

**解答**

炭酸ガス製剤は,液化炭酸ガスに有効成分を溶解した製剤で,有機溶剤や水は使用しない.

正解（3）

MEMO

**問題1**　世界保健機関（WHO）憲章の前文に述べられている健康の定義に関する次の文章の□□内に入る語句として，最も適当なものはどれか．

「健康とは完全な肉体的，精神的及び社会的福祉の状態にあり，単に病気又は病弱の存在しないことではない．

到達しうる最高基準の健康を享受することは，人種，宗教，政治的信念又は経済的もしくは□□条件の差別なしに万人の有する基本的権利の一つである．」
- （1）　地域的
- （2）　文化的
- （3）　社会的
- （4）　精神的
- （5）　身体的

**解答**

健康とは完全な肉体的，精神的及び社会的福祉の状態にあり，単に病気又は病弱の存在しないことではない．到達しうる最高基準の健康を享受することは，人種，宗教，政治的信念又は経済的もしくは[社会的]条件の差別なしに万人の有する基本的人権の一つである．

正解（3）

**問題2**　建築物における衛生的環境の確保に関する法律（以下「建築物衛生法」という．）に基づく特定建築物の用途に関する次の記述のうち，最も不適当なものはどれか．
- （1）　百貨店は，大規模小売店舗立地法に規定する大規模小売店舗をいう．
- （2）　興行場は，興行場法に規定する興行場に限らない．
- （3）　図書館は，図書館法に規定する図書館に限らない．
- （4）　博物館は，博物館法に規定する博物館に限らない．
- （5）　旅館は，旅館業法に規定する旅館業を営むための施設をいう．

**解答**

興行場は，「映画，演劇，音楽，スポーツ，演芸または観せ物を，公衆に見せ，又は聞かせる施設」と定義されている．その定義に規定する施設はすべて興行場である．
- （1）適当．大規模小売店舗立地法（同法施行令第2条）により，大規模小売店舗の条件は，店舗面積が1 000m²以上と規定されているから，百貨店はその範疇に該当する．
- （3）適当．図書館には企業が設置する専門の図書館等も含まれるから，すべてが図書館法第2条に規定する図書館とは限らない．
- （4）適当．博物館法では，第2条により登録制が採用されている．したがって，法の対象外の博物館も存在する．
- （5）適当．旅館は，旅館業法（第2条）に規定されている旅館業を営むための施設である．

正解（2）

**問題3**　建築物衛生法に基づく特定建築物の延べ面積に関する次の記述のうち，最も不適当なものはどれか．
- （1）　地下街の地下道は，延べ面積に算入しない．
- （2）　公共駐車場は，延べ面積に算入しない．
- （3）　事務所内の事務所用倉庫は，延べ面積に算入しない．

**解答**

事務所内の倉庫は，特定用途に附属する施設として延べ面積に算入する．

（4）　共同住宅は，延べ面積に算入しない．

（5）　診療所は，延べ面積に算入しない．

正解（3）

**問題4**　建築物衛生法に関する次の記述のうち，誤っているものはどれか．

（1）　特定建築物においては，建築物環境衛生管理基準に従った維持管理が義務付けられている．

（2）　特定建築物の所有者等は，建築物環境衛生管理技術者を選任しなければならない．

（3）　建築物環境衛生管理基準は，空気環境の調整，給水及び排水の管理，清掃，ねずみ・昆虫等の防除に関し，環境衛生上良好な状態を維持するのに必要な措置について定めている．

（4）　建築物環境衛生管理基準を定め，建築物環境衛生管理技術者にその遵守を義務付けている．

（5）　建築物環境衛生上の維持管理を行う事業者の資質の向上を図ることが重要であることから，これらの事業者について登録制度が設けられている．

**解答**

建築物環境衛生管理基準の遵守が義務付けられているのは，所有者または管理権原者である．

正解（4）

**問題5**　建築物衛生法に基づく特定建築物の用途として最も不適当なものは，次のうちどれか．

（1）　ボーリング場

（2）　水族館

（3）　公民館

（4）　人文科学系研究所

（5）　スポーツジム

**解答**

スポーツジムは，体育館などのスポーツ施設（観客席のあるものを除く）に分類されるから，特定用途に該当しない．一方，（1）のボーリング場はスポーツ施設の一面を有しているが，娯楽性が強いので遊技場に分類される．

ちなみに，（4）の人文科学系研究所は特定用途（事務所）として扱われる．間違えやすい事例として，「自然科学系研究所」がある．こちらは，特殊な環境であることから特定用途に該当しない．

正解（5）

**問題6**　次の建築物のうち，建築物衛生法に基づく特定建築物に該当するものはどれか．

（1）　延べ面積が2 500m²の事務所を併せもつ，5 000m²の自然科学系研究施設

（2）　延べ面積が3 500m²の中学校と4 000m²の高等学校を併せもつ，7 500m²の中高一貫校

（3）　延べ面積が1 500m²の体育施設を併せもつ，6 500m²の専門学校

（4）　延べ面積が2 500m²の事務所を併せもつ，5 000m²の寺院

（5）　延べ面積が2 500m²の店舗と2 000m²の貸倉庫を併せもつ，4 500m²の複合建築物

**解答**

学校教育法第1条に規定しない専門学校の場合は，延べ面積3 000m²以上で特定建築物である．設問では延べ面積が6 500m²であるから特定建築物である．

（1）該当しない．自然科学系研究施設は特定用途ではないので延べ面積に含まれない．事務所部分は特定用途であるが，3 000m²に満たないので特定建築物に該当しない．

（2）該当しない．中高一貫校は，学校教育法第1条に規定する学校であるが，合計延べ面積が8 000m²に満たないので，特定建築物に該当しない．

（4）該当しない．寺院は，特定用途ではないので延べ面積に含まれない．したがって，事務所部分は3 000m²に満たないので特定建築物に該当しない．

（5）該当しない．貸倉庫は管理権原者が

別に存在し，店舗が管理しているわけではないので，店舗の附属物とはみなされない．したがって，店舗部分は3 000m²に満たないので特定建築物に該当しない．

正解(3)

---

**問題7** 建築物衛生法に基づく特定建築物の届出に関する次の記述のうち，最も不適当なものはどれか．
- （1） 用途の変更により，特定建築物に該当しなくなったときは，その日から1カ月以内に，その旨を届け出なければならない．
- （2） 届出義務者は，所有者あるいは当該特定建築物の全部の管理について権原を有する者である．
- （3） 現に使用されている建築物が，増築により新たに特定建築物に該当することになったときは，その日から1カ月以内に届け出なければならない．
- （4） 届出の様式は，建築物衛生法施行規則で定められている．
- （5） 建築物衛生法施行規則に基づく届出事項に変更があったときは，その日から1カ月以内に，その旨を届け出なければならない．

特定建築物の届出様式は，都道府県の条例で定められている．

正解(4)

---

**問題8** 建築物環境衛生管理基準に基づく空気環境の測定に関する次の記述のうち，最も適当なものはどれか．
- （1） 新築の特定建築物では，最初の1年間は毎月測定しなければならない．
- （2） 測定を行う場合は，1日2回以上測定することが必要である．
- （3） 階数が多い場合は，各階ごとに測定しなくてもよい．
- （4） 測定場所は，適当な居室を選択し，測定しやすい場所で行う．
- （5） ホルムアルデヒドの測定結果が基準を超えた場合は，空調・換気設備を調整するなど軽減措置を実施後，速やかに測定し，効果を確認しなければならない．

建築物衛生法施行規則第3条の2に関する問題である．空気環境管理基準の測定項目には，平均値で評価するもの（浮遊粉塵の量，一酸化炭素の濃度，二酸化炭素の濃度）が含まれているので，1日に2回以上測定しなければならない．
- （1） 不適当．設問のような規定は存在せず，2か月ごとに測定しなければならない．
- （3） 不適当．各階ごとに測定しなければならない．
- （4） 不適当．測定場所は，室内の中央部分である．
- （5） 不適当．記述内容は，実際の措置としてはおおむね適当と言えるが，建築物衛生法関連法令には，設問のような規定は存在しない．

正解(2)

---

**問題9** 建築物環境衛生管理技術者に関する次の記述のうち，最も適当なものはどれか．
- （1） 特定建築物ごとに選任しなければならないので，同時に2以上の特定建築物の建築物環境衛生管理技術者となることは，いかなる場合も認められない．
- （2） 建築物環境衛生管理技術者は，必要があると認めるときは，建築物維持管理権原者に意見を述べることができ，建築物維持管理権原者はこの意見に従わなければならない．
- （3） 建築物環境衛生管理技術者が管理業務の指揮監督を怠た

建築物衛生法施行規則第12条により，免状の再交付後に失った免状を発見したときは，5日以内に厚生労働大臣に返還する．
- （1） 施行規則第5条（建築物環境衛生管理技術者の選任）が改正され（2022年4月1日施行），一人の建築物環境衛生管理技術者が複数の特定建築物を兼任することができるようになった．

り健康被害が発生した場合は，建築物環境衛生管理技術者に対して罰則の適用がある．

（4）建築物環境衛生管理技術者の免状の記載事項に変更を生じたときは，厚生労働大臣に免状の書換え交付を申請しなければならない．

（5）建築物環境衛生管理技術者の免状の再交付を受けた後，失った免状を発見したときは，5日以内にこれを厚生労働大臣に返還する．

（2）管理権原者は，同法第6条により建築物環境衛生管理技術者の意見は尊重しなければならないが，必ずしも従う必要はない．

（3）罰則の適用は，建築物環境衛生管理技術者ではなく，管理権原者等に対して行われる．

（4）同法施行規則第11条により，厚生労働大臣に申請することが「できる」のであって，「しなければならない」のではない．

正解（5）

**問題10** 建築物環境衛生管理基準のうち，建築物衛生法施行規則に規定されているものは，次のどれか．

（1）浮遊粉じんの量
（2）相対湿度
（3）二酸化炭素の含有率
（4）ホルムアルデヒドの量
（5）特例による一酸化炭素の含有率

【解答】

出題当時は（5）が正解．しかし，2022（令和4）年4月1日施行の建築物衛生法政省令改正により，一酸化炭素の含有率は6ppmになるとともに，改正前の施行規則第2条による<u>特例基準は廃止</u>となった．

正解なし

**問題11** 建築物衛生法に基づく事業の登録に必要な人的要件に関する次の記述のうち，最も適当なものはどれか．

（1）建築物環境衛生管理技術者として特定建築物に選任されている者は，登録事業の監督者等と兼務することができる．

（2）同一の者が2以上の営業所の登録事業の監督者等となることができる．

（3）はじめに建築物環境衛生管理技術者の免状によって監督者となったものであっても，事業登録の更新により引き続き監督者となる場合は，6年ごとの再講習を受講する．

（4）同一の者が同一営業所の2以上の登録事業の監督者等となることができる．

（5）登録事業に従事するパート，アルバイトは従事者研修の対象外である．

【解答】

登録事業作業監督者・従事者選任の原則は以下のとおりである．

• 作業監督者（以下「監督者」と記す）になるためには，原則，監督者講習の受講を必要とする．
• 講習の有効期間は6年である．
• 監督者は，業種ごとに選任しなければならない．
• 一個人で複数の監督者の兼務はできない．同一の者が複数の監督者の資格を有していても，他業種との兼務はできない．また，建築物環境衛生管理技術者としての職務と監督者としての職務は兼務できない．
• 建築物環境衛生管理技術者の免状を有する者は最初の6年間だけは受講を要しないで監督者になれる業種もある．しかし，6年目以降は再講習を要する．
• パートやアルバイトであっても従事者研修の対象としている．

正解（3）

**問題12** 建築物衛生法に基づく事業の登録に必要な物的要件に関する次の記述のうち，誤っているものはどれか．

（1）建築物空気調和用ダクト清掃業は，機械器具を適切に保管することのできる専用の保管庫が必要である．

（2）建築物空気環境測定業は，機械器具を適切に保管することのできる専用の保管庫が必要とされていない．

（3）建築物飲料水貯水槽清掃業は，機械器具を適切に保管することのできる専用の保管庫が必要である．

【解答】

事業登録8業種において，物的要件として保管庫を必要とする業種は以下の3業種である．

• 建築物飲料水貯水槽清掃業（建築物衛生法施行規則第28条）
• 建築物排水管清掃業（同施行規則第28条の3）
• 建築物ねずみ昆虫等防除業（同施行規則

（4）　建築物ねずみ・昆虫等防除業は，機械器具及び薬剤を適切に保管することのできる専用の保管庫が必要である．

（5）　建築物環境衛生総合管理業は，機械器具を適切に保管することのできる専用の保管庫が必要とされていない．

第29条）

正解（1）

**問題13**　建築物衛生法における都道府県知事の権限のうち，建築物衛生法により，保健所を設置する市の市長及び特別区の区長へ付与されていないものは，次のどれか．
（1）　特定建築物の届出の受理
（2）　建築物事業登録営業所への立入検査
（3）　特定建築物所有者等に対する報告の徴収
（4）　特定建築物所有者等への改善命令
（5）　特定建築物に対する立入検査

**解答**

特定建築物に関する届出受理や報告の徴収，改善命令，立入検査などの権限は，都道府県知事から保健所を設置する市長や特別区の区長へ付与されている．しかし，建築物事業登録営業所への立入検査は，都道府県知事の権限である（建築物衛生法第12条の5）．

正解（2）

**問題14**　建築物衛生法に基づき，10万円以下の過料となるものは次のうちどれか．
（1）　建築物環境衛生管理技術者を選任していない特定建築物の所有者
（2）　特定建築物の届出義務に違反した者
（3）　特定建築物の維持管理に関し環境衛生上必要な事項を記載した帳簿書類の備付け義務に違反した音
（4）　改善命令等に従わない者
（5）　正当な理由がないのに，厚生労働大臣の命令に違反して建築物環境衛生管理技術者免状を返納しなかった者

**解答**

正当な理由なく，厚生労働大臣の命令に違反して建築物環境衛生管理技術者免状を返納しなかった者は，10万円以下の過料が科される（建築物衛生法第18条）．

正解（5）

**問題15**　次に示すものは，建築物衛生法に基づく，ある特定建築物の飲料水水質検査結果である．このうち，水道法第4条で規定する水質基準を満たしていないものはどれか．
（1）　一般細菌（1mLの検水で形成される集落数）——25個
（2）　濁度————————————————2度
（3）　pH値————————————————7.5
（4）　鉄及びその化合物————————3mg/L
（5）　有機物（全有機炭素（TOC）の量）————1mg/L

**解答**

「鉄及びその化合物」は，水道水が有すべき性状に関する項目に属し，その基準値は鉄の量に関し0.3mg/L以下である．

正解（4）

**問題16**　下水道法に関する次の記述のうち，最も不適当なものはどれか．
（1）　下水道の整備を図り，もって都市の健全な発達及び公衆衛生の向上に寄与し，あわせて公共用水域の水質の保全に資することを目的とする．
（2）　厚生労働大臣は，緊急の必要があると認めるときは，公共下水道等の工事又は維持管理に関して必要な指示をすることができる．
（3）　終末処理場とは，下水を最終的に処理して河川等に放流するために，下水道の施設として設けられる処理施設及びこれを補完する施設をいう．
（4）　都道府県は，下水道の整備に関する総合的な基本計画を定めなければならない．

**解答**

国土交通大臣は，緊急の必要があると認めるときは，公共下水道等の工事又は維持管理に関して必要な指示をすることができる（下水道法第37条）．

（5）　環境大臣は，緊急の必要があると認めるときは，終末処理場の維持管理に関して必要な指示をすることができる．

正解（2）

**問題17**　公衆浴場法に関する次の記述のうち，最も不適当なものはどれか．
（1）　営業者が講じなければならない入浴者の衛生及び風紀に必要な措置の基準については，厚生労働大臣が省令でこれを定める．
（2）　公衆浴場を経営しようとする者は，都道府県知事等の許可を受けなければならない．
（3）　都道府県知事等は，必要があると認めるときは，営業者その他の関係者から必要な報告を求め，又は当該職員に公衆浴場に立入り，検査をすることができる．
（4）　療養のために利用される公衆浴場で都道府県知事等の許可を受けた営業者は，伝染性の疾病にかかっている者と認められる者に対して，入浴を拒まなくともよい．
（5）　入浴者は，公衆浴場において，浴槽内を著しく不潔にし，その他公衆衛生に害を及ぼすおそれのある行為をしてはならない．

**解答**
　公衆浴場は，公衆浴場法第3条2項に基づき，都道府県の条例で定める換気，採光，照明，保温，清潔等の衛生基準及び風紀基準に従って運営しなければならないとされている．

正解（1）

**問題18**　水質汚濁防止法第1条に定めるこの法律の目的に関する次の条文の　　　内に入る語句の組合せとして，正しいものはどれか．
「この法律は，工場及び事業場から公共用水域に排出される水の排出及び地下に浸透する水の浸透を規制するとともに，　ア　の実施を推進すること等によって，公共用水域及び地下水の水質の汚濁の防止を図り，もって　イ　とともに生活環境を保全し，並びに工場及び事業場から排出される汚水及び廃液に関して人の健康に係る被害が生じた場合における　ウ　について定めることにより，被害者の保護を図ることを目的とする．」

|  | ア | イ | ウ |
|---|---|---|---|
| （1） | 生活排水対策 | 国民の健康を保護する | 事業者の損害賠償の責任 |
| （2） | 下水対策 | 水質の基準を維持する | 事業者の損害賠償の責任 |
| （3） | 生活排水対策 | 水質の基準を維持する | 緊急時の措置 |
| （4） | 下水対策 | 国民の健康を保護する | 緊急時の措置 |
| （5） | 生活排水対策 | 水質の基準を維持する | 事業者の損害賠償の責任 |

**解答**
　水質汚濁防止法第1条の条文に関する問題である．
　この法律は，工場及び事業場から公共用水域に排出される水の排出及び地下に浸透する水の浸透を規制するとともに，生活排水対策の実施を推進すること等によって，公共用水域及び地下水の水質の汚濁の防止を図り，もって国民の健康を保護するとともに生活環境を保全し，並びに工場及び事業場から排出される汚水及び廃液に関して人の健康に係る被害が生じた場合における事業者の損害賠償の責任について定めることにより，被害者の保護を図ることを目的とする．

正解（1）

**問題19**　事務所衛生基準規則において，労働者を常時就業させる室の環境に関する次の記述のうち，最も不適当なものはどれか．
（1）　空気調和設備を設けている場合は，室の気温が17℃以上

**解答**
　出題当時は（4）が正解．
（1）空気調和設備を設けている場合は，室の気温が18℃以上28℃以下になる

28℃以下になるように努めなければならない.

（2） 窓その他の直接外気に向かって開放できる部分の面積が, 常時床面積の20分の1以上となるようにするか, 有効な換気設備を設けなければならない.

（3） 室の気温が10℃以下の場合は, 暖房するなどの適当な温度調節の措置を講じなければならない.

（4） 気積は, 設備の占める容積及び床面から3mを超える高さにある空間を除き, 労働者1人について, 8m³以上としなければならない.

（5） 室の作業面の照度は, 普通の作業の場合は150 lx以上でなければならない.

**問題20** 次の法律のうち, 受動喫煙防止を規定しているものはどれか.

（1） 健康増進法
（2） 有害物質を含有する家庭用品の規制に関する法律
（3） 悪臭防止法
（4） 環境基本法
（5） 美容師法

**問題21** 環境基本法で定める環境基準に関する次の条文の □ に入る語句の組合せとして, 正しいものはどれか.

「政府は, 天気の汚染, 水質の汚濁, 土壌の汚染及び ア に係る環境上の条件について, それぞれ, イ を保護し, 及び ウ を保全する上で維持されることが望ましい基準を定めるものとする.」

|  | ア | イ | ウ |
|---|---|---|---|
| （1） | 騒音 | 生態系 | 自然環境 |
| （2） | 温暖化 | 人の健康 | 国土 |
| （3） | 騒音 | 人の健康 | 生活環境 |
| （4） | 海洋の汚染 | 文化的な生活 | 生活環境 |
| （5） | 海洋の汚染 | 生態系 | 国土 |

**問題22** 環境衛生に関する次の記述のうち, 最も不適当なものはどれか.

（1） 許容限界とは, 生物が耐えきれなくなるストレス強度の限界のことである.

（2） 労働者の有害物質による健康障害を予防するために, 許容濃度が日本産業衛生学会より勧告されている.

（3） 有害物による特定の反応においては, 曝露量が増加すると陽性者の率は増加する.

（4） 集団の反応率と有害物への曝露量との関係を, 量－影響関係という.

（5） 学校における環境衛生の基準は, 学校保健安全法で定められている.

ように努めなければならない.

（4） 事業者は, 労働者を常時就業させる室の気積を, 設備の占める容積及び床面から4mをこえる高さにある空間を除き, 労働者1人について, 10m³以上としなければならない（事務所衛生基準規則第2条）.

（5） 室の作業面の照度基準は, 2022年12月1日から以下に示す2区分に変更になった.
  ・一般的な事務作業：300 lx以上
  ・付随的な事務作業：150 lx以上

正解(1)(4)(5)

**解答**

受動喫煙防止は, 健康増進法第25条に規定されている.

正解(1)

**解答**

環境基本法第16条に, 「政府は, 大気の汚染, 水質の汚濁, 土壌の汚染及び 騒音 に係る環境上の条件について, それぞれ, 人の健康 を保護し, 及び 生活環境 を保全する上で維持されることが望ましい基準を定めるものとする」と規定されている.

正解(3)

**解答**

集団の反応率と有害物への曝露量との関係を, 量－反応関係という. 量－影響反応とは, 個体レベルにおける影響と有害物への曝露量との関係をいう.

正解(4)

**問題23** 体温に関する次の記述のうち，最も不適当なものはどれか．
(1) 発汗反応は，行動性体温調節の一つの反応である．
(2) 平均皮膚温は，各部位の皮膚温をそれぞれの面積で重みづけした平均の値である．
(3) 核心温は，ホメオスタシスによって約37℃に保たれている．
(4) 体温調節は，自律性体温調節と行動性体温調節に分類される．
(5) 外気温(22〜25℃)では，手足より顔の皮膚温は高い．

**解答**
　発汗反応は，自律性体温調節の一つの反応である．暑熱環境における行動性体温調節には，薄着になる，冷房を使用する，などがある．

正解(1)

**問題24** WBGT値に関する次の記述のうち，最も不適当なものはどれか．
(1) 熱中症予防のため，スポーツ時のガイドラインとして利用されている．
(2) 職場の暑熱基準として利用する場合，作業強度を考慮する必要がある．
(3) 作業者の熱への順化度に関わらず，作業強度に応じた基準値は同じ値である．
(4) 着用する衣服の種類に応じて補正する必要がある．
(5) 屋外で太陽照射がある場合，気温と自然湿球温度，黒球温度から求められる．

**解答**
　厚生労働省労働基準局長通知「基発第0619001号　職場における熱中症の予防について」の「表1-1　身体作業強度等に応じたWBGT基準値」において，熱に順化している人と熱に順化していない人では，作業強度に応じた基準値が異なり，熱に順化していない人の基準値は，熱に順化している人の基準値に比べて，低くなっている．

正解(3)

**問題25** ヒトの熱収支に関する次の記述のうち，最も不適当なものはどれか．
(1) 日本人(30歳代)の平均的基礎代謝量は，男子が女子よりも大きい．
(2) 日本人の基礎代謝は，冬が低く夏は高い．
(3) 着衣の保温性を表す量として，クロ値(clo)がある．
(4) 蒸発は，水分が皮膚より気化するときに潜熱で皮膚表面の熱を奪う現象である．
(5) 不感蒸泄により，皮膚表面から常に水分が蒸散している．

**解答**
　日本人の基礎代謝は，夏が低く冬は高い．

正解(2)

**問題26** 高温障害の種類とその特徴に関する組合せとして，最も不適当なものは次のうちどれか．
(1) 熱中症————暑熱障害による症状の総称
(2) 熱失神————血圧の上昇
(3) 熱けいれん——低ナトリウム血症
(4) 熱疲労————脱水
(5) 熱射病————中枢神経機能の異常

**解答**
　熱失神の特徴の一つに，血圧の低下が見られる．

正解(2)

**問題27** シックビル症候群に関する次の記述のうち，最も不適当なものはどれか．
(1) そのビルに居住する人の20%以上が不快感に基づく症状を認める．
(2) 部屋の気密性が高いことは発症要因となる．
(3) 原因物質は同定されている．

**解答**
　シックビル症候群の原因物質は同定されていない．

（4）　学校でもみられる．
（5）　職場のストレスは，発症の危険因子となる．

**問題28**　気管支喘息に関する次の記述のうち，最も不適当なものはどれか．
（1）　有害な免疫反応により引き起こされる．
（2）　症状の発現には，体内の肥満細胞の働きが関係する．
（3）　アレルゲンの同定方法の一つに皮内テストがある．
（4）　原因としては，真菌が最も多い．
（5）　患者の素因は，発症・増悪因子の一つである．

**解　答**
気管支喘息の原因としては，家屋じん（ハウスダスト）や，その成分であるヒョウヒダニ属が最も多い．

**問題29**　過敏性肺炎に関する次の記述のうち，最も不適当なものはどれか．
（1）　アレルギー性疾患である．
（2）　過敏性肺炎の一種である換気装置肺炎は，好熱性放線菌が原因となることが多い．
（3）　大部分の夏型過敏性肺炎は，真菌（トリコスポロン）により発生する．
（4）　予防には，飲料用貯水槽や空調用エアフィルタの清掃が重要である．
（5）　たばこ煙も発症の原因となる．

**解　答**
過敏性肺炎は，微生物が発症の原因となる．

**問題30**　室内に存在する汚染物質とその健康障害の組合せとして，最も不適当なものは次のうちどれか．
（1）　細菌―――――――慢性閉塞性肺疾患
（2）　たばこ煙―――――喉頭癌
（3）　ハウスダスト―――慢性鼻炎
（4）　真菌――――――アスペルギルス症
（5）　ホルムアルデヒド――シックハウス症候群

**解　答**
慢性閉塞性肺疾患の主な発生原因は，喫煙である．

**問題31**　音に関する次の記述のうち，最も不適当なものはどれか．
（1）　マスキング量は，マスクする雑音などが存在するとき，マスクされる音の最小可聴域の音圧レベル上昇量で示される．
（2）　ヒトの聴器で聴き取ることのできる周波数帯の範囲は，約10オクターブである．
（3）　聴覚の刺激となる音には，鼓膜を通じた空気の振動による音と，骨を通じて伝わる音がある．
（4）　オージオメータを用いた聴力検査で測定されたマイナスの測定値は，聴力が基準よりも良いことを意味する．
（5）　ヒトの聴覚が最も敏感な周波数は，8 000Hz付近である．

**解　答**
ヒトの聴覚が最も鋭敏な周波数は，4 000Hz付近である．

**問題32**　光環境と視覚に関する次の記述のうち，最も適当なものはどれか．
（1）　網膜にある杆体細胞は，明るいときに働きやすい．
（2）　明るい場所から暗い場所への順応を暗順応といい，およ

**解　答**
（1）杆体細胞は，暗いときに働きやすい．明るいときには錐体細胞が働く．
（2）明順応は2分程度で順応するが，暗

そ2分程度で順応が完了する.
（3） 杆体細胞と錐体細胞を比較すると，感光度は錐体細胞の方が高い.
（4） 杆体細胞と錐体細胞を比較すると，数は錐体細胞の方が多い.
（5） 視力は，照度0.1lx付近（輝度では0.01cd/m²）で大きく変化する.

**問題33** JISによる安全色の意味とその色の組合せとして，最も不適当なものは次のうちどれか.
（1） 防火————————赤
（2） 注意警告————黄赤
（3） 安全状態————緑
（4） 誘導————————黄
（5） 放射能————————赤紫

**問題34** VDT作業の光環境に関する次の文章の[　　]内に入る数値の組合せとして，正しいものはどれか.
「厚生労働省のガイドラインでは，ディスプレイを用いる場合のディスプレイ画面上における照度は[　ア　]lx以下，書類上及びキーボード上における照度は[　イ　]lx以上とすることが推奨されている.」

|  | ア | イ |
|---|---|---|
| （1） | 500 | 200 |
| （2） | 500 | 300 |
| （3） | 700 | 300 |
| （4） | 1 000 | 300 |
| （5） | 1 000 | 500 |

**問題35** 紫外線に関する次の記述のうち，最も不適当なものはどれか.
（1） 波長によって，3領域に分類される.
（2） 慢性曝露で緑内障を発症する.
（3） 皮膚の老化を促進する.
（4） ビタミンDを生成して，くる病を予防する.
（5） 赤外線と比較して皮膚透過性が低い.

**問題36** 放射線の健康影響のうち，晩発影響として最も不適当なものは次のどれか.
（1） 白血病
（2） 胎児の障害
（3） 白内障
（4） 脱毛
（5） 甲状腺癌

順応は40分以上かかることが多い.
（3） 杆体細胞と錐体細胞では，感光度は杆体細胞のほうが高い.
（4） 杆体細胞は約1億2 500万個，錐体細胞は約600万個と，数は杆体細胞の方が多い.

正解（5）

**解答**
JISによる安全色では，指示・誘導は青である.

正解（4）

**解答**
出題当時の正解は（2）だが，2002（平成14）年制定の「VDT作業における労働衛生管理のためのガイドライン」が，2021（令和3）年12月に「情報機器作業における労働衛生管理のためのガイドライン」に変更された際に，「ディスプレイ画面上における照度は500lx以下」という記載はなくなった.

正解なし

**解答**
紫外線の慢性曝露で白内障を発症する.

正解（2）

**解答**
脱毛は，放射線の健康影響において早期影響に分類される.

正解（4）

**問題37** 電場，磁場，電磁波に関する次の記述のうち，最も不適当なものはどれか．
- （1） 赤外線は，電離作用を持っている．
- （2） 電磁波は，波長の長短により性質が大きく異なる．
- （3） 磁場の単位は，T（テスラ）又はG（ガウス）である．
- （4） 家庭用電化製品，送電線等から発生する電磁場は変動磁場である．
- （5） 冬場には，静電場が生じやすい．

**解 答**

赤外線は，物質をイオン化する電離作用を有していない．

正解（1）

**問題38** ヒトと水に関する次の記述のうち，最も不適当なものはどれか．
- （1） 一般成人における体内の水分量は，体重の約60％である．
- （2） 体液のうち，細胞内液は，約2/3である．
- （3） 成人の場合，1日1L以上の尿排泄（せつ）が必要である．
- （4） 一般に体重当たりの体内水分量は，女性より男性の方が多い．
- （5） 水分の欠乏率が体重の2％になると，強い口渇を感じる．

**解 答**

成人の場合，1日最低でも0.4〜0.5Lの尿の排泄が必要である．

正解（3）

**問題39** 有機水銀に関する次の記述のうち，最も不適当なものはどれか．
- （1） 生物濃縮が起こる．
- （2） 水俣病（みなまた）はメチル水銀による．
- （3） 小脳性失調を認める．
- （4） 水質汚濁防止法に基づく排水基準の項目に含まれる．
- （5） 慢性曝露（ばく）で低分子蛋白尿（たん）を認める．

**解 答**

低分子蛋白尿は，カドミウムによる腎障害で認められる．

正解（5）

**問題40** 環境基本法における水質汚濁に係る環境基準において，公共用水域から検出されないこととされているものは次のうちどれか．
- （1） カドミウム
- （2） PCB
- （3） 砒素（ひ）
- （4） ベンゼン
- （5） 鉛

**解 答**

PCB（ポリ塩化ビフェニル）は，環境基本法における水質汚濁に係る環境基準において，公共用水域から検出されないこととされている．

正解（2）

**問題41** 感染症とその病原体との組合せとして，最も適当なものは次のうちのどれか．
- （1） マラリア————————原虫
- （2） カンジダ症————————ウイルス
- （3） A型肝炎————————細菌
- （4） クリプトスポリジウム症——真菌
- （5） デング熱————————細菌

**解 答**

(2) カンジダ症の病原体は，真菌である．
(3) A型肝炎の病原体は，ウイルスである．
(4) クリプトスポリジウム症の病原体は，原虫である．
(5) デング熱の病原体は，ウイルスである．

正解（1）

**問題42** 次の感染症対策のうち，感染経路対策として，最も不適当なものはどれか．
- （1） ネズミの駆除
- （2） 手洗いの徹底

**解 答**

感染症対策のうち，ワクチンの接種は感受性対策に分類される．

（3）　N95マスクの着用
（4）　水と空気の浄化
（5）　ワクチンの接種

正解(5)

**問題43**　感染症の予防及び感染症の患者に対する医療に関する法律において，建物の立入り制限が適用されることがある感染症は次のうちどれか．
（1）　エボラ出血熱
（2）　コレラ
（3）　結核
（4）　デング熱
（5）　マラリア

**解答**

エボラ出血熱は一類感染症に分類され，建物の立入り制限が適用されることがある感染症に該当する．

正解(1)

**問題44**　消毒に関する次の記述のうち，最も不適当なものはどれか．
（1）　波長254nm付近の紫外線は，消毒作用がある．
（2）　消毒用エタノールは，芽胞や一部のウイルスに対して無効である．
（3）　100%エタノールの方が，70%エタノールより消毒に適している．
（4）　酸化エチレンは，ガス滅菌に用いられる．
（5）　ホルマリンは，全ての微生物に有効である．

**解答**

消毒用エタノールは70%が至適濃度であり，70%エタノールのほうが100%エタノールより消毒に適している．

正解(3)

**問題45**　6%次亜塩素酸ナトリウム溶液100mLを水30Lに加えた場合，この濃度の次亜塩素酸ナトリウム濃度に最も近いものは次のうちどれか．
（1）　　20mg/L
（2）　　60mg/L
（3）　100mg/L
（4）　200mg/L
（5）　300mg/L

**解答**

次亜塩素酸ナトリウム6%溶液100mLの質量は100gである．次亜塩素酸ナトリウム6%溶液100gに含まれる次亜塩素酸ナトリウムの質量は，次式で算定される．

$$100 \times \frac{6}{100} = 6〔g〕= 6\,000〔mg〕$$

次亜塩素酸ナトリウム溶液100mLに水30Lを加えた場合の次亜塩素酸ナトリウム濃度は，次式で算定される．

$$\frac{6\,000}{\frac{100}{1\,000} + 30} \fallingdotseq \frac{6\,000}{30} = 200〔mg/L〕$$

正解(4)

**問題46**　下の図は，外壁の断面図上に，冬期暖房時の壁内定常温度分布を示している．この図に関する次の記述のうち，最も適当なものはどれか．
（1）　温度分布はAとなり，壁内結露の防止のためにイに防湿層を設けることは有効である．
（2）　温度分布はBとなり，壁内結露の防止のためにウに防湿層を設けることは有効である．
（3）　温度分布はCとなり，壁内結露の防止のためにイに防湿層を設けることは有効である．
（4）　温度分布はAとなり，壁内結露の防止のためにアに防湿層を設けることは有効である．

**解答**

設問の図は，木材の壁の室内側に断熱をしているので，内断熱とした冬期暖房時の壁内定常温度分布を示したものである．木材の壁を室外側とした場合，当然，木材の壁の温度勾配は小さい．つまり，Cのような温度勾配となる．また，壁内結露を防止するためには，防湿層をウに設けることが有効といえる．

（5）温度分布はCとなり，壁内結露の防止のためにウに防湿層を設けることは有効である．

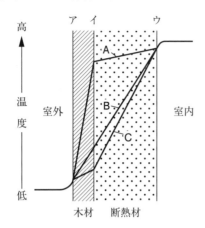

**正解（5）**

**問題47** 放射に関する次の記述のうち，最も不適当なものはどれか．

（1）同一温度の物体間では，物体の放射率と吸収率は等しい．

（2）白色プラスターの日射吸収率は，0.1程度である．

（3）常温物体から射出される電磁波は，波長が10 $\mu$m付近の赤外線が主体である．

（4）温度が0℃の固体表面も，熱放射している．

（5）光ったアルミ箔の長波長放射率は，0.9程度である．

**解答**

下図のように，光ったアルミ箔は，日射吸収率が小さく，<u>長波長放射率も小さい</u>．

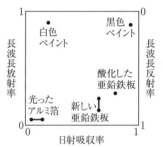

**正解（5）**

**問題48** 面積8m²の外壁の熱貫流（熱通過）抵抗が2.0 m²·K/Wであったとする．外気温度が−5℃のときに室温20℃とすると，外壁を通過する熱量として，正しいものは次のうちどれか．

（1）60 W

（2）80 W

（3）100 W

（4）400 W

（5）800 W

**解答**

$Q = K \times A(t_i - t_o)$

ここで，$Q$：熱量流量〔W〕

$K$：熱貫流率〔W/(m²·K)〕

$A$：壁体面積〔m²〕

$t_i$：室内気温〔℃〕

$t_o$：屋外気温〔℃〕

題意から，$K = 1 \div 2.0 = 0.5$〔W/(m²·K)〕，$A = 8$〔m²〕，$t_i = 20$〔℃〕，$t_o = -5$〔℃〕であるから，

$Q = 0.5 \times 8 \times \{20 - (-5)\} = 100$〔W〕

**正解（3）**

**問題49** 熱移動に関する次の記述のうち，最も不適当なものはどれか．

（1）一般に，同一材料でも内部に水分を多く含むほど，熱伝導率は小さくなる．

（2）一般に，密度が大きい材料ほど，熱伝導率は大きくなる．

**解答**

一般に，同一材料でも内部に水分を多く含むほど，熱伝導率は大きくなる．なお，熱伝導率の逆数である熱伝導抵抗は，当然，小さくなる．

（3）　一般に，同一材料でも熱伝導率は，温度によって異なる．
（4）　中空層の熱抵抗は，密閉の程度に関係する．
（5）　ガラス繊維などの断熱材の熱伝導率が小さいのは，繊維材によって内部の空気の流動が阻止されることによる．

正解(1)

**問題50**　流体力学に関する次の記述のうち，最も不適当なものはどれか．
（1）　円形ダクトの圧力損失は，ダクト長さに比例し，ダクト直径に反比例する．
（2）　動圧は，速度の2乗と流体の密度に比例する．
（3）　開口部の通過流量は，開口部の面積と流量係数に比例し，圧力差の平方根に比例する．
（4）　位置圧は，高さの2乗に比例する．
（5）　ダクトの形状変化に伴う圧力損失は，風速の2乗と形状抵抗係数に比例する．

**解答**

次式は，ベルヌーイの定理を表す式である．第一項を動圧，第二項を静圧，第三項を位置圧という．なお，式の各項の単位はPa（パスカル）である．したがって，第三項の位置圧は，高さの2乗には比例しない．

$$\frac{1}{2}\rho U^2 + P + \rho g h = 一定$$

ここで，$\rho$：密度
　　　　$U$：速度
　　　　$P$：圧力（静圧）
　　　　$g$：重力加速度
　　　　$h$：高さ

正解(4)

**問題51**　下の図のように，風上側と風下側にそれぞれ一つの開口部を有する建築物における外部の自然風のみによる自然換気に関する次の記述のうち，最も不適当なものはどれか．

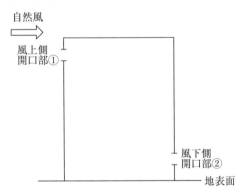

（1）　換気量は，外部の自然風の風速に比例する．
（2）　換気量は，開口部①と②の風圧係数の差に比例する．
（3）　開口部①と②の両方の開口面積を2倍にすると，換気量は2倍になる．
（4）　風下側に位置する開口部②の風圧係数は，一般的に負の値となる．
（5）　流量係数は，開口部の形状に関係する．

**解答**

換気量は，外部の自然風の風速に比例し，開口部①と②の風圧係数の差の平方根に比例する．

正解(2)

**問題52**　下の図は，暖房時の各種吹出方式による室内気流を示したものである．暖房時に好ましい方式の室内気流の組合せとして，最も適当なものは次のうちどれか．

**解答**

図中のBは，側壁下部からの水平吹出し，Dは天井からの下向き吹出しである．暖房時に好ましい方式では，Bの場合，十分吹出し速度が大きいと，噴流の方向に沿ってドラフトが生じる場合があるけれども，上下温度差を小さくすることが

[215]

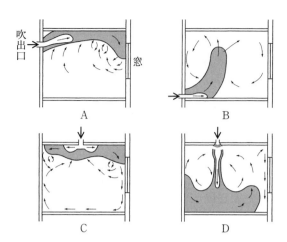

吹出口 窓

A

B

C

D

（1）　AとC
（2）　BとD
（3）　AとD
（4）　BとC
（5）　CとD

できる．また，Dの場合，居住域部分に，一部，速度の速い領域が生じるけれども，温度分布は一様となりやすい．

正解(2)

【問題53】　平成14年に厚生労働省が公表した「分煙効果判定基準策定検討会報告書」による，分煙に関する次の文章の□□□内の語句のうち，最も不適当なものはどれか．

　(1) 局所換気により，たばこ煙中の粒子状及びガス状汚染物質の漏れ出しが隣室にないようにするため，非喫煙場所から喫煙場所方向に一定の空気の流れ((2) 0.1m/s以上)があることを判定の基準として提案している．また同時に，喫煙場所と非喫煙場所との境界においてデジタル粉じん計を用いて経時的に(3) 浮遊粉じん濃度の変化を測定し，漏れ状態を確認する．さらに，喫煙場所内の浮遊粉じん濃度は，(4) 0.15mg/m³以下であること，一酸化炭素濃度が，(5) 10ppm以下であることを確認する．

【解　答】

　局所換気により，たばこ煙中の粒子状及びガス状汚染物質の漏れ出しが隣室にないようにするため，非喫煙場所から喫煙場所方向に一定の空気の流れ「0.2m/s以上」があることを判定の基準として提案している．また同時に，喫煙場所と非喫煙場所との境界においてデジタル粉じん計を用いて経時的に浮遊粉じん濃度の変化を測定し，漏れ状態を確認する．さらに，喫煙場所内の浮遊粉じん濃度が，0.15mg/m³以下であること，一酸化炭素濃度が，10ppm以下であることを確認する．

正解(2)

【問題54】　揮発性有機化合物（VOCs）に関する次の記述のうち，最も不適当なものはどれか．

（1）　VOCsとは，常温常圧で空気中に容易に揮発する有機化合物のことである．
（2）　室内の発生源として，洗剤，防臭剤，塗料，接着剤，ワックス等がある．
（3）　トルエンは，建築物衛生法により基準値が定められている．
（4）　VOCsは，その物質の沸点を基準にVVOC，VOC，SVOC等に分類される．
（5）　TVOC（総揮発性有機化合物）は，厚生労働省により暫定目標値が定められている．

【解　答】

　トルエンは，人間の吸入曝露における神経行動機能と生殖発生への影響があるとされ，厚生労働省の室内濃度指針値では室内温度25℃で260μg/m³(=0.07ppm)以下と規定されている．しかし，建築物衛生法による基準値は規定されていない．

正解(3)

**問題55** ある室において，在室者数6人，在室者1人当たりの$CO_2$発生量0.022m³/h，室内$CO_2$許容値1 000ppm，外気$CO_2$濃度400ppmのとき，必要換気量[m³/h]として最も近いものは次のうちどれか．ただし，室内は，定常状態で完全混合(瞬時一様拡散)とする．
- (1)　　40m³/h
- (2)　120m³/h
- (3)　180m³/h
- (4)　220m³/h
- (5)　330m³/h

**解答**

必要換気量$Q$[m³/h]は，次式で求められる．

$$Q = \frac{CO_2発生量[m³/(h·人)]}{(室内のCO_2濃度－外気のCO_2濃度)[ppm]} \times 10^6$$
$$= \frac{0.022 \times 6}{1\,000 - 400} \times 10^6 = 220[m³/h]$$

正解(4)

**問題56** 室温20℃の室内において，ホルムアルデヒドの質量濃度が0.08mg/m³であったとき，ホルムアルデヒドの容積比濃度として，最も近いものは次のうちどれか．

ただし，濃度換算には以下の式が用いられ，ホルムアルデヒドの分子量Mは30とする．

　　Cppm ＝ Cmg/m³ × 22.41/M × (273 + t)/273

　　　Cppm：容積比濃度[ppm]，M：分子量

　　　Cmg/m³：質量濃度[mg/m³]，t：温度[℃]

- (1)　0.050 ppm
- (2)　0.065 ppm
- (3)　0.080 ppm
- (4)　0.100 ppm
- (5)　0.120 ppm

**解答**

題意から，設問で与えられた式に数値を代入すると，

$$0.08 \times \frac{22.41}{30} \times \frac{273 + 20}{273}$$

$$\fallingdotseq 0.064[ppm]$$

正解(2)

**問題57** アレルゲンと微生物に関する次の記述のうち，最も不適当なものはどれか．
- (1)　学校保健安全法の学校環境衛生基準には，ダニ又はダニアレルゲンの基準が含まれている．
- (2)　ウイルスは，平常時の微生物汚染問題の主な原因であり，環境微生物として捉えられる．
- (3)　クラドスポリウムは，アレルギー症状を引き起こす原因の一つである．
- (4)　スギ花粉の除去にエアフィルタが有効である．
- (5)　日本国民の約半分は，何らかのアレルギーに罹患している．

**解答**

ウイルスは生きている細胞中でしか増殖できないため，インフルエンザなどの流行の期間中には問題となる．しかし，平常時の微生物汚染の問題は主に細菌と真菌によるものであり，<u>環境微生物として捉えられていない</u>．

正解(2)

**問題58** エアロゾル粒子とその測定粒径との組合せとして，最も適当なものは次のうちどれか．
- (1)　雨滴――――――100μm
- (2)　海岸砂――――――10μm
- (3)　胞子――――――1μm
- (4)　噴霧液滴――――――0.1μm
- (5)　ウイルス――――――0.01μm

**解答**

エアロゾル粒子の粒径範囲において，ウイルスは<u>0.01～0.4μm</u>である．

正解(5)

**問題59** 次の空調熱負荷のうち，室内負荷の構成要素に分類されないものはどれか．
（1） ガラス窓透過日射熱負荷
（2） 透湿熱負荷
（3） 外気負荷
（4） 間欠空調における蓄熱負荷
（5） 隙間風熱負荷

解 答

空調熱負荷のうち，室内負荷の構成要素は，構造体負荷，ガラス面負荷，室内発生負荷，隙間風負荷，透湿熱負荷，間欠空調による蓄熱負荷であり，外気負荷は構成要素に入っていない．

**正解（3）**

**問題60** 下の表に示す，空気Aと空気Bを2：1に混合した後の比エンタルピーと絶対湿度の組合せとして，最も適当なものは次のうちどれか．

|  | 比エンタルピー<br>[kJ/kg(DA)] | 絶対湿度<br>[kg/kg(DA)] |
|---|---|---|
| 空気A | 50 | 0.010 |
| 空気B | 68 | 0.016 |

　　　　比エンタルピー　　　　　絶対湿度
　　　　　[kJ/kg(DA)]　　　　　　[kg/kg(DA)]
（1）　　　　56————————0.012
（2）　　　　62————————0.012
（3）　　　　56————————0.014
（4）　　　　62————————0.014
（5）　　　　59————————0.013

解 答

湿り空気線図は，比エンタルピーと絶対湿度を基準に作成されたものである．ここで，比エンタルピーとは，単位質量当たりのエンタルピーをいい，乾き空気1kg当たり何kJのエンタルピーであるかを表したもので，単位はkJ/kg(DA)である．一方，絶対湿度とは，湿り空気に含まれる水蒸気の質量を指し，乾き空気1kgに対する量で，単位はkg/kg(DA)で表す．なお，DAとは，乾き空気(Dry Air)の意味である．
　題意から，空気Aと空気Bを2：1に混合するので，比エンタルピーは，
　　(50×2＋68)÷3＝168÷3
　　＝56[kJ/kg(DA)]
　一方，絶対湿度は，
　　(0.010×2＋0.016)÷3
　　＝0.036÷3＝0.012[kJ/kg(DA)]

**正解（1）**

**問題61** 湿り空気の状態変化に関する次の記述のうち，最も不適当なものはどれか．
（1） 湿り空気を加熱すると，相対湿度は低下する．
（2） 湿り空気を加熱すると，露点温度は低下する．
（3） 湿り空気を冷却すると，比エンタルピーは低下する．
（4） 湿り空気を冷却すると，比容積は小さくなる．
（5） 湿り空気を減湿すると，湿球温度は低下する．

解 答

湿り空気を加熱すると，比エンタルピーは上昇し，相対湿度は低下するが，露点温度は変わらない．

**正解（2）**

**問題62** 熱源方式に関する次の記述のうち，最も不適当なものはどれか．
（1） 電動冷凍機＋ボイラ方式は，冷熱源として電動機駆動の冷凍機と，温熱源としてボイラを用いたものである．
（2） 吸着冷凍機は，比較的高温度の温水を加熱源としており，高い成績係数を得ることが可能である．
（3） ヒートポンプ方式には，ガスエンジン駆動のヒートポンプがあり，エンジン排熱を暖房熱源に利用することが可能である．
（4） 吸収冷凍機＋蒸気ボイラ方式は，年間を通じてガス又は油が使用され，冷熱源は冷水，温熱源は蒸気である．
（5） コージェネレーション方式では，高いエネルギー利用効率を得るために，燃焼排熱の有効活用が重要である．

解 答

吸着冷凍機は，容器内で吸着材と呼ばれる固体吸着剤（シリカゲル，ゼオライトや活性炭などの多孔質材料）に水蒸気やアルコール蒸気などの冷媒を吸着・脱着させることで，吸収式冷凍機と同じ仕組みを持たせた冷凍機であるが，必ずしも高い成績係数が得られるとは限らない．

**正解（2）**

**問題63** 空気調和方式に関する次の記述のうち，最も不適当なものはどれか．

(1) 全空気方式では，熱負荷を処理するための熱媒として空気のみを用いるため，比較的大型の空気調和機が必要である．

(2) 外調機併用ターミナルエアハンドリングユニット方式は，ダクト併用ファンコイルユニット方式に比べ，高品位な空調空間が達成されやすい．

(3) 定風量単一ダクト方式では，室内空気質の維持に必要な新鮮外気量の確保が難しい．

(4) デシカント空調方式は，潜熱・顕熱を分離して制御できる空調システムである．

(5) 分散設置空気熱源ヒートポンプ方式は，圧縮機のインバータによる比例制御が可能な機種が主流である．

【解答】
　定風量単一ダクト方式は，常時，一定の給気風量が保たれることから，<u>必要な新鮮外気量を確保しやすく</u>，清浄度を含んだ室内空気質の維持には有利なシステムである．

正解(3)

**問題64** 吸収冷凍機の構成機器として，最も不適当なものは次のうちどれか．

(1) 凝縮器
(2) 蒸発器
(3) 吸収器
(4) 再生器
(5) 膨張弁

【解答】
　吸収冷凍サイクルは，冷媒を低温低圧の蒸発器で蒸発させて冷水・冷液をつくり，蒸発冷媒は吸収器で吸収液に吸収させる（吸収による低圧が発生して，これが蒸発器で冷媒を蒸発させる）．冷媒を吸収した吸収液は再生器で熱を加えて冷媒を蒸発分離し，その溶媒は再び吸収器に戻す．蒸発分離した冷媒は，凝縮器で冷却して液化し，再び蒸発器で使用する仕組みであり，蒸発器→吸収器→再生器→凝縮器→蒸発器で一巡するサイクルである．

正解(5)

**問題65** 蒸気圧縮式冷凍機における圧縮機の種類と特徴に関する次の記述のうち，最も不適当なものはどれか．

(1) 往復動圧縮機は，シリンダ内のピストンを往復運動することで，冷媒ガスを圧縮する．

(2) スクロール圧縮機は，渦巻き状の固定スクロールと渦巻き状の旋回スクロールの旋回により，冷媒を圧縮する．

(3) スクリュー圧縮機を用いた冷凍機は，スクロール圧縮機を用いたものよりも冷凍容量の大きな範囲で使用される．

(4) 自然冷媒（アンモニア，$CO_2$等）を使用する機種では，通常の冷媒を使用する場合よりも低い圧縮比で使用される．

(5) 遠心圧縮機を用いた冷凍機は，羽根車の高速回転が可能であり，大容量としてもコンパクトな機種とすることができる．

【解答】
　自然冷媒を使用する機種では，通常の冷媒を使用する場合よりも<u>高い圧縮比</u>で使用される．
　なお，圧縮比とは，吐出圧力を吸入圧力で割った値をいう．つまり，シリンダーのように密閉した容器に入っている気体を圧縮したときの体積の比で，たとえば，最初の体積を$V_1$，圧縮後の体積が$V_2$とすると，圧縮比は$\dfrac{V_2}{V_1}$となる．

正解(4)

**問題66** 冷凍機に用いられる冷媒とオゾン破壊係数（ODP）との組合せとして，最も不適当なものは次のうちどれか．

【解答】
　R32をはじめ，HFC系冷媒（代替フロ

|  | 冷媒 | オゾン破壊係数(ODP) |
|---|---|---|
| （1） | R11(CFC) | 1 |
| （2） | R22(HCFC) | 0.055 |
| （3） | R32(HFC) | 0.02 |
| （4） | R717(NH₃) | 0 |
| （5） | R744(CO₂) | 0 |

ン）のODP（オゾン破壊係数）は，すべて0（ゼロ）である．なお，ODPとは，大気中に放出されるガスのオゾン層破壊に関与する影響度を表す指標で，代表的なフロンであるCFC系冷媒（特定フロン）R11を1.0とした相対値で示される．

正解（3）

**問題67** 空気調和機の構成要素の上流側からの設置順として，最も適当なものは次のうちどれか．
（1） 加熱コイル―――冷却コイル―――加湿器
（2） 冷却コイル―――加湿器―――加熱コイル
（3） 冷却コイル―――加熱コイル―――加湿器
（4） 加湿器―――冷却コイル―――加熱コイル
（5） 加熱コイル―――加湿器―――冷却コイル

**解答**

空気調和機の代表的なものに，エアハンドリングユニットがある．一般に，その構成要素は，気流の上流側から，エアフィルタ，冷却コイル，加熱コイル，加湿器，エリミネータ，送風機である．

正解（3）

**問題68** 全熱交換器に関する次の記述のうち，最も不適当なものはどれか．
（1） 回転型は，静止型よりも目詰まりを起こしやすい．
（2） 回転型は，ロータの回転に伴って排気の一部が給気側に移行することがある．
（3） 外気負荷の軽減を目的として，空気中の顕熱・潜熱を同時に熱交換する装置である．
（4） 静止型の給排気を隔てる仕切り板は，伝熱性と透湿性をもつ材料である．
（5） 冬期・夏期のいずれも省エネルギー効果が期待できるが，中間期の運転には注意が必要である．

**解答**

回転型全熱交換器は，円筒形のエレメントの回転によって熱交換を行う．一方，静止型は給排気を隔てる仕切り板を伝熱性と透湿性を持つ材料で構成し，顕熱と潜熱の熱交換を同時に行うもので，静止型は，回転型に比べて，目詰まりを起こしやすい．

正解（1）

**問題69** 加湿装置の方式に関する次の記述のうち，最も不適当なものはどれか．
（1） 気化方式は，吹出し空気の温度が降下する．
（2） 気化方式は，結露する可能性が低い．
（3） 水噴霧方式は，給水中の不純物を放出しない．
（4） 水噴霧方式は，吹出し空気の温度が降下する．
（5） 蒸気方式は，吹出し空気の温度が降下しない．

**解答**

加湿装置は，方式によって，蒸気吹出し方式，水噴霧方式，気化方式に大別される．水噴霧方式は，噴霧圧力，遠心力，超音波振動などを利用して水を霧状にし，空気中に放出して加湿する方式であり，短所の一つとして，給水中の不純物が放出されることがある．

正解（3）

**問題70** ダクト及びその付属品に関する次の記述のうち，最も不適当なものはどれか．
（1） 低圧ダクトの流速範囲は，15m/s以下である．
（2） 厨房フードなどには，ステンレス鋼板が利用される．
（3） グラスウールダクトには，ダクト系の騒音に対する消音効果が期待できる．
（4） 防火ダンパの羽根及びケーシングは，一般に1.5mm以上の鋼板で作成される．
（5） 厨房排気ダクト用防火ダンパの温度ヒューズ溶解温度は，280℃である．

**解答**

防火ダンパの温度ヒューズ型における温度ヒューズ溶解温度は，一般換気用72℃，厨房排気用120℃，排煙用280℃である．

正解（5）

**問題71** 送風機に関する次の記述のうち，最も不適当なものはどれか.
- （1） 斜流式送風機は，空気が羽根車の外周の一部から入り，反対側の外周の一部に通り抜ける.
- （2） 遠心式送風機は，空気が羽根車の中を軸方向から入り，径方向に通り抜ける.
- （3） 軸流送風機は，空気が羽根車の中を軸方向から入り，軸方向に通り抜ける.
- （4） 送風機系の抵抗曲線は，風量に関する2次曲線で表される.
- （5） 送風機の特性について，グラフ上の横軸に風量をとり，縦軸に各風量における圧力・効率・軸動力等をとって表したものを送風機の特性曲線という.

**解 答**
斜流式送風機は，空気が軸方向から入り，軸に対して傾斜して通り抜ける構造である.

正解(1)

**問題72** ダクトとその付属品に関する次の記述のうち，最も不適当なものはどれか.
- （1） ピッツバーグはぜは，鋼板ダクトの組立てに用いられる.
- （2） 鋼板製長方形ダクト同士を接合する継手には，アングルフランジ工法継手がある.
- （3） 耐食性を必要とするダクトには，ステンレス鋼板が用いられる.
- （4） 風量調整ダンパには，バタフライ型がある.
- （5） 丸ダクトはスパイラルダクトに比べて，はぜにより高い強度が得られる.

**解 答**
丸ダクトは，スパイラルダクトと違ってはぜがないので，スパイラルダクトよりも強度は劣る. なお，現在では，工場生産品として規格化されたスパイラルダクトが主流で，丸ダクトは，あまり使用されていない.

正解(5)

**問題73** 空気浄化装置に関する次の記述のうち，最も不適当なものはどれか.
- （1） 静電式は，高圧電界により粉じんを荷電し，吸引吸着することによって捕集・除去するもので，電気集じん機が代表的な装置である.
- （2） ろ過式は，慣性，拡散，さえぎりなどの作用で粉じんをろ材繊維に捕集するものをいう.
- （3） HEPAフィルタやULPAフィルタは，圧力損失が大きい傾向にある.
- （4） ろ過式は各種フィルタがあるが，粒子捕集率の値の範囲は狭い.
- （5） 空気浄化装置は，排気系統に設置される場合もある.

**解 答**
ろ過式は，粉じん粒子が，より大きな外形の繊維空間を通る際に生じる遮り，慣性，拡散，静電気などの作用を利用し，繊維などに沈着・捕集させるもので，多様なフィルタがあり，一般に，粒子捕集率の値の範囲は広い.

正解(4)

**問題74** 空気調和設備の配管・ポンプに関する語句の組合せとして，最も不適当なものは次のうちどれか.
- （1） 伸縮継手—————————振動防止対策
- （2） 容積型ポンプ—————歯車ポンプ
- （3） ポンプの特性曲線———全揚程
- （4） 蒸気トラップ—————凝縮水の分離
- （5） キャビテーション———吐出量の低下，揚水不能

**解 答**
伸縮継手は，振動防止対策ではなく，主に膨張対策である.

正解(1)

**問題75** 換気に関する次の記述のうち，最も不適当なものはどれか．

（1） 局所換気は，汚染物質を発生源の近くで捕集するため捕集効率が高く，換気量も比較的少ない．

（2） 温度差による換気力は，室内外の空気の密度差に比例する．

（3） 住宅等の居室のシックハウス対策として機械換気設備を用いる場合の必要換気量は，換気回数で0.5回/h以上と規定されている．

（4） 第2種機械換気方式は，給気口及び排風機により構成される．

（5） ハイブリッド換気は，自然換気に機械換気や空調設備を組み合わせたものである．

**解 答**

第2種機械換気方式は，<u>送風機と排気口</u>により構成される．

正解（4）

**問題76** 個別方式空気調和設備で使用する換気設備に関する次の記述のうち，最も不適当なものはどれか．

（1） パッケージ型空調機は，通常は外気処理機能を持たないため，室内空気質確保のための対策が必要である．

（2） 中央方式の外調機の導入が困難な場合には，室単位もしくはゾーン単位の外気導入が一般的である．

（3） 暖房時に加湿不足になりやすいことから，加湿器を付加するなどの対策が取られることもある．

（4） 外気処理ユニットは，直膨コイルや全熱交換器等を組み込んだユニットである．

（5） 外気処理専用パッケージ型空調機は，給排気のバランスが取りにくい．

**解 答**

外気処理専用パッケージ型空調機は，空調機に空気を取り入れる前に，ある程度の状態まで外気に冷暖房や加湿などの処理を行うため，円滑に外気負荷を処理できる．したがって，<u>給排気のバランスは取りやすい</u>．

正解（5）

**問題77** 温熱環境要素の測定器に関する次の記述のうち，最も不適当なものはどれか．

（1） 熱式風速計は，長時間使用していると指示値に誤差が生じることがあるので，定期的に較正する必要がある．

（2） サーミスタ温度計は，電気抵抗の変化を利用するものである．

（3） アスマン通風乾湿計の乾球温度は，一般に湿球温度より高い値を示す．

（4） グローブ温度計は，気流変動の大きいところでの測定に適している．

（5） 相対湿度の測定には，毛髪などの伸縮を利用する方法がある．

**解 答**

グローブ温度計は，熱放射の測定に用いられるものであり，気流の影響を受けるので，<u>気流変動が少ないところ</u>での測定に適している．

正解（4）

**問題78** 空気環境の測定に関する次の記述のうち，最も不適当なものはどれか．

（1） 酸素の測定には，紫外線吸収法がある．

（2） 微生物の測定には，免疫クロマトグラフ法がある．

（3） イオウ酸化物の測定には，溶液導電率法がある．

（4） オゾンの測定には，半導体法がある．

（5） 花粉アレルゲンの測定には，エアロアレルゲン・イムノ

**解 答**

酸素の測定は，一般居住環境で行われることはあまりなく，主に貯水槽，排水槽などで行われることが多い．酸素濃度の代表的な測定法には，<u>ガルバニ電池方式</u>，<u>ポーラログラフ方式</u>がある．なお，紫外線吸収法は，オゾンや窒素酸化物の測定法である．

ブロット法がある.

**問題79** 汚染物質とその単位の組合せとして，最も不適当なものは次のうちどれか.
- （1） キシレン濃度————————$\mu g/m^3$
- （2） 浮遊細菌濃度————————$CFU/m^3$
- （3） オゾン濃度————————$Sv$
- （4） アスベスト濃度————————本/L
- （5） イオウ酸化物濃度————————ppm

正解（1）

【解答】
　オゾンの濃度単位は，ppmを使用する.なお，Sv（シーベルト）は，生体の被曝による生物学的影響の大きさを表す単位である.

正解（3）

**問題80** ホルムアルデヒド測定法として，最も不適当なものは次のうちどれか.
- （1） DNPHカートリッジ捕集−HPLC法
- （2） 検知管法
- （3） 定電位電解法
- （4） 電気化学的燃料電池法
- （5） 光散乱法

【解答】
　ホルムアルデヒド測定法のうち，精密測定法のアクティブ法にDNPHカートリッジ捕集−HPLC法が，簡易測定法のアクティブ法に検知管法，定電位電解法，電気化学的燃料電池法がある.なお，光散乱法は，浮遊粉じんの測定法の一つである.

正解（5）

**問題81** 揮発性有機化合物（VOCs）測定法に関する次の記述のうち，最も不適当なものはどれか.
- （1） 固相捕集・加熱脱着−GC/MS法は，空気中のVOCsを捕集した吸着剤を加熱脱着装置によりGC/MSへ導入する方法である.
- （2） 固相捕集・溶媒抽出−GC/MS法は，空気中のVOCsを捕集した吸着剤を二硫化炭素で抽出した後，GC/MSへ導入する方法である.
- （3） TVOC（Total VOC）の測定には，パッシブ法を使用することができる.
- （4） トルエン，パラジクロロベンゼンは，検知管法により測定することができる.
- （5） 半導体センサを用いたモニタ装置により，トルエン，キシレンを測定することができる.

【解答】
　TVOCの測定は，VOCsの測定と同様，アクティブ法による.なお，簡易に定量化するには，トルエン換算法を使用する.

正解（3）

**問題82** 建築物環境衛生管理基準に基づく空気調和設備に関する衛生上必要な措置に関する次の記述のうち，最も不適当なものはどれか.
- （1） 冷却塔及び冷却水の水管は，6カ月以内ごとに1回，定期に清掃を行うことが求められる.
- （2） 冷却塔及び冷却水は，使用開始時及び使用期間中の1カ月以内ごとに1回，定期に汚れの状況を点検することが求められる.
- （3） 冷却塔に供給する水は，水道法第4条に規定する水質基準に適合していることが求められる.
- （4） 加湿装置は，使用開始時及び使用を開始した後，1カ月以内ごとに1回，定期に汚れの状況を点検することが求められる.

【解答】
　冷却塔と冷却水の水管は，建築物環境衛生管理基準に基づき，1年以内ごとに1回，定期に清掃を行う.

（5） 空気調和設備内に設けられた排水受けは，使用開始時及び使用期間中の1カ月以内ごとに1回，定期に汚れの状況を点検することが求められる．

正解(1)

**問題83** 遮音に関する次の記述のうち，最も不適当なものはどれか．
（1） 床衝撃音に対する遮音等級は，値が小さいほど遮音性能が優れている．
（2） 複層壁の場合，共鳴によって音が透過することがある．
（3） 軽量床衝撃音は，床仕上げ材を柔らかくすることで軽減できる．
（4） 複数の断面仕様の異なる部材で構成される壁の透過損失は，最も透過損失の大きい構成部材の値を用いる．
（5） 重量床衝撃音は，床躯体構造の質量や曲げ剛性を増加させることで軽減できる．

**問題84** 振動に関する次の記述のうち，最も不適当なものはどれか．
（1） 空気調和機による振動は，定常的で変動が小さい．
（2） 風による建物の振動は，不規則である．
（3） 環境振動で対象とする周波数の範囲は，鉛直方向の場合，1〜80Hzである．
（4） 不規則かつ大幅に変動する振動のレベルは，時間率レベルで表示する．
（5） 防振溝は，溝が深いほど，また，溝が振動源に近いほど効果が大きい．

**問題85** 面音源からの音圧レベルの伝搬特性に関する次の文章の _____ 内に入る語句の組合せとして，最も適当なものはどれか．
「下の図に示す寸法が $a \times b$ $(a < b)$ の長方形の面音源について，面音源中心から面に対して垂直方向への距離を $d$ とした場合，音源付近 $d < \dfrac{a}{\pi}$ では ア としての伝搬特性を示し，$\dfrac{a}{\pi} < d < \dfrac{b}{\pi}$ では線音源に対応する減衰特性を，$d > \dfrac{b}{\pi}$ の範囲では イ に対応する減衰特性を示す．よって，$d > \dfrac{b}{\pi}$ の範囲で音源からの距離が2倍になると ウ dB減衰する．」

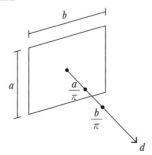

**解 答**

複数の断面仕様の異なる部材で構成される壁の透過損失は，各部材の透過損失が変化するので，総合透過損失を用いる．

正解(4)

**解 答**

風による建物の振動は，風圧変化，カルマン渦の発生などによるもので，正弦波の長周期が特徴である．

正解(2)

**解 答**

設問の図に示す寸法 $a \times b$ $(a < b)$ の長方形の面音源について，面音源中心から面に対して垂直方向への距離を $d$ とした場合，音源付近 $d < \dfrac{a}{\pi}$ では 面音源 としての伝搬特性を示し，$\dfrac{a}{\pi} < d < \dfrac{b}{\pi}$ では線音源に対応する減衰特性を，$d > \dfrac{b}{\pi}$ の範囲では 点音源 に対応する減衰特性を示す．よって，$d > \dfrac{b}{\pi}$ の範囲で音源からの距離が2倍になると 6 dB減衰する．

|    | ア | イ | ウ |
|----|-----|-----|-----|
| （1） | 点音源 | 面音源 | 3 |
| （2） | 点音源 | 面音源 | 6 |
| （3） | 面音源 | 点音源 | 3 |
| （4） | 面音源 | 点音源 | 6 |
| （5） | 面音源 | 点音源 | 10 |

正解（4）

**問題86** 測光量に関する次の文章の□□□内に入る語句の組合せとして，最も適当なものはどれか．

「照度は ア 当たりに入射する光束であり，単位は通常 イ と表される．光度は ウ 当たりから放出される光束であり，単位は通常 エ と表される．」

|    | ア | イ | ウ | エ |
|----|-----|-----|-----|-----|
| （1） | 単位面積 | lx | 単位立体角 | cd/m² |
| （2） | 単位面積 | lx | 単位立体角 | cd |
| （3） | 単位面積 | lm | 単位立体角 | cd |
| （4） | 単位立体角 | cd | 単位面積 | cd/m² |
| （5） | 単位立体角 | lm | 単位面積 | cd |

**解答**

照度は，単位面積当たりに入射する光束であり，単位は通常lxと表される．光度は単位立体角当たりから放出される光束であり，単位は通常cdと表される．

正解（2）

**問題87** 光・照明に関する次の記述のうち，最も不適当なものはどれか．
（1） 太陽高度が等しければ，大気透過率が高いほど地表に到達する直射日光による水平面照度は大きくなる．
（2） 演色評価数は，100に近いほど基準光で照らした場合の色に近い色に再現できる．
（3） 室内表面の輝度分布が大きすぎると視覚的疲労感を生じる．
（4） 電球色の蛍光ランプと昼白色の蛍光ランプとでは，昼白色の方が相関色温度が高い．
（5） 同じ面積の窓から天空光を取り入れる場合，側窓と天窓とで取り入れられる光の量は等しい．

**解答**

同じ面積の窓から天空光を取り入れる場合，天窓は，側窓よりも，多くの光が得られる．

正解（5）

**問題88** 地表における直射日光による法線面照度が80 000 lxのとき，直射日光による水平面照度として，最も近いものは次のうちどれか．ただし，このときの太陽高度は60度とする．
（1） 35 000 lx
（2） 40 000 lx
（3） 55 000 lx
（4） 70 000 lx
（5） 80 000 lx

**解答**

太陽高度を$h$〔°〕とすると，
水平面照度〔lx〕＝法線面照度〔lx〕×sin$h$
$$＝80\,000×\sin60°$$
$$＝80\,000×0.866$$
$$＝69\,280$$
$$≒70\,000〔lx〕$$

正解（4）

**問題89** 照明施設の保守に関する次の記述のうち，最も不適当なものはどれか．
（1） 照明器具の保守率は，照明施設の管理状況によらず，光源，照明器具の性能のみで決まる．
（2） LED照明器具の場合，周辺環境の清浄度が同じであれ

**解答**

照明器具の保守率は，照明器具の構造，使用する光源の種類，室内の粉じん発生量などの影響を受ける．

ば，露出形と完全密閉形の設計光束維持率は同等である．
（3） 既設の蛍光ランプ用照明器具のランプを直管形LEDランプで代替する場合，適切なランプと照明器具の組合せでないと，照明器具の焼損や火災を招くおそれがある．
（4） 光源の交換と清掃の時期を合理的に組み合わせることが，所要照度の維持にとって望ましい．
（5） JIS C 8105-1によれば，照明器具の適正交換の目安は，累積点灯時間30 000時間としている．

正解（1）

**問題90** 空気調和設備に関する次の記述のうち，最も適当なものはどれか．
（1） ふく流吹出口は，他の吹出口と比べて，均一度の高い温度分布が得やすい．
（2） 吸収冷凍機は，容積冷凍機や遠心冷凍機と比較して騒音・振動が大きい．
（3） 躯体蓄熱方式を採用すると，一般に熱源機器容量は大きくなる．
（4） 放射冷暖房設備は，他の空調方式と併用せず設置するのが一般的である．
（5） 吸込み気流は，吸込み中心からの距離に反比例して減衰する．

**解答**
ふく流吹出口は，他の吹出口に比べて，誘引効果が高く，<u>均一度の高い温度分布が得られる</u>．

正解（1）

---

**午後の部** 建築物の構造概論・給水及び排水の管理・清掃・ねずみ，昆虫等の防除

**問題91** 都市の熱環境に関する次の記述のうち，最も不適当なものはどれか．
（1） COP21において，温室効果ガス削減の枠組みとなるパリ協定が採択された．
（2） CASBEE（建築環境総合性能評価システム）の評価対象は，エネルギー消費，資源循環，地域環境，室内環境の4分野である．
（3） 熱帯夜とは，夕方から翌朝までの最低気温が25℃以上の日をいう．
（4） ストリートキャニオンは，風の弱い日にも熱や汚染物質の拡散能力が高い．
（5） 都市化により，都市の中心部の気温が郊外と比較して高くなる現象をヒートアイランド現象という．

**解答**
ストリートキャニオンのような閉鎖空間では，風の弱い日には熱や汚染物質の拡散能力が<u>低下する</u>．

正解（4）

**問題92** 日射・日照に関する次の記述のうち，最も不適当なものはどれか．
（1） 太陽から放射される可視光線，紫外線，近赤外線のうち，紫外線の波長が最も短い．
（2） 遮熱性塗料や遮熱性舗装の特徴は，近赤外線の反射率が大きいことである．
（3） 天空日射とは，太陽光が大気中で散乱して，地上に降りそそいだものである．

**解答**
地面に垂直に立てた棒の影の先端が，<u>1日の太陽の動きに従って描く曲線を日影曲線</u>という．

（4） 夏至の晴天日において，南向き鉛直壁面の日積算日射受熱量は，札幌の方が那覇より多い．

（5） 日影曲線とは，冬至の日において，地面に垂直な単位長さの棒が水平面に落とす影を時間別に描いたものである．

**問題93** 日射・日照及びその調整手法に関する次の記述のうち，最も不適当なものはどれか．

（1） 樹木の緑葉の日射反射率は，コンクリートに比べて大きい．

（2） ライトシェルフとは，部屋の奥まで光を導くよう直射日光を反射させる庇である．

（3） オーニングとは，窓に取り付ける日除けの一種である．

（4） 照返しの熱量は，照返し面での日射反射量と，その面での熱放射量とに分けられる．

（5） 内付けブラインドの日射遮蔽効果は，外付けブラインドに比べて小さい．

**解答**

日射反射率は，<u>コンクリートのほうが樹木の緑葉より大きい</u>．

正解(1)

**問題94** 建築士法で定義している設計図書に含まれないものは，次のうちどれか．

（1） 建具表

（2） 仕上表

（3） 配置図

（4） 面積表

（5） 現寸図

**解答**

現寸図は，建築基準法で定義している設計図書に含まれない．

正解(5)

**問題95** 建築物の基礎構造と地盤に関する次の記述のうち，最も不適当なものはどれか．

（1） 異種の基礎構法の併用は，原則として禁止されている．

（2） 沖積層の地耐力は，第三紀層に比べて大きい．

（3） 液状化は，埋立地や砂質地盤などで生じやすい．

（4） フーチングは，柱又は壁を支える鉄筋コンクリートの基礎の広がり部分をいう．

（5） 地盤の短期に生ずる力に対する許容応力度は，長期に生ずる力に対する許容応力度の2倍とする．

**解答**

沖積層の地耐力は，第三紀層に比べて<u>小さい</u>．

正解(2)

**問題96** 建築物の荷重又は構造力学に関する次の記述のうち，最も不適当なものはどれか．

（1） 床の構造計算をする場合の積載荷重は，地震力を計算する場合の積載荷重より大きく設定されている．

（2） 土圧や水圧は，常時荷重に分類されている．

（3） 反力は，建築物に荷重が作用した場合，作用荷重に対応して支点に生じる力である．

（4） せん断力は，部材内の任意の面に作用して，面をずれさせるように作用する力である．

（5） 等分布荷重の作用する片持支持梁のせん断力は，梁中央で最も大きい．

**解答**

等分布荷重の作用する片持支持梁のせん断力は，<u>梁端部(支持端)</u>で最も大きい．

正解(5)

**問題97** 建築材科の密度が, 大きい順に並んでいるものは次のうちどれか.

(1) 鋼材 ＞ コンクリート ＞ アルミニウム ＞ 合板
(2) 鋼材 ＞ アルミニウム ＞ コンクリート ＞ 合板
(3) コンクリート ＞ 鋼材 ＞ アルミニウム ＞ 合板
(4) コンクリート ＞ アルミニウム ＞ 鋼材 ＞ 合板
(5) コンクリート ＞ 鋼材 ＞ 合板 ＞ アルミニウム

**問題98** 建築材料の性質に関する次の記述のうち, 最も不適当なものはどれか.

(1) 木材の気乾状態の含水率は, 25～30％である.
(2) 木材の引火点は, 240～270℃程度である.
(3) 高強度鋼は, 軟鋼より伸びが小さい.
(4) 鋼材のヤング係数は, 鋼材の種類にかかわらずほぼ一定である.
(5) 強化ガラスは, 一般板ガラスに特殊な熱処理を施し, 表面に圧縮応力を生じさせたものである.

**問題99** ガスの供給と取扱いに関する次の記述のうち, 最も適当なものはどれか.

(1) 厨房がガス臭いので, ガスを排出するため直ちに換気扇を起動した.
(2) 都市ガス及びLPガスは, 1 000倍に希釈しても臭いを感知できる付臭剤の添加が, 法令で義務付けられている.
(3) 地震後, ガスのマイコンメータの復帰ボタンを押したら赤いランプが点滅したが, ガス機器に異常がなさそうなので使用開始した.
(4) 土中から建築物にガス管を引き込む際, 耐震のため絶縁継手を設置することが必要である.
(5) LPガス容器は, 常時50℃以下の直射日光の当たらない場所に設置する.

**問題100** 電気設備に関する次の記述のうち, 最も不適当なものはどれか.

(1) 「非常用の照明装置」は, 停電を伴った災害発生時に安全に避難するための設備で, 消防法により設置場所・構造が定められている.
(2) インバータ制御は, 交流電動機の回転速度調整や出力トルク調整が容易で, 効率の大幅改善が期待できる.
(3) 電動機は, 起動時に定格を超える電流が流れ異常振動等を起こすことがあるため, スターデルタ起動方式により運転するのが望ましい.
(4) 契約電力50kW以上の建築物の場合, 高圧 (6.6kV) で受電し, 自家用変電設備で低圧 (200V・100V) に変圧して給電する.
(5) 地階を除く階数が, 11階以上の階に, 非常コンセント設備の設置が義務付けられている.

**問題101** 建築物の防災対策等に関する次の記述のうち，最も不適当なものはどれか．

(1) 高層ビルの回転式の扉は，内外気温差で生じる出入口での強風を減じる効果がある．

(2) 超高層ビルの足元にあるサンクンガーデンは，ビル風対策としても効果がある．

(3) Jアラートは，緊急の気象関係情報，有事関係情報を国から住民等に伝達するシステムである．

(4) エレベータには，地震時に直ちに避難階へ直行させる地震管制モードが備わっている．

(5) 集中豪雨時に浸水しやすい地下街，地下階への浸水対策として，止水板，土嚢が用いられる．

**解答**

地震管制モードでは，地震感知器が揺れを感知すると，エレベータは最寄り階に自動停止する．

正解(4)

**問題102** 建築物の消防用設備に関する次の記述のうち，最も適当なものはどれか．

(1) 煙感知器は，熱感知器に比べ火災の検知が早く，アトリウムや大型ドームのような大空間での火災感知に適している．

(2) 差動式熱感知器は，定められた温度を一定時間以上超え続けた場合に作動する．

(3) 小規模社会福祉施設では，上水道の給水管に連結したスプリンクラ設備の使用が認められている．

(4) ハロゲン化物消火設備は，負触媒作用による優れた消火効果があり，コンピュータルーム，図書館など水損被害が懸念される用途の空間で普及している．

(5) 排煙設備は，消防法施行令に定めるところの消防の用に供する設備に含まれる．

**解答**

自力避難困難者が入所する社会福祉施設は，スプリンクラ設備の設置が義務付けられている．そのうち小規模社会福祉施設では，事務所ビルなどと同様の一般的なスプリンクラ設備のほか，上水道の給水管に連結する特定施設水道連結型スプリンクラ設備の設置も認められている．

(1) アトリウムや大型ドームのような大空間での火災感知には，炎感知器が適している．

(2) 差動式熱感知器は，感知器の周辺温度上昇率が一定以上になったときに作動する．

(4) ハロゲン化物のうち，有人区画に設置可能なハロン1301のクリティカルユースには，書庫や図書室が含まれている．しかし，同物質はオゾン層破壊物質として使用抑制が図られており，「普及している」とは言い難い．ちなみに，現状では，設問の用途には窒素ガスなどの不活性ガス消火設備が使われることが多い．

(5) 排煙設備は，消防法施行令に定めるところの消防の用に供する設備には含まれない．

正解(3)

**問題103** 建築基準法に関する次の記述のうち，誤っているものはどれか．

(1) 建築物とは，土地に定着する工作物であることが前提である．

(2) 鉄道及び軌道の線路敷地内の運転保安に関する施設は，建築物から除かれる．

(3) 建築物の構造上重要でない間仕切壁の過半の模様替えは，大規模の模様替えである．

(4) 敷地とは，一の建築物又は用途上不可分の関係にある二以上の建築物のある一団の土地である．

**解答**

大規模の模様替えとは，建築物の主要構造部の1種以上について行う過半の模様替えをいう．建築物の構造上重要でない間仕切壁は主要構造物に当たらない．

（5）　集団規定による建築物の制限として，用途地域による建築物の用途制限がある．

**問題104**　建築基準法に規定される建築設備に該当しないものは，次のうちどれか．
（1）　汚物処理の設備
（2）　煙突
（3）　共同アンテナ
（4）　昇降機
（5）　避雷針

【解　答】
　建築基準法に規定される建築設備とは，「建築物に設ける電気，ガス，給水，排水，換気，暖房，冷房，消火，排煙若しくは汚物処理の設備又は煙突，昇降機若しくは避雷針」をいう．
　すなわち，共同アンテナは含まれていない．

正解（3）

**問題105**　建築基準法に関する次の記述のうち，誤っているものはどれか．
（1）　劇場における客席からの出口の戸は，内開きとしてはならない．
（2）　床面積とは，建築物の各階又はその一部で，壁その他の区画の中心線で囲まれた部分の水平投影面積である．
（3）　耐火性能とは，通常の火災が終了するまでの間，建築物の倒壊・延焼を防止するために，建築物の部分に必要な性能のことをいう．
（4）　建築主事は，建築基準法の規定に違反した建築物に関する工事の請負人に対して，当該工事の施工の停止を命じることができる．
（5）　直通階段とは，建築物の避難階以外の階の居室から，避難階又は地上に直通する階段のことをいう．

【解　答】
　当該工事の施工の停止など，違反建築物に対する措置を行うのは特定行政庁である．

正解（4）

**問題106**　給水及び排水の管理に関する用語とその単位との組合せとして，最も不適当なものは次のうちどれか．
（1）　給湯配管からの熱損失――――――――W
（2）　ばっ気槽混合液浮遊物質濃度（MLSS）――%
（3）　水の密度――――――――――――kg/m³
（4）　溶存酸素濃度――――――――――mg/L
（5）　BOD負荷量――――――――g/（人・日）

【解　答】
　MLSSは，ばっ気槽内のSS（懸濁物質），すなわち活性汚泥の濃度を示すものである．単位はmg/Lで表す．

正解（2）

**問題107**　給水及び排水の管理に関する次の記述のうち，最も不適当なものはどれか．
（1）　膨張管とは，給湯配管系統の安全装置の一つである．
（2）　ゲージ圧力とは，真空を基準とする圧力のことである．
（3）　富栄養化とは，栄養塩類を含んだ汚水の流入により，湖沼などの水質汚濁が進むことである．
（4）　金属の不動態化とは，酸化保護被膜の生成をいう．
（5）　バルキングとは，活性汚泥が沈降しにくくなる現象である．

【解　答】
　ゲージ圧力とは，圧力計により測定される大気圧を基準とする圧力である．工学系で一般に使用する圧力を表し，単位はPaである．
　ゲージ圧力0〔kPa〕
　＝大気圧（＝絶対圧力101.3〔kPa〕）
　ここで，絶対圧力：完全真空を基準とする圧力

正解（2）

**問題108**　給水設備における水質劣化の原因に関する次の記述のうち，最も不適当なものはどれか．

【解　答】
　白濁水は，亜鉛めっき鋼管を用いた給

（1）　異臭味は，藻類や放線菌が産生する臭気物質によって生じる.

（2）　スケールは，水の硬度成分によって生じ，配管の詰まりの原因となる.

（3）　白濁現象は，脂肪酸と銅イオンが化合物を形成することによって生じる.

（4）　スライム障害は，細菌類や藻類の増殖によって生じ，消毒効果の低下の原因となる.

（5）　トリハロメタンは，水槽内の水温の上昇によって，その生成量が増加する傾向にある.

水系で亜鉛の腐食生成物が水に混ざって白濁するものであり，通常は時間経過とともに収まる．なお，銅管を用いた場合，脂肪酸と銅イオンが化合物を形成し，浴槽やタオルを青くすることがある.

正解（3）

**問題109**　給水設備に関する次の記述のうち，最も不適当なものはどれか.

（1）　簡易専用水道とは，水道事業の用に供する水道から受ける水のみを水源とするもので，水槽の有効容量の合計が10m³を超えるものをいう.

（2）　配水管から給水管に分岐する箇所での配水管の最小動水圧は，150kPaである.

（3）　開放型冷却塔の補給水は，冷却水循環量の2％程度を見込む.

（4）　一般水栓における必要水圧は，30kPaである.

（5）　水道法に基づく水質基準では，大腸菌は1mLの検水で形成される集落数が100以下である.

**解答**
水道法に基づく厚生労働省の水質基準では，大腸菌は検出されないこととしている.

正解（5）

**問題110**　水道施設に関する次の記述のうち，最も不適当なものはどれか.

（1）　送水施設は，浄水施設で処理された水を配水施設まで送る施設のことである.

（2）　取水施設の位置の選定に当たっては，水量及び水質に対する配慮が必要である.

（3）　清澄な地下水を水源とする場合，浄水処理は消毒のみで水道水として供給することがある.

（4）　配水池の必要容量は，計画1日最大給水量の8時間分を標準とする.

（5）　緩速ろ過法は，沈殿池で水中の土砂などを沈殿させた後に，緩速ろ過池で4～5m/日の速度でろ過する方法である.

**解答**
配水施設における配水池の必要容量は，1日の水使用量の変動を考慮し，計画1日最大給水量の12時間分を標準としており，かつ，地域の特性も考慮する.

正解（4）

**問題111**　給水設備に関する次の記述のうち，最も不適当なものはどれか.

（1）　ウォータハンマとは，給水管路において，弁を急激に閉止するときに弁の下流に生じる著しい圧力上昇が，圧力変動の波として管路に伝わる現象である.

（2）　逆サイホン作用とは，給水管内が負圧になったときに生ずる吸引作用で，汚れた水が吐水口を通じて給水管内に逆流することをいう.

（3）　メカニカル形接合とは，ステンレス鋼管などで採用され

**解答**
ウォータハンマ（水撃作用）は，液体が充満して流れている管路において，弁などを急激に閉止すると弁直前に著しい圧力上昇が生じて，この圧力変動の波が管路内を伝わる現象である.

ている接合方法で，ねじ込み，溶接，接着等によらない
機械的な接合方法をいう．
（4）　さや管ヘッダ工法とは，集合住宅などで，ヘッダから各
器具にそれぞれ単独に配管する工法である．
（5）　クリープ劣化とは，合成樹脂管などで発生する劣化で，
応力が長時間継続してかかり，材料変形が時間とともに
進んでいく状態をいう．

正解（1）

**問題112**　給水設備の配管に関する次の記述のうち，最も不
適当なものはどれか．
（1）　給水管を上向き配管方式とする場合は，先上り配管とす
る．
（2）　給水配管の枝管の分岐は，下方に給水する場合には下取
出しとする．
（3）　飲料水用配管は，他の配管系統と識別できるようにしな
ければならない．
（4）　銅管やステンレス鋼管は，異物の付着による孔食のおそ
れがあるので，管内清掃を十分に行う．
（5）　不等（不同）沈下の変位吸収のために，ショックアブソー
バを配管に取り付ける．

**解答**
建物周囲の地盤が不等（不同）沈下する
おそれがある場合の配管の変位吸収に用
いられるのは，<u>フレキシブル（可とう）継
手</u>である．ショックアブソーバは，振動
などの衝撃力を吸収する装置である．

正解（5）

**問題113**　受水槽に関する次の記述のうち，最も不適当なも
のはどれか．
（1）　水の使用量が極端に減少する期間がある建築物では，受
水槽の水位を通常使用時と少量使用時で切り替える方法
を取る．
（2）　流入管からの吐水による水面の波立ち防止策として，防
波板を設置する．
（3）　受水槽を独立した室に設置する場合は，出入口に施錠す
るなどの措置を講ずる．
（4）　受水槽の上部には，他設備の機器や配管が設置されない
ようにする．
（5）　受水槽の流入口と流出口の位置は，滞留時間を短くする
ため近接させる．

**解答**
受水槽への水の流入口と流出口が近接
していると水の流れが短絡してしまうの
で，水の滞留域ができて<u>好ましくない</u>．

正解（5）

**問題114**　給水設備に関する次の記述のうち，最も不適当な
ものはどれか．
（1）　受水槽の有効容量は，一般に1日最大使用水量の1/2程
度である．
（2）　給水管と排水管が水平に並行して埋設される場合は，一
般に両配管の水平間隔を300mm以内とする．
（3）　高層ホテルにおいてゾーニングする場合の圧力の上限値
は，一般に0.3MPaである．
（4）　給水配管内の適正流速は，一般に0.9〜1.2m/sである．
（5）　高置水槽の有効容量は，一般に1日最大使用水量の1/10
程度である．

**解答**
給水管と排水管が並行して土中に埋設
される場合は，給水管の汚染防止のた
め，原則として，両配管の水平間隔は
<u>500mm以上</u>とし，かつ，給水管は排水管
の上方に埋設する．

正解（2）

**問題115** 給水設備の保守管理に関する次の記述のうち，最も不適当なものはどれか．
- （1） 貯水槽の付属装置である定水位弁や電極棒等の動作不良により，断水，溢水事故を起こすことがある．
- （2） 地震など，貯水槽の構造や水質に影響を与えるような事態が発生した場合には，速やかにその影響を点検する．
- （3） 給水ポンプの吐出側の圧力が変動している場合は，ポンプ内あるいは吐出配管に詰まりがある．
- （4） 高置水槽と受水槽の清掃は，原則として同じ日に行い，受水槽の清掃前に高置水槽の清掃を行う．
- （5） 給水栓において規定値の残留塩素が保持できない場合は，塩素剤の注入装置を設置して，その適正な管理を行う．

**解答**
高置水槽の清掃は，清浄な水を用いて行う必要があるので，受水槽の清掃が完了した後に行う．

正解（4）

**問題116** 次のポンプの点検項目のうち，点検頻度を一般に6カ月に1回程度としているものはどれか．
- （1） 吐出側の圧力
- （2） ポンプと電動機の芯狂い
- （3） 電動機の絶縁抵抗
- （4） 電流値
- （5） 軸受温度

**解答**
ポンプと電動機の芯狂いは，軸継手の外周の段違いを，振動・騒音の点検項目に準じて，6か月に1回測定する．その他の選択肢の点検頻度は以下のとおり．
(1) 吐出側の圧力：毎日
(3) 電動機の絶縁抵抗：1か月に1回
(4) 電流値：毎日
(5) 軸受温度：毎日

正解（2）

**問題117** 給水設備の保守管理に関する次の記述のうち，最も不適当なものはどれか．
- （1） 飲料用貯水槽の清掃は，1年以内ごとに1回，定期に行う．
- （2） 飲料用貯水槽の清掃作業に従事する者は，6カ月に1回程度，健康診断を受ける．
- （3） 飲料用貯水槽の点検は，6カ月に1回程度，定期に行う．
- （4） 給水栓における残留塩素の測定は，7日以内ごとに1回，定期に行う．
- （5） 第2種圧力容器に該当する圧力水槽は，1年以内ごとに1回，定期自主検査を行う．

**解答**
飲料用貯水槽の点検は，水漏れの有無その他について，1か月に1回程度，定期に行うのがよいとされている．

正解（3）

**問題118** 給湯設備に関する次の記述のうち，最も不適当なものはどれか．
- （1） 壁掛けシャワーの使用温度は，42℃程度である．
- （2） 総合病院における使用湯量は，40〜80L/（床・日）程度である．
- （3） 電気温水器の貯湯量は，60〜480L程度である．
- （4） 強制循環式給湯系統の横管は，1/200以上の勾配で配管する．
- （5） 貯湯槽の容量は，ピーク時の必要量の1〜2時間分を目安に加熱能力とのバランスから決定する．

**解答**
総合病院における使用湯量は，150〜200L/（床・日）程度である．

正解（2）

**問題119** 給湯設備に関する次の記述のうち, 最も不適当なものはどれか.
- (1) 中央式給湯方式の循環ポンプは, 省エネルギーのため連続運転とする.
- (2) 貯湯槽の容量が小さいと, 加熱装置の発停が多くなる.
- (3) エネルギーと水の節約を図るため, 湯と水を別々の水栓から出さずに混合水栓を使用する.
- (4) 部分負荷を考慮し, エネルギー利用効率の高い熱源機器を採用する.
- (5) 加熱装置から逃し管を立ち上げる場合は, 水を供給する高置水槽の水面よりも高く立ち上げる.

**解答**
中央式給湯設備の循環ポンプは, 省エネルギーのため, 返湯管に水用サーモスタットを設けるなどして, 連続運転をしないようにする.

正解(1)

**問題120** 給湯設備に使用される加熱装置に関する次の記述のうち, 最も不適当なものはどれか.
- (1) ガスマルチ式給湯機は, 小型のガス瞬間湯沸器を複数台連結してユニット化したものである.
- (2) ヒートポンプは, 排熱を利用した給湯熱源機器として使用される.
- (3) 間接加熱方式は, 蒸気や高温の温水を熱源として, 加熱コイルで給湯用の水を加熱するものである.
- (4) ボイラは, 伝熱面積とゲージ圧力により, ボイラ, 小型ボイラ, 簡易ボイラに分類される.
- (5) 給湯用貫流ボイラは, 出湯温度が安定しているので, 大規模のシャワー設備の給湯に適している.

**解答**
給湯用貫流ボイラは, 水管群で構成され, 耐圧性に優れているが缶水量が少ない. したがって, シャワー設備などで大量に湯を消費する設備には適さない.

正解(5)

**問題121** 給湯設備に使用される材料に関する次の記述のうち, 最も不適当なものはどれか.
- (1) ステンレス鋼管の線膨張係数は, 架橋ポリエチレン管の線膨張係数より小さい.
- (2) 金属材料の曲げ加工を行った場合には, 応力腐食の原因になる.
- (3) 樹脂管を温度の高い湯に使用すると, 塩素による劣化が生じやすい.
- (4) 返湯管に銅管を用いた場合は, 他の配管材料を用いた場合と比較して, 流速を速く設定できる.
- (5) ステンレス鋼管は, 隙間腐食, もらい錆等による腐食が生じる可能性がある.

**解答**
銅管は, 表面に酸化被膜が形成され母材が不働態化して耐食性を維持する. 中央式給湯方式の循環配管に銅管を使用した場合, 特に返湯管の流速が速いと, 潰食という腐食を起こすことがある.

正解(4)

**問題122** 給湯設備の保守管理に関する次の記述のうち, 最も不適当なものはどれか.
- (1) 器具のワッシャには, 細菌の繁殖を防止するために合成ゴムを使用する.
- (2) 中央式給湯方式においては, 加熱により残留塩素が消滅する場合があるので, その水質には留意する.
- (3) 貯湯槽が複数ある場合は, 停滞水の防止のため, 使用しない貯湯槽の水は抜いておく.
- (4) 貯湯槽に流電陽極式電気防食を施す場合は, 外部電源が

**解答**
流電陽極式電気防食は, 防食しようとする金属よりも腐食しやすい金属(犠牲陽極という)を接触させて防食する方法で, 外部電源は不要である. ただし, 犠牲陽極は消耗するため取替えが必要となる.
一方, 外部電源が必要な防食法は, 不溶性電極(白金めっきを施したチタン線や炭素電極など)を陽極としたもので, 外部電源として低圧直流電源が必要となる.

　　　必要である.
（5）　給湯設備に防錆剤（せい）を使用する場合は，飲料水と同じ管理方法による.

**問題123**　給湯設備の保守管理に関する次の記述のうち，最も不適当なものはどれか.
（1）　給湯循環ポンプは，作動確認を兼ねて分解・清掃を実施する.
（2）　自動空気抜き弁は，弁からの水漏れがある場合には分解・清掃を実施する.
（3）　真空式温水発生機の定期検査は，労働安全衛生法の規定に基づいて行う.
（4）　逃し弁は，レバーハンドルを操作して作動を確認する.
（5）　配管系統の末端において，定期的に停滞水の排出を行い，温度測定を実施する.

**解 答**
　真空式温水発生機，無圧式温水発生機は，労働安全衛生法の規定によるボイラに該当しない. ただし，毎日，外観検査を行い，1年以内ごとに1回，定期的に検査する.

正解(3)

**問題124**　雑用水設備に関する次の記述のうち，最も不適当なものはどれか.
（1）　広域循環方式は，複数の建築物間で排水再利用設備を共同利用し，処理水を各建築物に送水して利用するものである.
（2）　雑用水は，災害時における非常用水の原水として利用することができる.
（3）　雨水利用設備における上水代替率とは，使用水量に対する雨水利用量の割合である.
（4）　散水，修景，清掃用水として利用する場合，雑用水受水槽は，6面点検ができるように設置することが望ましい.
（5）　上水管，雑用水管，給湯管等が並行して配管される場合，配管の配列を変えてはならない.

**解 答**
　広域循環方式は，公共下水道などからの下水の処理水を広い地域の建築物に供給し，便器洗浄水などの雑用水に利用する方式である. 比較的まとまった地区の複数の建築物において，処理水を便器洗浄水などの雑用水に利用するのは，地区循環方式である.

正解(1)

**問題125**　雑用水として使用する場合の標準的な雨水処理施設における次のフローシートの　　　内に入る単位装置の組合せとして，最も適当なものはどれか.

集水→スクリーン→ ア → イ
↳ 雨水貯留槽 → 消毒装置 → 雑用水槽 →給水

|  | ア | イ |
|---|---|---|
| （1） | 沈砂槽 | 沈殿槽 |
| （2） | 流量調整槽 | 活性炭吸着装置 |
| （3） | 活性炭吸着装置 | 沈殿槽 |
| （4） | 流量調整槽 | 生物処理槽 |
| （5） | 沈砂槽 | 生物処理槽 |

**解 答**
　雨水処理として最も適用例が多いフローである.

正解(1)

**問題126**　建築物衛生法による雑用水の基準に関する次の記述のうち，誤っているものはどれか.
（1）　散水，修景又は清掃の用に供する雑用水は，し尿を含む

**解 答**
　便器洗浄水に雑用水を使用する場合の水質基準項目には，濁度は含まれていな

水を原水として用いない.
（２） 水洗便所の用に供する雑用水のpHの基準値は，散水，修景又は清掃の用に供する雑用水の場合と同じ値である.
（３） 外観の検査は，７日以内ごとに１回，定期に行う.
（４） 水洗便所の用に供する雑用水の水質基準項目として，濁度が規定されている.
（５） 大腸菌の検査は，２カ月以内ごとに１回，定期に行う.

**問題127** 下水道に関する次の記述のうち，最も不適当なものはどれか.
（１） 下水道は，流域下水道，公共下水道，都市下水路に分けられる.
（２） 下水道施設は，排水管渠，処理施設及びポンプ施設等から構成されている.
（３） 合流式とは，汚水と雨水を同一の管渠系統で排除する方式をいう.
（４） 下水の温度が基準値以上の場合には，除害施設を設置する必要がある.
（５） 流域下水道の事業主体は，原則として市町村である.

**問題128** 排水通気設備に関する次の記述のうち，最も不適当なものはどれか.
（１） 管径50mmの排水横管の最小勾配は，1/50である.
（２） 厨房排水用の排水管に設置する掃除口の口径は，排水管径と同径とする.
（３） 飲料用貯水槽の間接排水管の口径が65mmの場合，排水口空間は，最小125mmである.
（４） 排水横主管以降が満流となるおそれのある場合，伸頂通気方式を採用してはならない.
（５） 通気管の末端を，窓・換気口等の付近に設ける場合，その上端から600mm以上立ち上げて大気に開放する.

**問題129** 阻集器に関する次の記述のうち，最も不適当なものはどれか.
（１） 阻集器を兼ねる排水トラップの深さは，下限値を50mmとし，上限値を定めない.
（２） グリース阻集器は，器内への排水の流入部へバスケットを設けて，排水中に含まれる厨芥を阻止・分離する.
（３） 排水トラップが組み込まれていない阻集器には，その入口側に排水トラップを設ける.
（４） 砂阻集器は，建築現場等から多量に排出される土砂・石粉・セメント等を阻止・分離・収集するために設ける.
（５） 開放式のオイル阻集器を屋内に設置する場合，屋内換気を十分に行う.

い（建築物衛生法施行規則第４条の２）.

正解（4）

**解答**
流域下水道とは，２以上の市町村からの下水を処理するための下水道で，終末処理場と幹線管きょからなり，事業主体は原則として都道府県である.

正解（5）

**解答**
飲料用貯水槽の間接排水管の口径は，最小150mmとする（空気調和・衛生工学会規格）.

正解（3）

**解答**
阻集器の入口にトラップを設けると，厨芥などでトラップが閉塞するので，出口側に設ける.

正解（3）

**問題130** 排水通気設備に関する次の記述のうち，最も不適当なものはどれか．

（1） 排水管への掃除口の設置間隔は，管径100mmを超える場合は，通常30m以内とする．

（2） 排水トラップの脚断面積比（流出脚断面積/流入脚断面積）が大きくなると，封水強度は大きくなる．

（3） 敷地排水管の直管が長い場合には，管内径の120倍を超えない範囲内に排水ますを設置する．

（4） ドーム状のルーフドレンでは，ストレーナの開口面積は，接続する排水管径の2倍以上が必要である．

（5） 雑排水ポンプは，厨房排水を含む雑排水を排除する．

**解 答**

大小便などの汚水，厨房排水，産業排水など，固形物を含む排水には，<u>汚物ポンプ（最小口径80mm）</u>を使用する．

正解(5)

**問題131** 排水通気配管方式に関する次の記述のうち，最も不適当なものはどれか．

（1） ループ通気管は，最上流の器具排水管が排水横枝管に接続する点のすぐ下流から立ち上げ，通気立て管に接続する．

（2） 結合通気管は，高層建築物でブランチ間隔10以上の排水立て管において，最上階から数えてブランチ間隔10以内ごとに設ける．

（3） ループ通気方式において，大便器及びこれと類似の器具が8個以上接続される排水横枝管には，逃し通気管を設ける．

（4） 伸頂通気方式において，排水横主管の水平曲がりは，排水立て管の底部より3m以内に設けてはならない．

（5） 排水横管から通気管を取り出す場合，通気管は，排水管断面の水平中心線から30°以内の角度で取り出す．

**解 答**

排水横管からの通気管の取出しは，排水管断面の<u>垂直中心線上部から45°以内</u>の角度で取り出す．

正解(5)

**問題132** 排水槽及び排水ポンプに関する次の記述のうち，最も不適当なものはどれか．

（1） 排水槽内は，ブロワによってばっ気すると負圧になるので給気を行う．

（2） 排水槽の底部の勾配は，吸込みピットに向かって1/15以上1/10以下とする．

（3） 排水槽内の排水ポンプは，吸込みピットの壁などから200mm以上離して設置する．

（4） 排水槽のマンホールは，排水水中ポンプ又はフート弁の直上に設置する．

（5） 即時排水型ビルピット設備は，排水槽の悪臭防止に有効である．

**解 答**

空気を送り込むことによって排水槽内は<u>正圧</u>になるので，槽自体の排気を屋外に十分とる必要がある．

正解(1)

**問題133** 排水通気設備の保守管理に関する用語の組合せとして，最も不適当なものは次のうちどれか．

（1） 敷地内排水管内の清掃 ――――――――ロッド法

（2） 敷地外からの建築物内への雨水の浸入 ―――――可動式の堤防装置

（3） 床下式の掃除口 ――――――――鋼製プラグ

**解 答**

床下の排水配管に掃除口がある場合は，腐食しない<u>砲金製プラグ</u>を使用する．

（4） 排水槽の清掃 ──────────── 空気呼吸器
（5） 厨房排水槽の水位感知 ─────── フロートスイッチ

**問題134**　排水通気設備の保守管理に関する次の記述のうち，最も不適当なものはどれか．
（1） 排水管内部の詰まり具合や腐食状況は，内視鏡や超音波厚さ計等により確認できる．
（2） 排水槽の清掃では，最初に酸素濃度が15%以上，硫化水素濃度が25ppm以下であることを確認してから作業を行う．
（3） 排水横管の清掃にワイヤ法を使用する場合，一般に長さ25m程度が限界とされている．
（4） 水中ポンプのメカニカルシール部のオイルは，6カ月〜1年に1回，交換する．
（5） 排水管の清掃に用いるウォータラム法は，閉塞した管内に水を送り，圧縮空気を一気に放出してその衝撃で閉塞物を除去する．

**解　答**
　排水槽の清掃の際は，酸素濃度が18%以上，硫化水素濃度が10ppm以下であるかを確認してから行う．

正解（2）

**問題135**　小便器に関する次の記述のうち，最も不適当なものはどれか．
（1） 壁掛型は，駅やホテルの共用部などにおいて床清掃のしやすさから選定されている．
（2） 床置型は乾燥面が広いため，洗浄に注意しないと臭気が発散する．
（3） 手動式洗浄弁は，使用後，人為的な操作により洗浄でき，公衆用に適している．
（4） 洗浄方式は，一般に洗浄水栓方式，洗浄弁方式及び自動洗浄方式の三つに分けられる．
（5） 節水を目的として，個別感知洗浄方式や照明スイッチ等との連動による洗浄方式が用いられている．

**解　答**
　出題当時は（3）が正解．
（3） 手動式洗浄弁は，使用後の確実な操作が期待できないので，公衆用には適さない．
（4） 2022年8月22日にJIS A 5207（衛生器具─便器・洗面器類）が改正され，小便器の給水（洗浄）方式は「洗浄弁式」と「専用洗浄弁式」の2種類となった．

正解（3）（4）

**問題136**　衛生器具設備に関する次の記述のうち，最も不適当なものはどれか．
（1） 大便器洗浄弁の必要水圧は，70kPaである．
（2） 小便器の排水状態は，6カ月に1回，定期に点検する．
（3） 洗面器のトラップの接合部における緩みの有無は，2カ月に1回，定期に点検する．
（4） 大便器の洗浄タンク内の汚れ状態は，1年に1回，定期に点検する．
（5） JIS A 5207では，節水II形の大便器の洗浄水量は，6.5L以下としている．

**解　答**
　出題当時は（4）が正解．
（4） 大便器洗浄タンクの詰まり，汚れなどは，6か月に1回，定期点検として行う．
（5） 2019年11月の改正で，JIS A 5207（衛生器具─便器・洗面器類）が規定する大便器の洗浄水量区分は，以下に示す2区分になった．
　　・I形：8.5L以下
　　・II形：6.5L以下

正解（4）（5）

**問題137**　厨房排水除害施設に関する次の記述のうち，最も不適当なものはどれか．
（1） 生物処理法は，浮上分離法に比べて発生汚泥量が多い傾向にある．
（2） 動植物油の除去が主な目的である．

**解　答**
　生物処理法は，酵母菌や油分解菌を用いた処理法である．浮上分離法に比べて，発生汚泥量は比較的少ない．

（3）　浮上分離法としては，一般的に加圧浮上法が用いられる．
（4）　施設のコンクリート壁面などは，腐食対策が必要となる．
（5）　施設から発生する汚泥は，産業廃棄物として処理する．

**問題138**　浄化槽法で規定されている事項として，誤っているものは次のうちどれか．
（1）　浄化槽製造業の登録制度
（2）　浄化槽工事業の登録制度
（3）　浄化槽保守点検業の登録制度
（4）　浄化槽清掃業の許可制度
（5）　浄化槽設備士及び浄化槽管理士の国家資格

**解　答**

浄化槽製造業者についての監督権者は国土交通大臣であり，同大臣による認定制度が設けられている．

**問題139**　下図のように，一次処理装置，二次処理装置からなる浄化槽において，一次処理装置のBOD除去率が30%，二次処理装置のBOD除去率が50%であった場合，浄化槽全体のBOD除去率として，最も適当な値は次のうちどれか．

（1）　35%
（2）　40%
（3）　50%
（4）　65%
（5）　80%

**解　答**

一次処理装置に流入する排水のBOD濃度を100とすると，一次処理でBODを30%除去しており，残りのBOD濃度は70%となる．二次処理装置の除去率は50%であるから，槽全体のBOD除去率は，
100−（70×0.5）＝65〔%〕

**問題140**　消火設備に関する次の記述のうち，最も不適当なものはどれか．
（1）　連結散水設備は，消火活動が困難な地下街に設置される．
（2）　閉鎖型予作動式スプリンクラ設備は，アトリウムなどの大空間に設置される．
（3）　屋内消火栓設備は，建築物の関係者や自衛消防隊が初期消火を目的として使用するものである．
（4）　粉末消火設備は，消火薬剤として炭酸水素ナトリウムなどの粉末を使用する．
（5）　泡消火設備は，駐車場や飛行機の格納庫等に設置される．

**解　答**

閉鎖型予作動式スプリンクラ設備は，アラーム弁（予作動弁）の二次側配管内に圧縮空気などが充填されている．コンピュータ室などに設置され，スプリンクラヘッドの損傷による水損事故を防止する目的で開発されたものである．

**問題141**　建築物における衛生的環境の維持管理について（平成20年1月25日健発第0125001号）に示された，建築物環境衛生維持管理要領に関する次の記述のうち，最も不適当なものはどれか．
（1）　帳簿書類には，清掃，点検及び整備を実施した年月日，作業内容等を記載する．
（2）　清掃用機械及び器具は，清潔なものを用い，汚染度を考慮して区域ごとに使い分ける．
（3）　大掃除においては，1年以内ごとに1回，日常清掃の及びにくい箇所等の汚れ状況を点検し，必要に応じ除じん，洗浄を行う．

**解　答**

建築物における衛生的環境の維持管理について示す「建築物環境衛生維持管理要領」では，日常清掃の及びにくい箇所は6か月以内に1回，汚れの状況を点検して，必要に応じて清掃を行う，とある．

（4）　清掃用機械及び器具類，清掃用資材の保管庫は，6カ月以内ごとに1回，定期に点検する．

（5）　収集・運搬設備，貯留設備等の廃棄物処理設備は，6カ月以内ごとに1回，定期に点検する．

正解（3）

**問題142**　建築物清掃の標準的な作業計画に関する次の記述のうち，最も適当なものはどれか．

（1）　エレベータかご内部の除じんは，定期清掃として実施する．

（2）　廊下壁面のスイッチ回りの洗剤拭きは，日常清掃として実施する．

（3）　トイレ・洗面所の換気口の除じんは，定期清掃として実施する．

（4）　一般の人が立ち入らない管理用区域の清掃は，年2回程度実施する．

（5）　エスカレータパネル類の洗剤拭きは，日常清掃として実施する．

**解 答**
（1）エレベータかご内部の除じんは，<u>日常清掃</u>として行う．
（2）廊下壁面のスイッチ回りの洗剤拭きは，<u>定期清掃</u>として行う．
（4）管理用区域の清掃は，汚れの程度により，<u>必要に応じて</u>行う．
（5）エスカレータのパネル類の清掃は，日常では除塵が主で，洗剤を使用する場合は<u>定期清掃</u>として行う．

正解（3）

**問題143**　建築物清掃の作業計画に関する次の記述のうち，最も不適当なものはどれか．

（1）　記憶や経験を基にした個人的な管理手法のため，作業指示が円滑になる．

（2）　作業内容が明確化されているため，統一的な指導ができる．

（3）　計画的な作業管理により，記録の保存によって責任の所在が明確になる．

（4）　計画的に作業を実施できることから，限られた時間内に一定の成果が得られる．

（5）　日常清掃で除去する汚れと定期的に除去する汚れを区別することによって，作業効率と作業成果の向上が得られる．

**解 答**
個人的な管理手法ではなく，現状に合わせて，最も進歩した合理的なものを作成するよう努め，または過去の総合的なデータを参考にして，綿密な計画を立てる．

正解（1）

**問題144**　建築物清掃作業の安全衛生に関する次の記述のうち，最も不適当なものはどれか．

（1）　清掃作業に関わる転倒事故防止は，清掃作業従事者と第三者の安全確保のために必要である．

（2）　清掃作業に関わる事故の多くは，転倒や墜落・転落事故である．

（3）　ノロウイルス感染によると思われる嘔吐物があった場合は，その物をぬぐい取り，その部分を含む広い範囲をクレゾール石けん液で消毒する．

（4）　洗剤などは使用説明書に従って使用し，保護手袋などの保護具を適切に用いる．

（5）　吸殻処理は，清掃業務における防火対策として重要である．

**解 答**
ノロウイルスの不活化効果が期待されるのは，次亜塩素酸ナトリウムまたは高水準の消毒剤に限定される．クレゾールでは不活化は期待できない．

正解（3）

**問題145** 建築物清掃の作業管理に関する次の記述のうち，最も不適当なものはどれか．
（1）作業計画に基づき，日常清掃と定期清掃の予定表を作成し，適正な人員配置を行う．
（2）定期的に点検を行い，現場実態を把握しておく．
（3）正しい作業方法を従事者に教育・指導し，作業能率と作業成果の向上，安全衛生に努める．
（4）作業実態分析を行い，ムリ，ムダ，ムラがないようにし，作業方法を変えずに常に同じ作業を実施する．
（5）建材，汚れ等に適した清掃機械・器具やケミカル類を選定する．

**解答**
作業方法は，立案した計画が不適切な場合もあるし，建築物の使用状況の変化もあるため，<u>状況に応じて変える</u>必要がある．

正解（4）

**問題146** 建築物清掃の点検評価に関する次の記述のうち，最も不適当なものはどれか．
（1）清掃作業の実施状況の点検については，四半期ごとに実施する．
（2）清掃作業の評価は，利用者の立場に立って実施する．
（3）評価範囲は，汚染度合いの高い箇所などに重点を絞る．
（4）作業の改善は，作業仕様書や作業基準書に限定しないで行う．
（5）清掃作業の点検評価は，主として測定機器（光沢度計など）を用いて行う．

**解答**
清掃作業の点検は，<u>目視による定性法</u>が主である．使用者の目線で見ることが重要になり，定量法だけではきれいさの判断がしにくい．

正解（5）

**問題147** 建材の予防清掃に関する次の記述のうち，最も不適当なものはどれか．
（1）ほこり以外の汚れ物質は，人間の活動に伴って付着することが多い．
（2）高気密化している建築物では，窓や隙間がほこりの侵入路として重要視されている．
（3）汚れは，凹凸が多くて粗い表面には付着しやすく，付着すると除去しにくい．
（4）建材が親水性か疎水性かによって，付着する汚れの種類は異なる．
（5）シール剤や床維持剤の塗布により，汚れの予防効果が得られる．

**解答**
高気密化している建築物の場合，<u>入口</u>からのほこりの侵入が多い．

正解（2）

**問題148** ビルクリーニング用機械・器具に関する次の記述のうち，最も不適当なものはどれか．
（1）床みがき機に用いるブラシは，直径50cm以上のものが多く使われている．
（2）凹凸のある床面は，研磨粒子入りブラシを付けて洗浄する．
（3）床みがき機に用いるブラシは，シダの茎，又はナイロン繊維を植えたものが一般的である．
（4）自在ぼうきは，馬毛などを植えた薄いブラシであり，ほこりを舞い上げることが少ない．
（5）超高速バフ機の回転数は，毎分1 000～3 000回転である．

**解答**
床磨き機に用いるブラシは，<u>直径40cm前後（15～17インチ）</u>のものが主に使われる．

正解（1）

**問題149** カーペット清掃用機械に関する次の記述のうち，最も不適当なものはどれか．
- （1） ローラブラシ方式の洗浄機は，パイルに対する当たりが柔らかで，パイルを傷めることが少ない．
- （2） スチーム洗浄機は，カーペットのしみ取りにも使われる．
- （3） アップライト型真空掃除機は，カーペットのほこりを取るのに適している．
- （4） 洗剤供給式床みがき機は，ウールのウィルトンカーペットの洗浄に適している．
- （5） エクストラクタは，水分に耐えるカーペットの洗浄に適している．

**解答**
ウールのウィルトンカーペットのような機械織りカーペットを，ブラシを付けた洗剤供給式床みがき機で洗浄すると，みがき機の重量でパイルが痛む可能性が高い．同方式は，ウール製ではないナイロン製のタフテッドやタイルカーペットの洗浄に適している．

正解（4）

**問題150** 清掃作業に使用する洗剤に関する次の記述のうち，最も不適当なものはどれか．
- （1） 酸性洗剤は，小便器に付着した尿石や，鉄分を含んだ水垢等の除去に有効である．
- （2） アルカリ性洗剤は，幅広い用途に使用されるが，床材や作業方法に注意して使う必要がある．
- （3） 研磨剤入り洗剤は，固着した汚れの除去に有効である．
- （4） 洗剤は，最適な濃度に希釈して用いるのが効果的である．
- （5） 表面洗剤には，界面活性剤や助剤が配合されているので，泡立ちやすいものが多い．

**解答**
表面洗剤は，床維持剤の表面を洗浄するためにつくられており，使用される界面活性剤は非イオン系と他の組み合わせが多く，カーペットシャンプー剤のような高級アルコール系と異なり，比較的泡立ちにくい．

正解（5）

**問題151** 弾性床材の特徴と管理に関する次の記述のうち，最も適当なものはどれか．
- （1） 塩化ビニルシートは，床維持剤の密着不良が起きにくい．
- （2） 塩化ビニル系床材は，耐薬品性や耐水性に富む．
- （3） リノリウムは，耐アルカリ性に富む．
- （4） 床維持剤を塗布することで，土砂・ほこりの除去頻度を減らすことができる．
- （5） 塩化ビニルタイルは，可塑剤を含まない．

**解答**
- (1) 塩化ビニールシートには可塑剤が含まれるため，床維持剤が密着しにくい場合がある．
- (3) リノリウムは，主材料が木材のため，アルカリで変色しやすい．
- (4) 床維持剤の塗布理由は，建材の摩耗の防止とつやなどの美観の維持が主で，表面が平滑になることで汚れが取りやすくはなるが，土砂の除去頻度を減らす効果は期待できない．
- (5) 塩化ビニルタイルは，シート同様，可塑剤が含まれる．

正解（2）

**問題152** 硬性床材の耐薬品性に関する次の記述のうち，最も適当なものはどれか．
- （1） 花崗岩は，耐アルカリ性に乏しい．
- （2） セラミックタイルは，耐酸性，耐アルカリ性に乏しい．
- （3） テラゾは，耐酸性に優れる．
- （4） コンクリートは，耐酸性に優れる．
- （5） 大理石は，耐酸性，耐アルカリ性に乏しい．

**解答**
- (1) 花崗岩は雲母，正長石，石英などからなる鉱物が主で，比較的耐アルカリ性がある．
- (2) セラミックタイルは，ケイ酸質の泥を焼き固めて生成しているため，酸やアルカリには耐性がある．
- (3) テラゾは，花崗岩や大理石の種石をセメントやレジンで固めたものであり，特に大理石を種石に使っているものやモルタル部分は，耐酸性が低いため注意が必要である．
- (4) コンクリートは酸に弱く，弱酸でも

発泡しながら溶解する.

正解(5)

**問題153** 繊維床材の清掃方法に関する次の記述のうち，最も適当なものはどれか．
（1） 玄関や共用部は汚れやすいので，その日のうちに真空掃除機で土砂を除去する．
（2） パイル内部のほこりの除去には，カーペットスイーパを用いる．
（3） アクリル素材は，親水性の汚れが取れにくい．
（4） しみ取り作業は定期清掃時に行う．
（5） スポットクリーニングは，パイル奥の汚れまで徹底的に除去する作業である．

**解答**
（2） カーペットスイーパは，パイルの上部の汚れを取るのには適しているが，内部の汚れは，吸引力の高いポット型ドライバキュームのほうが適している.
（3） アクリルは親水性ではなく疎水性のため，油などの疎水性の汚れが付着しやすい.
（4） カーペットのシミ取り作業は，日常清掃に含まれる.
（5） スポットクリーニングは，定期清掃前に部分的に汚れた部分を限定して清掃するもので，ボンネット洗浄方法など，表面の汚れを取る方法をとる場合が多い.

正解(1)

**問題154** 清掃におけるドライメンテナンスに関する次の記述のうち，最も不適当なものはどれか．
（1） 床材への熱影響に注意が必要である．
（2） スプレークリーニング法の仕上げには，フロアポリッシュを塗布する．
（3） ウェットメンテナンス法に比べ，滑りや転倒が多いので注意が必要である．
（4） 床材への水の浸透による劣化を防ぐ．
（5） ドライバフ法で用いる床みがき機は，回転数が高いほど，光沢度の回復が容易である．

**解答**
　ドライメンテナンスは，使う水の量がウェットメンテナンスに比べてはるかに少なく，作業後にすぐに歩行が可能となる. 転倒の可能性が高いのは，水や洗剤を多量に床に使用するウェットメンテナンスのほうである.

正解(3)

**問題155** 清掃におけるウェットメンテナンスに関する次の記述のうち，最も不適当なものはどれか．
（1） 汚れが激しい箇所を洗剤で洗浄し，床維持剤を塗布する．
（2） 樹脂床維持剤の皮膜を除去するには，酸性の剝離剤で皮膜を溶解させる．
（3） ドライメンテナンス法に比べ，部分補修がしにくい．
（4） シールされた木質床は，水性フロアポリッシュを使用できるが，水の使用を最小限にして管理する必要がある．
（5） ドライメンテナンス法に比べ，使用する資機材の種類が多い．

**解答**
　樹脂床維持剤の被膜除去の剥離剤は，主にアルカリ性のものが使用される.

正解(2)

**問題156** 床以外の清掃作業に関する次の記述のうち，最も適当なものはどれか．
（1） 廊下の壁面は，階段の壁面と比較して，ほこりの付着量が多い．
（2） ドア・エレベータスイッチは，冬期は夏期に比べ手垢が付きやすくなる．

**解答**
（1） 階段の壁面は，煙突効果で空気の移動が多く，廊下よりもほこりが付着しやすい.
（2） スイッチ回りの手垢は，汗をかきやすい夏場に多く付着する.
（4） トイレの清掃は，利用者を優先して，

（3） エレベータの壁は，手垢で汚れやすいので表面に保護膜を塗布しておくとよい．

（4） トイレの清掃は，衛生上の観点から利用者の使用を全面的に禁止して作業を行う．

（5） 照明器具は静電気でほこりがたまりやすく，照度低下があるため，毎日清掃する必要がある．

清掃中も使用禁止にはしないが，転倒などの防止のため注意喚起は行う．

（5） 照明清掃や給排気口の清掃は，定期清掃となる．

正解（3）

**問題157** 外装の清掃に関する次の記述のうち，最も不適当なものはどれか．

（1） 石材や磁器タイルの壁面は，3～5年に1回洗浄を行う．

（2） 自動窓拭き設備には，スチーム洗浄機が組み込まれている．

（3） 臨海工業地帯の金属製の外壁は，1年に4～6回洗浄を行う．

（4） アルミニウム板は，通常，表面に保護膜が施されているが，徐々に汚れが付着する．

（5） 金属製の外壁は，中性洗剤か専用洗剤を用いて，スポンジ又はウエスで拭き取る．

**解答**

自動窓拭き機は，ガラスに洗剤をかけ，ブラシまたはパットで汚れを落としながらスクイジーで汚水を回収するもので，スチームは使わない．

正解（2）

**問題158** 循環型社会形成に関する次の記述のうち，最も不適当なものはどれか．

（1） 生産において，マテリアルリサイクルを進める．

（2） 消費・使用において，リデュースを進める．

（3） 廃棄において，リユースを進める．

（4） 処理において，サーマルリサイクルを進める．

（5） 最終処分において，天然資源の投入を進める．

**解答**

最終処分では天然資源は投入しない．できるだけ天然資源の使用量を制限，また再利用するのが循環型社会形成の目的の一つである．

正解（5）

**問題159** ごみの処理に関する次の記述のうち，最も不適当なものはどれか．

（1） 一般廃棄物の埋立処分は，遮断型最終処分場に埋め立てなければならない．

（2） 焼却処理では，容積は5～10%に減容化される．

（3） ごみ燃料化施設は，選別・乾燥技術を用いている．

（4） 粗大ごみ処理施設は，破砕・選別技術を用いている．

（5） 分別とは，収集や運搬，リサイクルや中間処理，最終処分が適正に行われるように，発生・排出元であらかじめ区分することである．

**解答**

最終処分場は管理型，遮断型，安定型の三つに分類されるが，廃棄物は有害物質の含有量などによっても埋立て場所が変わる．遮断型ではなく，近年は廃棄物の無害化や不溶化の処理のため，管理型での処分を推し進めている．

正解（1）

**問題160** 廃棄物の区分に関する次の記述のうち，最も不適当なものはどれか．

（1） 事業系一般廃棄物とは，事業活動に伴い発生する廃棄物のうち，産業廃棄物に該当しないものである．

（2） 粗大ごみのうち，スプリングマットレスは，適正処理困難物に該当する．

（3） 一般廃棄物のびんは，容器包装リサイクル法の対象物に該当する．

（4） 事業活動に伴い発生する廃棄物のうち，ゴムくずは，安

**解答**

廃プラスチック類には業種指定がない．

定型品目の産業廃棄物の一つに該当する.
(5) 事業活動に伴い発生する廃棄物のうち，廃プラスチック類は，業種指定のある産業廃棄物に該当する.

正解(5)

**問題161** 建築物内廃棄物の適正処理に関する次の記述のうち，最も不適当なものはどれか.
(1) 清掃作業に伴って生じる廃液は，廃棄物の処理及び清掃に関する法律に加えて下水道法，水質汚濁防止法の規定を遵守し適正に処理する.
(2) 建築物から発生する事業系一般廃棄物は，古紙と生ごみがほとんどを占める.
(3) 蛍光管は，取扱いが規制されている.
(4) グリース阻集器で阻集される油分は，一般廃棄物の廃油に該当する.
(5) し尿を含まないビルピット汚泥は，産業廃棄物に該当する.

**解答**
グリース阻集器で阻集された油分は，一般廃棄物ではなく産業廃棄物となる.

正解(4)

**問題162** 産業廃棄物に関する次の記述のうち，最も不適当なものはどれか.
(1) 適正な処理を確保するため，処理基準や委託基準が定められている.
(2) 特別管理産業廃棄物は，爆発性，毒性，感染性等，人の健康又は生活環境に被害を生ずるおそれのある産業廃棄物のことである.
(3) 事業活動に伴い発生する廃棄物であって，燃え殻，汚泥等20種類をいう.
(4) 収集・運搬業者は，事業者から受託した産業廃棄物を処分業者に引き渡す際に産業廃棄物管理票を交付する.
(5) 施設及び申請者の能力等が基準に適合する場合，都道府県知事は産業廃棄物処理業者として許可する.

**解答**
運搬管理者には産業廃棄物管理票を交付する義務はない. 処分受託者へは事業者が交付する.

正解(4)

**問題163** 建築物内廃棄物に関する次の記述のうち，最も不適当なものはどれか.
(1) ごみの質を表すには，水分，灰分，可燃分の比率(%)で示す方法がある.
(2) 厨芥とは，紙くずと雑芥を混合したものである.
(3) 廃棄物発生場所からコレクタ等で集め，廃棄物保管場所に運ぶまでのプロセスが，収集運搬の計画である.
(4) 吸殻の収集をするときは，金属製の蓋付き容器を使用する.
(5) 新築の建築物では，使用開始後一定期間が経過した時機に，廃棄物処理計画を見直す.

**解答**
厨芥とは，レストランやホテルの厨房から出る料理くずなどで，水分を70%以上含んでいるものを指す.

正解(2)

**問題164** 産業廃棄物の委託処理に関する次の記述のうち，最も不適当なものはどれか.
(1) 排出事業者は，電子マニフェストでも，A票，B2票，D票，E票の保存が必要である.

**解答**
電子マニフェストでは，排出事業者も各票の保存は必要なく，情報処理センターに保存されて同センターが行うため，都

（2）収集運搬業者の選定に当たっては，排出場所と運搬先の両方の自治体の許可を取得していることを確認する．

（3）処理業者との契約に当たっては，収集運搬業者と処分業者とそれぞれ契約を締結しなければならない．

（4）処理業者の選定には，都道府県や環境省のホームページ等から選ぶ方法がある．

（5）排出事業者は，廃棄物が最終処分まで適正に処理されたことを確認する義務がある．

道府県への報告も不要となる．

正解（1）

**問題165** 建築物内廃棄物の貯留・搬出方式に関する次の記述のうち，最も不適当なものはどれか．

（1）コンパクタ・コンテナ方式は，容器方式より防災性に優れている．

（2）真空収集方式は，容器方式より衛生的に優れている．

（3）貯留・排出機方式は，真空収集方式より初期コストが少ない．

（4）貯留・排出機方式は，コンパクタ・コンテナ方式より大規模建築物に適用される．

（5）コンパクタ・コンテナ方式は，容器方式よりランニングコストが少ない．

**解答**

貯留・排出機方式は中規模の建築物向けで，コンパクタ・コンテナ方式は大規模建築物向けである．

正解（4）

**問題166** 蚊の生態に関する次の記述のうち，最も不適当なものはどれか．

（1）チカイエカは，九州から北海道まで分布する．

（2）吸血せずに産卵する蚊が知られている．

（3）ウシやウマなど，大型動物を好んで吸血する種類がある．

（4）ヒトスジシマカは，雨水ますなどの小さな水域から発生する．

（5）アカイエカは，主として昼間に吸血する．

**解答**

アカイエカは，主に夜間に吸血する．

正解（5）

**問題167** 蚊の防除に関する次の記述のうち，最も不適当なものはどれか．

（1）ULV処理は，成虫に対する速効性が認められる．

（2）ライトトラップや粘着トラップで捕獲した成虫の数は，維持管理の状態を評価するために重要である．

（3）クレゾールなどの殺菌剤を含む製剤は，浄化槽内の微生物に影響を及ぼすおそれがある．

（4）殺虫剤による防除効果が得られない場合には，殺虫剤抵抗性の発達を考慮する必要がある．

（5）樹脂蒸散剤は，密閉性が保たれていない空間であっても，殺成虫効果が期待できる．

**解答**

樹脂蒸散剤を使用する場合は，空間の密閉性を保つ必要がある．

正解（5）

**問題168** ゴキブリの生態に関する次の記述のうち，最も適当なものはどれか．

（1）チャバネゴキブリは，卵鞘を孵化直前まで尾端に保持し続けている．

（2）クロゴキブリは，昼行性で，夜間はほとんど活動しない．

**解答**

（2）クロゴキブリは，屋外や室内を問わず，主に夜行性である．

（3）ゴキブリ類は，集合フェロモンにより集合して生活する．

（3）トビイロゴキブリは，孵化後間もない幼虫が，単独で生活する傾向が強い．
（4）ワモンゴキブリは，動物性の食品や汚物等を餌としない．
（5）ヤマトゴキブリは，幼虫，蛹を経て成虫となる．

（4）ワモンゴキブリは，他のゴキブリと同様に雑食性で，動物性・植物性を問わず食害する．
（5）ゴキブリには蛹の段階はない（卵から一齢幼虫となり，脱皮を繰り返しながら終齢幼虫を経て成虫となる）．

正解（1）

**問題169** ダニに関する次の記述のうち，最も適当なものはどれか．
（1）マダニ類には，ヒトの皮膚内に寄生する種類がある．
（2）ダニの体は，頭部，胸部，胴体部に分けることができる．
（3）ツメダニ類は，他のダニやチャタテムシ等を捕食することが知られている．
（4）ワクモは，室内塵中の有機物を餌として発育する．
（5）イエダニは，野鳥に寄生し，吸血する．

**解答**
（1）マダニ類は，動物や人の上皮から吸血し，満腹すると離れて落下する．
（2）ダニの外部形態は，顎体部と胴体部に区分される．
（4）ワクモ類は，主に鳥類に寄生して吸血する．
（5）イエダニ類は，ネズミなどの動物に寄生し，人を吸血することもある．

正解（3）

**問題170** 害虫に関する次の記述のうち，最も不適当なものはどれか．
（1）ニセケバエ類は，鉢植の肥料に用いられる油粕などから発生する．
（2）ネコノミは，イヌにも寄生する．
（3）ツマアカスズメバチは，特定外来生物に指定されている．
（4）シバンムシアリガタバチの成虫は，乾燥食品や建築材料を餌とする．
（5）トコジラミは，夜間吸血性である．

**解答**
シバンムシアリガタバチは，シバンムシの寄生バチである．

正解（4）

**問題171** 下記の①～④の特徴をすべて有する殺虫剤は，次のうちどれか．
① 抵抗性を獲得した害虫集団の存在が知られている．
② 基礎的な効力は，IC$_{50}$値により評価される．
③ 昆虫などの節足動物以外の生物に対する影響が少ない．
④ 成虫に対する致死効力はない．
（1）ピレスロイド剤
（2）昆虫成長制御剤（IGR）
（3）対称型有機リン剤
（4）非対称型有機リン剤
（5）カーバメート剤

**解答**
各薬剤の特性は以下のとおり．

| 特徴 薬剤 | ① | ②※ | ③ | ④ |
|---|---|---|---|---|
| （1）ピレスロイド剤 | ◎ | × | ◎ | × |
| （2）IGR剤 | ◎ | ◎ | ◎ | ◎ |
| （3）対称型有機リン剤 | ◎ | × | × | × |
| （4）非対称型有機リン剤 | ◎ | × | × | × |
| （5）カーバメート剤 | ◎ | × | × | × |

※（1）（3）（4）（5）はLC$_{50}$，LD$_{50}$，KT$_{50}$で表す．

正解（2）

**問題172** 殺虫剤やその有効成分に関する次の記述のうち，最も適当なものはどれか．
（1）メトフルトリンは，常温揮散でも効力を発揮する．
（2）ULV処理には，専用の油剤を使用する．
（3）ジフルベンズロンは，幼若ホルモン様化合物である．
（4）乳剤は，煙霧処理に使用される．
（5）KT$_{50}$値が小さいほど，致死効力が高い．

**解答**
（2）ULV処理は，霧状に散布するため，油剤などの引火性のあるものは使用しない．
（3）ジフルベンズロンは，キチン形成阻害剤である．
（4）乳剤は，煙霧ではなく霧状にして散布する．

**問題173** ネズミの生態に関する次の記述のうち，最も不適当なものはどれか．
（1）ねずみ類は，多くの場合移動する通路が一定で，体の汚れが通路となる壁や配管に付着する．
（2）クマネズミは，動物質の餌を好む．
（3）ドブネズミの尾は，体長より短い．
（4）クマネズミは運動能力に優れ，ロープを伝わって船舶から上陸することができる．
（5）ドブネズミは泳ぎが得意なので，水洗便所の排水管を通って侵入することがある．

**解答**
クマネズミは，炭水化物を好む．

正解（2）

**問題174** ねずみ用の薬剤に関する次の記述のうち，最も不適当なものはどれか．
（1）ブロマジオロン製剤は，動物用医薬部外品として承認されている．
（2）ジフェチアロールは，第2世代の抗凝血性殺鼠剤である．
（3）粉剤は，餌材料にまぶして，毒餌として利用することができる．
（4）リン化亜鉛は，致死させるために，複数回摂取させる必要がある．
（5）カプサイシンは，忌避剤で，かじり防止などの目的で使用される．

**解答**
リン化亜鉛は，急性毒性である．

正解（4）

**問題175** ねずみ用の薬剤に関する次の記述のうち，最も不適当なものはどれか．
（1）殺鼠剤により死亡したネズミから，ハエなどが発生することがある．
（2）配置された毒餌から，シバンムシ類などの食品害虫が発生することがある．
（3）クマテトラリルは，第1世代の抗凝血性殺鼠剤である．
（4）シクロヘキシミドには，処理区域からネズミを追い出す効果はない．
（5）ドブネズミでは，抗凝血性殺鼠剤に対する抵抗性を獲得した集団は報告されていない．

**解答**
抗凝血性殺鼠剤に対する抵抗性を獲得したドブネズミの集団の存在が，イギリスなどヨーロッパで報告されている．

正解（5）

**問題176** 衛生害虫と疾病に関する次の記述のうち，最も不適当なものはどれか．
（1）トコジラミが疾病媒介に直接関わっている事例は，知られていない．
（2）ねずみ類は，レプトスピラ症の媒介動物である．
（3）コガタアカイエカは，ジカウイルス感染症を媒介する．
（4）アカイエカは，ウエストナイル熱を媒介する．
（5）アシナガバチによる刺症は，アナフィラキシーショック

**解答**
コガタアカイエカは，日本脳炎を媒介する．

の原因となる.

**問題177** 殺虫剤・殺鼠剤に関する次の記述のうち,最も不適当なものはどれか.
（1） 昆虫の変態等の生理的な変化に影響を与え,その他の生物に影響が小さい薬剤が防除に利用されている.
（2） 有効成分の毒性と安全性は,医薬品,医療機器等の品質,有効性及び安全性の確保等に関する法律によって定められた基準によりチェックされている.
（3） 毒薬に該当する衛生害虫用の殺虫剤はない.
（4） ある殺虫剤の毒性がヒト又は動物と昆虫の間であまり変わらないことを,選択毒性が高いと表現する.
（5） 薬剤の安全性は,毒性の強弱や摂取量等によって決まる.

正解（3）

**解 答**
ある殺虫剤の毒性がヒト又は動物と昆虫の間であまり変わらないことを,選択毒性が低いという.

正解（4）

**問題178** 建築物衛生法に基づく特定建築物内のねずみ等の防除に関する次の記述のうち,最も適当なものはどれか.
（1） 環境的対策は,特定建築物維持管理権原者のもとで当該区域の管理者が日常的に行う.
（2） 食料取扱い区域などのねずみ等が発生しやすい場所では,6カ月以内ごとに発生状況調査を実施する.
（3） 調査は,目視調査や聞取り調査を重点的に行い,トラップ調査は実施しなくてよい.
（4） IPM（総合的有害生物管理）における「警戒水準」とは,すぐに防除作業が必要な状況をいう.
（5） IPMに基づくねずみ等の防除では,定期的・統一的な薬剤処理を行う.

**解 答**
（2） ねずみ等が発生しやすい場所は,日常的に発生状況を調査する.
（3） 目視調査や聞き取り調査のほか,トラップ調査も実施する.
（4） 警戒水準値に該当する区域では,整理・整頓・清掃などの環境整備の状況を見直すことが必要で,以下のような対策を実施する.
 ・ねずみ等が毎回発生する場所では,毒餌などを中心に薬剤処理を行う.
 ・複数の種が発生する場所では,清掃などを中心に環境整備状況を見直す.
（5） IPMに基づく防除では,調査をして問題点を把握し,防除を計画的に行う.

正解（1）

**問題179** ねずみ・昆虫等及び鳥類の防除に関する次の記述のうち,最も不適当なものはどれか.
（1） ドバトの捕獲や卵の除去を行う際は,自治体等の長の許可が必要である.
（2） ネズミと昆虫では,薬剤抵抗性の発達の原理が異なる.
（3） ネッタイトコジラミは,近年,東京都内の宿泊施設でも散見されている.
（4） 防除は,発生時対策より発生予防対策に重点を置いて実施する.
（5） 吸血昆虫を対象にした人体用忌避剤として,イカリジンがある.

**解 答**
生き物の薬剤抵抗性の発達の原理は同じである.

正解（2）

**問題180** ねずみの建物侵入防止のための防鼠構造に関する次の記述のうち,最も不適当なものはどれか.
（1） 建物の土台である基礎は,地下60cm以上の深さまで入れる.
（2） 外壁には,ツタ等の植物を這わせたり,樹木の枝を接触させない.

**解 答**
床の通風口や換気口には,目の大きさが1cm以下の金網格子を設置する.

（3）　床の通風口や換気口には，目の大きさ 2 cm以下の金網
　　　格子を設置する．
（4）　1 階の窓の下端と地表との距離は，90cm以上離す．
（5）　ドアの上部，側部，底部の隙間は，1 cm以内とする．　　　　　　　　　　　　　　正解(3)

# 平成30年度

**問題1** 医学に関する歴史上の人物とその功績との組合せとして，誤っているものは次のうちどれか．
- （1）ヒポクラテス――――西洋医学の体系の基礎をつくった．
- （2）ナイチンゲール――公衆衛生の概念を定義した．
- （3）パスツール――――生命の自然発生説に異を唱えた．
- （4）コッホ――――――結核に関する研究の業績でノーベル賞を受賞した．
- （5）フレミング―――――ペニシリンの発見に成功した．

**解答**
　公衆衛生の概念を定義した人物は，米国のウインスロー教授である．ナイチンゲールは看護学の権威であり，クリミア戦争で看護師として活躍したことで有名である．

正解(2)

**問題2** 次の建築物のうち，建築物における衛生的環境の確保に関する法律（以下「建築物衛生法」という．）に基づく特定建築物に該当しないものはどれか．
- （1）延べ面積が4 000 m²の複合型映画館（シネマコンプレックス）
- （2）延べ面積が5 000 m²の市民ホール
- （3）延べ面積が9 000 m²の高等専門学校
- （4）延べ面積が9 000 m²の製品試験研究所
- （5）延べ面積が4 000 m²の地方銀行

**解答**
　自然科学系の研究所は，特殊な環境にあるものが多いので特定用途から除かれている．製品試験研究所は，自然科学系研究所の一つとみなされるので特定建築物には該当しない．一方，人文・社会科学系研究所などは事務所に分類され，特定用途に該当する．

正解(4)

**問題3** 建築物衛生法に基づく特定建築物の延べ面積に関する次の記述のうち，誤っているものはどれか．
- （1）事務所に付随する廊下，階段，便所等の共用部分は，除外される．
- （2）店舗ビルに隣接しているが，独立して設置された客用立体駐車場は，除外される．
- （3）同一敷地内に独立した複数の建築物がある場合は，一棟の建築物ごとに算出する．
- （4）百貨店内の商品倉庫は，含まれる．
- （5）鉄道の運転保安施設は，除外される．

**解答**
　特定用途に付随する共用部分（廊下，階段等）は，特定用途に含まれる．事務所は特定用途に該当するので(1)は誤り．

正解(1)

**問題4** 建築物衛生法令の主な制度改正に関する次の記述のうち，誤っているものはどれか．ただし，記載された年については判断しないものとする．
- （1）昭和45年に，特定建築物の届出が厚生省（現厚生労働省）から都道府県知事等に変更された．
- （2）昭和55年に，一定の人的・物的基準を要件とする事業者の都道府県知事による登録制度が設けられた．

**解答**
　昭和45年法律第20号として公布された建築物衛生法第5条（届出先）には，都道府県知事と明記されているので，(1)の厚生省（現厚生労働省）から都道府県知事へ変更されたという記述は誤り．

（3） 平成13年に，新たに建築物空気調和用ダクト清掃業と建築物排水管清掃業が追加された．

（4） 平成14年に，建築物環境衛生管理基準の大幅な改正及び特定建築物の範囲の見直しが行われた．

（5） 平成22年に，特定建築物の届出事項に特定建築物の維持管理権原者の氏名などが追加された．

正解（1）

**問題5** 建築物衛生法に基づく特定建築物の届出について，同法施行規則において規定されていない事項は，次のうちどれか．

（1） 名称

（2） 構造設備の概要

（3） 建築確認済の年月日

（4） 用途

（5） 使用されるに至った年月日

**解答**

同法施行規則第1条（届出）には，<u>建築確認済の年月日は規定されていない</u>．

正解（3）

**問題6** 建築物環境衛生管理基準に基づく空気環境の調整に関する次の記述のうち，正しいものはどれか．

（1） 温度の基準は，15℃以上29℃以下である．

（2） 相対湿度の基準は，40％以上70％以下である．

（3） 粉じん計は，2年以内ごとに1回較正する．

（4） ホルムアルデヒドの測定は，毎年6月1日から9月30日までの間に行う．

（5） 測定位置は，居室の中央部の床上70cm以上160cm以下である．

**解答**

（1） 温度の基準は，<u>18℃以上28℃以下</u>．

（3） 粉じん計は，<u>1年以内ごとに較正し</u>なければならない．

（4） ホルムアルデヒドの測定は，6月1日から9月30日までの期間に実施しなければならないが，管理基準に合格すれば翌年の測定は免除される．したがって，毎年測定する必要はない．

（5） 測定位置の高さの基準は，<u>75cm以上150cm以下</u>．

正解（2）

**問題7** 建築物衛生法に基づく空気環境の測定方法に関する次の記述のうち，誤っているものはどれか．

（1） 温度の測定器は，0.5度目盛の温度計を使用する．

（2） 相対湿度の測定器は，0.5度目盛の乾湿球湿度計を使用する．

（3） 一酸化炭素の含有率の測定は，検知管方式による一酸化炭素検定器を使用する．

（4） 二酸化炭素の含有率の測定は，検知管方式による二酸化炭素検定器を使用する．

（5） 気流の測定には，0.5メートル毎秒以上の気流を測定することのできる風速計を使用する．

**解答**

気流の測定には，<u>0.2m/s以上の気流を</u>測定することのできる風速計を使用する．

正解（5）

**問題8** 建築物衛生法で規定される空気環境について，その要因と人体への影響に関する次の記述のうち，最も不適当なものはどれか．

（1） 浮遊粉じんの人体への影響は著しいものがあり，特に呼吸器系に対しては直接的である．

（2） 二酸化炭素は極めて有毒な気体であり，中毒死，あるいは死に至らなくとも脳障害の後遺症が残る等，人体に対する影響は重大である．

**解答**

二酸化炭素は，空気中に0.03〜0.04％程度含まれているので，<u>中毒死するような物質ではない</u>．ただし，空気中の濃度が3〜4％くらいになると頭痛，めまい，吐き気などが見られるようになり，7％を超えると数分で意識を失う．そのため，建築物衛生法の管理基準では1 000ppm（0.1％）以下に維持管理することになっている．

（3）　室内温度と外気温度の差を無視した過度の冷房による神経痛などの冷房病，また過度の暖房による呼吸器系疾患など，温度は人体への影響が大きい．

（4）　気流は，湿度と同様に，温度との関連に注意する必要があり，冷風の人体に対する影響を考慮して規定されている．

（5）　ホルムアルデヒドは，不快感を伴う目・鼻・喉への刺激，さらに高濃度になれば催涙・呼吸困難等の症状を引き起こす．

正解（2）

【問題9】　空気調和設備である加湿装置の維持管理に関する次の記述のうち，最も適当なものはどれか．

（1）　加湿装置の汚れの点検は，使用期間中に1回行う．

（2）　加湿装置の清掃は，2年以内ごとに1回行う．

（3）　加湿装置により，居室内部の空気が病原体によって汚染されることはない．

（4）　加湿装置に供給する水は，水道法の水質基準に適合した水を使用する．

（5）　加湿装置の排水受け（ドレンパン）に，水が常時十分に溜まっていることを確認する．

【解答】
（1）加湿器の汚れの点検は，使用中に1回だけではなく，使用開始時および使用中1か月以内ごとに1回点検し，必要に応じ換水，清掃等を行う．
（2）加湿装置の清掃は，2年以内ごとではなく，1年以内ごとに1回実施する．
（3）加湿装置の維持管理が不十分な場合，カビやレジオネラ属菌が発生しやすくなり，居室内空気が汚染される可能性が高くなる．
（5）加湿装置の排水受けには，水が溜まっていないことを確認する．

正解（4）

【問題10】　建築物環境衛生管理技術者の免状を交付されている者であっても，建築物衛生法に基づく事業の登録における人的基準の要件として認められないものは，次のうちどれか．

（1）　建築物空気環境測定業の空気環境測定実施者

（2）　建築物排水管清掃業の排水管清掃作業監督者

（3）　建築物空気調和用ダクト清掃業のダクト清掃作業監督者

（4）　建築物飲料水貯水槽清掃業の貯水槽清掃作業監督者

（5）　建築物ねずみ昆虫等防除業の防除作業監督者

【解答】
建築物環境衛生管理技術者の有資格者は，初回だけは講習を受講しなくても，①空気環境測定実施者，②排水管清掃作業監督者，③空気調和用ダクト清掃作業監督者，④貯水槽清掃作業監督者の四つの事業登録の人的要件として認められているが，ねずみ昆虫等の防除作業監督者は受講しないかぎり認められない．

正解（5）

【問題11】　建築物衛生法第12条の6に基づき，厚生労働大臣が指定した登録業者等の団体（指定団体）による業務として，最も不適当なものは次のうちどれか．

（1）　登録業者の業務を適正に行うための技術上の基準の設定

（2）　登録業者の業務についての指導

（3）　登録業者の業務を受託する料金の統一

（4）　登録業者の業務に従事する者の福利厚生に関する施設

（5）　登録業者の業務に従事する者に対する業務に必要な知識及び技能についての研修

【解答】
指定団体の業務の中には，登録業者の業務を受託する料金の統一は規定されていない．

正解（3）

【問題12】　建築物衛生法に基づく，国又は地方公共団体の用に供する特定建築物に関する次の記述のうち，正しいものはどれか．

（1）　建築物環境衛生管理技術者の選任は必要ない．

【解答】
国または地方公共団体の用に供する特定建築物であっても，以下の四つの規制を受ける．

（2） 建築物環境衛生管理基準は適用されない.
（3） 都道府県知事等は，立入検査を行うことができない.
（4） 都道府県知事等は，維持管理記録の提出を求めることができない.
（5） 都道府県知事等は，改善措置の勧告をすることができない.

（1） 建築物環境衛生管理技術者の選任は<u>必要である</u>.
（2） 建築物環境衛生管理基準の<u>適用を受ける</u>.
（4） 都道府県知事は，維持管理記録の提出を求めることができる.
（5） 都道府県知事は，改善措置の<u>勧告をすることができる</u>.
　しかし，都道府県知事等には立入検査の権限はない.

正解（3）

**問題13**　建築物衛生法に基づく立入検査及び改善命令に関する次の文章の[　　　]内に入る語句の組合せとして，正しいものはどれか.

　都道府県知事（保健所を設置する市又は特別区にあっては市長又は区長）が必要と認めるときは，[　ア　]に，立入検査を行わせることができる.この立入検査によって，特定建築物の維持管理が建築物環境衛生管理基準に従って行われておらず，かつ，当該特定建築物内における[　イ　]をそこない，又はそこなうおそれのあるときは，その特定建築物の[　ウ　]に対して維持管理の方法の改善，その他必要な措置をとることを命ずることができる.

|  | ア | イ | ウ |
|---|---|---|---|
| （1） | 環境衛生監視員 | 人の健康 | 維持管理権原者 |
| （2） | 環境衛生指導員 | 人の健康 | 環境衛生管理技術者 |
| （3） | 環境衛生指導員 | 公衆の利益 | 維持管理権原者 |
| （4） | 環境衛生監視員 | 公衆の利益 | 環境衛生管理技術者 |
| （5） | 環境衛生監視員 | 人の健康 | 環境衛生管理技術者 |

**解答**

　法第12条（改善命令）に関する設問である.
　都道府県知事による改善命令は，[ア　環境衛生監視員]による立入検査の結果，特定建築物の維持管理が環境管理基準に従って行われておらず，かつ，[イ　人の健康]を損ない，または損なうおそれがある場合，この二つの条件が重なったとき，[ウ　維持管理権原者]に対して発令される.

正解（1）

**問題14**　保健所の事業に関する次の記述のうち，最も不適当なものはどれか.
（1） 地域保健に関する思想の普及及び向上に関する事項
（2） 栄養の改善及び食品衛生に関する事項
（3） 住宅，水道，下水道，廃棄物の処理，清掃その他の環境の衛生に関する事項
（4） 医事及び薬事に関する事項
（5） 労働者の衛生に関する事項

**解答**

　労働者の衛生に関する業務は，地域保健法による保健所の業務ではなく，<u>労働安全衛生法</u>によって定められている.

正解（5）

**問題15**　水道法第4条（水道により供給される水が備えなければならない要件）の条文に規定されるものとして，誤っているものは次のうちどれか.
（1） 銅，鉄，フッ素，フェノールを含まないこと.
（2） 病原生物に汚染され，又は病原生物に汚染されたことを疑わせるような生物若しくは物質を含むものでないこと.
（3） 異常な酸性又はアルカリ性を呈しないこと.
（4） 異常な臭味がないこと.ただし,消毒による臭味を除く.
（5） 外観は，ほとんど無色透明であること.

**解答**

　水道法に基づく水道の用に供する水が備えなければならない要件において，(1)の銅は1.0mg/L以下，鉄は0.3mg/L以下，フッ素は0.8mg/L以下，フェノールは0.005mg/L以下と定められている.すなわち，含んではならない（検出されてはならない）わけではない.

正解（1）

**問題16** 下水道法に関する次の記述のうち，最も不適当なものはどれか．
(1) 下水とは生活若しくは事業（耕作の事業を除く．）に起因し，若しくは付随する廃水又は雨水をいう．
(2) 公共下水道の排水区域内の土地の所有者，使用者又は占有者は，その土地の下水を公共下水道に流入させるために必要な排水設備を設置しなければならない．
(3) 公共下水道管理者は，公共下水道を設置しようとするときは，あらかじめ，事業計画を定めなければならない．
(4) 公共下水道の設置，改築，修繕，維持その他の管理は，原則として都道府県が行う．
(5) 公共下水道管理者は，公共下水道などに著しく悪影響を及ぼすおそれのある下水を継続して排除して公共下水道を使用する者に対し，除害施設の設置などの必要な措置をしなければならない旨を定めることができる．

**問題17** 興行場法第3条に規定されている次の条文の ☐ 内に入る語句の組合せとして，正しいものはどれか．
　営業者は，興行場について，換気，｜ ア ｜，｜ イ ｜及び清潔その他入場者の衛生に必要な措置を講じなければならない．その措置の基準については，｜ ウ ｜で，これを定める．

|  | ア | イ | ウ |
|---|---|---|---|
| (1) | 採光 | 防湿 | 都道府県が条例 |
| (2) | 採光 | 防湿 | 厚生労働省が省令 |
| (3) | 照明 | 防湿 | 都道府県が条例 |
| (4) | 照明 | 保温 | 厚生労働省が省令 |
| (5) | 採光 | 保温 | 都道府県が条例 |

**問題18** 次の生活衛生関係営業のうち，施設の開設又は営業に当たって許可を要しないものの組合せとして正しいものはどれか．
ア　映画館
イ　ホテル
ウ　理容所
エ　公衆浴場
オ　クリーニング所
(1) アとイ
(2) アとウ
(3) イとエ
(4) ウとオ
(5) エとオ

**問題19** 労働安全衛生法に規定する事業者の責務に関する次の記述のうち，最も不適当なものはどれか．
(1) 事業場の規模に応じて，産業医を選任しなければならない．
(2) 事業場の規模に応じて，健康診断の結果を保健所長に報

**解答**
　公共下水道の管理は市町村，流域下水道の管理は都道府県が実施している．

正解(4)

**解答**
　興行場法第3条には以下の条文が規定されている．
　営業者は，興行場について，換気，照明，防湿および清潔その他入場者の衛生に必要な措置を講じなければならない．
2　前項の措置の基準については，都道府県が条例で，これを定める．
　採光の規定がないことに注意（映画館等には不要）．また，キーワードは「防湿（カビ，ダニ対策）」である．

正解(3)

**解答**
　営業施設の開設に当たって都道府県知事の「許可」必要とするものは「興行場，旅館，公衆浴場等」，「届出」を必要とするものは「理容所，美容所，クリーニング店等」である．

正解(4)

**解答**
　労働安全衛生法による労働者の健康診断の結果は，保健所長ではなく，労働基準監督署長に提出しなければならない．

告しなければならない.
（3） 有害な業務を行う屋内作業場その他の作業場で，必要な作業環境測定を行い，及びその結果を記録しておかなければならない.
（4） 一定規模の事業場においては，常時使用する労働者に対し，医師，保健師等による心理的な負担の程度を把握するための検査を行わなければならない.
（5） 伝染性の疾病その他の疾病で，厚生労働省令で定めるものにかかった労働者については，その就業を禁止しなければならない.

正解（2）

**問題20** 建築物衛生法と関連する法律に関する次の記述のうち，最も不適当なものはどれか.
（1） 地域保健法に基づいて設置された保健所は，建築物環境衛生に関する相談指導などを行う.
（2） 建築基準法は，建築物について環境衛生上の維持管理を行うことを定めている.
（3） 労働安全衛生法は，労働者という特定の集団を対象として，工場など特定の作業場における環境条件などを定めている.
（4） 学校保健安全法は，児童及び生徒という特定の集団を対象として，学校における環境条件などを定めている.
（5） 建築物衛生法は，給水の水質基準などについて水道法の基準の一部を準用している.

**解答**
建築物の環境衛生上の維持管理を定めているのは建築物衛生法であって，建築基準法ではない.

正解（2）

**問題21** 環境基本法に基づく環境基準の説明として，最も不適当なものは次のうちどれか.
（1） 人の健康を保護する上で維持することが望ましい基準である.
（2） 実験室内での動物実験などの生物学的研究を判断に用いている.
（3） 罹患状況の疫学調査を判断に用いている.
（4） 経験的に証明されている有害濃度を基礎とした安全度を考慮している.
（5） 地球環境を保全する上で維持することが望ましいものである.

**解答**
環境基本法に基づく環境基準は，環境基本法第16条に「政府は，大気の汚染，水質の汚濁，土壌の汚染及び騒音に係る環境上の条件について，それぞれ，人の健康を保護し，及び生活環境を保全する上で維持されることが望ましい基準を定めるものとする」と規定されている.

正解（5）

**問題22** 作業区分とその例との組合せとして，最も不適当なものは次のうちどれか. なお，単位のm²は体表面積である.

　　　　　　　作業区分　　　　　　　　例
（1） 安静
　　（平均代謝率65W/m²）———仰臥位（仰向け）

（2） 低代謝
　　（平均代謝率100W/m²）———軽い手作業

（3） 中程度代謝
　　（平均代謝率165W/m²）———のこぎりをひく

**解答**
のこぎりをひく作業は，高代謝率の作業区分に分類される. 中程度代謝率の作業の例には，くぎ打ちなどがある.

（4）　高代謝率　――――コンクリート
　　　（平均代謝率230W/m²）　　ブロックを積む

（5）　極高代謝率　――――階段を登る
　　　（平均代謝率290W/m²）

（平均代謝の数値は，ISO 7243，JIS Z 8504による．）

正解（3）

**問題23**　高齢者の快適温度に関する記述として，最も不適
当なものは次のうちどれか．
（1）　一般に若年者に比べ，暖かい温度を好むとされている．
（2）　冬季には，室温は若年者と比較して高い場合が多い．
（3）　冬季には，若年者に比べ深部体温は低い傾向にある．
（4）　放射熱がない場合，高齢者の8割を満足させる気温の範
　　　囲は青年に比べ狭い範囲となる．
（5）　高齢者では，寒冷環境に曝露（ばく）された際の血圧の変動が若
　　　年者に比べ顕著である．

**解　答**

　高齢者の寒さに対する感受性は，若年
者に比べて低下している．そのため，冬
季には，高齢者の室温は若年者と比較し
て低い場合が多い．

正解（2）

**問題24**　熱中症の記述として，最も不適当なものは次のう
ちどれか．
（1）　熱失神は，頭頚部（けい）が直射日光などにさらされたことによ
　　　り末梢血管の拡張を生じることによって起こる．
（2）　熱射病では，体温調節中枢の機能に障害を来し，自力で
　　　の体温調節ができず体温が急激に上昇する．
（3）　熱疲労は，多量の発汗により体内の水分や塩分が不足す
　　　ることに加え，全身的な循環不全による重要諸臓器の機
　　　能低下によって起こる．
（4）　熱けいれんは，過剰な発汗により血液中の塩分が濃縮さ
　　　れることによって起こる．
（5）　熱射病の治療は，全身の冷却が第一であるが冷やし過ぎ
　　　には十分に注意する．

**解　答**

　熱けいれんは，過剰な発汗により血液
中の塩分が希釈されることによって起こ
る．

正解（4）

**問題25**　冬季における暖房時の留意事項の組合せとして，
最も適当なものは次のうちどれか．
　ア　床上0.1mと1.1mの温度差を，3℃以下とする．
　イ　気流は，1.5m/s程度に保つ．
　ウ　ウォームビズの導入によりCO₂排出量を削減できる．
　エ　低湿度では，呼吸器疾患に罹患しやすい．
（1）　アとイとウとエ
（2）　アとウとエ
（3）　アとエ
（4）　イとウとエ
（5）　ウとエ

**解　答**

（ア）適当．ISOの規格では，室内におけ
　　る椅座位の場合，くるぶし（床上0.1m）
　　と頭（床上1.1m）との上下温度差は，
　　3℃以下が望ましいとされている．
（イ）不適当．気流は，建築物衛生法にお
　　いて0.5m/s以下と規定されている．
（ウ）適当．ウォームビズの導入により，
　　CO₂排出量を削減できる．
（エ）適当．湿度が低下すると，風邪など
　　の呼吸器疾患に罹患しやすくなる．

正解（2）

**問題26**　シックビル症候群に関する次の記述のうち，最も
不適当なものはどれか．
（1）　仕事のストレスは，発症の危険因子である．
（2）　揮発性有機化合物が原因の一つと考えられる．
（3）　特異的な症状を呈する．

**解　答**

　シックビル症候群は，特異的な症状を
呈せず，多様な症状が出現する．

（4）　アトピー体質は，発症の危険因子である．
（5）　問題となるビルから離れれば症状は治まる.

**問題27**　室内の空気汚染による健康影響が一因となる疾患として，最も不適当なものは次のうちどれか.
（1）　ジカウイルス感染症
（2）　気管支喘息
（3）　慢性閉塞性肺疾患
（4）　肺癌
（5）　レジオネラ症

**解答**
　ジカウイルス感染症は，ヒトスジシマカなどの蚊によって媒介され，室内の空気汚染による健康影響が一因となる疾患に該当しない.

正解（1）

**問題28**　ホルムアルデヒドに関する次の記述のうち，最も不適当なものはどれか.
（1）　可燃性である.
（2）　防腐剤として用いられる.
（3）　発がん性がある.
（4）　水に溶けにくい.
（5）　建築基準法により，含有建材の使用が制限されている.

**解答**
　ホルムアルデヒドは，水に溶けやすい.

正解（4）

**問題29**　たばこに関する次の記述のうち，最も不適当なものはどれか.
（1）　喫煙により，肺気腫のリスクが増大する.
（2）　受動喫煙により，小児の呼吸器系疾患のリスクが増加する.
（3）　副流煙は，喫煙者が吐き出す煙のことである.
（4）　妊娠中の喫煙により，低出生体重児の頻度が高くなる.
（5）　主流煙と副流煙の組成は異なる.

**解答**
　副流煙は，たばこが燃えている部分から直接空気中に立ち昇る煙をいう.

正解（3）

**問題30**　建築物衛生法による一酸化炭素の含有率の基準値として，最も適当なものは次のうちどれか.
（1）　原則　1 ppm以下
（2）　原則　2 ppm以下
（3）　原則　5 ppm以下
（4）　原則10 ppm以下
（5）　原則50 ppm以下

**解答**
　出題当時の正解は（4）だが，2022（令和4）年4月1日施行の政省令改正により，一酸化炭素の含有率の基準値は，6 ppm以下となった.

正解なし

**問題31**　二酸化炭素に関する次の文章の□□□内に入る数値の組合せとして，最も適当なものはどれか.
　大気中の二酸化炭素濃度は　ア　ppm程度である．建築物衛生法では，室内の二酸化炭素の含有率の基準は　イ　ppm以下と定められている.
　　　　　　　　ア　　　　　　イ
（1）　　100───── 1 000
（2）　　400───── 1 000
（3）　　400───── 5 000
（4）　4 000───── 5 000
（5）　4 000─────10 000

**解答**
　大気中の二酸化炭素濃度は 400 ppm程度である．建築物衛生法では，二酸化炭素の含有率の基準は 1 000 ppm以下と定められている.

正解（2）

**問題32**　騒音に関する次の記述のうち，最も不適当なものはどれか.

（1）　騒音によって起こる4 000 Hz付近の聴力低下を，C⁵ディップという.

（2）　大きく高い騒音に一時的に曝露（ばく）されることによる聴力の低下を，一過性聴力閾値（いき）低下という.

（3）　騒音によって，末梢血管の収縮，血圧の上昇，胃の働きの抑制等が起きる.

（4）　マスキング効果は，マスクされる音の最小可聴値の音圧レベル上昇量で示される.

（5）　騒音による永久性難聴の程度や進行具合には，個人差が大きい.

**問題33**　光の知覚に関する次の記述のうち，最も不適当なものはどれか.

（1）　視力はランドルト環の切れ目を見ることで測る.

（2）　杆体（かん）細胞は暗いときに働き，錐体（すい）細胞は明るいときに働く.

（3）　明るい場所から暗い場所への順応を暗順応といい，完全に順応するには40分以上かかる.

（4）　視細胞には杆体細胞と錐体細胞があるが，数は錐体細胞の方が多い.

（5）　照明の質を高めるためには，グレアを防止することが必要である.

**問題34**　VDT作業と健康に関する次の記述のうち，最も不適当なものはどれか.

（1）　エアコンからの風が当たる場所では，ドライアイを引き起こす可能性がある.

（2）　ディスプレイ画面における照度は500 lx以下とする.

（3）　グレアを防止するためには，視野内の輝度はほぼ同じレベル（最大でも 1：10程度）にする.

（4）　ディスプレイ画面に太陽光が入射する場合には，カーテンなどで調節する.

（5）　書類上及びキーボード上における照度は200 lx以下とする.

**問題35**　赤外線の作用による疾患に関する次の記述のうち，最も適当なものはどれか.

（1）　熱中症

（2）　皮膚癌（がん）

（3）　無精子症

（4）　白血病

（5）　急性角膜炎

**問題36** 電場・磁場・電磁波に関する次の記述のうち，最も不適当なものはどれか．
（1） 電場の単位は，V/mである．
（2） 磁場の単位は，A/mである．
（3） 電子レンジは，超短波(VHF波)を利用している．
（4） 電磁波に含まれるエックス線，γ線は電離放射線と呼ばれる．
（5） 電磁波の周波数が高くなると波長は短くなる．

**解答**
　電子レンジは，マイクロ波を利用している．

正解(3)

**問題37** 放射線の身体的影響のうち，早期影響は次のうちどれか．
（1） 白内障
（2） 不妊
（3） 悪性リンパ腫
（4） 皮膚癌
（5） 胎児の障害

**解答**
　放射線の身体的影響のうち，不妊は，早期影響に該当する．白内障，悪性リンパ腫，皮膚癌，胎児の障害は，晩発影響に該当する．

正解(2)

**問題38** 健常者と水に関する次の記述のうち，最も不適当なものはどれか．
（1） 体重当たりの水分欠乏率が2％程度になると，強い口喝が認められる．
（2） 体内における食物の代謝過程で生成される代謝水は，1日約0.3Lである．
（3） 一般に体重当たりの体内水分量は，女性の方が男性より多い．
（4） 成人の体内の水分量は，体重の約50〜70％である．
（5） 小児が生理的に必要とする水分量は，体重当たりに換算すると成人より多い．

**解答**
　一般に体重当たりの体内水分量は，女性の方が男性より少ない．

正解(3)

**問題39** 水系感染症の病原体として，最も不適当なものは次のうちどれか．
（1） ノロウイルス
（2） 麻しんウイルス
（3） A型肝炎ウイルス
（4） 赤痢アメーバ
（5） パラチフス菌

**解答**
　麻しんウイルスの感染経路は，空気感染，飛沫感染，接触感染であり，水系感染症の病原体には該当しない．

正解(2)

**問題40** ヒ素に関する次の記述のうち，最も適当なものはどれか．
（1） 5価の化合物の方が3価の化合物よりも毒性が強い．
（2） 水俣病は，その慢性中毒である．
（3） 慢性影響として，皮膚の色素沈着や角化は認められない．
（4） 環境基本法に基づく水質汚濁に係る環境基準項目に含まれない．
（5） ヒトに対する発がん性が認められる．

**解答**
（1） 5価の化合物よりも3価の化合物の方が，毒性が強い．
（2） 水俣病は，有機水銀による慢性中毒である．
（3） 慢性影響として，皮膚の色素沈着や角化が認められる．
（4） 環境基本法に基づく水質汚濁に係る環境基準項目に含まれている．

正解(5)

**問題41** 次の感染症のうち，原虫によって引き起こされる疾患の組合せとして，正しいものはどれか．

ア　発しんチフス
イ　カンジダ症
ウ　クリプトスポリジウム症
エ　マラリア
オ　ワイル病

（1）　アとイ
（2）　アとオ
（3）　イとウ
（4）　ウとエ
（5）　エとオ

**問題42** 感染症の予防及び感染症の患者に対する医療に関する法律（以下「感染症法」という．）に基づく感染症の類型において，三類感染症に分類されるものは次のうちどれか．

（1）　マラリア
（2）　コレラ
（3）　日本脳炎
（4）　狂犬病
（5）　デング熱

**問題43** レジオネラ症に関する次の記述のうち，最も適当なものはどれか．

（1）　病原体は，一般に10℃前後で最もよく繁殖する．
（2）　病原体は，自然界の土壌や淡水中等に生息している．
（3）　感染症法において，二類感染症に分類されている．
（4）　垂直感染する感染症である．
（5）　感染の起こりやすさに対して，ヒトの個体差や体調差は影響しない．

**問題44** 消毒用エタノールを用いた薬液消毒に関する次の記述のうち，最も不適当なものはどれか．

（1）　70％溶液が至適濃度である．
（2）　手指や皮膚の消毒に用いられる．
（3）　一部のウイルスには無効である．
（4）　殺菌力はホルマリンによって減少する．
（5）　芽胞に対して有効である．

**問題45** 5％溶液として市販されている次亜塩素酸ナトリウム16mLに水を加え，およそ20mg/Lの濃度に希釈するときに加える水の量として，最も近いものは次のうちどれか．

（1）　0.8L
（2）　3.2L
（3）　4L

（4）　32 L
（5）　40 L

希釈するときの水の量を $X$〔L〕とすると，次式が成り立つ．

$$\frac{\dfrac{800}{16}}{1\,000}+X=20\,〔mg/L〕$$

$$X=\frac{800}{20}-\frac{16}{1\,000}=40-0.016≒40\,〔L〕$$

正解（5）

**問題46**　次の用語とその単位との組合せのうち，誤っているものはどれか．
（1）　比エンタルピー────W/kg（DA）
（2）　光度────────cd
（3）　振動加速度──────m/s²
（4）　熱伝導率───────W/（m・K）
（5）　音圧────────Pa

**解 答**
比エンタルピーは，乾き空気1 kg当たりの湿り空気の持っている熱量で，単位はkJ/kg（DA）である．

正解（1）

**問題47**　エアロゾル粒子の一般的な粒径が，大きい順に並んでいるものは次のうちどれか．
（1）　霧雨────────花粉────────ウイルス
（2）　バクテリア──────ウイルス──────霧雨
（3）　ウイルス──────霧雨────────バクテリア
（4）　花粉────────ウイルス──────バクテリア
（5）　ウイルス──────バクテリア──────花粉

**解 答**
エアロゾル粒子の粒径範囲は，おおむね，霧雨200～500 $\mu$m，花粉10～100 $\mu$m，バクテリア0.3～30 $\mu$m，ウイルス0.05～0.5 $\mu$mである．したがって，大きい順に並べた場合，霧雨＞花粉＞バクテリア＞ウイルスとなる．

正解（1）

**問題48**　壁体の熱貫流率が4 W/（m²・K）であるとき，室内温度が24℃，室外温度が4℃であった．この壁の室内側表面温度に，最も近いものは次のうちどれか．ただし，室内側熱伝達率を10 W/（m²・K），室外側熱伝達率を20 W/（m²・K）とする．
（1）　8℃
（2）　12℃
（3）　14℃
（4）　16℃
（5）　20℃

**解 答**
壁体の総合的な熱の伝わりやすさが熱貫流率 $K$〔W/（m²・K）〕で，伝わりにくさが熱貫流抵抗 $R_t$〔（m²・K）/W〕であり，両者は逆数の関係にある．

熱貫流率の計算は，通常，各部の熱抵抗の和で求めるが，これにより，壁体各部の温度分布を知ることができる．これを数式で表すと，

$$t_i-t_x=\frac{R_x}{R_t}(t_i-t_o)$$

ここで，
　$t_i$：室内温度〔℃〕，$t_o$：室外温度〔℃〕
　$t_x$：壁体の任意の部分の温度〔℃〕
　$R_t$：熱貫流抵抗（熱貫流率の逆数）
　$R_x$：高温側の空気から任意の部分までの熱抵抗の和（熱貫流率の逆数）

題意から，$t_i=24$℃，$t_o=4$℃，$R_t=1/4$ $=0.25$，$R_x=1/10=0.10$である．なお，$R_x$は，室内温度が室外温度よりも高いので，室内側熱伝達抵抗の和としているが，本問では，壁体材料は一つであると考えられる．したがって，

$$24-t_x=\frac{0.10}{0.25}(24-4)$$

$$t_x=24-0.4×20=24-8=16〔℃〕$$

正解（4）

**問題49** 一辺が4mの正方形の壁材料を組合せて立方体の室を作り、日射が当たらない条件で床面に固定した。壁材料の熱貫流率を1.25W/(m²·K)、隙間換気は無視できるとし、外気温度が0℃の条件下で内部を加熱したところ、十分に時間が経過した後の室温度が25℃になった。なお、床面は完全に断熱されており、床を通しての熱移動はない。このとき、室内での発熱量として、最も適当なものは次のうちどれか。

(1) 1 300 W
(2) 1 600 W
(3) 2 000 W
(4) 2 500 W
(5) 3 000 W

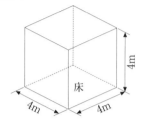

**解答**

$Q = K \times A(t_i - t_o)$

ここで、$Q$：熱貫流量〔W〕
$K$：熱貫流率〔W/(m²·K)〕
$A$：壁体面積〔m²〕
$t_i$：室内温度〔℃〕
$t_o$：室外温度〔℃〕

題意から、$K = 1.25$〔W/(m²·K)〕、$A = 4 \times 4 \times 5 = 80.0$〔m²〕、$t_i = 25$〔℃〕、$t_o = 0$〔℃〕であるから、

$Q = 1.25 \times 80.0 \times (25 - 0) = 2\,500$〔W〕

なお、壁体面積〔m²〕は、床の貫流熱流がないという条件であるので、床を除く5面として計算した。

正解(4)

---

**問題50** 湿り空気と湿度に関する次の記述のうち、最も不適当なものはどれか。

(1) 湿り空気の温度が一定の状態で絶対湿度を増加させると、比エンタルピーは増加する。
(2) 絶対湿度とは、湿り空気1kgに含まれる水蒸気の質量のことである。
(3) 湿り空気中の水蒸気の持つ分圧を水蒸気分圧という。
(4) 露点温度における湿り空気では、乾球温度と湿球温度は等しい。
(5) 相対湿度とは、同じ温度での、飽和水蒸気圧に対する水蒸気分圧の比である。

**解答**

絶対湿度とは、空気中の水蒸気の質量を、同じ空気中の乾き空気の質量で除したものである。

正解(2)

---

**問題51** ダクト内気流速度が4.0m/sであったとすると、この気流の動圧(速度圧)の値として、最も適当なものは次のうちどれか。ただし、ダクト内の空気の密度は1.2kg/m³とする。

(1) 2.4 Pa
(2) 9.6 Pa
(3) 19.2 Pa
(4) 38.4 Pa
(5) 76.8 Pa

**解答**

ベルヌーイの定理により、気体の場合、次式が成り立つ。

$$動圧 = \frac{\rho U^2}{2}$$

ここで、$\rho$：密度〔kg/m³〕、$U$：速度〔m/s〕
空気の密度を1.2kg/m³として、

$$動圧 = \frac{1}{2} \times 1.2 \times 16 = 9.6 〔Pa〕$$

正解(2)

---

**問題52** 流体力学に関する次の記述のうち、最も不適当なものはどれか。

(1) 無秩序な乱れによる流体塊の混合を伴う流れを乱流という。
(2) 直線ダクトの圧力損失は、ダクト長さの2乗に比例する。
(3) 摩擦のない理想流体では、ベルヌーイの定理が成立する。
(4) 慣性力の粘性力に対する比を表す無次元数がレイノルズ数である。
(5) ダクトの形状変化に伴う圧力損失は、形状抵抗係数と風速の2乗に比例する。

**解答**

直線ダクトの圧力損失は、風速の2乗に比例する。

正解(2)

**問題53** 室内気流に関する次の記述のうち，最も不適当なものはどれか．
- （1） 自由噴流では，吹出口から離れた中心軸速度が，距離に反比例して減衰する領域がある．
- （2） 吸込気流の吸込み速度は，吸込み中心からの距離の2乗におおむね反比例する．
- （3） 天井面に沿った噴流の到達距離は，自由噴流の場合より短くなる．
- （4） ドラフトは，不快な局部気流のことをいい，気流の速度，気流変動の大きさ，空気温度の影響を受ける．
- （5） 低温空気は室の底部に滞留する傾向があり，その傾向を利用した換気方式に置換換気がある．

**解答**
　天井面に沿った噴流の到達距離は，自由噴流の場合よりも長くなる．

正解（3）

**問題54** 室内における空気汚染物質に関する次の記述のうち，最も不適当なものはどれか．
- （1） 一酸化炭素の発生源は，燃焼器具，たばこ等である．
- （2） 二酸化炭素の室内の発生源は，ヒトの活動（呼吸）などであり，換気の指標とされている．
- （3） ホルムアルデヒドの室内の発生源は，コピー機，レーザプリンタ等である．
- （4） 浮遊粉じんの発生源は，たばこ，ヒトの活動，外気等である．
- （5） 二酸化炭素の濃度が経時的に高くなる場合には，居室の過密使用などが考えられる．

**解答**
　ホルムアルデヒドの室内の発生源は，合板やフローリングに使用される合成樹脂や接着剤，また，たばこや暖房器具などから発生する燃焼排気ガスなどである．なお，コピー機，レーザプリンタなどは，室内のオゾンの発生源である．

正解（3）

**問題55** 空気清浄化と換気に関する次の記述のうち，最も不適当なものはどれか．
- （1） 空気交換効率は，室全体の換気効率を表すものである．
- （2） 電気集じん機は，ガス状物質の除去に利用できる．
- （3） 必要換気量は，人体への影響，燃焼器具への影響，熱・水蒸気発生の影響等から決定される．
- （4） 単位時間当たりに室内に取り入れる新鮮空気（外気）量を室容積で除したものを換気回数という．
- （5） 室内空気の清浄化にとって，換気は重要な役割を果たす．

**解答**
　電気集じん機は，粒子状物質の除去に利用できる．

正解（2）

**問題56** 微生物とアレルゲンに関する次の記述のうち，最も不適当なものはどれか．
- （1） ウイルスは，結露水中で増殖しやすい．
- （2） 真菌は，環境微生物として捉えられる．
- （3） 空気調和機内は，微生物の増殖にとって好環境となる．
- （4） アルテルナリアは，カビアレルゲンとして挙げられる．
- （5） ヒョウヒダニの糞と死骸は，アレルゲンになる．

**解答**
　ウイルスは，生きている細胞中でしか増殖できず，結露水中では増殖しにくい．

正解（1）

**問題57** 図は空気線図上に状態点Aから湿球温度，比エンタルピー，比容積が同じとなる方向を矢印で示している．それぞれの矢印が示す要素として，正しい組合せは次のうちどれか．

**解答**
　本問を解くためには，詳細な湿り空気線図で仕組みを理解する必要がある．つまり，湿り空気線図の飽和曲線よりも左

|     | ア | イ | ウ |
|-----|-----|-----|-----|
| （1） | 湿球温度 | 比エンタルピー | 比容積 |
| （2） | 湿球温度 | 比容積 | 比エンタルピー |
| （3） | 比エンタルピー | 湿球温度 | 比容積 |
| （4） | 比エンタルピー | 比容積 | 湿球温度 |
| （5） | 比容積 | 湿球温度 | 比エンタルピー |

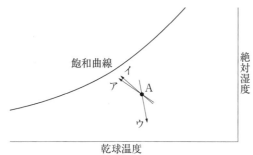

上の部分に ア 比エンタルピー の目盛りがあり，湿り空気線図の右下から左上への直線に イ 湿球温度 の目盛りがある．さらに，飽和曲線から横軸の乾球温度への直線に ウ 比容積 の目盛りがある．なお，ここで，比エンタルピーとは，乾き空気1kg当たりの湿り空気の持っている熱量で，単位はkJ/kg（DA）である．湿球温度とは，5m/s程度の気流が当たっているときの湿球温度計の示度で，単位は℃である．さらに比容積とは，乾き空気1kg当たりの湿り空気の容積のことで，単位はm³/kg（DA）である．

正解（3）

**問題58** 次の熱負荷のうち，一般に暖房時に無視するものはどれか．
（1） 外壁からの構造体負荷
（2） ガラス面の熱通過負荷
（3） 送風機による負荷
（4） 隙間風負荷
（5） 配管による負荷

**解答**
送風機による負荷は，一般に，暖房時には無視する．なお，そのほかに暖房時に無視する負荷としては，ポンプによる負荷がある．

正解（3）

**問題59** 空気調和に関する用語として，最も不適当なものは次のうちどれか．
（1） 顕熱比
（2） 熱水分比
（3） ブリージング
（4） コンタクトファクタ
（5） 混合損失

**解答**
ブリージングとは，コンクリート打設後，ペーストの中のセメントや骨材が沈降して，分離した水が浮く現象をいう．

正解（3）

・編集部注：実際の試験問題では，（1）の選択肢に誤字があったため，（1）を選択しても正解扱いになったが，本書では，問題文を正しい表記に修正して掲載した．

**問題60** 湿り空気の状態変化に関する次の記述のうち，最も不適当なものはどれか．
（1） 単純加熱操作では，露点温度は変化しない．
（2） 単純冷却操作では，相対湿度は上昇する．
（3） 冷却除湿操作では，絶対湿度は低下する．
（4） 液体吸収除湿操作では，乾球温度は低下する．
（5） 水噴霧加湿操作では，露点温度は上昇する．

**解答**
塩化リチウム水溶液などを用いた液体吸収除湿操作では，水分を吸収する際の吸収熱は比較的小さく，乾球温度は低下せず，空気の状態変化は湿球温度一定の変化とみなすことができる．

正解（4）

**問題61** 空気調和方式と設備の構成要素に関する次の組合せのうち，最も不適当なものはどれか．
（1） 定風量単一ダクト方式 ———— 還気ダクト
（2） 分散設置水熱源 ———— 冷却塔
　　　ヒートポンプ方式

**解答**
変風量単一ダクト方式は，給気ダクトを介して吹出口から室へと吹き出す途中に変風量ユニットは設置するが，混合ユニットはない．なお，変風量ユニットと

（3）変風量単一ダクト方式—————混合ユニット
（4）放射冷暖房方式—————————放射パネル
（5）ダクト併用
ファンコイルユニット方式—————冷温水配管

混合ユニットが設置されている空気調和方式は，外調機併用ターミナルエアハンドリングユニット方式である．

正解（3）

**問題62** 空気調和設備の熱源方式に関連する次の記述のうち，最も不適当なものはどれか．
（1）電動機駆動ヒートポンプ方式は，電動冷凍機とボイラを組合せる方式に比べ夏期と冬期における電力使用量の変化が小さい．
（2）空調用蓄熱システムは，熱源装置容量の削減や夏期冷房期における電力のピークカットに寄与する．
（3）空調用熱源として，地球温暖化防止のため太陽熱や地中熱などの自然エネルギーが注目されている．
（4）不特定多数の需要家に熱供給する熱源プラントは，規模の大小にかかわらず熱供給事業法の適用を受ける．
（5）蒸気ボイラと吸収冷凍機を組合せる方式は，病院・ホテルでの採用例が多い．

**解答**
21 GJ/h以上の熱媒体を，不特定多数の需要家に供給する能力を持つ熱源プラントは，熱供給事業法の適用を受け，安定した熱供給が義務づけられている．

正解（4）

**問題63** 下の図は，蒸気圧縮冷凍機のサイクルと対応するモリエル線図を描いたものである．☐☐☐内に入る語句の組合せとして正しいものは，次のうちどれか．

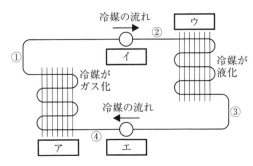

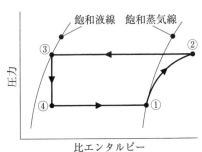

|  | ア | イ | ウ | エ |
|---|---|---|---|---|
| （1） | 蒸発器 | 圧縮機 | 凝縮器 | 膨張弁 |
| （2） | 蒸発器 | 膨張弁 | 凝縮器 | 圧縮機 |
| （3） | 凝縮器 | 圧縮機 | 蒸発器 | 膨張弁 |
| （4） | 凝縮器 | 膨張弁 | 蒸発器 | 圧縮機 |
| （5） | 蒸発器 | 圧縮機 | 膨張弁 | 凝縮器 |

**解答**
蒸気圧縮冷凍サイクルにおいて，まず，ア 蒸発器 によって，低温の状態で気化させて気化熱を奪い取り，冷媒をガス化し，モリエル線図の①から，イ 圧縮機 で，気体の冷媒を圧縮し，冷媒の比エンタルピーが増加し，モリエル線図の②に至る．その後，ウ 凝縮器 によって，冷却させて，冷媒が液化され，モリエル線図の③の状態となり，エ 膨張弁 で冷媒の圧力を下げる．

正解（1）

**問題64** 同じ冷凍能力の蒸気圧縮冷凍機と比較した場合の吸収冷凍機の利点に関する次の記述のうち，最も不適当なものはどれか．
(1) 冷凍機本体及び冷却塔容量ともに小さくなる．
(2) 回転部分が少なく，騒音・振動が小さい．
(3) 消費電力量が少ない．
(4) 冷凍機内は真空であり，圧力による破裂などのおそれがない．
(5) 特別な運転資格を必要としない．

**解答**
吸収冷凍機は，圧縮機の動力の代わりに再生器で加熱して，冷媒蒸気の分離を行う．熱を使用するので，蒸発圧縮冷凍機よりも大きい冷却塔が必要になる．

正解(1)

**問題65** 冷凍機の冷媒に関する次の記述のうち，最も不適当なものはどれか．
(1) オゾン破壊係数(ODP)は，大気中に放出されるガスのオゾン層破壊に関与する影響度を表す指標である．
(2) HCFC系冷媒は，代替フロンと呼ばれオゾン破壊係数(ODP)が0である．
(3) CFC系冷媒は，オゾン層破壊問題から全面的に製造中止とされた．
(4) 地球温暖化係数(GWP)は，大気中に放出されるガスの地球温暖化に関与する影響度を表す指標である．
(5) 自然冷媒の二酸化炭素は，環境負荷の点でフロン系冷媒より優れている．

**解答**
HCFC系冷媒は，CFC系冷媒に替わるものとして，CFCに水素を加えることでオゾン層破壊の影響度を緩和したフロンであるが，オゾン破壊係数(ODP)は完全に0ではない．なお，HCFC系冷媒は，2020年を目途に全廃される予定である．

正解(2)

**問題66** 一般空調用吸収冷凍機に関する次の記述のうち，最も不適当なものはどれか．
(1) 蒸発器では，冷水が取り出される．
(2) 凝縮器では，冷媒が液化する．
(3) 再生器では，吸収液が濃縮される．
(4) 加熱エネルギーを複数段の再生器で利用するものがある．
(5) 吸収器では，冷媒を散布する．

**解答**
吸収器では，冷媒が吸収液に吸収される．

正解(5)

**問題67** 加湿装置の基本構造と加湿方式の関係に関する次の組合せのうち，最も不適当なものはどれか．
(1) 滴下式―――水噴霧方式
(2) 赤外線式――蒸気吹出方式
(3) 超音波式――水噴霧方式
(4) 電極式―――蒸気吹出方式
(5) 透湿膜式――気化方式

**解答**
加湿装置は，方式によって，蒸気吹出し方式，水噴霧方式，気化方式に大別される．電熱式，電極式，赤外線式などは蒸気吹出し方式に，遠心式，超音波式，スプレーノズル式などは水噴霧方式に，エアワッシャ式，滴下式，透湿膜式などは気化方式に，それぞれ分類される．

正解(1)

**問題68** 冷却塔に関する次の記述のうち，最も不適当なものはどれか．
(1) 開放式冷却塔は，密閉式冷却塔よりも一般に大型である．
(2) 空調用途における冷却塔は，主として冷凍機の凝縮熱を大気に放出するためにある．
(3) 密閉式冷却塔は，冷却水の汚染は少なく，冷凍機の性能

**解答**
開放式冷却塔は，循環する冷却水が直接空気と接触し，冷却水の一部が蒸発することにより，残りの水が冷却される仕組みである．密閉式冷却塔に比べて，単純な内部構造であり，外形寸法は小型である．

低下が少ない.
- （4） 開放式冷却塔では冷却水の水質管理，密閉式冷却塔では散布水の水質管理が重要である.
- （5） 密閉式冷却塔は，開放式冷却塔に比べて一般に送風機動力が大きい.

正解(1)

**問題69** 空気調和設備に用いられる熱交換器に関する次の記述のうち，最も不適当なものはどれか.
- （1） 代表的な空気冷却用熱交換器としては，プレートフィン式冷却コイルがある.
- （2） 空気－空気熱交換器は，主に排気熱の回収に用いられる.
- （3） 静止型全熱交換器は，仕切り板の伝熱性と透湿性により給排気間の全熱交換を行う.
- （4） ヒートパイプは，構造・原理が単純で，熱輸送能力の高い全熱交換器である.
- （5） プレート式水－水熱交換器は，コンパクトで容易に分解洗浄できるという特徴がある.

**解 答**
ヒートパイプは，構造・原理が簡単であり，熱輸送能力が高く，かつ，熱流が一方向で温度の均一性が高いなどの特徴がある. パソコン・家電用品における放熱素子などの用途に広く利用されているが，全熱交換器ではない.

正解(4)

**問題70** 空気調和設備の吹出口に関する次の記述のうち，最も不適当なものはどれか.
- （1） ノズル型は，軸流吹出口に分類される.
- （2） パン型は，ふく流吹出口に分類される.
- （3） 天井パネル型は，面状吹出口に分類される.
- （4） アネモ型は，ふく流吹出口に分類される.
- （5） グリル型は，面状吹出口に分類される.

**解 答**
吹出口は，ふく流吹出口（天井ディフューザ），軸流吹出口，線状（スロット型）吹出口，面状吹出口に大別できる. アネモ型，パン型などはふく流吹出口（天井ディフューザ）に，ノズル型，グリル型などは軸流吹出口に，線状型は線状（スロット型）吹出口に，パネル型は面状吹出口に，それぞれ分類される.

正解(5)

**問題71** ダクトとその付属品に関する次の記述のうち，最も不適当なものはどれか.
- （1） グラスウールダクトは，消音効果がある.
- （2） 低圧ダクトとは，常用圧力が－490～＋490Paの範囲で用いられるダクトをさす.
- （3） 亜鉛鉄板ダクトでは，一般に板厚が0.5～1.2mmのものが用いられている.
- （4） ダクトと吹出口を接続する際に，位置調整が必要となる場合，フレキシブル継手が用いられる.
- （5） 防火ダンパの温度ヒューズの溶解温度は，一般換気用で120℃である.

**解 答**
防火ダンパの温度ヒューズの溶解温度は，一般換気用で72℃である. なお，厨房排気用は120℃，排煙用は280℃である.

正解(5)

**問題72** 下の図は，送風機の運転と送風量の関係を示している. この図に関連して，次の文章の　　内に入る語句の組合せとして，最も適当なものはどれか.
送風機の　ア　は，グラフの横軸に風量をとり，縦軸に　イ　をとって曲線Pのように示される. 一方，送風系の抵抗曲線は，同じグラフ上に，原点を通る二次曲線Rとして示される. ここで，2曲線の交点Aは，運転点を示している. その送風量を

**解 答**
送風機の ア 特性曲線 は，グラフの横軸に風量をとり，縦軸に イ 静圧 をとって曲線Pのように示される. 一方，送風系の抵抗曲線は，同じグラフ上に，原点を通る二次曲線Rとして示される. ここで，2曲線の交点Aは，運転点を示している. その送風量を$Q_A$から$Q_B$に減少

$Q_A$から$Q_B$に減少したい場合には，送風系の ウ を操作することで調整できる．

| | ア | イ | ウ |
|---|---|---|---|
| （1） | 特性曲線 | 静圧 | インバータ |
| （2） | 特性曲線 | 動圧 | ダンパ |
| （3） | 動圧曲線 | 動圧 | インバータ |
| （4） | 特性曲線 | 静圧 | ダンパ |
| （5） | 動圧曲線 | 静圧 | ダンパ |

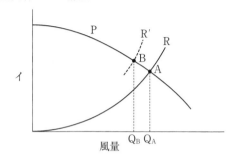

したい場合には，送風系の ウ ダンパ を操作することで調整できる．

正解（4）

**問題73** 空気調和設備に用いられる配管の種類とそれに使用する温度又は圧力との組合せとして，最も不適当なものは次のうちどれか．

（1） 氷蓄熱用不凍液配管 —— －10～－5℃
（2） 冷水配管 —— 5～10℃
（3） 冷却水配管 —— 20～40℃
（4） 高温水配管 —— 120～180℃
（5） 低圧蒸気配管 —— 0.1～1MPa

**解答**
　低圧蒸気配管の使用圧力範囲は0.1MPa未満で，一般に0.01～0.05MPaである．一方，高圧蒸気配管の使用圧力範囲は0.1MPa以上で，一般に0.1～1MPaである．

正解（5）

**問題74** 室用途別の1人当たりの専有面積と必要換気量に関する次の組合せのうち，最も不適当なものはどれか．

| 室用途 | 1人当たりの専有面積 $(m^2/人)$ | 必要換気量 $(m^3/(h·m^2))$ |
|---|---|---|
| （1） 食堂(営業用) | 1.0 | 30.0 |
| （2） ホテル客室 | 10.0 | 3.0 |
| （3） 宴会場 | 0.8 | 37.5 |
| （4） 事務所(一般) | 4.2 | 4.5 |
| （5） デパート(一般売場) | 1.5 | 20.0 |

**解答**
　本問は，1人当たりの必要換気量を約33m³/hとして，1人当たりの専有面積〔$m^2$/人〕と必要換気量〔$m^3/(h·m^2)$〕を室用途別にまとめた問題である．その中で，事務所(一般)は，1人当たりの専有面積は4.2$m^2$/人，必要換気量は7.2$m^3/(h·m^2)$が必要である．

正解（4）

**問題75** 環境要素の測定に関する次の記述のうち，最も不適当なものはどれか．

（1） グローブ温度計は，室内気流速度が小さくなるにつれ，平均放射温度に近づく傾向にある．
（2） ピトー管による風速測定では，ベルヌーイの式を用いて流速を算出する．
（3） アスマン通風乾湿計の湿球温度は，一般に乾球温度より低い値を示す．
（4） バイメタル式温度計は，2種類の金属の導電率の差を利用している．

**解答**
　バイメタル式温度計は，2種類の金属の膨張率の差を利用するものである．

（5）　超音波風速計は，超音波の到着時間と気流との関係を利用している．

**問題76**　室内環境の測定に関する次の記述のうち，最も不適当なものはどれか．

（1）　微生物の測定には，ATP法がある．
（2）　アスベストの測定には，分析透過電子顕微鏡法がある．
（3）　臭気の測定には，官能試験法がある．
（4）　花粉アレルゲンの測定には，表面プラズモン共鳴法がある．
（5）　オゾンの測定には，赤外線吸収法がある．

【解答】
　オゾンの測定には，紫外線吸収法，半導体法，吸光光度法，化学発光法，検知管法，CT法などが用いられている．

正解（5）

**問題77**　浮遊粉じんの測定に関する次の文章の[　　]内の語句のうち，最も不適当なものはどれか．

　建築物衛生法の測定対象となる浮遊粉じん濃度は，粉じんの
[（1）　化学的組成]を考慮することなく[（2）　幾何相当径]が
おおむね[（3）　10μm以下の粒子状物質]を対象として，
[（4）　0.15mg/m³]以下と規定されている．標準となる測定法は
[（5）　重量法（質量濃度測定法）]である．

【解答】
　建築物衛生法の測定対象となる浮遊粉じん濃度は，粉じんの[化学的組成]を考慮することなく[（2）相対沈降径]がおおむね[10μm以下の粒子状物質]を対象として，0.15mg/m³以下と規定されている．標準となる測定法は[重量法（質量濃度測定法）]である．

正解（2）

**問題78**　環境要素とその測定法との組合せとして，最も不適当なものは次のうちどれか．

（1）　オゾン――――――――検知管法
（2）　酸素―――――――――ポーラログラフ方式
（3）　硫黄酸化物―――――――溶液導電率法
（4）　二酸化炭素―――――――非分散型紫外線吸収法
（5）　一酸化炭素―――――――定電位電解法

【解答】
　二酸化炭素の測定には，検知管方式，非分散型赤外線吸収法が，主に採用されている．またそのほかに，気体容量法，凝縮気化法，ガスクロマトグラフ法などがある．

正解（4）

**問題79**　空気汚染物質とその濃度又は強さを表す単位との組合せとして，最も不適当なものは次のうちどれか．

（1）　アセトアルデヒド―――――μg/m³
（2）　真菌―――――――――CFU/m³
（3）　アスベスト――――――本/L
（4）　ダニアレルゲン―――――Bq
（5）　浮遊粉じん――――――mg/m³

【解答】
　ダニアレルゲンの濃度単位は，ng/m³である．

正解（4）

**問題80**　建築物衛生法に基づくホルムアルデヒド測定法に関する次の記述のうち，最も不適当なものはどれか．

（1）　分析機器を用いて正確に測定値が得られる精密測定法と，現場で簡便に測定値が得られる簡易測定法がある．
（2）　DNPH-HPLC法（DNPHカートリッジ捕集-高速液体クロマトグラフ法）に用いるDNPHカートリッジは，冷蔵保管が必要である．
（3）　DNPH-HPLC法によるパッシブ法の試料は，電動ポンプを用いて採取する．

【解答】
　DNPH-HPLC法などのパッシブ法は，基本的にはポンプを使用せずに，測定対象とする分子の拡散現象を利用して，捕集剤である吸着面に吸着させ，サンプリングを行う方法である．

（4）　検知管法においては，サンプリングに電動ポンプを使用する．

（5）　簡易測定法は，妨害ガスの影響を受けることがある．

正解(3)

**問題81**　空気調和・換気設備の維持管理に関する次の記述のうち，最も不適当なものはどれか．

（1）　物理的劣化とは，機器の持つ機能と時代とともに高度化していく要求機能との乖離（かい）が次第に大きくなることをいう．

（2）　点検，整備，検査，修理を行う業務は保全業務に位置づけられる．

（3）　予防保全は，部品の劣化を保全計画に組み入れて計画的に修理，交換する方法である．

（4）　維持管理の目的として，故障，事故の発生の予知，危険・災害の未然防止がある．

（5）　平均故障間隔（MTBF）とは，システム，機器，部品等で発生する故障間の動作時間の平均値をいう．

**解答**

　物理的劣化とは，時間経過や繰り返し使用されることに伴う化学的・物理的変化によって，品質や性能が損なわれる劣化のことである．なお，設問文は，社会的劣化についての文章である．

正解(1)

**問題82**　冷却塔と冷却水の維持管理に関する次の記述のうち，最も不適当なものはどれか．

（1）　冷却塔に供給する水は，水道法第4条に規定する水質基準に適合していることが求められる．

（2）　スケール防止剤，レジオネラ属菌の殺菌剤等を含有するパック剤は，冷却水中に薬剤が徐々に溶け出す加工がされていて，効果は約1年間持続する．

（3）　冷却塔及び冷却水は，使用開始時及び使用期間中の1カ月以内ごとに1回，定期に，汚れの状況を点検する．

（4）　連続ブローなどの冷却水濃縮管理は，スケール防止に有効である．

（5）　開放型冷却塔では，一般に循環水量の2%程度の補給水量を見込んでおく必要がある．

**解答**

　スケール防止剤，レジオネラ属菌の殺菌剤などを含有するパック剤は，冷却水中に薬剤が徐々に溶け出す加工がなされていて，効果は1〜3か月間持続する．

正解(2)

**問題83**　音に関する次の記述のうち，最も不適当なものはどれか．

（1）　音速は，波長を周波数で除して求められる．

（2）　A特性音圧レベルとは，人間の聴覚の周波数特性を考慮した騒音の大きさを表す尺度である．

（3）　音に対する人間の感覚量は，音の強さの対数で表される．

（4）　純音の瞬時音圧は，単一の正弦関数で表される．

（5）　面音源であっても，音源から十分離れた場所では，点音源に対する減衰特性を示す．

**解答**

音速は，波長と周波数の積である．

正解(1)

**問題84**　騒音と振動に関する次の記述のうち，最も不適当なものはどれか．

（1）　道路交通振動に対する振動規制は，昼間より夜間の方が厳しい．

（2）　点音源の場合，音源までの距離が10倍になると，音圧レ

**解答**

　不規則かつ大幅に変動する振動に対する振動規制法による規制基準は，時間率レベルで80%レンジの上端値「$L_{10}$」が採用されている．

ベルは約20dB減衰する.
（3）　防振溝は,回折減衰効果を利用した振動対策の方法である.
（4）　対象騒音が暗騒音より10dB以上大きい場合は，測定音を対象騒音と判断して良い.
（5）　不規則かつ大幅に変動する振動に対する振動規制法による規制基準は，最大の振動加速度レベルによって定められている.

**問題85**　音圧レベル70dBの音源室と面積10m²の隔壁で仕切られた等価吸音面積(吸音力)20m²の受音室の平均音圧レベルを40dBにしたい．このとき，隔壁の音響透過損失として確保すべき値に最も近いものは次のうちどれか.

なお，音源室と受音室の音圧レベルには以下の関係がある.

$$L1-L2=TL+10\log_{10}\frac{A2}{Sw}$$

ただし，$L1$，$L2$は，音源室，受音室の平均音圧レベル[dB]，$A2$は，受音室の等価吸音面積[m²]，$Sw$は，音の透過する隔壁の面積[m²]，$TL$は，隔壁の音響透過損失[dB]である.

ただし，$\log_{10}2=0.3010$，$\log_{10}3=0.4771$とする.
（1）　24dB
（2）　27dB
（3）　30dB
（4）　33dB
（5）　43dB

**解答**

設問で提示されている式を用いて，題意から，

$$TL=(70-40)-10\log_{10}\frac{20}{10}$$
$$=30-10\times0.3010=30-3.010$$
$$≒26.99〔dB〕$$

正解(2)

**問題86**　振動と遮音に関する次の記述のうち，最も不適当なものはどれか.
（1）　固体伝搬音問題には振動が関与する.
（2）　対象振動が正弦波の場合，振動加速度の実効値は，最大振幅の$\frac{1}{\sqrt{2}}$で求められる.
（3）　コインシデンス効果が生じると，壁体の透過損失は増加する.
（4）　床仕上げ材は，柔らかくなるほど，軽量床衝撃音の減衰性能が向上する.
（5）　建物内で感じる道路交通による振動は，不規則で変動も大きい.

**解答**

コインシデンス効果が生じると，壁体の透過損失は減少する.

正解(3)

**問題87**　光・照明に関する次の記述のうち，最も不適当なものはどれか.
（1）　光が当たった物体の境界面が平滑な場合，光は正反射して光沢となる.
（2）　建築化照明とは，照明器具を建築物の一部として天井，壁等に組み込んだ照明方式である.
（3）　間接昼光率は，室内反射率の影響を受ける.
（4）　天窓は，同じ面積の側窓より多くの光が得られる.
（5）　色温度が高くなると，光色は青→白→黄→赤と変わる.

**解答**

色温度が高くなると，光色は赤→黄→白→青と変わる.

正解(5)

**問題88** 各種光源の相対分光分布を下の図中に示している. 最も適当な組合せは次のうちどれか.

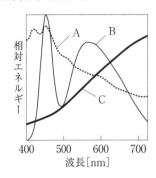

相対エネルギー

波長〔nm〕

| | A | B | C |
|---|---|---|---|
| （1） | 白熱電球 | 照明用LED | 北の青空光 |
| （2） | 白熱電球 | 北の青空光 | 照明用LED |
| （3） | 北の青空光 | 照明用LED | 白熱電球 |
| （4） | 北の青空光 | 白熱電球 | 照明用LED |
| （5） | 照明用LED | 白熱電球 | 北の青空光 |

**問題89** 点光源直下2.0mの水平面照度が300 lxである場合, 点光源直下3.0mの水平面照度として, 最も近いものは次のうちどれか.
- （1） 100 lx
- （2） 130 lx
- （3） 200 lx
- （4） 450 lx
- （5） 670 lx

**問題90** 光環境の保守に関する次の記述のうち, 最も不適当なものはどれか.
- （1） 保守率は, 照明施設をある期間使用した後の作業面上の平均照度と初期平均照度との比で表される.
- （2） 周辺環境の清浄度が同じ場合, 下面開放形の照明器具よりも, 完全密閉形の照明器具の方が設計光束維持率が低い.
- （3） 蛍光ランプは, 白熱電球やHIDランプ（高輝度放電ランプ）と比べ, 周辺温度による光束変動が大きい.
- （4） 水銀ランプやメタルハライドランプの光束は, 白熱電球や蛍光ランプ, 高圧ナトリウムランプよりも点灯姿勢による影響を受けやすい.
- （5） 照明器具の清掃間隔は, 汚れによる照度低下によって損失する照明費をちょうど1回分の清掃費で相殺できる期間が, 最も経済的な清掃間隔である.

---

**解 答**

光にも色があり, ランプも種類によって光色の違いがある. 光の色は, 可視光線の範囲である380〜780nmのうち, どの波長域に分布しているかによって決まる. これを分光分布という.

光の発生メカニズムは, 温度放射とルミネセンス放射という二つに大別される. この両者の代表的光源を示したものが相対分光分布である. 温度放射による白熱電球の分光分布は連続的で滑らかである一方, ルミネセンス放射の一種である放電発光の蛍光ランプ, 照明用LEDや放電ランプでは, ある特定な波長域に輝線と呼ばれる山が出ている. さらに, 北の青空光では, 波長が430〜460nmに多少の輝線が現れるといわれている.

したがって, 設問の図では, Aが北の青空光, Bが照明用LED, Cが白熱電球となる.

正解（3）

**解 答**

照度$E$〔lx〕は, 光源からの距離$r$〔m〕の2乗に反比例する. したがって, 点光源の光度$I$〔cd〕は,
$$I = E \times r^2 = 300 \times (2.0)^2 = 1\,200 \text{〔cd〕}$$
したがって, 直下3.0mの水平面照度$E$は,
$$E = 1\,200 \div (3.0)^2 \fallingdotseq 133.3 \text{〔lx〕}$$

正解（2）

**解 答**

周辺環境の清浄度が同じ場合, 下面開放形の照明器具よりも, 完全密閉形の照明器具の方が設計光束維持率は高い.

正解（2）

**問題91** 都市及び建築の熱環境に関する次の記述のうち，最も不適当なものはどれか.

(1) 室温は，屋外の気温やその他の気候要素の影響を受けて時々刻々と変化する.

(2) アルベドとは，任意の面に入射した日射量に対し，その面での反射した日射量の割合をいう.

(3) 温室効果とは，太陽光線が大気中の二酸化炭素などに吸収され，大気が温まることで地球上の気温が上昇することをいう.

(4) 熱容量の相異なる材料に，同一熱量をそれぞれ与えた場合，同じ容積なら熱容量の大きい方が温まりにくい.

(5) 水が蒸発すると，その蒸発面は気化熱が奪われ冷える.

**解 答**

大気中に含まれる温室効果ガス（二酸化炭素など）と呼ばれる気体は赤外線を吸収し，再び放出する性質がある．この性質のため，太陽光で暖められた地球の表面から地球の外に向かう赤外線の多くが，熱として大気に蓄積され，再び地球の表面に戻ってくる．この戻ってきた赤外線が，地球の表面付近の大気を暖める．これを温室効果と呼ぶ.

正解(3)

**問題92** 東京において，建築物の晴天日における日射・日照に関する次の記述のうち，最も不適当なものはどれか.

(1) 夏至の日の日積算日射量は，南向き鉛直壁面よりも東・西向き鉛直壁面の方が多い.

(2) 冬至の日の日積算日射量は，南向き壁面よりも水平面の方が多い.

(3) 南向き鉛直壁面が受ける日積算日射量は，夏至の日よりも冬至の日の方が多い.

(4) 夏至の日の可照時間は，一年を通して最も長い.

(5) 夏至の日の正午における方位別日射受熱量は，水平面が他の鉛直壁面に比べて最も多い.

**解 答**

冬至の日の日積算日射量は，南向き壁面が年間で最大となる.

正解(2)

**問題93** 建築物の意匠設計図面及び空気調和設備設計図面の平面記号に関する次の記述のうち，最も不適当なものはどれか.

(1) 引違い戸は， ▭▭ で表示される.

(2) 出入口一般は， ▭ | ▭ で表示される.

(3) アネモ型吹出口は， ◯ で表示される.

(4) 空調還気ダクトは， —RA— で表示される.

(5) 空調機は， AC で表示される.

**解 答**

(1)の記号は引違い窓のものである.

正解(1)

**問題94** 建築物の構造に関する次の記述のうち，最も不適当なものはどれか.

(1) 折板構造の応力は，主として面内力である.

(2) トラス構造の部材に生じる応力は，曲げモーメントとせん断力である.

(3) 壁式構造の組積式には，れんが造，補強コンクリートブロック造がある.

(4) 空気膜構造は，膜面に張力を与えている.

**解 答**

トラス構造の部材に生じる応力は，軸力のみである.

（5）　制振構造は，建物の揺れを制御し，低減しようとする構造である．

**問題95**　鉄筋コンクリート構造とその材料に関する次の記述のうち，最も不適当なものはどれか．
（1）　柱の主筋は，4本以上とする．
（2）　直接土に接する壁において，鉄筋に対するコンクリートのかぶり厚さは，4cm以上としなければならない．
（3）　一般の壁の厚さは，10～15cm程度である．
（4）　梁せいは，梁断面の下面から上面までの高さをいう．
（5）　柱の帯筋は，曲げモーメントに抵抗する．

**解答**
柱の帯筋は，せん断力に抵抗する．

正解（5）

**問題96**　建築物の荷重又は構造力学に関する次の記述のうち，最も不適当なものはどれか．
（1）　床の構造計算をする場合，事務室の積載荷重は，住宅の居室の積載荷重より小さく設定されている．
（2）　積雪荷重は，作用時間により常時荷重（長期）と非常時荷重（短期）に分類される．
（3）　曲げモーメント荷重は，部材のある点を湾曲させようとする荷重をいう．
（4）　単純支持形式において，部材の一端は回転端，もう一端は移動端で支持されている．
（5）　トラス構造の部材の接点は，ピン接点として取り扱われる．

**解答**
床を構造計算する場合，事務所の積載荷重は，住宅の居室より大きく設定されている．

正解（1）

**問題97**　建築材料と部材の性質に関する次の記述のうち，最も不適当なものはどれか．
（1）　コンクリートは，硬化時に収縮亀裂が生じやすい．
（2）　セメントペーストは，水とセメントを練り混ぜたものである．
（3）　鋼材は，アルミニウム材料より熱を伝えやすい．
（4）　床の仕上げ材には，耐摩耗性，防水性，防音性，踏み心地の良さ等が要求される．
（5）　コンクリートの水セメント比は，一般に40～65%程度である．

**解答**
鋼材の熱伝導率は，アルミニウムに比べて小さい．

正解（3）

**問題98**　建築材料と部材の性質に関する次の記述のうち，最も不適当なものはどれか．
（1）　鉄鋼の線膨張係数は，コンクリートとほぼ等しい．
（2）　木材は，菌類発生に必要な養分，湿気，空気及び温度の4要素があると腐朽する．
（3）　下地材料は，構造躯体と仕上げの中間に用いられる．
（4）　カーテンウォールは，建築物の耐力壁として使用される．
（5）　レイタンスは，打設したコンクリートの硬化時に，石灰岩や骨材の微粒粉が表面に層状になったものである．

**解答**
カーテンウォールは，建築物の荷重を負担しない非耐力壁である．

正解（4）

**問題99** 建築生産に関する次の記述のうち，最も不適当なものはどれか．
（1） 一般競争入札は，工事内容，入札条件等を公示して行われる．
（2） 建築工事の工程は，仮設，地業，躯体，仕上げの各工事に大別される．
（3） 建築工事において下請負業者の多くは，職別業者又は設備業者である．
（4） 建築生産は，注文生産，一品生産，現場生産の多いことが特徴である．
（5） 工事監理は，施工者が建築主の委託を受けて代行することが多い．

**解答**
　工事監理は，一般に設計者が建築主の依頼を受けて代行することが多い．

正解（5）

**問題100** 建築物の電気設備に関する次の記述のうち，最も不適当なものはどれか．
（1） 実効値100Vの交流電圧は，ピーク時の電圧が約140Vである．
（2） 受変電設備の容量は，建築物内部の電気設備の負荷合計に利用率を乗じて求める．
（3） 電線の配電距離が長くなると，電圧の低下を招くことがある．
（4） 磁束密度は，電流の強さとコイルの巻き数との積に比例する．
（5） 電気事業法に規定される電圧種別のうち特別高圧に区分されるのは，交流にあっては600Vを超えるものである．

**解答**
　特別高圧に分類されるのは，交流にあっては7 000Vを超えるものである．

正解（5）

**問題101** 建築設備に関する次の記述のうち，最も不適当なものはどれか．
（1） LPガス容器は，一般に鋼板製のものが多い．
（2） エスカレータの公称輸送能力は，定格速度と踏段幅により決定される．
（3） 受変電設備とは，電力会社から送電された電力を受電し，所定の電圧に下げて建物内で利用できるようにする設備である．
（4） 油圧式エレベータは汎用性が高く，中高層，超高層建築物に多用されている．
（5） 非常用エレベータの設置義務は，建築基準法により定められている．

**解答**
　油圧式エレベーターは，大規模な倉庫などで重量物を運搬する場合に使用されるが，昇降行程と速度に制限がある．

正解（4）

**問題102** 消防法施行令に定める消防の用に供する設備として，該当しないものは次のうちどれか．
（1） 屋内消火栓設備
（2） 屋外消火栓設備
（3） 排煙設備
（4） 自動火災報知設備
（5） 誘導標識

**解答**
　排煙設備は，消防法施行令に定める消防設備のうち「消火活動上必要な施設」である．

正解（3）

**問題103** 地震に関する次の記述のうち，最も不適当なものはどれか．

(1) 気象庁震度階級は，地震の規模（大きさ）を表す表記である．
(2) 耐震診断は，建築物の耐震改修の促進に関する法律に定められている．
(3) 設備の耐震性能確保も，構造体と同様に重要である．
(4) 防災管理者は，当該建築物について地震の被害軽減のための自主検査を行う．
(5) 液状化現象は，埋立地や砂質地盤等で起こりやすい．

**解答**
気象庁震度階級は，観測点における地震の強さを示す指標である．地震の規模を示すのはマグニチュードである．

正解(1)

**問題104** 建築基準法及び建築士法に関する次の記述のうち，誤っているものはどれか．

(1) 仕様書は，設計図書に含まれる．
(2) 防火性能とは，建築物の周囲において発生する通常の火災による延焼を抑制するための外壁・軒裏に必要な性能である．
(3) 建築とは，建築物を新築し，増築し，改築し，又は移転することをいう．
(4) 一級建築士は，都道府県知事の免許を受けて得られる資格である．
(5) 特殊建築物には，安全，衛生，防災等に関して技術基準に基づく規制がかけられている．

**解答**
一級建築士は，国土交通大臣から免許の交付を受ける．

正解(4)

**問題105** 建築基準法及びその施行令に関する次の記述のうち，誤っているものはどれか．

(1) 病院の病室は，非常用の照明装置の設置が免除される．
(2) 屋外階段は，主要構造部に含まれる．
(3) 基礎は，構造耐力上主要な部分である．
(4) 排水の配管設備は，腐食防止の措置を講ずることが定められている．
(5) 避難階は，傾斜地などに建築されている場合には，複数生ずることがある．

**解答**
屋外階段は，主要構造部に含まれない．

正解(2)

**問題106** 給水及び排水の管理に関する用語とその単位との組合せとして，最も不適当なものは次のうちどれか．

(1) 揚水ポンプの揚程 ——— m
(2) 水の比体積 ——— m³/J
(3) 精密ろ過膜の有効径 ——— $\mu$m
(4) 塩化物イオン ——— mg/L
(5) BOD容積負荷 ——— kg/(m³・日)

**解答**
水は温度が高くなるほど密度（単位体積当たりの質量〔kg/m³〕）が小さくなり，比体積（質量に対する体積〔m³/kg〕）が大きくなる．

正解(2)

**問題107** 給水及び排水の管理に関する用語の組合せとして，最も不適当なものは次のうちどれか．

(1) スカム ——— 排水槽で槽の表面に浮上した固形物が集まったもの
(2) スライム障害 ——— バイオフィルムの形成

**解答**
トリハロメタンは，水中のある種の有機物質と消毒用の塩素が反応して生成される，発がん物質である．

（3）　生物膜法 ——— 微生物が主要な構成要素となっている膜を利用して汚水を処理する方法

（4）　着色障害 ——— 給水配管材料の腐食などによる生成物が水に含まれ生じる現象

（5）　トリハロメタン ——— 無機物質と消毒用塩素が反応して生成される物質

**問題108**　塩素消毒の効果に関する次の記述のうち，最も不適当なものはどれか．

（1）　温度の影響を強く受け，温度が高くなるほど消毒速度は速くなる．

（2）　微生物表面の荷電状態は，消毒剤の細胞内への透過性に影響する．

（3）　懸濁物質が存在すると，その種類，大きさ，濃度等によって，消毒効果が低下する．

（4）　塩素消毒の効果を上げるためには，攪拌（かくはん）が重要である．

（5）　微生物を不活化するための消毒剤の濃度と接触時間の関係は比例する．

**解答**

高濃度の消毒剤と水中の微生物を接触させた場合，微生物は短時間で死滅し，低濃度の消毒剤の場合は長時間を要する．すなわち，消毒剤の濃度と接触時間は反比例する．

**問題109**　取水施設に関する次の記述のうち，最も不適当なものはどれか．

（1）　取水施設の位置の選定には，水量及び水質に対する配慮が必要である．

（2）　深層地下水は，地表からの汚染を受けにくく，水質が安定しているが，管の腐食を生ずることがある．

（3）　水源となる伏流水は，地表水に比較して，水量及び水質の変化が激しい．

（4）　深井戸の揚水中に砂の混入が多いときは，混入しない程度に揚水量を減らす．

（5）　集水埋渠（きょ）は，一般に多数の穴を開けた鉄筋コンクリート管を，伏流水が流れている場所に埋設したものである．

**解答**

地表水（河川表流水，湖沼水，ダムなどの水）は，伏流水（河川，湖沼などの砂利層の水）や地下水に比べて，水量と水質の変化が激しい．

**問題110**　塩素消毒の特徴に関する次の記述のうち，最も不適当なものはどれか．

（1）　塩素剤の残留の確認と濃度の定量が容易である．

（2）　窒素化合物と反応すると，消毒効果が減少する．

（3）　酸性側で消毒効果が急減する．

（4）　災害など緊急時の使用に適している．

（5）　刺激臭を有するため，異臭味が生じる．

**解答**

塩素による消毒効果は，水がアルカリ性を呈するほど急減する．

**問題111**　給水設備に関する次の記述のうち，最も不適当なものはどれか．

（1）　受水槽の容量は，一般に1日最大使用水量の50％程度とする．

（2）　超高層集合住宅においてゾーニングする場合の圧力の上限値は，0.7MPaとする．

（3）　FRP製高置水槽は，槽内照度が100 lx以上になると，光

**解答**

給水圧力が過大になると器具類の機能障害やウォータハンマ（水撃作用）発生の原因となるので，減圧弁の使用などで給水圧を0.3MPa以下とするのが望ましい．

合成により藻類が増殖しやすい.
- （4） 高置水槽へ送水する揚水ポンプの起動・停止は，高置水槽の水位で行う.
- （5） ポンプ直送方式で採用されるインバータ制御は，周波数を変えることで回転数を変化させている.

正解（2）

**問題112** 給水設備に関する語句と数値との組合せとして，最も不適当なものは次のうちどれか.

- （1） デパートにおける1日 当たりの設計給水量 ──── 15〜30 L/m²
- （2） ホテル客室部における 1日当たりの設計給水量 ──── 350〜450 L/床
- （3） 事務所建築における 1日当たりの設計給水量 ──── 60〜100 L/人
- （4） 小便器洗浄弁の 最低必要水圧 ──── 30 kPa
- （5） 大便器洗浄弁の 最低必要水圧 ──── 70 kPa

**解答**

小便器洗浄弁を作動させるための最低必要圧力は，70kPaである.

正解（4）

**問題113** 給水設備に関する次の記述のうち，最も適当なものはどれか.

- （1） 建築物の揺れ，地盤の不等（不同）沈下，配管の振動等による変位の吸収のために，ショックアブソーバを配管に取り付ける.
- （2） 木製貯水槽は，断熱性能が低いため，結露対策が必要である.
- （3） ポンプ直送方式は，一般に下向き配管が採用される.
- （4） 飲料用貯水槽の流入管は，波立ち防止を考慮して水没させることが望ましい.
- （5） 鋼管に形成された腐食電池回路のアノード部とは，電池回路の電極が水中に流出する部分である.

**解答**

- （1） 変位の吸収のために取り付けるのは，可とう継手である.
- （2） 木製貯水槽は，断熱性が高いため，結露の心配がない.
- （3） ポンプ直送方式で一般に採用されるのは上向き配管方式である.
- （4） 流入管吐水部を定水面下に水没させると，流入管が負圧になった場合に，貯水槽内の水が逆流するおそれがあるため，吐水口空間を必ず確保する.
- 注） （5）の問題文は，「電極」ではなく，「電流が水中に流出する」とするのが最もふさわしいと思われる.ただし，アノード部では，電子e⁻（電流）とともに鋼管の金属イオンFe²⁺も水中に流出しているので，五つの選択肢の中で「適当なもの」に最も近いと判断した.

正解（5）

**問題114** 給水設備の機器・配管材料に関する次の記述のうち，最も適当なものはどれか.

- （1） TIG溶接は，不活性ガスの雰囲気中で，タングステン電極と溶接母材の間にアークを発生させて溶接する方法である.
- （2） ボール弁は，ボール状の弁体を回転させ，管軸と通路とが一致したときが全閉であり，それと90°回転した状態が全開になる.

**解答**

- （2） ボール弁は，管軸と通路が一致したときが開，それと90°回転したときが閉の状態となる.
- （3） ステンレス鋼板製貯水槽は，液層部よりも気層部のほうが腐食しやすい.これは，水道水中の塩素により気層部の塩素濃度が高くなること，壁面や天井面への飛沫などによる塩素の濃縮が

（3）　ステンレス鋼板製貯水槽は，液層部よりも気層部の方が腐食しにくい.

（4）　銅管は，銅イオンが水に浸出して白濁水を生じることがある.

（5）　架橋ポリエチレン管の接続方法は，一般に接着接合である.

原因である.

（4）　銅管で，銅イオンが水に浸出して発生するのは青水である.

（5）　架橋ポリエチレン管の接合方法は，メカニカル形接合または融着接合である.

正解（1）

**問題115**　ウォータハンマの発生場所・影響・防止方法等に関する次の記述のうち，最も不適当なものはどれか.

（1）　瞬間的に開閉できる水栓・弁類を使用する場所で発生しやすい.

（2）　揚水ポンプの吸込管（サクション）側に衝撃吸収式逆止弁を設ける.

（3）　配管・機器の振動，騒音の発生，配管の破損の原因になる.

（4）　配管内の圧力が高い場所で発生しやすい.

（5）　配管は極力まっすぐに配管し，むやみに曲折させてはならない.

[解答]
揚水ポンプ停止時に発生するウォータハンマ防止のためには，ポンプの吐出し側に急閉止しない衝撃吸収逆止弁を設置する.

正解（2）

**問題116**　貯水槽清掃後の水質検査項目と基準との組合せとして，最も不適当なものは次のうちどれか.

（1）　色度―――――5度以下

（2）　濁度―――――3度以下

（3）　臭気―――――異常でないこと（消毒によるものを除く）

（4）　味―――――異常でないこと（消毒によるものを除く）

（5）　残留塩素の含有率―――遊離残留塩素0.2 mg/L以上

[解答]
貯水槽清掃後の水質検査基準項目のうち，濁度は2度以下とされている（厚生省告示第194号）.

正解（2）

**問題117**　建築物衛生法に基づく特定建築物の給水設備の保守管理に関する次の記述のうち，最も不適当なものはどれか.

（1）　貯水槽清掃終了後の消毒には，有効塩素濃度10～20 mg/Lの次亜塩素酸ナトリウム溶液などの塩素剤を用いる.

（2）　防錆剤を使用する場合は，定常時においては2カ月以内ごとに1回，防錆剤の濃度を検査しなければならない.

（3）　残留塩素が不検出，又はその濃度変動が激しい場合には，一度吐水された水が，給水管へ逆流している可能性がある.

（4）　貯水槽は，点検を定期に行い，地震などで貯水槽の構造や水質に影響を与えるような事態が発生した場合には，速やかにその影響を点検する.

（5）　受水槽の水位制御の作動点検は，槽内のボールタップを手動で操作して行う.

[解答]
貯水槽清掃終了後は，有効塩素濃度50～100mg/Lの濃度の次亜塩素酸ナトリウム溶液またはこれと同等以上の消毒能力を有する塩素剤によって，2回以上，貯水槽内の消毒を行う.

正解（1）

**問題118**　給湯設備に関する次の記述のうち，最も不適当なものはどれか.

（1）　事務所の用途に使用する建築物において，給湯量の設計値は，30 L/（人・日）程度である.

（2）　ガス瞬間湯沸器の能力で1号とは，流量1 L/minを25℃

[解答]
事務所として使用する建築物の設計給湯量は，7.5～11.5L/（人・日）程度である.

上昇させる能力をいう.
（3） 中央式給湯設備の場合の給湯温度は，ピーク使用時においても55℃以上が望ましい.
（4） ステンレス鋼管において単式の伸縮継手を用いる場合，設置間隔は20m程度である.
（5） 貯蔵式湯沸器は，90℃以上の高温湯が得られ，飲用として利用される.

**問題119** 循環配管の管長が80m，循環配管からの単位長さ当たりの熱損失が50W/mの給湯設備で給湯循環流量を算出した場合，その値として最も近いものは次のうちどれか. ただし，次の算定式を用い，加熱装置における給湯温度と返湯温度の差を5℃とする.

$Q = 0.0143 \times H_L \div \Delta t$

ここで， $Q$：循環流量[L/min]
$H_L$：循環配管からの熱損失[W]
$\Delta t$：加熱装置における給湯温度と返湯温度との差[℃]

（1） 0.14 L/min
（2） 0.23 L/min
（3） 11 L/min
（4） 57 L/min
（5） 286 L/min

**解 答**

循環配管からの熱損失$H_L$は，
$H_L = 80〔m〕\times 50〔W/m〕= 4\,000〔W〕$
循環流量$Q$は，
$Q = 0.0143 \times 4\,000〔W〕\div 5〔℃〕$
$= 11.44〔L/min〕$

**問題120** 給湯設備の省エネルギーに関する次の記述のうち，最も不適当なものはどれか.
（1） 給湯温度を適切に管理する.
（2） 適切な制御方式を採用する.
（3） 配管経路の短縮，配管の断熱等に配慮し，放熱損失を低減した適切な配管とする.
（4） 混合水栓の使用を避け，湯と水は別々の水栓とする.
（5） 器具ごとに定流量弁を設置する.

**解 答**

湯と水の水栓を別にせず，混合水栓を使用することにより，湯の節約が図れる.

**問題121** 給湯設備に関する次の記述のうち，最も不適当なものはどれか.
（1） 密閉式膨張水槽を設ける場合には，逃し弁も設けなければならない.
（2） 逃し管（膨張管）は，給湯設備の安全装置である.
（3） 銅管の線膨張係数は，ポリブテン管のそれより小さい.
（4） 循環ポンプの脈動による騒音・振動の発生対策としてサイレンサを設置する場合には，ポンプの流入側に設置する.
（5） 耐熱性硬質ポリ塩化ビニル管の許容圧力は，使用温度が高くなると低下する.

**解 答**

温水循環ポンプは，小型でも脈動による騒音・振動が発生することがある. このような場合は，ポンプの吐出し側にサイレンサ（整流装置）を設置する.

**問題122** 給湯設備に関する次の記述のうち，最も不適当なものはどれか.
（1） リバースリターン方式を採用することは，湯を均等に循

**解 答**

外部電源を用いた電気防食は，不溶性電極（白金メッキを施したチタン線や炭素

環させるには有効でない.
（2）　外部電源式電気防食では，犠牲陽極が消耗するため取り換えが必要である.
（3）　湯をポンプでくみ上げる場合，吸い上げることのできる高さは，温度が高いほど低くなる.
（4）　樹脂管を温度の高い湯に使用すると，塩素による劣化が生じやすい.
（5）　返湯管の管径は給湯循環ポンプの循環量から決定するが，一般には給湯管の管径の半分程度である.

**問題123**　貯湯槽の保守管理に関する次の記述のうち，最も不適当なものはどれか.
（1）　休止中の貯湯槽を再開するときには，点検・清掃を行い，設定温度になるまで加熱してから使用する.
（2）　SUS444製の貯湯槽は，腐食を防止するために電気防食を施す.
（3）　定期に貯湯槽の外観検査を行い，漏れや周囲の配管の状態を確認する.
（4）　使用していない貯湯槽の水は，停滞水の防止のため抜いておく.
（5）　開放式の貯湯槽においては，外部からの汚染の経路となりやすいマンホールの気密性，オーバフロー管の防虫網の完全性を点検する.

**問題124**　雑用水設備に関する次の記述のうち，最も不適当なものはどれか.
（1）　個別循環方式の雑用水の利用により，下水道への負荷が軽減される.
（2）　雑用水槽へ飲料水を補給する場合は，吐水口空間を設けて給水する.
（3）　コンクリート製雑用水受水槽の内面は，合成樹脂防水モルタルなどで防水処理を行う.
（4）　雑用水の配管は，飲料水用配管と異なる色で塗装する.
（5）　建築物衛生法では，雑用水の水質基準項目として，CODが規定されている.

**問題125**　排水再利用設備の単位装置の維持管理に関する次の記述のうち，最も不適当なものはどれか.
（1）　スクリーンにおいては，汚物が堆積しないように適時除去する.
（2）　流量調整槽においては，ポンプなどの作動状況及び水位・流量を確認する.
（3）　活性炭処理装置においては，通水速度を適正に保持する.
（4）　凝集処理装置においては，空気供給量を適正に保持する.
（5）　ろ過装置においては，ろ材の洗浄が適切に行われていることを確認する.

電極など）を陽極とし，外部電源（低圧直流電源）を用いた方法で電極の取換えが<u>不要である</u>.

正解(2)

**解答**
　SUS444は，耐孔食性，耐すき間腐食性がSUS304に比較して優れているが，電気防食装置を設けると，<u>水素脆性割れを生ずる性質がある</u>.

正解(2)

**解答**
　雑用水の水質基準には，<u>COD（化学的酸素要求量）の項目はない</u>.

正解(5)

**解答**
　標準的な排水再利用の処理では，凝集剤を用いた凝集処理は行わない.

正解(4)

**問題126** 排水の水質項目に関する次の記述のうち，最も不適当なものはどれか．

（1） DOとは，水中に溶解している分子状の酸素である．

（2） 活性汚泥沈殿率（SV）は，活性汚泥の量や沈降性の指標として用いられる．

（3） 全窒素とは，有機性窒素，アンモニア性窒素，亜硝酸性窒素及び硝酸性窒素の総和である．

（4） 大腸菌群は，し尿中に多く含まれ，汚水処理の進行に伴いその数は減少する．

（5） BODは，水中の酸化可能性物質，主として有機物質が酸化剤によって酸化される際に消費される酸素量を表したものである．

**解 答**

BOD（生物化学的酸素要求量）とは，水中の酸化可能性物質，主として有機物質が好気性微生物によって<u>分解</u>される際に消費される酸素量である．

正解（5）

**問題127** 排水配管及び通気配管に関する次の記述のうち，最も不適当なものはどれか．

（1） 通気立て管の上部は，最高位の衛生器具のあふれ縁から150mm以上高い位置で，伸頂通気管に接続する．

（2） 排水横管に設置する通気管は，排水管断面の垂直中心線上部から45°以内の角度で取り出す．

（3） 飲料用貯水槽の間接排水管の排水口空間は，最小150mmとする．

（4） 排水立て管のオフセット部の上下600mm以内には，排水横枝管を設けてはならない．

（5） 管径125mmの排水横管の最小勾配は，1/200である．

**解 答**

管径125mmの排水横管の最小勾配は<u>1/150</u>である（空気調和・衛生工学会規格）．

正解（5）

**問題128** 雨水設備に関する次の記述のうち，最も不適当なものはどれか．

（1） 雨水浸透方式は，下水道への負荷の軽減や，地下水の涵養を図るために設ける．

（2） 雨水ますの流出管は，流入管よりも管底を20mm程度下げて設置する．

（3） 雨水ますの底部には100mm程度の泥だめを設け，土砂などが下水道へ流出することを防止する．

（4） 雨水排水管と合流式の敷地排水管を接続する場合は，トラップますを設け，ルーフドレンからの悪臭を防止する．

（5） ルーフドレンのストレーナの開口面積は，それに接続する雨水排水管の2倍程度とする．

**解 答**

雨水ますの底部には，<u>150mm</u>程度の泥だめを設ける．

正解（3）

**問題129** 排水通気設備に関する次の記述のうち，最も不適当なものはどれか．

（1） 伸頂通気方式の排水横主管の水平曲りは，排水立て管の底部より3m以内に設けてはならない．

（2） 排水ポンプは，排水槽の吸込みピットの壁面から200mm以上離して設置する．

（3） 排水管への掃除口の設置間隔は，管径100mm以下の場合には15m以内とする．

（4） 排水トラップの脚断面積比（流出脚断面積/流入脚断面

**解 答**

脚断面積比とは，トラップの流出脚断面積÷流入脚断面積の比をいい，この比が大きいと封水強度（封水の保持力）が<u>大きくなる</u>．

積)が，大きくなると封水強度は小さくなる．
（5）　敷地内排水設備における分流式排水方式は，汚水と雑排
水を別々の系統で排水することをいう．

**問題130**　排水通気設備に関する語句の組合せとして，最も
不適当なものは次のうちどれか．
（1）　特殊継手排水システム ——— 高層集合住宅へ適用
（2）　貯湯槽の排水管 ——————— 排水口開放による間接排水
（3）　排水トラップの深さ ——— ディップからウェアまでの
　　　　　　　　　　　　　　　垂直距離
（4）　結合通気管 ——————— 排水立て管内の圧力変動の
　　　　　　　　　　　　　　　緩和
（5）　排水鋼管用可とう継手 ——— 排水用硬質塩化ビニルライ
　　　　　　　　　　　　　　　ニング鋼管の接続

平成30年

**解 答**
　貯湯槽の排水管は，貯水槽と同様の扱
いで，排水管は排水口空間を設けた間接
排水とする．

正解(2)

**問題131**　排水通気設備に関する次の記述のうち，最も不適
当なものはどれか．
（1）　ループ通気管は，排水横枝管に接続された最上流の器具
排水管の上流の位置から立ち上げて，通気立て管へ接続
する．
（2）　敷地排水管の直管が長い場合には，管内径の120倍を超
えない範囲内に排水ますを設置する．
（3）　排水槽の底部のこう配面には，点検歩行を容易にするた
め階段を設ける．
（4）　排水管径が100 mm以下の掃除口の大きさは，排水管と
同一径とする．
（5）　寒冷地における敷地排水管は，凍結深度より深く埋設す
る．

**解 答**
　ループ通気管は，２個以上のトラップ
を保護するため，最上流の器具排水管が
排水横枝管に接続する点のすぐ下流から
立ち上げて，通気立て管に接続する方式
である．

正解(1)

**問題132**　排水通気設備に関する次の記述のうち，最も不適
当なものはどれか．
（1）　ブランチ間隔が３以上で，ループ通気方式とする場合は，
通気立て管を設置する．
（2）　即時排水型ビルピット設備は，排水槽の悪臭防止に有効
である．
（3）　自然流下式の排水横管の勾配は，管内最小流速が2.0 m/s
となるように設ける．
（4）　間接排水管の配管長が，1 500 mmを超える場合は，悪
臭防止のために機器・装置に近接してトラップを設ける．
（5）　トラップが直接組み込まれていない阻集器には，その出
口側にトラップを設ける．

**解 答**
　自然流下式排水管の横管の勾配は，管
内流速が0.6〜1.5m/sとなるようにする．

正解(3)

**問題133**　排水設備の清掃・診断に関する用語の組合せとし
て，最も不適当なものは次のうちどれか．
（1）　ロッド法 —————— 排水槽の清掃
（2）　超音波厚さ計 ——— 排水管の腐食状況の診断

**解 答**
　ロッド法は，1.0〜1.8mのロッド（長い
棒）をつなぎ合わせ，手動で排水管内に挿
入し，清掃する方法である．

（3） ワイヤ（スネーク　——　グリースなどの固い付着物の除去
　　　 ワイヤ）法
（4） 内視鏡　————————　管内部の詰り具合の確認
（5） 薬品洗浄————————　有機性付着物の除去

正解(1)

**問題134**　排水通気設備の保守管理に関する次の記述のうち，最も不適当なものはどれか．
（1） 排水槽の清掃は，6カ月以内に1回行うことが建築物衛生管理基準で規定されている．
（2） 水中ポンプのメカニカルシール部のオイルは，2年に1回程度交換する．
（3） グリース阻集器は，1カ月に1回程度，槽内の底部，壁面等に付着したグリースや沈殿物を清掃する．
（4） 排水ポンプは，1カ月に1回絶縁抵抗の測定を行い，1MΩ以上であることを確認する．
（5） 高圧洗浄による排水管の清掃では，5～30MPaの圧力の水を噴射させて洗浄する．

**解答**
　水中ポンプのメカニカルシール（軸封装置）のオイル交換は，6か月～1年に1回程度行う．

正解(2)

**問題135**　大便器回りの故障の現象とその原因との組合せとして，最も不適当なものは次のうちどれか．

| 故障の現象 | 原因 |
| --- | --- |
| （1） 便器と床面の間が濡れる | フランジ部シール材の取り付けが不良である． |
| （2） 汚物が満足に流れない | 排水路に異物が詰まっている． |
| （3） 洗浄弁のハンドル部から漏水する | ハンドル押し棒部の取り付けナットがゆるんでいる． |
| （4） 少量の水が流れ放しである | 洗浄弁のシート又はシートパッキンが損傷している． |
| （5） 吐水時間が短い | 洗浄弁のピストンバルブのストレーナが詰まりかけている． |

**解答**
　大便器洗浄弁の吐水時間が短いのは，開閉ねじを開けすぎているか，ピストンバルブUパッキンの損傷・摩耗が考えられる．

正解(5)

**問題136**　衛生器具設備に関する次の記述のうち，最も不適当なものはどれか．
（1） 節水機器を導入する場合は，給水器具からの吐水量の削減だけでなく，排水管内の流下特性などにも配慮する．
（2） 洗面器は，取り付け状態を2カ月に1回点検することが望ましい．
（3） 衛生器具設備をユニット化すると，防水処理工事や養生作業が軽減される．
（4） JIS A 5207では，節水I形の大便器の洗浄水量は13L以下としている．
（5） 上質水供給設備の目的には，トリハロメタンなどの有害物質を取り除くことや，ミネラル成分の調整を行うことがある．

**解答**
　2019年11月の改正で，JIS A 5207（衛生器具—便器・洗面器類）が規定する大便器の洗浄水量区分は，以下に示す2区分になった．
・I形：8.5 L以下
・II形：6.5 L以下

正解(4)

**問題137** 浄化槽法に規定する放流水の水質の技術上の基準に示されているBODの値として，正しいものは次のうちどれか．

(1) 20 mg/L以下
(2) 30 mg/L以下
(3) 60 mg/L以下
(4) 90 mg/L以下
(5) 120 mg/L以下

**解答**

　環境省令第29号で，浄化槽からの放流水の水質の技術上の基準として，生物化学的酸素要求量が1Lにつき20mg以下であること，と定められている．

正解(1)

**問題138** 含水率98％の汚泥5m³と，含水率96％の汚泥15m³を混合したときの含水率として，最も近い値は次のうちどれか．

(1) 96.0 ％
(2) 96.5 ％
(3) 97.0 ％
(4) 97.5 ％
(5) 98.0 ％

**解答**

　汚泥5m³，含水率98％の容積は，
$5 \times 0.98 = 4.9$ [m³]
　汚泥15m³，含水率96％の容積は，
$15 \times 0.96 = 14.4$ [m³]
　混合後の含水率は，

$$\frac{4.9+14.4}{5+15} \times 100 = \frac{19.3}{20} \times 100$$
$$= 96.5 [\%]$$

正解(2)

**問題139** 特殊設備に関する次の記述のうち，最も不適当なものはどれか．

(1) 入浴設備において，浴槽からの循環水を消毒する場合には，消毒に用いる塩素系薬剤の投入口は，ろ過器から出た直後に設置する．
(2) 水景設備は，水の持つ親水機能や環境調整機能によって空間を演出するものである．
(3) ちゅう房機器の具備すべき要件として，それに用いる材質は吸水性がなく，耐水性・耐食性を持つものとすることが挙げられる．
(4) プールの循環ろ過にオーバフロー方式を採用する場合には，オーバフローに床の洗浄水が入らない構造とする．
(5) 入浴設備において，気泡発生装置，ジェット噴射装置等のエアロゾルを発生させる設備を設置する場合には，空気取入口から土ぼこりが入らないような構造とする．

**解答**

　レジオネラ症の発生に対する衛生上の措置として，消毒に用いる塩素系薬剤の注入口は，ろ過器に入る直前に設置する．

正解(1)

**問題140** 消火設備に関する語句とその説明との組合せとして，最も不適当なものは次のうちどれか．

(1) 屋内消火栓設備————初期発見段階での消火
(2) 泡消火設備————油火災を対象
(3) 連結送水管————公設消防隊の専用栓
(4) 不活性ガス消火設備——負触媒作用による消火
(5) スプリンクラー設備——火災発生時に自動的に散水

**解答**

　不活性ガス消火設備は，不活性ガスの放射による希釈作用を主とした消火方法である．消火剤として二酸化炭素，窒素，窒素とアルゴンの混合物などが使用される．触媒作用による消火設備は，ハロン1301などを使用した消火設備である．

正解(4)

**問題141** 建築物における衛生的環境の維持管理について（平成20年1月25日健発第0125001号）に示された，建築物環境衛生維持管理要領に関する次の記述のうち，最も不適当なものはどれか．

**解答**

　定期清掃は，1年以内ごとではなく，6か月以内ごとに1回行う．

（1）　清掃の実施状況を定期に点検し，必要に応じ適切な措置を講じる．

（2）　洗剤や床維持剤は，利用者や清掃従事者等の健康及び環境に配慮したものを用いる．

（3）　天井等日常の清掃の及びにくい箇所などについて，1年以内ごとに1回，定期に汚れの状況を点検し，必要に応じ，除じん，洗浄を行う．

（4）　清掃用資材の保管庫は，6カ月以内ごとに1回，定期に点検する．

（5）　帳簿書類には，清掃，点検及び整備を実施した年月日，作業内容等を記載する．

正解（3）

**問題142**　空気調和設備等の維持管理及び清掃等に係る技術上の基準（平成15年厚生労働省告示第119号）に関する次の記述のうち，誤っているものはどれか．

（1）　カーペット類の洗浄後は，防汚剤を塗布する．

（2）　建築物内で発生する廃棄物の分別，収集，運搬及び貯留について，衛生的かつ効率的な方法により速やかに処理する．

（3）　床面の清掃について，日常における除じん作業のほか，床維持剤の塗布の状況を点検し，必要に応じ，再塗布等を行う．

（4）　廃棄物の処理設備は，定期に点検し，必要に応じ，補修，消毒を行う．

（5）　カーペット類に洗剤を使用する場合は，洗剤分が残留しないようにする．

**解 答**
同基準には，カーペット洗浄後に防汚剤を塗布するという記述はない．

正解（1）

**問題143**　建築物清掃の作業計画に関する次の記述のうち，最も適当なものはどれか．

（1）　廊下壁面のスポット洗浄は，定期清掃で実施する．

（2）　廊下壁面のスイッチ回りの洗剤拭きは，一般に日常清掃として実施する．

（3）　エレベータかご内部の除じんは，一般に定期清掃として実施する．

（4）　管理用区域は，一般の人が立ち入らないため，清掃は年2回程度実施する．

（5）　トイレ・洗面所の換気口の除じんは，日常清掃で実施する．

**解 答**
（2）　スイッチ回りの洗剤拭きは，スポットクリーニング（定期的に日常清掃）で行う．
（3）　空気の通り道にあるためほこりが付着しやすいので，エレベータかご内部の除じんは日常清掃で行う．
（4）　管理用区域は，一般の人は入れないが，汚れる場合もあるため，汚れに応じて計画的に行う．
（5）　換気口の除塵は，月1回程度の定期清掃で行う．

正解（1）

**問題144**　建築物清掃の資機材倉庫に関する次の記述のうち，最も不適当なものはどれか．

（1）　施錠できる構造とする．

（2）　適切な照明設備，換気設備を設け，資機材洗浄用の給排水設備を設ける．

（3）　建築物の規模・形態等により，エリアごとに資機材倉庫を設ける場合がある．

（4）　設置位置は，資機材の移動などが容易に行える場所とする．

**解 答**
床は，汚水などのしみ込みを防ぐ意味で，疎水性の建材とするか，防水加工が必要である．

（5）　濡れたモップなどが置かれる場合があるので，床や壁面を浸透性の建材にする．

正解(5)

**問題145**　建築物清掃の品質評価に関する次の記述のうち，最も不適当なものはどれか．
（1）　品質評価の年間計画に基づき，評価範囲，実施日，点検時間，点検経路等を決定し実施計画を作成する．
（2）　実施計画に従い，事前に作成した品質評価シートなどを活用して点検を実施する．
（3）　改善が必要と判断した場合は，評価者が清掃作業者に指示をする．
（4）　改善を指示した箇所について，指示どおりに改善されているか再点検し，その結果を基に再評価を実施する．
（5）　評価者は，業務に精通していることが望ましい．

**解答**
評価結果の改善の指導は，清掃作業者ではなく，清掃責任者に対して行う．

正解(3)

**問題146**　建築物清掃の品質評価と作業改善に関する次の記述のうち，最も不適当なものはどれか．
（1）　清掃作業の精度を向上させることは，品質評価の目的の一つである．
（2）　仕様書，作業基準表に限定せず建築物全体が快適環境になっているかに着眼して改善点を見出す．
（3）　廃棄物処理における実態分析は，衛生的かつ安全で効率的かに着眼して行う．
（4）　評価方法には，測定機器(光沢度計など)を使用する検査と，目視などによる官能検査とがある．
（5）　品質の評価は清掃作業者の立場に立って実施する．

**解答**
清掃品質の評価は，清掃作業者の立場に立って行うのではなく，建築物使用者の満足を基準に行う．

正解(5)

**問題147**　ほこりや汚れの除去に関する次の記述のうち，最も適当なものはどれか．
（1）　おがくずを用いる方法は，ほこりを付着させる効果が小さい．
（2）　ほこりは長期間放置した方が除去しやすい．
（3）　粘度の低い不乾性の鉱油などを布に含ませ，ほこりを除去する方法をダストコントロール法という．
（4）　バキュームクリーニングでは，カーペットの織り目に入り込んだほこりや土砂は除去できない．
（5）　ダストクロス法は，油分による床面への弊害が多い．

**解答**
(1)　水で濡れたおがくずは，ほこりを吸着する効果が大きい．特に，土砂などの親水性の細かい汚れには効果がある．
(2)　ほこりを長時間放置すると，汚れが水分を含み，建材に固着するため，取れにくくなる．
(4)　バキュームクリーニングでは，カーペットの表面だけでなく，奥の折り目やパイルの底部に入った汚れも吸い上げることができる．
(5)　ダストクロスは乾式モップとも呼ばれ，本来洗剤などは付けず，そのまま使用するものである．油を含ませては使用しない．

正解(3)

**問題148**　建材の予防清掃に関する次の記述のうち，最も不適当なものはどれか．
（1）　疎水性の建材には，油溶性物質が付着しやすい．
（2）　汚れは，平滑緻密な表面には付着しにくい．

**解答**
シール剤や床維持剤を塗ることで，美観の向上だけでなく，汚れにくくなり，汚れが付いても取れやすくなる．

（3）　耐水性のある建材は，清掃しやすいものが多い．
（4）　シール剤や床維持剤の塗布により，美観は向上するが，汚れの予防効果は得られない．
（5）　汚れが内部にしみ込みやすい建材は，汚れの除去に手間がかかる．

正解（4）

**問題149**　ビルクリーニング用機械に関する次の記述のうち，最も適当なものはどれか．
（1）　超高速バフ機の回転数は，毎分150〜300回転である．
（2）　自動床洗浄機は，洗剤供給式床みがき機と，吸水式真空掃除機とを結合したものである．
（3）　凹凸のある床面は，研磨粒子が付着したパッドを付けて洗浄する．
（4）　樹脂皮膜の剥離は，床用パッドの青又は赤が使われる．
（5）　床面洗浄用ロボットの連続作業時間は，1バッテリーで30〜60分ほどである．

**解答**
（1）　超高速バフ機とは，毎分1 000回転以上のものである．
（3）　パッドでは凹部分に入らないため，凹凸のある床面にはブラシを使う場合が多い．
（4）　樹脂被膜の剥離に使うパットの色は，茶または黒である．
（5）　床面洗浄用ロボットの連続作業時間は，1バッテリーで1〜2時間である．

正解（2）

**問題150**　カーペット清掃用機械に関する次の記述のうち，最も不適当なものはどれか．
（1）　真空掃除機は，電動ファンによって機械内部に空気の低圧域を作り，ホースを通じてほこりを吸引する構造である．
（2）　床移動型のドライ式真空掃除機は，床を回転ブラシで掃きながら，ごみやほこりを吸引する構造である．
（3）　アップライト型真空掃除機は，カーペットのほこりを取るのに適する構造である．
（4）　エクストラクタは，ノズルから洗浄液を噴射して，直ちに吸引する構造である．
（5）　スチーム洗浄機は，高温の水蒸気で汚れを分解するため，水分が少なく仕上がりも柔らかい．

**解答**
真空掃除機でもブラシ付きがある．設問の記述はスイーパの説明である．

正解（2）

**問題151**　清掃作業に使用する洗剤に関する次の記述のうち，最も適当なものはどれか．
（1）　洗剤の助剤は，界面活性剤の表面張力を高めて洗浄力を向上させる．
（2）　アルカリ性の洗剤は，尿石や水垢等の除去に有効である．
（3）　アルカリ性の剥離剤は，清掃作業者の皮膚をおかす恐れがある．
（4）　樹脂床維持剤の皮膜手入れ用の表面洗剤は，よく泡立つように作られている．
（5）　洗剤は，高濃度で使用するほうがよい．

**解答**
アルカリ性の強い洗剤はタンパク質を分解する．
（1）　水の表面張力を弱めるのが界面活性剤である．助剤は界面活性剤の効力を高める役割を担う．
（2）　尿石や水垢は酸性洗剤で分解する．アルカリ洗剤では分解できない．
（4）　樹脂床維持剤の表面洗剤は非イオン系の洗剤が主で，泡立ちは比較的少ない．
（5）　ガム取り剤のように原液で使用する場合もあるが，一般的には洗剤は適切な濃度に希釈して使用する．

正解（3）

**問題152** 硬性床材の特徴に関する次の記述のうち，最も不適当なものはどれか．
（1） 大理石は，耐酸性，耐アルカリ性に乏しい．
（2） 花崗岩は，耐熱性に乏しい．
（3） コンクリートは，耐酸性に乏しい．
（4） テラゾは，耐酸性に優れる．
（5） セラミックタイルは，耐酸性，耐アルカリ性，耐摩耗性に優れる．

**問題153** 弾性床材の特徴と維持管理に関する次のうち，最も不適当なものはどれか．
（1） 床維持剤の黒ずみが生じてきたら，床維持剤の剝離作業をし，再生させる．
（2） 塩化ビニルシートは，床維持剤の密着不良が起きやすい．
（3） 日常清掃では，ダストモップなどを用いて，土砂やほこりを除去する．
（4） スポットクリーニングでは，汚れが激しい箇所を部分的に洗浄し，床維持剤を塗布する．
（5） 塩化ビニルタイルは，アルカリ性洗剤に弱い．

**問題154** 清掃作業におけるドライメンテナンスに関する次の記述のうち，最も適当なものはどれか．
（1） ウェットメンテナンス法に比べ，作業の安全性に劣る．
（2） ウェットメンテナンス法に比べ，使用する資機材が多い．
（3） 床材への熱影響に注意が必要である．
（4） ドライバフ法は，研磨剤を含んだフロアパッドで磨き，光沢度を回復させる作業である．
（5） ドライバフ法で用いる床みがき機は，回転数が低いほど，光沢回復が簡単にできる．

**問題155** 床以外の清掃作業に関する次の記述のうち，最も不適当なものはどれか．
（1） 人の手による汚れは，化学繊維を使った製品（マイクロファイバークロスなど）を用いると除去しやすい．
（2） 階段の壁面は，他の場所より，ほこりの付着度合いが高い．
（3） トイレの清掃用具は，便器に使用するものと，洗面器に使用するものとは区別する．
（4） 湯沸室に使用する資機材は，湯沸室専用として，他の場所と区別する．
（5） ドア・エレベータスイッチ等は，冬期は夏期に比べ手垢が付きやすくなる．

**問題156** 外装の清掃に関する次の記述のうち, 最も不適当なものはどれか.

(1) 金属製の外壁は, 硬質ブラシでこすり洗いをする.

(2) 石材や陶磁器タイルの壁面は, 徐々に汚れていくので, 3〜5年に1回程度の頻度で洗浄を行う.

(3) 海岸地帯の金属製の外壁は, 年に3〜4回程度の頻度で洗浄を行う.

(4) 臨海工業地帯の窓ガラスは, 汚れが付きやすいので, 月に1回程度の頻度で洗浄を行う.

(5) 自動窓拭き機は, 洗剤又は水をガラス面に噴射して洗浄し, 汚水をかき集め, 真空吸引装置で回収する構造となっている.

**解答**

ワイヤーブラシなどを使用すると, アルミ材やステンレス材に傷が入るため, 金属製外壁には使用しない.

正解(1)

**問題157** 廃棄物の処理及び清掃に関する法律に関する次の文章の◻︎◻︎◻︎内に入る語句の組合せとして, 最も適当なものはどれか.

昭和45年の制定時に, 従来の法律の衛生面から規定されていた汚物に加えて, ◻ ア ◻ の概念を追加して, 廃棄物を定義し, 産業廃棄物と一般廃棄物に分類するとともに, 公衆衛生の向上に加え◻ イ ◻を法の目的に追加した.

　　　　　　　　　ア　　　　　　　　　イ
(1) 不要物―――――都市の健全な発達
(2) 不要物―――――生活環境の保全
(3) 固形状廃棄物―――都市の健全な発達
(4) 液状廃棄物―――生活環境の保全
(5) 液状廃棄物―――都市の健全な発達

**解答**

昭和45年の制定時に, 従来の法律の衛生面から規定されていた汚物に加えて, ア 不要物 の概念を追加して, 廃棄物を定義し, 産業廃棄物と一般廃棄物を分類するとともに, 公衆衛生の向上に加え イ 生活環境の保全 を法の目的に追加した.

正解(2)

**問題158** 3R(リデュース, リユース, リサイクル)を促進するための個別法に関する次の語句の組合せのうち, 最も不適当なものはどれか.

(1) 家電リサイクル法 (特定家庭用機器再商品化法)――家庭用エアコン, テレビ(ブラウン管式, 液晶式, プラズマ式), 冷蔵庫・冷凍庫, 洗濯機・衣類乾燥機の4品目

(2) 容器包装リサイクル法 (容器包装に係る分別収集及び再商品化の促進等に関する法律)――空き缶, プラスチック等容器包装廃棄物

(3) 食品リサイクル法 (食品循環資源の再生利用等の促進に関する法律)――食品関連事業者(食品の製造・加工・販売業者等)

(4) 小型家電リサイクル法 (使用済小型電子機器等の再資源化の促進に関する法律)――携帯電話, デジタルカメラ, ゲーム機器等28品目

(5) 建設リサイクル法 (建設工事に係る資材の再資源化等に関する法律)――環境負荷の少ない物品の調達の推進

**解答**

建設リサイクル法は, コンクリート, アスファルト, 木材等の建築系建設廃棄物の再利用の推進を行うものである.

正解(5)

**問題159** 建築物内の事業活動に伴って排出される廃棄物の処理などに関する次の記述のうち，最も不適当なものはどれか．
(1) プラスチック類のうち再生利用されないものを一般廃棄物の許可業者に委託して処理する．
(2) 生ごみのうち再生利用されないものを一般廃棄物の許可業者に委託して処理する．
(3) 古紙は専ら再生利用の目的となるもので資源回収業者に委託して処理する．
(4) し尿を含まない雑排水槽からのビルピット汚泥を産業廃棄物の許可業者に委託して処理する．
(5) グリース阻集器で阻集される油分を産業廃棄物の許可業者に委託して処理する．

**解答**
一般廃棄物ではなく，産業廃棄物の許可事業者に委託して処理する．

正解(1)

**問題160** 産業廃棄物に関する次の記述のうち，最も不適当なものはどれか．
(1) 建築物内に診療所がある場合，建築物の所有者は特別管理産業廃棄物管理責任者を置かなければならない．
(2) 爆発性，毒性，感染性その他の人の健康又は生活環境に被害を生ずるおそれのあるものは，特別管理産業廃棄物として規定されている．
(3) 排出事業者が自ら処理を行う場合，処理基準に従うことが必要である．
(4) 排出事業者が処理業者に委託して処理を行う場合，委託基準に従うことが必要である．
(5) 事業活動に伴って生じた廃棄物のうち，燃えがら，汚泥等20種類が産業廃棄物として定められている．

**解答**
特別管理産業廃棄物管理責任者は，建築物の所有者ではなく，診療所側で配置する．

正解(1)

**問題161** 一般廃棄物に関する次の記述のうち，最も不適当なものはどれか．
(1) 市町村は，一般廃棄物処理計画に従い清掃事業として処理を行う．
(2) ごみとし尿に分類され，ごみは家庭系ごみと事業系ごみに分類される．
(3) ごみの分別とは，収集，運搬，リサイクル（再生利用），中間処理，最終処分が適切に行われるよう，発生・排出元であらかじめ区分することである．
(4) 中間処理方法としては，破砕・圧縮が最も多い．
(5) ごみの排出量を排出形態別でみると，平成28年度において，家庭系ごみが約70％を占める．

**解答**
中間化処理の70％以上は焼却となっている（平成7年データ）．

正解(4)

**問題162** 事務所建築物から雑芥が1日当たり5m³排出されており，その質量は全廃棄物量の50％を占めていた．いま，全廃棄物量の質量を1日当たり2.0トンとすれば，雑芥の容積質量値（kg/m³）として正しいものは，次のうちどれか．
(1) 10 kg/m³
(2) 20 kg/m³
(3) 100 kg/m³

**解答**
2.0〔t〕×0.5＝1〔t〕＝1 000〔kg〕
1 000〔kg〕÷5〔m³〕＝200〔kg/m³〕

（4）　200 kg/m$^3$

（5）　800 kg/m$^3$

正解（4）

**問題163**　建築物内廃棄物の中間処理に関する次の記述のうち，最も不適当なものはどれか．

（1）　中間処理の目的は，廃棄物の減量化である．

（2）　建築物に導入されている設備は，比較的小規模なものが多い．

（3）　溶融固化装置は，ちゅう芥(かい)の処理に用いられる．

（4）　中間処理方法として，脱水がある．

（5）　プラスチックの中間処理方法として圧縮がある．

**解　答**

　ちゅう芥の中間処理としては，冷蔵，粉砕・脱水，焼却が適当である．

正解（3）

**問題164**　建築物内廃棄物の保管場所に関する次の記述のうち，最も不適当なものはどれか．

（1）　出入口には自動ドアを設ける．

（2）　床は傾きがないように水平にする．

（3）　ねずみ，昆虫等の誘引，侵入防止を図るため，防虫・防鼠(そ)構造とする．

（4）　壁面(腰壁)は，防水加工を施す．

（5）　分別，収集，保管が支障なく行えるよう，十分なスペースを確保する．

**解　答**

　床は緩やかな傾斜をつけ，汚水などの液体が溜まらないようにする．

正解（2）

**問題165**　産業廃棄物管理票制度（マニフェスト制度）に関する次の記述のうち，最も不適当なものはどれか．

（1）　電子マニフェストは，紙マニフェストに代えて，通信ネットワークを使用して，排出事業者がその処理を委託した廃棄物の流れを管理する仕組みである．

（2）　紙マニフェストの場合，排出事業者は，委託時に収集運搬業者からA票を入手し，原本を保存する．

（3）　紙マニフェストの場合，収集運搬業者は，作業が終了すると排出事業者にB2票を返却する．

（4）　紙マニフェストの場合，最終処分場での処分が完了すると，収集運搬業者にE票が返却される．

（5）　紙マニフェストの場合，排出事業者は，D票が委託から90日を経過しても返却されない場合，委託事業者に対して処分の状態を問い合わせる．

**解　答**

　E票は，収集運搬業者ではなく，排出事業者に渡すものである．

正解（4）

**問題166**　蚊に関する次の記述のうち，最も不適当なものはどれか．

（1）　アカイエカは，羽化後，最初の産卵を無吸血で行うことができる．

（2）　コガタアカイエカの幼虫は，田んぼや湿地等の水域に発生する．

（3）　チカイエカは，北海道にも分布する．

（4）　ヒトスジシマカの幼虫の主な発生源として，道路や公園等に存在する雨水ますがある．

（5）　アカイエカとチカイエカの雌成虫は，外部形態で区別す

**解　答**

　無吸血産卵を行うのはチカイエカである．アカイエカとチカイエカは，雄の外部形態(生殖器)で識別できる．

ることは困難である.

**問題167** 蚊の防除に関する次の記述のうち,最も不適当なものはどれか.
（1）昆虫成長制御剤（IGR）は,幼虫や蛹（さなぎ）に対する速効的な致死効果が認められない.
（2）浄化槽の殺虫剤処理後も成虫の発生数が減少しない場合は,薬剤抵抗性の発達を考慮する必要がある.
（3）排水槽内に設置した粘着トラップで捕獲した蚊の数では,槽内の成虫密度を評価できない.
（4）樹脂蒸散剤は,密閉性が保たれている空間では,1〜3カ月間の効果が期待できる.
（5）乳剤に含まれる界面活性剤や有機溶剤は,浄化槽内の浄化微生物に影響を及ぼす可能性がある.

**解 答**
排水槽などの密閉空間では,ハエ取りリボンやゴキブリ用粘着トラップの粘着板を槽内に吊り下げて,成虫の発生状態を調査する.

正解(3)

**問題168** ゴキブリの生態に関する次の記述のうち,最も不適当なものはどれか.
（1）ゴキブリは,潜み場所として,暗く,暖かく,湿気が多く,狭く,餌や水場に近い所を好む.
（2）ゴキブリの潜伏場所や歩く場所における排泄物（せつ）による汚れのことを,ローチスポットという.
（3）ゴキブリは,什器（じゅう）や壁等の縁や隅を好んで通る傾向が強い.
（4）ゴキブリ指数とは,微量な薬剤のフラッシング効果により物陰から飛び出てくる数を指数化したものである.
（5）ゴキブリは,幼虫,成虫ともに同じ場所で活動し,同じ食物を摂取する.

**解 答**
ゴキブリ指数とは,粘着トラップでゴキブリの捕獲調査を行い,1日当たりの平均捕獲数を求めて密度調査データとするものである.計算式は,総捕獲数÷設置トラップ数÷設置日数である.防除前後に実施し,指数が1以下となれば防除効果ありと判定できる.

正解(4)

**問題169** ゴキブリの防除に関する次の記述のうち,最も不適当なものはどれか.
（1）残留処理に用いられる薬剤には,ダイアジノンやフェニトロチオン等の乳剤がある.
（2）発生防止対策としては,食べ物の管理と環境の整備が重要である.
（3）ULV処理では,ピレスロイド剤を有効成分とする専用の水性乳剤が用いられる.
（4）毒餌処理に用いられる薬剤には,ホウ酸やヒドラメチルノン等を有効成分とした製剤がある.
（5）空間処理は,ゴキブリがよく徘徊（はいかい）する通路,壁面等に薬剤を処理し,残渣（さ）に触れさせる方法である.

**解 答**
空間処理は,殺虫剤を霧状や煙状にして空中に噴霧する方法である.ゴキブリが活動する通路や壁面に薬剤を処理するのは散布や塗布であり,残留処理である.

正解(5)

**問題170** ダニに関する次の記述のうち,最も不適当なものはどれか.
（1）ヒゼンダニによる角化型疥癬（かいせん）は,感染性が非常に高いことが知られている.
（2）イエダニは,スズメやムクドリ等の野鳥によって運び込まれる場合が多い.

**解 答**
イエダニはネズミに寄生しており,人間も吸血する.鳥類によって家屋内に運び込まれるダニ類は,トリサシダニ,ワクモ類である.

（3） コナダニ類の防除対策は，ツメダニ類の対策としても重要である．

（4） カベアナタカラダニは建築物の外壁を多数歩き回り不快感を与えるが，ヒトを加害することはない．

（5） マダニ類対策として，野外活動時における忌避剤の使用も有効である．

正解（2）

**問題171** 害虫に関する次の記述のうち，最も不適当なものはどれか．

（1） コガタアカイエカの性フェロモンを用いた誘引トラップがある．

（2） アルゼンチンアリは，砂糖，花の蜜，果物等を好む．

（3） ヒラタキクイムシ類による被害は，針葉樹材を使用すれば発生しない．

（4） クサギカメムシの越冬侵入に対しては，侵入場所となる窓枠などにシフェノトリンを処理すると侵入防止効果がある．

（5） ノシメマダラメイガは，貯穀害虫である．

**解 答**
コガタアカイエカの性フェロモンを用いた誘引トラップは，市販・利用されていない．

正解（1）

**問題172** 殺虫剤やその剤型に関する次の記述のうち，最も不適当なものはどれか．

（1） 有機リン剤を有効成分とするマイクロカプセル（MC）剤がある．

（2） 乳剤は，水で希釈すると白濁（乳濁化）する．

（3） ピレスロイド剤によりノックダウンした虫は，蘇生する場合がある．

（4） フィプロニルを有効成分とするゴキブリ用の食毒剤がある．

（5） ジクロルボスは，残効性が高い殺虫剤である．

**解 答**
ジクロルボス（DDVP剤）は，揮発性が高く，残効性は低いとされる．

正解（5）

**問題173** ねずみの生態に関する次の記述のうち，最も不適当なものはどれか．

（1） ねずみ類は，高圧変電器を避けることはなく，停電の原因となることがある．

（2） ドブネズミは，クマネズミに比べて運動能力に優れ，垂直な壁を登り屋内に侵入する．

（3） ドブネズミは，屋外の植え込みの巣穴や下水道内部に生息している．

（4） クマネズミは，ドブネズミより警戒心が強く，毒餌やトラップによる防除が難しい．

（5） ハツカネズミは，好奇心が旺盛で，トラップにかかりやすい．

**解 答**
運動能力に優れ，垂直な壁を登ったり，電線やケーブルを伝ったりして室内に侵入するのはクマネズミである．

正解（2）

**問題174** ねずみの防除に関する次の記述のうち，最も不適当なものはどれか．

（1） 殺鼠剤は，経口的な取り込みにより効果が発揮される．

（2） 侵入を防ぐために，通風口や換気口の金属格子の目の幅

**解 答**
抗凝血性殺鼠剤は遅効性である．数日間喫食させることにより，内臓から出血して死に至る遅毒性で，速効性はない．

は1cm以下にする.
- （3） 第1世代の抗凝血性殺鼠剤であるフマリンは，速効性である.
- （4） カプサイシンは，ケーブルなどのかじり防止の目的で使用される.
- （5） 防除の基本は，餌を絶つこと，巣を作らせないこと，及び通路を遮断することである.

正解（3）

**解答**

クマテトラリルは，第1世代の殺鼠剤である．第1世代の抗凝血性殺鼠剤は数日間の摂取で致死効力を発揮するが，第2世代の抗凝血性殺鼠剤は，ワルファリンに対する抵抗性を獲得したネズミに対して有効で，単回摂取でも致死効力を発揮する.

**問題175** 殺鼠剤やその剤型に関する次の記述のうち，最も不適当なものはどれか.
- （1） ジフェチアロールは，ワルファリンに対する抵抗性を獲得したネズミに対しても有効である.
- （2） クマテトラリルは，第2世代の抗凝血性殺鼠剤である.
- （3） シリロシドは，急性殺鼠剤である.
- （4） 粉剤は，餌材料にまぶして毒餌を作製するのに使用することができる.
- （5） ブロマジオロン製剤は，建築物衛生法に基づく特定建築物内では使用できない.

正解（2）

**解答**

デング熱は，ヒトスジシマカに媒介能力がある．なお，海外では，ネッタイシマカが媒介種である.

**問題176** 疾病と衛生害虫との組合せとして，最も不適当なものは次のうちどれか.
- （1） ライム病―――――――――マダニ類
- （2） 日本脳炎――――――――コガタアカイエカ
- （3） マラリア―――――――――ハマダラカ類
- （4） デング熱―――――――――チカイエカ
- （5） アナフィラキシーショック―――スズメバチ類

正解（4）

**解答**

LD$_{50}$値は，半数致死量を示し，数値が少ないほど毒性が強い.

**問題177** 殺虫・殺鼠剤の毒性や安全性に関する次の記述のうち，最も不適当なものはどれか.
- （1） ヒトや動物に対するLD$_{50}$値が小さいほど，その薬剤の安全性は確保されやすい.
- （2） 薬剤のヒトや動物に対する安全性は，毒性の強弱，摂取量，摂取期間等によって決まる.
- （3） 害虫の種類が同じでも，幼虫と成虫により薬剤感受性が異なる場合がある.
- （4） 殺鼠剤の有効成分の濃度は低く抑えられているので，ヒトとネズミの体重差から誤食による人体への影響は少ない.
- （5） 衛生害虫用殺虫剤は医薬品，医療機器等の品質，有効性及び安全性の確保等に関する法律の規制に基づき，安全性，薬理，効力等の資料の審査により承認される.

正解（1）

**解答**
- （1） 光源の色は，波長や赤外線の強さによって異なり，白熱灯よりLEDのほうが昆虫等の誘引性が低い.
- （2） ネズミは，学習能力があるので慣れ

**問題178** 防虫・防鼠構造や防除に用いる機器に関する次の記述のうち，最も適当なものはどれか.
- （1） 室内灯の光源の色は，昆虫に対する誘引性とは無関係である.
- （2） 超音波防鼠機は，同じ周波数の超音波を流し続けても，

ネズミが慣れることはない.
（3）食品を取扱う場所の上には電撃式殺虫機を設置するとよい.
（4）噴射できる薬剤の粒径は，噴霧機，ミスト機，煙霧機の順に大きくなる.
（5）通常20メッシュより細かい網目であれば，カ，コバエ等，多くの昆虫の侵入を防止できる.

---

**問題179** 建築物衛生法に基づく特定建築物内のねずみ等の防除に関する次の記述のうち，最も不適当なものはどれか.
（1）トラップによる捕獲調査を行った場合，1日1トラップ当たりの平均捕獲数を捕獲指数として算出しておく.
（2）ベクターコントロールとは，感染症の媒介を断つための手段として行うねずみ等の防除である.
（3）ねずみ等の防除を行う際は，必要に応じて薬剤を使用する.
（4）ねずみ等に対する対策を行った場合，有害生物の密度調査などによって，その効果について客観性のある評価を行う.
（5）防除は，発生予防対策より発生時対策に重点を置いて実施する.

---

**問題180** 害虫や薬剤に関する次の記述のうち，最も不適当なものはどれか.
（1）殺虫剤抵抗性は，同一の殺虫剤が繰り返し使用されることによる淘汰によって発達する.
（2）昆虫等に対する不快感の程度は，第三者による客観的な判断が困難である.
（3）昆虫成長制御剤（IGR）による羽化阻害の効力は，$KT_{50}$で評価される.
（4）建築物内に発生する昆虫などが喘息のアレルゲンになることがある.
（5）吸血害虫の中には，幼虫，雌・雄成虫ともに吸血する種類がある.

---

てしまう.
（3）虫の死骸が落下して食品へ混入するおそれがあるので，厨房などには設置しない.
（4）粒子の径は噴霧器100～400$\mu$m，ミスト20～100$\mu$m，煙霧0.1～50$\mu$mであり，大きくなるのではなく小さくなる.

正解（5）

**解答**

防除は，発生予防対策が重要であり，総合防除管理（IPM：Integrated Pest Management）が必要である.

正解（5）

**解答**

$KT_{50}$のKTは薬剤効果の速さ（速効性），50は50％の意味で，全体で50％ノックダウンタイムを意味する. 一方，羽化阻害の効力は，$IC_{50}$値で評価される. $IC_{50}$は50％阻害濃度と訳され，50％の幼虫が成虫になるのを阻害される（成虫になれなくさせる）濃度を表す.

正解（3）

**問題 1**　現在の行政組織に関する次の記述のうち，最も適当なものはどれか.
(1)　下水道事業の主管官庁は，総務省と環境省である.
(2)　水質汚濁防止法の主管官庁は，厚生労働省である.
(3)　労働衛生行政の地方組織としては，都道府県ごとに都道府県労働局がある.
(4)　保健所には，労働基準監督官が置かれている.
(5)　建築基準法で規定されている特定行政庁とは，国土交通省である.

**解答**
(1)　下水道事業の主管官庁は，国土交通省である.
(2)　水質汚濁防止法の主管官庁は，環境省である.
(3)　適当.
(4)　労働基準監督官は，保健所ではなく労働基準監督署に置かれている.
(5)　特定行政庁とは，都道府県知事または建築主事を置く市町村の長である.

正解(3)

**問題 2**　建築物における衛生的環境の確保に関する法律(以下「建築物衛生法」という.)に基づく特定建築物に該当するかどうかの判断に関する次の文章の□□□内に入る数値と語句の組合せとして，正しいものはどれか.
　ただし，A社，B社，C社相互に関連はない.
　A社の事務所 2 000 m²，B社の店舗 600 m²，A社とB社の共用部分小計 200 m²，B社の店舗駐車場 400 m²，C社の倉庫 300 m² である建築物の特定用途に供される部分の延べ面積は　ア　m² なので，この建築物は特定建築物に該当　イ　.

|  | ア | イ |
|---|---|---|
| (1) | 3 500 | する |
| (2) | 3 200 | する |
| (3) | 3 100 | する |
| (4) | 2 800 | しない |
| (5) | 2 600 | しない |

**解答**
　本来，共用部は特定用途本体に「付随するもの」として，また建築物内の駐車場，倉庫は特定用途本体に「付属するもの」として特定用途に含まれる.しかし，設問の場合，C社には特定用途本体がなく倉庫のみであるから，付属物に該当せず，特定用途から除かれる.したがって，特定用途の延べ面積は (2 000＋600＋200＋400＝) 3 200 m² となり，面積が 3 000 m² 以上(学校教育法第1条に規定する学校は 8 000 m² 以上)なので特定建築物に該当する.

正解(2)

**問題 3**　建築物衛生法施行令に掲げられている特定建築物の用途に該当しないものの組合せは，次のうちどれか.
(1)　博物館と寄宿舎と旅館
(2)　図書館と遊技場
(3)　共同住宅と百貨店
(4)　集会場と旅館と図書館
(5)　寄宿舎と共同住宅

**解答**
　施行令では，寄宿舎と共同住宅は特定用途に該当しない.

正解(5)

**問題 4**　次の建築物のうち，建築物衛生法に基づく特定建築物に該当しないものはどれか.
(1)　延べ面積が 10 000 m² の高等専門学校
(2)　延べ面積が 4 000 m² の研修所

**解答**
(1)　学校教育法第1条に規定する学校(以下「学校」)に該当し，延べ面積が 8 000 m² 以上であるので特定建築物に

（3）　延べ面積が9 000 m²の幼保連携型認定こども園
（4）　延べ面積が5 000 m²の各種学校
（5）　延べ面積が7 000 m²の特別支援学校

該当する.
（2）　延べ面積が4 000 m²の研修所は建築物衛生法施行令第1条第3号の「第1条学校等以外の学校」に分類され，3 000 m²以上であるので，特定建築物である.
（3）　幼保連携型認定こども園とは，「幼稚園と保育園が一体化した施設」であり，「学校」として認定されている.したがって，延べ面積9 000 m²は8 000 m²を超えているので特定建築物である.なお，幼稚園は「学校」であり，保育園は「児童福祉施設」であって「学校」ではない.
（4）　延べ面積が5 000 m²の各種学校は建築物衛生法施行令第1条第3号の「第1条学校等以外の学校」に分類され，3 000 m²以上であるので，特定建築物である.
（5）　特別支援学校は「学校」であるが，延べ面積が7 000 m²であり，8 000 m²に満たないので，特定建築物ではない.

正解（5）

**問題5**　建築物衛生法に基づく特定建築物の届出に関する次の記述のうち，最も適当なものはどれか.
（1）　用途の変更により特定建築物に該当しなくなったときは，届出を行う必要がある.
（2）　届出を行う特定建築物の名称は，建築確認時の名称と同一でなければならない.
（3）　特定建築物の所有者等は，使用開始された日から1年以内に届出を行う.
（4）　国又は地方公共団体の用に供する特定建築物は，届出を行うことが免除される.
（5）　特定建築物の届出は，厚生労働大臣あてに行う.

[ 解 答 ]
（1）　適当.
（2）　設問のような定めはない.
（3）　届出は1か月以内に行う.
（4）　国や地方公共団体の用に供する特定建築物であっても届出を要する.
（5）　届出は都道府県知事宛てに行う.

正解（1）

**問題6**　建築物衛生法に基づく備え付けておくべき環境衛生上必要な帳簿書類に関する次の文章の　　　内の語句のうち，誤っているものはいくつあるか.
　建築物衛生法第10条による帳簿書類の種類については，省令により次の3項目が規定されている.
①　空気環境の調整，給水及び排水の管理，清掃並びに 廃棄物処理 の状況（これらの措置に関する測定又は検査の結果並びに当該措置に関する設備の点検及び整備の状況を含む.）を記載した帳簿書類
②　特定建築物の平面図及び断面図並びに当該特定建築物の維持管理に関する設備の 配置及び系統 を明らかにした図面
③　その他当該特定建築物の 維持管理 に関し環境衛生上必要な事項を記載した帳簿書類
また，①及び③の帳簿書類は， 10年間 保存しなければならない.
（1）　0個（なし）

[ 解 答 ]
　この問題は，問題文の設定が現行法令にそぐわない.それを改めると以下のようになる.
　建築物衛生法第10条による帳簿書類の種類については，省令（施行規則第20条）により，以下の4項目が規定されている.
①空気環境の調整、給水および排水の管理、清掃ならびに ねずみ等の防除 の状況（これらの措置に関する測定または検査の結果ならびに当該措置に関する設備の点検および整備の状況を含む）を記載した帳簿書類
②当該特定建築物の平面図および断面図ならびに当該特定建築物の維持管理に関する設備の 配置および系統 を明らかにした図面
③施行規則第5条第2項（建築物環境衛生

（2）　1個
（3）　2個
（4）　3個
（5）　4個（すべて）

④その他当該特定建築物の 維持管理 に関し環境衛生上必要な事項を記載した帳簿書類
また，① および ④ の帳簿書類は，5年間 保存しなければならない．

正解（3）

**問題7**　建築物環境衛生管理基準に基づく空気環境の測定方法に関する次の記述のうち，正しいものはどれか．
（1）　6カ月以内ごとに1回，定期に行う．
（2）　居室の中央部の床上75センチメートル以上150センチメートル以下の位置で行う．
（3）　温度は，午前と午後の測定値の平均を求める．
（4）　建築物の通常の使用時間中を避けて行う．
（5）　奇数階又は偶数階ごとに行う．

**解 答**
（1）　6か月以内ではなく，2か月以内ごとに1回，定期に行う．
（2）　正しい．
（3）　温度は瞬時値で求めるので，午前・午後のいずれの測定値も基準値内でなければ不適合となる．
（4）　測定は使用時間中に行う．
（5）　設問のような規定はない．

正解（2）

**問題8**　建築物環境衛生管理基準に基づく空気調和設備の病原体汚染を防止するために講ずべき衛生上の措置として，誤っているものは次のうちどれか．
（1）　冷却塔は，使用開始時及び使用開始後2カ月以内ごとに1回，定期に汚れの状況の点検と，必要に応じ，冷却塔の清掃及び換水等を行う．
（2）　空気調和設備内にある排水受けは，使用開始時及び使用開始後1カ月以内ごとに1回，定期に汚れや閉塞の状況の点検と，必要に応じ，排水受けの清掃を行う．
（3）　冷却塔及び加湿装置に供給する水を水道法第4条に規定する水質基準に適合させるため必要な措置を講ずる．
（4）　冷却塔，冷却水の水管及び加湿装置の清掃を，それぞれ1年以内ごとに1回，定期に行う．
（5）　加湿装置は，使用開始時及び使用開始後1カ月以内ごとに1回，定期に汚れの状況の点検と，必要に応じ，加湿装置の清掃を行う．

**解 答**
冷却塔は1か月以内ごとに1回，定期に点検し，必要に応じて清掃，換水を行う．

正解（1）

**問題9**　建築物環境衛生管理基準に基づく雑用水の衛生上の措置等に関する次の記述のうち，誤っているものはどれか．
（1）　水洗便所の用に供する水には，一般細菌が検出されないこと．
（2）　遊離残留塩素の検査を，7日以内ごとに1回，定期に行うこと．
（3）　水洗便所の用に供する水の外観に関する基準は，ほとんど無色透明であること．
（4）　給水栓における水に含まれる遊離残留塩素の含有率を，100万分の0.1以上とすること．

**解 答**
雑用水における一般細菌の基準値は，集落数100/mL以下である．

（5）　雑用水の水槽の点検等有害物，汚水等によって水が汚染されるのを防止するための必要な措置を講ずること．

【問題10】　建築物衛生法に基づく事業の登録に必要な物的要件に関する次の記述のうち，誤っているものはどれか．
（1）　建築物飲料水水質検査業は，水質検査を適確に行うことができる検査室が必要である．
（2）　建築物飲料水貯水槽清掃業は，内視鏡，高圧ホース及び洗浄ノズルが機械器具として必要である．
（3）　建築物排水管清掃業は，機械器具を適切に保管することのできる専用の保管庫が必要である．
（4）　建築物ねずみ昆虫等防除業は，真空掃除機，防毒マスク及び消火器が機械器具として必要である．
（5）　建築物空気調和用ダクト清掃業は，電子天びん又は化学天びん，集じん機及び真空掃除機が機械器具として必要である．

【解答】
　貯水槽清掃業の物的要件は，揚水ポンプ，高圧洗浄機，残水処理機，換気ファン，防水型照明器具，色度計，濁度計などである．
注）　この問題は，正解に変更は生じないが，令和5年の法改正により，（4）の防毒マスクは，「防毒マスクまたは防毒機能を有する電動ファン付き呼吸用保護具」となった．

正解（2）

【問題11】　建築物衛生法施行規則に基づく建築物環境衛生総合管理業に関する次の文章の　　　　内に入る語句の組合せとして，正しいものはどれか．
　建築物環境衛生総合管理業の業務は，　ア　，空気調和設備及び機械換気設備の運転，日常的な点検及び補修（以下「運転等」という．）並びに空気環境の測定，給水及び排水に関する設備の運転等並びに給水栓における水に含まれる　イ　の検査並びに給水栓における水の色，濁り，臭い及び味の検査であって，特定建築物の　ウ　に必要な程度のものである．

|  | ア | イ | ウ |
|---|---|---|---|
| （1） | 清掃 | 遊離残留塩素 | 衛生的環境の維持管理 |
| （2） | 清掃 | pH値 | 構造設備の保全管理 |
| （3） | ねずみ等の防除 | 遊離残留塩素 | 衛生的環境の維持管理 |
| （4） | ねずみ等の防除 | pH値 | 衛生的環境の維持管理 |
| （5） | ねずみ等の防除 | pH値 | 構造設備の保全管理 |

【解答】
　建築物環境衛生総合管理業の業務には，清掃，空気調和設備・換気設備の運転管理，給水設備・排水設備の管理，給水栓における水の遊離残留塩素，色，濁り，臭い，味の検査などが含まれており，それらは特定建築物の衛生的環境の維持管理に必要な程度のものである．

正解（1）

【問題12】　建築物衛生法に基づく都道府県知事等による立入検査に関する次の記述のうち，最も適当なものはどれか．
（1）　特定建築物の立入検査は，事前に立入検査の日時を通知しなければならない．
（2）　特定建築物の維持管理が建築物環境衛生管理基準に従って行われていないときは，直ちに改善命令を出さなければならない．
（3）　特定建築物に対する立入検査は，犯罪捜査のために行う．
（4）　特定建築物の立入検査の職権を行う職員を，環境衛生監視員と称する．
（5）　特定建築物内にある住居に立ち入る場合，居住者の承諾を得ずに強制的に立入検査をすることができる．

【解答】
（1）立入検査は，事前に通知する必要はない．
（2）建築物環境衛生管理基準に違反し，健康障害の発生や環境衛生上著しく不当と認められないかぎり，直ちに改善命令が出されることはない．
（3）立入検査は，犯罪捜査のために行われるものではない．
（4）適当．
（5）住居への立入検査は，居住者の承諾を必要とする．

正解（4）

**問題13** 建築物衛生法に基づく特定建築物が国又は地方公共団体の公用又は公共の用に供する場合に関する次の文章の _____ 内に入る語句の組合せとして，正しいものはどれか．

特定建築物が国又は地方公共団体の公用又は公共の用に供するものである場合について，当該特定建築物の維持管理が建築物環境衛生管理基準に従って行なわれておらず，かつ，当該特定建築物内における人の健康をそこなう等環境衛生上著しく不適当な事態が存すると認めるときは，都道府県知事は，当該国若しくは地方公共団体の ア 者に対し，その旨を通知するとともに，当該維持管理の方法の イ べきことを ウ することができる．

|  | ア | イ | ウ |
|---|---|---|---|
| （1） | 建築物環境衛生管理技術 | 掲示などにより利用者にその旨を周知す | 勧告 |
| （2） | 建築物環境衛生管理技術 | 改善その他の必要な措置を採る | 助言 |
| （3） | 建築物環境衛生管理技術 | 改善その他の必要な措置を採る | 命令 |
| （4） | 機関の長又はその委任を受けた | 掲示などにより利用者にその旨を周知す | 助言 |
| （5） | 機関の長又はその委任を受けた | 改善その他の必要な措置を採る | 勧告 |

**問題14** 保健所に関する次の記述のうち，最も不適当なものはどれか．
（1） 保健所は，人口動態統計に関する業務を行う．
（2） 全国に設置されている保健所のうち，都道府県が設置したものが最も多い．
（3） 保健所は，住宅の衛生に関する業務を行う．
（4） 保健所は，労働災害統計に関する業務を行う．
（5） 保健所は，地域保健に関する調査及び研究を行う．

**問題15** 学校保健安全法に基づく教室の室内空気の検査の職務執行者は，次のうちどれか．
（1） 学校の設置者
（2） 学校薬剤師
（3） 学校医
（4） 校長
（5） 学校保健技師

**問題16** 下水道法の第1条に規定する目的に関する次の条文の _____ 内に入る語句の組合せとして，正しいものはどれか．
この法律は，流域別下水道整備総合計画の策定に関する事項並びに公共下水道，流域下水道及び都市下水路の設置その他の管理の基準等を定めて，下水道の整備を図り，もって ア 及び公衆衛生の向上に寄与し，あわせて公共用水域の イ に資することを目的とする．

（1）　国民の生命，財産の保護―――水質の保全
（2）　国民の生命，財産の保護―――環境の保護
（3）　生活排水対策の実施の推進―――水質の保全
（4）　生活排水対策の実施の推進―――環境の保護
（5）　都市の健全な発達―――水質の保全

域の 水質の保全 に資することを目的とする.」

正解（5）

**問題17**　興行場法に関するア～オの記述のうち，誤っているものの組合せは次のどれか.

ア　興行場とは，映画，演劇，音楽，スポーツ，演芸又は観せ物を，公衆に見せ，又は聞かせる施設をいう.

イ　業として興行場を経営しようとする者は，都道府県知事（保健所を設置する市又は特別区にあっては，市長又は区長.）に届け出なければならない.

ウ　興行場営業を営む者は，興行場について，換気，照明，防湿及び清潔その他入場者の衛生に必要な措置を講じなければならない.

エ　入場者の衛生に必要な措置の基準については，厚生労働省令によって定められている.

オ　入場者は，興行場において，場内を著しく不潔にし，その他公衆衛生に害を及ぼす虞のある行為をしてはならない.

（1）　アとイ
（2）　アとウ
（3）　イとエ
（4）　ウとオ
（5）　エとオ

**解 答**
（イ）興行場の開設は，届出ではなく，都道府県知事の 許可 を受ける必要がある.
（エ）入場者の衛生に必要な基準は，都道府県の条例によって定められている.

正解（3）

**問題18**　廃棄物の処理及び清掃に関する法律の第1条に規定する目的に関する次の条文の □□□ 内に入る語句の組合せとして，正しいものはどれか.

この法律は，廃棄物の排出を抑制し，及び廃棄物の適正な分別，保管，収集，運搬，再生，□ア□ 等の処理をし，並びに □イ□ することにより，□ウ□ 及び公衆衛生の向上を図ることを目的とする.

　　　　　ア　　　　　　　イ　　　　　　　　ウ
（1）　焼却―――生活環境を清潔に―――生活環境の保全
（2）　焼却―――資源を有効に活用―――経済の発展
（3）　焼却―――良好な景観を形成―――生活環境の保全
（4）　処分―――生活環境を清潔に―――生活環境の保全
（5）　処分―――資源を有効に活用―――経済の発展

**解 答**
廃棄物処理法の目的は以下のとおりである.
「この法律は廃棄物の排出を抑制し，廃棄物の適正な分別，保管，収集，運搬，再生，処分 等の処理をし，生活環境を清潔 にすることにより，生活環境の保全 及び公衆衛生の向上を図ることを目的とする.」

正解（4）

**問題19**　労働安全衛生法に基づく事務所衛生基準規則第17条に定める便所の設置についての基準に規定されていないものは，次のうちどれか.

（1）　流出する清浄な水を十分に供給する手洗い設備を設けること.

（2）　男性用小便所の箇所数は，同時に就業する男性労働者30

**解 答**
事務所衛生基準規則第17条には，高齢者用・障害者用水洗便所の 設置を義務づける規定はない.

人以内ごとに 1 個以上とすること．
（3）　女性用便所の便房の数は，同時に就業する女性労働者20人以内ごとに 1 個以上とすること．
（4）　便所内に，高齢者，障害者等が円滑に利用することができる構造の水洗器具を設けた便房を 1 個以上設けること．
（5）　男性用と女性用に区別すること．

問題20　建築物衛生法における特定建築物についての建築基準法による取扱いに関する次の文章の　　　内に入る語句の組合せとして，正しいものはどれか．

建築主事又は　ア　は，建築物における衛生的環境の確保に関する法律に規定する特定建築物に該当する建築物に関して，建築基準法第 6 条の規定による確認の申請書を受理した場合は遅滞なく，これを当該申請に係る建築物の工事施工地又は所在地を管轄する　イ　に通知しなければならない．

イ　は，必要があると認める場合においては，この法律の規定による許可又は確認について，　ウ　，建築主事又は　ア　に対して意見を述べることができる．

```
          ア              イ          ウ
（1）　指定確認検査機関――保健所長――特定行政庁
（2）　指定確認検査機関――市町村長――特定行政庁
（3）　都道府県知事―――――保健所長――国土交通省
（4）　都道府県知事―――――市町村長――国土交通省
（5）　都道府県知事―――――市町村長――特定行政庁
```

**解答**

特定建築物の建築確認に関して，保健所長は，以下のように意見を述べることができるとされている．

「建築主事又は 指定建築確認検査機関 は，建築物における衛生的環境の確保に関する法律に該当する特定建築物に関して建築確認申請書を受理した場合においては，保健所長 に通知しなければならない．保健所長 は，必要があると認められる場合においては，建築基準法に規定する許可または確認について，特定行政庁，建築主事又は 指定建築確認検査機関 に対して意見を述べることができる．」

問題21　空気調和設備を設けている事務所について，労働安全衛生法に基づく事務所衛生基準規則で定められる基準の項目とその基準値との組合せとして，最も不適当なものは次のうちどれか．
（1）　二酸化炭素の含有率―――1 000 ppm以下
（2）　気流――――――――――0.5 m/s以下
（3）　気温――――――――――23〜28 ℃
（4）　相対湿度―――――――――40〜70 %
（5）　照度(普通作業)――――――150 lx以上

**解答**

事務所衛生基準規則では，空気調和設備を設けている場合は，室の気温が18℃以上28℃以下になるように努めなければならない旨が規定されている．

問題22　人体の臓器系と疾病との組合せとして，最も不適当なものは次のうちどれか．
（1）　内分泌系―――腎不全
（2）　呼吸器系―――肺気腫
（3）　神経系――――パーキンソン病
（4）　循環器系―――心筋梗塞
（5）　造血器系―――白血病

**解答**

腎不全は腎臓の疾病であり，腎臓は，腎臓・泌尿器系の臓器に分類される．内分泌系は，脳のうち視床下部と下垂体，副腎，甲状腺，性腺(卵巣・精巣)等からなる．

問題23　生体機能の恒常性に関する次の記述のうち，最も不適当なものはどれか．
（1）　有害ストレッサは，恒常性を乱し，病気の発症や経過に

**解答**

フィードバック機構により，生体機能の恒常性が維持される．

影響を与える.

（2） フィードバック機構により，生体機能の恒常性が破綻する.

（3） 熱射病は，高温にさらされた結果，体温調節機能が破綻することにより生じる.

（4） 神経系や内分泌系，免疫系等の機能により維持されている.

（5） ストレス負荷による影響は，個人差が大きい.

正解(2)

**問題24** 次の温熱環境指数のうち，人体熱平衡式を基準とし着衣量やエネルギー代謝量を用いて求めるものはどれか.

（1） 予測平均温冷感申告(PMV)

（2） 不快指数(DI)

（3） 修正有効温度(CET)

（4） 黒球温度(Tg)

（5） 湿球黒球温度(WBGT)

（解答）
予測平均温冷感申告(PMV)は，人体熱平衡式を基準とし，気温，湿度，風速，平均放射温度，エネルギー代謝量，着衣量の六つの温熱環境要素を用いて求める.

正解(1)

**問題25** エネルギー代謝に関する次の記述のうち，最も不適当なものはどれか.

（1） 基礎代謝とは，早朝覚醒後の空腹時仰臥の姿勢におけるエネルギー代謝のことである.

（2） 日本人の30歳代の男子の平均基礎代謝量は2 650 kcal/日，女子の平均基礎代謝量は1 950 kcal/日である.

（3） 安静時代謝量は，基礎代謝のおよそ20%増しである.

（4） 熱産生は，摂取した食物の代謝による化学的エネルギーに由来する.

（5） 睡眠時のエネルギー消費量は，基礎代謝量より低い.

（解答）
日本人の30歳代の平均的基礎代謝量は，男子は約1 452 kcal/日，女子は約1 167 kcal/日である.

正解(2)

**問題26** 建築物内の低湿度による影響に関する次の記述のうち，最も不適当なものはどれか.

（1） ほこりが飛散しやすくなる.

（2） インフルエンザウイルスの生存率が高まる.

（3） 静電気が発生する.

（4） 体感温度の上昇をもたらす.

（5） 皮膚，粘膜の乾燥が起こる.

（解答）
湿度が低下すると，体感温度が低下する.

正解(4)

**問題27** シックビル症候群でみられる症状として，最も不適当なものは次のうちどれか.

（1） めまい

（2） 頭痛

（3） 下痢

（4） 息切れ

（5） 疲労感

（解答）
下痢は，一般的に，シックビル症候群でみられる症状に該当しない.

正解(3)

**問題28** アスベストに関する次の記述のうち，最も適当なものはどれか.

（1） 合成された化学物質である.

（解答）
（1）アスベストは，自然界に存在する繊維状の鉱物である.

（2）過去に断熱材として建築物に使用されたが，現在は残っていない．

（3）過敏性肺炎の原因となる．

（4）労働安全衛生法により，試験研究を除き使用禁止である．

（5）健康障害は，アスベスト製品製造工場の従業員に限られる．

（2）過去に断熱材などとして建築物に使用され，現在も残存しているものがある．

（3）過敏性肺炎は，真菌などの微生物の吸入により引き起こされる．

（4）適当．

（5）アスベスト製品製造工場の従業員以外にも，健康障害が発生している．

正解（4）

**問題29** アレルギー疾患に関する次の記述のうち，最も不適当なものはどれか．

（1）低湿度は，アトピー性皮膚炎の増悪因子である．

（2）真菌は，アレルゲンとなる．

（3）花粉症は，アレルギー疾患である．

（4）アレルゲンの同定は，症状発生の防止，治療の上で重要である．

（5）低湿度は，気管支喘息の症状を緩和する．

**解答**

低湿度は，気管支喘息の増悪因子であり，症状を悪化させる．

正解（5）

**問題30** ホルムアルデヒドに関する次の記述のうち，最も不適当なものはどれか．

（1）シックハウス症候群と関連する．

（2）たばこ煙中に存在する．

（3）刺激性に乏しい．

（4）発がん性が認められる．

（5）建築物衛生法で室内の基準値が定められている．

**解答**

ホルムアルデヒドは，粘膜に対する刺激性が強い．

正解（3）

**問題31** オゾンに関する次の記述のうち，最も不適当なものはどれか．

（1）光化学オキシダントの主成分である．

（2）特有の臭気がある．

（3）紫外線による光化学反応で生成される．

（4）静電式コピー機は，発生源となる．

（5）水に溶けやすい．

**解答**

オゾンは水に溶けにくい．

正解（5）

**問題32** 一酸化炭素に関する次の記述のうち，最も適当なものはどれか．

（1）ヘモグロビン親和性は，酸素と同等である．

（2）我が国では，大気汚染物質としての環境中濃度は増加している．

（3）特有の臭気がある．

（4）喫煙により発生する．

（5）建築物衛生法による基準値は，1ppm以下である．

**解答**

（1）ヘモグロビン親和性は，酸素の200倍以上も強い．

（2）わが国では，大気汚染物質としての環境中濃度は低下している．

（3）無臭の気体である．

（4）適当．

（5）建築物衛生法による基準値は，6ppm以下である．

正解（4）

**問題33** 呼吸中枢が刺激されて呼吸の増加，脈拍・血圧の上昇，頭痛，めまい等の病状が現れるときの二酸化炭素濃度として，最も適当なものは次のうちどれか．

（1）500 ppm

**解答**

空気中の二酸化炭素濃度が3～4％（30 000～40 000 ppm）になると，呼吸の増加，脈拍・血圧の上昇，頭痛，めま

（2）　1 000 ppm
（3）　5 000 ppm
（4）10 000 ppm
（5）40 000 ppm

いなどの症状が現れる.

正解（5）

**問題34** 騒音に関する次の記述のうち, 最も不適当なものはどれか.
（1）　住民の騒音苦情の大半は, 聴取妨害と心理的影響による.
（2）　超音波は, 強いレベルの場合には耳鳴り, 頭痛, 吐き気等の身体影響を生じさせる.
（3）　大きく, 高い騒音に一時的に曝露されることによる聴力の低下は, 一過性であることが多く, 安静により回復する.
（4）　一般の環境騒音に関しては, 1日の曝露騒音として等価騒音レベルが70dB未満であれば, 永久性の聴力障害はほとんど起こらない.
（5）　騒音により自律神経系が刺激されると, 末梢血管の拡張, 血圧の低下等が起きる.

**[解答]**
騒音により自律神経系が刺激されると, 末梢血管の<u>収縮</u>, 血圧の<u>上昇</u>などが起きる.

正解（5）

**問題35** 振動に関する次の記述のうち, 最も不適当なものはどれか.
（1）　全身振動による健康影響として, 末梢神経障害がある.
（2）　手持ち工具などの使用による振動は, オクターブバンドの中心振動数で約8～1 000 Hzの振動が問題となる.
（3）　全身振動の大きさの感覚は, 振動継続時間によって変化する.
（4）　振動感覚閾値は, 地震の震度0（無感）の限界に相当する振動レベル55dBである.
（5）　低い振動数で振幅が大きい振動では, 乗り物酔い, 動揺病等が発生しやすい.

**[解答]**
振動による末梢神経障害は, <u>局部振動</u>による健康影響の一つである.

正解（1）

**問題36** 光の色の知覚に関する次の記述のうち, 最も適当なものはどれか.
（1）　網膜にある視細胞には杆体細胞と錐体細胞があるが, 錐体細胞はロドプシンを含み, 感光度が非常に高い.
（2）　網膜にある錐体細胞は解像力に優れ, 色覚に必要な化学物質を含んでいる.
（3）　明るい場所から暗い場所への順応を暗順応といい, およそ2分程度で順応が完了する.
（4）　網膜にある錐体細胞は, 赤, 青, 黄の光にそれぞれ反応する3種類がある.
（5）　視対象を正確に認識することを明視といい, この条件は, 大きさ, 明るさの二つである.

**[解答]**
（1）杆体細胞はロドプシンを含み, 感光度が非常に高い.
（2）適当.
（3）明順応は2分程度で完了するが, 暗順応は<u>40分以上</u>かかる.
（4）錐体細胞は, 赤, 青, <u>緑</u>に反応する3種類がある.
（5）明視の条件には, 大きさ, 明るさのほかに<u>対比（コントラスト）</u>, 時間がある.

正解（2）

**問題37** VDT作業と健康に関する次の記述のうち, 最も不適当なものはどれか.
（1）　VDT作業では, 普段使用している遠近両用メガネを使

**[解答]**
出題当時の正解は（1）だが, 2002（平成14）年制定の「VDT作業における労働衛

用することで眼の疲労を防ぐことができる.
（２）　VDT作業では, 表示画面を注視することにより, 瞬目回数が減少する.
（３）　視野内に高輝度のものがあると網膜の感度が下がり, 疲労につながる.
（４）　厚生労働省ガイドラインでは, ディスプレイ画面上の照度は, 500 lx以下とすることとなっている.
（５）　VDT作業者の健康に関する調査で最も多い自覚症状は, 眼に関するものである.

生管理のためのガイドライン」が, 2021（令和３）年12月に「情報機器作業における労働衛生管理のためのガイドライン」に変更されたことによって, （4）は「適当」とは言えなくなった.
（1）　VDT作業に, 普段使用している遠近両用メガネを使用すると, 画面とキーボードが見にくくなり, 目の疲労につながる.
（4）　厚生労働省の情報機器作業ガイドラインには, 設問のような記載はない.

正解(1)(4)

---

**問題38**　紫外線の作用に関する次の記述のうち, 最も不適当なものはどれか.
（１）　皮膚の悪性黒色腫の発生
（２）　熱中症の発生
（３）　白内障の発生
（４）　電気性眼炎の発生
（５）　殺菌作用

**解 答**

　熱中症は, 赤外線の作用などにより生じる. 紫外線の作用には, 皮膚癌（悪性黒色腫）, 白内障, 電気性眼炎などの発症, 殺菌作用などがある.

正解(2)

---

**問題39**　電離放射線に関する次の記述のうち, 最も適当なものはどれか.
（１）　β線は, 鉛・鉄の板を通過する.
（２）　放射線の人体に与える影響の単位は, シーベルト（Sv）である.
（３）　放射線の健康影響のうち, がんに対する影響には閾値が存在する.
（４）　感受性が最も高い細胞は, 神経細胞である.
（５）　胸のX線検査１回当たりでの被曝線量は, 自然放射線による年間被曝量の世界平均よりも多い.

**解 答**

（1）　β線は, 鉛, 鉄の板を通過しない.
（2）　適当.
（3）　放射線のがんに対する影響の閾値は存在しない.
（4）　放射線に対する感受性が最も高い細胞は, リンパ球である.
（5）　胸のX線検査１回当たりの被曝線量は, 自然放射線による年間被曝線量の世界平均よりも少ない.

正解(2)

---

**問題40**　環境基本法における水質汚濁に係る環境基準において, 人の健康の保護に関する環境基準項目に含まれていないものは次のうちどれか.
（１）　全シアン
（２）　砒素
（３）　ホルムアルデヒド
（４）　ベンゼン
（５）　トリクロロエチレン

**解 答**

　ホルムアルデヒドは, 環境基本法における水質汚濁に係る環境基準において, 人の健康の保護に関する環境基準の項目に含まれていない.

正解(3)

---

**問題41**　水銀に関する次の記述のうち, 最も不適当なものはどれか.
（１）　一般に, 有機水銀と無機水銀に分けられる.
（２）　有機水銀は, 生物濃縮を起こすことが知られている.
（３）　水俣病は, メチル水銀による公害病である.
（４）　重要な影響の一つに, 中枢神経障害がある.
（５）　皮膚癌の原因となることが知られている.

**解 答**

　皮膚癌の原因となることは, 確認されていない.

正解(5)

**問題42** 感染症とその病原体の種類との組合せとして，最も適当なものは次のうちどれか．

- （1） 麻しん―――――――――ウイルス
- （2） ワイル病―――――――――真菌
- （3） カンジダ症―――――――――細菌
- （4） つつが虫病―――――――――原虫
- （5） クリプトスポリジウム症―――リケッチア

**解 答**

- （1） 適当．
- （2） ワイル病の病原体は，スピロヘータ（真性細菌）である．
- （3） カンジダ症の病原体は，真菌である．
- （4） つつが虫病の病原体は，リケッチアである．
- （5） クリプトスポリジウム症の病原体は，原虫である．

| 分類 | 大きさ・形態 | 感染症の例 |
|---|---|---|
| ウイルス | 10～400 nm 球状の小体 | 痘瘡，麻疹，B型肝炎，インフルエンザ |
| リケッチア | 300～500 nm球形ないしは桿形の小体 | 発疹チフス，つつが虫病 |
| 細菌 | 1 µm前後球形ないしは桿形の単細胞生物 | コレラ，ペスト，結核，レジオネラ症 |
| 真菌 | 1～10 µm程度のカビの仲間 | カンジダ症，白癬症 |
| スピロヘータ | 6～15 µmらせん形の細長い単細胞生物 | 梅毒，ワイル病 |
| 原虫 | 20～500 µm以上の単細胞生物 | マラリア，クリプトスポリジウム症 |

正解(1)

**問題43** 水系感染症の特徴に関する次の記述のうち，最も適当なものはどれか．

- （1） 発生は，一般に特定の年齢層や職業に集中する．
- （2） 一般に重症例が多く，致死率が高い．
- （3） 発生は，おおむね梅雨から夏季に限定される．
- （4） 初発患者の発生から数日で爆発的に患者が増える．
- （5） 一般に水の汚染が証明又は確定されることは少ない．

**解 答**

- （1） 性別，職業，年齢などに関係なく発生する．
- （2） 一般に軽症例が多く，致死率が低い．
- （3） 季節などに左右されることは少なく，夏季以外にも発生する．
- （4） 適当．
- （5） 一般に，水の汚染が証明または確定されることが多い．

正解(4)

**問題44** ノロウイルスに関する次の記述のうち，最も不適当なものはどれか．

- （1） ヒトからヒトへ感染する．
- （2） 感染しても発症しない場合がある．
- （3） 潜伏期間は，1週間である．
- （4） ノロウイルス感染症は，冬季を中心に発生する．
- （5） ノロウイルス感染症の主な症状は，嘔吐，下痢等である．

**解 答**

ノロウイルスの潜伏期間は24～48時間程度である．

正解(3)

**問題45** 10%溶液として市販されている次亜塩素酸ナトリウムを水で希釈して50 mg/Lの濃度の溶液を80 L作る場合，必要となる10%溶液の量として，最も近いものは次のうちどれか．

- （1） 0.4 mL
- （2） 1.6 mL
- （3） 4 mL

**解 答**

50 mg/Lの溶液80 Lに含まれている次亜塩素酸ナトリウムの量は，次式で算出される．

50×80＝4 000〔mg〕＝4〔g〕

4 gの次亜塩素酸ナトリウムを含む10%溶液の量は，次式で算出される．

（4）　16 mL
（5）　40 mL

**問題46**　次の用語とその単位との組合せとして，誤っているものはどれか.
（1）　音の強さ————W/m²
（2）　熱量—————J
（3）　色温度————K
（4）　立体角————sr
（5）　光度—————cd/m²

**問題47**　湿り空気に関する次の記述のうち，最も不適当なものはどれか.
（1）　相対湿度が同じ湿り空気では，温度が低い方が，比エンタルピーは高い.
（2）　絶対湿度が一定の状態で，温度が低下すると相対湿度は上昇する.
（3）　乾球温度が等しい湿り空気において，絶対湿度が上昇すると，水蒸気分圧は上昇する.
（4）　絶対湿度が低下すると，露点温度は低下する.
（5）　比エンタルピーが等しい湿り空気において，温度が高い湿り空気の絶対湿度は，温度が低い湿り空気の絶対湿度より低い.

**問題48**　湿気に関する次の記述のうち，最も不適当なものはどれか.
（1）　冬季において戸建住宅では，外気に面した壁の出隅部分の室内側で表面結露しやすい.
（2）　室内で家具などを外壁に接して設置すると，結露防止に効果がある.
（3）　局部的に断熱が途切れて熱橋となった部分は，結露しやすい.
（4）　壁の内部結露の防止には，水蒸気分圧の高い側に防湿層を設けることが有効である.
（5）　室内で発生する水蒸気の量を必要以上に大きくしないことが，結露防止にとって重要である.

---

$4 \div 0.1 = 40$〔g〕
溶液1 gは1 mLに相当するので，<u>40 mL</u>となる.

正解（5）

**解 答**

光度は，光源から発散する光のエネルギーの強さを表す尺度で，単位はcd（カンデラ）である. 1 cdとは，単位立体角あたり1 lm（ルーメン）の光束を放射する光源の強さのことである.

正解（5）

**解 答**

比エンタルピー〔J/kg（DA）〕は，乾き空気1 kg当たりの空気が持っている熱量であり，比エンタルピーを求める式には，相対湿度は入っていないことから関係性が低い. なお，絶対湿度が同じ湿り空気では，温度が高い方が，比エンタルピーは<u>高く</u>なる.

正解（1）

**解 答**

室内では，家具などを外気に接する壁<u>から離す</u>と，空気の流通がよくなり，結露防止に効果がある.

・出隅
下図のように，出隅部分は外部に接する部分が多く熱貫流が大きくなり，室内側の表面温度が低下し，室内が結露しやすくなる.

・熱橋（ヒートブリッジ）
熱橋は，下図のように，熱を伝えにくい熱貫流抵抗の大きい壁体の中の，熱を伝えやすい部分を熱橋（ヒートブリッジ）といい，その部分では表面結露も生じやすい.

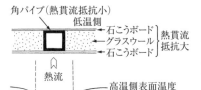

**問題49** 建築材料表面の長波長放射率と日射吸収率に関する次の記述のうち，最も不適当なものはどれか．ただし，長波長放射率及び日射吸収率の値の大小は0.5より大きいか小さいかで判断するものとする．

（1）酸化した亜鉛鉄板は，日射吸収率が小さく，長波長放射率も小さい．

（2）光ったアルミ箔（はく）は，日射吸収率が小さく，長波長放射率も小さい．

（3）黒色ペイントは，日射吸収率が大きく，長波長放射率も大きい．

（4）新しい亜鉛鉄板は，日射吸収率が大きく，長波長放射率が小さい．

（5）白色ペイントは，日射吸収率が小さく，長波長放射率が大きい．

**解 答**

酸化した亜鉛鉄板では，太陽光反射率が小さいので，日射吸収率は大きい一方，長波長放射率は小さい．

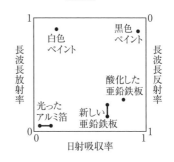

正解（1）

**問題50** エアロゾル粒子の相当径には幾何相当径と物理相当径があるが，幾何相当径に分類されるものは次のうちどれか．

（1）光散乱径

（2）電気移動度径

（3）円等価径

（4）ストークス径

（5）空気力学径

**解 答**

エアロゾル粒子のように小さい粒子は，形が球状ではない場合がある．その場合，幾何学形状で算出するのを「幾何相当径」，「仮想粒子」と同じ測定量とするものを「物理相当径」という．

幾何相当径：定方向径，円等価径

物理相当径：空気力学径，ストークス径，光散乱径，電気移動度径

正解（3）

**問題51** エアロゾル粒子の壁面沈着と再飛散に関する次の記述のうち，最も不適当なものはどれか．

（1）再飛散は，沈着した粒子が壁面から離れて再び気相に取り込まれる現象である．

（2）層流下でストークス領域の粒子の再飛散は，一定室内気流のもとではほとんどない．

（3）沈着速度は，壁面へ粒子が沈着する時の衝突する速さである．

（4）粒子の表面付着力には，ファンデルワールス力がある．

（5）気流に平行な鉛直壁面への沈着数は，等濃度の場合，小粒径粒子ほど多い．

**解 答**

（1）エアロゾル粒子が気相中を移動し，壁面（固体・液体）に到達し，付着する現象を沈着といい，沈着した粒子が壁面から離れて再び気相に取り込まれる現象を再飛散という．

（2）ストークス流れとは，物体の大きさが小さい場合に，層流れの中で慣性の法則を無視した流れが起きる領域のこと．室内で一定の気流の条件では，再飛散はほとんどない．

（3）沈着速度は，単位時間当たりの沈着量を気中濃度で除した値である．

（4）粒子の表面付着力は，主として，ファンデルワールス力，静電気力，吸着液体の皮膜による表面張力である．なお，ファンデルワールス力とは，原子や分子の間に働く，引力または反発力のこと．

（5）粒子の沈着に加わる外力には，重力・慣性力・静電気力・拡散などが挙げられる．気流に平行な鉛直壁面への沈着数は，等濃度の場合，拡散によって，小粒径粒子ほど多くなる．

正解（3）

**問題52** 流体の基礎に関する次の文章の □ 内に入る語句の組合せとして，正しいものはどれか．

流管の二つの断面A，B間における流れの力学的エネルギーの保存を仮定すると以下の式が得られる．

$$\frac{1}{2}\rho U_A^2 + P_A + \rho gh_A = \frac{1}{2}\rho U_B^2 + P_B + \rho gh_B$$

この式は， ア と呼ばれ，各辺の第一項を イ ，第二項を ウ ，第三項を位置圧と呼ぶ．ただし，$\rho$：密度，$U$：速度，$P$：圧力，$g$：重力加速度，$h$：高さ．

|      | ア | イ | ウ |
|------|------|------|------|
| （1） | ベルヌーイの定理 | 動圧 | 静圧 |
| （2） | ベルヌーイの定理 | 静圧 | 動圧 |
| （3） | ベルヌーイの定理 | 動圧 | 絶対圧 |
| （4） | 連続の式 | 動圧 | 静圧 |
| （5） | 連続の式 | 動圧 | 絶対圧 |

**解答**

この式は，ベルヌーイの定理と呼ばれ，各辺の第一項を動圧，第二項を静圧，第三項を位置圧と呼ぶ．

正解（1）

**問題53** 室内気流に関する次の記述のうち，最も不適当なものはどれか．
（1） 置換換気は，室温よりやや低温の空気を床面付近に低速で供給し，天井面付近で排気する方式である．
（2） コールドドラフトは，冷たい壁付近などで自然対流によって生じる下降流が原因で生じることがある．
（3） ドラフトとは不快な局部気流のことであり，風速，気流変動の大きさ，空気温度の影響を受ける．
（4） 壁面上部からの水平吹出しの空気調和方式では，冷房時に居住域に停滞域が生じて上下温度差が大きくなりやすい．
（5） 天井中央付近から下向き吹出しの空気調和方式では，冷房時に冷気が床面付近に拡散し，室上部に停滞域が生じやすい．

**解答**

壁面上部からの水平吹出しの空気調和方式では，図のように冷房時ではなく暖房時に，上部に滞留域を生じて，上下温度差が大きくなり，壁からのコールドドラフトを生じやすい．

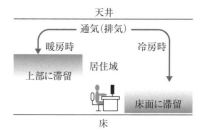

正解（4）

**問題54** 室内温度と湿度に関する次の記述のうち，最も不適当なものはどれか．
（1） 暖房期における低湿度の改善は，室内空気環境管理にかかわる大きな課題である．
（2） 同じ室内であっても，室内温度は垂直的にも平面的にも，多少は不均一である場合が多く，その差が小さければ問題はないが，大きい場合には不快感や生理的障害などの原因になる．
（3） 東京都が建築確認申請時に審査した建築物で採用された加湿方式として，近年水スプレーの割合が他の方式に比べて最も多い．
（4） 室内温度の不適率は，東京都の調査によると，近年3～4％と低い率で推移してきたが，平成23年度においては節電の影響もあり2割近い不適があった．
（5） 室内における空気中の水分量そのものの空間的な分布は比較的小さい．

**解答**

新たに採用される加湿方式の中で最も多いのは気化方式で，現在の主流となっている一方，蒸気方式，水スプレー方式の採用は減少している．気化方式が採用される理由は，他の方式に比べて，装置がコンパクト化でき，設置スペースが小さくて済むことなどが挙げられる．

正解（3）

**問題55** 空気汚染物質の特性を表すア～エの記述のうち, ホルムアルデヒドの特性を表すものの組合せとして, 最も適当なものは次のどれか.

ア 常温で淡黄色の気体である.
イ 発生源には, 複合フローリング材・合板等がある.
ウ 人為的な発生よりも火山や森林火災など自然発生の量が多いと推定されている.
エ 水溶性の有機化合物である.

（1） アとイ
（2） アとウ
（3） イとウ
（4） イとエ
（5） ウとエ

ホルムアルデヒド（HCHO）は, 無色透明の**水溶性**の有機化合物で, 毒性が強く, 酸化メチレン, メタナールとも呼ばれている. 室内環境では, **複合フローリング材, 合板**などに使用される接着剤, 衣類の仕上げ加工剤などから発生する.

正解（4）

**問題56** 空気汚染物質とその発生源との組合せとして, 最も不適当なものは次のうちどれか.

（1） 一酸化炭素 ——————— 自動車排気
（2） パラジクロロベンゼン ——— 防虫剤
（3） 窒素酸化物 ——————— ガスストーブ
（4） フューム ——————— 断熱材
（5） タール ——————— たばこ煙

フュームは, 物質の加熱, 蒸発によって生成される浮遊粉じんの一つで, 溶接, 溶断作業などの際に発生する. したがって, 断熱材はフュームの発生源ではない.

自動車の排出ガスの主なものは, 一酸化炭素のほか, 窒素酸化物（NOx）, 粒子状物質（PM）などである. 一方, ガスストーブからは, 窒素酸化物が燃焼によって発生し, 窒素酸化物の主な成分である一酸化窒素及び二酸化窒素は, 呼吸器に障害を与え, 気管支炎や喘息の原因となる.

正解（4）

**問題57** 喫煙室において, 1時間当たり15本のたばこが喫煙されている定常状態の濃度として, 最も近いものは次のうちどれか.

局所換気以外の換気システムはなく局所換気により排出される空気量は200 m³/hで, たばこにより発生した粉じんの80%は直接局所換気で排気されるが, 残りは喫煙室全体に一様拡散し喫煙室空気として排気されるとする. ただし, たばこ1本当たりの粉じん発生量10 mg, 喫煙室に侵入する空気の粉じん濃度0.05 mg/m³とし, たばこ以外の粉じん発生, 壁面への吸着などの影響は無視できるものとする.

（1） 0.15 mg/m³
（2） 0.20 mg/m³
（3） 0.30 mg/m³
（4） 0.75 mg/m³
（5） 0.80 mg/m³

必要換気量は以下の式から求められる.

$$Q = \frac{M}{C - C_0}$$

ここで, $Q$：必要換気量〔m³/h〕
$M$：室内粉じん発生量〔mg/h〕
$C$：喫煙室の粉じん濃度〔mg/m³〕
$C_0$：喫煙室に侵入する粉じん濃度〔mg/m³〕

局所換気により排出される空気量が200 m³/h, たばこにより発生した粉じんの80%が直接, 局所換気で排気され, 残り20%は喫煙室に一様拡散し, 喫煙室空気として排気されることから,

$$Q = \frac{200}{1 - 0.8} = 1\,000 〔m³/h〕$$

これにより,

$$1\,000 〔m³/h〕 = \frac{150 〔mg/h〕}{C - 0.05 〔mg/m³〕}$$

したがって,

$$C = 150 \div 1\,000 + 0.05 = 0.20 〔mg/m³〕$$

正解（2）

**問題58** におい物質に関する次の文章の ☐ 内の語句のうち, 最も不適当なものはどれか.

におい物質は, (1) 揮発性, 化学反応性 に富む比較的 (2) 低分子 の (3) 有機化合物 である. におい成分を構成する元素として, (4) 炭素(C) , 水素(H), 酸素(O), 窒素(N), 硫黄(S), 塩素(Cl)が挙げられる. 臭気強度=比例定数× (5) 臭気物質濃度 の関係が成り立つ.

**問題59** アレルゲンと微生物に関する次の記述のうち, 最も不適当なものはどれか.
(1) 建築物衛生法では, ダニ又はダニアレルゲンに関する基準を定めている.
(2) 酵母は, 真菌に分類される.
(3) ウイルスは, 生きている細胞中でしか増殖できない.
(4) ペニシリウムは, アレルギー症状を引き起こす原因物質の一つである.
(5) ダニアレルゲンの大部分は, 数μm以上の粒子である.

**問題60** 冷房時における単一ダクト方式の空気調和システムを図－Aに示す.
図－Bは, 図－Aのa～eにおける空気の状態変化を湿り空気線図上に表したものである. 図－A中のdに相当する図－B中の状態点は, 次のうちどれか.
(1) ア
(2) イ
(3) ウ
(4) エ
(5) オ

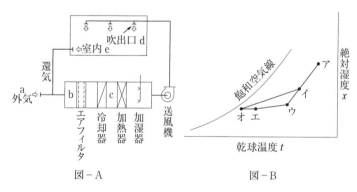

図－A 図－B

**問題61** 湿り空気線図(h－x線図)を用いて相対湿度を求めるために必要な二つの項目の組合せとして, 最も不適当なものは次のうちどれか.
(1) 乾球温度と湿球温度
(2) 湿球温度と絶対湿度

**解 答**

におい物質は, 揮発性, 化学反応性に富む比較的低分子の有機化合物である. におい成分を構成する元素として, 炭素(C), 水素(H), 酸素(O), 窒素(N), 硫黄(S), 塩素(Cl)が挙げられる. 臭気強度=比例定数× log(臭気物質濃度) の関係が成り立つ.

正解(5)

**解 答**

建築物衛生法では, 浮遊粉じん, 一酸化炭素, 二酸化炭素, 温度, 相対湿度, 気流, ホルムアルデヒドの量には基準があるが, ダニまたはダニアレルゲンに関する基準は定められていない. なお(4)のペニシリウムはアオカビ属のカビである.

正解(1)

**解 答**

イ→オは冷却コイル(冷却器)で冷却除湿される状態を, オ→エは加熱コイル(加熱器)で加熱され, 温度上昇した状態を示す. その後, 送風機を経て, 吹出口に送風される.
したがって, dに相当するのは,「エ」である.

正解(4)

**解 答**

(1) 乾球温度とは, 普通の温度計で測った湿り空気の温度をいい, 湿球温度は温度計の感温部にガーゼを巻き, 水で濡らした水膜温度として計測できるも

（3）　比エンタルピーと乾球温度
（4）　露点温度と比エンタルピー
（5）　絶対湿度と露点温度

のので，感温部にあたる風速によって異なる値を示す．
（2）　絶対湿度とは，湿り空気に含まれる水蒸気の質量を指し，乾き空気1kg に対する量として，単位「kg/kg（DA）」で表す．なお，DAとは，乾き空気（Dry Air）の意味である．
（3）　比エンタルピーとは，単位質量あたりのエンタルピーをいい，乾き空気1kg あたり何kJのエンタルピーであるかを表したもので，単位は「kJ/kg（DA）」で表す．なお，ここでエンタルピーとは，空気が持つ熱量（エネルギー）のことで，内部エネルギーと膨張・収縮するためのエネルギー（流動エネルギー）を合わせたものをいう．単位は，kJで表す．
（4）　露点温度とは，水蒸気を含む空気を冷却したとき，凝結が始まる温度のことである．
（5）　そもそも相対湿度100%の乾球温度が露点温度であり，その露点温度と絶対湿度の二つの項目だけでは，湿り空気線図を用いて相対湿度を求めることはできない．

正解（5）

**問題62**　平成15年に改正された建築物衛生法施行令第2条では，「中央管理方式の」という文言が削除された．その理由や結果に関する次の記述のうち，最も不適当なものはどれか．
（1）　個別方式の空気調和設備が，比較的大規模な建築物にも採用されるようになったという背景がある．
（2）　中央管理方式の空気調和設備は，個別方式に比べて換気量不足による室内空気汚染の発生が懸念される．
（3）　個別方式の空気調和設備は，湿度管理が困難で冬期に低湿度状態になりがちである．
（4）　空気調和方式の個別方式・中央管理方式にかかわらず，同じ管理基準で適切に維持管理される必要がある．
（5）　空気調和方式の個別方式・中央管理方式の区別が明確でなくなってきた状況がある．

**解答**
　（2）が誤り．個別管理方式のほうが，室内空気汚染が懸念される．中央管理方式以外の空気調和設備を設けている建築物は，建築物環境衛生管理基準の適用外とされてきたため，換気量が十分に確保されず，室内空気の汚染が懸念された．また，十分な湿度管理が行われておらず，冬期には低湿度状態になる傾向があった．これらのことから，中央管理方式以外の空気調和設備と機械換気設備についても，中央管理方式と同様の維持管理を行うように，平成15年に建築物衛生法施行令が改正された．

正解（2）

**問題63**　次の空調熱負荷のうち，潜熱負荷を含むものはどれか．
（1）　構造体負荷
（2）　ガラス面負荷
（3）　隙間風負荷
（4）　ダクトにおける負荷
（5）　ポンプによる負荷

**解答**
　負荷の熱量には，物体の温度を上昇・下降させるために使用される顕熱と，物体の状態を変えるのに必要な潜熱がある．空調熱負荷のうち，潜熱負荷を含むものは，人体負荷，その他の内部発熱負荷，隙間風負荷，外気負荷である．

正解（3）

**問題64** ダクト併用ファンコイルユニット方式に関する次の記述のうち，最も不適当なものはどれか.
（1） 単一ダクト方式にファンコイルユニットを併用することで，個別制御性を高めたシステムである.
（2） ファンコイルユニットごとの発停が可能である.
（3） ファンコイルユニットは，熱負荷変動が小さいインテリアゾーンに配置されることが多い.
（4） 単一ダクト方式に比べ，空気調和機及び主ダクトの小容量化・小型化が可能である.
（5） ダクト吹出空気と，ファンコイル吹出空気による混合損失が発生する場合がある.

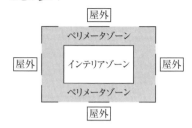
**問題65** 個別方式の空気調和設備に関する次の記述のうち，最も不適当なものはどれか.
（1） 分散設置の水熱源ヒートポンプ方式では，一般に冷房運転と暖房運転を混在させることはできない.
（2） 圧縮機の駆動力として電力を用いるものと，ガスエンジンによるものがある.
（3） 通常は外気処理能力を持たないため，外調機などの外気処理装置と併用するなどの対策が必要である.
（4） 分散設置空気熱源方式のマルチ型では，1台の室外機に複数台の室内機が接続される.
（5） 分散設置空気熱源ヒートポンプ方式では，インバーター制御によって容量制御する機種が増えてきたため，部分負荷効率が改善された.

**問題66** 空気調和設備の各種熱源方式の特徴に関する次の記述のうち，最も不適当なものはどれか.
（1） ガスエンジンヒートポンプ方式は，エンジンの排熱を回収して有効利用することができるので寒冷地の暖房熱源に適している.
（2） 吸収冷凍機と蒸気ボイラを組み合わせる方式は，病院・ホテルでの採用例が多い.
（3） 電動冷凍機とボイラを組み合わせる方式は，年間を通して電力消費量の変化が小さい.
（4） 直焚吸収冷温水機は，1台の機器で冷水又は温水，あるいはこれらを同時に製造することができる.
（5） 電力需要を主として運転するコージェネレーション方式では，空気調和その他の熱需要に追従できない場合がある.

**問題67** 蒸気圧縮式冷凍機を構成する機器として，最も不適当なものは次のうちどれか.
（1） 圧縮機
（2） 凝縮器
（3） 膨張弁

（4）　吸収器
（5）　蒸発器

い取る仕組みである．したがって，吸収器は，蒸気圧縮冷凍サイクルを構成する機器ではない．

蒸気圧縮冷凍サイクル

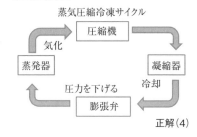

正解（4）

**解　答**

　鋳鉄ボイラは，鋳鉄製のセクションによる組み合わせで，ボイラ容量を適量なものにできる一方，構造が複雑で，清掃が難しいので，スケール防止のため，装置系を密閉系で設計・使用するのが原則である．

**問題68**　ボイラに関する次の記述のうち，最も不適当なものはどれか．
（1）　炉筒煙管ボイラは，直径の大きな横型ドラムを本体とし，燃焼室，煙管群で構成される．
（2）　鋳鉄製ボイラは，スケール防止のため，装置系を開放系で設計・使用する．
（3）　貫流ボイラは，水管壁に囲まれた燃焼室及び水管群からなる対流伝熱面で構成される．
（4）　真空式温水発生機では，真空中で水蒸気を発生させ熱交換器に伝熱する．
（5）　真空式温水発生機では，容量によらずボイラに関する取扱資格は不要となる．

正解（2）

**問題69**　空気調和機を構成する機器に関する次の記述のうち，最も不適当なものはどれか．
（1）　エアハンドリングユニットは，熱源設備から供給される冷水・温水・蒸気等を用いて空調空気を作り，各ゾーン・各室にダクトにより送風する．
（2）　パッケージ型空調機のセパレート型は，一般に圧縮機と膨張弁を収めた室外機と，蒸発器，凝縮器と送風機を収めた室内機から構成される．
（3）　ファンコイルユニットは，送風機，熱交換器，エアフィルタ及びケーシングによって構成される室内設置用の小型空調機である．
（4）　ターミナルエアハンドリングユニットは，小風量タイプで機械室を用いずに天井隠ぺい型などとして設置可能であり，個別制御性に優れている．
（5）　パッケージ型空調機の冷房専用機では，凝縮器の冷却方式により水冷型と空冷型に分類される．

**解　答**

　パッケージ型空調機のセパレート型は，一般に，圧縮機と冷房用凝縮器（暖房用蒸発器）を収めた室外機と，冷房用蒸発器（暖房用凝縮器）と膨張弁，その他送風機などを収めた室内機から構成されている．

正解（2）

**問題70**　空気調和設備に用いられる加湿装置又は減湿（除湿）装置に関する次の記述のうち，最も不適当なものはどれか．
（1）　空気調和機内の冷却コイル表面において結露させ減湿するのは，標準的な冷却減湿法である．
（2）　吸収減湿法では，塩化リチウムや塩化カルシウムなどの水溶液を用いて減湿する．

**解　答**

　蒸気吹出方式は，気化式に比較して加湿効率が高く，無菌，不純物を放出しない，温度降下がない，などの特徴がある．

（3）空気を圧縮，冷却，結露させることで除湿し，乾燥空気を製造するのは，圧縮減湿法である．

（4）蒸気吹出方式の加湿では，加湿装置により空気が微生物で汚染されることがある．

（5）気化式の加湿装置は，温度降下を生じる．

正解（4）

**問題71** 熱交換器に関する次の記述のうち，最も不適当なものはどれか．

（1）空気－空気熱交換器である回転型全熱交換器は，吸湿性のあるエレメントから構成されるロータに対向して流れる給排気間で熱交換が行われる．

（2）空気－空気熱交換器である顕熱交換器における給排気の隔壁には，透湿性のない金属エレメントなどが用いられ，寒冷地における熱回収などに用いられる．

（3）空気－空気熱交換器であるヒートパイプは，内部に封入された作動流体が蒸発と凝縮のサイクルを形成することにより熱輸送する．

（4）水－水熱交換器であるプレート式熱交換器は，多管式熱交換器と比較して設置面積や荷重が大きくなる．

（5）多管式熱交換器には，U字管式・全固定式・フローティングヘッド式等があり，蒸気－水や高温水－水の熱交換に適している．

**解答**

水－水熱交換器であるプレート式熱交換器は，多管式熱交換器と比較して，高性能でコンパクトであり，設置面積，荷重の点で優れている特徴がある．

正解（4）

**問題72** 送風機に関する次の記述のうち，最も不適当なものはどれか．

（1）送風機は，吐出圧力の大きさに応じてファンとブロワに分類され，空気調和用の送風機には，ファンが用いられる．

（2）軸流式送風機では，空気が軸方向から入り，軸に対して傾斜して通り抜ける．

（3）多翼送風機は，シロッコファンとも呼ばれ，遠心式送風機に分類される．

（4）送風機の特性曲線は，グラフ上の横軸に風量をとり，縦軸に各風量における圧力・効率，軸動力・騒音値をとって表したものである．

（5）送風系の抵抗曲線は，特性曲線と同一のグラフ上では，2次曲線で表される．

**解答**

軸流送風機は，空気が軸方向から入り，反対側の軸方向へ通り抜ける構造で，軸に対し傾斜して通り抜けることはない．

正解（2）

**問題73** ダクトとその付属品に関する次の記述のうち，最も不適当なものはどれか．

（1）多湿箇所に設置されるダクトや耐食性を必要とするダクトには，ステンレス鋼板が用いられる．

（2）鋼板製長方形ダクト同士を接続する継手には，アングルフランジ工法継手と共板フランジ工法継手がある．

（3）防煙区画を貫通するダクトには，煙感知器と連動して閉鎖する防煙ダンパが設けられる．

（4）防火ダンパの羽根及びケーシングは，一般に1.5 mm以上の鋼板で製作される．

**解答**

たわみ継手は，主にダクトと吹出口を接続する際に，振動防止の目的で設けられる．

（5）　たわみ継手は，主にダクトと吹出口を接続する際に，位置調整のために用いられる．

正解（5）

**問題74**　吹出口と吸込口に関する次の記述のうち，最も不適当なものはどれか．
（1）　ふく流吹出口は，他の吹出口に比べて誘引効果が高く，均一度の高い温度分布が得られる．
（2）　軸流吹出口は，誘引比が小さいため到達距離が長いのが特徴である．
（3）　線状吹出口は，ペリメータ負荷処理用として窓近傍に設置されることが多い．
（4）　面状吹出口は，天井板に細孔をあけた有孔天井を用い，吹出空気は天井全面から微風速で吹き出す方式が一般的である．
（5）　吸込口の吸込気流には方向性があるので，吸い込む向きに注意が必要である．

**解答**
吸込口の吸込気流には，吹出気流のような指向性がない．

正解（5）

**問題75**　空気調和設備に用いられる空気浄化装置に関する次の記述のうち，最も不適当なものはどれか．
（1）　空気浄化装置（エアフィルタ）が除去対象とする空気中の汚染物質が，粉じんと有害ガスである．
（2）　ろ過式粒子用エアフィルタとは，さえぎり，慣性，拡散，静電気等の作用で粉じんをろ材繊維に捕集するものをいう．
（3）　HEPAフィルタは，有害ガスを化学吸着で捕集するための専用のフィルタである．
（4）　粒子用エアフィルタの性能は，圧力損失・粉じん捕集率・粉じん保持容量で表示される．
（5）　ガス除去用エアフィルタのガス除去容量は，使用限界に至るまでに捕集したガス質量で表わす．

**解答**
HEPAフィルタは，極微細な粒子を非常に高い性能で捕集できるろ過式粒子用エアフィルタである．したがって，HEPAフィルタは，極微細な粒子をろ材により物理的に捕集するろ過式フィルタの一種であり，有害ガスを化学吸着で捕集するためのフィルタではない．HEPAフィルタは，工業クリーンルーム，バイオクリーンルームの空気浄化装置や，原子力発電所の排気浄化装置などに採用されている．なお，有害ガスを化学吸着で捕集するための専用フィルタは，ガス除去用エアフィルタである．

正解（3）

**問題76**　空気調和設備のポンプ・配管に関する次の記述のうち，最も不適当なものはどれか．
（1）　ポンプのキャビテーションを防止するには，常に有効吸込みヘッドが必要有効吸込みヘッドより大きいことが必要である．
（2）　損失水頭は，管内流速の2乗に比例する．
（3）　水撃作用の防止には，緩閉式逆止弁を用いる方法がある．
（4）　サージングとは，脈動を伴う不安定な状態をいう．
（5）　渦流ポンプは，ターボ型ポンプに分類される．

**解答**
ポンプは，ターボ型，容積型，特殊型に大別される．渦流ポンプは，気泡ポンプ，水撃ポンプ，ジェットポンプ，電磁ポンプ，粘性ポンプとともに，特殊型ポンプに分類される．
なお，渦流ポンプとは，ケーシング内の羽根の高速回転によって渦流を起こし，液体を吸い上げ，押し上げする形式のポンプの一種で，カスケードポンプとも呼ばれる．

正解（5）

**問題77**　弁類に関する次の記述のうち，最も不適当なものはどれか．
（1）　バタフライ弁は，軸の回転によって弁体が開閉する構造である．

**解答**
リフト式逆止弁は，水平配管に取り付ける．

（2）　リフト式逆止弁は，立て配管に取り付ける.
（3）　玉形弁は，弁体と弁座の隙間を変えて流量を調節するものである.
（4）　ボール弁は，抵抗が少なく，流量調整ができる.
（5）　空気抜き弁は，配管中にたまった空気を自動的に排出する.

正解（2）

**問題78**　換気に関する次の記述のうち，最も不適当なものはどれか.
（1）　換気回数とは，換気量を室容積で除したものである.
（2）　温度差による換気力は，室内外の空気の密度差に比例する.
（3）　第2種機械換気は，汚染空気の流入を許さない手術室などの清浄室に用いられる.
（4）　第3種機械換気は，給気口及び排風機により構成される.
（5）　風力による換気力は，外部風速に比例する.

**解 答**
　風力による換気力は，風速の2乗に比例する.
・第1種換気
　機械給気と機械排気との併用による換気のこと.
・第2種換気
　機械給気と自然排気口による換気のこと.　一般的には外気取入れ部に空気浄化装置が設けられる.
・第3種換気
　機械排気と自然給気による換気のこと.駐車場・工場・作業場や小規模建築物に多い.

正解（5）

**問題79**　空気調和設備の維持管理に関する次の記述のうち，最も不適当なものはどれか.
（1）　空気調和機内の細菌・真菌は，冷房期，暖房期ともに生息している.
（2）　スライム防止，レジオネラ属菌対策，腐食防止効果をもつ多機能型薬剤は，連続的に注入するのが効果的である.
（3）　冷却水系のレジオネラ属菌の増殖を抑制するには，化学的洗浄と殺菌剤添加を併用するのが望ましい.
（4）　空気調和用ダクト内の粉じん中の細菌・真菌の量は，還気ダクトより給気ダクトの方が多い.
（5）　冷却塔の強制ブローは，スケール防止に有効である.

**解 答**
　空気調和用ダクト内の粉じん中の細菌・真菌の量は，一般に，給気ダクト内よりも還気ダクト内の方が多い.

正解（4）

**問題80**　温熱環境要素の測定器に関する次の記述のうち，最も不適当なものはどれか.
（1）　超音波風速計は，超音波の強度と気流との関係を利用している.
（2）　熱線風速計は，電流を通じて加熱された白金線などから気流に奪われる熱量が風速に関係する原理を利用している.
（3）　電気抵抗式湿度計は，感湿部の電気抵抗が吸湿や脱湿により変化することを利用している.
（4）　アスマン通風乾湿計は，周囲気流及び熱放射の影響を防ぐ構造となっている.
（5）　グローブ温度計の示度が安定するまでには，15〜20分間を要する.

**解 答**
　超音波風速計は，超音波の到着時間と気流との関係を利用している.

正解（1）

**問題81** 室内環境の測定に関する次の記述のうち，最も不適当なものはどれか.
- （1） 二酸化炭素の測定には，化学発光法がある.
- （2） アスベストの測定には，位相差顕微鏡による測定法がある.
- （3） 浮遊真菌の測定には，フィルタ法がある.
- （4） ホルムアルデヒドの測定には，検知管法がある.
- （5） 花粉アレルゲンの測定には，免疫学的な方法がある.

**解答**

二酸化炭素の測定法は，検知管方式，非分散型赤外線吸収法，気体容量法，凝縮気化法，ガスクロマトグラフ法などがある. なお，化学発光法は，オゾンや窒素酸化物濃度の測定法である.

正解(1)

**問題82** 光散乱式の粉じん計を用いて室内の浮遊粉じんの相対濃度を測定したところ，6分間当たり120カウントであった. この粉じん計のバックグランド値は1分間当たり6カウントで，標準粒子に対する感度が1分間1カウント当たり0.001 mg/m³，室内浮遊粉じんに対する較正係数が1.3であるとすると，室内浮遊粉じんの濃度として，最も近いものは次のうちどれか.
- （1） 0.010 mg/m³
- （2） 0.013 mg/m³
- （3） 0.018 mg/m³
- （4） 0.020 mg/m³
- （5） 0.026 mg/m³

**解答**

$C = (R - D) \times K \times A$
ここで，$C$：浮遊粉じん濃度〔mg/m³〕
$R$：1分間のカウント数〔cpm〕
$D$：バックグランド値（ダークカウント）〔cpm〕
$K$：標準粒子に対する1 cpm当たりの質量濃度（粉じん計の感度）〔mg/m³〕
$A$：較正係数
題意より，
$C = \{(120 \div 6) - 6\} \times 0.001 \times 1.3$
$= 0.0182$〔mg/m³〕

正解(3)

**問題83** 環境要素の測定に関する用語の組合せとして，最も不適当なものは次のうちどれか.
- （1） 温度―――熱電対
- （2） 臭気―――官能試験
- （3） 熱放射―――ピトー管
- （4） 酸素―――ガルバニ電池
- （5） 気流―――サーミスタ

**解答**

熱放射の測定には，ピトー管ではなく，グローブ温度計（黒球温度計）を使用する. ピトー管は，風速測定に使用され，ベルヌーイの定理を用いて，動圧と静圧の和である全圧が流れに沿って一定値になることを応用したものである.

正解(3)

**問題84** 汚染物質とその濃度又は強さを表す単位との組合せとして，最も不適当なものは次のうちどれか.
- （1） アスベスト―――本/L
- （2） ダニアレルゲン―――CFU/m³
- （3） キシレン―――μg/m³
- （4） 放射能―――Bq
- （5） 二酸化窒素―――ppb

**解答**

ダニアレルゲンの濃度単位は，CFU/m³ではなく，ng/m³である.

正解(2)

**問題85** 揮発性有機化合物（VOCs）測定法に関する次の記述のうち，最も不適当なものはどれか.
- （1） VOCsの測定には，基本的にガスクロマトグラフ質量分析計を用いる.
- （2） 加熱脱着法は，溶媒抽出法と比較して測定感度が高い.
- （3） VOCsのパッシブサンプリング法は，静電気力を利用している.
- （4） TVOCの簡易な定量には，トルエン換算法がある.
- （5） 市販のTVOCモニタは，定期的に標準ガスによる較正が

**解答**

（1） ガスクロマトグラフ質量分析法（GC/MS）は，ガスクロマトグラフィー（GC）で分離した成分の検出に質量分析計を用いることで，質量情報から成分の定性及び定量を行うことができる. なお，ここでガスクロマトグラフ法（GC）とは，クロマトグラフ法の一種に分類され，固定相に対する気体の吸着性あるいは分配係数の差異等を利用し，成分

欠かせない.

を分離する手法である.
(2) 加熱脱着法は,試料採取の器材が簡便で広範囲の測定に利用でき,大気捕集量を多くすることで定量下限値を低くすることができ,溶媒抽出法と比較して測定感度が高い反面,捕集した試料の全量を分析に用いる必要がある.
(3) VOCsのパッシブサンプリング法は,分子の拡散原理を利用している.
(4) TVOCの測定は,VOCsの測定と同様で,アクティブ法による測定方法であるが,簡易に定量化するには,トルエン換算法がある.
(5) 市販のTVOCモニタは,方式によっては各VOCへの感度が異なるため,注意が必要である.また,湿度の影響を受けやすいことから,必要であれば補正を行う.

正解(3)

**問題86** 音に関する次の記述のうち,最も不適当なものはどれか.
（1） 線音源からの音圧レベルは,音源からの距離が10倍になれば約20dB減衰する.
（2） 騒音は,人の聴覚の周波数特性で補正したA特性音圧レベルで測定・評価される.
（3） 時間によって変動する騒音は,等価騒音レベルによって評価される.
（4） 音圧レベルは,人間の感覚量に対応するよう定義された尺度で,人間の最小可聴値の音圧 $2 \times 10^{-5}$ Pa を基準として定義される.
（5） 音速は,空気の温度が$1$℃上昇するごとに約$0.6$ m/s速くなる.

**解 答**

線音源からの音圧レベルは,音源からの距離が10倍になれば約10dB減衰する.
点音源の場合には,音源からの距離が10倍になれば約20dB減衰する.

正解(1)

**問題87** 床衝撃音に関する次の文章の[  ]内に入る語句の組合せとして,最も適当なものはどれか.
重量床衝撃音は,[ ア ]ときに発生し,衝撃音は[ イ ]に主な成分を含む.対策としては[ ウ ]が効果的である.

| | ア | イ | ウ |
|---|---|---|---|
| （1） | 食器を落とした | 高周波数域 | 柔らかい床仕上げ材 |
| （2） | 食器を落とした | 低周波数域 | 床躯体構造の質量増加 |
| （3） | 人が床上で飛び跳ねたりした | 高周波数域 | 柔らかい床仕上げ材 |
| （4） | 人が床上で飛び跳ねたりした | 低周波数域 | 柔らかい床仕上げ材 |
| （5） | 人が床上で飛び跳ねたりした | 低周波数域 | 床躯体構造の質量増加 |

**解 答**

重量床衝撃音は,人が床上で飛び跳ねたりしたときに発生し,衝撃音は低周波数域に主な成分を含む.対策としては,床躯体構造の質量増加が効果的である.

正解(5)

**問題88** 環境振動に関する次の記述のうち，最も不適当なものはどれか．
  （1） 時間率レベルとは，あるレベル以上の振動に対する曝露<sup>ばく</sup>時間が観測時間内に占める割合のことをいう．
  （2） 防振溝は，道路交通振動など建築物外からの振動対策として設けられる．
  （3） 人体に対する振動を扱う場合は，振幅と同時に振動の方向を明確にしなければならない．
  （4） 人間は，一般に低周波数域に対して感覚が鋭く，周波数の増加と共に感覚が鈍くなってくる．
  （5） 空気調和設備による振動は，間欠的かつ非周期的に発生する．

**解 答**

設備機器等の振動が，建物躯体内を伝搬して，居室内装材から放射される音を，固体伝搬音という．空気調和設備による振動は，定常的で変動は小さいのが特徴で，伝搬系（ダクトや配管）が同一構造体の場合が多いため，高周波域まで影響が大きい．

正解（5）

**問題89** 光に関する用語の説明として，誤っているものは次のうちどれか．
  （1） 照度均斉度————一定期間使用した後の作業面上の平均照度と初期平均照度との比
  （2） 輝度—————————観測方向から見た見かけの面積当たりの光度
  （3） 演色性—————————基準光で照らした場合の色を，どの程度忠実に再現しているかを判定する指標
  （4） 照度—————————単位面積当たりに入射する光束
  （5） 昼光率—————————全天空照度に対する室内のある点の昼光による照度の比率

**解 答**

照度均斉度とは，照度計算において重要視される指標の一つで，室内において，壁側1mを除いた箇所の最低照度と最高照度の比率を示したものである．照度分布の均斉程度を示すことで，明るさのムラがないかを数値によって検証でき，明るい部分と暗い部分が発生した空間は，均斉度が低い空間として評価する．

正解（1）

**問題90** ある部屋の作業面の必要照度が750 lxであった．ランプ1灯当たりの光束が2 500 lmのランプの必要灯数として，最も近いものは次のうちどれか．

  ただし，その部屋の床面積は80 m²，照明率を0.5，保守率を0.75とする．
  （1）  24灯
  （2）  32灯
  （3）  48灯
  （4）  64灯
  （5）  100灯

**解 答**

ランプの必要灯数$N$は，以下の式で求められる．

$$N = \frac{E \times A}{F \times U \times M}$$

ここで，$E$：照度〔lx〕
      $A$：面積〔m²〕
      $F$：ランプ1灯当たりの光束〔lm〕
      $U$：照明率
      $M$：保守率
題意より，

$$N = \frac{750 \times 80}{2\,500 \times 0.5 \times 0.75} = 64 \text{〔灯〕}$$

正解（4）

**問題91** 郊外の環境と比べた場合の都市に形成される環境の特徴に関する次の記述のうち，最も不適当なものはどれか．
- （1） 年平均気温が高い．
- （2） 年平均相対湿度が低い．
- （3） 雨水の保水能力が少ない．
- （4） 年平均風速が大きい．
- （5） 年平均二酸化炭素濃度が高い．

**解答**

都市では，建築物が密集し，かつ高い建築物が増えることによって，市街の凹凸の規模が大きくなるため，風速は郊外より弱くなる．

正解（4）

**問題92** 建築物の設計図書に関する次の記述のうち，最も不適当なものはどれか．
- （1） 日影図は，直達日射によって生じる建築物の影の形状を1日の時間ごとに描いた図である．
- （2） 配置図は，部屋の配置を示した図である．
- （3） 立面図は，建築物の外観を示した図である．
- （4） 断面図は，建築物の垂直断面を投影した図である．
- （5） 矩計図は，建築物の基礎を含む主要な外壁部分の各部寸法を示した断面詳細図である．

**解答**

配置図は，敷地内での建物の位置，方位，道路との関係などを示す図面である．部屋の配置を示すのは平面図である．

正解（2）

**問題93** 建築物の計画と設計に関する次の記述のうち，最も不適当なものはどれか．
- （1） 街路や広場などに面する建築物の正面をなす外観をファサードという．
- （2） スケルトン・インフィル建築物とは，建築躯体と設備・内装仕上げ等を分離した工法による建築物である．
- （3） コンペティションとは，設計者の選定方式の一つである．
- （4） 多目的ホールに用いられる可動席の床をフリーアクセスフロアという．
- （5） テクスチャとは，材料の質感，材質感のことである．

**解答**

フリーアクセスフロアとは，床スラブなどの基礎となる床の上にさらに増設して床をつくり，自由に配線・配管をできるようにした二重床のことで，可動床ではない．

正解（4）

**問題94** 建築物の基礎構造と地盤に関する次の記述のうち，最も不適当なものはどれか．
- （1） 圧密沈下は，粘土質地盤が圧力により沈下することをいう．
- （2） 標準貫入試験は，地盤の強度や変形などの性質を得るために行う試験である．
- （3） 連続フーチング基礎は，高層建築物の基礎によく用いられる．
- （4） 沖積層は新しい堆積層で，一般に軟弱である．
- （5） 地盤において，短期許容応力度は，長期許容応力度より大きく設定されている．

**解答**

連続フーチング基礎（布基礎）は，柱間隔の小さいものや木造などの低層の建築物に多い．

独立フーチング　複合フーチング　連続フーチング

正解（3）

**問題95** 鉄筋コンクリート構造とその材料に関する次の記述のうち，最も不適当なものはどれか．
(1) 梁に入れるせん断補強筋をあばら筋という．
(2) 直接土に接する床において，鉄筋に対するコンクリートのかぶり厚さは，4cm以上としなければならない．
(3) コールドジョイントが生じると付着性が低下し，構造上の欠陥になりやすい．
(4) 鉄筋コンクリート用棒鋼 SD294A の記号中の数値は，降伏点強度を示す．
(5) 床のコンクリート厚さは，一般に10cm程度である．

**解答**

一般的な床のコンクリート厚さは，13～20cm程度である．

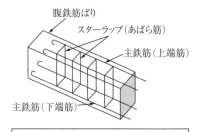

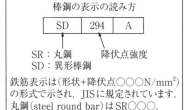

棒鋼の表示の読み方

| SD | 294 | A |
|---|---|---|

SR：丸鋼　　　降伏点強度
SD：異形棒鋼

鉄筋表示は（形状＋降伏点○○○N/mm²）の形式で示され，JISに規定されています．丸鋼(steel round bar)はSR○○○，異形鉄筋(steel deformed bar)はSD○○○で表示します．

正解(5)

**問題96** 建築物とその構造に関する次の記述のうち，最も不適当なものはどれか．
(1) コンクリートの中性化は，構造体の寿命に大きく影響を与える．
(2) クリープは，一定の大きさの持続荷重によって，時間とともにひずみが増大する現象をいう．
(3) 耐震補強には，強度を高める方法や変形能力を高める方法がある．
(4) 塑性とは，部材などに荷重を作用させたときに生じる変形が，荷重を取り除いた後に，元の状態に戻る性質をいう．
(5) 免震構造には，アイソレータを用いて地盤から建築物を絶縁する方法がある．

**解答**

塑性とは，部材などに荷重を作用させたとき生じる変形が，荷重を取り除いた後も変形したままで元の状態に戻らない性質をいう．一方，元の状態に戻る性質は弾性という．

中性化とは，強アルカリ性であるコンクリートに大気中の二酸化炭素が侵入し，水酸化カルシウム等のセメント水和物と反応を起こすことでpHを低下させる現象である．コンクリート中の鉄筋表面に不動態被膜が形成されているが，pHが概ね11より低くなると不動態被膜は破壊され，鉄筋の腐食が進む．鉄筋は腐食すると膨張し，コンクリートにひび割れが発生する．ひび割れが発生したコンクリートは中性化によるコンクリート構造物の劣化，雨水等の浸入による鉄筋の腐食が加速される．

正解(4)

**問題97** 建築材料の特徴に関する次の記述のうち，最も不適当なものはどれか．
(1) 木材の熱伝導率は，コンクリートに比べて大きい．
(2) Low-Eガラスは，ガラス表面に特殊金属膜をコーティングしたものである．
(3) 鉄鋼の線膨張係数は，コンクリートとほぼ等しい．
(4) ステンレス鋼は，鉄にクロム，ニッケル等を含む特殊鋼である．

**解答**

(1) 不適当．木材の熱伝導率は，コンクリートに比べて小さい．
(2) Low-Eガラスは，ガラス表面に特殊金属膜を張ったもの．一般に複層ガラスとして用いる．
(3) 鉄鋼の線膨張係数はコンクリートとほぼ等しく，鉄筋コンクリート構造が成り立つための前提の一つとなっている．

（5）　アルミ材は軽いので，カーテンウォールに用いられる．

（4）　ステンレス鋼は，鉄にクロム，ニッケル等を含むことで，優れた耐久性，耐熱性，強度などの特性を持った特殊鋼である．

（5）　アルミニウムは軽く，やわらかく加工がしやすいが，熱・電気の伝導率が大きく，火災に弱い．

カーテンウォールの例

正解（1）

---

**問題98**　建築材料と部材の性質に関する次の記述のうち，最も不適当なものはどれか．
（1）　トタンは，鋼板にすずめっきをしたものである．
（2）　銅は展延性に富み，加工しやすい．
（3）　板ガラスは，部分的に加熱されると破壊しやすい．
（4）　ポルトランドセメントには，普通・早強・中庸熱等の種類がある．
（5）　ブリージングとは，コンクリート打設後，ペースト中のセメントや骨材が沈降して，分離した水が浮く現象をいう．

**解答**

　トタンは，鉄板に亜鉛めっきしたものである．すずめっきしたものはブリキである．ポルトランドセメントは，コンクリートの材料の一つで，現在最も多量に生産されている代表的なセメントである．普通・早強・最早強・中庸熱・低熱・耐硫酸塩の6種類の各ポルトランドセメントと，それぞれの低アルカリ形の合計12種類がJISに制定されている．

正解（1）

---

**問題99**　建築設備に関する用語の組合せとして，最も不適当なものは次のうちどれか．
（1）　LAN―――情報通信設備
（2）　ITV―――防犯設備
（3）　EV―――搬送設備
（4）　CAV―――空気調和設備
（5）　ESCO―――排水設備

**解答**

（1）LAN：Local Area Network
（2）ITV：industrial television（監視カメラ）
（3）EV：Elevator（エレベーター）
（4）CAV：Constant Air Volume（定風量装置）
（5）不適当．
　ESCOとは，Energy Service Company事業の略で，省エネルギー診断，システム設計，設備導入工事，さらには効果検証まで，一貫したサービスを提供するエネルギー総合サービス事業のことである．

正解（5）

---

**問題100**　消火設備に関する次の記述のうち，最も不適当なものはどれか．
（1）　消火方法としては，燃焼の3要素である可燃物，酸素，着火源の一つ以上の要素を取り除くことを原則としている．
（2）　金属火災に対しては，水による消火が危険になる場合がある．
（3）　消火器は，火災の初期発見段階での消火に利用される．

**解答**

　泡消火設備は，泡で燃焼物を覆い，窒息作用と冷却作用により消火するものである．

（4） 連結送水管は，公設消防隊が使用するもので，消防隊専用栓と呼ばれる．

（5） 泡消火設備は，希釈作用により消火する．

正解（5）

**問題101** 防災に関する次の記述のうち，最も不適当なものはどれか．

（1） 火災荷重は，建築部材などの可燃物の潜在発熱量を，木材の発熱量で規準化した単位面積当たりの可燃物重量のことである．

（2） 差動式熱感知器は，感知器の周辺温度が定められた一定温度以上になると作動する．

（3） 火災室内の温度が急激に上昇し，火炎が噴出し，燃焼が一気に室全体に拡大する急速な燃焼現象をフラッシュオーバという．

（4） 防炎物品は，カーテン，絨毯(じゅうたん)等に薬剤処理を施し，着火，展炎しにくくしたものである．

（5） 防排煙対策の目的は，種々の手段により煙の挙動を制御し，安全な避難経路や消防活動拠点を確保することである．

**解答**

差動式熱感知器は，感知器の周辺温度上昇率が一定以上になったときに作動するものである．

正解（2）

**問題102** 建築基準法に関する次の記述のうち，正しいものはどれか．

（1） 建築基準法は，建築物の意匠・装飾についての設計指針を定めている．

（2） 建築基準法は，建築物の敷地，構造，設備及び用途に関する望ましい基準を定めている．

（3） 建築物の所有者，管理者又は占有者は，その建築物の敷地，構造及び建築設備を常時適法な状態に維持するように努めなければならないとしている．

（4） 建築物に関する法令規定のうち，建築物自体の安全，防火，避難，衛生等に関する技術的基準を定めた規定の総称を集団規定という．

（5） 建築基準法は，建築物の工事管理を行う技術者の資格を定めている．

**解答**

「建築物の所有者，管理者又は占有者は，その建築物の敷地，構造及び建築設備を常時適法な状態に維持するように努めなければならない」（建築基準法第8条第1項）

（1）（2） 建築物の敷地，構造，設備および用途に関する最低の基準を定めている（同法第1条）．

（4） 設問の技術的基準を定めた規定は単体規定である．集団規定は，建築物と都市の関係について定めたものである．

（5） 建築物の設計を行う技術者の資格（建築士）を定めている（同法第5条の6）．

正解（3）

**問題103** 建築基準法及びその施行令に関する次の記述のうち，誤っているものはどれか．

（1） 戸建住宅は，特殊建築物ではない．

（2） 基礎は，主要構造部である．

（3） 住宅の納戸は，居室ではない．

（4） 建築物に設ける煙突は，建築設備である．

（5） 小屋組は，構造耐力上主要な部分である．

**解答**

基礎は主要構造部ではなく，構造耐力上主要な部分である．

正解（2）

平成29年

**問題104** 建築基準法の行政手続等に関する次の記述のうち，最も不適当なものはどれか．

(1) 建築設備においても，建築確認を必要とするものがある．

(2) 建築主は，特定工程を含む建築工事を行う場合には，中間検査の申請が免除される．

(3) 建築主事は，建築確認申請書を審査し，適法と確認した場合には，建築主に確認済証を交付する．

(4) 特定行政庁は，違反建築物に対する必要な措置を命ずることができる．

(5) 建築主事は，市区町村又は都道府県の職員で建築基準適合判定資格者の登録を受けた者のうちから，それぞれ市区町村の長又は都道府県知事により命じられる．

**解答**

建築主は，特定工程を含む建築工事を行う場合，中間検査を申請しなければならない．

建築基準法第87条の2の規定により，確認の手続きが準用される建築設備がある．エレベーター，エスカレーターなど．

正解(2)

**問題105** 建築物の管理に関する次の記述のうち，最も不適当なものはどれか．

(1) ライフサイクルは，JISの設備管理用語によると「設備の製作，運用，保全」と定義されている．

(2) エネルギー管理に推奨されるPDCAサイクルの活用には，見える化機能が有効である．

(3) ファシリティマネージメントは，コストと品質の最適化バランスを目的としている．

(4) 放射空調は，温度むらによる不快感が起こりにくい．

(5) 設備の保全活動には，維持活動と改善活動がある．

**解答**

ライフサイクルは，JISの設備管理用語によると，「設備の計画，設計，製作，運用，保全を経て廃却又は再利用までを含めたすべての段階及び期間」と定義されている．

正解(1)

**問題106** 給水及び排水の管理に関する用語とその単位との組合せとして，最も不適当なものは次のうちどれか．

(1) 下水道におけるリン含有量————mg/L

(2) ゲージ圧力————Pa

(3) 病院の単位給湯量————L/(床・日)

(4) 水の比熱————J/℃

(5) 化学的酸素要求量————mg/L

**解答**

比熱とは，ある物質1gの温度を1℃上げるのに必要な熱量をいい，単位は〔J/(kg・K)〕である．ちなみに，水の比熱はおおよそ4200J/(kg・K)である．温度の単位は基本単位でケルビン〔K〕を用いているが，1℃の差と1Kの差は同じで，熱量はJ（ジュール）で表し，1kcal/kg・℃≒4.186kJ/(kg・K)である．

正解(4)

**問題107** 給水及び排水の管理に関する用語とその説明として，最も不適当なものは次のうちどれか．

(1) バルキング————排水槽の底部に沈殿した固形物や油脂などが集まったもの

(2) 酸化保護被膜————酸化によってできる金属表面の薄い被膜

(3) ファージ————細菌を宿主細胞とする一群のウイルスの総称

(4) トリハロメタン————有機物質と消毒用塩素が反応して生成される物質

(5) スケール————炭酸カルシウム，炭酸マグネシウム等の析出物

**解答**

(1) バルキングとは，活性汚泥の単位重量当たりの体積が増加して，沈殿しにくくなる現象を言う．水中の汚濁物質が沈殿してできた泥状の物質は，汚泥（スラッジともいう）である．

(2) 酸化保護被膜は，酸化によってできる金属表面の薄い被膜のことで，不動態被膜ともいい，耐食性が保持される．銅管，ステンレス鋼管に形成される．

(3) ファージとは，バクテリオファージのこと．細菌を宿主とする一群のウイルスの総称である．

(4) トリハロメタンは，ある種の有機物質と消毒用の塩素が反応して生じるも

ので，発癌物質といわれている．
（5）　スケールは，水中の炭酸カルシウム
や炭酸マグネシウムの付着や，腐食や
錆等によって生じるもので，鋼管に多
く発生する．

正解(1)

**問題108**　水道法に関する次の記述のうち，最も不適当なものはどれか．
（1）　簡易専用水道とは，水道事業の用に供する水道から供給を受ける水のみを水源とするもので，水槽の有効容量の合計が10m³以下のものをいう．
（2）　水道とは，導管及びその他の工作物により，水を人の飲用に適する水として供給する施設の総体をいう．
（3）　専用水道とは，寄宿舎等の自家用水道等で，100人を超えるものにその居住に必要な水を供給するもの，又は人の生活の用に供する1日最大給水量が20m³を超えるものをいう．
（4）　上水道事業とは，一般に計画給水人口が5 001人以上である水道事業をいう．
（5）　給水装置とは，需要者に水を供給するために水道事業者の施設した配水管から分岐して設けられた給水管及びこれに直結する給水用具をいう．

| 解　答 |

「簡易専用水道」とは，水槽の有効水量の合計が10m³を超えるものを言う．設問(1)の水道は「小規模貯水槽水道」である．

正解(1)

**問題109**　水質基準に関する省令（平成15年厚生労働省令第101号）に定める基準値として，誤っているものは次のうちどれか．
（1）　一般細菌は，1mLの検水で形成される集落数が100以下であること．
（2）　銅及びその化合物は，銅の量に関して，10 mg/L以下であること．
（3）　ホルムアルデヒドは，0.08 mg/L以下であること．
（4）　pH値は，5.8以上8.6以下であること．
（5）　色度は，5度以下であること．

| 解　答 |

銅及びその化合物の基準値は，銅の量に関して1.0mg/Lと定められている．

正解(2)

**問題110**　給水設備に関する次の記述のうち，最も適当なものはどれか．
（1）　事務所建築における1日当たりの設計給水量は，150～200 L/人とする．
（2）　受水槽の有効容量は，一般に1日最大使用水量の1/10とする．
（3）　給水配管内の流速は，最大2.0 m/s以下となるように管径を選定する．
（4）　高置水槽方式は，他の給水方式に比べて水質汚染の可能性が低い方式である．
（5）　直結増圧方式は，引込み管に増圧ポンプユニットを設けて水圧を高くし，飲料水のストック機能（貯留機能）が必要な，高層建築物にも適用できるようにした方式である．

| 解　答 |

給水管内流速は，ウォータハンマの発生を防止するため，最大2.0m/s以下が望ましい．
（1）　事務所建築は，1日当たり60～100 L/人である．
（2）　受水槽の有効容量は一般に1日最大使用水量の1/2，高置水槽の有効容量は1日最大使用水量の1/10とする．
（4）　高置水槽方式は，オーバーフロー管や通気管が開放されているため汚染されやすい．
（5）　直結増圧方式は，貯水槽（貯留機能）を介さない方式である．

正解(3)

**問題111** 給水設備配管に関する次の記述のうち，最も不適当なものはどれか．

（1）給水管と排水管が平行して埋設される場合には，給水管の上方に排水管を埋設する．

（2）ポンプに弁及び配管を取り付ける場合には，その荷重が直接ポンプにかからないように支持する．

（3）給水配管の枝管の分岐は，下方に分岐する場合には下取り出しとする．

（4）止水弁は，主管からの分岐，各系統の起点，機器との接続部等に設置される．

（5）飲料水用配管は，他の配管系統と識別できるようにしなければならない．

**解答**

地中に給水管を埋設するとき，排水管が平行して埋設される場合は，配管の水平間隔は500mm以上とし，かつ，両者が交差する場合も含めて，<u>給水管は排水管の上方に埋設する</u>．

正解（1）

**問題112** 給水設備機器に関する次の記述のうち，最も不適当なものはどれか．

（1）木製貯水槽は，断熱性に優れているため結露対策が不要である．

（2）ステンレス鋼板製貯水槽は，気相部の腐食対策が必要である．

（3）渦巻きポンプは，羽根車を高速回転し，水に向心力を与えて吐出させる．

（4）FRP製貯水槽は，機械的強度が低いため耐震補強が必要である．

（5）受水槽から高置水槽へ送水する揚水ポンプの起動・停止は，高置水槽の水位により作動させる．

**解答**

渦巻きポンプは，羽根車を高速回転し，水に遠心力を与えて吐出させている．（4）のFRP（Fiberglass Reinforced Plastic）は，プラスチック（不飽和ポリエステル樹脂）をガラス繊維で補強したものである．

正解（3）

**問題113** 給水設備の配管に関する語句の組合せとして，最も不適当なものは次のうちどれか．

（1）ステンレス鋼管————————テフロン製（テフロン被覆）
　　（フランジ接合）　　　　　　ガスケット

（2）合成樹脂ライニング鋼管———管端防食継手
　　（ねじ接合）

（3）ポリブテン管————————接着接合

（4）銅管————————————酸化保護被膜

（5）架橋ポリエチレン管————さや管ヘッダ工法

**解答**

合成樹脂管のポリブテン管やポリエチレン管は，硬質塩化ビニル管のように溶剤による接着接合ができないため，金属の継手による<u>メカニカル接合</u>か，熱で接続面を溶かす<u>融着接合</u>を用いる．

正解（3）

**問題114** 給水設備の汚染に関する次の記述のうち，最も不適当なものはどれか．

（1）飲料用貯水槽のオーバフロー管は，オーバフロー排水を円滑に行うために，一般の排水管に直接接続する．

（2）吐水口空間を設けることは，逆サイホン作用防止の基本である．

（3）大便器洗浄弁には，大気圧式バキュームブレーカを設置する．

（4）上水系統とそれ以外の系統は，いかなる理由があっても直接接続してはならない．

（5）屋内の貯水槽は，6面から点検ができるように床上に独

**解答**

オーバフロー管は，貯水槽の汚染防止のため，口径に関係なく排水管との間に150mm以上の排水口空間を設けて<u>間接排水</u>とする．

立して設置する.

**問題115** 貯水槽の清掃に関する次の記述のうち,最も不適当なものはどれか.
(1) 清掃時は,必要に応じてマンホールの蓋を開けた後に,換気用のファンやダクトを設置して槽内の換気を図るなどの事故防止対策を講じる.
(2) 受水槽と高置水槽の清掃は,原則として同じ日に行い,受水槽清掃後に高置水槽の清掃を行う.
(3) 清掃終了後は,塩素剤を用いて2回以上,貯水槽内の消毒を行う.
(4) 清掃終了後の水洗いと水張りは,消毒終了後,少なくとも30分以上経過してから行う.
(5) 清掃終了後の水質検査における遊離残留塩素濃度の基準値は,0.1 mg/L以上である.

【解答】
貯水槽の清掃終了後の水質検査における遊離残留塩素濃度の基準値は,0.2mg/L以上である.

正解(5)

**問題116** 給水設備の保守管理に関する次の記述のうち,最も不適当なものはどれか.
(1) 貯水槽の清掃によって生じた汚泥等の廃棄物は,廃棄物の処理及び清掃に関する法律,下水道法等の規定に基づき,適切に処理する.
(2) 防錆(せい)剤の使用は,配管の布設替えが行われるまでの応急処置とする.
(3) 管更生工法で管内に合成樹脂ライニングを施す場合には,技術評価・審査証明を受けた工法を採用するのがよい.
(4) ポンプ直送方式では,ポンプの停止時や性能低下時などに,下方の階の方が給水管内は負圧になりやすい.
(5) 配管は,管の損傷,さび,腐食及び水漏れの有無を点検して,必要に応じて補修を行う.

【解答】
ポンプ直送方式は,下階から上階に圧送するので,ポンプの停止時や送水量不足の場合は,上階の管内が負圧になる.

正解(4)

**問題117** 給湯設備の配管に関する次の記述のうち,最も不適当なものはどれか.
(1) 逃し弁には,加熱時に膨張した湯を逃がすための排水管を設ける.
(2) 配管内の空気や水が容易に抜けるように,凹凸配管とはしない.
(3) 給湯設備における金属材料の腐食は,給水設備において使用される場合より早期に発生し,その腐食速度も速い.
(4) 中央式給湯方式の循環ポンプは,給湯主管に設置する.
(5) 業務用ちゅう房など連続的に湯を使用する給湯枝管には,返湯管を設けない場合が多い.

【解答】
中央式給湯方式の循環ポンプは,一般に,貯湯槽への返湯管に設ける.

正解(4)

**問題118** 給湯設備に関する次の記述のうち，最も不適当なものはどれか.

(1) 中央式給湯方式の循環ポンプの循環流量は，加熱装置における給湯温度と返湯温度との温度差に反比例する.

(2) ヒートポンプは，排熱回収用の給湯熱源機器として使用される.

(3) 排水から熱回収する場合は，熱効率を上げるために直接熱交換を行う.

(4) エネルギーと水の節約を図るためには，湯と水を別々の水栓から出さずに混合水栓を使用する.

(5) 給湯配管からの放熱損失を低減するため，配管経路の短縮，配管の断熱等に配慮した配管計画を行う.

**問題119** 給湯設備機器に関する次の記述のうち，最も不適当なものはどれか.

(1) 加熱コイル付き貯湯槽は，蒸気などの熱媒が得られる場合に一般的に使用される.

(2) 貯蔵式湯沸器は，加熱ヒータ，温度調節装置，密閉式貯湯槽，減圧弁及び逃し弁で構成されている.

(3) ガスマルチ式給湯機には，小型の瞬間湯沸器を複数台連結してユニット化し，台数運転を行うものがある.

(4) ボイラは伝熱面積とゲージ圧力などにより，簡易ボイラ，小型ボイラ，ボイラに区分される.

(5) 給湯用貫流ボイラは，温水を取り出す小型ボイラで，水管群により構成され耐圧性に優れている.

**問題120** 給湯設備配管に関する次の記述のうち，最も不適当なものはどれか.

(1) ステンレス鋼管の線膨張係数は，架橋ポリエチレン管のそれより小さい.

(2) 銅管は，循環配管を設けない一過式配管において腐食の発生がほとんどない.

(3) 循環式給湯設備の下向き配管方式における給湯横主管は，1/200以上の上り勾配とする.

(4) 耐熱性硬質ポリ塩化ビニル管は，90℃以下で使用する.

(5) ステンレス鋼管は，隙間腐食，残留応力腐食等による腐食が生じる可能性がある.

**問題121** 給湯設備の保守管理に関する次の記述のうち，最も不適当なものはどれか.

(1) シャワーヘッドは，1年に1回以上，分解清掃を行う.

(2) 中央式給湯方式の循環ポンプは，1年に1回，作動確認を兼ねて分解清掃を行う.

(3) 第1種圧力容器は，1年に1回，定期自主検査を行う.

(4) 給湯配管は，1年に1回管洗浄を行う.

(5) 各種の弁は，1年に1回以上，分解清掃を行う.

**問題122** 給湯設備の保守管理に関する次の記述のうち，最も不適当なものはどれか．
（1） 休止中の貯湯槽を再開するときには，点検・清掃を行い，給湯系統内が設定温度になるまで加熱してから使用する．
（2） 貯湯槽は，定期的に底部の滞留水の排出を行う．
（3） ベローズ形伸縮管継手は，ベローズの疲労破壊により漏水することがある．
（4） 給湯水の流量を調節するためには，仕切弁を使用する．
（5） 配管系統の末端では，定期的に停滞水の排出を行い，温度測定を行う．

**解答**
　流量調整には，一般の水栓と同じような構造の玉形弁（グローブ弁またはストップ弁とも言う）を用いる．

正解（4）

**問題123** 雑用水設備に関する次の記述のうち，最も不適当なものはどれか．
（1） 地区循環方式の雑用水の利用により，下水道への負荷が軽減される．
（2） 排水再利用設備に流入する原水にし尿を含む雑用水は，残留塩素が基準値以上であれば散水用水に利用できる．
（3） 雑用水の原水は，年間を通じて安定して確保できる排水を優先する．
（4） 竣工時に，雑用水を着色して通水試験を行い，上水の器具に着色水が出ないことを確認する．
（5） 雑用水は，洗面器，手洗器等，誤飲・誤用のおそれのある器具に連結しない．

**解答**
　し尿を含む水を原水とした雑用水は，便器洗浄水のみに使用し，散水・水景・清掃用水に使用してはならない．
　（1）の地区循環方式は，比較的まとまった地区（大きな住宅団地，市街地の一部）の複数の建築物において，処理水を便器洗浄水等の雑用水に利用する方式である．他に個別循環方式や広域循環方式がある．

正解（2）

**問題124** 雑用水処理設備として用いられる膜分離活性汚泥処理装置に関する次の記述のうち，最も不適当なものはどれか．
（1） 分離膜は，主に逆浸透膜（RO膜）が用いられる．
（2） 分離膜は，主に活性汚泥と処理水を分離する目的で用いられる．
（3） 膜モジュールは，一般的に生物処理槽内に浸漬される．
（4） 処理水は，消毒が必要である．
（5） 槽内浸漬型における生物処理槽へのばっ気は，微生物に対する酸素の供給のほか，膜表面を洗浄する目的もある．

**解答**
　雑用水処理設備の膜分離活性汚泥処理装置に用いる分離膜は，比較的低い圧力で使用できる限外ろ過膜（UF）が使用され，活性汚泥の分離・汚泥の濃縮などに利用される．膜分離活性汚泥処理とは，微生物による活性汚泥処理と，膜（高分子膜）によるろ過を組み合わせたものである．膜にはUF（UltraFiltration）とRO（Reverse Osmosis）などがある．

正解（1）

**問題125** 建築物衛生法施行規則第4条の2に基づく散水・修景又は清掃の用に供する雑用水の水質検査において，2カ月以内ごとに1回，定期的に行う項目として，正しいものは次のうちどれか．
（1） pH
（2） 臭気
（3） 外観
（4） 濁度
（5） BOD

**解答**
　濁度と大腸菌の水質検査は，2か月に1回，定期的に行う．なお，pH，臭気，外観は7日に1回行い，BOD（Biochemical Oxygen Demand，生物学的酸素要求量）は検査項目に含まれない．

正解（4）

**問題126** 排水の水質に関する次の記述のうち，最も不適当なものはどれか．

- （1） 浮遊物質とは，水中に懸濁している 2 mm 以上の物質である．
- （2） BODは，20℃，暗所，5 日間で消費された溶存酸素量を表したものである．
- （3） 窒素化合物は，閉鎖性水域の富栄養化の原因物質の一つである．
- （4） ノルマルヘキサン抽出物質は，主として比較的揮発しにくい油脂類などである．
- （5） 汚泥容量指標（SVI）は，活性汚泥の沈降性を表す指標である．

**解 答**
　浮遊物質（SS）は，水中に懸濁している物質（1 $\mu$m より大きく 2 mm より小さい物質）をいう．

正解（1）

**問題127** 排水通気方式及び通気配管に関する次の記述のうち，最も不適当なものはどれか．

- （1） 結合通気管は，高層建築物でブランチ間隔15以上の排水立て管において，最下階から数えてブランチ間隔15以内ごとに設ける．
- （2） 通気立て管の上部は，最高位の衛生器具のあふれ縁から150 mm 以上高い位置で伸頂通気管に接続する．
- （3） ループ通気方式は，通気管を最上流の器具排水管が排水横枝管に接続される位置のすぐ下流から立ち上げて，通気立て管に接続する方式である．
- （4） 通気立て管の下部は，排水立て管に接続されている最低位の排水横枝管より低い位置で排水立て管から取り出す．
- （5） 特殊継手排水システムは，排水横枝管への接続器具数が比較的少ない集合住宅やホテルの客室系統に多く採用されている．

**解 答**
　高層建築物の排水立て管内の圧力変動を軽減するために設ける結合通気管は，排水立て管と通気立て管の間で直接通気を設けるもので，ブランチ間隔が10以上の排水立て管において，最上階から数えてブランチ間隔10以内ごとに設ける．

- ブランチ間隔：排水立て管に接続している各階の排水横枝管または排水横主管の間の垂直距離が2.5mを超える排水立て管の区間

正解（1）

**問題128** 排水管へ設置する掃除口及び排水ますに関する次の記述のうち，最も不適当なものはどれか．

- （1） 掃除口の設置間隔は，排水管の管径が100 mm 以下の場合は 15 m 以内とする．
- （2） 掃除口は，排水横主管と敷地排水管の接続部に近い箇所に設置する．
- （3） 掃除口の口径は，排水管の管径が 125 mm の場合には 75 mm とする．
- （4） 排水ますの大きさは，配管の埋設深度，接続する配管の大きさと本数，及び点検等を考慮して決定する．
- （5） 敷地排水管の直管が長い場合は，管内径の120倍を超えない範囲内に排水ますを設置する．

**解 答**
　掃除口の口径は，排水管の管径が100mm以下の場合は配管と同径とし，100mmを超える場合は100mmより小さくしてはならない．

正解（3）

**問題129** 排水通気設備に関する次の記述のうち，最も不適当なものはどれか．

- （1） 間接排水管の口径が100 mmの場合の排水口空間は，最小 150 mm である．

**解 答**
　伸頂通気方式の排水立て管の底部では管内圧力が上昇するので，排水横主管の水平曲がりは底部より 3 m 以内に設けて

（2）　排水ポンプは，排水槽の吸込みピットの壁などから200 mm以上離して設置する．

（3）　管径125 mmの排水横管の最小勾配は，1/150である．

（4）　伸頂通気方式の排水横主管の水平曲りは，排水立て管の底部より2 m以内に設ける．

（5）　雨水ますの流出管は，流入管よりも管底を20 mm程度下げて設置する．

正解（4）

**問題130**　排水通気設備に関する語句の組合せとして，最も不適当なものは次のうちどれか．

（1）　防水床用の排水トラップ————水抜き孔を設置

（2）　通気弁————寒冷地の集合住宅の通気管に使用

（3）　通気口の通気率————通気口の開口面積／管内断面積

（4）　即時排水型ビルピット設備————排水槽の悪臭防止に有効

（5）　トラップの封水強度————毛管現象発生時の封水の保持能力

**解答**

トラップの封水強度とは，<u>排水管内に正圧（大気圧を基準としてそれより大きい圧力）または負圧が生じたときのトラップの封水保持能力</u>をいう．

正解（5）

**問題131**　排水通気設備に関する次の記述のうち，最も不適当なものはどれか．

（1）　排水槽の底の勾配は，吸込みピットに向かって1/15以上1/10以下とする．

（2）　排水立て管のオフセット部の近くに排水横枝管を設ける場合は，オフセット部の上下500 mm以内に設ける．

（3）　排水槽のマンホールの大きさは，直径が600 mm以上の円が内接することができるものとする．

（4）　トラップが組み込まれていない阻集器には，その出口側にトラップを設ける．

（5）　伸頂通気方式では，排水立て管と排水横主管の接続には，大曲がりベンドを用いる．

**解答**

排水立て管の位置を水平に移動することをオフセットといい，その部分では排水の流れが乱れて圧力変動が生じやすい．オフセットを設ける場合は，オフセット部の上下<u>600mm</u>以内には排水横枝管を接続してはならない．

正解（2）

**問題132**　排水設備の保守管理の内容とその実施頻度との組合せとして，最も不適当なものは次のうちどれか．

（1）　排水槽の清掃————6カ月以内に1回

（2）　排水ポンプのメカニカルシールの交換————3〜5年に1回

（3）　通気管の点検————1年に1回

（4）　グリース阻集器のトラップの清掃——2カ月に1回

（5）　排水ポンプの絶縁抵抗の測定————1カ月に1回

**解答**

排水ポンプのメカニカルシールの交換は，<u>1〜2年に1回</u>行う．

正解（2）

**問題133**　排水通気設備の保守管理に関する次の記述のうち，最も不適当なものはどれか．

（1）　逆流防止弁は，下水本管からの排水の逆流を防止するために設置する．

（2）　ちゅう房排水槽の水位制御には，一般にフロートスイッ

**解答**

スネークワイヤを通す方法では，ワイヤの長さが25m程度なので，<u>排水横管で25m，立て管ではワイヤの重量から20m程度</u>が限界である．

はならない．

チが用いられる.
　（3）　グリース阻集器のグリースは，7〜10日に1回の間隔で除去する.
　（4）　排水管の有機性付着物は，アルカリ性洗剤を用いて除去する.
　（5）　排水横管の清掃にワイヤを通す方法を用いる場合は，一般に長さ35 m程度が限界とされている.

**問題134**　排水通気設備の保守管理に関する次の記述のうち，最も不適当なものはどれか.
　（1）　敷地排水管の清掃に利用するロッド法は，1〜1.8 mのロッドをつなぎ合わせ，手動で排水管内に挿入して清掃する方法である.
　（2）　排水槽内の悪臭防止対策としては，5〜6時間を超えて排水を貯留しないように，タイマ制御による強制排水を行う.
　（3）　床下に設置する掃除口は，砲金製のものが適する.
　（4）　ウォータラム法は，圧縮空気を一気に放出してその衝撃で閉塞物を除去する方法である.
　（5）　飲食店などのグリース阻集器内で発生する廃棄物は，産業廃棄物として処理する.

**解　答**
排水ポンプの運転をタイマ制御とし，1〜2時間で強制的に排水を排除する.

正解（2）

**問題135**　大便器と小便器に関する次の記述のうち，最も不適当なものはどれか.
　（1）　大便器の洗浄タンク内の汚れの状態は，6カ月に1回，定期に点検する.
　（2）　JISでは，節水II型の大便器の洗浄水量は，6.5 L以下としている.
　（3）　ロータンク内のボールタップは，止水機能を備えていなければならない.
　（4）　小便器のリップの高さとは，床面からあふれ縁までの垂直距離をいう.
　（5）　使用頻度が高い公衆便所用小便器の排水トラップは，小便器一体のものが適している.

**解　答**
　出題当時の正解は（5）だが，2019年11月のJIS A 5207（衛生器具—便器・洗面器類）改正で，（2）も正解（不適当）となった.
（2）JIS A 5207が規定する大便器の洗浄水量区分は，以下に示す2区分である.
　・I形：8.5 L以下
　・II形：6.5 L以下
（5）公衆便所用は，トラップの詰まりが多いため，トラップ着脱式が適している.

正解（2）（5）

**問題136**　衛生器具設備に関する次の記述のうち，最も不適当なものはどれか.
　（1）　節水機器を導入する場合は，給水器具からの吐水量の削減だけでなく，排水管内の流下特性などにも配慮する.
　（2）　小便器は乾燥面が広いため，洗浄に注意しないと臭気が発散する.
　（3）　温水洗浄式便座の給水に，雑用水系統であることを表示した再利用水配管を接続する.
　（4）　節水を目的とした小便器には，個別感知洗浄方式や照明スイッチとの連動による洗浄方式などが用いられている.
　（5）　上質水供給設備では，末端水栓で規定の残留塩素を確保

**解　答**
　温水洗浄便座に使用する水は，衛生的観点から上水を使用し，いかなる場合も雑用水を使用してはならない.

するために，最小限の塩素注入を行う.

**問題137** 浄化槽における高度処理で除去対象とする物質とその除去法との組合せとして，最も不適当なものは次のうちどれか.
（1） 浮遊性の残存有機物質―――――凝集沈殿法
（2） 溶解性の残存有機物質―――――活性炭吸着法
（3） 窒素化合物―――――――――生物学的硝化・脱窒法
（4） アンモニア―――――――――イオン交換法
（5） リン化合物―――――――――急速砂ろ過法

**解答**
リン化合物は，凝集剤を注入することにより，沈殿除去する.

正解（5）

**問題138** 浄化槽法に基づく浄化槽管理者に関する次の記述のうち，最も不適当なものはどれか.
（1） 設置届を提出すること.
（2） 清掃を実施すること.
（3） 保守点検を実施すること.
（4） 浄化槽設備士を置くこと.
（5） 法定検査を受検すること.

**解答**
「浄化槽管理士」を置かなければならない. また，処理対象人員501人（指定地域では201人）以上の規模では，技術管理者を置かなければならない.

正解（4）

**問題139** 浄化槽の単位装置とその点検内容との組合せとして，最も不適当なものは次のうちどれか.
（1） 流入管渠――――――――異物などの付着状況
（2） 嫌気ろ床槽―――――――目詰まりの状況
（3） 汚泥貯留槽―――――――スカムの貯留状況
（4） 沈殿槽―――――――――堆積汚泥の生成状況
（5） 接触ばっ気槽――――――MLSS濃度

**解答**
接触ばっ気槽は，生物膜，剥離汚泥，堆積汚泥の生成状況を点検する. MLSS（Mixed Liquor Suspended Solids）とは，ばっき槽混合液の浮遊物質のことで，活性汚泥中の微生物量の指標の1つである.

正解（5）

**問題140** 特殊設備の維持管理に関する次の記述のうち，最も不適当なものはどれか.
（1） ちゅう房機器の具備すべき要件には，食品に接する部分は，衛生的で，容易に洗浄・殺菌ができる構造とすることが挙げられる.
（2） 入浴設備の打たせ湯に，循環している浴槽水を用いる.
（3） プール水の消毒設備には，塩素剤に加えてオゾン消毒や紫外線消毒を併用する例がある.
（4） HACCPとは，食品製造に関して原材料の受入れから最終製品の出荷までの各段階におけるリスク分析に基づき，重点管理点を定めて連続的に監視する安全性確保のための衛生管理手法である.
（5） 水景施設への上水系統からの補給水は，必ず吐水口空間を設けて間接的に給水する.

**解答**
打たせ湯やシャワーに用いる湯は，衛生上，循環している浴槽水を用いてはならない.

正解（2）

**問題141** 空気調和設備等の維持管理及び清掃等に係る技術上の基準（平成15年厚生労働省告示第119号）における清掃に関する次の記述のうち，誤っているものはどれか.
（1） 床面の清掃について，日常における除じん作業のほか，床維持剤の塗布の状況を点検し，必要に応じ，再塗布等

**解答**
カーペット類の清掃について，日常における除塵作業のほか，汚れの状況を点検し，必要に応じ，シャンプークリーニング，しみ抜きを行うこと.

を行うこと.
（2）日常的に清掃を行わない箇所の清掃について，6カ月以内ごとに1回，定期に汚れの状況を点検し，必要に応じ，除じん，洗浄等を行うこと.
（3）廃棄物の収集・運搬設備，貯留設備その他の処理設備について，定期に点検し，必要に応じ，補修，消毒等を行うこと.
（4）カーペット類に洗剤を使用する場合は，洗剤分が残留しないようにすること.
（5）カーペット類の清掃は，1カ月以内ごとに1回定期的にしみ抜きを行うこと.

正解（5）

---

**問題142**　建築物清掃の作業計画に関する次の記述のうち，最も不適当なものはどれか.
（1）作業計画の作成に当たっては，ムリ，ムダ，ムラがないか留意する.
（2）日常清掃で除去する汚れと，定期的に除去する汚れを区別することなく，作業を実行できる.
（3）作業記録の保存は，種々のトラブルの発生に対する処理を迅速化する.
（4）作業内容が明確になっているので，管理者への対応が的確にできる.
（5）作業内容が明確化されているため，統一的な指導ができる.

**解答**

日常と定期清掃は，適正に分けて作業する.
日常清掃は，1日1回から複数回の作業を行うものをいう.
定期清掃は，週，月，年に1回など間隔をおいて行うもので，床面の洗浄や樹脂ワックスの塗布，窓ガラスの清掃等，より技術のいるものが多い. そのため外注化も進んでいる.
また汚れに応じて，清掃回数を設定するため，実施にあたっては，日常清掃と定期清掃は分けなければならない.

正解（2）

---

**問題143**　建築物清掃の作業計画に関する次の記述のうち，最も適当なものはどれか.
（1）作業頻度による分類では，日常清掃，定期清掃及び臨時清掃に分けられる.
（2）廊下壁面のスポット洗浄は，日常清掃で実施する.
（3）湯沸室の流し台の洗浄は，一般に定期清掃として実施する.
（4）管理用区域は，汚れの発生が少ないため，清掃は年2回程度実施する.
（5）エスカレータパネル類の洗剤拭きは，一般に日常清掃で実施する.

**解答**

（1）適当.
（2）廊下壁面のスポット洗浄は，月1回程度の定期清掃で実施する.
（3）湯沸し室の流し台の洗浄は，日常清掃で実施する.
（4）管理用区域は人が出入りする場所であり，汚れの程度により，必要に応じて清掃する.
（5）エスカレーターのパネル類の洗剤拭きは，月1〜2回の定期清掃で実施する.

正解（1）

---

**問題144**　建築物清掃管理の評価に関する次の記述のうち，最も不適当なものはどれか.
（1）品質評価の第一歩は，自らがセルフインスペクションを行い要求品質とのギャップを確認することである.
（2）組織品質は，事業所管理品質と作業品質の二つによって構成される.
（3）評価結果に基づき改善が必要と判断した場合は，清掃責任者に指示をする.

**解答**

建築物清掃管理の評価は，組織品質と作業品質の二つに大分される. うち，組織品質は事業所管理品質と現場管理品質で構成されている.

（4）　評価方法には，測定機器（光沢度計等）を使用する検査と，目視等による官能検査とがある.

（5）　作業の改善点は，仕様書や作業基準表に限定しないで見いだす必要がある.

正解(2)

**問題145**　ほこりや汚れの除去に関する次の記述のうち，最も適当なものはどれか.

（1）　油溶性物質は水に混ざりにくいため，ブラシを用いて物理的に除去する.

（2）　おがくずを用いる方法は，ほこりを付着させる効果は小さい.

（3）　はたきがけは，建築物室内の清掃方法に適している.

（4）　アルミニウム建材の汚れは，弱アルカリ性洗剤で除去する.

（5）　水で湿ったタオルで汚れの部分を軽くこすり，タオルに付着すれば水溶性の汚れである.

**解答**

（1）　油溶性物質には，有機溶剤または界面活性剤入りの洗剤を利用する. 物理的な作用だけでは汚れが取れにくい.

（2）　湿ったおがくずは，<u>ほこりを付着させる効果がある</u>.

（3）　はたきがけは，密閉された空間に近い建築物の中では，汚れを空気中に拡散させてしまうため厳禁である.

（4）　アルカリ性洗剤は，アルミニウムを溶かすため<u>使用できない</u>. 酸性洗剤も同様である.

正解(5)

**問題146**　床洗浄作業における環境対策に関する次の記述のうち，最も不適当なものはどれか.

（1）　作業頻度を高くすることに配慮し，方法を選定する.

（2）　使用後の酸性又はアルカリ性の洗剤は，中和してから排出する.

（3）　洗剤や水を使用する時の温度は，汚れや建材の性質を考慮して適切に設定する.

（4）　洗剤容器などは，廃棄物が環境負荷にならないものを選定する.

（5）　パッドやブラシは，汚れの状況により研磨剤の種類や量を考慮して選定する.

**解答**

環境対策としては，できるだけ作業頻度と洗剤を減らして，光熱費などを抑え，<u>廃液等を減らして</u>，環境への負荷を低減する方法を選ぶ.

正解(1)

**問題147**　予防清掃に関連する次の記述のうち，最も適当なものはどれか.

（1）　現代の建築物では，窓や隙間がほこりの侵入路として重要視されている.

（2）　建材に洗剤分を残すことにより，汚れの予防効果が得られる.

（3）　親水性の建材には，水溶性の物質が付着しにくい.

（4）　建材の選択に当たっては，清掃の立場も考慮して選ぶ.

（5）　予防清掃としての建材の加工改良は，人為的原因の汚れに対して効果があるが自然的原因の汚れには効果がない.

**解答**

（1）　ほこりの侵入口は，玄関などの<u>出入り口</u>となる.

（2）　洗剤分は乾燥させてもべたつきが残るため，残留させると<u>再汚染の可能性が上がる</u>.

（3）　親水性の素材には水溶性の汚れが<u>付着しやすい</u>.

（5）　予防清掃としての建材の改良は，人為的原因の汚れ・自然的原因の汚れのどちらにも効果があると言える.

正解(4)

**問題148**　床みがき機に関する次の記述のうち，最も不適当なものはどれか.

（1）　凹凸のある床面は，研磨粒子が付着したパッドを付けて洗浄する.

（2）　超高速バフ機の回転数は，毎分1 000〜3 000回転である.

（3）　床みがき機は，スクラバマシンと呼ばれる.

**解答**

パッドでは，床面の凹部分にあたらないため，植物性や化学繊維でできた<u>ブラシ</u>を用いる.

（4） 樹脂皮膜の剥離に使用する床用パッドは，黒又は茶が多い．
（5） 低速回転の洗剤供給式床みがき機は，カーペットのシャンプークリーニングに使える．

正解（1）

**問題149** カーペットクリーニングに関する次の記述のうち，最も不適当なものはどれか．
（1） エクストラクタは，水分に耐えるカーペットの洗浄に適する．
（2） アップライト型真空掃除機は，カーペットのほこりを取るのに適する．
（3） 通常のフィルタ付き真空掃除機は，$0.3\mu$m程度の微粒子を捕捉するように設計されている．
（4） 真空掃除機は，電動ファンによって機械内部に空気の低圧域を作りほこりを吸引する．
（5） スチーム洗浄機は，カーペットのしみ取りにも使われる．

**解 答**

微粒子の径$0.3\mu$mを99％以上捕捉できるのは，HEPA，ULPA等の高性能のフィルタ付きの真空掃除機である．
アップライト型真空掃除機は立て型真空掃除機とも呼ばれ，ポット型と違い吸い込み口に縦に回転するブラシが装着されており，パイルの中の土砂をたたき出すことができる．吸引力はポット型に劣るが，大粒の，特に砂などの汚れを吸い出すには効果がある．
エクストラクタは直訳すると抽出となり，カーペットの中の汚れを吸い取る機器である．ウオンドと呼ばれる管の先に洗剤を吹きつけるノズルと，回収する吸い込み口があり，カーペットに含まれる洗剤や汚水を素早く回収する．

正解（3）

**問題150** 清掃作業に使用する洗剤に関する次の記述のうち，最も適当なものはどれか．
（1） 洗剤に使用する界面活性剤は，陰イオン系と非イオン系に大別される．
（2） 表面洗剤は，泡立ち性に優れている．
（3） リノリウムに付着した油汚れを除去するには，アルカリ性洗剤を使用する．
（4） 合成洗剤の助剤はビルダと呼ばれ，洗浄効果を高める．
（5） アルカリ性洗剤は，小便器に付着した尿石や鉄分を含んだ水垢（あか）などの除去に有効である．

**解 答**

（1） 水の中で帯電している界面活性剤には，マイナスに帯電している陰イオン系と，プラスに帯電している陽イオン系と，pHで陰陽が切り替わる両性イオン系がある．
それ以外で帯電していないものは非イオン系という．
（2） カーペットシャンプーと比べると，表面洗剤には，泡立ちの少ない非イオン系界面活性剤が使われる．
（3） リノリウムは，木粉が含まれるため，アルカリ性洗剤を使うと変色しやすい．
（5） 尿石や鉄分は，酸性洗剤で除去する．アルカリ性洗剤は効果がない．

正解（4）

**問題151** 床維持剤に関する次の記述のうち，最も適当なものはどれか．
（1） フロアフィニッシュは，顔料などの着色剤を含有する床用塗料である．
（2） フロアシーラは，目止め剤として使用し，床の保護と美観を向上する．
（3） フロアポリッシュは，物理的・化学的方法により，容易に除去できない製品群をいう．
（4） フロアオイルは，主に表面加工された木質系床材の保護のために用いられる．
（5） フロアポリッシュは，水性ワックスタイプが多く使われている．

**解 答**

（1） フロアフィニッシュは，床保護剤の総称である．
（3） フロアポリッシュは，物理的・化学的方法により容易に除去が可能である．
（4） フロアオイルは，未塗装の木質系床材に使用される．
（5） 水性フロアポリッシュは，ワックスタイプよりポリマータイプが主流である．

正解（2）

**問題152** 床材の特徴に関する次の記述のうち，最も不適当なものはどれか．
- （1） 塩化ビニルタイルは，耐水性に優れる．
- （2） 塩化ビニルシートは，床維持剤の密着不良が起きやすい．
- （3） セラミックタイルは，耐酸性，耐アルカリ性がある．
- （4） ゴムタイルは，耐溶剤性がある．
- （5） 大理石には，酸性洗剤が使用できない．

【解答】
　塩化ビニルはアルカリ洗剤に耐性があるが，リノリウムは木質材料のためアルカリで変色．セラミック，花崗岩は耐洗剤性に優れているが大理石は酸に弱い．
　ゴム床は特にアルカリ，溶剤で変色しやすい．それぞれ床材により特質がある．
　　　　　　　　　　　　　　正解(4)

**問題153** 繊維床材の特徴に関する次の記述のうち，最も不適当なものはどれか．
- （1） 玄関などの通行密度の高い箇所ほど汚れやすい．
- （2） 日常作業として，パイル表面の粗ごみを，カーペットスイーパーなどにより除去する．
- （3） ポリプロピレン製のパイル素材は，親水性の汚れが取れにくい．
- （4） パイル素材のうち，ウールは含水率が高い．
- （5） しみは，単に繊維に吸着していたものが，時間の経過により染着したものである．

【解答】
　ポリプロピレンは，疎水性の素材のため，親水性の汚れは付着しにくい．
　　　　　　　　　　　　　　正解(3)

**問題154** ドライメンテナンスに関する次の記述のうち，最も不適当なものはどれか．
- （1） 一定期間を通しての平均的美観度は高い．
- （2） ウェットメンテナンス法に比べ，部分補修がしやすい．
- （3） ドライバフ法は，研磨剤を含んだフロアパッドで磨き，光沢度を回復させる作業である．
- （4） ドライバフ法で用いる床みがき機は，回転数が高いほど光沢度回復が簡単にできる．
- （5） ウェットメンテナンス法に比べ，作業の標準化・システム化がしやすい．

【解答】
　ドライバフは，研磨剤を含まない化学繊維や動物の毛を材料とした不織布でバフを行い，床に塗られたフロアーポリッシュの艶出しを行う手法である．
　　　　　　　　　　　　　　正解(3)

**問題155** 床以外の清掃作業に関する次の記述のうち，最も不適当なものはどれか．
- （1） 廊下の壁面は，階段の壁面と比較して，ほこりの付着量が多い．
- （2） 玄関ホールの清掃品質は，視線の方向や高さを変えて確認する．
- （3） トイレの清掃用具は，便器に使用するものと，洗面器などに使用するものとは区別する．
- （4） エレベータの壁などは，手垢で汚れやすいので表面に保護膜を塗布しておくとよい．
- （5） 人の手による汚れは，化学繊維を使った製品（マイクロファイバークロスなど）を用いると除去しやすい．

【解答】
　階段の壁面は，空気の流れの関係で，廊下の壁面よりほこりが付着しやすい．
　　　　　　　　　　　　　　正解(1)

**問題156** 外装の清掃作業に関する次の記述のうち，最も不適当なものはどれか.

- （1） 窓ガラスの清掃は，ガラス面に水又は専用の洗剤を塗布し，窓用スクイジーでかき取る.
- （2） 臨海工業地帯の窓ガラスは，汚れが付きやすいので，3～6カ月に1回洗浄を行う.
- （3） 金属材の外壁の清掃方法は，汚れが軽微で固着が進まないうちに行う.
- （4） 石材や陶磁器タイルの壁面は徐々に汚れていくので，3～5年に1回程度洗浄を行う.
- （5） 光触媒酸化チタンコーティングは，清掃回数を減らす効果が期待されている.

**問題157** 建築物の清掃・消毒に関する次の記述のうち，最も不適当なものはどれか.

- （1） 平常時の清掃における衛生管理の基本はゾーニング管理であり，使用する清掃用具を分けて作業する.
- （2） 感染症発生時の消毒のために，建築物衛生管理担当者は消毒剤の種類や使用方法，対象物件等についての理解を深めておく必要がある.
- （3） ノロウイルス感染により嘔吐したと思われたので，嘔吐物をぬぐいとり，その部分を含む広い範囲を消毒した.
- （4） ノロウイルスに対する消毒効果が高い消毒薬として，逆性石けんがある.
- （5） 感染症対策として，トイレ清掃時に消毒剤(次亜塩素酸，過酸化水素水等)を含んだ洗剤を使用した.

**問題158** ごみの処理過程と環境保全対策に関する語句の組合せとして，最も不適当なものは次のうちどれか.

- （1） 保管―――――――悪臭防止対策
- （2） 収集・運搬―――――騒音防止対策
- （3） 最終処分――――――水質汚濁防止対策
- （4） 焼却処理――――――大気汚染防止対策
- （5） 破砕・圧縮処理―――地盤沈下防止対策

**問題159** 平成23年度の廃棄物の排出及び処理状況等に関する次の記述のうち，最も不適当なものはどれか.

- （1） ごみの中間処理量は，4 010万トンで，そのうち，焼却処理が85％である.
- （2） ごみの総資源化量は，930万トンで，そのうち，住民団体による集団回収量が265万トンである.
- （3） ごみ総排出量は，4 539万トンで，そのうち，71％が事業系ごみ，29％が家庭系ごみである.
- （4） 業種別の産業廃棄物の排出量では，電気・ガス・熱供給・水道業が最も多い.
- （5） 産業廃棄物の総排出量の52％に当たる約2億トンが再生利用されている.

**問題160** リサイクルを促進するための個別法に関する次の記述のうち，最も不適当なものはどれか．
  （1） 特定家庭用機器再商品化法（家電リサイクル法）では，小売業者の責務により，掃除機，電子レンジ，パーソナルコンピューター等の廃家電の再商品化を促進することとされている．
  （2） 容器包装に係る分別収集及び再商品化の促進等に関する法律（容器包装リサイクル法）では，容器包装の製造事業者及び容器包装の利用業者は，再商品化を促進することとされている．
  （3） 使用済小型電子機器等の再資源化の促進に関する法律（小型家電リサイクル法）では，消費者及び事業者は，使用済小型電子機器等に利用されている金属等の回収を促進することとされている．
  （4） 食品循環資源の再生利用等の促進に関する法律（食品リサイクル法）では，食品関連事業者は，再生利用等の基準に従い再生利用を促進することとされている．
  （5） 建設工事に係る資材の再資源化等に関する法律（建設リサイクル法）では，建設事業者は，建設資材廃棄物の分別解体と再資源化を促進することとされている．

**解 答**
　家電リサイクル法の対象には，パーソナルコンピュータは含まれない，パソコンのディスプレイも同様である．

正解(1)

**問題161** ごみ2m³当たりの質量を600kgとするとき，60Lのごみ容器に収容できるごみの量として，正しいものは次のうちどれか．
  （1） 6.0 kg
  （2） 10.0 kg
  （3） 12.0 kg
  （4） 18.0 kg
  （5） 36.0 kg

**解 答**
　1m³当たりのごみの質量は，
　$600〔kg〕÷2〔m^3〕＝300〔kg/m^3〕$
であり，1m³＝1000Lだから，60Lのごみ容器に収容できるのは，
$$300×\frac{60}{1000}＝18.0〔kg〕$$

正解(4)

**問題162** 建築物内廃棄物に関する次の記述のうち，最も不適当なものはどれか．
  （1） 吸殻の収集をするときは，金属製のふた付き容器を使用する．
  （2） 大規模建築物の場合，専任の収集・整理・搬出の作業員が配置されている場合がある．
  （3） ビル所有者は，必要な容器，集積場所，保管場所等を適正に準備する．
  （4） し尿を含まないビルピットの汚泥は，産業廃棄物である．
  （5） 家庭から排出される廃棄物より，事務所建築物の廃棄物の方が，容積質量値は大きい．

**解 答**
　家庭から出される廃棄物は水分が多いため，紙の割合の多い事務所建築物から出る廃棄物より容積質量値が大きい．

正解(5)

**問題163** 建築物内における廃棄物の種類とその中間処理方法との組合せとして，最も不適当なものは次のうちどれか．
（1） ちゅう芥————粉砕
（2） 新聞紙————切断
（3） プラスチック———圧縮
（4） 缶————圧縮
（5） 段ボール————梱包

**問題164** 建築物内廃棄物の保管場所に関する次の記述のうち，最も不適当なものはどれか．
（1） 他の用途との兼用はしない．
（2） ちゅう芥類などの臭気対策として冷蔵庫，冷房設備は有効である．
（3） 排水槽や廃棄物保管設備の周辺などねずみ等の発生しやすい場所でのねずみ等の点検は，6カ月以内ごとに1回実施する．
（4） 床排水のため，適度な床勾配を確保する．
（5） 廃棄物処理に関する帳簿書類の保管期間は，5年である．

**問題165** 廃棄物の処理及び清掃に関する法律に規定する廃棄物と対象となる廃棄物との組合せとして，最も不適当なものは次のうちどれか．
（1） 専ら再生利用の目的となる廃棄物————廃プラスチック類
（2） 産業廃棄物————グリース阻集器中の油分
（3） 特別管理廃棄物————感染性廃棄物
（4） 再生利用認定制度の対象となる廃棄物————廃ゴムタイヤ
（5） 一般廃棄物————ちゅう芥

**問題166** 蚊に関する次の記述のうち，最も不適当なものはどれか．
（1） チカイエカは，吸血せずに産卵することができる．
（2） アカイエカは，有機物の多い下水溝などに発生する．
（3） アカイエカとチカイエカの雌成虫は，外部形態で区別することができる．
（4） ヒトスジシマカの主な発生源として，公園，道路，公共施設等に存在する雨水ますがある．
（5） コガタアカイエカは，田んぼや湿地などの水域に発生する．

**問題167** 蚊の防除に関する次の記述のうち，最も不適当なものはどれか．
（1） 昆虫成長制御剤（IGR）は，幼虫に対する速効的な致死効果が認められる．
（2） ライトトラップや粘着トラップで捕獲した蚊の数は，維持管理の水準を評価するために有用である．

（3）　チカイエカ対策として，浄化槽の通気管に防虫網を設置する.

（4）　樹脂蒸散剤は，密閉性が保たれている空間では，1〜3カ月間の効果が期待できる.

（5）　成虫防除のための燻煙やULV処理では，残効性が期待できない.

**問題168**　ゴキブリの防除に関する次の記述のうち，最も不適当なものはどれか.

（1）　ローチスポットを確認することは，ゴキブリの生息状況を知るのに良い方法の一つである.

（2）　ベイト剤（毒餌）は，処理の簡便さと速効性から飲食店での使用に適している.

（3）　昼間物陰に潜んでいるため，薬剤を直接噴霧して防除することは難しい.

（4）　空間処理に当たっては，気密性を高める必要がある.

（5）　フェニトロチオン製剤による残留処理は，効果が大きい.

**解 答**

　ベイト剤（毒餌）は食べることにより薬剤が体内に入り消化過程で効果を発揮する. 巣に戻ってから効果が表れるので速効性はない. 飲食店では殺虫剤散布や塗布による食材や調理器具への汚染を最小限に抑えられるベイト処理が用いられる.

正解（2）

**問題169**　ゴキブリの防除に関する次の記述のうち，最も適当なものはどれか.

（1）　粘着式トラップは，ゴキブリに警戒心を起こさせるので，毎日設置場所を変えると効果的である.

（2）　残留処理とは，餌として薬剤を摂取させ，中毒死させる方法である.

（3）　ULV処理には，専用の油剤を使用する.

（4）　空間処理法では，ホウ酸やヒドラメチルノンを有効成分とした製剤がよく使用される.

（5）　チャバネゴキブリでは，毒餌への喫食抵抗性を示す個体が知られている.

**解 答**

（1）　新たに設置したトラップに警戒心を起こすが，しばらく移動しない方が慣れて警戒心を持たなくなるので効果的である

（2）　残留処理とは殺虫成分のある薬剤を塗布したり空中散布して壁や床などに付着させ，その上を歩いたり体の一部が薬剤に触れることにより駆除効果がある. 駆除対象生物が好む餌に毒剤を混ぜてその毒餌を食べることにより駆除するのはベイト処理.

（3）　ULV処理は高濃度少量散布の事で薬剤を微粒子状に空間に散布するため，油剤等は引火しやすい. 火災予防の観点から室内などでは使用すべきでない.

（4）　空間処理には煙霧，燻煙，蒸散，ULV処理等があり使用される薬剤はピレスロイド剤や有機リン系薬剤が用いられる. ホウ酸やヒドラメチルノンなどはベイト剤.

（5）　毒餌のグルコースに対して忌避性を示す個体がある.

正解（5）

**問題170**　ダニ類に関する次の記述のうち，最も適当なものはどれか.

（1）　マダニ類は，雌雄とも吸血する.

（2）　ダニの体は，頭部，胸部，胴体部に分けることができる.

（3）　ツメダニ類はヒトから吸血し，激しい痒みを起こす.

（4）　タカラダニは，冬季に鉢植えなどに発生する.

（5）　イエダニは，屋内の塵などを食べて発育する.

**解 答**

（1）　適当.

（2）　節足動物の形態の特徴として体節性があげられる. ダニ類の形態は体節が不明だが顎体部（鋏角と触肢等）と胴体部（生殖盤・気門・胸版やⅡ脚〜Ⅳ脚に分けられ昆虫類のような頭部・胸部・腹部ではない.

（3）刺すことにより表皮組織の細胞液を
　　　吸いその際ダニの唾液が注入される.
（4）関東では春（3月初旬の桜の開花時
　　　～4月下旬の期間）である.
（5）吸血性のダニで人や動物（主にネズ
　　　ミ類）を刺し吸血する.

正解（1）

**問題171**　ダニの防除に関する次の記述のうち，最も不適当なものはどれか.
（1）イエダニの被害があった場合，室内にネズミの巣がある可能性が高い.
（2）ヒゼンダニによる被害は，高齢者施設や病院で見られる.
（3）ツメダニの被害は，ヒョウヒダニ類の防除対策で軽減される.
（4）家屋周辺にマダニ類を発生させないためには，ペットの衛生管理が重要である.
（5）ケナガコナダニは，長期間の乾燥状態に強い.

**解答**
　ケナガコナダニの生息最適環境の湿度は75%でありそれ以下の乾燥状態では繁殖等できない.

正解（5）

**問題172**　次の害虫のうち，吸血するものはどれか.
（1）チカイエカの雄成虫
（2）オオチョウバエの雌成虫
（3）セスジユスリカの雌成虫
（4）トコジラミの雄成虫
（5）ネコノミの幼虫

**解答**
（1）蚊は，雌のみが吸血する.
（2）オオチョウバエは，雌・雄とも非吸血性である.
（3）ユスリカは，雌・雄とも非吸血性である.
（5）ネコノミの幼虫は，ウジ状で，人や動物などから脱落した有機物を食べる. 吸血はしない.

正解（4）

**問題173**　害虫に関する次の記述のうち，最も不適当なものはどれか.
（1）イガは，繊維や衣類の害虫である.
（2）ネコノミは，イヌやヒトからも吸血する.
（3）ユスリカ類の防除では，性フェロモンを用いたトラップを使用する.
（4）ニクバエ類は，卵ではなく幼虫を産む卵胎生のハエである.
（5）カツオブシムシ類は，乾燥食品や動物性製品を加害する.

**解答**
　性フェロモン（Sex pheromone）は配偶行動において異性間のコミュニケーションに利用される化学物質で，雌が雄に対し，自らの場所を教え，交尾行動を誘導するための物質である. 性フェロモントラップは主に穀物類害虫調査に用いられ一部の害虫で駆除用に使用されているがユスリカ専用には市販されていない.

正解（3）

**問題174**　殺虫剤の有効成分やその効力に関する次の記述のうち，最も不適当なものはどれか.
（1）ピレスロイド剤は，物陰にいる虫を開放された場所に飛び出させるフラッシング効果を示す.
（2）対称型有機リン剤に抵抗性を獲得した昆虫集団に対しても，非対称型有機リン剤は実用的な効果を示す.
（3）速効性に優れた有効成分には，残効性が期待できないものが多い.

**解答**
　ピレスロイド系殺虫剤の殺虫成分にはアレスリン，フェノトリン，メトフルトリン，トランスフルトリン，イミプロトリン，ペルメトリンなどがあり，これらは除虫菊に含まれる成分（ピレトリン，ジャスモリン，シネリン）とよく似た作用・構造の化合物である.
　カーバメート系殺虫剤の有効成分には

（4）　除虫菊に含まれる殺虫成分や，合成された類似物質を総称して，カーバメート系殺虫剤と呼ぶ．

（5）　昆虫成長制御剤（IGR）の中には，昆虫のホルモンと同様の作用を示すものがある．

プロボクスルなどがあり，昆虫の神経伝達に関与する酵素であるアセチルコリンエステラーゼの働きを阻害する．昆虫の神経を過剰に興奮させ，麻痺させることにより素早い殺虫効果を示す．効果の現れかたは極めて速効的な物が多く，少量でも殺虫効果が現れるが残効性は短い．

正解（4）

---

**問題175**　殺虫剤やその剤型に関する次の記述のうち，最も適当なものはどれか．

（1）　フェノトリンを有効成分とするゴキブリ用の食毒剤がある．

（2）　フェニトロチオンを有効成分とするマイクロカプセル（MC）剤がある．

（3）　炭酸ガス製剤は，有機溶剤に溶かした有効成分を液化炭酸ガスにより噴射する製剤である．

（4）　フィプロニルを有効成分とする樹脂蒸散剤がある．

（5）　エトフェンプロックスは，カーバメート系殺虫剤である．

【解答】

（1）　ゴキブリ用の食毒剤の有効成分には<u>ヒドラメチルノンやホウ酸</u>の他にフェニトロチオンなどがある．フェノトリンはピレスロイド剤で残効性があるので残留処理に使用される．

（3）　炭酸ガス製剤は殺虫有効成分を液化炭酸に溶かし，高圧ガス容器に入れた殺虫剤で，専用の投薬ガンを使用して噴霧する．噴霧力（圧）が非常に強く薬剤が微粒子となり広い場所を短時間で処理できる．有機溶剤を使用すると可燃性の危険があるので有機溶剤は<u>含まれない</u>．

（4）　フィプロニルは遅効性の毒物のため餌に混ぜて<u>食毒剤</u>として使用され，その食毒剤を摂食した昆虫が致死するまでに巣やコロニーに戻る時間的余裕がある．ゴキブリやアリの場合，その死骸やフンを摂食した巣の仲間にまで影響を与え巣全体へ効果が波及する．

（5）　ピレスロイド系殺虫剤にはエトフェンプロックスの他にフタルスリン，ペルメトリン，フェノトリン等がある．**カーバメート系殺虫剤にはプロボクスル**などがあり，有機リン剤と同様な作用をもち毒性が高い．

正解（2）

---

**問題176**　ねずみの防除に関する次の記述のうち，最も不適当なものはどれか．

（1）　捕獲効果を上げるため，餌をつけたうえで数日間はトラップが作動しないようにするなどの工夫をする．

（2）　防鼠構造・工事基準案では，ドア周辺の隙間は2cm以内にすることとしている．

（3）　嗜食性のよい餌を確認するため，毒餌配置前の2～3日間は何種類かの餌材で予備調査を行う．

（4）　目視により生息や活動の証跡を確認する調査方法がある．

（5）　防除においては，餌を絶つこと，巣材料を管理することなどが重要である．

【解答】

ドア周辺の隙間は<u>1cm</u>以内．

正解（2）

**問題177** ねずみ用の薬剤に関する次の記述のうち，最も適当なものはどれか.
(1) 配置された毒餌から，貯穀害虫や食品害虫が発生することはない.
(2) 抗凝血性殺鼠剤に対する抵抗性を獲得したネズミ集団は知られていない.
(3) カプサイシンは，第2世代の抗凝血性殺鼠剤である.
(4) 殺鼠剤は，経口的に取り込ませることにより効果が発揮される.
(5) シクロヘキシミドは，処理区域からネズミを追い出す効果がある.

**解答**
(1) 毒餌には小麦やでんぷん質などが混ざっており，**穀類害虫を集めることもある**.
(2) 抗凝血性殺鼠剤に**抵抗性を示すクマネズミ**が知られている.
(3) カプサイシンは，**トウガラシ成分で忌避剤として使用する**.
(5) シクロヘキシミドは，味覚による忌避効果であるため，区域からの追い出し効果は期待できない.

正解(4)

**問題178** 衛生害虫と疾病に関する次の記述のうち，最も不適当なものはどれか.
(1) イエバエは，腸管出血性大腸菌O157などの病原体の運搬者として注目されている.
(2) トコジラミは，感染症の媒介に関わらないと考えられている.
(3) コガタアカイエカが媒介する日本脳炎の患者は，西日本を中心に発生している.
(4) ヒトスジシマカは住環境で発生が見られ，デング熱やチクングニア熱の媒介蚊である.
(5) 我が国では，ヒトノミによる吸血被害が多い.

**解答**
ヒトノミについては日本国内において昭和40年代以後その被害とヒトノミの捕獲等が報告されていない.

正解(5)

**問題179** ゴキブリの防除に関する次の文章についての解析・評価として，最も適当なものはどれか.

レストランのちゅう房内で，チャバネゴキブリ防除のために，殺虫剤処理を行った.

殺虫剤の処理前に，3箇所に3日間配置した粘着トラップでの捕獲数が合計180匹であった. 処理後に3箇所に4日間配置したトラップでの捕獲数は合計24匹であった.
(1) 処理前のゴキブリ指数は60である.
(2) 処理後のゴキブリ指数は8である.
(3) この殺虫剤処理による防除率は90%である.
(4) 建築物における維持管理マニュアルに示される標準的な目標水準に基づけば，処理後の状況は「警戒水準」に該当する.
(5) すぐに再度の防除作業を実施する必要はなく，6カ月以内に1回，発生の多い場所では2カ月以内に1回，定期的な調査を継続する.

**解答**
ゴキブリ指数は，次式で表される.
ゴキブリ指数＝捕獲総数÷設置トラップ数÷設置日数
(1) 処理前のゴキブリ指数
＝180匹÷3個÷3日＝20
(2) 処理後のゴキブリ指数
＝24匹÷3個÷4日＝2
(3) 防除率は次式で表される.
防除率〔%〕
$$=\left(1-\frac{防除後のゴキブリ指数}{防除前のゴキブリ指数}\right)\times100$$
$$=\left(1-\frac{2}{20}\right)\times100=90〔\%〕$$
(4) ゴキブリ指数の標準的な目標水準は以下のとおり.
・許容水準：0.5未満
・警戒水準：0.5以上1未満
・措置水準：1以上
したがって，設問の場合は措置水準に該当する.
(5) 措置水準は，すぐに防除作業が必要な状況をいう.

正解(3)

**問題180** 衛生害虫や殺虫剤に関する次の記述のうち，最も適当なものはどれか．

（1）殺虫剤抵抗性は，様々な系統の殺虫剤に繰り返し接触することによる免疫の獲得によって発達する．

（2）昆虫などに対する不快感の程度は，第三者による客観的な判断が困難である．

（3）殺虫剤の速効性は，$LD_{50}$の数値で評価される．

（4）農薬は，建築物衛生法に基づく特定建築物内でのゴキブリの防除に使用できる．

（5）ドバトの建築物への営巣は，ヒトに対するヒゼンダニの寄生被害の原因となる．

**解 答**

（1）同一の薬剤を使い続けることによって，その薬剤に<u>抵抗性の遺伝子</u>を持つ個体が集団内で増加することで，薬剤抵抗性が発達する．

（3）殺虫剤の速効性は，<u>ノックダウンタイム</u>，すなわち$KT_{50}$で示される．これはハエ，蚊，ゴキブリなどに対する殺虫剤の速効性の尺度に使用され害虫や供試虫の半数（50％）が仰転（ノックダウン）するのに必要な時間のことを指す．なお，$LD_{50}$は半数致死薬量である．

（4）農薬は作物を対象として主に屋外で使用される．ゴキブリ殺虫剤は屋内で衛生害虫等の駆除を目的に許可・認可された薬剤であり，農薬は室内で衛生害虫駆除としての使用は<u>認可されていない</u>．

（5）ヒゼンダニ類は動物の表皮に孔道をつくって繁殖するが，種類によって寄生主が決まっておりドバトに寄生するヒゼンダニが人の表皮では繁殖できない．

正解（2）

ビル管理試験問題・解答解説

# 平成**28**年度

**午前の部**　建築物衛生行政概論・建築物の環境衛生・空気環境の調整

**問題1**　国民の生存権と国の社会的任務に関する日本国憲法第25条に規定されているものは次のうちどれか.
- （1）　すべて国民は，個人として尊重される.
- （2）　何人も，いかなる奴隷的拘束も受けない.
- （3）　すべて国民は，勤労の権利を有し，義務を負ふ.
- （4）　国民は，すべての基本的人権の享有を妨げられない.
- （5）　すべて国民は，健康で文化的な最低限度の生活を営む権利を有する.

**解答**
　憲法25条は，「国民の生存権と国の社会的任務」を明確にしている. 公衆衛生および衛生行政の基本となる法令であって，以下の二つの条項から構成されている.
　第1項　すべての国民は，健康で文化的な最低限度の生活を営む権利を有する.
　第2項　国は，すべての生活部面について，社会福祉，社会保障および公衆衛生の向上および増進に努めなければならない.

正解（5）

**問題2**　建築物における衛生的環境の確保に関する法律（以下「建築物衛生法」という.）に規定されている内容として，誤っているものは次のうちどれか.
- （1）　特定建築物の敷地，構造，設備及び用途に関する最低の基準を定めている.
- （2）　公衆衛生の向上及び増進に資することを目的にしている.
- （3）　保健所は，多数の者が使用し，又は利用する建築物の維持管理について環境衛生上の正しい知識の普及を図る.
- （4）　保健所は，多数の者が使用し，又は利用する建築物の維持管理について環境衛生上の相談に応じ，必要な指導を行う.
- （5）　特定建築物の維持管理に関し環境衛生上必要な事項等を定めている.

**解答**
　敷地，構造，設備及び用途に関する最低の基準を定めているのは，建築基準法である.

正解（1）

**問題3**　建築物衛生法に基づく特定建築物の定義及びその判断に関する次の記述のうち，誤っているものはどれか.
- （1）　建築基準法に定める建築物であること.
- （2）　同一敷地内に独立した複数の建築物がある場合は，それらを合計した延べ面積で判断すること.
- （3）　特定用途に附随する廊下，階段，便所等の共用部分は，特定用途の延べ面積に含むこと.
- （4）　特定用途に供される部分の延べ面積が，3 000m²以上（ただし，学校教育法第1条に規定される学校等は8 000m²以上）であること.
- （5）　特定建築物の延べ面積の算定方法は，建築基準法の定義に基づく算定方法とは異なる場合がある.

**解答**
　同一敷地内に独立した複数の建築物が存在する場合は，棟ごとに面積を算出して，特定建築物に該当するかどうかを判定する.

正解（2）

**問題4** 建築物衛生法に基づく特定建築物としての用途に該当しないものは，次のうちどれか．

（1）　美術館
（2）　飲食店
（3）　銀行
（4）　映画館
（5）　寺院

[解 答]
寺院は特定建築物としての用途に該当しない．

正解（5）

**問題5** 次の建築物のうち，建築物衛生法に基づく特定建築物に該当しないものはどれか．

（1）　教室3 200m²，実習室700m²，職員室100m²を併せもつ各種学校
（2）　事務所3 800m²，商品倉庫200m²を併せもつ事務所ビル
（3）　宿泊施設2 800m²，宴会場700m²を併せもつホテル
（4）　売り場3 800m²，商品倉庫200m²を併せもつデパート
（5）　共同住宅3 200m²，店舗800m²を併せもつ複合ビル

[解 答]
共同住宅は個人の住居の集合体であるから，特定建築物用に該当しない．したがって，店舗部分（800m²）だけでは特定建築物の要件を満たさない．

正解（5）

**問題6** 建築物衛生法に基づく特定建築物の届出に関する次の記述のうち，誤っているものはどれか．

（1）　特定建築物の使用開始後1カ月以内に届け出る．
（2）　届出事項には，特定建築物の名称，所在場所，用途，構造設備の概要が含まれる．
（3）　届出は，厚生労働大臣が定めた様式による．
（4）　届出は，都道府県知事（保健所を設置している市又は特別区にあっては，市長又は区長．）あてに行う．
（5）　届出事項に変更があった場合は，その日から1カ月以内に届け出る．

[解 答]
特定建築物の届出様式は，厚生労働大臣ではなく都道府県知事等が定める．

正解（3）

**問題7** 建築物衛生法に基づき備え付けておかなくてはならない帳簿書類として，誤っているものは次のうちどれか．

（1）　飲用に供する給水配管の系統図
（2）　空気環境測定結果の記録
（3）　昇降機の点検整備記録
（4）　ねずみ等の生息状況調査結果の記録
（5）　排水設備の点検整備記録

[解 答]
昇降機の点検整備は建築基準法，労働安全衛生法で規定されている．

正解（3）

**問題8** 建築物環境衛生管理基準に関する次の記述のうち，誤っているものはどれか．

（1）　建築物衛生法に基づく特定建築物の所有者等の維持管理について権原を有するものは，建築物環境衛生管理基準に従って維持管理をしなければならない．
（2）　空気調和設備を設けている特定建築物では，浮遊粉じんの量，一酸化炭素の含有率，二酸化炭素の含有率，窒素酸化物の含有率，温度，相対湿度及び気流について，各基準値を遵守しなければならない．
（3）　建築物環境衛生管理基準は，空気環境の調整，給水及び排水の管理，清掃，ねずみ等の防除，その他環境衛生上

[解 答]
（2）のなかの窒素酸化物の含有率は，建築物環境衛生管理基準に含まれていない．

平成28年

良好な状態を維持するのに必要な措置を定めている.
（4） 建築物環境衛生管理基準において，ねずみその他の厚生労働省令で定める動物とは，昆虫その他の人の健康を損なう事態を生じさせるおそれのある動物をいう.
（5） 建築物衛生法に基づく特定建築物以外の建築物であっても，多数の者が使用，又は利用する場合は，所有者等の維持管理について権原を有するものは，建築物環境衛生管理基準に従った維持管理をするよう努めなければならない.

正解（2）

**問題9**　下の表は，ある事務室の空気環境の測定結果の一部である. 建築物環境衛生管理基準に適合しない項目の組合せは，次のうちどれか.

| 測定項目 | 一酸化炭素の含有率 | 二酸化炭素の含有率 | 温度 | 相対湿度 |
|---|---|---|---|---|
| 単位 | ppm | ppm | ℃ | ％ |
| 1回目 | 1.5 | 1 100 | 22.5 | 30 |
| 2回目 | 3.5 | 1 200 | 23.0 | 35 |

（1） 一酸化炭素の含有率と温度
（2） 一酸化炭素の含有率と相対湿度
（3） 二酸化炭素の含有率と温度
（4） 二酸化炭素の含有率と相対湿度
（5） 温度と相対湿度

**解答**
　一酸化炭素と二酸化炭素は平均値で評価，温度と相対湿度は瞬時値で評価し，2回の測定値ともに基準値以内でなければ不合格となる.
　一酸化炭素（6 ppm以下）：平均値は2.5 ppmで合格.
　二酸化炭素（1 000 ppm以下）：平均値は1150 ppmで不合格.
　温度（18〜28℃）：1回目22.5℃，2回目23℃で合格.
　相対湿度（40〜70％）：1回目（30％），2回目（35％）ともに不合格.

正解（4）

**問題10**　建築物環境衛生管理基準に基づく給排水設備の衛生上必要な措置に関する次の記述のうち，正しいものはどれか.
（1） 飲料水の貯水槽の清掃終了後には，槽内の消毒を2回以上行うこと.
（2） 雨水や工業用水などを原水とする雑用水の大腸菌の検査は，3カ月以内ごとに1回，定期に行うこと.
（3） 飲料水の貯水槽清掃後の水張り終了後，給水栓及び貯水槽内における結合残留塩素の含有率は，100万分の0.2以上であることを確認すること.
（4） 飲用のために給水設備を設ける場合は，建築基準法の規定に適合する水を供給すること.
（5） 給湯用の貯湯槽の清掃は，2年以内ごとに1回，定期に行うこと.

**解答**
　給排水設備の衛生上，飲料水の貯水槽の清掃終了後には，槽内の消毒を2回以上行う.
（2） 2か月以内ごとに1回検査する.
（3） 清掃終了後の水張り後の残留塩素の含有率は，遊離残留塩素100万分の0.2以上，結合残留塩素100万分の1.5以上.
（4） 建築基準法ではなく，水道法の規定に適合する水を供給する.
（5） 貯湯槽の清掃は，1年以内ごとに1回行う.

正解（1）

**問題11**　建築物衛生法に基づく建築物環境衛生管理技術者に関する次の記述のうち，最も適当なものはどれか.
（1） 選任された特定建築物に常駐しなければならない.
（2） 特定建築物の環境衛生上の維持管理に関する帳簿書類を備える義務が課せられている.
（3） 特定建築物維持管理権原者に対して設備改善等の命令をすることができる.
（4） 建築物環境衛生管理基準に関する測定又は検査結果の評

**解答**
　建築物環境衛生管理技術者は，建築物環境衛生管理基準に関する測定または検査結果の評価を行う.
（1） 特定建築物での常駐を要しない.
（2） 帳簿書類を備える義務はない. 義務があるのは管理権原者である.
（3） 管理権原者に対して改善命令ではなく，意見を述べることができる.

価を行う.
（5）　環境衛生上の維持管理に従事する職員の雇用を行う.

**問題12**　建築物環境衛生管理技術者免状に関する次の記述のうち，誤っているものはどれか.
（1）　免状の返納を命じられ，その日から起算して1年を経過しない者には，免状の交付がされない場合がある.
（2）　免状の交付を受けている者が，免状を失った場合は，免状の再交付を申請することができる.
（3）　免状の交付を受けようとする者は，都道府県知事に申請書を提出しなければならない.
（4）　免状の交付を受けている者が，免状の記載事項に変更を生じたときは，免状の書換え交付を申請することができる.
（5）　免状の交付を受けている者が，建築物衛生法に違反したときは，その免状の返納を命じられることがある.

**解　答**
　免状の交付申請先は，都道府県知事ではなく厚生労働大臣である.

正解（3）

**問題13**　建築物衛生法に基づく事業の登録の対象になっている業種は，次のうちどれか.
（1）　建築物の浄化槽の清掃を行う事業（建築物浄化槽清掃業）
（2）　建築物の排水槽の清掃を行う事業（建築物排水槽清掃業）
（3）　建築物の空気調和設備の管理を行う事業（建築物空気調和設備管理業）
（4）　建築物の廃棄物処理を行う事業（建築物廃棄物処理業）
（5）　建築物の排水管の清掃を行う事業（建築物排水管清掃業）

**解　答**
　登録業種の種類は，以下の8種類である.
①建築物清掃業
②建築物空気環境測定業
③建築物空気調和ダクト清掃業（間違いやすい事例：厨房用ダクト清掃業は対象外）
④建築物飲料水水質検査業
⑤建築物飲料水用貯水槽清掃業（間違いやすい事例：給水管清掃業は対象外）
⑥建築物排水管清掃業（間違いやすい事例：排水槽清掃業は対象外）
⑦建築物ねずみ・昆虫等防除業
⑧建築物環境衛生総合管理業

正解（5）

**問題14**　建築物衛生法に基づき，国又は地方公共団体の公用又は公共の用に供する特定建築物に関する次の記述のうち，誤っているものはどれか.
（1）　特定建築物の届出が必要である.
（2）　建築物環境衛生管理基準が適用される.
（3）　都道府県知事等は，改善措置の勧告をすることができる.
（4）　都道府県知事等は，立入検査をすることができる.
（5）　都道府県知事等は，維持管理記録の提出を求めることができる.

**解　答**
　都道府県知事等は，公用または公共の用に供する特定建築物に対する立入検査はできない. ただし，公用または公共の用に供する特定建築物であっても届出や環境衛生基準の順守義務はあり，都道府県知事等は，そうした特定建築物に対する改善の勧告や維持管理記録の提出を求めることができる.

正解（4）

**問題15**　感染症の予防及び感染症の患者に対する医療に関する法律に基づく感染症で，医師が診断後，都道府県知事に直ちに届け出なければならない感染症として，誤っているものは次のうちどれか.
（1）　麻しん
（2）　エボラ出血熱

**解　答**
　この問題は，五つの選択肢が感染症法第12条第1項第1号に該当する感染症か否かを問うものである. 同条文に規定されている感染症は次のとおり.
・一類感染症
・二類感染症

（3）　ペスト
（4）　結核
（5）　新型インフルエンザ

- 三類感染症
- 四類感染症
- 厚生労働省令で定める五類感染症
- 新型インフルエンザ等感染症
- 新感染症

　これに対し，各選択肢は以下のとおりに判別され，正解とすべき選択肢が存在しない.
（1）麻しん：厚生労働省令（同法施行規則第4条第3項）で定める五類感染症
（2）エボラ出血熱：一類感染症
（3）ペスト：一類感染症
（4）結核：二類感染症
（5）新型インフルエンザ：新型インフルエンザ等感染症（同法第6条第7項により，新型インフルエンザ等感染症は，新型インフルエンザと再興型インフルエンザからなる）

正解なし

**問題16**　地域保健法に基づく保健所の業務として，正しいものは次のうちどれか.
（1）　介護認定の審査を行う.
（2）　労働災害に係る報告の届出先である.
（3）　人口動態統計に関する業務を行っている.
（4）　特定健康診査の実施主体である.
（5）　国民健康保険に関する業務を行っている.

**解答**
[保健所の主要な業務]
①特定建築物の維持管理について環境衛生上の正しい知識の普及.
②環境衛生上の相談に応じ必要な指導を行うこと.
[保健所の事業]
①地域保健に関する思想の普及および向上に関する事項.
②人口動態統計，その他地域保健に関わる統計に関する事項.
③栄養の改善および食品衛生に関する事項.
④環境衛生および環境衛生上の試験・検査に関する事項.
⑤医事，薬事および保健師に関する事項.
⑥歯科保健，精神保健に関する事項.
⑦エイズ，結核，性病，その他の疾病の予防に関する事項

　以上のうち，第⑥項「歯科保健，精神保健に関する事項」には要注意. 間違いやすい事例として，「国民健康保険の取扱い，健康診断の実施，生活習慣病予防，受動喫煙防止」などがよく出題されている. これらは保健所の業務ではないので注意を要する.

正解（3）

**問題17**　学校保健安全法における学校環境衛生基準に定められていない検査項目は，次のうちどれか.
（1）　運動場の微小粒子状物質の濃度
（2）　水泳プールの水の水質
（3）　校舎内のネズミの生息状況

**解答**
　運動場の微小粒子状物質の濃度は，学校保健安全法に規定されていない.

（4）　教室内の照度
（5）　教室内の騒音レベル

**問題18**　旅館業法第4条第1項に規定されている次の条文の ___ 内に入る語句の組合せとして，正しいものはどれか．

　営業者は，営業の施設について， ア ，採光，照明， イ 及び清潔その他宿泊者の ウ に必要な措置を講じなければならない．

|  | ア | イ | ウ |
|---|---|---|---|
| （1） | 換気 | 保湿 | 衛生 |
| （2） | 換気 | 防湿 | 衛生 |
| （3） | 防音 | 保湿 | 安全 |
| （4） | 防音 | 防湿 | 安全 |
| （5） | 防音 | 防湿 | 衛生 |

**解答**

　旅館営業法のキーワードは，防湿（ダニ対策）である．

　「営業者は，営業の施設について，**換気**，採光，照明，**防湿**及び清潔その他宿泊者の**衛生**に必要な措置を講じなければならない．」

正解（2）

**問題19**　環境基本法に基づく大気の汚染に係る環境基準に定められていない物質は，次のうちどれか．
（1）　浮遊粒子状物質
（2）　一酸化炭素
（3）　二酸化炭素
（4）　二酸化窒素
（5）　光化学オキシダント

**解答**

　二酸化炭素濃度は，環境基本法の環境基準に定められていない．

正解（3）

**問題20**　労働安全衛生法に基づく事務所衛生基準規則の照度等に関する次の文章の ___ 内に入る語句の組合せとして，正しいものはどれか．ただし，感光材料の取扱い等特殊な作業を行う室については，この限りでない．

　事業者は，労働者を常時就業させる室について，精密な作業を行う作業面の照度を ア ルクス以上，普通の作業を行う作業面の照度を150ルクス以上，粗な作業を行う作業面の照度を70ルクス以上に適合させなければならない．

　また，事業者は，労働者を常時就業させる室の照明設備について， イ 以内ごとに1回，定期に，点検しなければならない．

|  | ア | イ |
|---|---|---|
| （1） | 500 | 1年 |
| （2） | 500 | 6カ月 |
| （3） | 300 | 1年 |
| （4） | 300 | 6カ月 |
| （5） | 200 | 1年 |

**解答**

　出題当時の正解は（4）だが，室の作業面の照度基準は，2022年12月1日から，以下に示す2区分に変更になった．
・一般的な事務作業：300 lx以上
・付随的な事務作業：150 lx以上
　なお，照明設備の点検は，6か月以内ごとに定期に，実施しなければならない（同規則第10条第3項）のは従前のとおり．

正解なし

**問題21**　健康に影響を与える環境要因のうち，化学的要因として最も不適当なものは次のどれか．
（1）　二酸化炭素
（2）　粉じん
（3）　オゾン
（4）　硫黄酸化物
（5）　振動

**解答**

　振動は，健康に影響を与える環境要因のうち，物理的要因である．

正解（5）

**問題22**　臓器系の機能に関する次の記述のうち，最も不適当なものはどれか．
- （1）　筋骨格系は，身体の構成と運動をつかさどる．
- （2）　感覚器系は，外部からの刺激を受けて神経系に伝える．
- （3）　腎臓・泌尿器系は，血液の中から老廃物などを尿として排泄（せつ）する．
- （4）　呼吸器系は，循環器系が運んできた全身からの酸素を体外に排出する．
- （5）　消化器系は，栄養や水を摂取して体内で再合成と排泄を行う．

**解答**
　呼吸器系は，循環器系が運んできた全身からの二酸化炭素を体外に排出する．

正解（4）

**問題23**　生体機能の恒常性を乱す有害なストレッサとなりうる要因として，最も不適当なものは次のうちどれか．
- （1）　物理的刺激
- （2）　加齢
- （3）　化学的刺激
- （4）　社会的な要因
- （5）　精神的な要因

**解答**
　生体機能の恒常性を乱す有害なストレッサには，物理的刺激，化学的刺激，社会的な要因，精神的な要因がある．加齢は，ストレスに対する反応の要因である．

正解（2）

**問題24**　下の図は，気温と人体各部位（顔，手，足，直腸）の温度及び平均皮膚温との関係を示している．図中のア～オのうち，直腸温として最も適当なものは次のどれか．
- （1）　ア
- （2）　イ
- （3）　ウ
- （4）　エ
- （5）　オ

**解答**
　直腸温のような身体内部の温度は，顔，手，足のような身体表面の温度に比べ，外気温にあまり左右されず，ほぼ一定の値を示す．

正解（1）

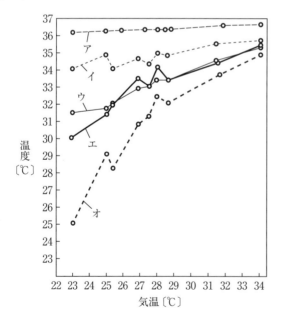

**問題25** 人体の熱放散機能として，最も適当なものの組合せは次のうちどれか．
　ア　食べ物の代謝
　イ　筋緊張
　ウ　ふるえ
　エ　皮膚血管の拡張
　オ　発汗
　（1）　アとイ
　（2）　アとオ
　（3）　イとウ
　（4）　ウとエ
　（5）　エとオ

**解答**
　皮膚血管の拡張と発汗は，人体の熱放散機能である．皮膚血管は，暑熱環境では拡張し，寒冷環境では収縮する．

正解（5）

**問題26** ヒトの温熱的快適性に影響する因子として，最も不適当なものは次のうちどれか．
　（1）　代謝量
　（2）　室内の相対湿度
　（3）　室内の二酸化炭素濃度
　（4）　性差
　（5）　加齢

**解答**
　室内の二酸化炭素濃度は，温熱的快適性には関係しない．

正解（3）

**問題27** 熱中症で起こる症状として，最も不適当なものは次のうちどれか．
　（1）　けいれん
　（2）　失神
　（3）　下痢・嘔吐
　（4）　体温低下
　（5）　頭痛・めまい

**解答**
　熱中症で起こる症状は，体温上昇である．

正解（4）

**問題28** 空気汚染物質とその健康障害との組合せとして，最も不適当なものは次のうちどれか．
　（1）　オゾン────────気道粘膜の刺激
　（2）　ホルムアルデヒド───シックハウス症候群
　（3）　ハウスダスト─────喘息
　（4）　たばこ煙──────慢性閉塞性肺疾患（COPD）
　（5）　二酸化窒素─────過敏性肺炎

**解答**
　過敏性肺炎は，空気調和機や加湿器が微生物により汚染され，飛散した微生物を反復吸入することで発症する．

正解（5）

**問題29** 建築物環境衛生管理基準におけるホルムアルデヒド量の基準値として，正しいものは次のうちどれか．
　（1）　1 mg/m³以下
　（2）　0.5mg/m³以下
　（3）　0.15mg/m³以下
　（4）　0.1mg/m³以下
　（5）　0.08mg/m³以下

**解答**
　建築物環境衛生管理基準におけるホルムアルデヒド量の基準値は，0.1 mg/m³以下である．

正解（4）

## 問題30
浮遊粉塵に関する次の文章の[　　]内に入る数値の組合せとして最も適当なものはどれか.

粒径[　ア　]μm以下の粉じんは長時間にわたり浮遊し，ヒトの気道内に取り込まれる．特に肺に沈着し，人体に有害な影響を及ぼすのは，通常[　イ　]μm前後から以下の大きさである.

|  | ア |  | イ |
|---|---|---|---|
| （1） | 50 | —— | 10 |
| （2） | 40 | —— | 10 |
| （3） | 20 | —— | 5 |
| （4） | 10 | —— | 5 |
| （5） | 10 | —— | 1 |

**解 答**

「粒径10μm以下の粉じんは長時間にわたり浮遊し，ヒトの気道内に取り込まれる．特に肺に沈着し，人体に有害な影響を及ぼすのは，通常1μm前後から以下の大きさである.」

正解(5)

## 問題31
アスベストに起因する疾患として，最も適当な組合せは次のうちどれか.

ア　悪性中皮腫
イ　過敏性肺炎
ウ　肺癌
エ　肺線維症
オ　気管支喘息
（1）　アとイとウ
（2）　アとウとエ
（3）　アとエとオ
（4）　イとウとオ
（5）　イとエとオ

**解 答**

アスベストに起因する疾患は，悪性中皮腫，肺癌，肺線維症などである.

正解(2)

## 問題32
室内空気環境に関する次の記述のうち，最も不適当なものはどれか.
（1）　良好な室内空気環境を維持するためには，1人当たり10m³/h以上の換気量が必要である.
（2）　室内環境下では，窒素の人体への健康影響はない.
（3）　労働安全衛生法に基づく酸素欠乏症等防止規則では，酸素濃度が18%未満を酸素欠乏と定めている.
（4）　二酸化炭素濃度は，室内空気の汚染や換気の総合指標として用いられる.
（5）　窒素は，大気の約78%を占める.

**解 答**

建築基準法では，機械換気設備の有効換気量〔m³/h〕を，床面積より算定した人員に20を乗じたものとして規定している．したがって，良好な室内空気環境の維持には，1人当たり20m³/h以上の換気量が必要である.

正解(1)

## 問題33
一酸化炭素に関する次の記述のうち，最も不適当なものはどれか.
（1）　我が国では,大気汚染物質としての濃度は増加している.
（2）　酸素よりも200倍以上強いヘモグロビン親和性をもつ.
（3）　石油や都市ガスなどの不完全燃焼で発生する.
（4）　無臭の気体である.
（5）　血中の一酸化炭素ヘモグロビンの濃度が5%未満では症状はみられない.

**解 答**

我が国では，大気汚染物質としての一酸化炭素の濃度は，自動車の排ガス規制などにより，低下している.

正解(1)

**問題34** 音に関する次の記述のうち，最も不適当なものはどれか．

(1) 会話の音声レベルが距離1mで55〜65dBの時に，騒音レベルが45dB以下であれば，十分な了解度が得られる．

(2) 聴覚系の周波数特性で補正した尺度をA特性音圧レベルという．

(3) 可聴範囲の上限周波数は，約20kHzである．

(4) 加齢に伴い低い周波数域から聴力低下が起こる．

(5) ヒトの聴覚が最も敏感な周波数は，4 000Hz付近である．

**解答**
加齢に伴い，高い周波数域から聴力低下が起こる．

正解(4)

**問題35** LED（発光ダイオード）の性質に関する次の記述のうち，最も不適当なものはどれか．

(1) 熱に強い

(2) 小型軽量である

(3) 白色光光源として利用できる

(4) 指向性が強い

(5) 高効率・長寿命である

**解答**
LED（発光ダイオード）は，熱にはあまり強くない．

正解(1)

**問題36** VDT作業における眼疲労対策に関する次の記述のうち，最も不適当なものはどれか．

(1) キーボード上における照度は300 lx以上とする．

(2) ディスプレイまわりの視野内の輝度をほぼ同じレベルにする．

(3) ディスプレイ画面における照度を800 lx以下とする．

(4) グレア防止用照明器具を用いる．

(5) 反射防止型ディスプレイを用いる．

**解答**
2002（平成14）年制定の「VDT作業における労働衛生管理のためのガイドライン」が，2021（令和3）年12月に「情報機器作業における労働衛生管理のためのガイドライン」に変更された際に，「ディスプレイ画面上における照度は500 lx以下」という記載はなくなった．

正解(3)

**問題37** 紫外線の性質・作用に関する次の記述のうち，最も不適当なものはどれか．

(1) 赤外線と比較して皮膚透過性が高い

(2) 皮膚の悪性黒色腫の発生

(3) 電気性眼炎の発生

(4) ビタミンDの生成

(5) 殺菌作用

**解答**
紫外線よりも，赤外線のほうが皮膚透過性が高い．

正解(1)

**問題38** 放射線の身体的影響には，早期影響と晩発影響があるが，晩発影響として最も適当なものは次のうちどれか．

(1) 不妊

(2) 皮膚潰瘍

(3) 白血病

(4) 白血球減少

(5) 脱毛

**解答**
放射線の晩発影響には，白血病，癌，白内障などがある．

正解(3)

**問題39** 健常成人と水に関する次の記述のうち，最も不適当なものはどれか．
（1） 体内における食物の代謝過程で生成される代謝水は，1日約0.3 Lである．
（2） 普通の食事，水分摂取の状態で，1日に1〜2Lの尿を排泄する．
（3） 老廃物の排泄のために必要な尿量は，1日に0.1〜0.2 Lである．
（4） 体重50kgのヒトの体内の水分量は，通常30kg前後である．
（5） ヒトが生理的に1日に必要とする水分量は，約1.5Lである．

老廃物の排泄のために必要な尿量は，1日に0.4〜0.5 Lである．

正解（3）

**問題40** カドミウムに関する次の記述のうち，最も不適当なものはどれか．
（1） 合金，塗料，電池等の用途に用いられる．
（2） 過剰に摂取すると大脳に蓄積して，中枢神経の障害を起こす．
（3） 富山県神通川流域の一般環境汚染により，イタイイタイ病の原因となった．
（4） 水道法に基づいて定められる，水道により供給される水の水質基準の基準項目に含まれている．
（5） 水質汚濁防止法に基づいて定められる，健康に係わる有害物質についての排水基準の基準項目に含まれている．

**解 答**
カドミウムはイタイイタイ病の原因物質で，骨障害などを引き起こす．中枢神経の障害を引き起こすのは，水俣病の原因物質である有機水銀などである．

正解（2）

**問題41** 次の感染症のうち，細菌によって引き起こされる疾患の組合せとして，正しいものはどれか．
ア 白癬症
イ レジオネラ症
ウ 結核
エ マラリア
オ 発疹チフス
（1） アとイ
（2） アとオ
（3） イとウ
（4） ウとエ
（5） エとオ

**解 答**
選択肢のうち，細菌によって引き起こされる疾患は，レジオネラ症と結核である．それぞれ，レジオネラ属菌，結核菌によって引き起こされる．白癬症は真菌，マラリアは原虫，発疹チフスはリケッチアによって引き起こされる．

正解（3）

**問題42** 食物や水が主な感染源となる感染症として，最も適当なものは次のうちどれか．
（1） デング熱
（2） A型肝炎
（3） インフルエンザ
（4） 梅毒
（5） 日本脳炎

**解 答**
選択肢のうち，食物や水が主な感染源となる感染症は，A型肝炎である．
（1）デング熱の感染源は，蚊である．
（3）インフルエンザは，人のせきやくしゃみによる飛沫によって感染する．
（4）梅毒は，人の粘膜や体液との接触が主な感染源である．
（5）日本脳炎の感染源は，蚊である．

正解（2）

**問題43** 次の感染症対策のうち，感受性対策として最も適当な組合せはどれか.

ア　患者の隔離
イ　手洗いの徹底
ウ　予防接種
エ　抵抗力の向上
オ　マスクの着用

（1）　アとイ
（2）　アとオ
（3）　イとウ
（4）　ウとエ
（5）　エとオ

**解答**

選択肢のうち，感受性対策は予防接種と抵抗力の向上である．患者の隔離は感染源対策，手洗いの徹底とマスクの着用は感染経路対策である．

正解（4）

**問題44** 消毒及び滅菌に関する次の記述のうち，最も不適当なものはどれか.

（1）　次亜塩素酸ナトリウムは，消毒の対象となる物に有機物が多く含まれるほど，効力が増す.
（2）　熱による滅菌方法には，乾熱滅菌法や高圧蒸気滅菌法がある.
（3）　酸化エチレン（エチレンオキサイド）は，ガス滅菌に用いられる.
（4）　放射線による滅菌では，エックス線，γ線が用いられる.
（5）　消毒用エタノールは，芽胞及び一部のウイルスには無効である.

**解答**

次亜塩素酸ナトリウムは，消毒の対象物に含まれる有機物が多いと，殺菌効力が低下する．

正解（1）

**問題45** 5％溶液として市販されている次亜塩素酸ナトリウム50mLを水50Lに加えた場合，この溶液の次亜塩素酸ナトリウム濃度に最も近いものは次のうちどれか.

（1）　　　25 mg/L
（2）　　　50 mg/L
（3）　　100 mg/L
（4）　　500 mg/L
（5）　1 000 mg/L

**解答**

5％溶液50mLの質量は50gである．したがって，5％溶液中の溶質の質量は，50g×0.05＝2.5g＝2 500mgである．

ゆえに，溶液50mLに水50Lを加えたときの濃度は次式で算出される．

$$\frac{2\,500}{50+0.05} \fallingdotseq \frac{2\,500}{50} = 50 \text{〔mg/L〕}$$

正解（2）

**問題46** 熱と湿気に関する用語とその単位との組合せとして誤っているものは次のうちどれか.

（1）　比エンタルピー————kJ/kg(DA)
（2）　水蒸気分圧————kPa
（3）　比容積————m³/kg(DA)
（4）　貫流熱流量————W/m²
（5）　熱伝導抵抗————m·K/W

**解答**

熱伝導抵抗は，その物質の厚さを熱伝導率で除した値で，単位は，m²·K/Wである．なお，選択肢にはないが，熱伝導率は，熱の伝わりやすさを表す物性で，単位はW/(m·K)である．

正解（5）

**問題47** 建築材料表面（白色ペイント，黒色ペイント，酸化した亜鉛鉄板，光ったアルミ箔）の長波長放射率と日射吸収率の関係を下の図中に示している．最も適当な組合せは次のうちどれか．

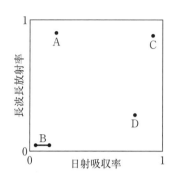

|  | A | B | C | D |
|---|---|---|---|---|
| （1） | 光ったアルミ箔 | 白色ペイント | 酸化した亜鉛鉄板 | 黒色ペイント |
| （2） | 光ったアルミ箔 | 酸化した亜鉛鉄板 | 白色ペイント | 黒色ペイント |
| （3） | 酸化した亜鉛鉄板 | 光ったアルミ箔 | 黒色ペイント | 白色ペイント |
| （4） | 白色ペイント | 酸化した亜鉛鉄板 | 光ったアルミ箔 | 黒色ペイント |
| （5） | 白色ペイント | 光ったアルミ箔 | 黒色ペイント | 酸化した亜鉛鉄板 |

**解答**
ペンキと金属では，ペンキのほうが長波長を放射する．黒色と白色では，黒色のほうが日射吸収率は高い．光ったアルミ箔と酸化した亜鉛鉄板では，アルミ箔のほうが太陽光反射率は大きいから日射吸収率は低い．

正解（5）

**問題48** 下の図は，厚さの異なるA，B，C部材で構成された建築物外壁における定常状態の内部温度分布を示している．この図に関する次の記述のうち，最も不適当なものはどれか．

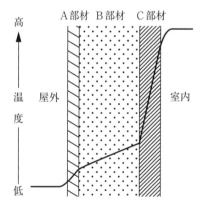

（1） B部材の方がC部材より熱伝導率は大きい．
（2） 熱伝達率は，屋外側の方が室内側より大きい．
（3） B部材が主体構造体であるとすれば，この図は外断熱構造を示している．
（4） A部材とB部材を流れる単位面積当たりの熱流量は等しい．
（5） 壁表面近傍で温度が急激に変化する部分を境界層という．

**解答**
温度差が大きいC部材が室内側にあるので，この図は内断熱構造を示している．

正解（3）

**問題49** 下に示す湿り空気線図に関する次の記述のうち，最も不適当なものはどれか．

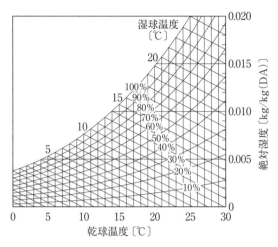

（1） 乾球温度14℃，相対湿度50%の空気を伝熱ヒーターで29℃に温めると相対湿度は約20%となる．

（2） 乾球温度10℃，相対湿度50%の空気は，乾球温度30℃，相対湿度10%の空気より絶対湿度が高い．

（3） 露点温度14℃の空気は，乾球温度25℃において約60%の相対湿度となる．

（4） 乾球温度21℃の空気が含むことのできる最大の水蒸気量は，0.015kg/kg（DA）より大きい．

（5） 乾球温度22℃，相対湿度60%の空気が表面温度13℃の窓ガラスに触れると結露する．

**問題50** 浮遊粒子の動力学性質のうち，粒径が大きくなると数値が大きくなるものとして，最も適当なものは次のどれか．
（1） 終末沈降速度
（2） 荷電数が等しい粒子の電気移動度
（3） 拡散係数
（4） 水平ダクトにおける鉛直面への沈着速度
（5） ブラウン運動による移動量

**問題51** 流体に関する次の記述のうち，最も不適当なものはどれか．
（1） 流体の粘性力に対する慣性力の比を表す無次元数がレイノルズ数である．

---

**解答**

露点温度14℃の空気は，乾球温度25℃において約50%の相対湿度となる．

正解（3）

**解答**

浮遊粒子の動力学性質では，粒径が大きくなると終末沈降速度の数値が大きくなる．
(2) 荷電数が等しい粒子の電気移動度は，電界中の粒子移動の尺度を表したもので，粒径が大きくなると数値は小さくなる．
(3) 拡散係数は，ストークス-アインシュタインの式によって粒子の大きさに反比例するので，粒径が大きくなると数値は小さくなる．
(4) 水平ダクトにおける鉛直面への沈着速度は，重力と慣性力によって，粒径が大きくなると数値は小さくなる．
(5) ブラウン運動による移動量は，2乗平均平方根変位として表現され，粒径が大きくなると数値は小さくなる．

正解（1）

**解答**

開口部を通過する風量は，開口部前後の圧力差の平方根に比例して増加する．

（2）　直線ダクトの圧力損失は，風速の２乗に比例する．

（3）　開口部を通過する風量は，開口部前後の圧力差の２乗に比例して増加する．

（4）　ベルヌーイの定理は，流れの力学的エネルギーの保存の仮定から導かれる．

（5）　無秩序な乱れによる流体塊の混合を伴う流れを乱流という．

正解（3）

---

**問題52**　空気の流動に関する次の記述のうち，最も不適当なものはどれか．

（1）　天井面に沿った噴流の到達距離は，自由噴流よりも長くなる．

（2）　天井面に沿った暖気流は，速度が弱いと途中で剥離して降下することがある．

（3）　吹出しの影響は遠方まで及ぶのに対し，吸込みの影響は吸込口付近に限定される．

（4）　流量係数が最も大きい開口部形状はベルマウスであり，約1.0となる．

（5）　自由噴流の第３域では，中心軸速度が吹出口からの距離に反比例して減衰する．

**解　答**

天井面に沿った冷気流は，速度が弱いと途中で剥離して降下し，ドラフトとなる場合がある．一方，暖気流の場合，居住域に滞留域が生じて上下温度差が大きくなり，壁からコールドドラフトが生じやすくなる．

正解（2）

---

**問題53**　自然換気の換気力に関する次の記述のうち，最も不適当なものはどれか．

（1）　温度差による換気力は，室内外空気の密度差に比例して増加する．

（2）　温度差による換気力は，給気口と排気口の高さの差の２乗に比例して増加する．

（3）　風力による換気力は，風圧係数に比例して増加する．

（4）　風力による換気力は，外部風速の２乗に比例して増加する．

（5）　開口部の風圧係数は，正負の値をとる．

**解　答**

温度差による換気力は，給気口と排気口の高さの差に比例して増加する．また，室内外空気の密度差にも比例して増加する．

正解（2）

---

**問題54**　東京都における建築物環境衛生管理基準に関わる空気環境の測定結果に関する次の文章の内容を表す項目として，最も適当なものはどれか．

建築物衛生法施行時以降，平成10年度までの不適率は10〜20％であったが，近年は30％前後で推移しており，不適率が漸増する傾向がみられる．

（1）　温度

（2）　相対湿度

（3）　二酸化炭素の含有率

（4）　浮遊粉じんの量

（5）　気流

**解　答**

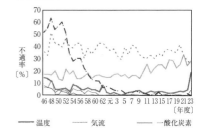

出典：『改訂　建築物の環境衛生管理』（公財）日本建築衛生管理教育センター，2015年

上図のように，二酸化炭素の含有率は，建築物衛生法施行時以降，平成10年度までの不適率は10〜20％であったが，近年は30％前後で推移しており，不適率が漸増する傾向がみられる．

正解（3）

**問題55** エアロゾル粒子とその測定粒径との組合せとして，最も適当なものは次のうちどれか．
- （1） 細菌―――――――0.01μm
- （2） ウイルス―――――5.0μm
- （3） たばこ煙―――――10μm
- （4） 花粉（スギ）―――30μm
- （5） 雨滴（霧雨）―――50μm

**解答**

花粉（スギ）の測定粒径は，約30μmである．
（1） 細菌は，1μm内外である．
（2） ウイルスは，0.01〜0.4μmである．
（3） たばこ煙は，0.01〜1μmである．
（5） 雨滴（霧雨）は，0.2〜0.5mmである．
詳細については，☞ 解説5（413ページ）を参照．

正解（4）

**問題56** 空気汚染物質の特性を表すア〜エの記述のうち，オゾンの特性を表すものの組合せとして，最も適当なものは次のうちどれか．
- ア 常温で特異な刺激臭をもつ不安定な気体である．
- イ 一酸化窒素と結合し，二酸化窒素と酸素を生成する．
- ウ 人為的な発生源には，自動車の排気ガス，燃焼器具の生成物がある．
- エ 比較的低分子の有機化合物である．
- （1） アとイ
- （2） アとウ
- （3） イとウ
- （4） イとエ
- （5） ウとエ

**解答**

オゾン（$O_3$）は，大気汚染物質の一つである光化学オキシダントの主成分として知られ，主に紫外線の光化学反応で生成される．オゾンは，常温で特異な刺激臭をもつ不安定な気体であり，一酸化窒素と結合し，二酸化窒素と酸素を生成する．室内では，コピー機，レーザープリンタなど，高電圧を利用している機器から発生するほか，抗菌，脱臭などを目的として用いられているオゾン発生器からの漏洩も問題となる．

正解（1）

**問題57** 室容積500m³の居室において，換気回数1.0回/hで換気がされている．汚染物質の定常的発生があり，初期濃度0.01mg/m³が1時間後に室内濃度0.02mg/m³に増加した．その時の汚染物質の発生量として，最も近い値は次のうちどれか．ただし，室内は完全混合（瞬時一様拡散）とし，外気濃度は0.01mg/m³，室内濃度は，以下の式で表される．なお，e＝2.7とする．

$$C = C_0 + (C_s - C_0)\frac{1}{e^{nt}} + \frac{M}{Q}\left(1 - \frac{1}{e^{nt}}\right)$$

ただし， $C$ ：室内濃度〔mg/m³〕
$C_s$ ：初期濃度〔mg/m³〕
$C_0$ ：外気濃度〔mg/m³〕
$M$ ：汚染物質発生量〔mg/h〕
$Q$ ：換気量〔m³/h〕
$n$ ：換気回数〔回/h〕
$t$ ：時間〔h〕

- （1） 3mg/h
- （2） 5mg/h
- （3） 8mg/h
- （4） 13mg/h
- （5） 16mg/h

**解答**

問題で与えられた $e^{nt}$ に関する式に，
$n = 1$
$t = 1$
$C = 0.02$
$C_s = 0.01$
$C_0 = 0.01$
$Q = 500$
を代入して計算すると，

$$0.02 = 0.01 + (0.01 - 0.01)\frac{1}{2.7} + \frac{M}{500}\left(1 - \frac{1}{2.7}\right)$$

$$0.01 = \frac{M}{500}\left(1 - \frac{1}{2.7}\right)$$

$$\therefore M \fallingdotseq 7.94$$

したがって，5肢選択する数値で一番近い数値は，8mg/hである．

正解（3）

**問題58** 次の室内における汚染物質のうち，石油の燃焼により発生しないものはどれか．
- （1） 浮遊粉じん
- （2） アスベスト
- （3） 硫黄酸化物
- （4） 窒素酸化物
- （5） 一酸化炭素

**問題59** 放射線は，非電離放射線と電離放射線に分類されるが，非電離放射線に含まれるものは次のうちどれか．
- （1） 紫外線
- （2） γ線
- （3） α線
- （4） 中性子線
- （5） エックス線

**問題60** 室内空気汚染物質とその発生源との組合せとして，最も不適当なものは次のうちどれか．
- （1） 臭気 ――――――― 喫煙
- （2） キシレン ――――― 塗料の溶剤
- （3） クリソタイル ――― 断熱材の除去工事
- （4） ラドン ―――――― 土壌，岩石
- （5） アスペルギルス ―― 防虫剤

**問題61** アレルゲンと微生物に関する次の記述のうち，最も不適当なものはどれか．
- （1） 住環境内の主なダニアレルゲンは，ヒョウヒダニ類の糞と虫体からなる．
- （2） カビアレルゲンの大部分は，ナノサイズの粒子である．
- （3） 黒カビは，結露した壁などの表面で増殖する．
- （4） 疫学調査の結果，カビと小児の呼吸器系疾患の間に有意な関係があることが明らかにされている．
- （5） オフィス内浮遊細菌濃度には，エアフィルタの捕集率が関係する．

**問題62** 湿り空気の混合に関する次の文章の ___ 内に入る数値の組合せとして，最も適当なものはどれか．

湿り空気線図上のA点は，乾球温度26℃，絶対湿度0.013kg/kg(DA)である．また，B点は，乾球温度34℃，絶対湿度0.025kg/kg(DA)である．A点の空気300kg/hとB点の空気100kg/hを混合した空気は，乾球温度 ｱ ℃，絶対湿度 ｲ kg/kg(DA)である．

|  | ア | イ |
|---|---|---|
| (1) | 28 | 0.016 |
| (2) | 28 | 0.019 |
| (3) | 30 | 0.019 |
| (4) | 32 | 0.016 |
| (5) | 32 | 0.022 |

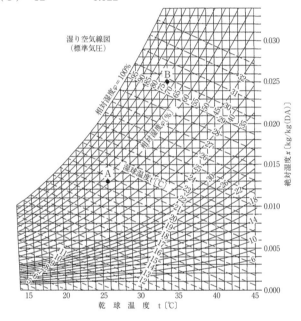

湿り空気線図
(標準気圧)

**解答**

混合空気の状態点をCとした場合，湿り空気線図上では，A点とB点を結んだ直線を質量流量の逆比で内分した点となる．つまり，A点の空気300kg/h，B点の空気100kg/hを混合するので，AC間の距離：CB間の距離＝1：3となり，乾球温度28℃，絶対湿度0.016kg/kg(DA)である．

「湿り空気線図上のA点は，乾球温度26℃，絶対湿度0.013kg/kg(DA)である．また，B点は，乾球温度34℃，絶対湿度0.025kg/kg(DA)である．A点の空気300kg/hとB点の空気100kg/hを混合した空気は，乾球温度28℃，絶対湿度0.016kg/kg(DA)である．」

正解(1)

**問題63** 熱負荷計算における負荷の種類とその設定条件の単位との組合せとして，最も不適当なものは次のうちどれか．

(1) 外気 ——— L/(m³·s)
(2) 在室者 ——— 人/m²
(3) 照明 ——— W/m²
(4) 隙間風 ——— 回/h
(5) 構造体 ——— W/(m²·K)

**解答**

熱負荷計算における外気の単位は，一般的にm³/hが用いられる．

正解(1)

**問題64** 空調熱負荷に関する次の記述のうち，最も不適当なものはどれか．

(1) 装置蓄熱負荷は，熱源負荷に含まれる．
(2) 送風機による負荷は，空調機負荷に含まれる．
(3) 接地床の構造体負荷は，一般に冷房時には無視する．
(4) 外気負荷では，一般に潜熱負荷を無視する．
(5) 人体負荷には，顕熱負荷と潜熱負荷がある．

**解答**

外気負荷には，顕熱負荷と潜熱負荷の両方が含まれる．

正解(4)

**問題65** 次の空調設備のうち，個別方式に該当しないものはどれか．

- (1) ターミナルエアハンドリングユニット
- (2) 空気熱源ヒートポンプパッケージ
- (3) ウォールスルー型ユニット
- (4) 水熱源ヒートポンプパッケージ
- (5) ビル用マルチパッケージ

**問題66** ヒートポンプ方式に関する次の記述のうち，最も不適当なものはどれか．

- (1) 1台で温熱源と冷熱源を兼ねることができる．
- (2) 冷水と温水を同時に取り出せる機種がある．
- (3) 水熱源方式は，空気熱源方式に比べて，一般に成績係数が高い．
- (4) 電動冷凍機＋ボイラ方式に比べて，夏冬の電力消費の差を小さくできる．
- (5) 空気熱源方式に比べて，水熱源方式の方が多く使われている．

**問題67** 蒸気圧縮冷凍サイクルに関する次の記述のうち，最も不適当なものはどれか．

- (1) 圧縮機により，冷媒の比エンタルピーが増加する．
- (2) 凝縮器により，冷媒が液化する．
- (3) 凝縮器により，冷媒の圧力が増加する．
- (4) 膨張弁により，冷媒の圧力が低下する．
- (5) 蒸発器により，冷媒がガス化する．

**問題68** 下の図は，吸収冷凍機の冷凍サイクルを示したものである．図中のA，B，Cに対応する蒸気，冷水，冷却水の組合せとして，最も適当なものは次のうちどれか．

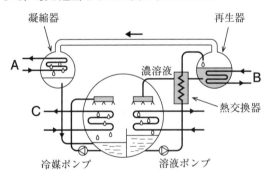

|  | 蒸気 | 冷水 | 冷却水 |
|---|---|---|---|
| (1) | A | B | C |
| (2) | A | C | B |
| (3) | B | A | C |
| (4) | B | C | A |
| (5) | C | B | A |

と考えられる．また，溶液ポンプも冷却
する必要があるので，図のAは冷却水で
ある．

正解（4）

**問題69** 空気調和設備の温熱源に関する次の記述のうち，最も不適当なものはどれか．
- （1） 鋳鉄製ボイラは，鋳鉄製のセクション内部の清掃が難しい．
- （2） 炉筒煙管ボイラは，洗浄・消毒等の用途に高圧蒸気を必要とする病院・ホテル等で多く採用されている．
- （3） 貫流ボイラは，蒸気を熱媒としている．
- （4） 真空式温水発生機は，高温水を熱媒としている．
- （5） 水管ボイラは，蒸気を熱媒としている．

[解 答]
真空式温水発生機は，空気を抽気することにより，缶体内を33kPa程度の真空に保持しながら水を沸騰させ，内蔵した暖房用および給湯用熱交換器に伝熱する構造のものである．運転中の内部の圧力が大気圧よりも低いため，吸収冷温水機と同様，ボイラとしての法的な適用を受けず，取扱い資格も不要である．

正解（4）

**問題70** 空気調和機に関する次の記述のうち，最も不適当なものはどれか．
- （1） エアハンドリングユニットは，冷却・加熱のための熱源を内蔵している．
- （2） エアハンドリングユニットは，使用目的に合わせて構成機器の組合せを変更することができる．
- （3） ファンコイルユニットは，ダクト併用ファンコイルユニット方式における端末ユニットとして用いられる．
- （4） ファンコイルユニットは，設置方法により床置き型・天吊り型等の種類がある．
- （5） パッケージ型空気調和機は，蒸気圧縮冷凍サイクルの機器により構成される．

[解 答]
エアハンドリングユニットは，ファン，コイル，エアフィルタを備え，配管とダクトが接続されているユニットであり，ユニット単独で冷却・加熱のための熱源を内蔵していない．

正解（1）

**問題71** 空気調和設備における湿度調整に関する次の記述のうち，最も不適当なものはどれか．
- （1） 加湿装置は，主に暖房時に用いられる．
- （2） 湿度調整は，有害微生物の発生や感染の防止に役立つ．
- （3） 加湿装置の維持管理が不十分な場合には，微生物が装置で増殖することがある．
- （4） 水噴霧式の加湿装置は，温度降下を生じないという特長がある．
- （5） 除湿には，冷却減湿法や化学的減湿法がある．

[解 答]
水噴霧式の加湿装置は，噴霧圧力，遠心力，超音波振動などを利用して水を霧状にし，空気中に放出して加湿する方式である．なお，温度降下を生じないという特長をもつ代表的な加湿装置は，蒸気吹出し式である．

正解（4）

**問題72** 空気調和設備に用いられる送風機の特性と送風系に関する次の文章の□□□内に入る語句の組合せとして，最も適当なものはどれか．
送風機の特性曲線は，グラフの横軸に ア をとり，縦軸に イ をとって示される．一方，送風系の ウ 曲線は，同じグラフ上に，原点を通る2次曲線として示される．ここで，二つの曲線の交点は，運転点を示している．

| | ア | イ | ウ |
|---|---|---|---|
| （1） | 静圧 | 風量 | 抵抗 |

[解 答]
「送風機の特性曲線は，グラフの横軸に風量をとり，縦軸に静圧をとって示される．一方，送風系の抵抗曲線は，同じグラフ上に，原点を通る2次曲線として示される．ここで，二つの曲線の交点は，運転点を示している．」

（2） 動力―――静圧―――性能
（3） 動力―――風量―――静圧
（4） 風量―――静圧―――抵抗
（5） 風量―――動力―――性能

正解（4）

**問題73** ダクト系に関連する用語として，最も不適当なものは次のうちどれか．
（1） フレキシブル継手
（2） たわみ継手
（3） キャビテーション
（4） 多翼型ダンパ
（5） 混合ユニット

**解答**
キャビテーションは，ダクト系に関連する用語ではない．キャビテーションとは，流体が流動しているときに，ある部分における圧力がそのときの液体温度に相当する蒸気圧力以下になると，その部分で液体が局部的な蒸発を起こして気泡を発生する現象である．

正解（3）

**問題74** ダクトとその付属品に関する次の記述のうち，最も不適当なものはどれか．
（1） ダクト材は用途によって，亜鉛鉄板，塩化ビニル被覆鋼板，ステンレス鋼板等が用いられる．
（2） ダクト系には風量調整ダンパのほか，防火ダンパや防煙ダンパが用いられる．
（3） グラスウールダクトは，消音効果がある．
（4） ダクトの形状としては角ダクトのほか，丸ダクトがある．
（5） 防火ダンパは，煙感知器と連動して流路を遮断する．

**解答**
防火ダンパは，煙感知器ではなく，温度感知器と連動して流路を遮断する．

正解（5）

**問題75** 空気浄化装置に関する次の記述のうち，最も不適当なものはどれか．
（1） 自動巻取型エアフィルタのろ材には，合成繊維，ガラス繊維が使用されている．
（2） ガス除去用フィルタの使用に伴う圧力損失の変化は，一般にエアフィルタのそれと比較して小さい．
（3） ガス除去用フィルタには，シリカゲルを使用するものがある．
（4） HEPAフィルタの圧力損失は，一般空調用フィルタのそれと比較して小さい．
（5） ろ過式フィルタは適切な時期に交換を行わないと，捕集した粉じんの再飛散を起こす．

**解答**
HEPAフィルタは，「定格風量で粒径が0.3$\mu$mの粒子に対して99.97%以上の粒子捕集率をもち，かつ初期圧力損失が245Pa以下の性能をもつフィルタ」とJIS Z 8122で規定されている．半導体製造や精密機械装置などの工業用クリーンルーム，医学・製薬・食品などのバイオクリーンルームなどの施設で使用され，圧力損失は一般空調用フィルタと比較して大きい．

正解（4）

**問題76** ポンプに関する次の記述のうち，最も不適当なものはどれか．
（1） サージングの発生を判断するのに，有効吸込みヘッド（NPSH）が用いられる．
（2） ダイヤフラムポンプは，容積型に分類される．
（3） 全揚程は，損失水頭と実揚程の和である．
（4） 渦流ポンプは，小水量で高揚程が特徴である．
（5） 渦巻きポンプは，ターボ型に分類される．

**解答**
有効吸込みヘッド（NPSH）は，ポンプのキャビテーションを考える場合の指標として用いられる．ポンプのサージングは，揚程曲線が全吐出し量範囲において右下がりではなく，一部右上がりの部分をもつ山形特性のものが，ポンプの種類によってはある．このような特性のポンプを右上がりの特性領域で運転すると，流量と圧力の周期的な変動が続き，運転が安定しないことがあり，そのような現象をサージングという．サージングの発

**問題77** 空気調和設備に用いられる配管の種類とそれに関連する温度又は圧力との組合せとして，最も不適当なものは次のうちどれか．

（1） 高温水配管—————80〜90℃
（2） 冷却水配管—————20〜40℃
（3） 冷水配管—————— 5〜10℃
（4） 高圧蒸気配管———0.1〜 1 MPa
（5） 低圧蒸気配管———0.01〜0.05MPa

**解答**

高温水配管は，<u>120〜180℃</u>である．一方，温水配管は，40〜80℃である．

正解（1）

**問題78** 空調設備の配管材料とその使用区分との組合せとして，最も不適当なものは次のうちどれか．

〔配管材料〕　　　〔使用区分〕
（1） 配管用炭素鋼鋼管（白管）———冷温水
（2） 配管用炭素鋼鋼管（黒管）———油
（3） フランジ付硬質塩化
　　　ビニルライニング鋼管 ———冷却水
（4） 硬質ポリ塩化ビニル管———蒸気
（5） 配管用ステンレス鋼管———蒸気還管

**解答**

硬質ポリ塩化ビニル管の使用区分は，蒸気ではなく，<u>冷却水</u>である．

正解（4）

**問題79** 換気に関する次の記述のうち，最も不適当なものはどれか．

（1） 排気フードは，局所換気に用いられる．
（2） ハイブリッド換気は，自然換気に機械換気や空調設備を補助的に組み合わせたものである．
（3） 第1種機械換気は，室内の圧力を正圧にも負圧にも設定できる．
（4） 第3種機械換気は，給気口及び排風機により構成される．
（5） 感染症室などの汚染室の換気では，室内の圧力を周囲より高くする．

**解答**

感染症室などの汚染室の換気では，第3種換気方式に代表されるように，室内の圧力を周囲よりも<u>低く</u>し，負圧とする．

正解（5）

**問題80** 温熱環境要素の測定器に関する次の記述のうち，最も不適当なものはどれか．

（1） 温度の測定には，金属の膨張を利用する方法がある．
（2） 熱線風速計には，定電圧式と定温度式がある．
（3） アウグスト乾湿計の乾球温度は，一般に湿球温度より高い値を示す．
（4） グローブ温度計の値は，平均放射温度（MRT）と反比例する関係にある．
（5） 相対湿度の測定器には，電気抵抗を利用するものがある．

**解答**

グローブ温度計と周囲壁との位置関係および壁温との関係から，放射効果が等しいような，均一な周壁面温度を平均放射温度（$MRT$）とすると，グローブ温度計と平均放射温度（$MRT$）は，以下の式で表される．

$$MRT = t_g + 2.37\sqrt{v}\,(t_g - t)$$

ここで，$MRT$：平均放射温度〔℃〕
　　　　$t_g$：グローブ温度〔℃〕
　　　　$t$：室空気温度〔℃〕
　　　　$v$：気流速度〔m/s〕

したがって，グローブ温度計の値と平

均放射温度（$MRT$）は，比例する関係といえる.

正解（4）

**問題81** 浮遊粉じんの測定法と測定器に関する次の記述のうち，最も不適当なものはどれか.
（1） 浮遊粉じんの測定法には，捕集測定法と浮遊測定法がある.
（2） 散乱光法は，浮遊粉じん浮遊測定法の一つである.
（3） デジタル粉じん計は，粉じんによる散乱光の波長により相対濃度を測定する.
（4） 建築物環境衛生管理基準に基づきローボリウムエアサンプラ法を用いる場合には，分粒装置を装着する必要がある.
（5） デジタル粉じん計の受光部などは，経年劣化が生じることから，定期的に較正を行う.

**解 答**
デジタル粉じん計は，粉じんによる散乱光の強さにより，相対濃度を測定する. すなわち，空気中の浮遊粒子に光を照射すると粒子から散乱光が生じる光散乱現象を利用し，その散乱光の強さが粉じん濃度と相対的に比例することを利用して測定するものである.

正解（3）

**問題82** 汚染物質とその濃度又は強さを表す単位との組合せとして，最も不適当なものは次のうちどれか.
（1） パラジクロロベンゼン ——— $\mu g/m^3$
（2） 放射性物質 ——— Sv
（3） 浮遊細菌 ——— CFU/m$^3$
（4） アスベスト ——— f/cm$^3$
（5） 二酸化硫黄 ——— ppb

**解 答**
放射性物質が発する放射能の強さを表す単位は，Bq（ベクレル）で，放射性物質が1秒間に何個の放射線を出すかを示すものである.

正解（2）

**問題83** 環境要素とその測定法との組合せとして，最も不適当なものは次のうちどれか.
（1） ダニアレルゲン ——— エライザ（ELISA）法
（2） オゾン ——— 検知管法
（3） 微生物 ——— ザルツマン法
（4） アスベスト ——— 光学顕微鏡法
（5） 二酸化炭素 ——— 非分散型赤外線吸収法

**解 答**
微生物の測定法のうち，浮遊微生物の測定は培地を用いる方法（培地法）と用いない方法に大別でき，代表的な方法として，衝突法，フィルタ法などがある.

正解（3）

**問題84** 空気調和・換気設備の維持管理に関する次の記述のうち，最も不適当なものはどれか.
（1） 空調用ダクトは，経過年数に応じて内部の清掃を考慮する.
（2） 空気調和・換気設備に関連する健康障害には，微生物によるものがあり，ビル関連病（BRI）に代表される.
（3） 加湿装置は，建築物環境衛生管理基準に基づき，使用開始時及び使用期間中の3カ月以内ごとに1回，定期に汚れの状況を点検する.
（4） 冷却塔に供給する水は，水道法に規定する水質基準に適合していることが求められる.
（5） 冷却塔は，建築物環境衛生管理基準に基づき，1年以内ごとに1回，定期に清掃を行う.

**解 答**
加湿装置は，建築物環境衛生管理基準に基づき，使用開始時および使用期間中の1か月以内ごとに1回，定期に汚れの状況を点検する.

正解（3）

**問題85** 夏季ピーク時における空気調和設備の節電対策に関する次の記述のうち，最も不適当なものはどれか．

（1） 冷凍機の冷却水入口温度を低下させる．
（2） 空気調和機のエアフィルタを清掃する．
（3） 熱源機の熱交換器を洗浄する．
（4） ヒートポンプ屋外機の熱交換器に散水する．
（5） 冷凍機の冷水出口温度を低下させる．

**解 答**

夏期に，冷凍機の冷水出口温度を<u>上昇</u>させると，効率の向上が図られるので，空気調和設備の節電対策として効果的である．

正解（5）

**問題86** 音に関する用語の説明として，最も不適当なものは次のうちどれか．

（1） 暗騒音————ある騒音環境下で対象とする特定の音以外の音の総称
（2） 吸音率————入射音響エネルギーに対する透過エネルギーの割合
（3） 純音————一つの周波数からなる音波のこと
（4） 拡散音場——空間に音のエネルギーが一様に分布し，音があらゆる方向に伝搬している状態のこと
（5） 遮音————壁などで音を遮断して，透過する音のエネルギーを小さくすること

**解 答**

吸音率とは，入射音響エネルギーに対する<u>透過および吸収エネルギー</u>の割合のことである．

正解（2）

**問題87** 上階で発生させた軽量床衝撃音の床衝撃音レベルを下室にて周波数ごとに測定した結果，63Hzで78dB，125Hzで75dB，250Hzで75dB，500Hzで73dB，1 000Hzで67dB，2 000Hzで64dB，4 000Hzで64dBであった．この床の遮音等級として，最も適当なものは次のうちどれか．下図の床衝撃音レベルに関する遮音等級の基準周波数特性を用いて求めよ．

（1） Lr-75
（2） Lr-70
（3） Lr-65
（4） Lr-60
（5） Lr-55

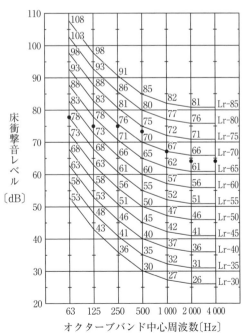

床衝撃音レベル〔dB〕

オクターブバンド中心周波数〔Hz〕

**解 答**

上階で発生させた軽量床衝撃音の床衝撃レベルを下室で周波数ごとに測定した結果を，図の床衝撃音レベルに関する遮音等級の基準周波数特性を用いて求める．測定した結果をそれぞれプロットして，すべての周波数帯域において，基準曲線を下回る場合，その最小の基準曲線につけられた数値によって遮音等級が表されるので，この床の遮音等級は，<u>Lr-75</u>である．

正解（1）

騒音・振動問題の対策に関する次の記述のうち,最も不適当なものはどれか.

（1） 固体伝搬音を低減するためには,振動源の発生振動低減や防振対策が重要となる.
（2） 外部騒音が同じ場合,コンサートホール・オペラハウスの方が録音スタジオよりも高い遮音性能が求められる.
（3） 空気伝搬音を低減するためには,窓・壁・床等を遮音する必要がある.
（4） 設備機器などの振動が建築躯体内を伝搬して居室の内装材から放射される音は,固体伝搬音である.
（5） 寝室における騒音について,骨伝導で感知される固体伝搬音についても確認するため,立位・座位・仰臥位で評価する.

地表における直射日光による法線照度が90 000 lxのとき,直射日光による水平面照度として最も近いものは次のうちどれか.ただし,このときの太陽高度は30度とする.

（1） 23 000 lx
（2） 30 000 lx
（3） 39 000 lx
（4） 45 000 lx
（5） 78 000 lx

照明器具の光源の交換方式に関する次の文章の_____内に入る語句の組合せとして,最も適当なものはどれか.

不点灯になった光源をその都度交換する_____ア_____は,小規模な照明施設や光源の交換が容易な場所には適しているが,光源の不点時期が一定でないため,光源の交換頻度が多くなり,保守に要する_____イ_____がかさむことになる.一方,大規模な照明施設で光源の交換が比較的困難な場所では,あらかじめ定めていた交換時期に達したときに全数を交換する_____ウ_____で光源の交換を行うことがある.

|  | ア | イ | ウ |
|---|---|---|---|
| （1） | 個別交換方式 | 人件費 | 集団的個別交換方式 |
| （2） | 個別交換方式 | 人件費 | 集団交換方式 |
| （3） | 個別交換方式 | 部品費 | 集団交換方式 |
| （4） | 個別的集団交換方式 | 人件費 | 集団的個別交換方式 |
| （5） | 個別的集団交換方式 | 部品費 | 集団的個別交換方式 |

**解答**

日本建築学会遮音性能規準によれば,コンサートホール・オペラハウスの遮音等級はNC-25（1級,遮音性能上,優れている）あるいはNC-30（2級,遮音性能上,標準的）,録音スタジオの遮音等級はNC-20（1級,遮音性能上,優れている）あるいはNC-25（2級,遮音性能上,標準的）である.

NC値は,小さい値のほうが遮音性能が高いので,外部騒音が同じ場合,録音スタジオのほうがコンサートホール・オペラハウスよりも高い遮音性能が求められる.

正解（2）

**解答**

太陽高度を$h$〔°〕とすると,
水平面照度〔lx〕＝法線照度〔lx〕×$\sin h$
　　　　　　＝90 000×$\sin 30°$
　　　　　　＝90 000×0.5
　　　　　　＝45 000〔lx〕

正解（4）

**解答**

光源の交換方式は,個別交換方式,集団的個別交換方式,集団交換方式,個別的集団交換方式の四つに分類される.個別交換方式は,不点灯になった光源をその都度個別に取り替える方式である.集団的個別交換方式は,不点灯になった光源がある個数まとまったとき,あるいは一定期間経過したときに,不点灯の光源のみを交換する方式で,頻繁に個別交換しにくい箇所に適している.集団交換方式は,光源が不点灯になっても,当初計画した交換時期あるいは不点灯の光源が一定数に達するまで光源を交換せず,あらかじめ定めていた交換時点に達したときに全数交換する方式である.個別的集団交換方式は,不点灯になった光源はその都度交換し,ある一定期間が経過した時点で,すべての光源を交換する方式である.

「不点灯になった光源をその都度交換する個別交換方式は,小規模な照明施設や光源の交換が容易な場所には適しているが,光源の不点時期が一定でないため,光源の交換頻度が多くなり,保守に要する人件費がかさむことになる.一方,大規模な照明施設で光源の交換が比較的困難な場所では,あらかじめ定めていた交換時期に達したときに全数を交換する集団交換方式で光源の交換を行うことがある.」

正解（2）

**問題91** 建築物と都市環境に関する次の記述のうち，最も不適当なものはどれか．

(1) 両側を高い建築物で連続的に固まれた道路空間は，半密閉の空間のようになるため，ストリートキャニオンと呼ばれる．

(2) 熱容量が大きい材料は，日射熱を蓄熱しにくい．

(3) 地盤沈下は，典型7公害の一つである．

(4) 都市化により，都市の中心部の気温が郊外と比較して高くなる現象をヒートアイランド現象という．

(5) 乱開発などによって市街地が広がることをスプロール現象という．

**解答**

熱容量とは，物質の温度を1℃上昇させるのに必要な熱量のことである．熱容量が大きい材料は，日射熱を<u>蓄熱しやすい</u>．

正解(2)

**問題92** 建築物の設計・施工における実施設計図書として，最も不適当なものは次のうちどれか．

(1) 建築構造図

(2) 電気設備図

(3) 維持管理書

(4) 給排水衛生設備図

(5) 標準仕様書

**解答**

維持管理書は実施設計図書に含まれない．維持管理書は建物維持管理のためのものである．

正解(3)

**問題93** 建築物の建築計画及び建築士法に関する次の記述のうち，最も不適当なものはどれか．

(1) 一級建築士は，建築士法に基づき，国土交通大臣の免許を受けて得られる資格である．

(2) 二級建築士は，建築士法に基づき，都道府県知事の免許を受けて得られる資格である．

(3) 建築士法に基づき，一定規模の建築物の設備設計については，建築設備士に設備関係規定への適合性の確認が義務付けられている．

(4) 貸事務所における収益部分の床面積を延べ面積で除したものをレンタブル比という．

(5) 建築物において共用スペース，設備スペース，構造用耐力壁等を集約した区画をコアという．

**解答**

一定規模の建築物の設備設計については，設備設計一級建築士が建築基準法の設備関係規定に適合しているかの確認を行う必要がある．建築設備士は建築設備の設計・工事監理に関して建築士に助言ができる資格である．

正解(3)

**問題94** 鉄筋コンクリート構造とその材料に関する次の記述のうち，最も不適当なものはどれか．

(1) 柱の主筋は4本以上とし，主筋に直角となるように帯筋が配筋される．

(2) 直接土に接しない柱，梁<sub>（はり）</sub>において，鉄筋に対するコンクリートのかぶり厚さは，3cm以上としなければならない．

(3) 構造耐力上主要な部分である梁は，圧縮側，引張側の両方に主筋を配した複筋梁とする．

(4) 鉄筋とコンクリートの線膨張係数は，ほぼ等しい．

(5) 鉄筋に対するコンクリートのかぶり厚さは，コンクリート表面から鉄筋の中心までの距離をいう．

**解答**

かぶり厚さとは，コンクリート表面から鉄筋の表面までの距離をいう．鉄筋の中心までの距離ではない．

正解(5)

**問題95** 鉄骨構造とその鋼材に関する次の記述のうち，最も不適当なものはどれか．

（1） 鋼材の強度は温度上昇とともに低下し，1 000℃ではほとんど零となる．

（2） 梁に使用されるH形鋼のウェブは，主にせん断力に対して抵抗する．

（3） デッキプレートは，波状の薄鋼板で，床の下地に用いられる．

（4） 鋼材の耐火被覆工法には，吹付け工法，巻付け工法，成形板張り工法等がある．

（5） 高力ボルト摩擦接合は，材間引張力により力を伝達する．

**解 答**

高力ボルト摩擦接合は，高力ボルトで接合材を締め付けた際に生じる<u>材間圧縮力</u>によって得られる接合材間の摩擦抵抗で応力を伝達する接合法である．

正解(5)

**問題96** 構造計画と構造設計に関する次の記述のうち，最も不適当なものはどれか．

（1） 水平ブレースは，床面や屋根面のような水平構面に入れる斜材である．

（2） 偏心率は，建築物の平面的なバランスに対する規定である．

（3） 積雪地帯における吹きだまりは，風に吹かれて生じる局所的な積雪をいう．

（4） 層間変形角は，各階の層の高さをその層間変位で除した値である．

（5） 擁壁は，土圧に抵抗して，盛土又は切土による斜面を支える壁体構造物である．

**解 答**

<u>層間変形角とは，各階の層間変位をその層の高さで除した値である．</u>

正解(4)

**問題97** 建築材料と部材の性質に関する次の記述のうち，最も不適当なものはどれか．

（1） 鉄筋コンクリート構造の陸屋根は，屋根勾配が極めて緩いか又は水平なものをいう．

（2） 2枚の板ガラスを一定の間隔を保って密封したものは，複層ガラスである．

（3） モルタルは，水とセメントを練り混ぜたものである．

（4） 内壁の仕上げ材料には，吸音性，テクスチャアの良さ等が要求される．

（5） コンクリートの性質を改良するためのものとして，混和材料がある．

**解 答**

モルタルとは，水とセメントと<u>砂</u>を混ぜたものである．

正解(3)

**問題98** 建築材料に関する次の記述のうち，最も不適当なものはどれか．

（1） 合板は，薄い板を繊維方向が互いに交差するように接着剤で重ね合わせたものである．

（2） 板ガラスは，不燃材料である．

（3） 高流動性コンクリートは，CFT構造や自己充填コンクリートに用いられる．

（4） アルミニウムの比重は，鋼の約1/3である．

（5） 一般の建築用木材の出火危険温度は，450℃前後である．

**解 答**

一般の建築用木材の出火危険温度は<u>260℃</u>前後であり，400～490℃で発火する．

正解(5)

**問題99** 都市ガス（13A）とLPガスの性質に関する次の文章の □ 内に入る語句の組合せとして，最も適当なものはどれか．

都市ガス（13A）は，空気より ［ ア ］，LPガスは空気より ［ イ ］．ガス1m³を燃焼させるのに必要な空気量は，都市ガス（13A）に比べてLPガスの方が ［ ウ ］．また，容積当たりの発熱量は，LPガスに比べて都市ガス（13A）の方が ［ エ ］．

| | ア | イ | ウ | エ |
|---|---|---|---|---|
| （1） | 軽く | 重い | 多い | 少ない |
| （2） | 軽く | 重い | 少ない | 多い |
| （3） | 重く | 軽い | 多い | 少ない |
| （4） | 重く | 軽い | 少ない | 多い |
| （5） | 重く | 軽い | 少ない | 少ない |

【解答】
容積当たりの発熱量は，都市ガスはLPガスの1/2以下である．

「都市ガス（13A）は，空気より<u>軽く</u>，LPガスは空気より<u>重い</u>．ガス1m³を燃焼させるのに必要な空気量は，都市ガス（13A）に比べてLPガスの方が<u>多い</u>．また，容積当たりの発熱量は，LPガスに比べて都市ガス（13A）の方が<u>少ない</u>．」

正解（1）

**問題100** 建築設備に関する次の記述のうち，最も不適当なものはどれか．
（1） 緊急ガス遮断装置は，大規模な地下街，超高層建築物，中圧ガス設備のある建築物等に設置が義務付けられている．
（2） 空気調和設備・換気設備のファン，給排水設備のポンプには直流電動機が幅広く使用されている．
（3） 建築基準法の規定により高さ31mを超える建築物には，原則として非常用の昇降機を設けなければならない．
（4） ESCOとは，省エネルギー診断，システム設計，設備導入工事，さらに効果検証まで一貫したサービスを提供するエネルギー総合サービス事業のことである．
（5） 受変電設備とは，電力会社から高圧で受電した電気を，所定の電圧に下げて建築物内部に配電する設備である．

【解答】
一般的な建築の受電は交流電力であり，空気調和設備・換気設備のファン，給排水設備のポンプなどの設備機械には<u>交流電動機</u>が幅広く利用されている．

正解（2）

**問題101** 防災などに関する語句の組合せとして，最も不適当なものは次のうちどれか．
（1） マグニチュード―――地震の規模を表す指標
（2） ライフライン―――建築物を保全するための諸設備
（3） 震度階級―――観測点における地震の揺れの強さを示す指標
（4） 耐震診断―――建築物の耐震改修の促進に関する法律
（5） マイコンメータ―――地震発生時，自動的にガスを遮断するガスメータ

【解答】
ライフラインとは<u>生活を維持するため</u>の諸施設をいう．道路・鉄道などの交通施設，電話・放送施設などの通信施設，下水道・電力・ガスなどの供給処理施設などがある．

正解（2）

**問題102** 建築物の火災時の避難及び消火に関する次の記述のうち，最も不適当なものはどれか．
（1） 非常用の進入口は，外部から開放し，又は破壊して室内に進入できる構造とする．
（2） 非常用の進入口は，原則として3階以上の階に設置が義務付けられている．
（3） 非常用エレベータは，火災時には，かごの戸を開いたままの使用が可能である．

【解答】
一般の乗用エレベータには，火災時にエレベータを避難階へ直行させる「火災時管制運転装置」が設けられるのが一般的である．

（4）　非常用エレベータは，火災時には，入居者より消防隊の使用が優先される．

（5）　一般の乗用エレベータは，火災時には，最寄り階に停止させることが一般的である．

正解(5)

**問題103**　次の工作物のうち，建築基準法に定義される建築物に該当しないものはどれか．

（1）　屋根及び壁を有する建物

（2）　屋根及び柱を有する建物

（3）　高架工作物内に設けられる倉庫

（4）　鉄道のプラットホームの上家

（5）　屋根のない観覧場

**解 答**

鉄道および軌道の線路敷地内の運転保全に関する施設ならびに跨線橋，<u>プラットホームの上屋</u>，貯蔵塔，その他これらに類する施設等は，建築基準法における建築物から除かれる．

正解(4)

**問題104**　建築基準法の建築物の制限に関する次の記述のうち，最も不適当なものはどれか．

（1）　建築面積は，壁，柱等の内側で固まれた部分の水平投影面積で求められる．

（2）　敷地面積は，土地の高低差にかかわらず，水平投影面積として求められる．

（3）　建ぺい率とは，建築面積を敷地面積で除した比である．

（4）　容積率とは，建築物の延べ面積を敷地面積で除した比である．

（5）　建築物高さの制限として，北側高さ制限がある．

**解 答**

建築面積とは建築物の壁，柱等の<u>中心線</u>で囲まれた部分の水平投影面積による．壁，柱等の内側ではない．

正解(1)

**問題105**　建築物の管理に関する次の記述のうち，最も不適当なものはどれか．

（1）　ファシリティマネージメント（FM）とは，企業，団体等が組織活動のために，施設とその環境を総合的に企画，管理，活用する経営活動と定義されている．

（2）　二次エネルギーとは，一次エネルギーを変換や加工して得られるエネルギーのことで，電気に代表される．

（3）　設備管理のライフサイクルとは，設備の計画，設計，製作，運用，保全をへて廃却又は再利用までを含めたすべての段階及び期間までと定義されている．

（4）　CASBEEとは，中央監視，エネルギー管理，ビル管理，施設管理を含んだ包括的なシステムである．

（5）　設備の保全活動には，維持活動と改善活動がある．

**解 答**

CASBEEとは，Comprehensive Assessment System for Built Environment Efficiency（建築環境総合性能評価システム）の略で，省エネルギー，環境負荷削減，室内の快適性，景観への配慮などの指標で建築物の環境性能を総合的に評価する手法である．

正解(4)

**問題106**　給水及び排水の管理に関する用語とその単位との組合せとして，最も不適当なものは次のうちどれか．

（1）　精密ろ過膜の有効径————$\mu$m

（2）　色度————度

（3）　腐食速度————mm/y

（4）　排水基準におけるリン含有量——%

（5）　加熱装置の能力————kW

**解 答**

下水道法で定める排除基準のリン含有量は，32mg/Lと定められている．ちなみに，水処理に用いる精密ろ過は，一般に0.1～10$\mu$mくらいの粒子径の物質の除去を目的としている．

正解(4)

**問題107** 給水設備に関する次の記述のうち，最も不適当なものはどれか.

(1) 配水管から給水管に分岐する箇所での配水管の最小動水圧は，150kPa以上を確保する.

(2) 簡易専用水道の設置者は，水槽の清掃を1年以内ごとに1回，定期に行う.

(3) 簡易専用水道とは，水道事業の用に供する水道から受ける水のみを水源とするもので，水槽の有効容量の合計が10m³を超えるものをいう.

(4) 建築物環境衛生管理基準においては，給水栓における水について7日以内ごとに1回の遊離残留塩素濃度の検査が定められている.

(5) 水道法に基づく水質基準における鉛及びその化合物の基準値は，0.05mg/L以下である.

**解 答**
厚生労働省令で定める水質基準における鉛及びその化合物は，「鉛の量に関して，<u>0.01mg/L以下であること</u>」と定められている.

正解(5)

**問題108** 水中での塩素化合物（モノクロラミン・ジクロラミン・次亜塩素酸・次亜塩素酸イオン）の消毒力の強さの順として，最も適当なものは次のうちどれか.

〔消毒力が強い〕 〔消毒力が弱い〕

(1) ジクロラミン(NHCl₂) ＞ モノクロラミン(NH₂Cl) ＞ 次亜塩素酸(HOCl) ＞ 次亜塩素酸イオン(OCl⁻)

(2) モノクロラミン(NH₂Cl) ＞ ジクロラミン(NHCl2) ＞ 次亜塩素酸イオン(OCl⁻) ＞ 次亜塩素酸(HOCl)

(3) 次亜塩素酸イオン(OCl⁻) ＞ モノクロラミン(NH2Cl) ＞ ジクロラミン(NHCl₂) ＞ 次亜塩素酸(HOCl)

(4) 次亜塩素酸(HOCl) ＞ 次亜塩素酸イオン(OCl−) ＞ モノクロラミン(NH₂Cl) ＞ ジクロラミン(NHCl₂)

(5) 次亜塩素酸(HOCl) ＞ 次亜塩素酸イオン(OCl−) ＞ ジクロラミン(NHCl₂) ＞ モノクロラミン(NH₂Cl)

**解 答**
塩素による消毒は，消毒力の強い順から次亜塩素酸＞次亜塩素酸イオン＞ジクロラミン＞モノクロラミンである.

正解(5)

**問題109** 建築物の給水方式に関する次の記述のうち，最も不適当なものはどれか.

(1) 直結直圧方式は，水道水の汚染のおそれが少ない.

(2) 直結増圧方式は，引込み管径が制限される.

(3) 高置水槽方式は，安定した水圧・水量が得られる.

(4) 圧力水槽方式は，受水槽を必要としない方式である.

(5) ポンプ直送方式は，小型圧力水槽を設けている例が多い.

**解 答**
圧力水槽方式は，受水槽を<u>必要とする</u>方式である.

正解(4)

**問題110** 給水設備に関する次の記述のうち，最も不適当なものはどれか.

(1) 事務所ビルのゾーニングの上限給水圧力は，一般に0.5MPaである.

(2) 受水槽容量は，一般に1日最大使用水量の1/10である.

(3) 一般水栓の最低必要水圧は，30kPaである.

(4) 給水配管の適正流速は，0.9～1.2m/sとされている.

(5) 大便器洗浄弁の最低必要水圧は，70kPaである.

**解 答**
受水槽容量は，水道事業体，建物の用途その他の条件で異なる場合があるが，一般的に1日最大使用水量の<u>半日分</u>を確保する.

正解(2)

**問題111** 給水設備の配管に関する次の記述のうち，最も不適当なものはどれか．

（1） 飲料水用配管は，他の配管系統と識別できるようにしなければならない．

（2） 建物の揺れ，配管の振動等による変位を吸収するため，貯水槽と配管との接続には可とう継手を使用する．

（3） 揚水管は，高置水槽に向かって上り勾配で配管する．

（4） ウォータハンマ防止器は，ウォータハンマ発生箇所に近接して設置する．

（5） 上向き配管方式の場合は，先下り配管とする．

**問題112** 飲料用貯水槽に関する次の記述のうち，最も不適当なものはどれか．

（1） 屋内に設置する貯水槽は，建築物の躯体を利用して築造してはならない．

（2） 受水槽を独立した室に設置する場合は，出入口に施錠する．

（3） オーバフロー管は，排水口空間を確保し，間接排水とする．

（4） 流入管は，流入時の波立ちを防止するために水没させる．

（5） 滞留水の防止のために，流入口と流出口を対角線に配置する．

**問題113** 給水設備の汚染に関する次の記述のうち，最も不適当なものはどれか．

（1） クロスコネクションとは，飲料水系統と他の配管系統を配管などで直接接続することである．

（2） 逆サイホン作用とは，給水管内に生じた負圧により，水受け容器にいったん吐水された水が給水管内に逆流することである．

（3） 大便器洗浄弁には，大気圧式バキュームブレーカを設置する．

（4） バキュームブレーカには，大気圧式と圧力式がある．

（5） 洗面器における吐水口空間は，水栓の吐水口端と水受け容器のオーバフロー口との垂直距離である．

**問題114** 給水設備の機器・配管材料に関する次の記述のうち，最も不適当なものはどれか．

（1） 仕切弁は，玉形弁に比べ流量調整に適している．

（2） ステンレス鋼板製貯水槽は，気相部の耐食性を考慮する必要がある．

（3） ポリブテン管の接合方法には，メカニカル形接合や融着接合がある．

（4） 合成樹脂ライニング鋼管のねじ接合には，管端防食継手を使用する．

（5） FRP製貯水槽は，機械的強度が低いため，耐震補強を必要とする．

**問題115** 給水設備の保守管理に関する次の記述のうち，最も不適当なものはどれか．

（1） 防錆剤の注入及び管理に関する業務は，建築物衛生法に基づく建築物飲料水水質検査業の登録を受けた者が行わなければならない．

（2） 貯水槽の定水位弁・電極棒等の点検を怠ると，動作不良により，断水や溢水（いっ）事故を起こすおそれがある．

（3） 管更生工法で管内に合成樹脂ライニングを施す場合は，技術評価・審査証明を受けた工法を採用するのがよい．

（4） 高置水槽と受水槽の清掃は，原則として同じ日に行い，受水槽清掃後に高置水槽の清掃を行う．

（5） 受水槽の水位制御の作動確認は，槽内のボールタップを手動操作して行う．

**解答**

防錆剤の注入および管理に関する業務は，<u>防錆剤管理責任者</u>が行わなければならない．

正解(1)

**問題116** 高置水槽の電極による水位制御に関して，図中A〜Eの電極棒とその機能の組合せとして，最も適当なものは次のうちどれか．

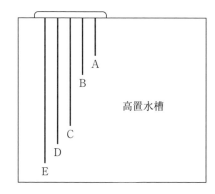

|  | A | B | C | D | E |
|---|---|---|---|---|---|
| （1） | 満水警報 | 給水開始 | 給水停止 | 減水警報 | 共　　通 |
| （2） | 満水警報 | 給水停止 | 給水開始 | 減水警報 | 共　　通 |
| （3） | 共　　通 | 給水停止 | 満水警報 | 減水警報 | 給水開始 |
| （4） | 共　　通 | 満水警報 | 給水停止 | 給水開始 | 減水警報 |
| （5） | 共　　通 | 満水警報 | 給水開始 | 給水停止 | 減水警報 |

**解答**

一般に(2)の位置に電極棒の先端を設定し，揚水ポンプの発停と警報の発報が行えるようにしている．

正解(2)

**問題117** 給湯設備における水の性質に関する次の記述のうち，最も不適当なものはどれか．

（1） 水中に溶存している空気は，配管内の圧力が高いと分離されにくい．

（2） 水は，ほとんど非圧縮性流体として扱える．

（3） 15℃における水の比熱は，4.186 kJ/(kg・℃)である．

（4） 配管内の水中における気体の溶解度は，水温が上昇すると減少する．

（5） 4℃以上の水は，温度が高くなると比体積が小さくなる．

**解答**

水の密度（単位体積当たりの質量）は，4℃のとき最も大きくなり，温度が高くなると比体積（単位重量当たりの体積）が<u>大きくなる</u>．密閉式の加熱装置に安全装置が必要になる要因である．

正解(5)

**問題118** 給湯設備に関する次の記述のうち，最も不適当なものはどれか．

（1） エネルギーと水の節約を図るためには，湯と水を別々の水栓から出さずに混合水栓を使用する．

（2） 貯蔵式湯沸器は，90℃以上の高温湯が得られ，飲用として利用される．

（3） ホテル宿泊部の設計給湯量は，30〜50L/（人・日）である．

（4） 壁掛けシャワーの使用温度は，42℃程度である．

（5） ちゅう房における業務用皿洗い機のすすぎに用いる給湯温度は，70〜90℃である．

**解答**
ホテルの宿泊部の設計給湯量は，75〜150L/（人・日）である．

正解（3）

**問題119** 給湯設備の配管に関する次の記述のうち，最も不適当なものはどれか．

（1） 配管の伸縮量を吸収するため配管形状は，可とう性を持たせ，長い直線配管には伸縮管継手を設ける．

（2） スリーブ形伸縮管継手は，ベローズ形伸縮管継手に比べて伸縮吸収量が大きい．

（3） 密閉式給湯方式の横管は，無勾配で配管し，管理しやすい位置に自動空気抜き弁を設ける．

（4） 凹配管となる場合は，水抜きのための止水弁を設ける．

（5） ちゅう房など，連続的に湯を使用する系統の枝管には，返湯管を設けない場合が多い．

**解答**
密閉式給湯方式の横管は，給水配管と同様，配管内に溶存している空気が抜けるよう，上向き配管方式の横管は上がり勾配とする．

正解（3）

**問題120** 給湯設備の循環ポンプに関する次の記述のうち，最も不適当なものはどれか．

（1） ポンプは，返湯管に設置する．

（2） ポンプは，背圧に耐えるものを選定する．

（3） ポンプの揚程は，循環管路系で最も大きくなる管路における摩擦抵抗・局部抵抗による圧力損失から決定する．

（4） 循環水量は，配管からの熱損失に反比例する．

（5） 省エネルギー対策のためには，ポンプを連続運転せずに，返湯管の温度が低下した時に作動させる．

**解答**
温水循環ポンプの循環水量は，給湯循環配管系からの熱損失に比例する．

正解（4）

**問題121** 給湯設備に関する次の記述のうち，最も不適当なものはどれか．

（1） 貯湯槽の容量は，ピーク時の必要容量の1〜2時間分を目安に加熱能力とのバランスから決定する．

（2） 返湯管に銅管を用いる場合は，潰食（かい）を考慮して管内流速を1.2m/s以下にする．

（3） 逃し管の立ち上げ高さは，補給水槽（高置水槽）の水面よりもやや低い位置に設定する．

（4） 給湯設備における金属材料の腐食は，同じ金属材料の給水設備の腐食よりも早期に発生し，腐食速度も速くなる．

（5） 給湯量を均等に循環させるためには，返湯管に定流量弁を設けるとよい．

**解答**
逃し管の立ち上げ高さは，水槽の水面より高く立ち上げないと，加熱によって膨張した湯が逃し管から常時出ることになる．

正解（3）

**問題122** 給湯設備の保守管理に関する次の記述のうち，最も不適当なものはどれか.

（1）器具のワッシャには，細菌の繁殖を防止するために天然ゴムを使用する.

（2）第二種圧力容器は1年以内ごとに1回，定期自主検査を行う.

（3）給湯配管は1年に1回以上，給水系統配管の管洗浄方法に準じて洗浄を行うことが望ましい.

（4）給湯栓から出る湯が分離気体によって白濁する場合は，自動空気抜き弁の空気排出口が詰まっている可能性がある.

（5）簡易ボイラ，小型ボイラ以外のボイラは，1カ月以内ごとに1回，定期自主検査を行う.

**解答**
　天然ゴムは，レジオネラ属菌など細菌の格好の栄養源となるので，合成ゴム（クロロプレン系など）を使用する.

正解(1)

**問題123** 給湯設備の保守管理に関する次の記述のうち，最も不適当なものはどれか.

（1）逃し弁は，1カ月に1回，作動を確認する.

（2）各種の弁は，1年に1回以上の分解清掃を行う.

（3）シャワーヘッドは，1年に1回以上の分解清掃を行う.

（4）維持管理が適切に行われており，かつ，末端給水栓で50℃以上の水温が保持できる場合は，残留塩素の検査を省略することができる.

（5）基準値を超える一般細菌が検出された場合は，70℃以上の湯を循環して加熱処理を行う.

**解答**
　維持管理が適切で，かつ末端給水栓で55℃以上（レジオネラ属菌の繁殖が防止できる最低温度）の水温が保持できる場合は，水質検査のうち残留塩素の検査を省略できる.

正解(4)

**問題124** 雑用水設備に関する次の記述のうち，最も不適当なものはどれか.

（1）配管にスライムが発生した場合は，残留塩素濃度を高めて洗浄する.

（2）雑用水の原水は，年間を通じて安定して確保できる排水を優先する.

（3）雑用水受水槽は，槽内の水が滞留しないような措置を講じる.

（4）水栓には，雑用水であることを示す飲用禁止の表示・ステッカー等を掲示する.

（5）広域循環方式の雑用水の利用により，下水道への負荷が軽減される.

**解答**
　広域循環方式は，公共下水道などからの下水を処理して広い地域の建築物の便器洗浄などに利用する雑用水として供給するので，上水の負荷が軽減される.

正解(5)

**問題125** 雨水利用設備の単位装置と維持管理項目との組合せとして，最も不適当なものは次のうちどれか.

|〔単位装置〕|〔維持管理項目〕|
|---|---|
|（1）集水装置|屋根面の汚れの除去|
|（2）スクリーン|固形物の除去|
|（3）ストレーナ|逆洗洗浄装置の点検|
|（4）沈砂槽|空気供給量の調整|
|（5）ろ過装置|閉塞状況の点検|

**解答**
　沈砂槽は，集水場所によって砂などの堆積量が異なるが，一般的にばっ気（ブロワなどで空気を吹き込む）は行わない．定期的に砂その他の排除が必要である.

正解(4)

**問題126** 建築物衛生法施行規則に規定されている雑用水の水質基準項目とその基準との組合せとして，正しいものは次のうちどれか.

(1) 臭気━━━異常でないこと.
(2) pH値━━━5以上9以下であること.
(3) 外観━━━浮遊物を含まないこと.
(4) 大腸菌━━━100CFU/mL以下であること.
(5) 濁度━━━5度以下であること.

**問題127** 排水の水質に関する次の記述のうち，最も不適当なものはどれか.

(1) (BOD/COD)比が高い排水は，物理化学処理法より生物処理法が適している.
(2) 全窒素とは，無機性窒素の総和である.
(3) リン化合物は，閉鎖性水域の富栄養化の原因物質の一つである.
(4) 油脂類が多く含まれている排水は，ノルマルヘキサン抽出物質の測定値が高い.
(5) 総アルカリ度は，硝化・脱窒反応における指標として用いられている.

**問題128** 排水トラップと阻集器に関する語句の組合せとして，最も不適当なものは次のうちどれか.

(1) わんトラップ━━━サイホントラップに分類
(2) プラスタ阻集器━━━プラスタ・貴金属の阻止・分離・収集
(3) 雨水トラップ━━━ルーフドレンからの悪臭の防止
(4) オイル阻集器━━━ガソリン及び油類の阻止・分離・収集
(5) ドラムトラップ━━━非サイホントラップに分類

**問題129** 排水通気設備に関する次の記述のうち，最も不適当なものはどれか.

(1) 管径125mmの排水横管の最小勾配は，1/150である.
(2) 排水管の掃除口の設置間隔は，管径100mm以下の場合には30m以内とする.
(3) 伸頂通気方式の排水横主管の水平曲りは，排水立て管の底部より3m以内に設けてはならない.
(4) 通気立て管の上部は，最高位の衛生器具のあふれ縁から150mm以上高い位置で，伸頂通気管に接続する.
(5) 排水立て管のオフセット部の上下600mm以内には，排水横枝管を設けてはならない.

**問題130** 排水通気設備に関する次の記述のうち，最も不適当なものはどれか.

(1) 排水ポンプは，排水槽の吸込みピットの壁などから200mm以上離して設置する.
(2) 排水ますは，敷地排水管の直管が長い場合，敷地排水管の管内径の200倍を超えない範囲に設置する.

（3） 間接排水管の口径が65mmの場合の排水口空間は，最小150mmである．

（4） 雨水ますの流出管は，流入管よりも管底を20mm程度下げて設置する．

（5） 通気管の末端を，窓・換気口等の付近に設ける場合は，その上端から600mm以上立ち上げて大気に開放する．

正解(2)

**問題131** 排水通気設備に関する次の記述のうち，最も不適当なものはどれか．
（1） ちゅう房用排水槽からの排水を排除するには，汚水ポンプを用いる．
（2） トラップの封水強度は，排水管内に正圧，又は負圧が生じたときのトラップの封水保持能力である．
（3） 雨水浸透方式は，透水性舗装，浸透ます，浸透地下トレンチ等から構成される．
（4） 排水槽のマンホールは，排水水中ポンプ又はフート弁の直上に設置する．
（5） 通気立て管の下部を排水立て管から取り出す位置は，排水立て管に接続された最低位の排水横枝管より低くする．

**解 答**
　ちゅう房用排水や汚水など，固形物が混入しているおそれのある排水には，最小口径80mm以上の<u>汚物ポンプ</u>を使用する．

正解(1)

**問題132** 排水通気設備の保守管理に関する語句の組合せとして，最も不適当なものは次のうちどれか．
（1） 高圧洗浄法————排水槽や排水管の清掃
（2） 排水槽の開口部への防虫網の設置————チョウバエ類の発生防止
（3） ちゅう房排水槽の排水ポンプ————フロートスイッチによる水位制御
（4） 逆流防止弁————排水通気管からの臭気の逆流防止
（5） ロッド法————敷地排水管の清掃

**解 答**
　逆流防止弁は，洪水時に，<u>地表面より低い位置にある排水管や排水路から排水管に逆流することを防止する弁</u>で，スイング式のものが多い．

正解(4)

**問題133** 排水通気設備の保守管理に関する次の記述のうち，最も不適当なものはどれか．
（1） 排水槽の清掃は，最初に酸素欠乏状態でなく，かつ，硫化水素濃度が10ppm以下であることを確認してから作業を行う．
（2） 高圧洗浄による排水管の清掃では，0.5〜3MPaの圧力の水を噴射させ洗浄する．
（3） 水中ポンプのメカニカルシール部のオイルは，6カ月〜1年に1回，交換する．
（4） グリース阻集器のグリースは，7〜10日に1回の間隔で除去する．
（5） 排水槽の悪臭防止対策としては，タイマによる強制排水を行うことが望ましい．

**解 答**
　高圧ポンプによる高圧洗浄は，<u>5〜30MPa</u>の水を噴射して付着物を除去する．

正解(2)

**問題134** 排水通気設備の保守管理に関する次の記述のうち，最も不適当なものはどれか.

（1） 排水管の有機性付着物は，アルカリ性洗浄剤を用いて除去する.

（2） ウォータラム法は，圧縮空気を一気に放出してその衝撃で閉塞物を除去する方法である.

（3） 排水ポンプは，6カ月に1回絶縁抵抗の測定を行い，1MΩ以上であることを確認する.

（4） 排水槽の清掃は，6カ月以内ごとに1回，定期に行うことが，建築物衛生法で定められている.

（5） 排水横管の清掃にスネークワイヤ法を使用する場合，一般に長さ25m程度が限界とされている.

**解 答**

排水ポンプは，1か月に1回，絶縁抵抗の測定を行い，1MΩ以上であることを確認する.

正解（3）

**問題135** 大便器に関する次の記述のうち，最も不適当なものはどれか.

（1） 洗浄弁方式は，利用人員の多い事務所，店舗，駅，ホテル等の共用部に採用される.

（2） 洗い出し式は，水たまり部分がかなり浅いため跳ね返りが少ない反面，臭気が発生しやすい.

（3） ブローアウト式は，噴出穴から洗浄水を強く噴出させ，その勢いで汚物を器外に排出する方式である.

（4） サイホンゼット式は，臭気の発散が少なく，ボール内乾燥面への汚物の付着がほとんどない.

（5） 洗い落とし式は，洗浄水がトラップを満水にしてサイホンを起こさせ，汚水を吸引・排除する.

**解 答**

洗い落とし式大便器は，水の落差による流水作用で汚物を押し流す方式で，最も構造がシンプルで安価である.

正解（5）

**問題136** ちゅう房排水除害施設に関する次の記述のうち，最も不適当なものはどれか.

（1） 生物処理法は浮上分離法に比べて，ランニングコストが高い傾向にある.

（2） ちゅう房排水のBOD及びSSは，その他の雑排水よりも高濃度である.

（3） 除害施設を設置する目的の一つとして，下水道の閉塞防止がある.

（4） 浮上分離法としては，一般的に加圧浮上法が用いられる.

（5） 悪臭成分が多く発生するため，処理施設の臭気対策が必要となる.

**解 答**

生物処理法は，浮上分離法に比べて発生汚泥が少なく，ランニングコストが低い.

正解（1）

**問題137** 浄化槽法に規定されている浄化槽の定義に関する次の文章の　　　内の語句のうち，誤っているものはどれか.

　(1) 便所 と連結してし尿及びこれと併せて (2) 雨水 を処理し，下水道法に規定する終末処理場を有する公共下水道以外に放流するための (3) 設備又は施設 で，あって，同法に規定する公共下水道及び (4) 流域下水道 並びに廃棄物の処理及び清掃に関する法律の規定により定められた計画に従って市町村が設置した (5) し尿処理施設 以外のものをいう.

**解 答**

浄化槽とは，水洗便所排水と併せて「雑排水」を処理する汚水処理施設のうち，下水道，し尿処理施設以外の施設である.

正解（2）

**問題138** 処理対象人員500人，1人1日当たりの汚水量200L/（人・日），流入汚水のBOD 200mg/Lの条件において，BOD容積負荷から算出したばっ気槽の有効容量として，最も適当な値は次のうちどれか．ただし，BOD容積負荷は0.2kg/（m³・日）とする．

（1）　 40 m³
（2）　100 m³
（3）　125 m³
（4）　250 m³
（5）　400 m³

**解答**

ばっ気槽の有効容量は，以下の式で求められる．

200〔L/（人・日）〕× 500〔人〕× 200〔mg/L〕×10⁻⁶÷0.2〔kg/（m³・日）〕＝100〔m³〕

正解（2）

**問題139** 浄化槽の単位装置として採用されているばっ気槽の点検項目として，最も不適当なものは次のうちどれか．

（1）　水温
（2）　活性汚泥浮遊物質（MLSS）濃度
（3）　生物膜の付着状況
（4）　30分間汚泥沈殿率（SV₃₀）
（5）　溶存酸素（DO）濃度

**解答**

生物膜の付着状況は，接触ばっ気槽や回転板接触ばっ気槽の点検項目である．

正解（3）

**問題140** 消火設備に関する次の記述のうち，最も不適当なものはどれか．

（1）　消火器は，火災の初期発見段階での消火を目的としたものである．
（2）　泡消火設備は，駐車場や飛行機の格納庫などに設置される．
（3）　屋内消火栓は，公設消防隊が使用するもので，消防隊専用栓とも呼ばれる．
（4）　スプリンクラ設備は，火災が発生した際に，自動的に散水して初期消火するものである．
（5）　屋外消火栓には，消火栓弁・ホース・ノズルを内蔵した屋外消火栓箱型と，地下ピット格納型，地上スタンド型がある．

**解答**

屋内消火栓は，火災が発生して公設消防隊が現場に到着するまでの初期消火を目的としたものである．

正解（3）

**問題141** 建築物における衛生的環境の維持管理について（平成20年1月25日健発第0125001号）に示された，建築物環境衛生維持管理要領に関する次の記述のうち，最も不適当なものはどれか．

（1）　建築物の清掃は当該建築物の用途，使用状況並びに劣化状況，建築資材等を考慮した年間作業計画及び作業手順書を作成し，その計画及び手順書に基づき実施する．
（2）　天井等日常の清掃の及びにくい箇所及び照明器具，給排気口等について，6カ月以内ごとに1回，定期に汚れの状況を点検し，必要に応じ，除じん，洗浄を行う．
（3）　廃棄物の収集・運搬設備，貯留設備その他の廃棄物処理設備については，1年以内ごとに1回，定期に点検し，必要に応じ，補修，消毒等の措置を講じる．
（4）　清掃用機械等について，6カ月以内ごとに1回，定期に

**解答**

収集・運搬設備，貯留設備などの廃棄物処理設備は，6か月以内ごとに1回，次の点に留意して点検し，必要に応じ，補修，消毒などの措置を講じる．

・廃棄物処理設備が清潔に保たれ，かつ，当該建築物において発生する廃棄物を適正に処理する能力を維持していること．
・著しい臭気，ほこりおよび排煙などの発生がないこと．
・ねずみ・昆虫等が生息あるいは出入りしていないこと．

点検し，必要に応じ，整備，取替え等を行う．
（5）　建築物内で発生する廃棄物について，所有者等は，分別ができるような環境を整備し，利用者へ分別を促す．

正解（3）

**問題142**　建築物清掃において，一般的に日常清掃として行うものは，次のうちどれか．
（1）　玄関ホールのフロアマットの洗浄
（2）　エスカレータのランディングプレートの除じん
（3）　廊下壁面の洗浄
（4）　駐車場の排水溝の集じん
（5）　ドアノブなど金属類の磨き

**解 答**
　清掃作業基準表において，日常清掃の床の除じんとしては，弾性床，硬性床，繊維床，フロアマット，溝，ランディングプレートなどがある．
　（1）（3）（4）（5）はいずれも定期清掃で行う．

正解（2）

**問題143**　建築物清掃の作業場所（管理区域）に関する次の記述のうち，最も不適当なものはどれか．
（1）　外装区域の窓ガラスは，汚れの固着化を防止するため，1〜2カ月に1回程度の頻度で清掃を行う．
（2）　管理用区域は，一般の人が立ち入らないため，年2回程度清掃を行う．
（3）　共用区域は，建築物内で最も頻繁に使用されるので，1日に1〜2回清掃を行う．
（4）　専用区域は，1日に1回以上清掃を行って清潔の回復に努める．
（5）　外周区域は，公共の場所としての役割があり，1日に1回程度清掃を行う．

**解 答**
　管理用区域は，一般の人が立ち入らないため汚れの量は少ない．しかし，管理作業を円滑に行うためには，日常の整理整頓・清掃が重要である．

正解（2）

**問題144**　建築物清掃の品質に関する次の記述のうち，最も不適当なものはどれか．
（1）　清掃の品質は，作業結果の良否を評価する作業品質と組織品質から構成される．
（2）　現場管理品質には，作業計画の立案や現場での教育訓練が含まれる．
（3）　評価範囲は，汚染度合の高い箇所などに重点を絞る．
（4）　評価者は，改善を指示した場合には改善されたか再点検する．
（5）　目視点検は，原始的な方法で，評価方法として不適切である．

**解 答**
　清掃作業の点検は，基本的には目視で行う．目視で行うことは，必ずしも原始的な方法とはいえない．なぜなら，利用者は目視できれいさなどを評価しているからである．

正解（5）

**問題145**　ビルクリーニングにおいて，汚れやしみを除去するために必要となる知識（ビルクリーニングの5原則）として，最も不適当なものは次のうちどれか．
（1）　点検評価の知識
（2）　建材の知識
（3）　作業方法の知識
（4）　汚れの知識
（5）　洗剤の知識

**解 答**
　さまざまな汚れやしみを除去するためには，それなりの基本知識が必要であり，それらは①建材の知識，②汚れの知識，③洗剤の知識，④作業方法の知識，⑤保護膜の知識の5項目である．

正解（1）

**問題146** ほこりの予防などに関する次の記述のうち，最も不適当なものはどれか．

（1）ほこりの予防には，ほこりの侵入防止と発生防止の対策がある．

（2）ほこりの侵入防止には，建築物の出入口にフロアマット類を敷くことは効果的である．

（3）建築物内におけるほこりは，外部から侵入した綿ぼこりの割合が高い．

（4）土ぼこりの除じん作業では，適切な作業回数の設定が重要である．

（5）建築物内でほこりが発生する原因には，事務作業や生活動作などがある．

**解答**

ほこりとは，建築物外から持ち込まれる土壌の粉末を主体とする粉状のものと，建築物内で生じた各種の摩耗粉であり，その大部分は衣類などから生じた綿ぼこりと呼ばれている繊維粉である．

正解（3）

**問題147** 床みがき機に関する次の記述のうち，最も適当なものはどれか．

（1）自動床洗浄機は，洗剤供給式床みがき機とドライ式真空掃除機とを結合したものである．

（2）凹凸のある床面には，研磨粒子が付着したパッドを付けて洗浄する．

（3）床みがき機のブラシは，直径60cm以上のものが多く使われている．

（4）超高速バフ機の回転数は，毎分1 000～3 000回転である．

（5）超高速床みがき機は，通常，カーペット用シャンプークリーニングを行うことができる．

**解答**

超高速バフ機の回転数は，毎分1 000～3 000回転である．

(1) 自動床洗浄機は，洗剤供給式床みがき機と，<u>吸水式真空掃除機</u>とを結合したものである．

(2) パッドは，化繊製フェルト状の不織布に研磨粒子を付着させたものである．一般に<u>平らな床面</u>にパッドを用いる．

(3) ブラシの直径は，<u>8インチ（階段用），12インチ，14インチ，16インチ</u>がある．

(5) カーペットのシャンプークリーニングを行うときは，繊維による抵抗が増すため，通常は<u>カーペット専用のもの（低速回転）</u>を使用する．

正解（4）

**問題148** カーペット洗浄用機械，器具に関する次の記述のうち，最も適当なものはどれか．

（1）洗剤供給式床みがき機は，化学繊維のタフテッドカーペットより，ウールのウイルトンカーペットに適している．

（2）ドライフォーム方式の洗浄機は，洗剤液を泡にし，縦回転ブラシで洗浄する．

（3）パイルの奥の土砂は，カーペットスイーパで除去する．

（4）スチーム洗浄機は，温水を噴射して汚れを分解する．

（5）エクストラクタは，ノズルから泡を噴射して洗浄し，直ちに吸引する．

**解答**

ドライフォーム方式の洗浄機は，洗剤液を泡にして縦回転ブラシで洗浄する．

(1) 洗剤供給式床みがき機は，洗浄効果は大きいが，パイルを損傷するおそれがあるので，ウールのウイルトンカーペットよりは，むしろ<u>化学繊維のタフテッドカーペットなどの洗浄に適している</u>．

(3) <u>パイル表面の粗ごみ</u>を，カーペットスイーパなどにより除去する．

(4) スチーム洗浄機は，<u>高温の水蒸気</u>で汚れを分解するため，水分が少なく仕上がりも柔らかい．

(5) エクストラクタは，操作杖（ウォンド）の先端にあるノズルから洗剤液を噴射して，ただちに吸引口（スリット）から吸引する構造になっている．

正解（2）

**問題149** 清掃作業に使用する洗剤に関する次の記述のうち，最も適当なものはどれか．

（1） 床や家具の洗浄に使う一般用洗剤は，通常，pH 4 ～ 6 の弱酸性である．

（2） 鉄分を含んだ水あかや尿石の除去には，アルカリ性洗剤が有効である．

（3） 洗剤の助剤は，界面活性剤の表面張力を高めて洗浄力を向上させる．

（4） 真ちゅう金物の洗浄は，研磨剤入り洗剤を使用する．

（5） リノリウムに付着した油汚れを除去するには，アルカリ性洗剤を使用する．

　真ちゅう金物の洗浄は，研磨剤入り洗剤を使用する．

（1）一般用洗剤は，床や家具の洗浄，その他各種の洗浄作業に広く使用され，通常，pH9～11のアルカリ性である．

（2）酸性洗剤は，小便器に付着した尿石や，鉄分を含んだ水あかなどの除去に有効である．

（3）洗剤の助剤は，界面活性剤の表面張力を低下させ，洗浄力を高める．

（5）アルカリ性洗剤は，ゴム系，リノリウム系などの床材に変色・ひび割れなどを生じるおそれがあるため，使用しない．

正解（4）

---

**問題150** 剥離剤の性質及び使用法に関する次の記述のうち，最も適当なものはどれか．

（1） 塩化ビニル系床材に変色などの影響を及ぼす．

（2） フロアシーラを容易に剥離できる．

（3） 酸性で，樹脂床維持剤の皮膜を溶解する．

（4） 木質床材に変色や組織の破壊などの影響を及ぼす．

（5） 剥離剤を使用後，すすぎ拭きは1回とし，樹脂床維持剤を塗布する．

　剥離剤は，木質床材，ゴム系，リノリウム系等の床材に，変色・ひび割れなどを生じるおそれがある．

（1） 塩化ビニル系床材に変色などの影響は及ぼさない．

（2） フロアシーラを剥離することはできない．

（3） 樹脂床維持剤の皮膜を除去するための洗剤で，アルカリ性である．

（5） 剥離剤の使用後は，すすぎ拭きを十分に行うか，リンス剤で中和することなどが必要である．

正解（4）

---

**問題151** カーペット清掃に関する次の記述のうち，最も適当なものはどれか．

（1） カーペットのほつれは，年に1 ～ 2回まとめて処理する．

（2） しみ取り作業は，定期作業で行う．

（3） カーペットスイーパは，回転ブラシを電動モーターで回して掃き取り，内部に巻き込む機構になっている．

（4） 全面クリーニング方式の一つとして，パウダー方式がある．

（5） パイル上部の汚れ除去には，拭取り方式を用いる．

　パイル上部の汚れ除去には，拭取り方式を用いる．

（1） ほつれは，処置が遅れるとパイル抜けが始まり，接着や代替カーペットの埋め込みが必要になるので，早急な処置が必要である．

（2） しみ取り作業は，しみの種類とパイルの素材に適したしみ取り剤を使用し，早く対応することが，仕上がりのよさと作業時間の短縮につながる．

（3） カーペットスイーパは，パイル表面の粗ごみを手動で除去する．

（4） パウダー方式はスポットクリーニングとして，汚れがパイルの上部にあるうちに洗浄を行う．

正解（5）

---

**問題152** 床維持剤に関する次の記述のうち，最も適当なものはどれか．

（1） フロアシーラは，仕上げ剤として使用し，床の保護と美観を向上する．

　水性フロアポリッシュは，ろう状物質や合成樹脂を水に溶解させ乳化したものである．

（2） フロアオイルは，主に表面加工された木質床材の保護のために用いられる．

（3） 水性フロアポリッシュは，ろう状物質や合成樹脂を水に溶解させ乳化したものである．

（4） フロアフィニッシュは，顔料などの着色剤を含有する．

（5） フロアポリッシュは，主に目止め剤として使用する．

（1）フロアシーラは，目止め剤に分類される．

（2）フロアオイルは，主に表面加工の行われていない木質系床材の保護と美観の向上に使用される．

（3）フロアフィニッシュは顔料などの着色剤を含有する床用塗料を除く．

（5）フロアポリッシュは，仕上げ剤に分類される．

正解（3）

**問題153** 床材の特徴に関する次の記述のうち，最も不適当なものはどれか．

（1） 花崗岩は，耐アルカリ性に乏しい．

（2） コンクリートは，耐酸性に乏しい．

（3） ゴムタイルは，耐摩耗性に優れる．

（4） テラゾは，耐酸性に乏しい．

（5） セラミックタイルは，耐酸性，耐アルカリ性がある．

**解答**

花崗岩は石英，長石，雲母などの結晶の結合体で，非常に硬く密である．比較的，耐酸性，耐アルカリ性がある．

正解（1）

**問題154** 床以外の清掃作業に関する次の記述のうち，最も不適当なものはどれか．

（1） 湯沸室に使用する資機材は，湯沸室専用として，他の場所と区別する．

（2） エレベータのインジケータや扉の汚れは，水溶性のものが多い．

（3） 空気調和用の吹出口などは，ほこりが付着しやすいので，定期的な清掃が必要である．

（4） 人の手による汚れは，化学繊維を使った製品（マイクロファイバークロスなど）を用いると除去しやすい．

（5） 階段の壁面は，他の共用区域の壁面と比較して，ほこりの付着量が多い．

**解答**

インジケータや扉などは，手あかが付着して汚れやすく，不快感を与えるので注意が必要である．その汚れは油溶性のものが多い．

正解（2）

**問題155** 外装の清掃に関する次の記述のうち，最も適当なものはどれか．

（1） 自動窓拭き設備の窓ガラスクリーニングは，人の作業に比べて仕上がりが良い．

（2） 陶磁器タイルは，他の素材より汚れが目立ちやすいので，清掃回数を多くする．

（3） 光触媒（酸化チタン）コーティングは，清掃回数を減らす効果が期待されている．

（4） ガラスの遮光や飛散防止用フィルムは，剥がしてから清掃を行う．

（5） 臨海工業地帯に立地する建築物のアルミニウム外壁は，1年に1回清掃する．

**解答**

光触媒（酸化チタン）コーティングは，清掃回数を減らす効果が期待されている．

（1）自動窓拭き設備によるクリーニングの仕上がりは，人の作業に比べて十分ではない．

（2）陶磁器タイルなどの壁面は，他の部分と同様に，大気や雨水中の汚染物質によって徐々に汚れていくが，ただちに目立つような結果は生じない．

（4）ガラスの遮光や飛散防止用フィルムは，ガラス清掃時にフィルムに傷をつけないよう，清掃方法・用具などの選定を行う必要がある．

（5）臨海工業地帯に立地する建築物のアルミニウム外装は，1年に4～6回清掃する．

正解（3）

**問題156** 我が国の廃棄物処理政策の変遷に関する次の記述のうち，最も不適当なものはどれか．

（1） 昭和45年に，廃棄物の処理及び清掃に関する法律（以下，「廃棄物処理法」という．）が制定され，産業廃棄物と一般廃棄物に分類された．

（2） 平成3年に廃棄物処理法が改正され，廃棄物の排出抑制が法律の目的に加えられた．

（3） 平成7年に容器包装に係る分別収集及び再商品化の促進等に関する法律（容器包装リサイクル法）が制定され，容器包装の分別排出，再商品化等が図られることとなった．

（4） 平成12年に循環型社会形成推進基本法が制定され，同法に基づく基本計画において発生の抑制（リデュース），再使用（リユース），再生利用（リサイクル）を進めることとされた．

（5） 平成24年に特定家庭用機器再商品化法（家電リサイクル法）が制定され，使用済小型電子機器等に利用されている金属などを回収し，再資源化を促進することとなった．

**問題157** 廃棄物に関する次の記述のうち，最も不適当なものはどれか．

（1） 一般廃棄物は，し尿とごみに大別され，ごみは家庭系ごみと事業系ごみに分かれる．

（2） 近年の水洗化率は，平成23年度における約93%から，微増傾向にある．

（3） 平成23年度においては，全国の焼却施設の約1/4で，余熱を利用した発電が行われている．

（4） 一般廃棄物の埋立処分は，安定型最終処分場に埋め立てなければならない．

（5） ごみの焼却処理では，800℃以上の高温で焼却される．

**問題158** ごみの処理に関する次の記述のうち，最も不適当なものはどれか．

（1） 家庭系一般廃棄物は，原則として市町村が一般廃棄物処理計画に従い清掃事業として処理を行っている．

（2） 分別とは，発生・排出元であらかじめ区分することであり，リサイクルを進める上で非常に重要となる．

（3） ごみの排出量削減に向けて，収集袋の有料化，粗大ごみの有料化などの対策が実施されている．

（4） 事業系一般廃棄物の処理は，原則として都道府県がその責任において実施している．

（5） ごみの最終処分場の確保は難しく，焼却処理や資源化によって埋立量の削減が図られている．

**問題159** 廃棄物処理法に基づく産業廃棄物の取扱いに関する次の記述のうち，最も不適当なものはどれか．

（1） 産業廃棄物の処理業者が，その処理を受託した産業廃棄物の移動及び処理の状況を自ら把握するため，産業廃棄

物管理票制度(マニフェスト制度)が設けられている.
- (2) ビルピット汚泥のうち,し尿を含まない雑排水槽からのものは,産業廃棄物に該当する.
- (3) 産業廃棄物の適正な処理を確保するため,処理基準や委託基準が定められている.
- (4) 都道府県は,産業廃棄物の適正な処理を確保するために,都道府県が処理することが必要であると認める産業廃棄物の処理をその事務として行うことができる.
- (5) 産業廃棄物の収集・運搬,処分を行う廃棄物処理業者は,専ら再生利用の目的となる場合を除き,都道府県知事の許可を受けなければならない.

理を未然に防止するなどのため,産業廃棄物管理票制度(マニフェスト制度)が設けられている.

正解(1)

**問題160** 建築物内廃棄物処理の基本に関する次の記述のうち,最も不適当なものはどれか.
- (1) 紙くず類の収集は,一般にキャンバス製のコレクタが用いられる.
- (2) ちゅう芥類の収集は,悪臭防止などのため,蓋付きのポリバケツやステンレス製のコレクタが用いられる.
- (3) 収集運搬用具は,廃棄物の種類ごとに用意し,それぞれの種類ごとに収集時間帯を決めておく.
- (4) 吸殻の収集をするときは,金属製の蓋付き容器を使用する.
- (5) 感染性廃棄物は,長期間の保管を考慮して保管場所を決める.

**解答**
感染性廃棄物の保管は,極力短期間とする.施設内で処理を行う場合には,感染性の特別管理廃棄物は焼却,溶融,高圧蒸気滅菌や乾熱滅菌法が必要である.

正解(5)

**問題161** 建築物内廃棄物の各関係者の基本的役割に関する次の記述のうち,最も不適当なものはどれか.
- (1) 国・地方公共団体は,廃棄物の分別・再利用・再資源化の普及・啓発に努める.
- (2) ビル入居者は,廃棄物処理のルールを徹底させるため責任者を選任する.
- (3) 廃棄物処理業者・ビルメンテナンス業者は,廃棄物の減容化に努める.
- (4) 廃棄物収集運搬・処分業者は,契約に基づき,排出された廃棄物の収集・運搬・処分を実施する.
- (5) ビルメンテナンス業者は,建築物内廃棄物の処理に必要な容器,集積場所,保管場所等を適切に準備する.

**解答**
建物所有者などの建築物維持管理権原者は,建築物内廃棄物の処理に必要な容器,集積場所,保管場所を適正に準備する.

正解(5)

**問題162** 廃棄物を排出しようとする事業者が行う,産業廃棄物の処理委託と産業廃棄物管理票(マニフェスト)の処理に関する次の記述のうち,最も不適当なものはどれか.
- (1) 返却されたマニフェストの伝票を3年間保存する.
- (2) 委託業者の管理に当たっては,最新の許可業者リストの確認,契約書のチェック,マニフェストの確認を定期的に行う.
- (3) 産業廃棄物の処理依頼から90日経過してマニフェストのB2票及びD票が返却されない場合は,委託業者に問い

**解答**
排出事業者は,委託時に伝票A票と返却されたマニフェストの伝票とを照合し,A票,B2票,D票,E票の4票を5年間保存する.

合わせる.

（4） 産業廃棄物の処理依頼から180日経過してマニフェストのE票が返却されない場合は，委託業者に問い合わせる.

（5） 委託業者の選定に当たっては，許可の有無，許可の期限，事業の範囲等を調べて選ぶ.

正解（1）

**問題163** 事務所建築物からちゅう芥（かい）が1日当たり0.20m³排出されており，その質量は全廃棄物質量の5％を占めていた.いま，全廃棄物の質量を1日当たり2.0tとすれば，ちゅう芥の単位容積質量値（kg/m³）として，正しいものは次のうちどれか.
（1） 400 kg/m³
（2） 500 kg/m³
（3） 600 kg/m³
（4） 700 kg/m³
（5） 800 kg/m³

**解答**
ちゅう芥の単位容積質量値は，以下の式で求められる.
2.0〔t〕×0.05＝100〔kg〕
100〔kg〕÷0.20〔m³〕＝500〔kg/m³〕

正解（2）

**問題164** 建築物内廃棄物の中間処理方法に関する次の記述のうち，最も不適当なものはどれか.
（1） ちゅう芥（かい）類を処理する生ごみ処理機には，減量を目的とした乾燥機やリサイクルを目的とした堆肥化装置がある.
（2） 缶類の処理方法として，自動的にスチール缶とアルミ缶を分けて圧縮しブロック状にする方式がある.
（3） 発泡スチロールの処理方法として用いられる溶融固化装置は，薬液を加え溶融し固化する方式である.
（4） 紙類の処理には，保管スペースを確保するための圧縮・梱（こん）包機が用いられる.
（5） ちゅう芥類の保管には，保管用冷蔵庫が多く用いられている.

**解答**
発泡スチロールは，軽量で容積質量値が小さくかさ張るため，その処理方法は外部から熱を強制的に加えて溶融し固化する方式である.

正解（3）

**問題165** 廃棄物の処理・保管等に関する組合せとして，最も不適当なものは次のうちどれか.
（1） 容器方式―――――――――初期コストが低い
（2） 貯留・排出機方式―――――防災・防犯性が高い
（3） 真空収集方式―――――――初期コストが高い
（4） コンパクタ・コンテナ方式―小規模建築物に適する
（5） 廃棄物計量管理システム―――テナントへの課金制度に活用する

**解答**
コンパクタ・コンテナ方式は，適用建築物規模として大規模建築物に適する.

建築物内の廃棄物・縦搬送方式の比較

| 評価項目 | 容器方式 | 貯留排出機方式 | コンパクタ・コンテナ方式 | 真空収集方式 |
|---|---|---|---|---|
| 初期コスト | ◎ | ○ | △ | × |
| ランニングコスト | △ | ○ | ◎ | △ |
| 所要人員 | × | ○ | ○ | ◎ |
| 衛生性 | ○ | ○ | ◎ | ◎ |
| 防災性 | △ | ◎ | ◎ | △ |
| 作業性 | × | ○ | ◎ | ◎ |
| 設置スペース | × | ○ | ◎ | ○ |
| 適用建築物規模 | 小規模 | 中規模 | 大規模 | 広域大規模 |

正解（4）

**問題166** 蚊の主要な発生源に関する次の記述のうち，最も不適当なものはどれか．

（1） アカイエカは，下水溝や雨水ますに発生する．
（2） ヒトスジシマカは，人工容器や雨水ますに発生する．
（3） シナハマダラカは，水田や湿地帯に発生する．
（4） チカイエカは，浄化槽や湧水槽に発生する．
（5） コガタアカイエカは，海岸線近くの汽水域に発生する．

【解答】
コガタアカイエカは，主に水田で発生する．なお，汽水域に発生するのはトウゴウヤブカである．

正解(5)

**問題167** 蚊の防除に関する次の記述のうち，最も不適当なものはどれか．

（1） 昆虫成長制御剤（IGR）は，成虫に対する致死効果がない．
（2） 浄化槽内の防除効果は，粘着トラップによる成虫の捕獲数で判定する．
（3） 殺虫剤処理後の浄化槽内で成虫の発生数が減少しない場合は，薬剤抵抗性の発達を考慮する必要がある．
（4） ULV処理は，一般に成虫に対する速効性が低い．
（5） 乳剤に含まれる界面活性剤や有機溶剤は，浄化槽内の微生物に影響を及ぼすおそれがある．

【解答】
ULVは，Ultra Low Volumeの略で，高濃度少量散布と訳される．ULV処理は，成虫対策として高濃度の殺虫剤をごく少量，室内などの空間に長い時間浮遊させる方法であり，即効性は高い．

正解(4)

**問題168** ゴキブリに関する次の記述のうち，最も不適当なものはどれか．

（1） ゴキブリ類は，昼間よりも夜間に活動が活発となる．
（2） トビイロゴキブリの日本における分布は，局地的である．
（3） ゴキブリ類が集合するのは，体節から分泌されるホルモンの作用である．
（4） チャバネゴキブリの産卵回数は，一生の間に約5回である．
（5） ゴキブリ類の食性は，発育段階によって変化しない．

【解答】
集合するのは，集合フェロモンの作用による．集合フェロモンは，ゴキブリの直腸末端の分泌細胞から分泌されて糞中に混じる．

正解(3)

**問題169** ゴキブリの防除に関する次の記述のうち，最も適当なものはどれか．

（1） ゴキブリは，部屋中を歩き回る習性があるので，殺虫剤の残留処理は部屋内部の全面に行わなくてはならない．
（2） 7か所に3日間設置した粘着トラップに捕獲されたゴキブリの総数が210匹であった場合のゴキブリ指数は20である．
（3） 食毒剤を配置する際，毒餌に殺虫剤を噴霧するとその効果が高まる．
（4） 燻煙処理を効果的に行うために，部屋の気密性を保ち，引出し，戸棚等の戸は開放して隅々まで薬剤がよく行きわたるようにする．
（5） 有機リン剤は，ゴキブリ類に対して追い出し効果を示す．

【解答】
燻煙処理を効果的に行うためには，部屋の気密性を保ち，引出し，戸棚等の戸は開放して隅々まで薬剤がよく行きわたるようにする必要がある．
(1) 残留処理は，床や壁際で行う．
(2) 210÷7÷3＝10で，ゴキブリ指数は10である．
(3) 薬剤の混合は危険である．
(5) 追い出し効果（フラッシング効果）のある薬剤は，ピレスロイド系である．

正解(4)

**問題170** ダニに関する次の記述のうち，最も適当なものはどれか．

（1） ダニの体は，頭部，顎体部，胴体部に分けることができる．
（2） マダニ類は，幼虫，若虫，成虫の全ての発育段階で吸血

【解答】
マダニ類は，幼虫，若虫，成虫の全ての発育段階で吸血する．
(1) ダニに頭部はない．

する.
- （3） ツメダニ類は，ヒトから吸血し，激しい痒（かゆ）みを起こす.
- （4） タカラダニ類は，冬季に鉢植えなどに発生する.
- （5） イエダニは，ペットによって室内に持ち込まれる.

- （3） ツメダニ類は人の体液を吸い，ダニの唾液でアレルギー反応が生じる.
- （4） タカラダニの発生は春から夏である.
- （5） イエダニは，主にねずみに寄生して家屋内に持ち込まれる.

正解（2）

**問題171** ハエ類に関する次の記述のうち，最も不適当なものはどれか.
- （1） イエバエの主要な発生源は，畜舎やゴミ処理場である.
- （2） ニクバエ類は，卵ではなく幼虫を産む卵胎生のハエである.
- （3） クロバエ類は，気温の低い時期に発生する大型のハエである.
- （4） キンバエ類は，ハエ症の原因となる.
- （5） ショウジョウバエ類は，浄化槽の表面に浮いているスカムから大量発生する.

〔解答〕
ショウジョウバエ類が発生するのは発酵ごみからである. なお，スカムから発生するのはチョウバエ類である.

正解（5）

**問題172** 殺虫剤やその剤型に関する次の記述のうち，最も不適当なものはどれか.
- （1） ピレスロイド剤を液化炭酸ガスに溶解した製剤がある.
- （2） ペルメトリンを有効成分とするゴキブリ用の食毒剤がある.
- （3） ジクロルボスを有効成分とする樹脂蒸散剤がある.
- （4） プロペタンホスを有効成分とするマイクロカプセル（MC）剤がある.
- （5） 有機リン剤によりノックダウンした虫は，蘇（そ）生せずに死亡することが多い.

〔解答〕
ゴキブリ用の食毒剤には，主にヒドラメチルノンやホウ酸タイプを用いる.

正解（2）

**問題173** ねずみの防除に関する次の記述のうち，最も不適当なものはどれか.
- （1） クマネズミを対象とした毒餌は，植物性の餌を基材とする.
- （2） ネズミの侵入を防ぐため，ドア周辺の隙間は1cm以内にする.
- （3） ドブネズミは，警戒心が強く，毒餌やトラップによる防除が困難である.
- （4） ハツカネズミは，農村地帯や港湾地域に分布している.
- （5） 防除の基本は，餌を絶つこと，巣を作らせないこと，及び通路を遮断することである.

〔解答〕
（3）の説明は，ドブネズミではなくクマネズミのものである.

正解（3）

**問題174** 薬剤を用いたねずみの防除に関する次の記述のうち，最も不適当なものはどれか.
- （1） ワルファリン抵抗性のあるネズミに対する抗凝血性殺鼠剤として，ジフェチアロールがある.
- （2） カプサイシンには，処理区域からネズミを追い出す効果がある.
- （3） シリロシドは，1回の経口摂取で致死させる急性殺鼠剤である.

〔解答〕
カプサイシンは，防鼠効果としては咬（こう）害予防の忌避剤で，追い出し効果はない.

（4）　第1世代の抗凝血性殺鼠剤であるワルファリン，フマリンは，遅効性である．

（5）　殺鼠剤で死亡したネズミから，悪臭やハエが発生することがあるので死鼠の回収に努める．

**問題175**　感染症と衛生動物との組合せとして，最も不適当なものは次のうちどれか．

（1）　レプトスピラ症―――――――ネズミ類

（2）　重症熱性血小板減少症候群（SFTS）――マダニ類

（3）　日本紅斑熱――――――――アカイエカ

（4）　デング熱―――――――――ヒトスジシマカ

（5）　日本脳炎――――――――――コガタアカイエカ

**解 答**

日本紅斑熱は，日本紅斑熱リケッチア（*Rickettsia japonica*）による感染症で，マダニが媒介する．

**問題176**　衛生害虫と健康被害に関する次の記述のうち，最も不適当なものはどれか．

（1）　コロモジラミは，頭部に寄生するシラミで，吸血後の掻痒感が強い．

（2）　宿泊施設において，トコジラミによる吸血被害が問題となっている．

（3）　ヒョウヒダニ類は，小児喘息の原因となりうる．

（4）　我が国におけるノミの吸血被害は，ネコノミによるものが多い．

（5）　イエバエは，腸管出血性大腸菌O157の運搬者として注目されている．

**解 答**

コロモジラミは衣類に寄生する．なお，主に頭部（髪の毛）に寄生するのはアタマジラミである．

**問題177**　殺虫・殺鼠剤の毒性や安全性に関する次の記述のうち，最も不適当なものはどれか．

（1）　衛生害虫用殺虫剤は，医薬品，医療機器等の品質，有効性及び安全性の確保等に関する法律（医薬品医療機器等法）の規制に基づき，安全性，薬理，効力等の資料の審査により承認される．

（2）　薬剤のヒトや動物に対する安全性は，毒性の強弱，摂取量，摂取期間等によって決まる．

（3）　薬剤を実験動物に投与して求めた$LD_{50}$値は，殺虫剤の急性毒性の評価基準となる．

（4）　殺鼠剤の多くは，選択毒性が低く，ヒトに対しても強い毒性を示す成分が多い．

（5）　殺虫製剤は，毒薬に該当する毒性値を示すものが多い．

**解 答**

殺虫製剤は，毒薬に該当するような毒性値を示すことはない．

**問題178**　殺虫剤の処理や保管に関する次の記述のうち，最も不適当なものはどれか．

（1）　建築物衛生法に基づく特定建築物内で，殺虫剤によるゴキブリ防除を行う場合，医薬品又は医薬部外品として承認された薬剤を使用しなければならない．

（2）　殺虫剤散布を行う場合は，散布前後3日間その旨を利用者に通知する．

（3）　殺虫剤散布時に中毒を起こした場合には，水などによっ

**解 答**

薬物による中毒症状には低体温や低血圧があるので，安易な体温低下は危険であり，発症者を風通しのよい場所に移して新鮮な空気を吸わせる．

て体温を下げる.
（4） 乳剤や油剤を一定量以上保管する場合は, 消防法に基づく少量危険物倉庫の届出が必要となる.
（5） 煙霧処理やULV処理によって, 煙感知機が誤作動することがある.

正解（3）

**問題179** 建築物衛生法に基づく特定建築物内のねずみ等の防除に関する次の記述のうち, 最も適当なものはどれか.
（1） IPM（総合的有害生物管理）において,「警戒水準」とは, すぐに防除作業が必要な状況を指す.
（2） 環境的対策は, PCO（ねずみ等の防除業者）が日常的に行うこととされている.
（3） 調査は, 目視調査や聞き取り調査を重点的に行い, トラップ等による捕獲調査は必要としない.
（4） 食料取扱い区域などのねずみ等が発生しやすい場所では, 2カ月以内ごとに発生状況調査を実施する.
（5） 防除は, 発生時対策に重点を置いて実施する.

**解答**
　食料取扱い区域などのねずみ等が発生しやすい場所では, 2か月以内ごとに発生状況調査を実施する.
（1） 警戒水準とは, 放置すると今後問題になる可能性がある状況である.
（2） 環境的対策は, 日常的に管理者が行う.
（3） 調査には, 粘着トラップや照明トラップを活用する.
（5） 防除は, 発生防止対策, 侵入防止対策が基本である.

正解（4）

**問題180** 衛生害虫や殺虫剤に関する次の記述のうち, 最も不適当なものはどれか.
（1） 殺虫剤抵抗性は, 同一の殺虫剤に曝露され続けることによって, 1世代のうちに発達する.
（2） 殺虫剤の基礎的な効力は, $KT_{50}$, $LD_{50}$, $LC_{50}$等の数値で評価される.
（3） 昆虫などに対する不快感の程度は, 第三者による客観的な判断が困難である.
（4） 農薬は, 建築物衛生法に基づく特定建築物内での蚊の防除には使用できない.
（5） 吸血害虫の中には, 雌雄ともに吸血する種類がある.

**解答**
　殺虫剤抵抗性は, 殺虫剤に触れても死なない個体が数世代にわたって増加することである.

正解（1）

# ゼッタイ役立つ資料集

# 受験ガイド

建築物環境衛生管理技術者試験は，通称「ビル管理試験」と呼ばれています．受験時期や受験方法などは，令和5年度について紹介しています．最新の情報は，公益財団法人日本建築衛生管理教育センターのホームページを参照してください．

## ☑ 資格取得の方法は2種類ある

### ① 国家試験に合格する

毎年1回行われる試験を受験する．

公益財団法人
日本建築衛生管理教育センターのウェブサイト

## https://www.jahmec.or.jp/

### ② 登録講習会の課程を修了する

登録講習会は建築物環境衛生管理技術者講習会と呼ばれ，（公財）日本建築衛生管理教育センターが厚生労働大臣の登録を受けて実施している．

＊講習会の受講資格，申込み方法は国家試験の場合と異なります．詳細は（公財）日本建築衛生管理教育センター教務課へお問い合わせください．

## 📅 国家試験の実施スケジュール

＊前回（令和5年/2023年度）の場合

| 5月7日 | |
|---|---|
| 〳 | **受験申込みの受付** |
| 6月15日 | |
| 9月6日 | 受験票の交付 |
| 10月1日 | **試験の実施**<br>＊集合時間などは「受験の手引」に記載されています |
| 11月1日 | **合格発表**<br>＊合格者には大臣免状交付申請用紙が送付されます |

## 受験者数と合格率

令和5年度の受験者数は8 232人，合格者は1 819人で，合格率は22.1％でした．直近10年の合格率はグラフのとおりです．

合格率
**22.1%**
令和5年度

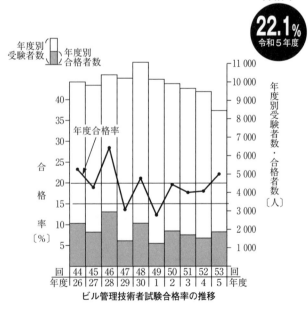

ビル管理技術者試験合格率の推移

# 受 験 資 格

受験資格は，右の（1）の用途に供されている建築物の当該用途部分において，（2）の環境衛生上の維持管理に関する実務に業として2年以上従事した者とされています．

学歴や特別の免許は必要としませんが，業として行った実務経験が必要です．

# 試 験 科 目

試験科目は次の7科目で実技はなく，筆記試験のみ．試験は1日で終了します．

試験時間

| | |
|---|---|
| 午前 | （1）建築物衛生行政概論<br>（2）建築物の環境衛生<br>（3）空気環境の調整 |
| 午後 | （4）建築物の構造概論<br>（5）給水及び排水の管理<br>（6）清掃<br>（7）ねずみ，昆虫等の防除 |

# 合 格 基 準

（公財）日本建築衛生管理教育センターから合格基準が毎年の合格発表の際に公表されています．おおむね以下のとおり．

**配点** 配点試験問題数は全科目合計で180問．配点は1題につき1点

**合格基準** 準科目ごとの得点が各科目の合格基準点（各科目の満点数の40%）以上であって，かつ，全科目の合格基準点（全科目の満点数の65%）以上であること

| 科　　目 | 満点数 | 各科目の<br>合格基準点 | 備　　考 |
|---|---|---|---|
| 建築物衛生行政概論 | 20 | 8（40%） | 問題 1～ 20 |
| 建築物の環境衛生 | 25 | 10（40%） | 21～ 45 |
| 空気環境の調整 | 45 | 18（40%） | 46～ 90 |
| 建築物の構造概論 | 15 | 6（40%） | 91～105 |
| 給水及び排水の管理 | 35 | 14（40%） | 106～140 |
| 清　掃 | 25 | 10（40%） | 141～165 |
| ねずみ，昆虫等の防除 | 15 | 6（40%） | 166～180 |
| 全科目合計 | 180 | 117（65%） | |

## （1）建築物の用途

ア．興行場（映画館・劇場等），百貨店，集会場（公民館・結婚式場・市民ホール等），図書館，博物館，美術館，遊技場（ボーリング場等）

イ．店舗，事務所

ウ．学校（研修所を含む）

エ．旅館，ホテル

オ．その他アからエまでの用途に類する用途（多数の者の使用，利用に供される用途であって，かつ，衛生的環境もアからエまでの用途におけるそれと類似しているとみられるものをいう．たとえば，該当する用途としては，共同住宅・保養所・寄宿舎・保育所・老人ホーム・病院等があり，該当しない用途としては，もっぱら倉庫・駐車場・工場等の用途に供されるもの，その他特殊な環境にあるものがある）

## （2）建築物における環境衛生上の維持管理に関する実務

ア．空気調和設備管理

イ．給水，給湯設備管理（貯水槽を含む，浄水場を除く）

ウ．排水設備管理（浄化槽を含む，下水処理場を除く）

エ．ボイラ設備管理

オ．電気設備管理（変電，配電等のみの業務を除く）

カ．清掃および廃棄物処理

キ．ねずみ，昆虫等の防除

なお，「設備管理」とは，設備についての運転，保守，環境測定および評価等の業務をいい，修理専業，アフターサービスとしての巡回サービスなどは該当しない．

## ＜受験願書の入手方法＞

願書の入手は，以下の2つの方法があります．

①受験願書用紙などを，（公財）日本建築衛生管理教育センターのウェブサイトからダウンロードして印刷する

②受験願書一式を，返信用封筒の送付により請求する

## ＜試験地について＞

試験は，札幌市，仙台市，東京都，名古屋市，大阪市，福岡市で実施されます．受験者は受験願書に受験希望地を記入して受験の申込みを行います．なお，受験する試験会場は受験票に記載されます．

# 【受験勉強のポイント】

ビル管理技術者試験は，異業種間にまたがり，広範囲に出題される試験である．苦手分野でも合格基準を上回るために，過去の出題傾向をよく理解しておくことが重要となる．　　　　　　　　石原 鉄郎

## 試験の特徴

### 科目数が多く，範囲が広い
建築物の構造，空調・給排水衛生設備から，感染症，ドブネズミ，ゴキブリまで，出題される範囲が，多岐・広範囲にわたっている．

### 出題数が多い
出題数は，7科目に対して全部で180問．すべての問題に解答しなければならない．

### 合格基準が高い
例年，全体の正解率は65%以上となっている．これは，他の資格試験が正解率60%なのに比べて，5%ほど高い．

### 科目ごとに合格基準がある
科目ごとに合格させる，いわゆる科目合格制度はないが，科目ごとに正解率の下限が設定されている．全体の正解率が65%をクリアしても，一つでも正解率が40%未満の科目があれば合格することができない．

### 試験時間が長い
試験は1日間で実施され，午前3時間，午後3時間の計6時間と，長丁場である．

### 1問2分！
試験時間6時間に対して，出題数は180問．したがって，1問当たり2分で解答しなければならない．

## 試験の対策

### ┃ できるだけ多くの過去問題を解く！

多岐にわたる出題範囲をカバーするには，できるだけ多くの出題パターンに触れる必要があり，そのためには，過去8年分程度の既往問題を学習することが効果的．

#### 問題を解くためのキーポイントをつかむ
1問当たり2分で解答するためには，問題を見ただけで，条件反射的に正解が導き出せるような状態に仕上げる必要がある．そのためには，解説文を読むことよりも，問題を解くことに重点を置き，問題を解くためのキーポイントをつかむことが肝要．

#### 反復して解き，解ける問題を増やす
できるだけ多くの問題を反復して解くのが，最も効率のよい対策．本書で反復して問題を解く練習をし，解けない問題を徐々に減らし，解ける問題を増やしていこう．

> 過去8年分の問題をひと通り解けるようになれば，合格ラインに達する！

> 長いように感じても，これが最も確実な合格への道！

傾向をつかんで
合格を目指せ！

# 科目ごとの概要と最新出題傾向

## 建築物衛生行政概論

**出題 20問**

### 法規関係の出題

建築物における衛生的環境の確保に関する法律を中心に，多岐にわたる関係法規から出題される．建築物環境衛生管理技術者の免状・選任・職務のほか，事業の登録，管理基準なども出題される．

### 令和5年の出題傾向

**平成30年の水道法改正や労働安全衛生法などが出題**

憲法25条，行政所管，特定用途，届出，帳簿，管理基準，免状，事業登録，立入検査，公共建築物，感染症法，水道法改正，公衆浴場法，大気環境基準，法令と規制対象，労働安全衛生法などが出題された．

## 建築物の環境衛生

**出題 25問**

### 環境に関する出題

人体・熱，有害物質，感染症，音，光，電磁波，放射線，薬剤など，多岐にわたる環境衛生の知識を問う問題．

### 令和5年の出題傾向

**感染症に関する問題が3問，溶液計算が1問，出題**

閾値，曝露，臓器，体温，高齢者，温熱，がん，アレルギー，空気環境，ホルムアルデヒド，オゾン，たばこ，音，振動，眼，情報機器作業，電磁波，放射線，体内水分，感染症，溶液計算などが出題された．

## 空気環境の調整

**出題 45問**

### 最も出題数の多い科目

熱工学，流体工学，空気線図，エアロゾル，空調関係，換気量の計算から，有害物質の測定方法，照度計算などを含む，広義の空気環境について出題される．

### 令和5年の出題傾向

**空気調和設備のコミッショニングに関する問題が出題**

図説問題は，「自然換気」「冷房時の空調システム図と空気線図」が各1問，計算問題は，「熱流量」「換気量」「騒音レベル」「必要灯具数」が各1問，出題された．その他，「開口部の通過風量の算定式」の穴埋め問題が1問，出題された．

## 建築物の構造概論

**出題 15問**

### 出題数の少ない科目なので要注意！

15問中6問以上正解しないと科目の合格基準に満たないので，取りこぼさないよう注意が必要．設計関係，構造，力学，建築材料，防災などの分野から出題される．

### 令和5年の出題傾向

**建築設備はガス，エレベータ，エスカレータ，避雷針などが出題**

図説問題，計算問題はなく，すべて文章問題が出題された．CASBEE，都市環境，鉄筋コンクリート造，鉄骨構造，構造力学，建築材料，電気設備，建築設備，火災，地震，消火設備，防火防災，建築基準法の用語，維持管理用語などが出題された．

## 給水及び排水の管理

**出題 35問**

### 専門的な内容も出題されている

上下水道，給排水やガス設備，消火設備などの分野から出題．貯水槽の清掃手順や浄化槽のフローなど，専門的な内容も出題される．

### 令和5年の出題傾向

**例年どおり給水，給湯，雑用水，排水設備が多く出題**

図説問題，計算問題はなく，すべて文章問題が出題された．用語2問，水道・給水8問，給湯7問，雑用水・排水再利用設備3問，排水・通気設備9問，衛生器具2問，浄化槽2問，特殊設備1問，消火設備1問，出題された．

## 清掃

**出題 25問**

### 建物内の清掃から，廃棄物の処理まで出題

建物内清掃については，床維持剤の性質，清掃用パッドの色など，専門的な内容が出題される．また，廃棄物についても，廃棄物処理法など，多岐にわたる関連法規から出題される．

### 令和5年の出題傾向

**作業面積と標準作業量から清掃作業の必要人員を算定する問題が出題**

計算問題は「清掃作業人員」が1問，出題された．その他，管理要領，登録基準，作業・品質計画，保管庫，汚れの除去，清掃機材，洗剤，建材，外装清掃，リサイクル関係法，廃棄物などが出題された．

## ねずみ・昆虫等の防除

**出題 15問**

### カタカナ表記の薬剤名や害虫名を覚えよう

蚊，ゴキブリ，ダニ，ネズミなど建物内で見られる害虫や害獣と防除のための薬剤や手法について出題．専門外だとなじみのない名前が多いので，反復学習によって覚えよう．

### 令和5年の出題傾向

**例年どおり，蚊，ゴキブリ，ダニ，ネズミの生態・防除が出題**

図説問題，計算問題はなく，すべて文章問題が出題された．蚊1問，ゴキブリ2問，ダニ1問，ハエ1問，その他の害虫1問，殺虫剤・薬剤2問，ネズミ・殺鼠剤3問が出題された．その他，感染症，安全管理，防虫・防鼠構造などが出題された．

## 解説1　　温度・湿度の名称と算出式

最も出題数の多い科目3「空気環境の調整」では，さまざまな温度や湿度の名称が使用されている．特に下記の名称については必ず覚えて，理解しておきたい．

▶乾球温度(DB：Dry Bulb temperature)

乾球温度とは，温度計の球部を乾燥した状態(通常の状態)で計測した温度をいう．乾球温度はすなわち気温を示す．

▶グローブ温度計

グローブ温度計とは，表面が黒色の銅球に，ガラス製温度計を挿入した温度計をいう(図1)．周囲からの放射の影響を測定するために用いられる．

▶黒球温度(Tg：Globe Temperature)

黒球温度とは，グローブ温度計を用いて測られる温度で，周囲からの放射の影響を表すために用いられる．

▶湿球温度(WB：Wet Bulb temperature)

湿球温度とは，水で湿らせたガーゼを温度計の球部に巻いて計測した温度をいう．空気が乾燥しているほど，乾球温度との差が大きくなる．

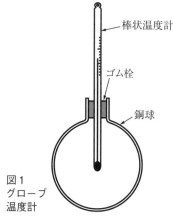

棒状温度計

ゴム栓

銅球

図1
グローブ
温度計

▶湿球黒球温度(WBGT：Wet-Bulb Globe Temperature)

湿球黒球温度とは，暑さ指数ともいい，黒球温度，湿球温度，乾球温度をもとに，下記の算定式により算出される温度をいう．

> ▶屋外での算出式
>
> WBGT[℃]＝0.7×湿球温度[℃]＋0.2×黒球温度[℃]＋0.1×乾球温度[℃]
>
> ▶屋内での算出式
>
> WBGT[℃]＝0.7×湿球温度[℃]＋0.3×黒球温度[℃]

▶湿り空気

湿り空気とは，水蒸気を含んだ空気をいう．湿り空気に対して，水蒸気を含まない空気を乾き空気という．

▶修正有効温度(CET：Corrected Effective Temperature)

修正有効温度とは，有効温度に放射の影響も加味し，気温，湿度，気流，放射により示される体感温度をいう．

▶水蒸気分圧

水蒸気分圧とは，湿り空気中の水蒸気の分圧をいう．分圧とは，混合気体中に占める，ある気体の圧力をいう．

▶絶対温度

絶対温度とは，気体の熱膨張を表す法則に基づいて定められた温度で，単位は[K](ケルビン)で表す．0[K]は－273[℃]に相当する．

### ▶絶対湿度

絶対湿度とは，湿り空気に含まれる水蒸気の質量を指し，乾き空気1kgに対する量として，単位 [kg/kg(DA)]で表す．なお，DAとは乾き空気(Dry Air)の略である．

### ▶相対湿度

相対湿度とは，湿り空気の水蒸気分圧とその温度における飽和空気の水蒸気分圧との比をいい，百分率で表す．一般的に単に湿度というときは相対湿度のことを指す．

### ▶比エンタルピー

比エンタルピーとは，単位質量当たりの物質が保有するエネルギーをいい，単位は[kJ/kg]で表す．

### ▶不快指数(DI：Discomfort Index)

不快指数とは，気温と湿度から算出される蒸し暑さを表す指数をいう．

### ▶飽和空気

飽和空気とは，これ以上水蒸気を含むことができない湿り空気をいう．飽和湿り空気ともいう．

### ▶有効温度(ET：Effective Temperature)

有効温度とは，気温，湿度，風速により示される体感温度をいう．参考に以下に，通常着衣，椅座位または軽作業の場合の有効温度図を示す(図2)．

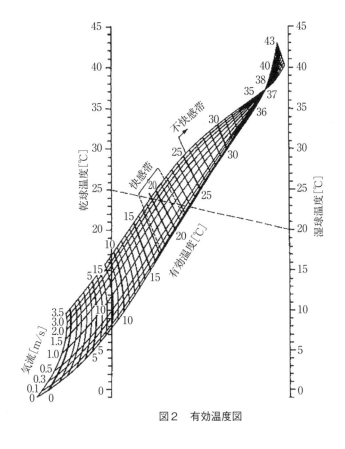

図2　有効温度図

### ▶露点温度

露点温度とは，ある湿り空気の水蒸気分圧と等しい飽和水蒸気分圧を持つ温度をいい，結露の生じる温度である．

**解説2**　　　　　　　　　　　　湿り空気線図

　湿り空気線図とは，線図上に乾球温度，湿球温度，露点，絶対湿度，相対湿度，比エンタルピーなど
を記入し，そのうち二つの値を求めることにより，湿り空気の状態がわかるようにした線図のことをい
う（図3）．

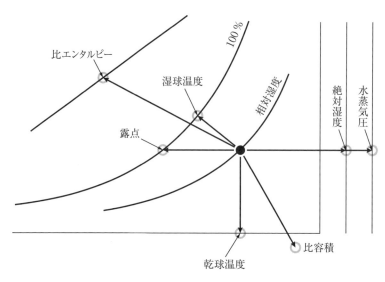

図3　空気線図の読み方

---

💡 **POINT**　空気の状態変化と湿り空気線図上の変化

　下記のような方法で加湿や除湿を行ったとき，空気線図上では図4のとおりに変化する．

　ア　加湿器（蒸気加湿）での加湿：ほぼ真上へ移動する（絶対湿度が上がり，乾球温度がやや上がる）．

　イ　加湿器（水加湿）での加湿：左上へ移動する（絶対湿度が上がり，乾球温度が下がる）．

　ウ　冷却器での冷却減湿：左下へ移動する（絶対湿度，乾球温度がともに下がる）．

　エ　シリカゲルなどの固体吸着剤による除湿：右下へ移
　　　動する（絶対湿度が下がり，乾球温度が上がる）．

　オ　液体吸収剤による化学的減湿：右下へ移動する（絶
　　　対湿度が下がり，乾球温度が上がる）．

　カ　加熱器での加熱：右へ水平移動する（絶対湿度は変
　　　化せず，乾球温度が上がる）．

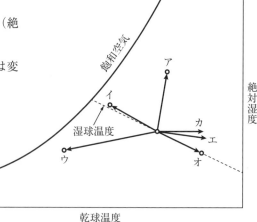

図4
空気の状態変化と
湿り空気線図上の変化

**POINT** 空気線図の読み方（図5）

- **乾球温度**：横軸目盛の数値を読み，垂直線に従う．
- **湿球温度**：飽和線の直上の目盛の数値を読み，右下がりの直線に従う．
- **絶対湿度**：縦軸目盛の数値を読み，水平線に従う．

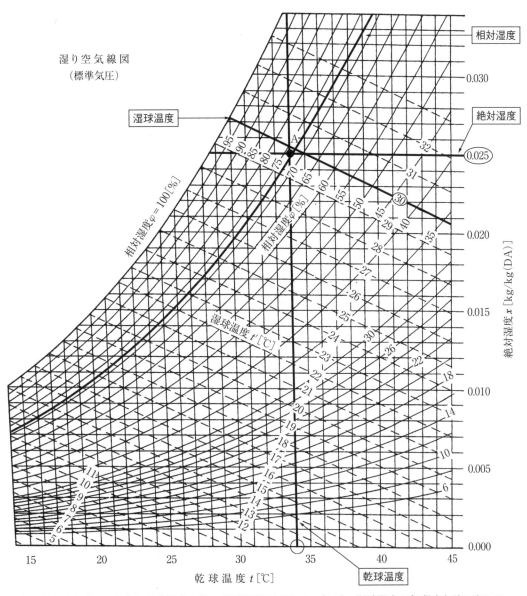

A点の湿り空気は，おおむね乾球温度34℃，絶対湿度0.025 kg/kg(DA)，湿球温度30℃程度と読み取れる．

図5　空気線図の読み方

## 解説3 太陽光線の波長と電離放射線

波長の長さにより，可視光線，赤外線，紫外線などに分類される（図6）．

### ▶可視光線

可視光線とは，人間が肉眼で感じることのできる，波長が380 nm〜780 nm程度の電磁波をいう．

### ▶赤外線

赤外線とは，熱線ともいい，可視光線より長い波長の780 nm〜1 000 nm程度の電磁波をいう．

### ▶紫外線

紫外線とは，化学線ともいい，可視光線より短い波長の200 nm〜380 nm程度の電磁波をいう．

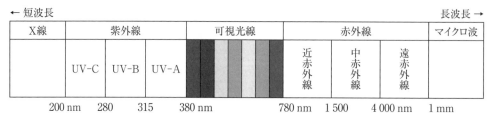

図6 太陽光線の波長の区分

### ▶電離放射線

電離放射線とは，物質に電離作用を及ぼす放射線である．電離とは，電荷的に中性な原子，分子を，正または負の電荷を持ったイオンとすることをいう．放射線とは，放射性同位元素の核の崩壊に伴って放出される粒子線や電磁波をいう．電離放射線には，下記の種類がある（図7）．

- α（アルファ）線 ：電離放射線の一つで，高い運動エネルギーを持つ$^4$He（ヘリウム4）の原子核の流れをいう．
- β（ベータ）線 ：電離放射線の一つで，高速度の電子または陽電子の流れをいう．
- γ（ガンマ）線 ：電離放射線の一つで，波長が約0.01 nm以下の電磁波をいう．
- X（エックス）線：X線とは，高速の陰極線が陽極に衝突したときに発生する電離放射線で，波長が紫外線より短く，γ線より長い電磁波をいう．

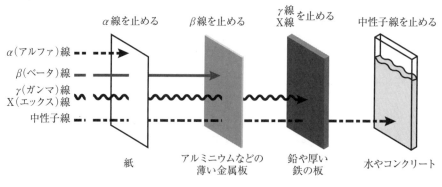

図7 電離放射線

## 解説4　照 明 の 計 算

### ▶色温度

色温度とは，色合いを表す数値で，その色合いと同等の光を放射する完全放射体(黒体という)の絶対温度で示す．

### ▶照度

照度とは，明るさの指標の一つで，被照射面の単位面積当たりに入射する光束をいう．単位は[lx]（ルクス）で表される．

### ▶光束

光束とは，明るさの指標の一つで，人の視感度により表した光の明るさをいい，単位は[lm]（ルーメン）で表される．

### ▶光度

光度とは，明るさの指標の一つで，単位立体角当たりの光束をいい，単位は[cd]（カンデラ）で表される．

### ▶輝度

輝度とは，明るさの指標の一つで，単位投影面積当たりの光度をいい，単位は[cd/m²]（カンデラ毎平方メートル）で表される．

### ▶水平面照度の計算

水平面照度は，下記の式で求めることができる（図8）．

$$E_h = E_n \cos\theta = \frac{I}{r^2}\cos\theta \ [\text{lx}]$$

$E_h$：水平面照度[lx]
$E_n$：法線照度[lx]
$I$　：光源の光度[cd]
$r$　：光源と測定点との距離[m]
$\theta$　：図中の角度

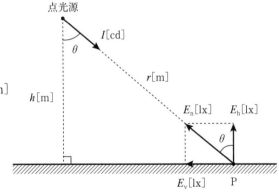

図8
点光源による
点Ｐの各種照度

### ▶平均照度の計算

平均照度は，下記の式で求めることができる．

$$E = \frac{FNUM}{A}$$

$E$：平均照度[lx]，$F$：1灯当たりの光束[lm]，$N$：灯具数，$U$：照明率，$M$：保守率，
$A$：照射面の面積[m²]

## 解説5 ウイルス・細菌・真菌

　身の回りの目に見えない多くの微生物類（ウイルス，細菌，真菌（カビ，酵母など））のうち，感染症を引き起こすものを病原体という．代表的な粒径や気体物質の大きさについては，図10を確認していただきたい．併せて，「エアロゾル」などの関連用語も覚えておこう．

### ▶アスペルギルス

　アスペルギルスとは，自然界に広く存在しているカビ（真菌）の一種で，免疫力が低下している人などが菌を吸い込むことで，肺の感染症を引き起こす．

### ▶ウイルス

　ウイルスとは，他の生物の細胞を利用して自己を複製する微小な構造体をいう．

### ▶芽胞

　芽胞とは，一部の細菌が形成する耐久性の高い細胞構造をいう．

### ▶原虫

　原虫とは，原生動物ともいい，単細胞の最も原始的な動物をいう．

### ▶細菌

　細菌とは，バクテリアともいい，原核細胞からなる単細胞生物をいう．

### ▶真菌

　真菌とは，葉緑素を持たない真核生物で，単細胞あるいは連なって糸状体をなす．単細胞のものが酵母，糸状体のものがカビ，菌糸が大型化したものがキノコとなる．

### ▶スピロヘータ

　スピロヘータとは，スピロヘータ科の細菌の総称をいう．糸状でらせん形をなし，分裂によって繁殖する．スピロヘータの一種に，レプストピラがある．

### ▶ノロウイルス

　ノロウイルスとは，ウイルス性胃腸炎を引き起こすウイルスの一つをいう．

### ▶ペニシリウム

　ペニシリウムとは，青かびのことである．

### ▶リケッチア（*Rickettsia*）

　リケッチアとは，リケッチア目に分類される非常に小さなグラム陰性の細菌群をいう．

---

### 💡 POINT　微生物の分類（図9）

- **真核生物**：細胞の中に細胞核と呼ばれる細胞小器官を有する生物
- **原核生物**：細胞内に明確な核がない生物

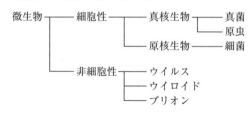

図9　微生物の分類

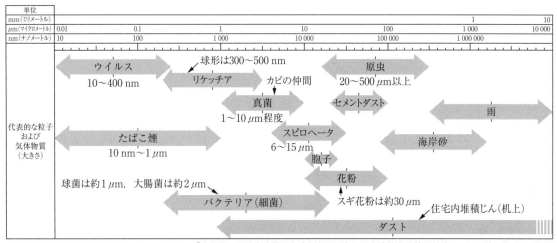

『建築物の環境衛生管理』（公益財団法人 日本建築衛生管理教育センター刊）に基づいて作図

図10　代表的な粒子および気体物質の大きさ

▷エアロゾル

　エアロゾルとは，気体中に浮遊する微小な液体または固体の粒子をいう．一般的には，大気中に浮遊するちりなどの微粒子を指す．

▷相当径

　相当径とは，実際のエアロゾルの粒径は微細であり，かつ，不整形，不均一であるので，形状や特性に相当する粒径に置き換えて表した粒径をいう．相当径には，幾何形状から算出される幾何相当径と，物理的性状やふるまいが同等である球形粒子の大きさに換算する物理相当径がある．幾何相当径には，最大長や最大幅で表される長径や短径，一定方向の径として求められる定方向径，定方向等分径，定方向最長幅などがある．物理相当径には，重力沈降速度から求められるストークス径，比重から求められる空気力学径，等価な光散乱現象を呈する球形粒子の光散乱相当径，拡散や静電気などで分級される移動度相当径がある．

▷ファンデルワールス力

　ファンデルワールス力とは，分子間に働く力をいう．

▷フューム

　フュームとは，物質の加熱や昇華によって生じる粉じん，煙霧，蒸気，揮発性粒子をいう．

## 解説6　　　　　感染症・疾患名

　病原体によって引き起こされる空気媒介の感染症，アレルギーによる疾患や公害による疾患，その他の疾患についても，「アスベスト」などの関連用語とともに覚えておこう．

### 感染症

**▶クリプトスポリジウム症**

　クリプトスポリジウム症とは，寄生虫の一種であるクリプトスポリジウム原虫による感染症をいう．

**▶つつが虫病**

　つつが虫病とは，ダニの一種ツツガムシによって媒介される，リケッチア病原体による感染症をいう．

**▶麻しん**

　麻しんとは，はしかともいい，麻しんウイルスによって引き起こされる急性の全身感染症をいう．

**▶レジオネラ症**

　レジオネラ症とは，細菌の一種であるレジオネラ属菌による感染症で，レジオネラ属菌を含むエアロゾルを吸引することにより，肺炎様の症状を呈する疾病である．レジオネラ属菌は，土壌や水中の自然界に広く存在している．レジオネラ属菌の殺菌には，塩素消毒と55℃以上の環境下に置くことが有効である．

**▶ワイル病**

　ワイル病とは，病原性レプトスピラに起因するスピロヘータ感染症による急性熱性疾患をいう．

### 公害病

**▶イタイイタイ病**

　イタイイタイ病とは，公害病の一つで，富山県の神通川流域で発生したカドミウムによる慢性中毒症をいう．

**▶水俣病**

　水俣病とは，公害病の一つで，熊本県の水俣湾周辺に発生したメチル水銀中毒による慢性の神経系疾患をいう．

### アレルギー性疾患

**▶アトピー性皮膚炎**

　アトピー性皮膚炎とは，アレルギー反応による皮膚の炎症をいう．

**▶花粉症**

　花粉症とは，植物の花粉によって引き起こされるアレルギー疾患をいう．くしゃみ，鼻水，鼻づまり，目のかゆみなどの症状が現れる．

### その他の疾患

**▶気管支喘息**

　気管支喘息とは，気管支の炎症により，発作的に気管支が狭くなる疾病をいう．

**▶心筋梗塞**

　心筋梗塞とは，心臓の筋肉細胞に酸素や栄養を供給している冠動脈に閉塞や狭窄などが起きて血液の流量が減り，心筋が虚血状態になって壊死してしまった状態をいう．

▶肺気腫

　肺気腫とは，肺組織の弾力性がなくなり，肺胞が拡張して肺が過度に膨張した状態をいう．

▶パーキンソン病

　パーキンソン病とは，脳の異常のために，体の動きに障害が現れる病気をいう．

▶白血病

　白血病とは，血液中の白血球が悪性腫瘍（がん）になった血液がんの一つをいう．


▷アスベスト

　アスベストとは，石綿（「せきめん」「いしわた」）ともいい，天然に産する繊維状のけい酸塩鉱物の一種である．

▷光化学オキシダント

　光化学オキシダントとは，大気中の窒素酸化物，揮発性有機化合物などが，太陽からの紫外線を受け，光化学反応を起こして作り出される物質の総称をいう．

▷シックビル症候群

　シックビル症候群とは，密閉性が高く，空調にも再循環システムを利用するなど，新鮮な空気の入替えが少ないビルで働く人にさまざまな症状を引き起す状態のことをいう．

▷ストレッサ

　ストレッサとは，ストレスの原因となる刺激をいう．

▷ダニアレルゲン

　ダニアレルゲンとは，ダニの死骸や糞など，アレルギー疾患の原因（アレルゲン）となるものをいう．

▷内分泌系

　内分泌系とは，ホルモンを生成し，分泌する臓器系をいう．

▷ヒスタミン

　ヒスタミンとは，生体に広く分布するアミン（アンモニア化合物）の一種で，通常は肥満細胞や好塩基球などに不活性状態で存在しているが，外傷や毒素などで活性化され，発赤・かゆみ・痛みや気管支収縮などのアレルギー症状を起こす原因となる．

▷ホルムアルデヒド（化学式：HCHO）

　ホルムアルデヒドとは，刺激臭，発がん性のある無色の可燃性，水溶性の気体で，揮発性有機化合物の一つである．水溶液はホルマリンという．

▷免疫グロブリン

　免疫グロブリンとは，血液や体液中に存在し，抗体としての機能と構造を持つタンパク質の総称で，IgG，IgA，IgM，IgD，IgEの5クラスに分かれている．

## 解説7　　　　音圧・騒音レベル

### ▶音圧レベルの式

音圧レベルは，次式で表される．

$$L_\mathrm{P} = 10 \log_{10} \frac{P^2}{P_0^2} = 10 \log_{10} \left(\frac{P}{P_0}\right)^2 = 20 \log_{10} \left(\frac{P}{P_0}\right) = 20(\log_{10} P - \log_{10} P_0) \, [\mathrm{dB}]$$

$L_\mathrm{P}$：音圧レベル$[\mathrm{dB}]$，　$P$：ある音の音圧$[\mathrm{Pa}]$，　$P_0$：基準の音圧$[\mathrm{Pa}]$

### ▶騒音レベルの式

騒音レベルは，次式で表される．

$$L_\mathrm{I} = 10 \log_{10} \frac{I}{I_0} = 10(\log_{10} I - \log_{10} I_0) \, [\mathrm{dB}]$$

$L_\mathrm{I}$：騒音レベル$[\mathrm{dB}]$，　$I$：ある音の強さ$[\mathrm{W/m^2}]$，　$I_0$：基準の音の強さ$[\mathrm{W/m^2}]$

> **公式１．** $\log_a MN = \log_a M + \log_a N$

> **公式２．** $\log_a \dfrac{M}{N} = \log_a M - \log_a N$

> **公式３．** $\log_a M^n = n \log_a M$

### ▶音の合成

同じ音圧レベルの音$L[\mathrm{dB}]$を$x$個合成したときの音圧レベル$L_\mathrm{x}[\mathrm{dB}]$は以下の式で計算できる．

$$L_\mathrm{x} = L + 10 \log_{10} x$$

$\log_{10} 2 = 0.3010$，$\log_{10} 3 = 0.4771$とすると，

同じ音を２つ合成したとき（$x = 2$のとき），音圧レベルは約３$\mathrm{dB}$上昇する．

$$L_2 = L + 10 \log_{10} 2 = L + 3.01 [\mathrm{dB}]$$

同じ音を３つ合成したとき（$x = 3$のとき），音圧レベルは約$4.8 \, \mathrm{dB}$上昇する．

$$L_3 = L + 10 \log_{10} 3 = L + 4.771 [\mathrm{dB}]$$

試験問題では「$\log_{10} 2 = 0.3010$」などのように，数値が示されているので，基本公式に当てはめていけば，簡単に答えが求められる．

### ▶音源からの距離による音圧レベルの減衰特性

点音源の場合，音源からの距離が２倍で６$\mathrm{dB}$，距離が10倍で20$\mathrm{dB}$減衰する．

線音源の場合，音源からの距離が２倍で３$\mathrm{dB}$，距離が10倍で10$\mathrm{dB}$減衰する（点音源の半分の減衰特性を示す）．

寸法がa×b（a＜b）の面音源の場合，音源からの距離がa/πまでは，面音源としての減衰特性を示す．距離がa/π〜b/πの範囲では，線音源としての減衰特性を示す．距離がb/π以上の場合は，点音源としての減衰特性を示す．

## 解説8　　音の強さ・音の周波数

　等ラウドネス曲線の読み方について，理解を深めておこう．また，音の強さや音圧など，音に関する用語も，併せて覚えておきたい．

　図11は横軸に周波数[Hz]，縦軸に音圧レベル[dB]をとったグラフである．人の耳で聴き取ることができる範囲の音を**可聴音**といい，**周波数は 20〜20 000 Hz の範囲**である．可聴音の最小値の音圧レベルを最小可聴値，可聴音の最大値の音圧レベルを最大可聴値といい，周波数により数値が変化する．

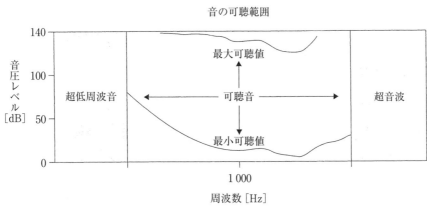

図11　等ラウドネス曲線

### ▶等ラウドネス曲線

　等ラウドネス曲線とは，縦軸に音圧レベル，横軸に周波数をとったグラフ上に示された曲線をいう．同じ音圧レベルでも，周波数により人が感じる音の大きさが異なるので，人が同じ大きさに感じる音（phon）を示した曲線が，等ラウドネス曲線である．

▷オクターブバンド

　オクターブバンドとは，音の周波数帯のことで，ある周波数からその2倍の周波数までの幅をいう．

▷音の強さ

　音の強さとは，単位面積，単位時間当たりに物質が音から受けるエネルギーの量で，単位は$[\mathrm{W/m^2}]$で表される．

▷音圧

　音圧とは，音により物質が受ける圧力で，単位は[Pa]で表される．

▷音圧レベル

　音圧レベルとは，音圧を基準値との比の常用対数で示したもので，単位は[dB]で表される．

## 解説9　錐体細胞・杆体細胞ほか

錐体細胞と杆体細胞の機能と特徴をよく理解しておこう（図12）．併せて，ロドプシンなどの関連用語も覚えておきたい．

### ▶錐体細胞

錐体細胞とは，網膜に存在する色を検知する円錐型の視細胞をいう．

### ▶杆体細胞

杆体細胞とは，視細胞の一種で，眼球の網膜上に存在し，色素としてロドプシンを持つ．医学分野では杆体細胞，生物学分野では桿体細胞と記述されることが多い．

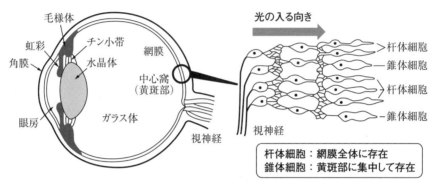

図12　眼球図

▷エネルギー代謝

エネルギー代謝とは，生命維持活動に必須なエネルギーを獲得するために，生体内で起こる生化学反応の総称をいう．

▷代謝

代謝とは，生命維持活動に必須なエネルギーの獲得や，成長に必要な有機材料を合成するために生体内で起こるすべての生化学反応の総称をいう．

▷ヘモグロビン親和性

ヘモグロビン親和性とは，ヘモグロビンとの結合のしやすさをいう．ヘモグロビンとは，血液中の赤血球に存在するタンパク質をいい，全身へ酸素を運搬する役割を担っている．

▷ロドプシン

ロドプシンとは，視紅という視色素のことで，光を受けてその信号を脳へ伝える視機能のうち，光を受け止める作用を担っている．

▷VDT

VDTとは，Visual Display Terminalの略で，コンピュータのディスプレイなどの表示機器をいう．

## 解説10　伝熱の単位と算定式

▶**貫流熱流量**

　貫流熱流量とは，熱貫流による，単位面積[m²]，単位時間[s]当たりの熱量[J]で，単位は[W/m²]で表される【$J/(s\cdot m^2) \rightarrow W/m^2$】．

▶**熱貫流率**

　熱貫流率とは，単位面積[m²]，単位温度差[K]当たりに熱貫流する単位時間当たりの熱量[W]をいい，単位は[W/(m²·K)]で表される．

▶**熱貫流抵抗**

　熱貫流抵抗とは，熱貫流率[W/(m²·K)]の逆数をいい，単位は[m²·K/W]で表される．

A部材 B部材

$$R = \frac{1}{\text{室内側熱伝達率}} + \text{A部材の熱伝導抵抗} + \text{B部材の熱伝導抵抗} + \frac{1}{\text{屋外側熱伝達率}}$$

$R$：熱貫流抵抗

屋外　　室内

▶**熱貫流量の算定**

$$Q = K \times A(t_i - t_o)$$

　$Q$：熱貫流量[W]，$K$：熱貫流率[W/(m²·K)]，$A$：壁体面積[m²]

　$t_i$：室内気温[℃]，$t_o$：屋外気温[℃]

▶**熱伝達率**

　熱伝達率とは，単位面積[㎡]，単位温度差[K]当たりに熱伝達する単位時間当たりの熱量[W]をいい，単位は[W/(m²·K)]で表される．

▶**熱伝達抵抗**

　熱伝達抵抗とは，熱伝達率[W/(m²·K)]の逆数をいい，単位は[m²·K/W]で表される．

▶**熱伝導率**

　熱伝導率とは，単位面積[m²]，単位温度勾配[K/m]当たりに熱伝導する単位時間当たりの熱量[W]をいい，単位は[W/(m·K)]で表される．

▶**熱伝導抵抗**

　熱伝導抵抗とは，熱伝導率[W/(m·K)]の逆数に物体の厚さ[m]を乗じたものをいい，単位は[m²·K/W]で表される．

## 解説11　日射吸収率と長波長放射率

　建築材料表面の日射吸収率と長波長放射率の位置関係をよく覚えておこう．また，位置関係から建築材料表面ごとの日射吸収率と長波長放射率の概数も導き出せるようにしておきたい．

　科目3「空気環境の調整」で出題される日射吸収率とは，「太陽光線中の可視光成分の入射エネルギーに対する吸収エネルギーの比」をいう．

　長波長放射率とは，「太陽光線中の波長の長い赤外線成分の入射エネルギーに対する放射エネルギーの比」をいう．

　図13は，横軸下部に日射吸収率，縦軸左部に長波長放射率をとったグラフである．たとえば，図中の酸化した亜鉛鉄板は，日射吸収率は0.8程度，長波長放射率は0.3程度と読み取れる．

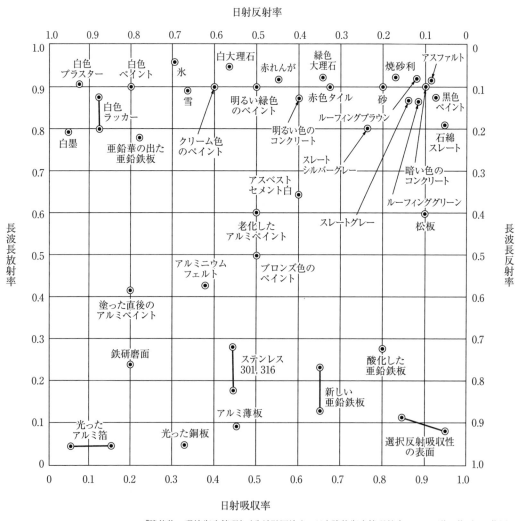

『建築物の環境衛生管理』（公益財団法人　日本建築衛生管理教育センター刊）に基づいて作図

**図13　日射吸収率と長波長放射率**

## 解説12　冷暖房時における空気調和システム

### ▶冷房時における空気調和システム（図14）

① e＋a→b：室内空気eの還気と外気aが混合し，空気調和機に吸い込まれて，bに達する．

② b→c：bの空気はエアフィルタで除塵され，冷却器で冷却除湿されて，cに達する．

③ c→d：cの空気が送風機に吸い込まれ，加圧されてダクトに送られ，吹出口dから室内へ吹き出す．

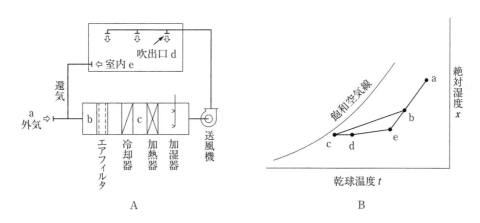

図14　冷房時の空気の状態変化

### ▶暖房時における空気調和システム（図15）

① h＋a→b：室内空気hの還気と外気aが混合し，空気調和機に吸い込まれて，bに達する．

② b→c：bの空気はエアフィルタで除塵され，冷却器で冷却除湿されて，cに達する．

③ c→d：cの空気は冷却器を通過してdに達する．暖房時，冷却器は稼働していないので，状態は変化しない．

④ d→e：dの空気は加熱器で加熱されて，eに達する．

⑤ e→f：eの空気は加湿器で加湿されて，fに達する．

⑥ f→g：fの空気が送風機に吸い込まれ，加圧されてダクトに送られ，吹出口gから室内へ吹き出す．暖房時はf→gの変化は考慮しない．

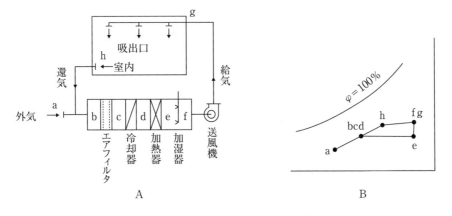

図15　暖房時の空気の状態変化

## 解説13　残留塩素・pH値・有害物質

### ▶残留塩素

　殺菌・分解しても，なお水中に残留している有効塩素を残留塩素という．残留塩素には，次亜塩素酸や次亜塩素イオンなどの遊離残留塩素と，モノクロラミン，ジクロラミンなどの結合残留塩素がある．モノクロラミン，ジクロラミンは，アンモニアの塩素化合物（クロラミン）である．

### ▶pH値

　pHとは，水素イオン濃度のことをいい，pH値とは0〜14までの数値で表される値をいう（図16）．pH値＝7を中性，pH値＜7の領域を酸性，pH値＞7の領域をアルカリ性という．

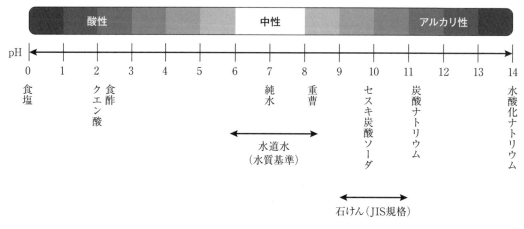

図16　pH値

### ▶シアン

　シアン（化学式：$C_2N_2$）とは，猛毒で無色，特異臭のある気体をいい，水に溶けるとシアン化水素とシアン酸を生じる．

### ▶トリクロロエチレン

　トリクロロエチレンとは，特有の臭気（クロロホルム臭）を持つ無色透明の液体有機塩素化合物をいう．

### ▶パラジクロロベンゼン

　パラジクロロベンゼンとは，芳香族有機化合物の一種で，タンスや衣類収納ケースなどの防虫剤として用いられている．

### ▶ヒ素

　ヒ素（元素記号：As）とは，元素の一つで，単体・化合物とも猛毒である．

### ▶ベンゼン

　ベンゼン（化学式：$C_6H_6$）とは，特色のある芳香を有する無色の揮発性液体である．

### ▶有機水銀

　有機水銀とは，メチル水銀などの炭素–水銀（C–Hg）結合を持つ有機金属化合物をいう．有機水銀以外の水銀化合物を無機水銀という．

## 解説14　性能曲線と抵抗曲線

### ▶送風機

　送風機とは，気体を搬送する装置をいい，気流方向により遠心式，軸流式，斜流式，横流式などに分類される．遠心式とは，気流が回転体の回転軸方向から入り，円周方向に出る送風機をいう．軸流式とは，気流が回転体の回転軸方向から入り，回転軸方向に出る送風機をいう．斜流式とは，気流が回転体の回転軸方向から入り，回転軸に対して斜め方向に出る送風機をいう．横流式とは，気流が回転体の円周方向から入り，円周方向に出る送風機をいう．

### ▶ブロワ

　ブロワとは，圧力比1.1を超える送風機をいい，浄化槽のばっ気槽など汚水(液体)に空気(気体)を吹き込むためなどに用いられる．

### ▶送風機の性能曲線と抵抗曲線(図17)

　特性曲線とは，横軸に風量，縦軸に静圧をとったグラフで表される送風機の特性を示した曲線をいう．

　抵抗曲線とは，横軸に風量，縦軸に静圧をとったグラフで表されるダクト系の抵抗を示した曲線をいう．特性曲線と抵抗曲線の交点(図中A)が送風機の運転点となり，そのときの風量は$Q_A$となる．

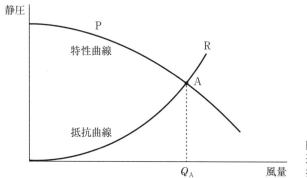

図17
送風機の性能曲線と
抵抗曲線

### ▶ポンプの性能曲線と抵抗曲線(図18)

　特性曲線とは，横軸に水量，縦軸に揚程をとったグラフで表されるポンプの特性を示した曲線をいう．

　抵抗曲線とは，横軸に水量，縦軸に揚程をとったグラフで表される配管系の抵抗を示した曲線をいう．特性曲線と抵抗曲線の交点(図中A)がポンプの運転点となり，そのときの水量は$Q_A$となる．

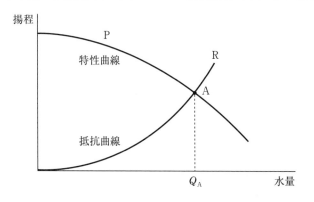

図18
ポンプの性能曲線と
抵抗曲線

## 解説15　　　冷凍サイクル

### ▶蒸気圧縮冷凍機のサイクル(図19)とモリエル線図(図20)

　まず, 蒸発器によって, 低温の状態で気化させて気化熱を奪い取り, 冷媒をガス化する(①). 次に, 圧縮機で気体の冷媒を圧縮すると, 冷媒の比エンタルピーが増加する(②). その後, 凝縮器によって冷却させると, 冷媒が液化され(③), 膨張弁で冷媒の圧力を下げる.

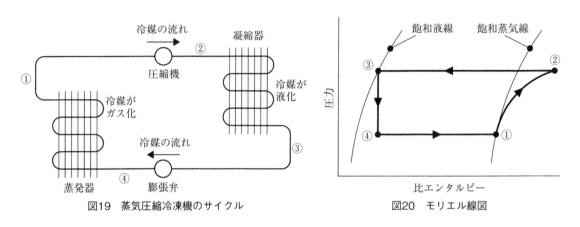

図19　蒸気圧縮冷凍機のサイクル　　　　　図20　モリエル線図

### ▶蒸気吸収冷凍機のサイクル(図21)

　①蒸発器で, 水(冷媒液)を蒸発させて水蒸気(冷媒ガス)にする. ②吸収器で, 水蒸気(冷媒ガス)を濃い吸収液に吸収させて薄い吸収液にする. ③再生器で, 薄い吸収液を加熱しての水分を蒸発させ, 濃い吸収液にする. ④凝縮器で, 水蒸気(冷媒ガス)を凝縮させて水(冷媒液)にする.

　冷媒(水)は①→②→③→④→①のサイクルで循環し, 吸収液は②→③→②を繰り返す.

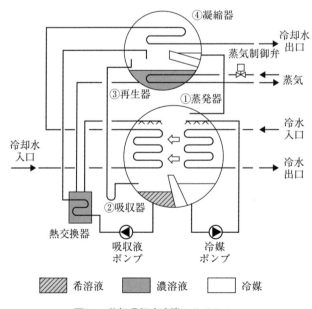

図21　蒸気吸収冷凍機のサイクル

## 解説16　各種空気調和機と空気調和設備

それぞれの機器の特徴や構成機器などを理解しておきたい.

### ▶エアハンドリングユニット(図22)

エアハンドリングユニットとは，エアフィルタ，熱交換器(冷温水コイル)，ドレンパン，加湿器，送風機をユニット化して組み込んだ空気調和機をいう.

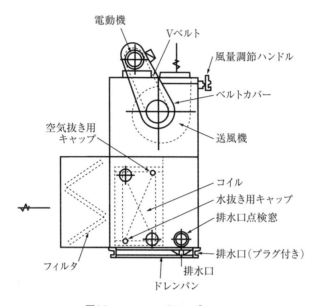

図22　エアハンドリングユニット

### ▶パッケージ型空気調和機(図23)

パッケージ型空気調和機とは，装置内に蒸発器，凝縮器，圧縮機，膨張弁などの熱源装置を内蔵した空気調和機をいう.

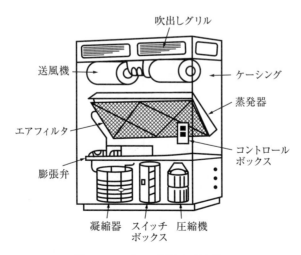

図23　パッケージ型空気調和機

## ココで差がつく！ ポイント解説

### ▶ファンコイルユニット（図24）

ファンコイルユニットとは，送風機（ファン），熱交換器（コイル），エアフィルタなどをユニット化した空気調和機をいう．

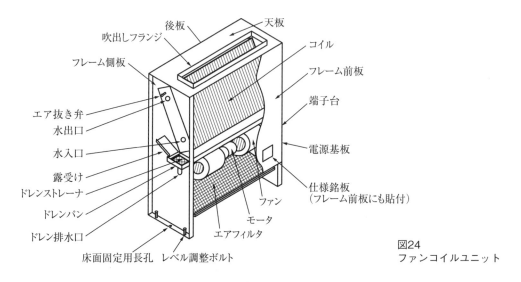

図24
ファンコイルユニット

### ▶冷却塔を用いた空気調和設備（図25）

夏期冷房時は，冷熱源の冷凍機で冷水を製造し，ポンプにより冷水配管を介して，空気調和機に冷水が供給される．空気調和機では，冷水により冷気が製造され，給気ファンにより給気ダクトを介して，冷風が吹出口より室内に供給される．

冬期暖房時は，温熱源のボイラで温水を製造し，ポンプにより温水配管を介して，空気調和機に温水が供給される．空気調和機では，温水により暖気が製造され，さらに加湿器で加湿され，給気ファンにより給気ダクトを介して，加湿された温風が吹出口より室内に供給される．

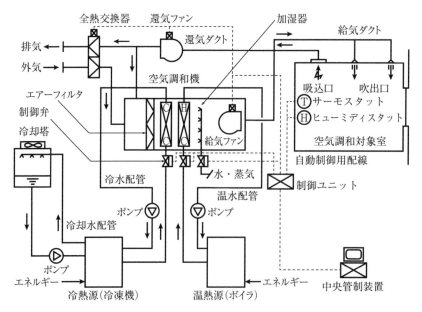

図25
冷却塔を用いた
空気調和設備

## 解説17　冷却塔

　冷却塔とは，冷凍機の凝縮器を冷却するために，冷却水が凝縮器から吸熱した熱を，大気に放熱するための機器をいう（図26）．冷却塔には，冷却水を大気に開放して放熱する開放型と，冷却水を大気に開放せずに放熱する密閉型がある．

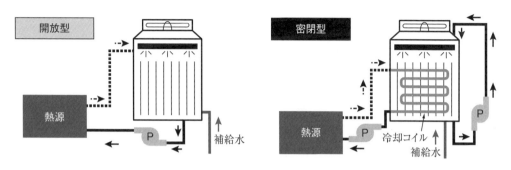

図26　冷却塔

## 解説18　機械換気方式

　機械換気とは，送風機や換気扇などの機械力による換気方式をいい，機械換気方式には，第1種機械換気方式，第2種機械換気方式，第3種機械換気方式がある（図27）．第1種機械換気方式とは，給気・排気ともに機械換気である方式をいう．第2種機械換気方式とは，給気のみ機械換気である方式をいう．第3種機械換気方式とは，排気のみ機械換気である方式をいう．

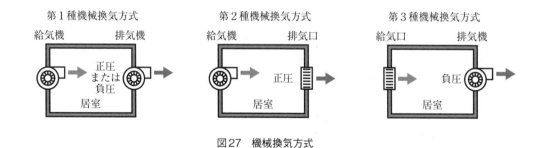

図27　機械換気方式

ココで差がつく！ポイント解説

## 解説19　　　　　　　　　貯水槽

受水槽や高置水槽などの飲料用貯水槽の構造や材質などについて，特徴をよく理解しておこう（図28）．

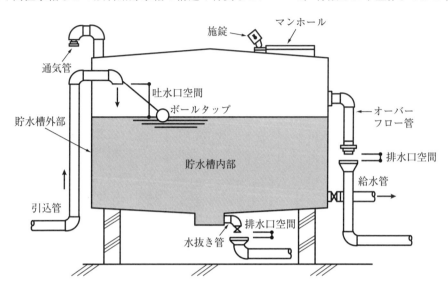

図28　受水槽の構造

## 解説20　　　　　　　　　排水槽

ビルの地下などにおいて，汚水を一時的に貯留する排水槽を「ビルピット」という（図29）．

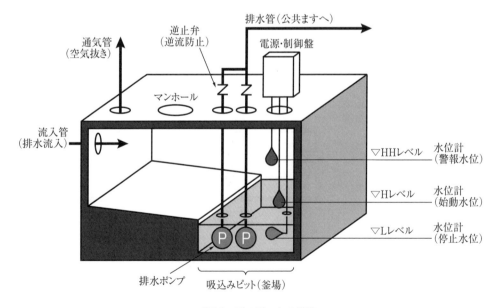

図29　ビルピットの構造

## 解説21 大便器・小便器の種類と排水通気設備

JIS A 5207（衛生器具－便器・洗面器類）では，大便器と小便器を以下のように分類している．

[大便器の区分]

| 種類の名称 | | | 洗浄水量区分と記号 | |
|---|---|---|---|---|
| 給水方式 | 設置形態 | 排水方向 | Ⅰ形 | Ⅱ形 |
| タンク式 | 床置き | 床排水 | C1200R | C1200S |
| | | 壁排水 | C1201R | C1201S |
| | 壁掛け | 壁排水 | ― | ― |
| 洗浄弁式 | 床置き | 床排水 | C710R | C710S |
| | | 壁排水 | C730R | C730S |
| | 壁掛け | 壁排水 | C1801R | C1601S |
| 専用洗浄弁式 | 床置き | 床排水 | ― | C810S (C810SM) |
| | | 壁排水 | ― | C830S (C830SM) |
| | 壁掛け | 壁排水 | | |
| | 幼児用 | | ― | C760S |
| | 高座面 | | C1111R | C1111S |

[小便器の区分]

| 種類の名称 | | サイズ | 洗浄水量区分と記号 | |
|---|---|---|---|---|
| 給水方式 | 設置形態 | | | |
| 洗浄弁式 | 床置き | 大 | Ⅰ形 | U510 |
| | | 小 | Ⅰ形 | U511 |
| | 壁掛け | 大 | Ⅰ形 | U520 |
| | | 小 | Ⅰ形 | U521 |
| 専用洗浄弁式 | 床置き | 大 | Ⅱ形 | U610 |
| | 壁掛け | 小 | Ⅱ形 | U620 |

[洗浄水量区分]

| 種 類 | 区分 | 洗浄水量 |
|---|---|---|
| 大 便 器 | Ⅰ形 | 8.5L以下 |
| | Ⅱ形 | 6.5L以下 |
| 小 便 器 | Ⅰ形 | 4.0L以下 |
| | Ⅱ形 | 2.0L以下 |

注）記号のMは，機械式排出機構便器を表す．

図30 大便器と小便器の種類

▶**湿り通気管**

湿り通気管とは，排水が流れる通気管をいう．

▶**通気管**

通気管とは，排水の流れを円滑にしたり，排水管内を換気したりするために，排水管に接続して大気に開放される配管をいう．通気管には，各器具排水管に接続される各個通気管，排水横枝管に接続されるループ通気管，逃し通気管，排水立て管に接続される通気立て管，排水立て管の頂部を延伸して大気に開放する伸頂通気管などがある（図31）．

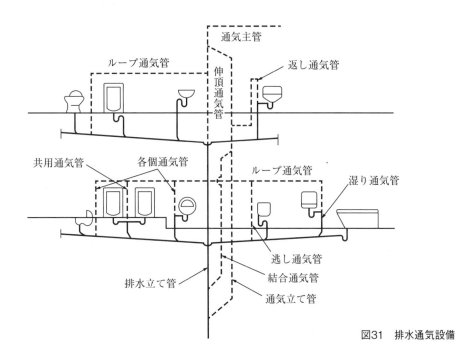

図31 排水通気設備

## 解説22　覚えておきたい用語

### ▶アスマン通風乾湿計

アスマン通風乾湿計とは，強制通風式の携帯用乾湿計で，測定球部を反射材と断熱材で覆い，一定の通風を与えることにより，周囲の熱や気流の影響を受けにくくして，乾球温度と湿球温度を計測する器具をいう．

### ▶インテリアゾーン

建築物の内周部をいう．

### ▶インバート

インバートとは，汚水中の固形物を円滑に流下させるために，汚水ますの底部に設けられる半円状の部材をいう．

### ▶貫流ボイラー

貫流ボイラーとは，ドラムや胴などを持たず，水管だけで構成されているボイラーをいう．

### ▶逆止弁

逆止弁とは，一方向にしか流さないようにすることにより，逆流を防止する弁をいう．逆止弁には，弁体がドアのようにスイングして逆流を防止するスイング式（図32），弁体が上下に移動することにより逆流を防止するリフト式がある．

### ▶キャビテーション

キャビテーションとは，流れている液体中の一部の圧力が飽和圧力以下に低下することにより，液体の一部が蒸発して気泡が発生する現象をいう．キャビテーションにより，配管系に振動，騒音，侵食などが生じる場合がある．

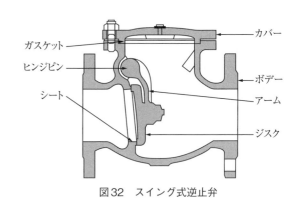

図32　スイング式逆止弁

### ▶給水方式

建築設備の給水方式は，直結式と受水槽式に大別される．直結式は，配水管の圧力をそのまま給水末端に導入する直圧式と，配水管の圧力を増圧ポンプなどで増圧して給水末端に導入する増圧式に分類される．受水槽式は，受水槽の水を揚水ポンプで高置水槽に汲み上げて，高所からの落差により各所に給水する高置水槽式，受水槽の水を給水ポンプで加圧して各所に給水するポンプ直送方式などがある．

### ▶合成樹脂ライニング鋼管

合成樹脂ライニング鋼管とは，鋼管の防食のために，鋼管の内面または外面にポリ塩化ビニルなどの合成樹脂を被覆したものをいう．合成樹脂ライニング鋼管の継手には，鋼管の端部が腐食しないように，管端防食継手を用いて接続する（図33）．

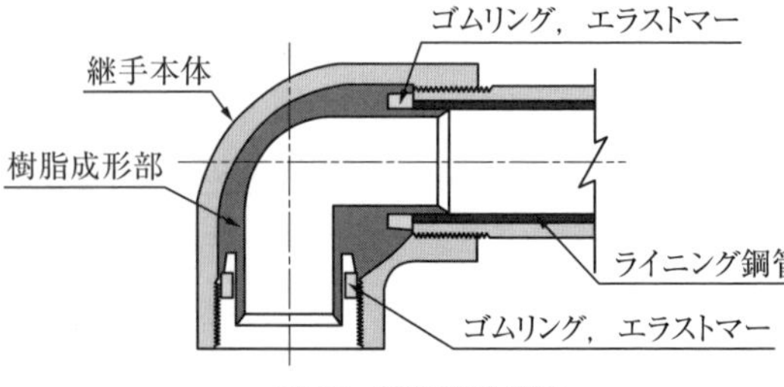

図33　管端防食継手

### ▶コージェネレーション

コージェネレーションとは，熱電併給と訳され，発電時に発生した熱を空調や給湯に利用するなどして，熱と電力を同時に産生して供給する仕組みをいう（図34）．

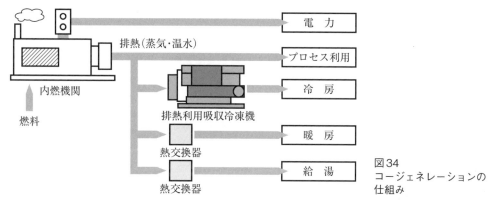

図34
コージェネレーションの
仕組み

### ▶サージング

サージングとは，送風機，ポンプの流体機器を低流量領域で運転したときに生じる，脈動を伴う不安定な運転状態をいう．

### ▶サーミスタ

サーミスタとは，温度計測に用いられる電気抵抗体で，電気抵抗が温度により変化することを利用している．

### ▶仕切弁

仕切弁とは，ゲートバルブともいい，円筒状の弁体を上下させることにより開閉する弁をいう．

### ▶軸流吹出口

軸流吹出口とは，気流がダクトの軸方向（長手方向）に吹き出す吹出口をいう．

### ▶真空式温水発生機

真空式温水発生機とは，大気圧より低い圧力の下で，熱媒が蒸発・凝縮することにより，水を加熱して温水を発生させる機器をいう．

### ▶水撃作用

水撃作用とは，ウォータハンマともいい，流水を弁などで急閉止したときに生じる圧力変動現象をいう．水撃作用により，水圧が上昇し，配管系に騒音，振動，破壊などが生じる場合がある．

### ▶全熱交換器

全熱交換器とは，換気によって損失となる空調エネルギーの全熱（給気と排気の温度差による顕熱と絶対湿度差による潜熱）を交換・回収する装置をいう．全熱交換器には，回転形と静止形がある．

### ▶たわみ継手

たわみ継手とは，空気調和機や送風機などの振動が，ダクトに伝搬するのを防止するために，空気調和機や送風機とダクトの間などに設けられる可とう性のある（変形することができる）継手をいう．

### ▶熱交換器

熱交換器とは，高温流体の顕熱を低温流体に移動させて，熱交換する装置をいう．熱交換器には，多数のプレートで構成されたプレート式熱交換器，管（チューブ）と胴（シェル）で構成された多管式熱交換器，管（チューブ）とフィン（ひれ）で構成されたフィンチューブ式熱交換器などがある．

### ▶排水管

建築設備に設けられる排水管は，一般に各衛生器具に取り付けられる器具排水管，器具排水管からの排水を合流させて立て管まで導く排水横枝管，各階の排水を集めて排水横主管まで導く排水立て管，排

水立て管からの排水を排水ますまで導く排水横主管などで構成される．

▶ヒートパイプ

ヒートパイプとは，内部に封入された物質が蒸発−凝縮を繰り返すことにより，高温流体の顕熱を低温流体に効率的に移動させる装置をいう．

▶ヒートポンプ

ヒートポンプとは，冷媒と動力などを用いて低温部分の熱を吸収して，高温部分へ熱を移動させて放熱する仕組みをいい，暖房や給湯に応用されている．

▶風速計

風速計とは，気流の速度を計測する器具をいい，超音波風速計，熱線風速計などがある．そのほか，微風速の測定には，カタ温度計による方法がある．カタ温度計による風速測定は，暖められた物体の冷却率が風速によって異なる性質を利用し，温度計の指示が規定の温度降下する時間を計測し，降下時間と気温から風速を計算するものである．

▶HEPAフィルタ　（HEPA：High Efficiency Particulate Air）

HEPAフィルタとは，高性能フィルタと訳され，JISでは「定格風量で粒径が$0.3\,\mu$mの粒子に対して99.97％以上の粒子捕集率を持ち，かつ，初期圧力損失が245Pa以下の性能を持つエアフィルタ」と規定されている．

▶ペリメータゾーン

建築物の窓際や壁際などで，外気や日光などの影響を受けやすいエリアのことをいう．

▶防火ダンパ

防火ダンパとは，ダクトを経由して火災が拡大しないために，ダクト（風道）内の温度が上昇した場合に温度ヒューズの溶断などにより自動的に閉鎖するダンパをいう．ダクトが建物の防火区画を貫通するところなどに取り付けられる．

▶ポンプ

ポンプとは，液体に圧力を加えて送ったり，高い位置に汲み上げたりする装置をいう．ポンプは，遠心力により加圧するターボ形と，歯車やシリンダなどの密閉された空間の変位によって液体を押し出す容積形（図35）に大別され，空調用や給湯用の循環ポンプ，給水用の揚水ポンプなどにはターボ形が多用されている．

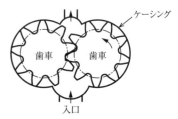

図35　容積形ポンプ
（歯車ポンプ）

▶冷凍機

冷凍機とは，液体を蒸発させることにより，蒸発時の潜熱を利用して対象を冷却する装置をいい，冷凍方式により蒸気圧縮式と吸収式に大別される．さらに蒸気圧縮式は，圧縮機の形式により，往復動式（レシプロ式），遠心式（ターボ式），スクリュー式などに分類される．

## 解説23 覚えておきたい計算式

▶ **換気回数**

$$換気回数 = \frac{換気量}{室容積}$$

　　換気回数[回/h]，換気量[m³/h]，室容積[m³]

▶ **ごみの容積質量値**

$$ごみの容積質量値 = \frac{ごみの質量値}{ごみの容積}$$

　　ごみの容積質量値[kg/m³]，ごみの質量値[kg]，ごみの容積[m³]

▶ **ゴキブリ指数**

$$ゴキブリ指数 = \frac{捕獲総数}{設置トラップ数 \times 設置日数}$$

▶ **防除率**

$$防除率 = \left(1 - \frac{防除後のゴキブリ指数}{防除前のゴキブリ指数}\right) \times 100[\%]$$

▶ **ベルヌーイの定理**

$$\frac{1}{2}\rho U^2 + P + \rho gh = 一定$$

　　$\rho$：密度[kg/m³]，$U$：速度[m/s]，$P$：圧力（静圧）[Pa]，$g$：重力加速度[m/s²]，$h$：高さ[m]

▶ **BOD除去量**

　　BOD除去量 $= (C_1 Q_1 - C_2 Q_2) \times 10^{-3}$

　　BOD除去量[kg/日]，$C_1$：流入水のBOD[mg/L]，$Q_1$：流入水の水量[m³/日]，

　　$C_2$：処理水のBOD[mg/L]，$Q_2$：処理水の水量[m³/日]

▶ **MLSS濃度**

$$MLSS濃度 = \frac{[100 \times (流入水のSS)] + [(汚泥返送率) \times (返送汚泥のSS)]}{100 + (汚泥返送率)}$$

▶ **溶液計算**

　水溶液の密度はほぼ水の密度と等しく，1 000 kg/m³である．したがって，水溶液1 m³は1 000 kg，1 Lは1 kg，1 mLは1 gである．また，溶液の％は重量％であり，10 ％溶液とは，水溶液100 gの中に対象とする溶解物質10 gが含まれていることを表す．

▶ **浄化槽の汚泥発生量の算定式**

$$汚泥発生量 = 流入BOD量 \times \frac{BOD除去率[\%]}{100} \times \frac{汚泥転換率[\%]}{100} \times \frac{100}{(100 - 含水率[\%])}$$

▶ **二酸化炭素濃度による必要換気量の算定式**

$$Q = \frac{CO_2発生量[m³/(h \cdot 人)]}{(室内CO_2濃度 - 外気CO_2濃度)[ppm]} \times 10^6$$

　　$Q$：必要換気量[m³/(h・人)]

## 資料　日本国憲法

第25条　1　すべて国民は，健康で文化的な最低限度の生活を営む権利を有する．

　　　　2　国は，すべての生活部面について，社会福祉，社会保障及び公衆衛生の向上及び増進に努めなければならない．

## 資料　世界保健機関(WHO)憲章の前文中の健康の定義(訳文の一例)

　健康とは，完全な肉体的，精神的および社会的福祉の状態であり，単に疾病または病弱の存在しないことではない．

　到達しうる最高基準の健康を享有することは，人種，宗教，政治的信念または経済的もしくは社会的条件の差別なしに万人の有する基本的権利の一である．

## 資料　建築物における衛生的環境の確保に関する法律(建築物衛生法)の目的

第1条　この法律は，多数の者が使用し，又は利用する建築物の維持管理に関し環境衛生上必要な事項等を定めることにより，その建築物における衛生的な環境の確保を図り，もって公衆衛生の向上及び増進に資することを目的とする．

## 資料　建築物環境衛生管理基準に関する政令・省令・告示・通知(主なもの)

- 建築物における衛生的環境の確保に関する法律施行令(昭和45年10月12日政令第304号)
- 建築物における衛生的環境の確保に関する法律施行規則(昭和46年1月21日厚生省令第2号)
- 空気調和設備等の維持管理及び清掃等に係る技術上の基準
　(平成15年3月25日厚生労働省告示第119号)
- 清掃作業及び清掃用機械器具の維持管理の方法等に係る基準
　(平成14年3月26日厚生労働省告示第117号)
- レジオネラ症を予防するために必要な措置に関する技術上の指針
　(平成15年7月25日厚生労働省告示第264号)
- 建築物環境衛生維持管理要領(平成20年1月25日健発第0125001号)
- 建築物における維持管理マニュアル(平成20年1月25日健衛発第0125001号)
　建築物環境衛生維持管理要領等検討委員会

## 資料　特定用途の面積計算

| 特定用途の種別 | 1．興行場・百貨店・集会場・図書館・博物館・美術館・遊技場<br>2．店舗・事務所<br>3．右欄の学校以外の学校(研修所を含む)<br>4．旅館 | 幼稚園・小学校・中学校・義務教育学校・高等学校・中等教育学校・特別支援学校・大学・高等専門学校・幼保連携型認定こども園 |
|---|---|---|
| 延べ面積 | $A \geqq 3\,000\,[\mathrm{m}^2]$ | $A \geqq 8\,000\,[\mathrm{m}^2]$ |

| $A$：特定用途に供される部分の延べ面積$[\mathrm{m}^2]$　　　$A = a + b + c$ | |
|---|---|
| $a$：もっぱら特定用途に供される部分の延べ面積$[\mathrm{m}^2]$ | 事務所・店舗など |
| $b$：特定用途に供される部分に附随する部分の延べ面積$[\mathrm{m}^2]$ | 廊下・機械室・便所等 |
| $c$：特定用途に供される部分に附属する部分の延べ面積$[\mathrm{m}^2]$<br>　　ただし，$c < (a + b)$ | 百貨店内の倉庫，銀行内の貸金庫，事務所内の書庫，事務所附属の駐車場等の部分で，$a + b$よりも狭いもの |

(注) 1．「延べ面積」とは，当該用途に供される部分の床面積の合計をいう．
　　 2．「床面積」は，「建築物の各階又はその一部で壁その他の区画の中心線で囲まれた部分の水平投影面積」(建築基準法施行令)によって算定する．
　　 3．延べ面積の算定は，建築物ごとに行う．

## 特定用途に算入しないものの例

- 地下街における地下道，地下広場
- 鉄道および軌道の線路敷地内の運転・保安に関する施設，プラットホームの上家など
- 地下式変電所，地階などに設置される公共駐車場

**資料** 建築物環境衛生管理基準―空気環境

| | 項 目 | 基 準 値 | 空気調和設備 | 機械換気設備 |
|---|---|---|---|---|
| 一 | 浮遊粉じんの量 | 0.15mg/m³以下 | ○ | ○ |
| 二 | 一酸化炭素の含有率 | 100万分の6（6ppm）以下 | ○ | ○ |
| 三 | 二酸化炭素の含有率 | 100万分の1 000（1 000ppm）以下 | ○ | ○ |
| 四 | 温度 | ・18℃以上28℃以下<br>・居室における温度を外気の温度より低くする場合は，その差を著しくしないこと | ○ | － |
| 五 | 相対湿度 | 40%以上70%以下 | ○ | － |
| 六 | 気流 | 0.5m/秒以下 | ○ | ○ |
| 七 | ホルムアルデヒドの量 | 0.1mg/m³（0.08ppm）以下 | ○ | ○ |

## 空気環境の測定方法

| | 項 目 | 測 定 器 | 測定回数 |
|---|---|---|---|
| 一 | 浮遊粉じんの量 | グラスファイバーろ紙（0.3μmのステアリン酸粒子を99.9%以上捕集する性能を有するものに限る）を装着して相対沈降径がおおむね10μm以下の浮遊粉じんを重量法により測定する機器，または厚生労働大臣の登録を受けた者により当該機器を標準として較正された機器 | 2か月以内ごとに1回 |
| 二 | 一酸化炭素の含有率 | 検知管方式による一酸化炭素検定器 | |
| 三 | 二酸化炭素の含有率 | 検知管方式による二酸化炭素検定器 | |
| 四 | 温度 | 0.5度目盛の温度計 | |
| 五 | 相対湿度 | 0.5度目盛の乾湿球湿度計 | |
| 六 | 気流 | 0.2m/秒以上の気流を測定することができる風速計 | |
| 七 | ホルムアルデヒドの量 | 2,4-ジニトロフェニルヒドラジン捕集-高速液体クロマトグラフ法により測定する機器，4-アミノ-3-ヒドラジノ-5-メルカプト-1,2,4-トリアゾール法により測定する機器，または厚生労働大臣が別に指定する測定器 | 新築，増築，大規模の修繕，大規模の模様替えを完了し，使用開始してから最初の測定期間中（6月1日～9月30日）に1回 |

- 浮遊粉じん，一酸化炭素，二酸化炭素は，1日の使用時間中の平均値とする．
- 通常の使用時間中に，各階ごとに，居室の中央部の床上75cm以上150cm以下の位置において，表の測定器（第二号から第六号までは同程度以上の性能を有する測定器を含む）を用いて行う．
- ホルムアルデヒドの測定結果が管理基準を超過した場合は，翌年の測定期間中に1回，再度，当該測定を実施する．

## 空気調和設備の維持管理

| | |
|---|---|
| 冷却塔・加湿装置に供給する水 | 水道法第4条に規定する水質基準に適合させるための必要な措置を講ずる． |
| 冷却塔・冷却水の点検 | 使用開始時及び使用期間中1か月以内ごとに1回，定期的に行う．ただし，1か月を超える期間使用しない場合は，この限りでない． |
| 加湿装置の点検 | |
| 空気調和設備内の排水受けの点検 | |
| 冷却塔・冷却水の水管・加湿装置の清掃 | 1年以内ごとに1回，定期的に行う． |

## 資料　建築物環境衛生管理基準─給排水の管理（飲料水）

◎塩素の検査……7日以内ごとに1回.

| 給水栓における残留塩素の含有率 | 水が病原生物に著しく汚染されるおそれがある場合など |
|---|---|
| 遊離残留塩素100万分の0.1（0.1mg/L）以上<br>結合残留塩素の場合は100万分の0.4（0.4mg/L）以上 | 遊離残留塩素100万分の0.2（0.2mg/L）以上<br>結合残留塩素の場合は100万分の1.5（1.5mg/L）以上 |

◎貯水槽の清掃……1年以内ごとに1回.
- 高置水槽，圧力水槽の清掃は受水槽と同じ日に行う.
- 受水槽の清掃を行った後，高置水槽，圧力水槽などの清掃を行う.
- 作業者は常に健康状態に留意するとともに，おおむね6か月ごとに，病原体がし尿に排せつされる感染症の罹患の有無（または病原体の保有の有無）に関して，健康診断を受ける. また，健康状態の不良な者は作業に従事しない.
- 貯水槽内の沈でん物質・浮遊物質・壁面などに付着した物質を洗浄などにより除去し，洗浄に用いた水を完全に排除するとともに，貯水槽周辺の清掃を行う.
- 貯水槽の清掃終了後，塩素剤を用いて2回以上貯水槽内の消毒を行い，消毒後は30分以上時間をおく.
- 貯水槽内の消毒に用いる消毒薬は，有効塩素50〜100mg/Lの濃度の次亜塩素酸ナトリウム溶液，またはこれと同等以上の消毒能力を有する塩素剤を用いる.
- 消毒終了後は，消毒に用いた塩素剤を完全に排除するとともに，貯水槽内に立ち入らない.
- 消毒作業が終了した後，洗浄し，洗浄水を排水した後，貯水槽内への水張りを行う.
- 貯水槽の水張り終了後，給水栓および貯水槽内における水について検査を行い，次の基準を満たしていることを確認する. 基準を満たしていない場合は，その原因を調査し，必要な措置を講ずる.
- 清掃によって生じた汚泥等の廃棄物は，廃棄物処理法，下水道法などの規定に基づき，適切に処理する.

貯水槽清掃後の水質検査項目

| 一 | 残留塩素の含有率 | 遊離残留塩素100万分の0.2（0.2mg/L）以上<br>結合残留塩素の場合は100万分の1.5（1.5mg/L）以上 |
|---|---|---|
| 二 | 色　度 | 5度以下 |
| 三 | 濁　度 | 2度以下 |
| 四 | 臭　気 | 異常でないこと |
| 五 | 味 | 異常でないこと |

## 水道水の水質基準（最終改正令和2年4月1日）と建築物衛生法による水質検査項目

○印……6か月以内ごとに1回. ＊は，水質検査の結果，基準に適合している場合，次回検査を省略できる.

☆印……消毒副生成物12項目. 毎年，測定期間中（6月1日〜9月30日）に1回.

地下水などを水源とする場合は，上記に加えて，給水開始前に全項目を1回，△印を3年以内ごとに1回実施する.

| | 項　　目 | 基　準　値 | 検査項目 | 地下水 |
|---|---|---|---|---|
| 1 | 一般細菌 | 1mLの検水で形成される集落数が100以下 | ○ | ○ |
| 2 | 大腸菌 | 検出されないこと | ○ | ○ |
| 3 | カドミウム及びその化合物 | カドミウムの量に関して，0.003mg/L以下 | | |
| 4 | 水銀及びその化合物 | 水銀の量に関して，0.0005mg/L以下 | | |
| 5 | セレン及びその化合物 | セレンの量に関して，0.01mg/L以下 | | |
| 6 | 鉛及びその化合物 | 鉛の量に関して，0.01mg/L以下 | ○＊ | ○＊ |
| 7 | ヒ素及びその化合物 | ヒ素の量に関して，0.01mg/L以下 | | |
| 8 | 六価クロム化合物 | 六価クロムの量に関して，0.02mg/L以下 | | |
| 9 | 亜硝酸態窒素 | 0.04mg/L以下 | ○ | ○ |

| | | | | |
|---|---|---|---|---|
| 10 | シアン化物イオン及び塩化シアン | シアンの量に関して，0.01mg/L以下 | ☆ | ☆ |
| 11 | 硝酸態窒素及び亜硝酸態窒素 | 10mg/L以下 | ○ | ○ |
| 12 | フッ素及びその化合物 | フッ素の量に関して，0.8mg/L以下 | | |
| 13 | ホウ素及びその化合物 | ホウ素の量に関して，1.0mg/L以下 | | |
| 14 | 四塩化炭素 | 0.002mg/L以下 | | △ |
| 15 | 1,4-ジオキサン | 0.05mg/L以下 | | |
| 16 | シス-1,2-ジクロロエチレン及びトランス-1,2-ジクロロエチレン | 0.04mg/L以下 | | △ |
| 17 | ジクロロメタン | 0.02mg/L以下 | | △ |
| 18 | テトラクロロエチレン | 0.01mg/L以下 | | △ |
| 19 | トリクロロエチレン | 0.01mg/L以下 | | △ |
| 20 | ベンゼン | 0.01mg/L以下 | | △ |
| 21 | 塩素酸 | 0.6mg/L以下 | ☆ | ☆ |
| 22 | クロロ酢酸 | 0.02mg/L以下 | ☆ | ☆ |
| 23 | クロロホルム | 0.06mg/L以下 | ☆ | ☆ |
| 24 | ジクロロ酢酸 | 0.03mg/L以下 | ☆ | ☆ |
| 25 | ジブロモクロロメタン | 0.1mg/L以下 | ☆ | ☆ |
| 26 | 臭素酸 | 0.01mg/L以下 | ☆ | ☆ |
| 27 | 総トリハロメタン(クロロホルム，ジブロモクロロメタン，ブロモジクロロメタン及びブロモホルムのそれぞれの濃度の総和) | 0.1mg/L以下 | ☆ | ☆ |
| 28 | トリクロロ酢酸 | 0.03mg/L以下 | ☆ | ☆ |
| 29 | ブロモジクロロメタン | 0.03mg/L以下 | ☆ | ☆ |
| 30 | ブロモホルム | 0.09mg/L以下 | ☆ | ☆ |
| 31 | ホルムアルデヒド | 0.08mg/L以下 | ☆ | ☆ |
| 32 | 亜鉛及びその化合物 | 亜鉛の量に関して，1.0mg/L以下 | ○* | ○* |
| 33 | アルミニウム及びその化合物 | アルミニウムの量に関して，0.2mg/L以下 | | |
| 34 | 鉄及びその化合物 | 鉄の量に関して，0.3mg/L以下 | ○* | ○* |
| 35 | 銅及びその化合物 | 銅の量に関して，1.0mg/L以下 | ○* | ○* |
| 36 | ナトリウム及びその化合物 | ナトリウムの量に関して，200mg/L以下 | | |
| 37 | マンガン及びその化合物 | マンガンの量に関して，0.05mg/L以下 | | |
| 38 | 塩化物イオン | 200mg/L以下 | ○ | ○ |
| 39 | カルシウム，マグネシウム等(硬度) | 300mg/L以下 | | |
| 40 | 蒸発残留物 | 500mg/L以下 | ○* | ○* |
| 41 | 陰イオン界面活性剤 | 0.2mg/L以下 | | |
| 42 | ジェオスミン | 0.00001mg/L以下 | | |
| 43 | 2-メチルイソボルネオール | 0.00001mg/L以下 | | |
| 44 | 非イオン界面活性剤 | 0.02mg/L以下 | | |
| 45 | フェノール類 | フェノールの量に換算して，0.005mg/L以下 | | △ |
| 46 | 有機物(全有機炭素(TOC)の量) | 3mg/L以下 | ○ | ○ |
| 47 | pH値 | 5.8以上8.6以下 | ○ | ○ |
| 48 | 味 | 異常でないこと | ○ | ○ |
| 49 | 臭気 | 異常でないこと | ○ | ○ |
| 50 | 色度 | 5度以下 | ○ | ○ |
| 51 | 濁度 | 2度以下 | ○ | ○ |

**資料** 建築物環境衛生管理基準─給排水の管理（雑用水）

| 項　目　等 | | 頻　度 | 散水，修景または清掃の用に供する水 | 水洗便所の用に供する水 |
|---|---|---|---|---|
| 遊離残留塩素100万分の0.1（0.1mg/L）以上 結合残留塩素の場合は100万分の0.4（0.4mg/L）以上 | | 7日以内ごとに1回 | ○ | ○ |
| pH値 | 5.8以上8.6以下 | | ○ | ○ |
| 臭気 | 異常でないこと | | ○ | ○ |
| 外観 | ほとんど無色透明であること | | ○ | ○ |
| 大腸菌 | 検出されないこと | 2か月以内ごとに1回 | ○ | ○ |
| 濁度 | 2度以下 | | ○ | － |
| し尿を含む水を原水として用いないこと | | | ○ | － |

**資料** 建築物環境衛生管理基準─給排水の管理（排水設備）

◎排水槽など排水に関する設備の清掃……6か月以内ごとに1回.
・作業にあたっては，酸素濃度が18%以上，かつ硫化水素濃度が10ppm以下であることを測定して確認する.

**資料** 建築物環境衛生管理基準─清掃，ねずみ・昆虫等の防除

◎大掃除……6か月以内ごとに1回，定期的・統一的に行う.
◎ねずみ・昆虫等の調査……発生場所・生息場所・侵入経路・被害の状況について，6か月以内ごとに1回，統一的に調査を実施し，調査結果に基づき，発生を防止するため必要な措置を講ずる.
・食料を取り扱う区域・排水槽・阻集器・廃棄物の保管設備の周辺など，特にねずみ・昆虫等が発生しやすい箇所については，2か月以内ごとに1回，生息状況等を調査し，必要に応じ，発生を防止するための措置を講ずる.

**資料** 建築物衛生法に基づいて登録を受けられる業種

・登録の有効期間……6年.
・登録を受けなくても業務を行うことはできるが，登録を受けた旨の表示をすることはできない.
・登録は，事業区分に応じ営業所ごとに行う.

| 業　種 | 業　務　の　内　容 |
|---|---|
| 建築物清掃業 | 建築物内の清掃を行う事業（建築物の外壁や窓の清掃，給排水設備のみの清掃を行う事業は含まない） |
| 建築物空気環境測定業 | 建築物内の空気環境（温度・湿度・浮遊粉じん量・一酸化炭素濃度・二酸化炭素濃度・気流）の測定を行う事業 |
| 建築物空気調和用ダクト清掃業 | 建築物の空気調和用ダクトの清掃を行う事業 |
| 建築物飲料水水質検査業 | 建築物における飲料水の水質検査を行う事業 |
| 建築物飲料水貯水槽清掃業 | 受水槽，高置水槽などの建築物の飲料水貯水槽の清掃を行う事業 |
| 建築物排水管清掃業 | 建築物の排水管の清掃を行う事業 |
| 建築物ねずみ昆虫等防除業 | 建築物において，ねずみ・昆虫等，人の健康を損なう事態を生じさせるおそれのある動物の防除を行う事業 |
| 建築物環境衛生総合管理業 | 建築物における清掃，空気調和設備および機械換気設備の運転，日常的な点検および補修（以下「運転等」）ならびに空気環境の測定，給水および排水に関する設備の運転等ならびに給水栓における水に含まれる遊離残留塩素の検査ならびに給水栓における水の色，濁り，臭いおよび味の検査であって，特定建築物の衛生的環境の維持管理に必要な程度のものを併せ行う事業 |

## 資料　各業種の登録基準（物的基準・人的基準）

| 業種 | 物的基準 | | 人的基準 |
|---|---|---|---|
| | 機械器具 | 設備 | |
| 建築物清掃業 | ❶ 真空掃除機<br>❷ 床みがき機 | － | 〈清掃作業監督者〉<br>次のすべてを満たす者.<br>・職業能力開発促進法に基づくビルクリーニング職種に係る者<br>・技能検定合格者または建築物環境衛生管理技術者免状の交付を受けている者<br>・厚生労働大臣の登録を受けた者が行う講習[1]を修了した者<br>〈清掃作業従事者〉<br>・研修を修了した者であること[4] |
| 建築物空気環境測定業 | ❶ 浮遊粉じん測定器<br>❷ 一酸化炭素検定器<br>❸ 炭酸ガス検定器<br>❹ 温度計<br>❺ 湿度計<br>❻ 風速計<br>❼ 空気環境の測定に必要な器具 | － | 〈空気環境測定実施者〉<br>次のいずれかを満たす者.<br>・厚生労働大臣の登録を受けた者が行う講習[1]を修了した者<br>・建築物環境衛生管理技術者免状の交付を受けている者（再講習は必要） |
| 建築物空気調和用ダクト清掃業 | ❶ 電気ドリルおよびシャーまたはニブラ<br>❷ 内視鏡（写真撮影が可能なもの）<br>❸ 電子天びんまたは化学天びん<br>❹ コンプレッサー<br>❺ 集じん機<br>❻ 真空掃除機 | － | 〈空気調和用ダクト清掃作業監督者〉<br>次のいずれかを満たす者.<br>・厚生労働大臣の登録を受けた者が行う講習[1]を修了した者<br>・建築物環境衛生管理技術者免状の交付を受けている者（再講習は必要）<br>〈空気調和用ダクト清掃作業従事者〉<br>・研修を修了した者であること[4] |
| 建築物飲料水水質検査業 | ❶ 高圧蒸気滅菌器および恒温器<br>❷ フレームレス―原子吸光光度計，誘導結合プラズマ発光分光分析装置または誘導結合プラズマ―質量分析装置<br>❸ イオンクロマトグラフ<br>❹ 乾燥器<br>❺ 全有機炭素定量装置<br>❻ pH計<br>❼ 分光光度計または光電光度計<br>❽ ガスクロマトグラフ―質量分析計<br>❾ 電子天びんまたは化学天びん | 水質検査を適確に行うことのできる検査室 | 〈水質検査実施者〉<br>次のいずれかを満たす者.<br>・大学または旧専門学校において，理科系の課程を修めて卒業した後，1年以上の実務経験[2]を有する者<br>・衛生検査技師または臨床検査技師であって，1年以上の実務経験[2]を有する者<br>・短期大学または高等専門学校において，生物または工業化学の課程を修めて卒業した後，2年以上の実務経験[2]を有する者<br>・上記と同等以上の知識および技能，技能を有すると認められる者[3] |
| 建築物飲料水貯水槽清掃業 | ❶ 揚水ポンプ<br>❷ 高圧洗浄機<br>❸ 残水処理機<br>❹ 換気ファン<br>❺ 防水型照明器具<br>❻ 色度計，濁度計および残留塩素測定器 | 機械器具を適切に保管できる専用の保管庫 | 〈貯水槽清掃作業監督者〉<br>次のいずれかを満たす者.<br>・厚生労働大臣の登録を受けた者が行う講習[1]を修了した者<br>・建築物環境衛生管理技術者免状の交付を受けている者（再講習は必要）<br>〈貯水槽清掃作業従事者〉<br>・研修を修了した者であること[4] |

| | | | |
|---|---|---|---|
| 建築物排水管清掃業 | ❶ 内視鏡(写真撮影が可能なもの)<br>❷ 高圧洗浄機，高圧ホースおよび洗浄ノズル<br>❸ ワイヤ式管清掃機<br>❹ 空圧式管清掃機<br>❺ 排水ポンプ | 機械器具を適切に保管できる専用の保管庫 | 〈排水管清掃作業監督者〉<br>次のいずれかを満たす者.<br>・厚生労働大臣の登録を受けた者が行う講習※1を修了した者<br>・建築物環境衛生管理技術者免状の交付を受けている者(再講習は必要)<br>〈排水管清掃作業従事者〉<br>・研修を修了した者であること※4 |
| 建築物ねずみ昆虫等防除業 | ❶ 照明器具，調査用トラップおよび実体顕微鏡<br>❷ 毒じ皿，毒じ箱および捕そ器<br>❸ 噴霧機および散粉機<br>❹ 真空掃除機<br>❺ 防毒マスクまたは防毒機能を有する電動ファン付き呼吸用保護具および消火器 | 機械器具を適切に保管できる専用の保管庫 | 〈防除作業監督者〉<br>・厚生労働大臣の登録を受けた者が行う講習※1を修了した者<br>〈防除作業従事者〉<br>・研修を修了した者であること※4 |
| 建築物環境衛生総合管理業 | ❶ 真空掃除機<br>❷ 床みがき機<br>❸ 空気環境測定業の機械器具<br>❹ 残留塩素測定器 | － | 〈統括管理者〉<br>・建築物環境衛生管理技術者免状の交付を受けている者であって，厚生労働大臣の登録を受けた者が行う講習※1を修了した者<br>〈清掃作業監督者〉<br>・建築物清掃業と同じ<br>〈空調給排水管理監督者〉<br>次のすべてを満たす者.<br>・職業能力開発促進法に基づくビル設備管理職種に係る技能検定合格者または建築物環境衛生管理技術者免状の交付を受けている者<br>・厚生労働大臣の登録を受けた者が行う講習※1を修了した者<br>〈空気環境測定実施者〉<br>・建築物空気環境測定業と同じ<br>〈清掃作業従事者〉<br>・研修を修了した者であること※4<br>〈空調給排水管理従事者〉<br>・研修を修了した者であること※4 |

※1：6年ごとに再講習を受けなければならない.
※2：水質検査またはその他の理化学的もしくは細菌学的検査の実務に従事した経験に限る.
※3：大学もしくは短期大学と同程度とされる学校で所要の課程を修めて卒業した後，所要の実務経験を有する者，または技術士(水道部門もしくは衛生工学部門).
※4：パート・アルバイトなどであっても従事者研修の対象となる. また，事業者は，1年に1回以上，作業に従事する者全員が一度に研修を受ける体制をとる必要がある. ただし，従事者全員での研修が困難な場合は，何回かに分けて行うことが可能である.

**資料** 消防用設備等の種類（消防法施行令）

| 区　　分 | | 種　　類 |
|---|---|---|
| 消防の用に供する設備 | 消火設備<br>（水その他消火剤を使用して消火を行う機械器具または設備） | ・消火器および簡易消火用具（水バケツ，水槽，乾燥砂，膨張ひる石または膨張真珠岩）<br>・屋内消火栓設備<br>・スプリンクラー設備<br>・水噴霧消火設備<br>・泡消火設備<br>・不活性ガス消火設備<br>・ハロゲン化物消火設備<br>・粉末消火設備<br>・屋外消火栓設備<br>・動力消防ポンプ設備 |
| | 警報設備<br>（火災の発生を報知する機械器具または設備） | ・自動火災報知設備<br>・ガス漏れ火災警報設備<br>・漏電火災警報器<br>・消防機関へ通報する火災報知設備<br>・警鐘，携帯用拡声器，手動式サイレンその他の非常警報器具，非常警報設備（非常ベル，自動式サイレン，放送設備） |
| | 避難設備<br>（火災が発生した場合において避難するために用いる機械器具または設備） | ・すべり台，避難はしご，救助袋，緩降機，避難橋その他の避難器具<br>・誘導灯および誘導標識 |
| 消防用水 | | ・防火水槽またはこれに代わる貯水池その他の用水 |
| 消火活動上必要な施設 | | ・排煙設備<br>・連結散水設備<br>・連結送水管<br>・非常コンセント設備<br>・無線通信補助設備 |

**資料** 機械換気方式の種別

| 種　別 | 換気方式 | 室　圧 | 特徴・用途 |
|---|---|---|---|
| 第1種換気 | 機械給気＋機械排気 | 正圧／負圧 | ・室内を正圧にも負圧にも制御できる．<br>・給気量と排気量を確実に確保できる．<br>・設備費が高くなる．<br>・大規模建築物，ハザード対策施設，ボイラー室など． |
| 第2種換気 | 機械給気＋自然排気 | 正圧 | ・給気を確実に確保すべき室や，汚染空気の流入が許されない室に用いる．<br>・一般に外気取入れ部に空気浄化装置が設けられる．<br>・手術室，クリーンルームなど． |
| 第3種換気 | 自然給気＋機械排気 | 負圧 | ・室内で発生する粉じんや臭いなどを早く排出できる．<br>・汚染空気を室外に流出させたくない室に用いる．<br>・小規模建築物，駐車場，工場，作業場など．<br>・その他局所換気が必要な場所（浴室・トイレ，喫煙室，厨房など）． |

**資料** **廃棄物の定義と分類**

廃棄物の処理及び清掃に関する法律(廃棄物処理法)

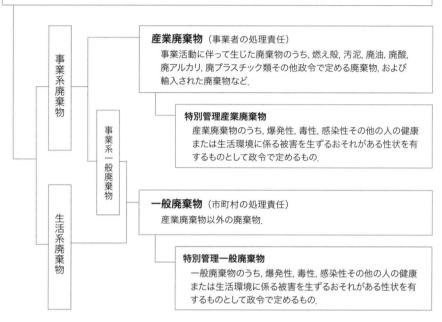

**廃 棄 物**

ごみ, 粗大ごみ, 燃え殻, 汚泥, ふん尿, 廃油, 廃酸, 廃アルカリ, 動物の死体その他の汚物または不要物であって, 固形状または液状のもの(放射性物質およびその汚染物を除く).

**産業廃棄物**(事業者の処理責任)

事業活動に伴って生じた廃棄物のうち, 燃え殻, 汚泥, 廃油, 廃酸, 廃アルカリ, 廃プラスチック類その他政令で定める廃棄物, および輸入された廃棄物など.

**特別管理産業廃棄物**

産業廃棄物のうち, 爆発性, 毒性, 感染性その他の人の健康または生活環境に係る被害を生ずるおそれがある性状を有するものとして政令で定めるもの.

**一般廃棄物**(市町村の処理責任)

産業廃棄物以外の廃棄物.

**特別管理一般廃棄物**

一般廃棄物のうち, 爆発性, 毒性, 感染性その他の人の健康または生活環境に係る被害を生ずるおそれがある性状を有するものとして政令で定めるもの.

| 分類 | | 種　　　　類 |
|---|---|---|
| 廃棄物 | 産業廃棄物 | ① 燃え殻 |
| | | ② 汚泥 |
| | | ③ 廃油 |
| | | ④ 廃酸 |
| | | ⑤ 廃アルカリ |
| | | ⑥ 廃プラスチック類 |
| | | ⑦ 紙くず:建設業に係るもの(工作物の新築, 改築または除去を伴って生じたものに限る. 以下同じ), パルプ・紙または紙加工品の製造業, 新聞業(新聞巻取紙を使用して印刷発行を行うもの), 出版業(印刷出版を行うもの), 製本業, 印刷物加工業に係るもので, ポリ塩化ビフェニル(以下「PCB」)が塗布されたもの, または染み込んだものに限る |
| | | ⑧ 木くず:建設業に係るもの, 木材または木製品の製造業(家具の製造業を含む), パルプ製造業, 輸入木材の卸売業および物品賃貸業に係るもの, 貨物の流通のために使用したパレットに係るもので, PCBが染み込んだものに限る |
| | | ⑨ 繊維くず:建設業に係るもの, 繊維工業(衣服その他の繊維製品製造業を除く)に係るもので, PCBが染み込んだものに限る |
| | | ⑩ 食料品製造業, 医薬品製造業または香料製造業で原料として使用した動物または植物に係る固形状の不要物 |
| | | ⑪ と畜場でとさつ, または解体した獣畜および食鳥処理場で食鳥処理した食鳥に係る固形状の不要物 |
| | | ⑫ ゴムくず |
| | | ⑬ 金属くず |
| | | ⑭ ガラスくず, コンクリートくず(工作物の新築, 改築または除去に伴って生じたものを除く), 陶磁器くず |
| | | ⑮ 鉱さい |
| | | ⑯ 工作物の新築, 改築または除去に伴って生じたコンクリートの破片その他これに類する不要物 |
| | | ⑰ 動物のふん尿:畜産農業に係るものに限る |
| | | ⑱ 動物の死体:畜産農業に係るものに限る |
| | | ⑲ 大気汚染防止法に規定するばい煙発生施設, ダイオキシン類対策特別措置法に規定する特定施設または上記①〜⑱に掲げる廃棄物の焼却施設において発生するばいじんであって, 集じん施設によって集められたもの |
| | | ⑳ 輸入された廃棄物のうち, 上記①〜⑱に掲げるもの(航行廃棄物, 携帯廃棄物を除く) |
| | | ㉑ 上記①〜⑲を処分するために処理したもの(コンクリート固形物など), または上記⑳を処分するために処理したもの |

| 廃棄物 | 産業廃棄物 | 特別管理産業廃棄物 | ① 廃油：揮発油類，灯油類，軽油類の燃焼しやすいもの(タールピッチ類は除く)<br>② 廃酸：pH2.0以下の酸性廃液<br>③ 廃アルカリ：pH12.5以上のアルカリ性廃液<br>④ 感染性産業廃棄物：感染性病原体が含まれるか付着している廃棄物，またはそのおそれのある廃棄物<br>⑤ 特定有害産業廃棄物<br>・廃ポリ塩化ビフェニル(PCB)など(廃PCBおよびPCBを含む廃油をいう．以下同じ)<br>・PCB汚染物(事業活動などにより発生した汚泥，紙くず，木くず，繊維くず，廃プラスチック類，金属くず，陶磁器くず，工作物の新築・改築または除去に伴つて生じたコンクリートの破片その他これに類する不要物のうち，PCBが付着したもの)<br>・PCB処理物(PCBなどまたはPCB汚染物を処分するために処理したもの)<br>・廃水銀など(廃水銀および廃水銀化合物であつて，人の健康または生活環境に係る被害を生ずるおそれがあるもの)<br>・指定下水汚泥，および当該指定下水汚泥を処分するために処理したもの<br>・鉱さい(事業活動などにより発生のもの)および当該鉱さいを処分するために処理したもの<br>・廃石綿など(廃石綿および石綿が含まれるか付着している産業廃棄物のうち，石綿建材除去事業に係るもので，飛散するおそれのあるもの)<br>・ばいじん<br>・燃え殻<br>・廃油および当該廃油を処分するために処理したもの(成分，施設などの条件あり)<br>・汚泥，廃酸または廃アルカリおよびこれらの廃棄物を処分するために処理したもの(成分，施設などの条件あり) |
| | 一般廃棄物 | | ・産業廃棄物以外の廃棄物(可燃ごみ，不燃ごみ，粗大ごみ，家電など，有害ごみ，し尿，浄化槽に係る汚泥) |
| | | 特別管理一般廃棄物 | ① 国内における日常生活に伴つて生じた次のものに含まれるPCBを使用した部品<br>・廃エアコンディショナー<br>・廃テレビジョン受信機<br>・廃電子レンジ<br>② 廃水銀(水銀使用製品が一般廃棄物となつたものから回収したもの)<br>③ 上記②の廃水銀を処分するために処理したもの<br>④ ばいじん(時間当たりの処理能力が200kg以上または火格子面積が2m²以上のごみ処理施設において，集じん施設によって集められたもの)<br>⑤ 上記④のばいじんを処分するために処理したもの<br>⑥ ばいじんまたは燃え殻(火床面積が0.5m²以上または焼却能力が時間当たり50kg以上の廃棄物焼却炉から排出されたもので，ダイオキシン類の含有量が3ng/gを超えるもの)<br>⑦ 上記⑥のばいじんまたは燃え殻を処分するために処理したもので，ダイオキシン類の含有量が3ng/gを超えるもの<br>⑧ 汚泥(特定の廃ガス処理施設を有する工場・事業場から排出されたもので，ダイオキシン類の含有量が3ng/gを超えるもの)<br>⑨ 上記⑧の汚泥を処分するために処理したもので，ダイオキシン類の含有量が3ng/gを超えるもの<br>⑩ 感染性一般廃棄物(医療機関などから排出される，感染性病原体が含まれる・付着している廃棄物，またはそのおそれのある廃棄物) |

## 資料　一律排水基準

- 水質汚濁防止法に基づく排水基準には，環境省令（排水基準を定める省令）による一律排水基準と，自治体の条例によるより厳しい排水基準（上乗せ・横だし基準）がある．
- 排水基準は，健康項目（カドミウムその他の人の健康に係る被害を生ずるおそれのある物質）と生活環境項目（化学的酸素要求量その他の水の汚染状態を示す項目）に分かれる．

### 有害物質

| 有害物質の種類 | | 許容限度 |
|---|---|---|
| カドミウム及びその化合物 | | カドミウム0.03 mg/L |
| シアン化合物 | | シアン1 mg/L |
| 有機燐化合物（パラチオン，メチルパラチオン，メチルジメトン及びEPNに限る） | | 1 mg/L |
| 鉛及びその化合物 | | 鉛0.1 mg/L |
| 六価クロム化合物 | | 六価クロム0.5 mg/L |
| 砒素及びその化合物 | | 砒素0.1 mg/L |
| 水銀及びアルキル水銀その他の水銀化合物 | | 水銀0.005 mg/L |
| アルキル水銀化合物 | | 検出されないこと |
| ポリ塩化ビフェニル | | 0.003 mg/L |
| トリクロロエチレン | | 0.1 mg/L |
| テトラクロロエチレン | | 0.1 mg/L |
| ジクロロメタン | | 0.2 mg/L |
| 四塩化炭素 | | 0.02 mg/L |
| 1,2-ジクロロエタン | | 0.04 mg/L |
| 1,1-ジクロロエチレン | | 1 mg/L |
| シス-1,2-ジクロロエチレン | | 0.4 mg/L |
| 1,1,1-トリクロロエタン | | 3 mg/L |
| 1,1,2-トリクロロエタン | | 0.06 mg/L |
| 1,3-ジクロロプロペン | | 0.02 mg/L |
| チウラム | | 0.06 mg/L |
| シマジン | | 0.03 mg/L |
| チオベンカルブ | | 0.2 mg/L |
| ベンゼン | | 0.1 mg/L |
| セレン及びその化合物 | | セレン0.1 mg/L |
| ほう素及びその化合物 | 海域以外の公共用水域に排出されるもの | ほう素10 mg/L |
| | 海域に排出されるもの | ほう素230 mg/L |
| ふっ素及びその化合物 | 海域以外の公共用水域に排出されるもの | ふっ素8 mg/L |
| | 海域に排出されるもの | ふっ素15 mg/L |
| アンモニア，アンモニウム化合物，亜硝酸化合物及び硝酸化合物 | アンモニア性窒素に0.4を乗じたもの，亜硝酸性窒素及び硝酸性窒素の合計量 | 100 mg/L |
| 1,4-ジオキサン | | 0.5 mg/L |

備考）
1. 「検出されないこと」とは，第2条の規定に基づき環境大臣が定める方法により排出水の汚染状態を検定した場合において，その結果が当該検定方法の定量限界を下回ることをいう．
2. 砒素及びその化合物についての排水基準は，水質汚濁防止法施行令及び廃棄物の処理及び清掃に関する法律施行令の一部を改正する政令（昭和49年政令第363号）の施行の際現に湧出している温泉（温泉法（昭和23年法律第125号）第2条第1項に規定するものをいう．以下同じ）を利用する旅館業に属する事業場に係る排出水については，当分の間，適用しない．

## その他の項目

| 項　　目 | | 許容限度 |
|---|---|---|
| 水素イオン濃度(水素指数，pH) | 海域以外の公共用水域に排出されるもの | 5.8以上8.6以下 |
| | 海域に排出されるもの | 5.0以上9.0以下 |
| 生物化学的酸素要求量(BOD) | | 160 mg/L(日間平均 120 mg/L) |
| 化学的酸素要求量(COD) | | 160 mg/L(日間平均 120 mg/L) |
| 浮遊物質量(SS) | | 200 mg/L(日間平均 150 mg/L) |
| ノルマルヘキサン抽出物質含有量(鉱油類含有量) | | 5 mg/L |
| ノルマルヘキサン抽出物質含有量(動植物油脂類含有量) | | 30 mg/L |
| フェノール類含有量 | | 5 mg/L |
| 銅含有量 | | 3 mg/L |
| 亜鉛含有量 | | 2 mg/L |
| 溶解性鉄含有量 | | 10 mg/L |
| 溶解性マンガン含有量 | | 10 mg/L |
| クロム含有量 | | 2 mg/L |
| 大腸菌群数 | | 日間平均3 000 個/cm³ |
| 窒素含有量 | | 120 mg/L(日間平均 60 mg/L) |
| 燐含有量 | | 16 mg/L(日間平均 8 mg/L) |

備考)

1．「日間平均」による許容限度は，1日の排出水の平均的な汚染状態について定めたものである．

2．この表に掲げる排水基準は，1日当たりの平均的な排出水の量が50m³以上である工場または事業場に係る排出水について適用する．

3．水素イオン濃度および溶解性鉄含有量についての排水基準は，硫黄鉱業(硫黄と共存する硫化鉄鉱を掘採する鉱業を含む)に属する工場または事業場に係る排出水については適用しない．

4．水素イオン濃度，銅含有量，亜鉛含有量，溶解性鉄含有量，溶解性マンガン含有量およびクロム含有量についての排水基準は，水質汚濁防止法施行令および廃棄物の処理および清掃に関する法律施行令の一部を改正する政令の施行の際現に湧出している温泉を利用する旅館業に属する事業場に係る排出水については，当分の間，適用しない．

5．生物化学的酸素要求量についての排水基準は，海域および湖沼以外の公共用水域に排出される排出水に限って適用し，化学的酸素要求量についての排水基準は，海域および湖沼に排出される排出水に限って適用する．

6．窒素含有量についての排水基準は，窒素が湖沼植物プランクトンの著しい増殖をもたらすおそれがある湖沼として環境大臣が定める湖沼，海洋植物プランクトンの著しい増殖をもたらすおそれがある海域(湖沼であって水の塩素イオン含有量が9 000mg/Lを超えるものを含む．以下同じ)として環境大臣が定める海域およびこれらに流入する公共用水域に排出される排出水に限って適用する．

7．燐含有量についての排水基準は，燐が湖沼植物プランクトンの著しい増殖をもたらすおそれがある湖沼として環境大臣が定める湖沼，海洋植物プランクトンの著しい増殖をもたらすおそれがある海域として環境大臣が定める海域およびこれらに流入する公共用水域に排出される排出水に限って適用する．

## 資料　JIS照度基準

$\overline{E}_\mathrm{m}$：維持照度．ある面の平均照度を，使用期間中に下回らないように維持すべき値．

$U_\mathrm{o}$：照度均斉度．ある面における平均照度に対する最小照度の比．

$UGR$：屋内統一グレア評価値（Unified Glare Rating）．1995年にCIE（国際照明委員会）が屋内照明施設のために規定した不快グレア評価方法に基づく値．

$UGR_\mathrm{L}$：屋内統一グレア制限値．照明施設に対して許容できる$UGR$値の上限値．

$R_\mathrm{a}$：平均演色評価数．$R_\mathrm{a}$は最大値を100とし，演色の質の低下に伴って減少する．

### 基本的な照明要件（屋内作業）

| 領域，作業または活動の種類 | $\overline{E}_\mathrm{m}$〔lx〕 | $U_\mathrm{o}$ | $UGR_\mathrm{L}$ | $R_\mathrm{a}$ |
|---|---|---|---|---|
| ごく粗い視作業，短い訪問，倉庫 | 100 | − | − | 40 |
| 作業のために連続的に使用しない所 | 150 | − | − | 40 |
| 粗い視作業，継続的に作業する部屋（最低） | 200 | − | − | 60 |
| やや粗い視作業 | 300 | 0.7 | 22 | 60 |
| 普通の視作業 | 500 | 0.7 | 22 | 60 |
| やや精密な視作業 | 750 | 0.7 | 19 | 80 |
| 精密な視作業 | 1 000 | 0.7 | 19 | 80 |
| 非常に精密な視作業 | 1 500 | 0.7 | 16 | 80 |
| 超精密な視作業 | 2 000 | 0.7 | 16 | 80 |

### VDTを使用する視作業のための照明器具の輝度限界値

| 画面のクラス | I | II | III |
|---|---|---|---|
| 画面の特性 | 一般オフィスに適する． | すべてではないが，ほとんどのオフィス環境に適する． | 特別に制御された光環境を必要とする． |
| 照明器具の平均輝度の限界値 | 2 000 cd/m$^2$以下 | | 200 cd/m$^2$以下 |

影響を受けやすい画面および特別な傾斜の画面を用いる場所では，上記の輝度限界値はより小さい角度（たとえば，鉛直角55度）を適用することが望ましい．

### 事務所

| 領域，作業または活動の種類 | | $\overline{E}_\mathrm{m}$〔lx〕 | $U_\mathrm{o}$ | $UGR_\mathrm{L}$ | $R_\mathrm{a}$ | 注　記 |
|---|---|---|---|---|---|---|
| 作業 | 設計，製図 | 750 | 0.7 | 16 | 80 | |
| | キーボード操作，計算 | 500 | 0.7 | 19 | 80 | VDT作業については前ページを参照． |
| 執務空間 | 設計室，製図室 | 750 | − | 16 | 80 | |
| | 事務室 | 750 | − | 19 | 80 | VDT作業については前ページを参照． |
| | 役員室 | 750 | − | 16 | 80 | |
| | 診察室 | 500 | − | 19 | 90 | |
| | 印刷室 | 500 | − | 19 | 80 | |
| | 電子計算機室 | 500 | − | 19 | 80 | VDT作業については前ページを参照． |
| | 調理室 | 500 | − | 22 | 80 | |
| | 集中監視室，制御室 | 500 | − | 16 | 80 | 1）制御盤は多くの場合鉛直．<br>2）調光が望ましい．<br>3）VDT作業については前ページを参照． |
| | 守衛室 | 500 | − | 19 | 80 | |
| | 受付 | 300 | − | 22 | 80 | |
| 共用空間 | 会議室，集会室 | 500 | − | 19 | 80 | 照明制御を可能とする． |
| | 応接室 | 500 | − | 19 | 80 | |
| | 宿直室 | 300 | − | 19 | 80 | |
| | 食堂 | 300 | − | − | 80 | |
| | 喫茶室，オフィスラウンジ，湯沸室 | 200 | − | − | 80 | |
| | 休憩室 | 100 | − | − | 80 | |
| | 書庫 | 200 | − | − | 80 | |
| | 倉庫 | 100 | − | − | 60 | 常時使用する場合は200 lx． |
| | 更衣室 | 200 | − | − | 80 | |
| | 化粧室 | 300 | − | − | 90 | |
| | 便所，洗面所 | 200 | − | − | 80 | |
| | 電気室，機械室，電気・機械室などの配電盤および計器盤 | 200 | − | − | 60 | |
| | 階段 | 150 | − | − | 40 | 出入口には移行部を設け，明るさの急激な変化を避けることが望ましい． |
| | 屋内非常階段 | 50 | − | − | 40 | |
| | 廊下，エレベータ | 100 | − | − | 40 | |
| | エレベータホール | 300 | − | − | 60 | 出入口には移行部を設け，明るさの急激な変化を避ける． |
| | 玄関ホール（昼間） | 750 | − | − | 80 | 昼間の屋外自然光による数万lxの照度に目が順応していると，ホール内部が暗く見えるので，照度を高くすることが望ましい． |
| | 玄関ホール（夜間），玄関（車寄せ） | 100 | − | − | 60 | |

**資料** **感染症類型**

感染症の予防及び感染症の患者に対する医療に関する法律(感染症法)における感染症

感染症法における感染症 ─────── ・一類感染症
　　　　　　　　　　　　　　├─ ・二類感染症
　　　　　　　　　　　　　　├─ ・三類感染症
　　　　　　　　　　　　　　├─ ・四類感染症
　　　　　　　　　　　　　　├─ ・五類感染症
　　　　　　　　　　　　　　├─ ・新型インフルエンザ等感染症
　　　　　　　　　　　　　　├─ ・指定感染症
　　　　　　　　　　　　　　└─ ・新感染症

| 一類感染症(7疾患) | エボラ出血熱，クリミア・コンゴ出血熱，痘そう(天然痘)，南米出血熱，ペスト，マールブルグ病，ラッサ熱 |
|---|---|
| 二類感染症(6疾患) | 急性灰白髄炎，結核，ジフテリア，重症急性呼吸器症候群(病原体がベータコロナウイルス属SARSコロナウイルスであるものに限る)，中東呼吸器症候群(病原体がベータコロナウイルス属MERSコロナウイルスであるものに限る)，鳥インフルエンザ(病原体の血液亜型がH5N1およびH7N9のもの) |
| 三類感染症(5疾患) | コレラ，細菌性赤痢，腸管出血性大腸菌感染症(O157など)，腸チフス，パラチフス |
| 四類感染症(44疾患) | E型肝炎，A型肝炎，黄熱，Q熱，狂犬病，炭疽，鳥インフルエンザ(鳥インフルエンザ(H5N1およびH7N9)を除く)，ボツリヌス症，マラリア，野兎病，ウエストナイル熱，エキノコックス症，オウム病，オムスク出血熱，回帰熱，キャサヌル森林病，コクシジオイデス症，サル痘，ジカウイルス感染症，重症熱性血小板減少症候群(病原体がフレボウイルス属SFTSウイルスであるものに限る)，腎症候性出血熱，西部ウマ脳炎，ダニ媒介脳炎，チクングニア熱，つつが虫病，デング熱，東部ウマ脳炎，ニパウイルス感染症，日本紅斑熱，日本脳炎，ハンタウイルス肺症候群，Bウイルス病，鼻疽，ブルセラ症，ベネズエラウマ脳炎，ヘンドラウイルス感染症，発しんチフス，ライム病，リッサウイルス感染症，リフトバレー熱，類鼻疽，レジオネラ症，レプトスピラ症，ロッキー山紅斑熱 |
| 五類感染症(46疾患) | インフルエンザ(鳥インフルエンザおよび新型インフルエンザ等感染症を除く)，ウイルス性肝炎(E型肝炎およびA型肝炎を除く)，クリプトスポリジウム症，後天性免疫不全症候群，性器クラミジア感染症，梅毒，麻しん，メチシリン耐性黄色ブドウ球菌感染症，アメーバ赤痢，RSウイルス感染症，咽頭結膜熱，A群溶血性レンサ球菌咽頭炎，カルバペネム耐性腸内細菌科細菌感染症，感染性胃腸炎，急性出血性結膜炎，急性脳炎(ウエストナイル脳炎，西部ウマ脳炎，ダニ媒介脳炎，東部ウマ脳炎，日本脳炎，ベネズエラウマ脳炎，リフトバレー熱を除く)，クラミジア肺炎(オウム病を除く)，クロイツフェルト・ヤコブ病，劇症型溶血性レンサ球菌感染症，細菌性髄膜炎，ジアルジア症，侵襲性インフルエンザ菌感染症，侵襲性髄膜炎菌感染症，侵襲性肺炎球菌感染症，水痘，性器ヘルペスウイルス感染症，尖圭コンジローマ，先天性風しん症候群，手足口病，伝染性紅斑，突発性発しん，播種性クリプトコックス症，破傷風，バンコマイシン耐性黄色ブドウ球菌感染症，バンコマイシン耐性腸球菌感染症，百日咳，風しん，ペニシリン耐性肺炎球菌感染症，ヘルパンギーナ，マイコプラズマ肺炎，無菌性髄膜炎，薬剤耐性アシネトバクター感染症，薬剤耐性緑膿菌感染症，流行性角結膜炎，流行性耳下腺炎，淋菌感染症 |

## 資料 SI基本単位

| 量 | 記号 | 読み方 |
|---|---|---|
| 長 さ | m | メートル |
| 質 量 | kg | キログラム |
| 時 間 | s | 秒 |
| 電 流 | A | アンペア |
| 熱力学温度 | K | ケルビン |
| 物質量 | mol | モル |
| 光 度 | cd | カンデラ |

## 資料 人の健康を守るために認められる固有の名称をもつSI単位

| 量 | 記号 | 読み方 |
|---|---|---|
| 放射能 | Bq | ベクレル |
| 質量エネルギー分与，吸収線量 | Gy | グレイ |
| 線量当量 | Sv | シーベルト |

## 資料 ギリシャ文字

| 大文字 | 小文字 | 読み方 |
|---|---|---|
| A | $\alpha$ | アルファ |
| B | $\beta$ | ベータ |
| $\Gamma$ | $\gamma$ | ガンマ |
| $\Delta$ | $\delta$ | デルタ |
| E | $\varepsilon$ | エプシロン，イプシロン |
| Z | $\zeta$ | ゼータ |
| H | $\eta$ | エータ，イータ |
| $\Theta$ | $\theta$ $\vartheta$ | シータ，テータ |
| I | $\iota$ | イオタ |
| K | $\kappa$ | カッパ |
| $\Lambda$ | $\lambda$ | ラムダ |
| M | $\mu$ | ミュー |
| N | $\nu$ | ニュー |
| $\Xi$ | $\xi$ | クシー，グザイ |
| O | $o$ | オミクロン |
| $\Pi$ | $\pi$ | パイ |
| P | $\rho$ | ロー |
| $\Sigma$ | $\sigma$ $\varsigma$ | シグマ |
| T | $\tau$ | タウ |
| $\Upsilon$ | $\upsilon$ | ウプシロン |
| $\Phi$ | $\phi$ $\varphi$ | ファイ |
| X | $\chi$ | キー，カイ |
| $\Psi$ | $\psi$ | プシー，プサイ |
| $\Omega$ | $\omega$ | オメガ |

## 資料 固有の名称をもつSI組立単位

| 量 | 記号 | 読み方 |
|---|---|---|
| 平面角 | rad | ラジアン |
| 立体角 | sr | ステラジアン |
| 周波数 | Hz | ヘルツ |
| 力 | N | ニュートン |
| 圧力，応力 | Pa | パスカル |
| エネルギー，仕事，熱量 | J | ジュール |
| パワー，放射束 | W | ワット |
| 電荷，電気量 | C | クーロン |
| 電位，電位差，電圧，起電力 | V | ボルト |
| 静電容量 | F | ファラド |
| 電気抵抗 | $\Omega$ | オーム |
| コンダクタンス | S | ジーメンス |
| 磁 束 | Wb | ウェーバ |
| 磁束密度 | T | テスラ |
| インダクタンス | H | ヘンリー |
| セルシウス温度 | ℃ | セルシウス度，度 |
| 光 束 | lm | ルーメン |
| 照 度 | lx | ルクス |

## 資料 SI単位の接頭語

| 単位に乗じる倍数 | 接頭語 | |
|---|---|---|
| | 記号 | 読み方 |
| $10^{24}$ | Y | ヨタ |
| $10^{21}$ | Z | ゼタ |
| $10^{18}$ | E | エクサ |
| $10^{15}$ | P | ペタ |
| $10^{12}$ | T | テラ |
| $10^{9}$ | G | ギガ |
| $10^{6}$ | M | メガ |
| $10^{3}$ | k | キロ |
| $10^{2}$ | h | ヘクト |
| $10^{1}$ | da | デカ |
| $10^{-1}$ | d | デシ |
| $10^{-2}$ | c | センチ |
| $10^{-3}$ | m | ミリ |
| $10^{-6}$ | $\mu$ | マイクロ |
| $10^{-9}$ | n | ナノ |
| $10^{-12}$ | p | ピコ |
| $10^{-15}$ | f | フェムト |
| $10^{-18}$ | a | アト |
| $10^{-21}$ | z | ゼプト |
| $10^{-24}$ | y | ヨクト |

## 資料　主なSI単位と換算など

| 量 | | SI単位※1 | 併用単位等 | 読み方 | 換算など |
|---|---|---|---|---|---|
| 時間・空間 | 平面角 | rad | | ラジアン | $1° = (\pi/180)\,\text{rad}$ |
| | | | ° ′ ″ | 度, 分, 秒 | $1′ = (1/60)°,\quad 1″ = (1/60)′$ |
| | 立体角 | sr | | ステラジアン | |
| | 長さ | m | | メートル | |
| | 面積 | $m^2$ | | | $1\,\text{ha} = 10^4\,m^2$ |
| | | | ha | ヘクタール | |
| | 体積, 容積 | $m^3$ | | | $1\,\text{L} = 10^{-3}\,m^3$ |
| | | | l または L | リットル | |
| | 時間 | s | | 秒 | $1\,\text{min} = 60\,\text{s},\quad 1\,\text{h} = 60\,\text{min},$ |
| | | | min  h  d | 分, 時, 日 | $1\,\text{d} = 24\,\text{h}$ |
| | 角速度 | rad/s | | | |
| | 速度, 速さ | m/s | | | |
| | 加速度 | $m/s^2$ | | | $1\,\text{Gal}(ガル) = 1\,cm/s^2 = 0.01\,m/s^2$<br>$1\,\text{G}(ジー) ≒ 9.8\,m/s^2$ |
| 周期現象 | 周波数, 振動数 | Hz | | ヘルツ | |
| | 回転速度, 回転数 | $s^{-1}$ | | | $1\,\text{rpm}(回毎分) = 1\,\text{min}^{-1} = (1/60)\,s^{-1}$ |
| | | | $min^{-1}$ | | |
| 力学 | 質量 | kg | | キログラム | $1\,\text{t} = 10^3\,\text{kg}$ |
| | | | t | トン | |
| | 密度 | $kg/m^3$ | | | |
| | 線密度 | kg/m | | | |
| | 力 | N | | ニュートン | $1\,\text{kgf}(重量キログラム) ≒ 9.8\,\text{N}$ |
| | 力のモーメント, トルク | N·m | | | $1\,\text{kgf·m} ≒ 9.8\,\text{N·m}$ |
| | 圧力 | Pa | | パスカル | $1\,kgf/m^2 ≒ 9.8\,\text{Pa},\ 1\,kgf/cm^2 ≒ 98\,\text{kPa}$<br>$1\,\text{mmH}_2\text{O}(水柱ミリメートル) ≒ 9.8\,\text{Pa}$ |
| | | | bar | バール | $1\,\text{mmHg}(水銀柱ミリメートル)$<br>$= 1\,\text{Torr}(トル) ≒ 133.322\,\text{Pa}$<br>$1\,\text{bar} = 0.1\,\text{MPa}$ |
| | 応力 | Pa または $N/m^2$ | | | $1\,\text{Pa} = 1\,N/m^2$ |
| | 粘度 | Pa·s | | | |
| | 仕事, エネルギー | J | | ジュール | $1\,\text{kgf·m} ≒ 9.8\,\text{J}$ |
| | | | eV | 電子ボルト | $1\,\text{eV} ≒ 1.602 × 10^{-19}\,\text{J}$ |
| | 仕事率 | W | | ワット | |
| | 質量流量 | kg/s | | | |
| | 流量 | $m^3/s$ | | | |
| 熱 | 熱力学温度 | K | | ケルビン | |
| | セルシウス温度 | ℃ | | セルシウス度, 度 | |
| | 線膨張係数 | $K^{-1}$ | | | |
| | 熱量 | J | | ジュール | $1\,\text{cal}(カロリー) ≒ 4.2\,\text{J}$ |
| | 熱流 | W | | ワット | |
| | 熱伝導率 | W/(m·K) | | | $1\,\text{kcal}/(\text{m·h·℃}) ≒ 1.16\,\text{W}/(\text{m·K})$ |
| | 熱伝達係数 | $W/(m^2·K)$ | | | |
| | 熱伝達抵抗 | $m^2·K/W$ | | | |
| | 熱容量 | J/K | | | |
| | 比熱, 比熱容量 | J/(kg·K) | | | $1\,\text{kcal}/\text{kg·℃} ≒ 4.2\,\text{kJ}/(\text{kg·K})$ |

| 量 | | SI単位[※1] | 併用単位等 | 読み方 | 換算など |
|---|---|---|---|---|---|
| 熱 | エントロピー | J/K | | | |
| | 比エントロピー | J/(kg・K) | | | |
| 電気・磁気 | 電流 | A | | アンペア | |
| | 電荷，電気量 | C | | クーロン | |
| | 電界の強さ | V/m | | | |
| | 電圧，電位 | V | | ボルト | |
| | 静電容量 | F | | ファラド | |
| | 磁界の強さ | A/m | | | 1 Oe（エルステッド）＝$(10^3/4\pi)$ A/m |
| | 磁束密度 | T | | テスラ | 1 Gs（ガウス）＝$10^{-4}$ T |
| | 磁束 | Wb | | ウェーバ | 1 Mx（マクスウェル）＝$10^{-8}$ Wb |
| | インダクタンス | H | | ヘンリー | |
| | 電気抵抗 | Ω | | オーム | |
| | コンダクタンス | S | | ジーメンス | |
| | 抵抗率 | Ω・m | | | |
| | 導電率 | S/m | | | |
| | 電力 | W | | ワット | 1 W＝1 J/s |
| | 無効電力 | | var | バール | |
| | 皮相電力 | | VA | ボルトアンペア | |
| | 電力量 | J | | ジュール | 1 kW・h＝3600 kJ |
| | | | kW・h | キロワット時 | |
| 光・音・振動 | 波長 | m | | メートル | |
| | 光度 | cd | | カンデラ | |
| | 光束 | lm | | ルーメン | |
| | 輝度 | cd/m² | | | 1 nt（ニト）＝1 cd/m² |
| | 光束発散度 | lm/m² | | | 1 rlx（ラドルクス）＝1 lm/m² |
| | 照度 | lx | | ルクス | |
| | 色温度 | K | | ケルビン | |
| | 日射量 | W/m² | | | |
| | 音響パワー | W | | ワット | |
| | 音圧レベル | | dB | デシベル | 1 phon（ホン）＝1 dB（1 000 Hz 純音の場合） |
| | 音の強さ | W/m² | | | |
| | 振動レベル | | dB | デシベル | |
| 分子物理 | 物質量 | mol | | モル | |
| | モル濃度 | mol/m³ | | | |
| 電離性放射線 | 放射能 | Bq | | ベクレル | 1 Ci（キュリー）＝$3.7\times10^{10}$ Bq |
| | 吸収線量 | Gy | | グレイ | 1 rad（ラド）＝$10^{-2}$ Gy |
| | 照射線量 | C/kg | | | 1 R（レントゲン）＝$2.58\times10^{-4}$ C/kg |
| | 線量当量 | Sv | | シーベルト | 1 rem（レム）＝$10^{-2}$ Sv |
| その他 | 質量百分率 | | %[※2] | パーセント | 体積百分率は，vol%または% |
| | 質量千分率 | | ‰[※2] | パーミル | 体積千分率は，vol‰または‰ |
| | 質量百万分率 | | ppm[※2] | ピーピーエム | 体積百万分率は，vol ppmまたはppm |
| | 質量十億分率 | | ppb[※2] | ピーピービー | 体積十億分率は，vol ppbまたはppb |
| | 水素イオン指数 | | pH[※2] | ピーエッチ | |

**(注)** 1．「SI単位と併用される非SI単位」「SI単位で表される数値が実験的に求められる非SI単位」「その他の非SI単位」を
まとめて示す．

2．SI併用単位ではないが，規格値として用いられる．

# ビル管理試験の科目別問題分類表

それぞれの分類ごとに，該当する問題の番号が入っています．

| 科目 | 分類 | 令和5年 | 令和4年 | 令和3年 | 令和2年 | 令和元年 | 平成30年 | 平成29年 | 平成28年 | 平成27年 | 平成26年 | 平成25年 |
|---|---|---|---|---|---|---|---|---|---|---|---|---|
| 1. 建築物衛生行政概論 | 日本国憲法25条 | 1 | | | 1 | | | | 1 | 1 | | 1 |
| | WHO憲章 | | | 2 | | 1 | | | | | 1 | |
| | 行政組織 | 2 | | 1 | 2 | | | 1 | | | 2 | 2 |
| | 医学・衛生・公衆衛生の歴史 | | | | | | 1 | | | | | |
| | 建築物衛生法の目的・内容 | | 4 | 3 | | 4 | 4 | | 2 | | 3 | 3 |
| | 特定建築物 | | 2 | | | 6 | 2 | 2 | 3 | 3 | 4 | 4 |
| | 特定建築物(用途) | 3,4 | 3 | 4 | 3 | 2,5 | | 3 | 4 | 4 | | |
| | 特定建築物(延べ面積) | | 5 | | 4 | 3 | 3 | 4 | 5 | 5 | 5 | 5 |
| | 特定建築物の届出 | 5 | 6 | 5 | 5 | 7 | 5 | 5 | 6 | 6 | 8 | 6 |
| | 帳簿書類 | 6 | | 6 | 6 | | | 6 | 7 | 7 | 7 | 7 |
| | 管理基準 | | | | | | | | 8 | 10 | | 11 |
| | 管理基準(空気環境) | 7 | 7 | 7 | 7 | 8 | 6,7,8 | 7 | | 8 | 9 | 8 |
| | 管理基準(空気環境測定結果) | | | 10 | | | | | 9 | | 10 | |
| | 管理基準(空調設備) | | | | | | 9 | 8 | | | | 9 |
| | 管理基準(給排水設備) | 8,9 | 8,9 | 9 | 8 | | | 9 | 10 | 9 | 11 | 10 |
| | 建築物環境衛生管理技術者 | | 10 | 8 | | 9 | | | 11 | 11 | 6 | 12 |
| | 建築物環境衛生管理技術者(免状) | 10 | | | 9 | | | | 12 | | | 15 |
| | 事業の登録 | 11,12 | 11,12 | 11,12 | 10 | 11,12 | 10 | 10 | | 13 | 12 | 13 |
| | 事業の登録(対象) | | | | | | | | 13 | 12 | 13 | 14 |
| | 指定団体 | | | | | | 11 | | | | | |
| | 報告の徴収・立入検査・改善命令 | 13 | 13 | 13 | | 13 | 13 | 12 | | | | |
| | 罰則 | | | 14 | | 14 | | | | 14 | | 16 |
| | 公共の用に供する特定建築物 | 14 | | | 11 | | 12 | 13 | 14 | 15 | 14 | |
| | 水道法 | 16 | | | | 15 | 15 | | | 2 | | |
| | 感染症法 | 15 | | | 12 | | | | 15 | | 15 | |
| | 地域保健法・保健所 | | 15 | 15 | 13 | | 14 | 14 | 16 | | 16 | |
| | 学校保健安全法 | | 14 | | 14 | | | 15 | 17 | 16 | | 17 |
| | 下水道法 | | 16 | 16 | | 16 | 16 | 16 | | 17 | | |
| | 浄化槽法 | | | | | | | | | | | |
| | 生活衛生関係営業 | | | | | | 18 | | | | 17 | 18 |
| | 廃棄物処理法 | | 1 | | | | | 18 | | | 18 | |
| | バーゼル条約 | | | | 20 | | | | | | | |
| | 旅館業法 | | 17 | | 15 | | | | 18 | | | |
| | 公衆浴場法 | 17 | | | | 17 | | | | | | |
| | 興行場法 | | | 17 | | | 17 | 17 | | 18 | | |
| | 環境基本法 | 18 | 18 | 19 | | | | | 19 | 19 | | |
| | 大気汚染防止法 | | | 18 | | | | | | | | 19 |
| | 水質汚濁防止法 | 19 | | | 16 | 18 | | | | | | |
| | 悪臭防止法 | | | | 17 | | | | | | | |
| | 労働安全衛生法 | 20 | | 20 | 18 | | 19 | | | | 19 | |
| | 事務所衛生基準規則 | | 19 | | | 19 | | 19 | 20 | 20 | | 20 |
| | 健康増進法 | | 20 | | 19 | 20 | | | | | | |

| 科目 | 分類 | 令和5年 | 令和4年 | 令和3年 | 令和2年 | 令和元年 | 平成30年 | 平成29年 | 平成28年 | 平成27年 | 平成26年 | 平成25年 |
|---|---|---|---|---|---|---|---|---|---|---|---|---|
| | 建築基準法 | | | | | | | 20 | | | 20 | |
| | 関連法令・法律に基づく資格 | | | | | | 20 | | | | | |
| | 物理的・化学的環境要因 | | 21 | 22 | | | | | 21 | | | |
| | 基準値・許容値の根拠 | 22 | 23 | | | 22 | | | | | | |
| | 環境基本法環境基準 | 21 | | | | 21,40 | 21 | | | | | |
| | 臓器系 | 23 | 22 | 21 | 21 | | | 22 | 22 | 21 | | |
| | 生体機能の恒常性 | | | | | | | 23 | 23 | | | 21 |
| | 熱収支・エネルギー代謝 | | 25 | | | 25 | 22 | 25 | | | | |
| | 体温 | | | 24 | 23 | 23 | | | 24 | 22 | 21 | 23 |
| | 体熱平衡・熱産生・熱放散 | 24 | | 25 | 22 | | | | 25 | | 22 | |
| | 温熱環境指数 | | 24 | 23 | | | | 24 | | | 23 | 25 |
| | 温冷感・快適温度 | 25,26 | | | 25 | | 23 | | 26 | 24 | 24 | |
| | 高温障害・熱中症・WBGT値 | | | 26 | 24,26 | 24,26 | 24 | | 27 | 23,25 | | |
| | 冷房障害・暖房時の注意事項 | | 26 | | | 25 | | | | | | |
| | 湿度 | | 27 | | 27 | | | 26 | | | 25 | 24 |
| | 事務所衛生基準規則 | | | | | | | 21 | | | | 22 |
| | 空気環境・空気質 | 29 | 28 | | | | | | 32 | | | |
| | 空気汚染物質 | | 32 | | 32 | 30 | 27 | | 28 | | | |
| 2.<br>建築物の環境衛生 | シックビル症候群 | | | 30 | | 27 | 26 | 27 | | 26 | 26 | 29 |
| | 気管支喘息・過敏性肺炎 | | | | | 28,29 | | | | 27 | 27 | |
| | アレルギー | 28 | | 29 | | | | 29 | | | 28 | 28 |
| | がん | 27 | | 27 | | | | | | | | |
| | 結核 | | | | | | | | | | | |
| | ホルムアルデヒド | 30 | | 27 | 31 | | 28 | 30 | 29 | 28 | | 26 |
| | 浮遊粉じん・エアロゾル | | 29 | | | | | | 30 | | | |
| | アスベスト | | 30 | 28 | 30 | | | | 28 | 31 | | 27 |
| | 酸素・酸素欠乏 | | | | 28 | | | | | 29 | 31 | |
| | 一酸化炭素 | | | | | | 30 | 32 | 33 | | | 31 |
| | 二酸化炭素 | | 31 | | 29 | | 31 | 33 | | 30 | 30 | |
| | オゾン | 31 | | | | | | 31 | | | | 30 |
| | 二酸化硫黄 | | | | | | | | | | | |
| | たばこ | 32 | | 31 | | | 29 | | | 31 | 29 | |
| | 音 | | 33 | 32 | 33 | 31 | | | 34 | 32 | 32 | 32 |
| | 音の周波数・可聴周波数 | 33 | | | | | | | | | | |
| | 騒音・難聴・聴力障害 | 34 | 34 | 33 | | | 32 | 34 | | 33 | 33 | |
| | 振動 | 35 | 35 | 34 | 34 | | | 35 | | | 34 | 33 |
| | 光環境と視覚 | 36 | 36 | 35 | | 32 | 33 | 36 | | 34 | 35 | 34 |
| | 照明・照度 | | | | 35 | | | | 35 | 35 | | |
| | VDT・情報機器作業 | 37 | 37 | 36 | 36 | 34 | 34 | 37 | 36 | 36 | 37 | |
| | 色彩 | | | | | 33 | | | | | 36 | 35 |
| | 電場・磁場・電磁波 | 38 | 38 | 37 | | 37 | 36 | | | | 38 | 36 |
| | 放射線 | 40 | | 38 | 38,39 | 36 | 37 | 39 | 38 | 37 | 39 | 37 |
| | 赤外線 | | 39 | | 37 | | 35 | | | 38 | | 38 |
| | 紫外線 | 39 | | | | 35 | | 38 | 37 | | | |

| 科目 | 分類 | 令和5年 | 令和4年 | 令和3年 | 令和2年 | 令和元年 | 平成30年 | 平成29年 | 平成28年 | 平成27年 | 平成26年 | 平成25年 |
|---|---|---|---|---|---|---|---|---|---|---|---|---|
| 2. 建築物の環境衛生 | 人と水 | 41 | 40,42 | 39 | 40 | 38 | 38 |  | 39 | 39,40 |  | 39 |
|  | 水質基準 |  |  | 40 | 42 |  |  |  |  | 41 |  | 40 |
|  | カドミウム |  |  |  |  |  |  |  | 40 |  |  |  |
|  | ヒ素 |  |  |  |  | 40 |  |  |  |  | 40 |  |
|  | 水銀 |  | 41 |  |  | 39 |  | 41 |  |  |  |  |
|  | 病原体 | 43 |  | 42 | 41 | 41 | 39,41 | 42 | 41 | 42 | 42 | 41 |
|  | 感染源 |  | 44 |  |  |  |  |  | 42 |  | 41 |  |
|  | 感染症対策 |  |  |  |  | 42 |  |  | 43 |  | 44 |  |
|  | 感染症法上の類別 | 44 | 43 | 41 | 43 | 43 | 42 |  |  |  |  |  |
|  | 水系感染症の特徴 | 42 |  |  |  |  |  | 43 |  |  |  | 42 |
|  | 消毒・滅菌 |  | 45 | 45 | 45 | 44 | 44 |  | 44 | 44 |  | 44 |
|  | レジオネラ症 |  |  |  |  |  | 43 |  |  |  | 43 |  |
|  | クリプトスポリジウム症 |  |  | 43 | 44 |  |  |  |  | 43 |  |  |
|  | ノロウイルス |  |  |  |  |  |  | 44 |  |  |  | 43 |
|  | 溶液計算 | 45 |  | 44 |  | 45 | 45 | 45 | 45 | 45 | 45 | 45 |
| 3. 空気環境の調整 | 熱，音などの単位 | 46 |  |  | 46 |  | 46 | 46 | 46,63 | 46 | 46 |  |
|  | 用語と略語・数値 |  |  |  |  |  |  |  |  |  |  | 46 |
|  | 放射率・吸収率 |  |  |  |  |  |  | 49 | 47 |  |  | 49 |
|  | 壁内定常温度分布の図示問題 |  |  | 49 |  | 46 |  |  | 48 |  | 48 |  |
|  | 伝熱計算 | 47 | 49 |  |  | 48 | 48,49 |  |  |  | 49 | 48 |
|  | 熱移動・熱伝導 | 49 | 46 |  | 48 | 49 |  |  | 48 |  | 47 | 47 |
|  | 熱放射 | 50 | 48 |  |  | 47 |  |  | 49 |  |  |  |
|  | 結露・湿気 |  |  | 47 | 47 |  | 48 |  | 50 |  |  |  |
|  | 浮遊粒子の動力学的性質 | 58 |  | 57 | 59 |  |  | 51 | 50 |  | 51,53 | 55 |
|  | エアロゾル粒子と粒径 |  | 57,59 |  |  | 58 | 47 | 50 | 55 | 56 | 52 | 54 |
|  | 流体・ベルヌーイの定理 | 51 | 52 | 51 | 49 | 50 | 52 | 52 | 51 |  | 50 | 50 |
|  | 空気力学 |  |  |  |  |  |  |  |  | 51 |  | 51 |
|  | ダクト内圧力の計算 |  |  |  |  |  | 51 |  |  |  |  |  |
|  | 空気の流動・ドラフト | 53 | 51,53 | 50 | 51 | 52 | 53 | 53 | 52 | 54 |  | 52 |
|  | 換気・分煙 | 56,57 | 54 | 52,56 | 52 | 53,75 | 55 | 78 | 79 |  | 54,76 | 56 |
|  | 自然換気 | 52,54 | 50 |  | 50 | 51 |  |  | 53 | 52 |  |  |
|  | 機械換気方式 |  |  |  |  |  |  |  |  | 53 |  |  |
|  | 空気汚染物質 |  | 55,56 |  |  | 54 | 54 | 56 | 56 |  | 58 | 56 |
|  | 非電離放射線 |  |  |  |  |  |  |  | 59 |  |  |  |
|  | 空気汚染物質と発生源 |  |  | 54,55 | 55 |  |  |  | 58,60 | 57 | 55 |  |
|  | アレルゲンと微生物 |  | 58 | 58 | 58 | 57 | 56 | 59 | 61 | 60 | 58 | 59 |
|  | 空気環境測定結果の推移 |  |  |  |  |  |  |  | 54 |  |  | 53 |
|  | 換気計算 | 55 |  | 53 | 56 | 55 |  | 57 | 57 | 59 | 57 | 57 |
|  | 濃度計算 |  |  |  |  | 56 |  |  |  |  |  | 58 |
|  | 湿り空気 | 48,62 |  |  |  |  | 50,60 | 47 |  |  | 60 | 60 |
|  | 湿り空気の混合・変化 |  | 47,64 | 63 | 64 | 60,61 |  |  | 62 | 62 |  |  |
|  | 湿り空気線図 | 63 | 62 | 46 | 60 |  | 57 | 61 | 49 | 47 |  | 64 |
|  | 湿り空気線図と空調システム | 60 |  | 62 | 61 |  | 60 |  | 61 | 59 |  |  |
|  | 熱負荷 |  | 61 |  |  | 59 | 58 |  | 64 | 64 | 62 | 61 |

| 科目 | 分　　類 | 令和5年 | 令和4年 | 令和3年 | 令和2年 | 令和元年 | 平成30年 | 平成29年 | 平成28年 | 平成27年 | 平成26年 | 平成25年 |
|---|---|---|---|---|---|---|---|---|---|---|---|---|
| | 熱負荷の大小関係 | | | | | | | | | 63 | | |
| | 顕熱負荷・潜熱負荷 | | | | | | | 63 | | | 61 | |
| | 空調に関する用語 | | | | | 59 | | | | 65 | 63,72 | |
| | 空調方式 | | | 59,61,64 | | 63 | 61 | 62 | | 66 | | 62 |
| | 個別空調方式 | 59 | 63 | | | 76 | | 65 | 65 | 67 | 64 | 63 |
| | ヒートポンプ方式 | | | 68 | | | | | 66 | | | |
| | ファンコイル方式 | | 60 | | | | | 64 | | | | 66 |
| | 空調設備を構成する設備 | 61 | | 71 | 66 | 90 | | 69 | | | | 65 |
| | 冷凍機 | 64 | | 65 | | | | | | 67 | | |
| | 冷凍サイクル | | | | 67 | | | | | 66 | | |
| | 蒸気圧縮冷凍サイクル | | 66 | 67 | | 65 | 63 | 67 | 67 | | | |
| | 吸収冷凍機 | | | | | 64 | 64,66 | | 68 | 68 | | 67 |
| | 冷媒・熱媒 | 66 | 67 | | | 66 | 65 | | | 69 | | |
| | 冷却塔 | 69 | 69 | 69 | 69,81 | | 68,82 | | | 84 | 70 | 72,84 |
| | 地域冷暖房システム | | | | 63 | | | | | 70 | | |
| | 熱源 | 67 | 68 | 66 | 62 | 62 | 62 | 66 | 69 | 71 | 65 | 69 |
| | ボイラ | 65 | | | 68 | | | 68 | | | | 68 |
| | 熱交換系統 | | 71 | 77 | | | 69 | 71 | | 72 | 69 | 70 |
| | 全熱交換器 | 68 | | | 70 | 68 | | | | 73 | | |
| 3. 空気環境の調整 | 空気調和機 | 70,76 | 70 | 60 | 71 | 67 | | | 70 | | 68 | |
| | 湿度・湿度調整・加湿 | 71 | 65,72 | 70 | 53,72 | 69 | 67 | 54,70 | 71 | 55 | 71 | 71 |
| | 送風機 | 72 | | 73 | | 71 | | 72 | | 74 | | 73 |
| | 送風機の特性 | | 74 | | 73 | | 72 | | 72 | | | 74 |
| | ダクト | | | | 65 | | | | 73 | 75 | 73 | |
| | ダクトと付属品 | 73 | | 72,74 | 74 | 70,72 | 71 | 73 | 74 | | 74 | |
| | 吹出口と吸込口 | 74 | 73 | | 75 | | 70 | 74 | | 76 | | 75 |
| | 空気浄化装置 | | 75 | 75 | 76 | 73 | | 75 | 75 | 77 | 75 | 76 |
| | 1人当たり換気量 | | | | | | 74 | | | | | |
| | ポンプ・配管 | 75 | 76,77 | 76 | | 74 | | 76 | 76 | 78 | | |
| | 空調配管と温度・圧力 | | | | | | 73 | | | 77 | | 77 |
| | 空調配管の材料と使用区分 | | | | 77 | | | | | 78 | | |
| | 温熱環境の測定 | | | | 78 | 77 | 75 | 80 | 80 | 79 | 77 | 79 |
| | 室内空気環境の測定 | 78 | 80 | | | 78 | 76,78 | 81 | 83 | 81 | 78 | 80 |
| | 浮遊粉じんの測定 | 77 | 79 | | 54 | | 77 | | 81 | 80 | | 81 |
| | 浮遊粉じん量の計算 | | | 78 | | | | 82 | | | | 83 |
| | VOCs測定法 | | | 82 | | 81 | 85 | | | | | |
| | ホルムアルデヒド測定法 | 81 | | 81 | 57 | 80 | 80 | | | | 80 | |
| | 測定法・測定器・測定対象 | 80 | | 80 | 79,80 | | | 83 | | | | 82 |
| | 汚染物質の単位 | 79 | 78 | 79 | | 79 | 79 | 84 | 82 | 82 | 79 | |
| | 空調・換気の維持管理 | 82 | 81,82 | 83 | | 82 | 81 | 79 | 84 | 83 | 81 | |
| | 空調の節電・省エネ | | | 105 | | | | | 85 | | 82 | |
| | 音と振動 | 83,84 | 83 | 84,87 | 82 | 84 | 83,84,86 | 86,88 | 86 | 85 | 84 | 85,87 |
| | 音の反射，透過，吸収 | | | 85 | | | | | | | | |
| | 伝搬音の種類 | | | | 85 | | | | | | 86 | |

| 科目 | 分類 | 令和5年 | 令和4年 | 令和3年 | 令和2年 | 令和元年 | 平成30年 | 平成29年 | 平成28年 | 平成27年 | 平成26年 | 平成25年 |
|---|---|---|---|---|---|---|---|---|---|---|---|---|
| 3. 空気環境の調整 | 音圧レベルの計算 | 85 | 85 |  | 84 |  | 85 |  |  | 86 | 85 |  |
|  | 遮音・床衝撃音 |  | 86 |  | 83 | 83 |  | 87 |  |  |  |  |
|  | 遮音等級（図示問題） |  |  |  |  |  |  |  | 87 |  |  |  |
|  | 音源からの伝搬特性 |  |  | 86 |  | 85 |  |  |  |  | 83 | 86 |
|  | 騒音・振動の対策，保守管理 | 86 | 84,87 |  |  |  |  |  | 88 | 87 |  |  |
|  | 光と照明，昼光照明，測光量 | 87 | 88,89 | 88,89 | 86 | 86,87 | 87 | 89 |  | 88 | 89 | 88 |
|  | ランプ・照明器具・光源 | 89 |  |  | 87,89 |  |  |  |  |  | 87 | 90 |
|  | 照度計算 | 88 | 90 | 90 | 88 | 88 | 89 | 90 | 89 | 89 | 88 | 89 |
|  | 光環境の保守 |  |  |  |  | 89 | 90 |  | 90 |  | 90 |  |
|  | 光源の特性グラフ |  |  |  |  |  | 88 |  |  | 90 |  |  |
|  | 建築物管理の変化 | 90 |  |  | 90 |  |  |  |  |  |  |  |
|  | 自動制御 |  |  |  |  |  |  |  |  |  |  |  |
| 4. 建築物の構造概論 | 建築物と環境 | 91,92 | 91,92 |  |  | 91 | 91 | 91 | 91 | 91 |  |  |
|  | 日射・日照 |  |  | 91 | 91 | 92,93 | 92 |  |  | 92 |  |  |
|  | 伝熱 |  |  |  |  |  |  |  |  | 97 |  |  |
|  | 計画・設計・施工 |  |  |  |  |  | 93 |  |  |  |  |  |
|  | 設計図書・表示記号 |  | 93,100 | 92 |  | 94 | 93 | 92 | 92 | 93 | 91,100 | 91 |
|  | 建築士法 |  |  |  | 92 |  |  |  | 93 |  |  | 92 |
|  | 図面による問題 |  |  |  |  |  |  |  |  |  |  |  |
|  | 地盤・基礎 |  |  |  | 93 | 95 |  | 94 |  | 94 |  |  |
|  | 建築物の構造 |  | 95 | 96 | 94,96 |  | 94 | 96 |  | 95 | 92 | 93 |
|  | 構造力学・荷重 | 95 | 94 | 95 | 95 | 96 | 96 |  |  | 96 | 95 | 96 |
|  | 鉄筋コンクリート構造 | 93 |  | 93 |  |  | 95 | 95 | 94 |  | 93 | 94 |
|  | 鉄骨構造 | 94 | 96 | 94 |  |  |  |  | 95 |  | 94 | 95 |
|  | 構造計画・構造設計 |  |  |  |  |  |  |  | 96 |  |  |  |
|  | 建築材料 | 96 | 97 | 48,97 | 97 | 97,98 | 97,98 | 97,98 | 97,98 | 98,99 | 96,97 | 98 |
|  | コンクリート |  |  |  |  |  |  |  |  |  |  |  |
|  | 金属材料 |  |  |  |  |  |  |  |  |  |  |  |
|  | 建築板ガラス |  |  |  |  |  |  |  |  |  |  | 97 |
|  | 建築生産 |  | 98 | 98 | 98 |  | 99 |  |  |  | 98 |  |
|  | 電気設備 | 97 |  | 99 |  | 100 | 100 |  |  |  |  |  |
|  | ガス設備 |  |  | 101 |  | 99 |  |  | 99 | 102 |  | 99 |
|  | 建築設備・建築物の運用 | 98,99 |  |  | 99 | 104 | 101 | 99 | 100 | 100 | 99 | 100 |
|  | 輸送設備 |  | 99 | 100 | 100 |  |  |  |  | 101 | 101 |  |
|  | 地震・防災・防犯 | 101,103 | 102 |  | 103 | 101 | 103 | 101 | 101 | 103 | 102 | 101 |
|  | 防火・消火・避難・防排煙 | 100,102 | 101 | 102 | 101,102 | 102 | 102 | 100 | 102 |  | 103 | 103 |
|  | 自動火災報知設備 |  |  |  |  |  |  |  |  |  |  | 102 |
|  | 建築基準法・関連法令 |  | 103 |  | 104 | 103 | 104,105 | 102,104 |  | 105 |  | 104 |
|  | 建築基準法の用語 | 104 |  | 103,104 |  | 105 |  | 103 |  | 104 |  |  |
|  | 建築物・特殊建築物 |  | 104 |  |  |  |  |  | 103 |  | 104 |  |
|  | 建築制限 |  |  |  |  |  |  |  | 104 |  | 105 | 105 |
|  | 建築物の管理 | 105 | 105 |  | 105 |  |  | 105 | 105 |  |  |  |
|  | 単位の接頭語 |  |  |  |  |  |  |  |  |  |  |  |

| 科目 | 分類 | 令和5年 | 令和4年 | 令和3年 | 令和2年 | 令和元年 | 平成30年 | 平成29年 | 平成28年 | 平成27年 | 平成26年 | 平成25年 |
|---|---|---|---|---|---|---|---|---|---|---|---|---|
| | 給排水の単位 | | 106 | 106 | 106 | 106 | | 106 | 106 | 106 | 106 | 106 |
| | 給排水の用語 | 106,107 | 107,108 | 107 | 107 | 107 | 106,107 | 107 | | 107 | 107 | 107 |
| | 水道法 | | | 108 | | | | 108 | | | 110 | |
| | 水質基準 | | 109 | | 108 | 15,108 | | 109 | | 108 | | |
| | 水道施設 | 108 | | 109 | | 110 | 109 | | | 109 | | 139 |
| | 給水設備 | 109,111 | | 112 | | 109,111,112,114 | 113 | 110 | 107 | 111 | 111,112,114 | 109,112,113 |
| | 給水設備の計画 | 112 | | | | | 112 | | 110 | | 113 | 111 |
| | 節水・環境保全 | | | | | | | | | | | |
| | ウォータハンマ | | | 113 | | | 115 | | | | | |
| | 塩素消毒 | | 110 | 110 | 109 | | 108,110 | | | | 108 | 108 |
| | 塩素の消毒力・影響要因 | | | | | | | | 108 | | 127 | |
| | DPD法 | | | | | | | | | | 109 | |
| | 給水方式 | | 112 | | 112 | | 111 | | 109 | 110 | 115 | 110 |
| | 給水配管 | 113 | | 114,115 | 113 | | | 111,113 | 111 | 113 | 116 | |
| | 給水用弁 | | 115 | | 111 | | | | | | | |
| | 貯水槽 | 110 | 113,114 | | 114 | 113 | | | 112 | | | 132 |
| | 貯水槽の清掃 | 114 | | 117 | 116 | | 116 | 115 | | 115 | | |
| | 給水設備の汚染 | | 111 | 111 | | | | 114 | 113 | 114 | | |
| 5. 給水及び排水の管理 | 給水設備機器 | | | | 115 | | 114 | 112 | 114 | 112 | | |
| | ポンプ | | | | | | | | | | | |
| | 給水設備の保守管理 | 115 | 116,117 | 116 | 110 | 115,117 | 117 | 116 | 115 | 116 | 118 | 114,115 |
| | 給水設備の保守の頻度 | | | | | 116 | | | | 117 | | |
| | 貯水槽の水位制御 | | | | | | | | 116 | | | |
| | 水の性質 | | | 119 | | | | | 117 | | | |
| | 給湯循環量・熱損失の計算 | | | 121 | | | 119 | | | | 119 | 116 |
| | 給湯設備 | 118,119 | 118,120 | 118 | 117 | 118,119 | 118,121,122 | 118 | 118,121 | 117,118 | 120,121 | 117,118 |
| | 給湯配管 | 116 | 123 | | 118 | | | 117,120 | 119 | 121 | | |
| | 給湯配管材料・腐食 | | 122 | 120 | 120 | 121 | | | | 119 | | |
| | 給湯加熱装置 | | 119 | 122 | 121 | 120 | | 119 | | 120 | | |
| | 給湯循環ポンプ | 120 | | | 119 | | | | 120 | | | |
| | 給湯設備の保守管理・省エネ | 117 | 121 | | 122,123 | 122,123 | 120 | 121,122 | 122,123 | 122 | 122,123 | 119,120 |
| | 給湯設備の保守の頻度 | 121 | | | | | | | | 123 | | |
| | 貯湯槽の保守管理 | 122 | | 123 | | 123 | | | | | 124 | 121 |
| | 雑用水設備 | 123 | 124 | 124 | 125 | 124 | 124 | 123 | 124 | 124 | 126 | 133 |
| | 雑用水処理方式 | | | | | | | 124 | | 125 | | |
| | 雑用水設備の保守管理 | | | | 126 | | | 125 | | | | |
| | 雑用水水質基準 | 125 | | 125 | 126 | | | | 126 | | | |
| | 雨水利用設備 | | | 126 | 124 | 125 | | | 125 | | | |
| | 排水再利用施設 | 124 | 125,126 | | | | 125 | | | 125 | | 134 |
| | 排水の水質 | 126 | | 127 | 127 | | 126 | 126 | 127 | 126 | | |
| | 排水通気設備 | 128,129,132 | 127,128,130 | 128 | 129,132 | 128,130,131 | 127,129,131,132 | 127,129,130,131 | 129,130,131 | 129 | 132 | 122,125,126 |

| 科目 | 分 類 | 令和5年 | 令和4年 | 令和3年 | 令和2年 | 令和元年 | 平成30年 | 平成29年 | 平成28年 | 平成27年 | 平成26年 | 平成25年 |
|---|---|---|---|---|---|---|---|---|---|---|---|---|
| 5.<br>給水及び排水の管理 | 排水管設備 | 130 | 132,134 | 130 | | | | 128 | | 131 | | |
| | 通気設備 | | | | | | | | | 130 | 128 | 123 |
| | 雨水排水設備 | | | | | 128 | | | | | | |
| | トラップ・阻集器 | 127 | 131 | 129,134 | 128 | 129 | | | 128 | 127 | 129 | |
| | 排水槽・排水ポンプ | 131 | | 131,133 | 130 | 132 | | | | 130 | 127 | |
| | 排水通気設備の用語 | | 129 | | 131 | | 130 | | 128 | 131 | | 124 |
| | 排水通気設備の保守管理 | | | | 135 | 133 | 134 | 132,133,<br>134 | 133,134 | 132 | 134 | 129 |
| | 排水設備の清掃・保守管理 | 133,134 | 133 | 132 | 133,134 | 134 | | | | | | |
| | 排水通気設備の保守の頻度 | | | | | | | | | 133 | 133 | |
| | 排水通気設備の保守の用語 | | | | | 133 | | | 132 | | | 128 |
| | 衛生器具設備 | 135 | 135 | | 136 | 136 | 136 | 136 | | 134 | 135 | 131 |
| | 大便器・小便器 | 136 | 136 | 135 | | 135 | 135 | 135 | 135 | | 136 | |
| | 衛生器具設備の保守管理 | | 136 | | | | | | | | | |
| | 衛生器具の故障 | | | | 137 | | | | | | | 130 |
| | ちゅう房排水除外施設 | | | | | 137 | | | 136 | 135 | 137 | |
| | 給排水設備・機器・配管 | | | | | | | | | | | |
| | 浄化槽法 | 137 | | 138 | 138 | 138 | | 138 | 137 | 136 | | |
| | BOD | | | | | | 137 | | | | 138 | |
| | 浄化槽の処理法 | | 137 | 137 | | | 137 | | 137 | | | 135 |
| | 浄化槽のフローシート | | | | | | | | | | | |
| | 浄化槽の消毒剤 | | | | | | | | | | | |
| | 浄化槽の設計条件 | | | | | | | | | | | 136 |
| | 浄化槽の計算(BOD) | | | | | 139 | | | 138 | | 139 | 137 |
| | 浄化槽の計算(汚泥) | | 138 | | | | 138 | | | 139 | | |
| | 浄化槽の計算(処理人員) | | | | | | | | | | | |
| | 浄化槽の点検内容 | 138 | | 139 | 139 | | 139 | 139 | 138 | | | |
| | 下水道 | | | | | 127 | | | | | | 140 |
| | 消火設備 | 140 | 140 | | 140 | 140 | 140 | | 140 | 140 | 140 | 138 |
| | 火災・消火の用語 | | | | | | | | | | | |
| | ガス設備 | | | | | | | | | | | |
| | 特殊設備 | 139 | 139 | 140 | | | 139 | | | | | |
| 6.<br>清掃 | 清掃の管理基準・管理要領 | 141 | 141 | 141 | 141 | 141 | 141,142 | 141 | 141 | 141 | 141 | |
| | 清掃の作業計画 | 143,144 | 142 | | 142 | 142,143 | 143 | 142,143 | 142 | 142 | 142 | 142 |
| | 清掃の作業管理・仕様書・手順書・人員算定 | 164 | | 142 | | 145 | | | | | | 141 |
| | 清掃の安全衛生 | | | | 143 | 144 | | | | 143 | | |
| | 清掃の作業区域 | | | | | | | | 143 | | | |
| | 清掃の資機材倉庫 | 145 | | | | | 144 | | | | | 143 |
| | 清掃業の登録基準 | 142 | | 143 | | | | | | | | 144 |
| | 清掃の品質・評価 | 146 | 143,144 | 144 | 144 | 146 | 145 | 144 | 144 | 144 | 144 | 145 |
| | 清掃作業の改善 | | | | | | 146 | | | | | |
| | 清掃の環境対策 | | | | 146 | | | 146 | | | 146 | |
| | ビルクリーニング5原則 | | | | | | | | 145 | | | |

| 科目 | 分類 | 令和5年 | 令和4年 | 令和3年 | 令和2年 | 令和元年 | 平成30年 | 平成29年 | 平成28年 | 平成27年 | 平成26年 | 平成25年 |
|---|---|---|---|---|---|---|---|---|---|---|---|---|
| | ほこりや汚れの除去 | 147 | 145 | 145 | | | 147 | 145 | | | 143 | 146 |
| | ほこり・付着異物 | | 146 | | 145 | | | | | | | |
| | 予防清掃 | | | | | 147 | 148 | 147 | 146 | 145 | 145 | |
| | ビルクリーニング用機械 | 149 | 147 | | 147 | 148 | 149 | | | 148 | | |
| | 床みがき機 | | | | | | | 148 | 147 | 147 | | 148 |
| | カーペットクリーニング機械 | 148 | | 146 | 148 | 149 | 150 | 149 | 148 | 148 | | 149 |
| | 真空掃除機 | | | | | | | | | | | 147 |
| | 洗剤 | 150 | 148 | | 149,150 | 150 | 151 | 150 | 149 | 149 | 150 | 150 |
| | 剥離剤 | | | | | | | 150 | 150 | 151 | | |
| | カーペット清掃・管理 | | | 153 | 153 | | 153 | 151 | 151 | | 149 | 153 |
| | ドライメンテナンス | | | | 154 | 154 | 154 | | | 152 | | 154 |
| | ウェットメンテナンス | | | | | 155 | | | | | | |
| | 床維持剤 | 151 | 149 | | 154 | | 151 | 152 | | | 152 | 151 |
| | 建材 | | | | | | | 147 | 146 | | | |
| | 床材 | 152,153,154,155 | 150,151,152,153 | | 151,152 | 151,152 | 152,153 | 152 | 153 | | 153 | 152 |
| | 床以外の清掃作業 | | | | 155 | 156 | 155 | 155 | 154 | 153 | 154 | |
| | 外装(外壁・窓ガラス)の清掃 | 156 | 154 | | | 157 | 156 | 156 | 155 | 154 | 155 | 155 |
| | 廃棄物全般 | | 158 | 155 | | 159 | | 158 | | | | |
| | 廃棄物の管理基準・管理要領 | | | | | | | | | | | |
| | 廃棄物処理政策の変遷 | | | | 156 | | 157 | | 156 | | 156 | |
| 6.清掃 | 廃棄物の排出・処理状況 | 157 | 156 | | | | | 159 | 157 | 155 | | 156,157 |
| | 廃棄物の定義・区分 | 162 | | 160 | 160 | 160 | | 165 | | | 158 | |
| | 廃棄物の質・性状 | | 159 | | 157 | | | | 156 | 165 | | |
| | 廃棄物の適正処理 | 158 | 157 | 156 | 158 | | | | 158 | 157 | | 161 |
| | 廃棄物の取扱い | | | 158 | | | | | 159 | 158 | 159 | 160 |
| | 廃棄物処理に関する用語 | | 155 | | | | | | | | | 158 |
| | 廃棄物処理法の目的 | 160 | | 157 | | | | | | | | 159 |
| | 循環型社会形成推進基本法 | 159 | | | | 158 | 158 | | | | | |
| | 家電リサイクル法・小型家電リサイクル法 | 165 | 165 | 165 | | | | | | 159 | | |
| | 容器包装リサイクル法 | 165 | | 165 | | | | | | | | |
| | 食品リサイクル法 | 165 | | 165 | | | | | | | | |
| | 廃棄物の事業者の責務・関係者 | | 160 | | | | 160 | | 161 | 160 | 157 | |
| | 廃棄物委託・マニフェスト | 163 | 162 | | | 164 | 165 | | 162 | | 161 | 163 |
| | 廃棄物の計算問題・原単位 | | 161 | | 161 | | 162 | 161 | 163 | 161 | 160 | 162 |
| | 建物内廃棄物の処理・保管 | | 163 | 161,163 | 162,165 | 161,163 | 159,163 | 163 | 164 | 164 | 163 | 164 |
| | 建物内廃棄物の収集・運搬 | | | | 163 | 163 | | 162 | 160 | | | |
| | 建物内廃棄物の搬送方式 | | | | | | | | | 162 | | |
| | 建物内廃棄物の貯留・搬出方式 | | 164 | 162 | 164 | 165 | | | 165 | 163 | | 165 |
| | 建物内廃棄物の保管場所 | | | 164 | | | 164 | 164 | | 165 | 162 | |
| | 廃棄物の大量排出への指示 | | | | 159 | | | | | | 164 | |
| | 一般廃棄物 | | | 159 | | | | 161 | | | | |
| | 産業廃棄物 | 161 | | | | 162 | | | | | | |

| 科目 | 分類 | 令和5年 | 令和4年 | 令和3年 | 令和2年 | 令和元年 | 平成30年 | 平成29年 | 平成28年 | 平成27年 | 平成26年 | 平成25年 |
|---|---|---|---|---|---|---|---|---|---|---|---|---|
| 7. ねずみ・昆虫等の防除 | 蚊の生態 | 166 | 167 | 167 | | 166 | 166 | 166 | 166 | 166 | 166 | 166 |
| | 蚊の防除 | | 166 | 166 | 166 | 167 | 167 | 167 | 167 | 167 | 167 | 167 |
| | ゴキブリの生態 | 167 | 168 | 168 | | 168 | 168 | | 168 | | 168 | 168 |
| | ゴキブリの防除 | | 169 | 169 | 167 | | 169 | 168,169,179 | 169 | 169 | 169 | 169 |
| | チャバネゴキブリ | 168 | | | | | | | | 168 | | |
| | ダニの生態 | 169 | 170 | | 168 | 169 | 170 | 170 | 170 | | | 170 |
| | ダニの防除 | | | 170 | | | | 171 | | 170 | 170 | 171 |
| | ハエ | 170 | | | 169 | | | | 171 | | | |
| | 建物内の害虫 | | 171,172 | | 170 | 170 | 171 | 173 | | | 171 | 172 |
| | 建物内の害虫の発生源 | | | | | | | | | 171 | | |
| | 建物内の害虫の防除 | 171 | | | | | | | | | | |
| | 薬剤・殺虫剤の効力・有効成分 | 173 | 174 | 172 | 171 | 172 | | 174 | | 172 | 173 | 173 |
| | 薬剤・殺虫剤の特徴・用途 | 172 | 173 | 171 | 172 | 171 | | | | 173 | | |
| | 殺虫剤の剤形 | | | | | | 172 | 175 | 172 | | 172 | |
| | ネズミの生態 | 174 | 175 | 173 | | 173 | 173 | | | 174 | 174 | 174 |
| | ネズミの防除 | 174 | | 174 | 173 | 178 | 174 | 176 | 173 | | 175 | |
| | ネズミ用薬剤・殺鼠剤 | 175,176 | 176,177 | | 174 | 174,175 | 175 | 177 | 174 | 175 | | 175 |
| | 衛生害虫と疾病・健康被害 | 177 | | 175,176 | 175 | 176 | 176 | 178 | 175,176 | 176 | 176 | 176 |
| | 刺咬・吸血 | | | | | | | 172 | | | | |
| | 殺虫剤などの毒性・安全性 | | | | 176 | 177 | 177 | | 177 | 177 | 177 | 177 |
| | 防除構造・防除機器 | | 178 | 177 | 177 | 180 | 178 | | | 178 | 178 | 178 |
| | 殺虫剤の処理・保管 | | | | 178 | | | | 178 | | | |
| | 生息調査法 | | | | | | | | | | | |
| | 防除における安全管理 | 178 | | | | | | | | 179 | 179 | 179 |
| | 特定建築物内の防除 | 179 | 179 | | | 179 | | | 179 | | 180 | 180 |
| | ねずみ・害虫対策とIPM | | | 178,179 | 179 | | | | | | | |
| | 複合問題 | 180 | 180 | 180 | 180 | 179 | 180 | 180 | 180 | 180 | | |

## 2024年版　ビル管理試験完全解答

2023 年 12 月 25 日　　第 1 版第 1 刷発行

編　　者　設備と管理編集部
発 行 者　村 上 和 夫
発 行 所　株式会社 オーム社
　　　　　郵便番号　101-8460
　　　　　東京都千代田区神田錦町 3-1
　　　　　電話　03(3233)0641(代表)
　　　　　URL　https://www.ohmsha.co.jp/

© オーム社 2023

組版　アーク印刷　　印刷・製本　壮光舎印刷
ISBN978-4-274-23142-1　Printed in Japan

**本書の感想募集**　https://www.ohmsha.co.jp/kansou/
本書をお読みになった感想を上記サイトまでお寄せください．
お寄せいただいた方には，抽選でプレゼントを差し上げます．

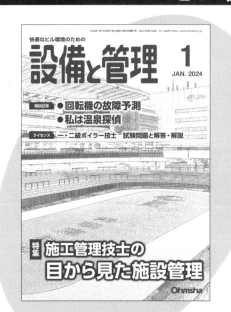